| ER 시리즈 |

시험을 위하여 영어를 공부하는 대다수의 수험생들이 짧은시간 내에 높은 성과를 얻을 수 있도록 꼭 필요한 사항만 담고 있는 수험 영어 교재 시리즈 입니다.

20년간 수험 영어를 지도한 저자와 편집자가 20년간의 기출 문제를 분석하여 합격에 필요한 점수를 획득하는데 필요한 내용만 포함시키고 시험에 나오지 않는 부분은 과감하게 제외하였으며, 수험생들이 교재를 믿고 학업을 진행할 수 있도록 구성된 고효율적인 영어 교재 시리즈 입니다.

ER 편입 그래머 MASTER

전면 개정판 5쇄 2025년 5월 15일
지은이 | 김선웅
펴낸곳 | 리얼북
펴낸이 | 리얼북 교재팀
주소 | 서울시 종로구 관철동 수표교빌딩 2층
전화 | 010-9083-4249
팩스 | 050-4009-4249
등록번호 | ISBN 979-11-970840-2-7 (13740)
정가 29,500원

본 교재의 모든 저작권은 리얼북에 속해 있으며 서면에 의한
허가 없이는 내용의 일부 혹시 전부를 인용, 발췌하는 것을 금합니다.

편입 그래머 MASTER

김선웅 저

편입 문법이론서 베스트셀러 1위 (2010~)
(YES24, 교보문고, 알라딘, 인터파크)

머리말

preface

필자는 학원에서 17년간 학생들에게 편입 문법을 강의하면서 우리말과는 다른 영어의 어순과 문법적 규칙들을 단순히 암기시키지 않고 어떻게 하면 알기 쉽게 이해시킬 수 있는가에 초점을 맞춰왔다.
문법을 공부하는 학생의 입장에서야 처음에는 단순히 내용들을 암기하는 것이 쉬울 수 있으나, 영어는 언어이므로 모든 것을 정해진 문법적인 틀에 맞출 수는 없다.
기본적인 암기 사항들은 외워야 하겠지만, 실질적인 문법공부는 원리를 알고 이해하는 것이 심층적인 문제를 풀거나 문장을 분석함에 있어서 절대적으로 도움이 되는 것이 자명하다.

이 교재는 필자가 다년간의 학원 강의에서 얻은 경험을 토대로 제작되었으며, 학생들과의 질의응답을 통해 학습자들이 어려워하고 혼란스러워하는 부분들을 『Hot Page』로 따로 엮어 두었다.
또한, 각각의 문법이론을 배운 후에는 그 내용이 어떻게 기출문제에 출제되었는지를 바로 알 수 있도록 내용 마다 예상문제와 기출문제를 배치했으며 각 문제마다 몇번의 이론내용인지 번호를 기재해두었다.

글로는 설명하기 어려운 부분은 유튜브로 촬영해 두었으며 QR코드를 스캔하면 바로 동영상을 볼 수 있도록 하였다.

본 교재는 문법의 단권화가 가능하며, 기초부터 심화과정의 학습자들 모두가 학습 할 수 있도록 내용을 구성하였다. 각각의 예문과 문제들은 출제된 내용에 근거하고 있으므로 반드시 예문과 함께 공부할 것을 권장한다.

초판 1쇄가 출간 된 지 11년만에 전면 개정판을 출간하게 되었다. 문법이 바뀌지는 않지만, 언어라는 것은 시대의 흐름에 따라 변하기 때문에 출제경향도 변하기 마련이다.
가령 명사와 관사는 세종대에서 주로 출제가 되었던 반면 최근에는 다양한 대학에서 폭넓게 출제가 되고 있다.
개정판에는 동사의 다양한 쓰임, 명사와 관사의 좀 더 폭넓은 내용과 최근 기출문제가 추가되었고, 출제가 잘 되지않는 부분은 과감히 삭제하였다.
또한 혼란스럽거나 정리가 잘 안되는 분야는 유튜브를 통하여 누구나 볼 수있도록 필자가 직접 촬영해 두었다.
본 교재가 여러분들의 꿈을 이루는 데 작으나마 보탬이 된다면 필자는 더할 나위 없이 보람되고 감사 할 것이다.

2022년 12월 22일

Contents

Chapter 01 문장의 5형식
Unit 1. 1형식 ------------------------------- 18
Unit 2. 2형식 ------------------------------- 22
Unit 3. 3형식 ------------------------------- 27
Unit 4. 4형식 ------------------------------- 37
Unit 5. 5형식 ------------------------------- 40
Unit 6. 주요 자/타동사 ---------------------- 47

Chapter 02 구동사
Unit 7. 자동사적 구동사(동사 + 부사) -------------- 52
Unit 8. 타동사적 구동사(타동사 + 부사) ------------ 53
Unit 9. 전치사 수반동사(자동사 + 전치사) ----------- 55
Unit 10. 구-전치사 수반동사(자동사+부사+전치사) --- 56

Chapter 03 시제
Unit 11. 현재시제 --------------------------- 62
Unit 12. 현재진행시제 ----------------------- 65
Unit 13. 과거시제 --------------------------- 68
Unit 14. 과거진행시제 ----------------------- 70
Unit 15. 미래시제 --------------------------- 71
Unit 16. 현재완료시제 ----------------------- 73
Unit 17. 과거완료시제 ----------------------- 76
Unit 18. 미래완료시제 ----------------------- 79
Unit 19. 시제일치의 예외 -------------------- 81

Chapter 04 가정법
Unit 20. If 가정법 -------------------------- 88
Unit 21. 가정법 혼용 (혼합가정법) ------------- 91
Unit 22. 가정법 도치 ----------------------- 94
Unit 23. Without / But for 가정법 ----------- 96
Unit 24. wish / as if /time 가정법 ----------- 98
Unit 25. 명령법 --------------------------- 101

Chapter 05 수동태
Unit 26. 3형식동사(구)의 수동태 ------------- 110
Unit 27. 4형식동사의 수동태 ---------------- 113
Unit 28. 5형식동사의 수동태 ---------------- 114
Unit 29. 수동태로 전환하지 않는 경우 -------- 116
Unit 30. 복합수동태 ----------------------- 118
Unit 31. by이외의 전치사 ------------------ 121

Chapter 06 조동사
Unit 32. do ------------------------------ 131
Unit 33. can / could --------------------- 133
Unit 34. must ---------------------------- 136
Unit 35. may / might --------------------- 138
Unit 36. will / would --------------------- 140
Unit 37. shall / should ------------------ 143
Unit 38. dare ---------------------------- 147
Unit 39. 조동사 + have p.p ---------------- 148

Chapter 07 준동사
Unit 40. 부정사의 명사적 용법 --------------- 154
Unit 41. 동명사의 명사적 용법 --------------- 157
Unit 42. 부정사의 형용사적 용법 ------------- 160
Unit 43. 동명사의 형용사적 용법 ------------- 163
Unit 44. 부정사의 부사적 용법 --------------- 164
Unit 45. 부정사의 동사적 성질 --------------- 166
Unit 46. 동명사의 동사적 성질 --------------- 174

Chapter 08 분사
Unit 47. 현재분사 -------------------------- 190
Unit 48. 과거분사 -------------------------- 193
Unit 49. 분사형용사 ------------------------ 195
Unit 50. 복합분사 -------------------------- 198
Unit 51. 의사(유사)분사 -------------------- 200
Unit 52. 분사구문 -------------------------- 201

Chapter 09 명사
Unit 53. 가산명사 -------------------------- 220
Unit 54. 불가산명사 ------------------------ 223
Unit 55. 가산명사 vs. 불가산명사 ------------ 230
Unit 56. 명사의 단/복수 -------------------- 232
Unit 57. 명사의 소유격 --------------------- 237
Unit 58. 복합명사 -------------------------- 241

Chapter 10 관사
Unit 59. 부정관사 -------------------------- 250
Unit 60. 정관사 --------------------------- 252
Unit 61. 무관사 --------------------------- 259
Unit 62. 관사의 위치 ----------------------- 263

Chapter 11 대명사

Unit 63. 인칭대명사 -------------------------- 272
Unit 64. it -------------------------------- 273
Unit 65. 재귀대명사 -------------------------- 276
Unit 66. 소유대명사 -------------------------- 278
Unit 67. 지시대명사 -------------------------- 279
Unit 68. such ----------------------------- 282
Unit 69. so ------------------------------- 284
Unit 70. the same ------------------------- 286
Unit 71. 부정대명사 -------------------------- 287
Unit 72. one / ones ----------------------- 289
Unit 73. another -------------------------- 292
Unit 74. other(s) / the other(s) ----------- 294
Unit 75. all ------------------------------- 296
Unit 76. each ----------------------------- 298
Unit 77. every ---------------------------- 300
Unit 78. both ----------------------------- 301
Unit 79. either / neither ------------------ 302
Unit 80. none / no one ------------------- 304
Unit 81. some / any ---------------------- 305
Unit 82. most / mostly -------------------- 306
Unit 83. 부분(대명)사 ----------------------- 308

Chapter 12 형용사

Unit 84. 형용사의 한정용법과 서술용법 ------------ 319
Unit 85. 한정용법 vs. 서술용법 ---------------- 322
Unit 86. 형용사의 후치수식 ------------------- 324
Unit 87. 형용사 + 전치사 -------------------- 327
Unit 88. 형용사의 순서 ---------------------- 330
Unit 89. 수량형용사 ------------------------ 332
Unit 90. 수사 ----------------------------- 334
Unit 91. 형용시의 정도 표시 ------------------ 337
Unit 92. 감정동사의 형용사화 ----------------- 338
Unit 93. 난이 형용사 ----------------------- 340
Unit 94. 이성 / 감성의 형용사 ---------------- 341
Unit 95. 인성형용사 ------------------------ 342

Chapter 13 부사

Unit 96. 부사의 역할 ----------------------- 352
Unit 97. 부사의 형태 ----------------------- 354
Unit 98. 부사의 종류 ----------------------- 358
Unit 99. 부사의 순서 ----------------------- 362
Unit 100. ago / before / since ------------- 364
Unit 101. already / yet / still -------------- 366
Unit 102. enough ------------------------- 367
Unit 103. very ---------------------------- 368
Unit 104. much --------------------------- 370
Unit 105. 기타 부사 ------------------------ 373

Chapter 14 비교급과 최상급

Unit 106. 비교급과 최상급의 형태 -------------- 384
Unit 107. 비교급 1 ------------------------- 386
Unit 108. 비교급 2 ------------------------- 389
Unit 109. the + 비교급 -------------------- 395
Unit 110. than 대신 to가 수반되는 비교급 ------ 398
Unit 111. 최상급 -------------------------- 399
Unit 112. 무관사 최상급 -------------------- 404

Chapter 15 등위접속사

Unit 113. and ---------------------------- 416
Unit 114. but ----------------------------- 417
Unit 115. for / so ------------------------- 418
Unit 116. or / nor ------------------------- 419
Unit 117. yet ----------------------------- 420
Unit 118. 연결부사 ------------------------- 421
Unit 119. 등위상관접속사 -------------------- 423

Chapter 16 명사절 접속사

Unit 120. 명사절 접속사의 개념 ---------------- 426
Unit 121. 명사절 접속사 that ----------------- 428
Unit 122. 명사절 접속사 whether, if ----------- 431
Unit 123. when / where / why / how -------- 434
Unit 124. what(ever), which(ever) ---------- 446
Unit 125. who(ever), whom(ever) ----------- 439

Chapter 17 부사절 접속사

Unit 126. 부사절 접속사의 개념과 종류 ---------- 444
Unit 127. 시간 부사절 접속사 ----------------- 445
Unit 128. 조건 부사절 접속사 ----------------- 449
Unit 129. 이유 / 원인 부사절 접속사 ------------ 451
Unit 130. 양보 부사절 접속사 ----------------- 452
Unit 131. 목적 부사절 접속사 ----------------- 456
Unit 132. 결과 / 장소 / 방법 부사절 접속사 ------ 457
Unit 133. 부사절의 축약 --------------------- 459

Chapter 18 관계사

Unit 134. who / whose / whom ------------- 472
Unit 135. which / whose / of which --------- 475
Unit 136. that ---------------------------- 479
Unit 137. 삽입 형태 ------------------------ 483
Unit 138. 전치사 + 관계대명사 ---------------- 484
Unit 139. 관계대명사의 축약 / 생략 ------------ 486
Unit 140. 명사절의 복합 관계대명사 ------------ 491
Unit 141. 부사절의 복합 관계대명사 ------------ 493
Unit 142. 관계부사 ------------------------- 494
Unit 143. 복합 관계부사 --------------------- 500

Unit 144. 의사(=유사) 관계대명사 ---------------- 501
Unit 145. 관계형용사 which ------------------- 504
Unit 146. 관계형용사 what -------------------- 506
Unit 147. 복합 관계형용사 -------------------- 507
Unit 148. 복합 관계사 정리 ------------------- 508

Chapter 19 일치

Unit 149. 단수 취급하는 표현 ----------------- 522
Unit 150. 상관접속사의 일치 ------------------ 527
Unit 151. 부분(대명)사 ----------------------- 528
Unit 152. 시제의 일치 ------------------------ 529
Unit 153. 시제일치의 예외 -------------------- 531

Chapter 20 특수구문(도치, 생략, 동격)

Unit 154. 부정어(구) / 부정부사 도치 --------- 540
Unit 155. 장소부사(구) 도치 ------------------ 543
Unit 156. so, such의 도치 -------------------- 545
Unit 157. 비교구문 도치 ---------------------- 547
Unit 158. as 도치 ---------------------------- 549
Unit 159. 보어와 목적어의 도치 --------------- 551
Unit 160. 가정법 도치 ------------------------ 554
Unit 161. 생략 ------------------------------- 555
Unit 162. 동격 ------------------------------- 557

Chapter 21 전치사

Unit 163. 장소의 전치사 ---------------------- 566
Unit 164. 위치의 전치사 1 -------------------- 569
Unit 165. 위치의 전치사 2 -------------------- 571
Unit 166. 위치의 전치사 3 -------------------- 573
Unit 167. 위치의 전치사 4 -------------------- 574
Unit 169. 시간의 전치사 1 -------------------- 575
Unit 170. 시간의 전치사 2 -------------------- 577
Unit 171. 시간의 전치사 3 -------------------- 578
Unit 172. 시간의 전치사 4 -------------------- 579
Unit 173. 기간의 전치사 ---------------------- 580
Unit 174. 도구 / 수단의 전치사 --------------- 581
Unit 175. 관계를 나타내는 전치사 ------------- 582
Unit 176. 전치사+to부정사 -------------------- 584

찾아보기

Chapter 01 문장의 5형식

1. 주어 + 완전자동사 + 부사(구)
2. There / Here + 동사 + 주어 순서
3. 완전자동사 다음은 명사나 형용사 불가
4. 해석에 유의할 완전자동사
5. 완전자동사의 종류
6. 목적어를 쓰지 않음으로써 자동사로 전환된 타동사
7. 완전자동사로 쓰이는 be동사
8. 2형식동사의 종류
9. 부사는 보어가 아니다
10. 유사(=의사) 보어
11. be동사 + 부사(구)
12. 2형식 vs. 3형식
13. to가 수반되어 출제되는 동사
14. about이 수반되어 출제되는 동사
15. with가 수반되어 출제되는 동사
16. after가 수반되어 출제되는 동사
17. 기타 (다른 전치사도 수반 될 수 없다)
18. 전치사가 수반되면 의미가 달라지는 동사
19. 전치사와 하나가 되어 목적어를 취하는 자동사 = 타동사구
20. 목적어 + with (공급 / 비교)
21. 목적어 + from (방해, 금지 / 분리, 구별)
22. 목적어 + for (비난 / 대가 / 교환)
23. 목적어 + to (부가 / 전가)
24. 목적어 + of (박탈 / 통보 / 설득)
25. 목적어 + on(upon) (부과 / 칭찬)
26. 목적어로 재귀대명사를 취하는 3형식동사들
27. 동족목적어
28. do + 목적어
29. make + 목적어
30. have + 목적어
31. take + 목적어
32. have/take 모두 취하는 목적어
33. 목적어가 2개
34. 조건 4형식동사
35. 4형식동사 느낌의 3형식동사들
36. 5형식 (명사보어와 형용사보어)
37. 5형식 vs.4형식
38. 인식동사 #1 (생각 / 인식과 관련된 동사)
39. 인식동사(간주동사) #2 (as / for + 목적보어)
40. 목적격보어로 to부정사를 쓰는 경우
41. 사역동사 make의 목적격보어
42. 사역동사 have의 목적격보어
43. 사역동사 let의 목적격보어
44. 지각동사의 목적격보어
45. 목적어 자리의 there
46. 가목적어 it
47. 지속 / 발견 / 상상의 5형식 동사
48. 5형식으로 쓰지 않는 동사
49. rise vs. raise (arise vs. arouse)
50. lie vs. lay vs. lie
51. adapt vs. adopt vs. adept
52. say vs. speak vs. tell vs. talk
53. borrow vs. lend
54. bring vs. take
55. hang
56. sit vs. seat
57. affect vs. effect
58. saw vs. sew vs. sow
59. fall vs. fell
60. wind vs. wound

Chapter 02 구동사

61. 자동사적 구동사
62. 자동사적 구동사의 종류
63. 타동사적 구동사
64. 타동사적 구동사의 종류
65. bring vs. bring about
66. 전치사 수반동사의 종류
67. 1형식 자동사와의 차이
68. 구-전치사 수반동사의 종류
69. 자동사적 구동사 vs. 구-전치사 수반동사

Chapter 03 시제

70. 현재의 상태, 사실
71. 현재의 습관
72. 속담
73. 진리
74. 왕래발착 동사
75. 시간, 조건 부사절
76. 현재완료나 과거시제 대용
77. 현재 진행 중인 동작
78. 현재의 반복적 습관 (부정적 한시성)
79. 미래대용 (선약적 한시성)
80. 진행형이 불가능한 동사
81. 현재진행시제 vs. 현재시제
82. 과거의 사실
83. 역사적 사실
84. used to+ⓥ vs. would+ⓥ
85. 과거완료를 대신
86. 과거의 진행 중인 동작
87. 과거진행 vs. 과거동사
88. 단순미래(will)
89. 의지미래(shall)
90. 미래시제의 주요구문
91. will / would
92. 미래진행시제 (will be ~ing)
93. 현재완료경험
94. 현재완료결과
95. 현재완료완료
96. 현재완료계속

97. 시간, 조건 부사절에서 현재완료가 미래완료를 대신한다
98. 현재완료가 주로 쓰이는 그 밖의 표현
99. 과거완료경험
100. 과거완료결과
101. 과거완료완료
102. 과거완료계속
103. 과거에 일어난 두 사건 중 더 먼저 일어난 동작
104. had p.p ~ by + 과거년도
105. had not p.p + 시간 / 거리 + when / before
106. 소망, 의도의 과거완료형 + to부정사
107. '~하자마자 ~하다'
108. 미래완료경험
109. 미래완료결과
110. 미래완료완료
111. 미래완료계속
112. by the time 현재시제, will have p.p
113. will have p.p ~ by + 미래년도
114. 과거동사 ~ in + 과거년도
115. 불변의 진리, 격언, 속담은 항상 현재시제
116. 역사적 사실은 과거시제가 일반적이다
117. 종속절의 조동사 must, should, had to는 그대로
118. as, than이 이끄는 비교문장에서는 시제의 제한이 없다.
119. 가정법 문장의 주절은 종속절의 시제에 영향을 받지 않는다.
120. 시간, 조건부사절

Chapter 04 가정법

121. if 가정법 과거
122. if 가정법 과거완료
123. if 가정법 현재
124. if 가정법 미래 (should / were to)
125. 가정법 과거완료(if절)와 가정법 과거(주절)의 혼용
126. If절이 가정법 과거, 주절은 가정법 과거완료인 경우
127. 가정법과 직설법의 혼용
128. otherwise 가정법
129. except / but / save 가정법
130. 가정법 과거 도치 : were
131. 가정법 과거완료 도치 : had
132. 가정법 미래 도치 : should / were
133. ~이 없다면, ~이 없었다면
134. 주부에 if의 의미가 내포된 가정법
135. 부사(구)에 if의 의미가 내포된 가정법
136. 부정사에 if의 의미가 내포된 가정법
137. 분사구문에 if의 의미가 내포된 가정법
138. 앞뒤 문맥에 if의 의미가 내포된 가정법
139. wish 가정법 (~라면 좋을 텐데)
140. wish 가정법에서 미래에 대한 소망은「would + 원형」
141. as if 가정법 (마치~처럼)
142. It is time (that) ~
143. would rather + 과거동사
144. would that = I wish that
145. If 대용어
146. 명령법+ and
147. 명령법 + or
148. 명령법 + 접속사 ~ will(may)
149. Be + 주어 + (ever + so) ~, S + V
150. Suppose (=If)
151. let을 사용하는 명령법

Chapter 05 수동태

152. 3형식 타동사의 수동태 전환
153. 목적어가 that절인 경우의 수동태 전환
154. 자동사 + 전치사가 타동사인 경우의 수동태
155. 자동사 + 부사 + 전치사의 수동태
156. 타동사 + 명사 + 전치사의 수동태
157. 간접 / 직접목적어 모두 주어로 가능한 경우
158. 직접목적어만 수동태의 주어로 가능한 경우
159. 5형식동사의 수동태
160. 지각동사와, 사역동사 make의 수동태 전환
161. 사역동사 have와 let의 수동태 전환
162. 자동사는 수동태 불가
163. 무의지동사와 소유동사
164. 재귀대명사가 목적어인 경우
165. 목적어가 절인 경우
166. 목적어가 주어의 신체 일부인 경우
167. 목적어가 상호대명사인 경우
168. 목적어가 부정사 / 동명사일 때
169. 진행수동태 (be being p.p '~되는 중이다')
170. 완료수동태 (have been p.p)
171. 조동사 수동태
172. 부정주어 구문 수동태 (not ~ any)
173. 동작 수동태
174. 명령문의 수동태

Chapter 06 조동사

175. 조동사 다음 동사원형만이 오는 것은 아니다
176. 대부분의 조동사는 주어의 인칭과 수에 관계없이 언제나 같은 형태이다.
177. 조동사의 부정은『조동사 + not』
178. 조동사가 쓰인 문장의 의문문은『조동사+주어+본동사』의 어순이다!
179. do 의문문을 만든다
180. do 부정문을 만든다
181. do 동사의 강조
182. do 대동사
183. do 부정어 도치구문
184. can 능력 / 가능
185. can 의심(의문)
186. can 부정 추측
187. can의 관용표현
188. can vs. be able to
189. 현재나 미래에서의 could
190. must 추측 '~임에 틀림없다'
191. must 의무 '~해야 한다'
192. must 의무의 반대표현 '~할 필요 없다'
193. may 허가 '~해도 된다'
194. may 추측 '~일지도 모른다'
195. may 기원 '~하기를 바라다'
196. may / might가 쓰인 관용표현
197. will 단순미래 '~할 것이다'
198. will 의지 '~하겠다, ~할 작정이다'
199. will 경향, 습성 '~하기 마련이다, 곧잘 ~한다'
200. will 추측 '(아마도) ~일 것이다'
201. would 과거동사와 함께
202. would 과거의 불규칙적 습관 취미 '~하곤 했다'

203. will의 정중한 표현 would
204. wish to의 의미를 갖는 would
205. would 관련 관용표현
206. shall 단순미래
207. shall 의지미래 '~하겠다'
208. shall 권유 '~할까요?'
209. should 의무
210. should 놀라움
211. should 주장·제안·요구·명령·의향
212. should 이성적 판단
213. should 감정적 판단
214. lest + 주어 + should
215. dare 부정문
216. dare 의문문
217. dare 긍정문
218. should have p.p
219. may(=might) have p.p
220. must have p.p
221. cannot have p.p
222. need not have p.p

Chapter 07 준동사

223. to ⓥ 주어 자리
224. to ⓥ 보어 자리
225. to ⓥ 목적어 자리
226. to ⓥ 목적격 보어 뒤
227. 전치사 + to부정사
228. 의문사 ⓥ to부정사
229. 동명사 주어 자리
230. 동명사 보어 자리
231. 동명사 목적어 자리
232. 목적어 자리의 부정사와 동명사의 차이
233. 최상급, the first, the last + 명사 + to부정사
234. 명사 + to부정사 + 전치사의 구문
235. be to 용법
236. to ⓥ 동격
237. have the 추상명사 + to부정사
238. to ⓥ 동사 수식(목적)
239. to ⓥ 형용사 수식(원인)
240. to ⓥ 부사 수식
241. to ⓥ 조건
242. to ⓥ 판단
243. to ⓥ 결과
244. 부정사의 의미상 주어와 의미상 목적어
245. 부정사의 수동태
246. 부정사의 시제 [단순부정사 / 완료부정사]
247. 기대, 희망동사 + to부정사
248. 기대, 희망동사의 과거형 + to have p.p
249. help 동사와 부정사
250. 분리부정사
251. 대부정사
252. 독립부정사
253. too ~ to / enough to 부정사
254. It takes ~ to부정사
255. to 생략 가능한 경우
256. 동명사의 의미상 주어
257. 동명사의 수동태 『being p.p』
258. 동명사의 시제
259. 부정사 to가 아닌 전치사 to
260. 동명사의 관용적 표현들

Chapter 08 분사

261. 현재분사의 한정적 용법
262. 현재분사구는 '주격 관계대명사 + be동사'가 생략된 형태이다
263. 주격 관계대명사 + 일반동사의 경우
264. 현재분사의 서술적 용법
265. 과거분사의 한정적 용법
266. 과거분사구는 '관계대명사 + be동사'가 생략된 형태이다
267. 과거분사의 서술적 용법
268. 감정이나 상태와 관련된 분사
269. 명사 + 현재분사
270. 명사 + 과거분사
271. 형용사 + 현재분사
272. 형용사 + 과거분사
273. 부사 + 현재분사
274. 부사 + 과거분사
275. 부사절을 분사구문으로 바꾸는 방법
276. 시간을 나타내는 분사구문
277. 이유를 나타내는 분사구문
278. 조건을 나타내는 분사구문
279. 양보를 나타내는 분사구문
280. 부대상황을 나타내는 분사구문
281. with 부대상황
282. 수동 분사구문
283. 끼인 분사구문
284. 독립 분사구문
285. 비인칭 독립 분사구문(현수분사구문)
286. 분사형 전치사
287. 분사구문의 부정
288. 완료 분사구문
289. 분사구문에서 접속사를 생략하지 않는 경우
290. 축약하지 않는 경우
291. 분사구문의 위치
292. 분사구문의 강조

Chapter 09 명사

293. 보통명사
294. 보통명사의 추상명사화
295. all + 복수보통명사 = very + 형용사
296. 집합명사
297. 집합명사의 종류
298. 집합명사의 단수/복수
299. 집합명사 자체는 변하지 않고 동사만 변하는 경우
300. The + 집합명사 = 복수 취급하는 경우
301. The + 집합명사 = 단수 취급하는 경우
302. 단수형이 없는 복수명사
303. 물질명사
304. 물질명사의 양 표시
305. 물질명사의 보통명사화
306. 대표 물질명사 (집합적 물질명사)
307. 추상명사
308. 추상명사의 보통명사화
309. 추상명사의 정도, 양 표시
310. of + 추상명사 = 형용사구
311. all + 추상명사 '매우 ~한'
312. 다른 전치사 + 추상명사 = 부사구
313. 고유명사
314. 고유명사의 보통명사화
315. 규칙 복수명사

316. 불규칙 복수명사(~en, ~ee, ~ce)
317. -(s)is[sis]로 끝나는 단어의 복수는 -(s)es[siz]
318. -um, -on으로 끝나는 단어의 복수는 -a
319. -us로 끝나는 단어의 복수는 -i
320. 단/복수 동형명사 (단수와 복수의 형태가 같은명사)
321. 분화 복수
322. 상호 복수
323. 복수형의 낱말을 단수 취급하는 경우
324. 명사의 소유격(명사's)
325. 의미상 주어 / 의미상 목적어로의 소유격
326. 명사가 물건인 경우엔 of를 사용해서 소유격을 만든다
327. 소유격의 명사 생략
328. my father's picture vs. a picture of my father('s)
329. 소유격에 따른 공동소유와 개별소유
330. of + a(n) + 명사형 수사어구
331. 단수명사 + 명사
332. 복수명사 + 명사
333. man, woman이 포함된 복합명사

Chapter 10 관사

334. 하나 (one)
335. 어느 종류, 종속의 하나 '~라는'
336. 같은, 동일한
337. per '~마다'
338. 종족대표
339. 처음으로 화제에 오르는 명사 앞
340. 누구나 알 수 있는 명사를 지칭할 때
341. 앞에서 언급한 명사
342. 수식받거나 한정 될 때
343. 보통명사가 고유명사로 쓰이는 경우
344. the + 형용사 = 형용사 + people
345. by the 단위표시
346. 신체나 옷의 일부 『전치사 + the + 신체』
347. 형용사의 최상급 + 명사 또는 서수로 수식된 명사
348. 하늘, 바다, 비, 바람 등을 뜻하는 명사가 주어로서 형용사 없이 쓰일 때
349. 부정문·의문문에서 대개 한정구가 따르는 불가산명사
350. 악기나 발명품
351. '-ties'로 끝나는 복수형 수사
352. 대조를 이루는 명사
353. 경계가 정해진 국가, 바다, 강, 산맥 등의 명칭
354. 칭호·작위 등의 앞
355. 강조적으로 사용되어 '출중한, 최고의'라는 의미일 때
356. 관직, 신분을 나타내는 명사가 보어로 쓰이거나 동격으로 쓰일 때
357. 건물의 목적이나 가구(기구)의 기능을 의미할 경우
358. 언어
359. a kind(=sort / type) of
360. 호칭, 가족을 부를 때
361. 최상급 형용사가 서술적 용법으로 쓰이는 경우
362. 총칭적으로 쓰인 man, woman, mankind, God
363. 운동, 식사, 질병, 교과목, 계절, 잡지명
364. 동사 turn의 명사보어
365. by + 수단(교통, 통신)
366. 대구를 이루는 경우
367. such / what / rather / quite + a + 형용사 + 명사
368. so / as / too / how / however + 형용사 + a + 명사
369. All, Both, Double, Half, Twice + the + 명사

Chapter 11 대명사

370. 비교급에서의 격
371. 일반인을 나타내는 인칭대명사는 we, they, you로 쓴다
372. 비인칭 주어 it
373. 앞의 명사, 구, 절, 문장을 대신하는 it
374. 가주어 it
375. 가목적어 it
376. 3형식 문장에서의 가목적어 it
377. 강조구문의 it
378. 의문사 강조 (what + be + it + that~)
379. 재귀대명사의 강조용법
380. 목적어로 쓰이는 재귀대명사
381. 재귀대명사의 관용적 표현
382. 같은 명사의 반복을 피하기 위한 소유대명사
383. 한정사의 반복을 피하기 위한 소유대명사
384. 가까운 곳에 있는 이것(단수)은 this, 이것들(복수)은 these
385. 먼 곳에 있는 저것(단수)은 that, 저것들(복수)은 those
386. 가까운(= 후자) 것은 this로, 먼(= 전자) 것은 that으로
387. 비교구문에서 명사의 반복을 피하기 위한 that/those
388. 수식을 받는 those
389. that의 관용표현
390. this / that + 수량형용사, 정도형용사
391. this나 that을 대신하는 such
392. such가 be동사의 보어인 경우 도치
393. such as
394. such ~ as
395. such + a + 형용사 + 명사
396. such가 만드는 관용표현
397. 지시대명사
398. 대동사 do의 목적어로서
399. 긍정문에서의 동의 so
400. 지시대명사 the same
401. the same ~ as vs. the same ~ that
402. 일반인을 대신 하는 one(s)
403. 불특정 가산명사를 대신 하는 one(s)
404. ones : one의 복수형
405. the one
406. 형용사의 수식을 받는 one
407. 비교급과 최상급에서는 one이 생략된다
408. own 다음에도 one이 생략된다
409. 대명사 another
410. 형용사 another
411. another의 관용표현
412. other
413. the other
414. others vs. the others
415. 대명사 all
416. 형용사 all
417. All은 전치 한정사로써 '한정사 앞'에 쓴다.
418. 부사 all
419. all의 관용표현
420. 대명사 each
421. 형용사 each
422. 부사 each
423. every + 단수
424. every + 복수
425. 대명사 both
426. 형용사 both
427. 대명사 (n)either

428. 형용사 (n)either
429. 부사 (n)either
430. 대명사 none / no one
431. 부사 none
432. 대명사 some / any
433. 형용사 some / any
434. 대명사 most
435. 형용사 most
436. most & mostly & almost

Chapter 12 형용사

437. 형용사는 명사를 꾸미거나 서술한다
438. 형용사의 종류
439. 한정용법으로만 쓰이는 형용사
440. 서술용법으로만 쓰이는 형용사
441. 한정용법과 서술용법으로 쓸 때 의미가 달라지는 형용사
442. 전치사적 형용사 (like, unlike, near, opposite, worth)
443. -thing, -one, -body로 끝나는 명사는 뒤에서 수식한다
444. -ible이나 -able로 끝나는 형용사
445. 서술적 용법으로 쓰이는 형용사는 명사 뒤
446. 척도형용사
447. 형용사에 수식어구가 따를 경우
448. 관계대명사와 be동사의 생략
449. be + 형용사 + of
450. be + 형용사 + to
451. be + 형용사 + about
452. be + 형용사 + for
453. be + 형용사 + in
454. be + 형용사 + on
455. be + 형용사 + with
456. be + 형용사 + from
457. be + 형용사 + at
458. 수를 나타내는 형용사
459. 양을 나타내는 형용사
460. 수와 양에 모두 쓰이는 형용사
461. dozen, score, hundred, thousand, million
462. two years vs. two-year
463. pair, couple 등이 짝을 나타낼 때에는 단수, 복수가 가능하다
464. 분수표현
465. Ten years 는 단수명사?
466. 명사 + 기수 (= the + 서수 + 명사)
467. large / small
468. high / low
469. what
470. 감정을 나타내는 동사

Chapter 13 부사

471. 동사를 설명하는 부사
472. 형용사를 설명하는 부사
473. 부사를 설명하는 부사
474. 문장전체를 수식하는 부사
475. 동사적 기능의 부정사와 동명사를 수식하는 부사
476. 형용사 + ly
477. 명사 + ly = 형용사
478. 형용사 부사의 형태가 같은 경우
479. -ly가 붙어 다른 뜻의 부사가 되는 경우
480. 시간부사
481. 장소부사
482. 정도부사
483. 의문부사
484. 관계부사
485. 양태부사, 방법부사
486. 빈도부사
487. 빈도 / 정도 / 부정 부사의 위치
488. 초점부사
489. 양태부사
490. 부사가 2개 이상 겹칠 때의 배열순서
491. 타동사 + 부사
492. ago
493. before
494. since
495. already
496. yet
497. still
498. very의 형용사적 쓰임
499. very의 부사적 쓰임
500. the + very + 최상급
501. very의 분사 수식
502. very는 단독으로 동사를 설명 할 수 없다
503. much는 형용사, 부사의 원급 수식불가
504. much는 형용사, 부사의 비교급 수식
505. much + the + 최상급
506. 동사 수식
507. 과거분사 수식
508. much too vs. too much
509. little / a little
510. only
511. ever / once / never
512. 유도부사 There
513. not
514. too / (n)either / so / nor
515. 의문부사
516. 의문부사 + think, believe, say, imagine, suppose

Chapter 14 비교급과 최상급

517. 원급 + er, the + 원급 + est 형태
518. more + 원급, (the) most + 원급 형태
519. 음절수에 관계 없이 more와 the most가 수반되는 경우
520. 불규칙 비교급과 최상급
521. 우열비교급
522. 비교급의 병치
523. 비교급의 대상
524. 비교급 강조
525. much more / much less
526. 보어(형용사)비교 [more 원급 than 원급]
527. 부정어 + 비교급 + than
528. as + 형용사의 원급 + as
529. as + 부사의 원급 + as
530. 배수비교
531. 최상의 의미로 쓰이는 원급표현
532. 원급(as~as)을 이용한 관용표현
533. than을 이용한 관용표현
534. 비교급 도치
535. 선택 비교 의문문
536. 의미에 따라 비교급과 최상급의 형태가 달라지는 경우

537. 이중비교 (동등비교+우열비교)
538. 둘 사이 비교 (of the two)
539. 이유를 나타내는 for, because 등과 함께
540. The 비교급~, the 비교급~
541. 절대 비교급
542. 라틴어 (-ior) 비교급
543. prefer
544. 최상급의 형태
545. 최상급에서의 전치사와 that절
546. 최상급과 비교급
547. 절대 최상급
548. 양보의 의미를 갖는 최상표현
549. 최상급의 강조
550. 최상급 + but one = the second + 최상급
551. one of the + 최상급 + 복수명사
552. 최상급의 의미를 갖는 비교급 ①
553. 최상급의 의미를 갖는 비교급 ②
554. 비단계 형용사
555. 부정의 뜻을 갖는 the last
556. 부사의 최상급
557. 소유격 + 최상급
558. 서술형용사
559. most (한정사/대명사)
560. 관용적 표현

Chapter 15 등위접속사

561. and 기본용법
562. 명령문 또는 must, should, have to + and / or
563. come, go, run, try, wait + and + 동사
564. but의 기본용법
565. but의 부사적 용법
566. but의 전치사적 용법
567. 부정어 ~ but
568. for의 기본용법
569. so
570. or
571. nor
572. 접속사 yet
573. 부사 yet
574. 연결부사 yet
575. 접속부사의 종류
576. 상관접속사
577. 병치되는 대상은 항상 같은 형태여야 한다.

Chapter 16 명사절 접속사

578. 주어자리의 that
579. 보어 자리의 that
580. 목적어 자리의 that
581. 전치사의 목적어 that
582. 형용사의 보어 that
583. 동격절을 이끄는 that
584. 주어자리의 whether
585. 보어 자리의 whether
586. 전치사의 목적어 whether
587. 목적어 자리의 whether / if
588. 형용사의 보어 whether / if
589. whether vs. if
590. 주어자리의 when, where, why, how
591. 보어 자리의 when, where, why, how
592. 목적어 자리의 when, where, why, how
593. 전치사의 목적어 when, where, why, how
594. 형용사 보어 when, where, why, how
595. 본동사가 think, believe, say, imagine, suppose인 경우
596. 주어 자리의 what(ever)
597. 보어 자리의 what
598. 목적어 자리의 what / which
599. 전치사의 목적어 자리 what
600. what의 관용적 용법
601. 주어 자리의 who(ever), whom(ever)
602. 보어 자리의 who, whom
603. 목적어 자리의 who, whom
604. 전치사의 목적어 who, whom

Chapter 17 부사절 접속사

605. 부사절의 위치
606. by the time
607. 시간 부사절 접속사의 관용표현
608. when / before while / since
609. each time / every time / the minute
610. as far as / so far as (~에 관한 한)
611. 양보 부사절의 도치 (형용사 / 부사 / 명사 + as + 주어 + 동사)
612. however = no matter how
613. whatever
614. whoever / whichever / wherever
615. 명령법 + 의문사
616. 명령법 + A or B
617. Be + 주어 + ever + so + 형용사
618. so that = in order that '~하기 위하여'
619. lest ~ should '~하지 않도록, ~하면 안 되니까'
620. so + 형용사 / 부사 + that '너무 ~해서 (그래서)~하다'
621. wherever
622. in that
623. as ~, so '~와 마찬가지로'
624. as '~하는 대로'
625. as / so far as '~에 관한 한'
626. as long as ~ = so long as ~ '~하는 동안은, ~하는 이상은'
627. 부사절 축약이 불가능한 경우

Chapter 18 관계사

628. 관계사의 종류
629. 관계대명사 "접속사 + 대명사"의 역할
630. 관계형용사 "접속사 + 형용사"의 역할
631. 관계부사 "접속사 + 부사"의 역할
632. 관계대명사의 종류
633. 관계대명사의 쓰임
634. 선행명사에 따른 관계대명사의 종류
635. 주격 관계대명사 who
636. 선행사가 사람이더라도 who를 쓰지 않는 경우
637. 소유격 관계대명사 whose
638. 목적격 관계대명사 whom
639. 부정대명사 + of + whom
640. which(주격 / 목적격)
641. 명사절 접속사 which와의 차이
642. whose / of which (소유격)
643. 부정대명사 of which
644. 앞 문장의 보어가 선행사인 경우
645. which is which "어느 것이 어느 것인지, 누가 누군지"
646. 쉼표(,) 다음의 which / who

647. 쉼표에 따른 의미의 차이
648. that(주격 / 목적격)
649. that만을 쓰는 경우
650. that을 쓸 수 없는 경우
651. that이 생략 가능한 경우
652. 주격 관계대명사 + be동사
653. 쉼표로 분리된 관계사절
654. 주격 관계대명사 + 일반동사
655. 강조구문에서
656. 선행사가 there is(are)의 주어가 될 경우
657. 삽입절이 있는 경우
658. 목적격 관계대명사는 생략 가능
659. 관계대명사가 보어를 대신할 때 생략 가능
660. whoever = anyone who
661. whomever = anyone whom
662. whichever = anything that
663. Whatever = all things that
664. whoever = no matter who
665. whomever
666. whichever = no matter which
667. whatever = no matter what
668. 관계대명사 vs. 관계부사
669. 관계부사는 『전치사 + 관계대명사』와 같은 역할을 한다
670. 관계부사 where
671. 관계부사 when
672. 관계부사 why
673. 관계부사 how
674. 관계부사를 대용하는 that
675. as (유사관계대명사)
676. 앞 문장 또는 뒷 문장 전체를 받는 as
677. but (유사관계대명사)
678. than (유사관계대명사)
679. which 계속적 용법
680. which 제한적 용법
681. 전치사 + which + 명사
682. whatever / whichever + 명사 = any + 명사 + which
683. which(ever)는 사람을 수식할 수 있다
684. 복합 관계부사 whenever, wherever, however
685. 복합 관계대명사 whoever, whomever, whatever, whichever
686. 복합 관계형용사 whosever, whatever, whichever
687. 복합 관계사는 명사절과 부사절을 이끈다.

Chapter 19 일치

688. The number of
689. many a 단수명사
690. more than one + 단수명사
691. -thing / -one / -body
692. 부정사 / 동명사
693. every, each, either, neither
694. what 절은 문맥에 따라
695. '명사 + s' 의 형태이나 단수로 취급하는 것들
696. 항상 단수동사를 취하는 표현
697. 항상 복수동사를 취하는 표현
698. 상관접속사의 일치
699. group, team, species, series, flock, variety 는 관점에 따라 다르다.
700. 집합명사의 일치
701. 주절의 동사가 현재나 미래인 경우
702. 주절의 동사가 과거인 경우

703. 현재의 사실이나 습관
704. 보편적인 사실이나 불변의 진리
705. 미래시제를 대신하는 현재시제
706. 역사적 사실

Chapter 20 특수구문(도치, 생략, 동격)

707. no / not / never
708. ~하자마자 ~하다
709. little / only
710. 자동사와 타동사의 경우
711. 장소부사구의 도치
712. 긍정에 수긍하는 so / 부정에 수긍하는 nor
713. 동일주어는 'so+주어+동사'
714. than 비교급에서의 도치
715. as 비교급에서의 도치
716. The 비교급~, the 비교급에서의 도치
717. 유사의 as 도치
718. 양보의 as
719. 강조를 위한 주격보어 도치
720. 분사구 도치
721. 목적어 도치
722. 목적보어 도치
723. 가정법 과거의 도치 : were
724. 가정법 과거완료의 도치 : had
725. 가정법 미래의 도치 : should / were
726. 반복되는 단어의 생략
727. 명사의 생략
728. 비교구문에서의 생략
729. 조동사의 본동사 생략
730. 대부정사
731. 전치사 생략(부사적 대격)
732. 주어 + 동사의 생략
733. 가정법에서
734. 소유격 + 장소 관련 명사 생략
735. 부사절 축약
736. Being, Having been
737. 명사의 앞뒤 동격
738. 수식어구나 절을 동반하는 경우
739. 동격 명사의 위치
740. 동격의 of
741. 동격 that
742. 앞 문장 일부나 전체에 대한 동격

Chapter 21 전치사

743. in (장소)
744. into (장소)
745. at (장소)
746. on (장소)
747. on vs. in
748. on vs. at
749. over
750. above
751. under
752. below
753. out of
754. from
755. to
756. toward
757. for
758. along
759. across
760. through
761. around
762. about
763. by
764. beside / besides
765. near
766. behind
767. before
768. at (시간)
769. in (시간)
770. on (시간)
771. at / in / on (부사적 대격)
772. in (시간)
773. after (시간)
774. within (시간)
775. till = until
776. by
777. from
778. since
779. before
780. after
781. for(기간)
782. during
783. through
784. with
785. by(수단)
786. in(수단)
787. about(관계)
788. of(관계)
789. 전치사와 부사의 구별
790. 전치사의 목적어로 쓰인 부정사
791. except (for)
792. except for
793. except + 다른 전치사 / that절

hot Page

1. There는 불특정 명사의 존재를 나타낸다. ---------- 19
2. 동격 ---------- 22
3. 목적어와 주어가 다르면? ---------- 34
4. 목적어가 타동사와 떨어져 있는 경우? ---------- 39
5. I saw her play the piano. vs. I saw her playing the piano. ---------- 45
6. If와 When은 모두 부사절? ---------- 63
7. 진행형이 불가능한 동사들의 진행형이 가능한 이유 ---------- 67
8. If 가정법 현재 vs. If 조건절 ---------- 89
9. If 가정법 현재 vs. If 가정법 미래 ---------- 90
10. If I knew her number, I would call her의 도치 ---------- 95
11. 주장, 제안, 명령 동사의 목적어 that절은 꼭 원형 동사만? ---------- 144
12. 형용사의 전치수식과 후치수식 ---------- 190
13. 동명사와 현재분사의 구별 그리고 차이 ---------- 192
14. 타동사만 과거분사가 가능하다? ---------- 193
15. 부사절의 주어가 주절과 다른 경우 ---------- 201
16. 불가산명사 vs. 가산명사 ---------- 229
17. 사물에 붙이는 apostrophe? ---------- 238
18. 부정관사 + 서수 ---------- 255
19. so vs. such ---------- 264
20. one vs. it ---------- 289
21. almost + 대명사 ---------- 307
22. worth vs. worthy ---------- 321
23. near vs. nearby ---------- 323
24. a number of vs. the number of ---------- 333
25. 동명사를 수식하는 형용사와 부사의 구별 ---------- 353
26. 일반 동사 뒤의 hardly? ---------- 360
27. 부사와 전치사의 구별 ---------- 363
28. very vs. much ---------- 372
29. as ~ as vs. so ~ as ---------- 391
30. 주어와 동사의 순서가 일치하지 않는 경우 ---------- 397
31. for vs. so, so~that vs. so that ---------- 418
32. 등위접속사 vs. 연결부사 ---------- 422
33. 동격의 that vs. 명사절 접속사 that ---------- 430
34. that vs. whether ---------- 433
35. what vs. whatever ---------- 436
36. who(m) vs. who(m)ever ---------- 439
37. 명사절 접속사 when vs. 부사절 접속사 when ---------- 445
38. 명사절 접속사 if vs. 부사절 접속사 if ---------- 449
39. even though vs. even if ---------- 453
40. though vs. however ---------- 454
41. 명사절 접속사 who vs. 관계대명사 who ---------- 472
42. which가 주격? 목적격? ---------- 475
43. who의 소유격 whose vs. which의 소유격 whose ---------- 476
44. 쉼표 뒤에 that? ---------- 481
45. 관계대명사 that vs. 접속사 that vs. 동격의 that ---------- 481
46. 관계사절 vs.분사구문 ---------- 487
47. 관계부사 vs.명사절 접속사 ---------- 495
48. however + 형용사 / 부사 ---------- 500
49. but과 that의 차이 ---------- 502
50. only의 도치? ---------- 541
51. 주어와 동사의 순서가 일치하지 않는 경우 ---------- 548
52. 관사에 의한 동격명사의 의미 차이 (부정관사/정관사/무관사) ---------- 557
53. in the corner vs. at the corner ---------- 567
54. until vs. by ---------- 578

ER 편입 그래머 마스터

Chapter 1

문장의 5형식

unit 1. 1형식
unit 2. 2형식
unit 3. 3형식
unit 4. 4형식
unit 5. 5형식
unit 6. 주요 자동사/타동사

Unit 01 1형식
주어 + 완전 자동사

Guide 1형식동사는 **완전자동사**로 주어와 동사만으로도 그 의미의 전달이 가능하다.
하지만 대게의 경우 동사 뒤에 부사(구)등이 쓰이는 것이 일반적이다.
부사(구)는 **시간, 장소, 전치사구, ~ly** 등을 가리키며 문장성분인 주어나, 보어, 목적어에는 **해당되지 않는다**.
문장성분은 아니지만 문장안에서 부사(구/절)이 해석상 중요한 역할을 하기도 한다.

1 주어 + 완전자동사 + (부사 또는 부사구)

The sun rises. 태양은 뜬다.
 S   V

The sun rises / **in the east**. 태양은 동쪽에서 뜬다.
 S   V   (장소)부사구

The sun rises / **in the east** / **everyday**. 태양은 매일 동쪽에서 뜬다.
 S   V   (장소)부사구   (시간)부사

> **Tip** 주어(the Sun)와 동사(rises) 만으로 완전한 문장을 이루고 있다.
> **in the east는 (장소)부사구, everyday는 (시간)부사**이므로 문장성분 (주어/동사/보어/목적어)은 아니지만 주어와 동사만으로 된 문장은 **정보의 전달에 한계**가 있기 때문에, 이처럼 **부사를 수반하여 문장의 내용을 풍성하고 다양한 정보를 전달 할 수 있다.**

Jun went / to school / with Tom / early / in the morning. Jun은 아침 일찍 Tom과 학교에 갔다.
 S   V   (장소)부사구   전치사구   ~ly 부사   (시간) 전치사구

> **Tip** 주어(He)와 동사(went)만으로 완전한 문장을 이루고 있으며 **to school(장소) with Tom(전치사구) early(부사) in the morning(시간)**등은 부사구로 문장성분(보어, 목적어 등)은 아니다.

2 There / Here + 동사 + 주어 순서

There is a book / **on the desk.** 책상 위에 책이 한 권 있다.
  V   S   전치사구

Here comes a bus. 버스가 온다.
       V   S

Here is an instance / **of his honesty.** 여기 그의 정직함을 보여주는 한 예가 있다.
      V   S   전치사구

> **Tip** There와 Here는 유도부사로 주어가 아니다.
> There, Here가 문두에 쓰이면 『동사 + 주어』의 순서가 된다.
> 그러나 There와 Here의 **주어가 대명사인 경우** 『주어 + 동사』의 순서가 된다.

There **he comes**. (O)	There comes he. (X)	그가온다.
Here **we go**. (O)	Here go we. (X)	여기 있습니다. (갑니다 / 시작합니다)
Here **you are**. (O)	Here are you. (X)	여기 있습니다. (상대방에게 무엇을 주면서 하는 말)

There **seems** to be **a problem** with him. 그에게 문제가 있는것 같다.
There **needs** to be **a good system**. 좋은 시스템의 필요성이 있다.

> Tip 『 There + seem(s) / appear(s) / need(s) + to 부정사 + 주어 』의 형태로 쓰이기도 한다.

▶ **There는 불특정 명사의 '존재'를 나타낸다.**   **h⊙⊛t p@ge 1**

There is **the** book on the desk. (X)
There는 **불특정 명사의 존재**를 나타내는 표현으로, 주어에 정관사(the)나 소유격이 수반 될 수 없다.
There is **a** book on the desk. 처럼 부정관사 **a** book으로 써야하는 것이다.
There is **my** car in front of the building. (X) **my** car라는 소유격도 수반 될 수 없다.
There is **a** car in front of the building.이 옳은 표현이다.

기출문제를 살펴보자
Dr. Martin became very (A)impatient and (B)phoned the post office (C)to ask why (D)it was no mail delivery.
'배달이 있다 / 없다'의 **존재 의미**를 나타내는 구문은 **there**로 시작한다. (D)는 it이 아닌 **there**가 되어야 한다.

---

3 완전자동사 다음은 명사나 형용사 불가

I will talk air pollution in the next place.   (X)
I will talk **about** air pollution in the next place. (O) 나는 다음에 공기 오염에 대해 이야기할 것이다.

I had slept uneasy all night.   (X)
I had slept **uneasily** all night. (O) 밤새 안심하고 자지 못했다.

> Tip 1형식 완전 자동사는 명사나 형용사를 취할 수 없다.
> 명사를 취할 때는 『**전치사 + 명사**』의 형태로, 형용사는 불가능하지만, **부사는 가능**하다.

4 해석에 유의할 완전자동사

다음 동사들은 완전자동사로 해석에 주의하고, 수동태가 불가능한 것에 주의한다.

① **matter/count : 중요하다**

Every point in this game **matters**.   (O) 이 게임에서는 한 점 한 점이 중요하다. [in this game은 전치사구]
Every point in this game is mattered.   (X)

② **do : 충분하다**

One hundred dollars **will do**.   (O) 100달러면 충분하다.
One hundred dollars will be done. (X)

③ **pay : 득이 되다**

Kindness always **pays**.   (O) 친절은 항상 득이 된다. [always는 부사]
Kindness is always paid. (X)

④ **work : 일하다, 효과가 있다**

Jun always **works** hard.   Jun은 늘 열심히 일한다. [hard는 부사]
This pill **works** well.   (O)   이 알약은 효과가 좋다.
This pill is worked well. (X)

⑤ **help : 도움이 되다**

They didn't **help** at all. 그들은 도움이 되지 않았다. [at all은 부사]

⑥ **go : ~되어 가다**

How **is** the work **going**? 그 일은 어떻게 되어 가니? [how는 의문부사]

⑦ **hurt : 아프다, 마음이 아프다**

My feet **hurt**. 난 발이 아파.
I know you're **hurting**, so I want to help you. 네가 마음 아파한다는 거 알아. 그래서 도움이 되고 싶다.

5 완전자동사의 종류

① **등장과 관련** appear(나타나다), concur(동시에 발생하다) disappear(사라지다), happen=occur(발생하다)
　　　　　　　　hide(숨다), recur(재발하다) 등
② **존재**　　　　 exist = be(존재하다)
③ **생성**　　　　 rise(뜨다), arise(발생하다), lie(눕다) 등
④ **왕래발착**　　 arrive(도착하다), come(오다), go(가다), jump(뛰다), run(달리다), walk(걷다), fall(떨어지다) 등
⑤ **의사**　　　　 talk(대화하다), listen(듣다), speak(말하다) 등
⑥ **진행, 작동**　 proceed(나아가다, 진행하다), progress(진전되다), function(작동하다), work(일하다, 효과있다) 등
⑦ **생사**　　　　 live(살다), die(죽다), stay= stand(머무르다), wait(기다리다) 등
⑧ **기타**　　　　 vary(다양하다), behave(행동하다), ripen(익다) 등

동사는 대부분의 경우 자동사/타동사로 모두 쓰이므로 자동사와 타동사를 따로 외우는 것은 불가능하다.
위에 나열한 동사들은 괄호안의 의미일 때 자동사이며, **다른 의미로 쓰일 경우 타동사가 될 수 있다.**

When I **appeared** on the stage at first, I was so nervous.   나는 무대에 처음 섰을 때 긴장했다.
Differences of viewpoint may **arise** from time to time.   의견의 차이가 종종 생긴다.
This new cell-phone doesn't **function** properly.   이 새 휴대전화는 작동이 잘 안 된다.
Forests **vary** greatly in composition from one part of the country to another.
　　　　　　　　　　　　　　　　　　　　　　　　　　　　　숲의 모습은 한 나라 안에서도 매우 다양하다.
You should **behave** in accordance with your station in life.   신분에 맞게 행동해야 한다.

6 목적어를 쓰지 않음으로써 자동사로 전환된 타동사

I **drive**. (차를) 운전하다.
I **lost**. (길을) 잃다.
I **cook**. (요리를) 하다.
The door **opened**. 문이 열렸다.

I **drink**. (술) 마시다.
I **wave**. (손을) 흔들다.
Paper **burns** well. 종이는 (불에) 잘 탄다.

> **Tip** 위의 동사는 drive a car에서 목적어 a car를 생략해도 의미가 통하기 때문에 목적어를 생략함으로써 자동사로 전환된 동사이다.
>
> 가령 I buy 에서 buy라는 동사 뒤에 올 수 있는 목적어는 무궁무진하나, drive 뒤에 올 수있는 명사는 a car, a bus 등으로 한정되어 있어서 목적어를 쓰지 않아도 의미가 통하기 때문이다.
>
> 이하의 예문 모두 같은 맥락으로 이해하면 된다.

▶ **타동사에서 전용되어 수동의 의미를 갖는 자동사 - 대게의 경우 부사를 수반한다!**

Susan **photographs well**.   Susan은 사진이 잘 **받는다**.
These kinds of shirts **wash very well**.   이런 종류의 셔츠들은 빨래가 **잘 된다**.
This pen **writes smoothly**.   이 펜은 부드럽게 **쓰인다**.
My new book **sold rapidly**.   나의 새로운 책은 빨리 **팔렸다**.

타동사가 자동사로 전용되면서 수동의 뜻을 나타내는 경우, 이런 동사들의 경우 대게 부사가 수반되며 이런 문장의 자동사가 나타내는 수동문은 수동의 의미 자체보다는 '사진이 잘 받고' '세탁이 잘 된다는' 등 주어의 어떤 특징을 설명하는 데 목적이 있다고 할 수 있다.

▶ **능동의 진행형이 수동의 의미로 해석되는 경우**

The weekly magazine **is now printing**.   그 주간지는 **인쇄되고 있다**.
My summer house **is building** on the beach.   나의 여름 별장이 해변에 **지어지고 있다**.

7 완전자동사로 쓰이는 be동사

God **is** in our mind.   신은 우리 마음안에 존재한다.
To **be**, or not to **be**, that is the question.   죽느냐 사느냐 그것이 문제로다.

> **Tip** be동사가 exist(존재)의 의미로 쓰일 땐 완전 자동사로 볼 수 있다.
> 하지만 위의 표현과 같이 특수한 경우를 제외하고는 be동사가 부사(구) 또는 전치사(구)없이 단독으로 쓰이는 경우는 많지 않다. There나 exist를 사용하는 것이 보편적이기 때문이다.

 ◀ 자동사에 관하여 설명해 봤어요 QR코드를 스캔해보세요

Unit 02 2형식

주어 + 불완전 자동사 + 보어

명사보어 - 주어와 동격
형용사보어 - 주어의 상태 묘사

Guide 2형식동사는 불완전자동사로 주어를 보충해주는 **보어가 필요**한 동사이다.
보어에는 '형용사보어'와 '명사보어' 두 가지의 품사가 있는데, 형용사보어는 **주어의 상태**를 묘사하며, 명사보어는 **주어와 동격**이 된다.
『be+형용사』는 '~하다'로, 『be+명사』는 '~(이)다'로 해석한다.
2형식동사의 종류 ❶오감동사, ❷변화동사, ❸유지동사, ❹판명동사는 반드시 **암기**한다.

He is **happy**.	그는 행복하다.	『be+형용사』는 '~하다'로 해석
He is **a teacher**.	그는 선생님이다.	『be+명사』는 '~(이)다'로 해석
My hobby is **to go fishing**.	내 취미는 낚시하러 가는 것이다.	
My hobby is **reading books**.	내 취미는 책을 읽는 것이다.	
The fact is **that we can always have a new beginning**.	사실은 항상 새로운 시작을 할 수 있다는 것이다.	

Tip 형용사인 happy가 주어의 상태를 설명하고 있다.
He = teacher : 명사인 teacher는 **주어와 동격**이 된다.
to부정사와 동명사도 보어로 주어와 동격 관계가 된다. 명사절(that~) 역시 주어와 동격관계가 된다.

▶ 동격

h⊚t p@ge 2

다음 문장을 살펴보자.
The weather is cloud / cloudy.

be동사의 보어로 **명사와 형용사** 둘 다 가능하다.
cloud는 '명사'고 cloudy는 '형용사'다. 그렇다면 둘 다 보어로 쓸 수 있는 품사가 아닌가?
그러나 명사보어는 주어와 동격이 되어야 한다. 주어인 The weather(날씨) ≠ cloud(구름)은 동격이 될 수 없다.
따라서, 날씨의 **상태를 설명**하는 **형용사인 cloudy**가 정답인 것이다.

기출문제를 살펴보자 [삼육대]

(A)Proofreading a technical article is (B)difficulty for most editors, unless they are very (C)familiar (D)with the subject.

주격보어 자리의 명사는 주어와 동격이 된다.
Proofreading(교정)과 명사 difficulty(어려움)는 동격이 될 수 없으므로 **형용사 difficult**가 되어야 한다.
proofreading : 교정, 교열　　　　be familiar with : ~에 정통하다
만약 그들이 그 주제에 정통하지 않다면 전문적인 글의 교정은 대부분의 편집자에게 있어서 어렵다.
▶ 정답 (B)

8 2형식동사의 종류 [2형식동사는 4가지(①오감/②변화/③유지/④판명)로 분류 할 수 있다]

① 오감동사
look (~처럼 보이다), **sound** (~처럼 들리다), **smell** (냄새가 나다), **taste** (맛이 나다), **feel** (느껴지다)

The food **smelled** nasty. 그 음식은 고약한 냄새가 났다.
The milk **tasted** sour. 우유가 신 맛이 났다.
The name **sounds** familiar to me. 그 이름은 내게 친숙하게 들린다.
He **looks** friendly. 그는 다정해보인다. ('명사+ly'는 부사가 아닌 형용사)

> **Tip** 오감동사에서 주의할 점
> He looks happy.
> 오감동사는 형용사보어를 바로 취할 수 있지만, 명사보어의 경우는 『**like + 명사**』의 형태만 가능하다.
> He looks a teacher. (X)   He looks **like** a teacher. (O)
> It sounds funny. = It sounds **like** fun. 재미있을 것 같다.(fun은 명사)

② 변화동사 [아래의 동사들은 모두 '변하다'의 의미를 지닌다]
be, become, come, fall, go, get, grow, make, run, turn '(~이)되다, 변하다'

① become
Jun **became** a soldier. Jun은 군인이 되었다.
We **became** affiliated with this company last year. 우리는 지난 해에 이 회사에 합병되었다.
She **became** intoxicated and was quite rude to me. 그 여자는 술에 취해서 나에게 아주 무례하게 굴었다.

> **Tip** affiliated, intoxicated와 같이 ~ed 로 끝나는 과거분사는 보통은 형용사(과거분사)이므로, become의 보어가 된다.
> become이 '(~에게) 어울리다'의 의미인 경우 3형식이며 수동태는 불가능하다.
> **The new tie** becomes **him.** 새 (넥)타이가 그에게 **어울린다. (3형식)**
> He is become by the new tie. (X) [become이 3형식이라도 수동태로 쓰지는 않는다]

② go / fall / run
He **went** mad. 그는 미쳤다.
All my plans for the party **went** awry. 내 파티 계획이 모두 엉망이 되어 버렸다.
I may **fall** asleep at my desk. 책상 위에서 잠들지도 모르겠다.
Last year's harvest **fell** short of the average. 작년의 수확은 평년에 비해 줄었다.
The river **ran** dry during the drought. 가뭄 중에 강물이 말랐다.
The world is gradually **running** short of oil. 세계의 석유는 점점 고갈되고 있다.
He **ran** wild after his wife's death. 그는 아내의 죽음으로 난폭해졌다.

> **Tip** go / fall / run은 주로 '부정적인 의미로의 변화'를 나타낸다.
> **go** bad(=sour) 상하다   **go** bankrupt 파산하다   **go** blind 장님이 되다   **go** mad 미치다
> **go** bald 대머리가 되다   **go** pale 창백해지다   **go** wrong 실수하다   **go** awry 실패하다
> **fall** apart 헤어지다   **fall** asleep 잠들다   **fall** back 물러나다, 줄어들다
> **fall** prey 희생(자)이 되다   **fall**(=run) short 부족해지다   **fall** in love 사랑에 빠지다
> **run** dry 말라버리다   **run**(=go) wild 난폭해지다   **run** vapid 김[맥] 빠지다, 축 늘어지다

> **Tip** come은 주로 긍정적인 변화를 나타낸다.
> Dreams **come** true. 꿈은 이루어진다.
> These new cars **come** cheap. 이번 새 차는 싸게 나온다.
> we **come to know** people only step by step. 우리는 사람들을 차근차근 알아나간다.
> [come은 보어로 형용사나 명사가 아닌 to부정사를 취하기도 한다]

③ get

We hope you'll **get** better soon. 곧 회복하시기를 바랍니다.
I **get** sad when I listen to the music. 나는 그 음악을 들을 때 슬퍼진다.

> **Tip** get의 쓰임
> ① 상태의 변화를 나타낸다.
> **get** better 회복하다, 좋아지다 / **get** worse 나빠지다, 악화되다
> ② be동사를 대체한다.
> I **got** paid $100. 100달러를 받았다
> After a few minutes my eyes **got** used to the darkness. 몇 분 지나자 눈이 어둠에 익숙해졌다.
> ③ to부정사를 취할 수 있다.
> When you **get** to be our age, all young people look beautiful.
> 너도 우리 나이가 되면 젊은 사람들은 다 예뻐 보인다.

④ turn

The weather **has turned** colder. 날씨가 더 추워졌다.
Soon, the green leaves on trees will **turn** red and yellow. 곧, 푸른 나뭇잎은 단풍이 들 것이다.

> **Tip** turn은 전반적인 변화를 나타내며, turn의 보어는 단수명사라도 관사를 수반하지 않는다. [364번]
> **turn** red 빨간 신호로 바뀌다, 얼굴이 붉어지다　　**turn** traitor 배신자가 되다(무관사)
> **turn** 40 마흔 살이 되다　　**turn** pale 창백해지다

⑤ grow

The company is **growing** bigger all the time. 그 회사는 계속해서 더 커지고 있다.
The couple **grew** old together. 그 부부는 함께 늙어갔다.

> **Tip** grow는 주로 크기나 시간적 변화를 나타낸다.
> **grow** dark 어두워지다 / **grow** old 늙다 / **grow** bored 지루해지다 / **grow** calm 잠잠해지다

⑥ make

Two and three **makes** five. 2 더하기 3은 5가 된다. (= become)
He **makes** ready. 그는 준비가 되었다. (= is)

> **Tip** make의 경우 1~5형식 모두 가능하다.
> Susan **made** towards the door.　　Susan은 문 쪽으로 갔다.　　(1형식)
> Susan **made** a good wife.　　Susan은 좋은 아내가 되었다.　　(2형식)
> Susan **made** a mistake.　　Susan은 실수를 했다.　　(3형식)
> Susan **made** me a blanket with cotton.　　Susan은 나에게 솜이불을 만들어 주었다. (4형식)
> Susan **made** me a doctor.　　Susan은 나를 의사로 만들었다.　　(5형식)

③ 유지, 지속의 동사

stay, keep, continue '유지하다', remain '~한 대로이다', lie, stand, rest '어떤 상태로 있다' hold '효력이 있다'

He **stayed** healthy. 그는 건강을 유지했다.
The situation **continues** (to be) unchanged. 상황은 달라진 것이 없다.
These machines **lie** idle since the factory closed. 이 기계들은 공장이 폐쇄된 후 가동되지 않고 있다.
The house **stood** empty for a long time. 그 집은 오랫동안 비어 있었다.
You can **rest assured** that everything will be all right. 다 잘될 테니 염려하지 마세요.

> **Tip** continue는 보어 앞에 to be를 쓰기도 하고 생략하기도 한다. remain은 진행형으로 쓰지 않는다.
> To my surprise, the old cabin **is remaining** unchanged. (X)
> To my surprise, the old cabin **remains** unchanged. (O)
> Much remains to be done. 아직 할 일이 많다. (remain to be p.p : 앞으로 ~해야 한다)

keep calm(=silent, quiet) 조용히 있다		**lie** asleep	자고 있다
lie buried	묻혀있다	**lie** idle	휴면상태이다
lie thick	두텁게 쌓이다	**stay** empty	비어 있다
stand still	조용하다	**stand** open	열려 있다
hold aloof	초연하다, 냉담하다	**hold** still	조용히 하다
rest assured	확신하다, 안심하다	**rest** satisfied(=content)	만족하고 있다

④ 판명, 판단 동사

seem / appear '~처럼 보이다', prove, turn out, come out '판명되다', '(~으로) 드러나다'

He **seems** (to be) angry. 그는 화난 것 같다.
= It **seems** that he is angry.
= It **seems** as if(=as though) he is angry.
Jane **appears** (to be) younger than her actual age. 제인은 나이에 비해 젊어 보인다.
= It **appears** that Jane is younger than her actual age.
= It **appears** as if(=as though) Jane is younger than her actual age.

> **Tip** seem과 appear의 경우 보어 앞에 to be를 쓰기도 하지만 look은 보어 앞에 to be를 쓰지 않는다.
> He **seems** (to be) angry. = He **looks** angry.
> seem과 appear는 가주어로 It, 진주어로 that절과 as if절도 취한다.

His theory **turned out** (to be) wrong. 그의 이론이 틀린 것으로 판명되었다.
= It **turned out**(=came out) that his theory was wrong.
= His theory **proved** (to be) wrong.

> **Tip** come out, turn out은 보어 앞의 to be 생략가능, It을 가주어로, that절을 진주어로도 취한다.

The film **proved** (to be) too violent for even mature audiences.　　[2형식]
　　　　　　　　　　　　　　　　그 영화는 성인 관객에게조차 지나치게 폭력적인 것으로 드러났다.
I **proved that** the film was too violent for even mature audiences. [3형식]
　　　　　　　　　　　　　나는 그 영화가 성인 관객에게조차 지나치게 폭력적이라는 것을 입증했다.

> **Tip** prove가 (to be) 명사나 형용사를 보어로 취하여 '(주어가)판명되다'의 의미인 경우 2형식이나, that절을 취하여 (주어가) that 이하를 '입증하다'의 의미가 되면 **3형식**이 된다.

9 부사는 보어가 아니다

It sounds strangely.　　(X)　　It sounds **strange**.　　(O) 이것은 이상하게 들린다.
They remained quietly. (X)　　They remained **quiet**. (O) 그들은 조용히 있었다.

> **Tip** 보어로 쓸 수 있는 품사는 **명사와 형용사** 뿐이다. 부사는 보어가 될 수 없다.

10 유사(=의사) 보어

He died **a millionaire**. 그는 **백만장자로** 죽었다.
= He was a millionaire when he died.
He arrived **safe and sound**. 그는 **안전하고 건강하게** 도착했다.
= He was safe and sound when he arrived.
She married **young** and died **rich**.　　그녀는 **젊어서** 결혼했고, **부유한 상태로** 세상을 떠났다.
He returned home **loaded** with honors. 그는 **훌륭한 사람이 되어** 고향에 돌아왔다.

> **Tip** 완전자동사가 형용사나 명사를 취하여 보어로 사용하여 주어의 상태나 동작의 결과를 나타내는 경우 이를 의사(=유사) 보어라고 한다. 대개 **arrive, die, live, marry, return 등의 1형식동사**가 그러하다.
> 위 문장의 He died만으로도 완벽한 의미의 문장이 되는 것이다.
> 그런데 동사의 뒤에 주어의 상태 등을 부연 설명하는 어(구)(여기서는 millionaire, safe and sound)가 부가되어 있는데, 이러한 부가어가 마치 보어 같은 기능을 한다고 하여 **유사(=의사) 보어**라고 한다.

11 be동사 + 부사(구)

The meeting is **on Friday**.　금요일에 모임이 있다.
This present is **for you**.　이 선물은 당신을 위한 것이다.
I am **in good health**.　나는 몸 상태가 좋다.
Tom is **in his room** now.　Tom은 지금 방에 있다.

> **Tip** 위의 문장에서 on Friday가 없다면 문장은 의미를 가질 수 없다.
> 여기서 전치사구 on Friday가 시간을 나타낸다고 부사구로 볼 것인가?
> 아니면 주어인 The meeting을 설명하고 있기에 (금요일에 모임이 있다는) 형용사구로 볼 것인가?
> 위의 문장들은 2형식 문장으로 보기 힘들다. **이 유형의 문장은 꼭 1, 2형식의 의미를 부여할 것이 아니라** 또 하나의 **독립된 문형**으로 이해하고 넘어가도록 하자.

Unit 03 3형식
주어 + 완전 타동사 + 목적어 (명사)

Guide 3형식동사는 **동사의 대상**이 되는 **목적어**를 필요로 하는 동사다. **목적어로는 명사(구/절), to부정사, 동명사 등**이 올 수 있다. 3형식에서 목적어는 보통 '~을(를), ~에게'로 해석 된다

I **bought** a book.	책을 샀다.	(목적어=명사)
I **want** to meet Jane.	나는 Jane을 만나길 원한다.	(목적어=to부정사)
I **enjoy** meeting people.	나는 사람들 만나는 것을 즐긴다.	(목적어=동명사)
I **know** that Jun is kind.	나는 Jun이 친절한 것을 알고 있다.	(목적어=명사절)

12 2형식 vs. 3형식

She **is** an English teacher. (She = an English teacher) 2형식
She **likes** the English teacher. (She ≠ an English teacher) 3형식

> **Tip** 2형식은 주어(She)와 보어(English teacher)가 동격(동일인)이지만, 3형식의 목적어 English teacher는 주어(She)와 동일시 될 수 없다. 여기서 English teacher는 그녀가 좋아하는 대상 즉, 목적어가 되는 것이다. **2형식의 명사보어는 주어와 동일**하고, **3형식의 목적어는 주어와 다르다**.
> 또한, 형용사는 목적어가 될 수 없고, **명사만**이 목적어가 될 수 있다.

타동사지만 전치사가 있어야 의미가 통하는 것 같은 동사들이 있다.

We **attended** the party.   (O)
We **attended** ~~to~~ the party. (X)

> **Tip** 우리는 '파티를' 참석했다가 아니라 '파티에' 참석했다가 맞는 의미이다. 마치 '목적지'를 의미하는 전치사 (to '~에')가 있어야 할 것 같지만 '참석하다'는 의미의 **attend**는 타동사로, **전치사를 쓰지 않는다**.

 기출문제를 살펴보자 [광운대]

Brennan did not have plans to (A)<u>attend to</u> college, and was (B)<u>supportive of</u> Jobs when he told her he planned to (C)<u>drop out of</u> Reed because he did not want to spend his parents' (D)<u>money on it</u>. Neither her father nor Jobs's parents had (E)<u>gone to college</u>.

---

attend는 '~에 참석하다'라는 의미인 경우에는 타동사이며, '주의하다'라는 의미일 때에는 'attend to'와 같이 전치사 to와 함께 쓰인다. 주어진 문장에서는 전자의 의미로 쓰였으므로 타동사이며, 따라서 목적어 앞에 전치사가 필요하지 않다.
(A)에서 to를 삭제해야 한다.
supportive a. 지원하는, 도와주는   **drop out of** ~에서 중퇴하다, 중도하차하다

브레넌(Brennan)은 대학에 다닐 계획이 없었으며, 잡스(Jobs)가 부모의 돈을 대학을 다니는 데 쓰고 싶지 않기 때문에 리드(Reed) 대학에서 중퇴하려한다고 그녀에게 말했을 때 그에게 도움을 주었다. 그녀의 아버지와 잡스의 부모 모두 대학을 다니지 않았었다.

▶ 정답 (A)

아래의 동사는 타동사이므로 전치사가 수반되면 틀린다는 것에 유의한다.
시험에서 자주 출제되는 내용이다.

13 to가 수반되어 출제되는 동사 (다른 전치사도 수반 될 수 없다)

attend 참석하다	approach 다가가다	address 연설하다	attack 공격하다
greet 인사하다	become 어울리다	oppose 반대하다	reach 도착하다
telephone 전화하다	threaten 위협하다		

A number of prestigious people **attended** ~~to~~ the party. 명성있는 많은 사람들이 그 파티에 참석했다.
When comets **approach** ~~to~~ the Sun, the Sun heats and melts them.
혜성이 태양에 접근하면 태양은 혜성들을 가열시켜서 녹인다.
David **greeted** ~~to~~ my parents in a Korean way. David는 나의 할아버지에게 한국식으로 인사를 드렸다.

I am **attending to** your words. 당신의 말에 **집중**하고 있습니다.
His reply **approached to** the denial. 그의 답변은 거절이나 **다름없었다**.

Tip
attend 참석하다   attend to 집중하다   attend on 간호하다, 시중들다
approach 다가가다   approach to ~나 다름없다, 대등하다
attend와 approach의 경우 단독으로 쓰일 때와 전치사가 수반 될 경우 의미가 다른 것에 유의한다.
(27쪽 광운대 기출문제 참조)

14 about이 수반되어 출제되는 동사 (다른 전치사도 수반 될 수 없다)

| consider 고려하다 | discuss 토론하다 | explain 설명하다 | mention 언급하다 |

You must **consider** ~~about~~ the problem from every aspect. 그 문제는 모든 관점에서 고려해야 한다.
Newspapers **discuss** ~~about~~ the topics of the day. 신문은 당일의 화제들에 대해 논한다.
He didn't **mention** ~~about~~ the news. 그는 그 소식을 언급하지 않았다.

15 with가 수반되어 출제되는 동사 (다른 전치사도 수반 될 수 없다)

accompany 동반하다	confront 맞서다	contact 접촉하다
encounter 마주치다	face 직면하다	handle 다루다
join 연결하다	match 경쟁하다	marry 결혼하다

You must pay a fee to **join** ~~with~~ the fan club. 팬클럽에 가입하려면 회비를 내야 한다.
She **married** ~~with~~ a famous movie star. 그녀는 한 유명 배우와 결혼했다.
Japan soccer team couldn't **match** ~~with~~ Korea soccer team in the final and lost 3-0.
일본축구팀은 결승전에서 한국팀과 경쟁이 안 되었고 3 대 0으로 졌다.

16 after가 수반되어 출제되는 동사 (다른 전치사도 수반 될 수 없다)

resemble 닮다　　　　　　　　**follow** 따르다

He **resembles** ~~after~~ his father. 그는 아버지를 닮았다.
She **followed** ~~after~~ her mother into the medical profession. 그녀는 어머니를 따라 의료계에 들어갔다.

17 기타 (다른 전치사도 수반 될 수 없다)

inhabit ~~in~~ 거주하다　　**affect** ~~on~~ 영향을 미치다　　**await** ~~for~~ 기다리다
avoid ~~from~~ 피하다　　　**escape** ~~from~~ 모면하다, 피하다

A large number of squirrels **inhabit** ~~in~~ this forest. 이 숲에는 많은 다람쥐가 살고 있다.
She **escaped** punishment. 그녀는 처벌을 면했다.
The prisoner **escaped from** prison. 그 죄수는 감옥에서 탈출했다.

> **Tip** 그러나 escape가 (어떤 장소를) '탈출하다, 도망가다'의 의미로 쓰일 경우 전치사 from을 수반한다.

18 전치사가 수반되면 의미가 달라지는 동사

① enter(들어가다) vs. enter into(시작하다) vs. enter for(시험에 응하다, 참가하다)

She **entered** ~~into~~ the kitchen through the back door. 그녀는 뒷문을 통해 부엌에 **들어갔다**.
He **entered into** a genuine dialogue with them. 그는 그들과 진지한 대화를 **시작했다**.
More boys than girls do not **enter for** examinations. 여학생보다 많은 남학생들이 시험에 **응시**하지 않는다.
Only four British players have **entered for** the championship.
　　　　　　　　　　　　　　　　　　　　그 선수권대회에는 4명의 영국 선수만이 **참가했다**.

> **Tip** enter가 타동사로는 '들어가다'의 뜻이지만, 전치사 into, for 등을 취하는 자동사로 쓰이면 의미가 달라지는 것에 주의한다.

② attend(참석하다) vs. attend to(집중하다) vs. attend on(시중들다)

He was unable to **attend** ~~to~~ the meeting.　　그는 모임에 **참석**할 수 없었다.
I am **attending to** your words.　　　　　　　　당신의 말에 **집중**하고 있습니다.
My mother **attended on** sick brother all night. 엄마는 아픈 동생을 밤새 **간호**하셨다.

> **Tip** attend가 타동사로 목적어를 바로 취하면 '참석하다'의 뜻
> 　　　attend가 전치사 to를 취하는 자동사로 쓰이면 '집중하다'의 뜻
> 　　　attend가 전치사 on을 취하는 자동사로 쓰이면 '간호하다, 시중들다'의 뜻

◀ 타동사가 궁금하면 QR코드를 스캔해보세요

19 전치사와 하나가 되어 목적어를 취하는 자동사 = 타동사구

① abstain from ~을 금하다
You should **abstain from** smoking in the office. 사무실에서는 금연이다.

② account for 설명하다
You must **account for** your conduct. 당신은 당신의 행동에 대해 설명해야 한다.

③ agree to, with 동의하다
My parents do not **agree to** our marriage. 우리 부모님은 우리의 결혼에 동의하지 않는다.
I can't **agree with** you on that point. 그 점에 대해서 난 너에게 동의할 수 없다.

④ allow for 참작하다
We must **allow for** human error. 우리는 인간의 실수를 참작해야 한다.

⑤ belong to ~에 속하다
I **belong to** a tennis club. 나는 테니스 클럽에 가입해 있다.

⑥ conform to 순응하다, 따르다
The building did not **conform to** safety regulations. 그 건물은 지을 때 안전 규정을 따르지 않았다.

⑦ consist of 구성되다 / consist in ~에 있다
Most books **consist of** several chapters. 대부분의 책은 몇 개의 장으로 이루어져 있다.
Satisfaction **consists in** trying to do one's duty. 만족은 자기 본분을 다하는 데 있다.

⑧ count on 의존하다 (=depend on, rely on, resort to)
We **count on** you so don't let us down. 우리는 너를 믿고 있으니 실망시키지 마라.
All living things **depend on** the sun. 모든 살아 있는 생명체는 태양에 의존한다.

⑨ dispose of 처리하다
We will **dispose of** the garbage in an appropriate way. 우리는 이 쓰레기를 적절히 처리할 것이다.

⑩ graduate from 졸업하다
I'll **graduate from** Harvard university next February. 나는 다음 2월에 하버드 대학을 졸업한다.

⑪ insist on 주장하다
They **insist on** sticking to the letter of the law. 그들은 그 법률 조문 그대로 고수할 것을 주장한다.

⑫ interfere in 간섭하다 / interfere with 방해하다
You should not **interfere in** other's private concerns. 남의 사생활에 간섭하지 마시오.
Mobile phone can **interfere with** the airplane's equipment.
휴대전화기가 비행기 장비에 장애를 초래할 수 있다.

⑬ **laugh at** 비웃다
Others will **laugh at** you when you make a bad break. 다른 사람들은 네가 실수하면 너를 비웃을 것이다.

⑭ **long for** 갈망(열망)하다
We **long for** freedom and peace. 우리는 자유와 평화를 열망한다.

⑮ **object to** 반대하다
I **object to** the form of that question. 나는 그 질문의 형태에 대해 반대한다.

⑯ **participate in** 참가하다 (=take part in)
All good players will **participate in** this competition. 모든 훌륭한 선수들이 이번 대회에 참가한다.

⑰ **refer to** 언급하다
Don't **refer to** the matter again. 다시는 그 문제를 거론하지 마라.

⑱ 원인 + **result in** + 결과 '~을 야기하다' / 결과 + **result from** + 원인 '~으로부터 야기되다'
Bad data(원인) can **result in** bad decisions(결과). 잘못된 자료들은 잘못된 결정을 야기 할 수 있다.
= **Bad decisions**(결과) can **result from** bad data(원인).

⑲ **succeed in** 성공하다 / **succeed to** 물려받다 / **succeed** 뒤를 잇다
He will **succeed in** the examination. 그는 시험에 합격할 것이다.
Who will **succeed to** the throne? 누가 왕위를 계승할 것인가?
Who **succeeded** Kennedy **as** President? 대통령으로 케네디 뒤를 이은 사람이 누구였지?

⑳ **wait for** 기다리다
I can't **wait for** spring to come. 빨리 봄이 왔으면 좋겠다.

목적어 다음 전치사가 수반되어 숙어처럼 쓰이는 3형식 동사들

20 목적어 + with (공급 / 비교)

① supply, provide, furnish, endow, present + A **with** B : A에게 B를 공급하다.
② replenish + A **with** B : A에게 B를 채우다, 보충하다
③ compare + A **with** B : A와 B를 비교하다
④ share + A **with** B : A와 B를 공유하다

The waiter **replenished** my cup **with** coffee. 웨이터는 나의 컵에 커피를 다시 채워주었다.
Don't **compare** yourself **with** those around you. 자신을 주위 사람들과 비교하지 마라.
The programs would **provide workers with** information about risk of injuries.
= The programs would **provide** information about risk of injuries **to workers**.
이 프로그램은 근로자들에게 부상의 위험성에 대한 정보를 제공합니다.

Tip 공급, 제공의 동사 'A **with** B'는 'B **to(for)** A'로 바꿔 쓸 수 있다.

21 목적어 + from (방해, 금지 / 분리, 구별)

① ban, bar, deter, inhibit, stop, keep, prevent, prohibit + A **from** B : A가 B하는 것을 막다, 금지하다
② dissuade + A **from** B : A를 설득하여 B하는 것을 단념시키다
③ 기타 - derive, distinguish, tell, exempt, free, hide, protect + A **from** B

Bad weather **prevented** them **from** sailing. 나쁜 날씨 때문에 그들은 항해하지 못했다.
I tried to **dissuade** him **from** giving up his job. 나는 그에게 직장을 그만두지 않도록 설득하려고 애를 썼다.
Sometimes it is hard to **distinguish** reality **from** fantasy. 때로는 현실과 환상을 구별하기가 어렵다.
Anyone can **tell** apples **from** pears. 누구나 사과와 배는 분간할 수 있다.
I don't want to **hide** my past **from** him. 나는 그에게 과거를 숨기고 싶지 않다.

> **Tip** prevent, prohibit의 경우 from이 아닌 to부정사는 불가
> forbid의 경우 **'목적어+to부정사'**가 많이 쓰이나, **'from+동명사'**도 가능하다.
> Bad weather prevented them **to** sail. (X)
> Bad weather **forbade** them **to sail** 또는 **from sailing**.
> His doctor forbade **him alcohol**. 의사는 그에게 주류를 금했다.(4형식도 가능)

22 목적어 + for (비난 / 대가 / 교환)

① blame, criticize, rebuke, scold A **for** B : B에 대하여 A를 비난하다, 꾸짖다
② thank A **for** B : B에 대하여 A에게 감사하다
③ substitute A **for** B : A로 B를 대체하다, pay A **for** B : B에 대하여 A를 지불하다
④ 기타 : (ex)change, criticize, excuse, forgive, mistake, praise, punish, reward A **for** B

The old **blame** the young **for** being selfish. 노인들은 젊은이들이 이기적이라고 **비난한다**.
The police **blame** the accident **on** bad weather. 경찰은 그 사고를 나쁜 날씨 **탓으로 돌렸다**.

The cook **substituted** honey **for** sugar. 요리사는 꿀로 설탕을 대체했다.
= The cook **replaced** sugar **with** honey.
= The cook **substituted** sugar **with(=by)** honey.

I **paid** a lot of money **for** this house. 나는 많은 돈을 주고 이 집을 샀다.
Jun **forgave** Tom **for** stealing his money. Jun은 Tom이 돈을 훔쳐간 것을 용서해 주었다.
In his speech, he **thanked** everyone **for** all their hard work.
그는 연설에서 모든 사람들에게 열심히 일해준 것에 대해 감사를 표했다.

> **Tip** thank의 경우 목적어가 **사람**인데 비해 appreciate의 목적어는 **대상**이 된다.
> thank + 목적어(사람) + for + (동)명사
> appreciate + (동)명사
> We **thank you** for your continued support. 계속되는 후원에 감사드립니다. (사람 목적어)
> We **appreciate your continued support**. 당신의 후원에 감사드립니다. (대상=행위 목적어)
>
> blame A for B 는 'B에 대하여 A를 비난하다'의 뜻이지만, **'blame A on B'는 'A를 B의 탓으로 돌리다'**이다.

> **Tip** place all the blame on A for B 'B에 대한 책임을[죄를] A에게 씌우다'라는 표현도 있다.
>
> [2017 경기대학교]
> We can't (A)place all the blame (B)to (C)advertising (D)for the current epidemic of druggism.
>
> 해설- 'place the blame on A for B'은 'B에 대한 책임을[죄를] A에게 씌우다'라는 의미로 책임이나 비난의 대상 앞에 전치사 on을 쓰므로, (B)를 on으로 고쳐야 한다.

23 목적어 + to (부가 / 전가)

① attribute, ascribe, impute A to B : 'A를 B의 탓으로 돌리다'
② 기타 : add, attach, limit, owe, submit A to B

He **attributes** his success **to** hard work. 그는 자신의 성공을 성실한 노력의 결과로 돌렸다.
Most people **ascribe** their failure **to** bad luck. 대부분의 사람들은 자신의 실패를 불행 탓으로 여긴다.
The customers' phone numbers will **be added to** the data bank.
고객 전화번호 명단이 데이터 뱅크에 추가될 것이다.
Champagne houses **owe** their success **to** brand image.
샴페인 회사들이 성공한 것은 브랜드 이미지 덕분이다.

24 목적어 + of (박탈 / 통보 / 설득)

① rob, deprive, denude, strip A of B : A에게서 B를 빼앗다, 박탈하다
② cure, heal, relieve A of B : A에게서 B를 덜어주다, 완화시키다
③ acquit, accuse, assure, convince, notify, inform, warn A of B : 알림 / 통보
④ remind A of B : A에게 B를 상기시키다 / persuade A of B : B에 대하여 A를 확신시키다

A highwayman **robbed** the traveler **of** his money. 노상강도가 여행자에게서 돈을 강탈했다.
We will **inform** you **of** the result. 당신에게 결과를 알려드리겠습니다.
The jury **acquitted** him **of** murder. 배심원단이 그의 살인혐의에 대해 무죄를 선언했다.
This medicine will **relieve** you **of** your pain. 이 약이 통증을 덜어줄 것이다.
It seems only right to **warn** you **of** the risk. 당신에게 그 위험에 대해 경고하는 것이 전적으로 옳은 것 같다.
I'm calling to **remind** you **of** your appointment tomorrow morning.
내일 아침에 예약이 있다는 것 확인해드리려고 전화 드립니다.

> **Tip** assure, convince, notify, inform, persuade, remind의 경우 『목적어+of+(동)명사』뿐 아니라 『목적어 + that절』의 4형식으로도 주로 쓰인다.
>
> He assured himself **of** her safety. 그는 그녀가 안전함을 확인했다.
> I assure you **that** he is innocent. 저는 그의 결백을 보증합니다. (4형식)
> I am still not fully persuaded **of** the plan's merits. 나는 아직도 그 계획의 이점이 완전히 납득이 되지 않는다.
> We persuaded them **that** it was worth working with us.
> 우리는 우리와 함께 일할 만한 가치가 있다는 것을 그들에게 납득시켰다. (4형식)
>
> * assure / convince의 경우 『목적어 + that절』의 4형식으로 자주 출제된다는 것을 기억해 둔다.

25 목적어 + on(upon) (부과 / 칭찬)

① bestow, confer A **on** B : B에게 A를 주다
② compliment, congratulate A **on** B : B에 대해서 A를 칭찬하다, 축하하다
③ impose A **on** B : B에 대하여 A를 부과하다
④ inflict A **on** B : B에게 A를 가하다

She **complimented** Tom **on** his excellent German. 그녀가 Tom의 독일어가 뛰어나다고 칭찬했다.
Government **imposed** a new tax **on** fuel. 정부는 연료에 새로운 세금을 부과했다.
They **inflicted** a humiliating defeat **on** the home team. 그들은 홈팀에게 치욕스러운 패배를 안겨 주었다.
The king **bestowed** land **on** the warrior for his distinguished service in the war.
　　　　　　　　　　　　　　　　　　　　　　　　　　국왕은 전쟁에서 공을 세운 병사에게 토지를 하사했다.

26 목적어로 재귀대명사를 취하는 3형식동사들

Susan dressed **herself** in red.　　　(O) Susan은 빨간색을 입었다.
Susan dressed her in red.　　　　　　(X) 주어인 Susan과 목적어가 같기 때문에 her로 쓸 수 없다.
Susan dressed in red.　　　　　　　　(X) dress는 타동사로 목적어가 있어야 한다.
Tom presented **himself** at the meeting.　(O) Tom은 모임에 참석했다.
Tom presented him at the meeting.　　(X) 주어인 Tom과 목적어가 같기 때문에 him으로 쓸 수 없다.
Tom presented at the meeting.　　　　(X) present는 타동사로 목적어가 있어야 한다.

concern oneself with(in)　~에 관여하다
concern oneself about　　~에 대해 걱정하다
absent oneself from　　　~에 결석하다
pride oneself on　　　　　~을 자랑스러워하다
seat oneself on　　　　　~에 앉히다

Tip 타동사의 목적어가 문장의 주어와 **동일**인일 경우 인칭대명사가 아닌 **재귀대명사**를 써야 한다.

▶ 목적어와 주어가 다르면?　　　　　　　　　　　　　　　h⊙t p@ge 3

목적어로 재귀대명사를 쓰는 이유는 목적어가 문장의 주어와 같을 때만 해당되는 것이고,
목적어와 문장의 주어가 다르다면 해당사항이 없다.　　　　(Unit 65 재귀대명사 참조)
Susan dressed **her son** in yellow. 그는 아들을 노란색으로 입혔다.
이 문장에서 목적어인 her son은 문장의 주어인 Susan과 다르다.

27 동족목적어

동사가 같은 어원의 명사를 목적어로 취하는 경우

breathe a ~ breath	숨을 쉬다	dream a ~ dream	~꿈을 꾸다	die a ~ death	~죽다
fight a ~ battle	~싸우다	laugh a ~ laugh	~웃다	live a ~ life	~ 살다
sleep a ~ sleep	~잠을 자다	smile a ~ smile	~미소를 짓다		

I **dreamed a strange dream** yesterday. 나는 어제 이상한 꿈을 꾸었다.
People **lived a simple life** in medieval age. 중세시대의 사람들은 검소한 생활을 했다.
After working hard, I **slept a sound sleep**. 열심히 일한 후, 나는 숙면했다.
He **died a mysterious death** while serving in the military. 그는 군 복무 중 의문사를 당했다.

*do / make / have / take의 목적어

28 do + 목적어

a favor	부탁하다	an experiment	실험하다	an exercise	연습하다
homework	숙제하다	the dishes	설거지하다	housework	집안일하다
cooking	요리하다	damage	손해를 입히다	good	득이 되다
harm	해가 되다	one's best	최선을 다하다	one's hair	머리를 손질하다
research	연구하다	shopping	쇼핑하다	the washing	세탁하다 등

I want you to **do a favor** for me. 네가 나의 부탁을 들어주길 원한다.
Danny will **do the dishes** after he watches the news on TV. 데니는 TV 뉴스를 본 다음, 설거지를 할 것이다.
They also **do research** in the sea. 그들은 또한 바다를 연구한다.
Computers **do us good**, but they can **do us harm**, too.
컴퓨터는 우리에게 이롭기도 하지만 우리에게 해를 줄 수도 있다.

29 make + 목적어

advances	제안하다	an appointment	약속하다	an attempt	시도하다
a bet	내기하다	a comment	논평하다	a decision	결정하다
a difference	차이를 낳다	an effort	노력하다	a mistake	실수하다
one's mark	해내다	a noise	소리를 내다	a phone call	전화하다
a reservation	예약하다	habit of + (동명사)	습관으로 하다 등	a plan	계획하다

Accidents happen. Anybody can **make a mistake**. 사고는 일어나고 실수는 누구나 한다.
Let's **make a bet** on the next election. 다음 번 선거에 내기 하자.
Make a habit of getting up early. 일찍 일어나는 버릇을 들여라.
I'll call and **make a reservation** for two. 제가 전화해서 두 사람 좌석을 예약해 놓겠습니다.

30 have + 목적어

a chat 잡담하다	an effect on 영향을 미치다	a fall 넘어지다
a point 일리가 있다	a talk 말하다	a quarrel 싸우다
a good time 좋은 시간을 보내다	breakfast, lunch, dinner 식사하다 등 (무관사-363번 참조)	

Every now and then even the gentlest couple **has a quarrel**. 정말 점잖은 부부도 가끔씩 싸우기는 한다.
You **have a point**, but it's not very convincing. 네 말에 일리는 있지만 충분한 설득력이 있는 건 아니다.
An investigation by the police would **have a bad effect on** the company's reputation.
경찰에 의해 조사를 받게 되면 그 회사의 명성에 좋지 않은 영향을 가져올 것이다.

31 take + 목적어

account of 고려하다	advantage of ~을 이용하다	apart ~을 분해하다
care 몸 건강해라	a chance 운에 맡기다	a turn 산책하다
a photograph 사진을 찍다	a risk 모험하다 등	

The company **takes account of** environmental issues wherever possible.
본 회사에서는 가능한 경우에는 언제나 환경 관련 사안들을 고려합니다.
Don't **take advantage of** others' weakness. 남의 약점을 이용하지 마라.
The consequence of inaction is far worse than what comes from **taking a risk**.
아무 것도 저지르지 않는 것보다는 위험을 무릅쓰고라도 저지르는 편이 훨씬 낫다.

32 have/take 모두 취하는 목적어

a break 쉬다	an exam 시험을 치르다	a guess 추측하다
a look at ~을 보다	a nap 낮잠을 자다	a rest 휴식을 취하다
a shower 샤워하다	a stand ~ 입장을 취하다 등	

If you're feeling tired we'd like people to stop and **take(have) a break**.
피곤하다면 잠시 일을 멈추고 휴식시간을 갖길 바랍니다.
Let me **take(have) a look** at it first before I sign it. 서명하기 전에 한번 검토해 봐야겠어요.
We should **take(have) a firm** stand for a better future. 더 나은 미래를 위해 강경한 태도를 취해야 한다.

**do / make / have / take 는 각각 취할 수 있는 목적어가 정해져 있으므로 각각의 목적어를 암기해야한다.
시험에 빈번하게 출제되는 부분이므로 반드시 암기한다!!**

Unit 04 4형식
주어 + 수여동사 + 간접 목적어(I.O) + 직접 목적어(D.O)

Guide 4형식동사는 간접목적어(~에게)와 직접목적어(~을, 를) 두 개를 갖는 수여동사이다.
4형식문장은 3형식으로 전환 가능하다

33 목적어가 2개

He gave **me the book**. 그는 나에게 책을 주었다.
       I.O   D.O

He bought **me the book**. 그는 나에게 책을 사주었다.
         I.O   D.O

She asked **me a question**. 그녀는 나에게 질문을 했다.
        I.O   D.O

위의 세 문장에 나온 각각의 동사 give, buy, ask 등을 **수여동사**라 하며, 보어는 필요 없지만 **간접목적어(사람)와 직접목적어(사물)** 두 개를 갖는다.

> **More Tips** ▶ 4형식을 3형식으로 전환
>
> 4형식문장은 간접목적어와 직접목적어의 자리를 바꿀 수 있는데, 이때 간접목적어 앞에 전치사 (to, for, of)가 쓰인다. 이렇게 간접목적어 앞에 전치사가 수반되면 목적어의 기능이 아닌 전치사구가 되기 때문에 목적어가 하나뿐인 3형식으로 바뀌게 되는 것이다.
>
> He gave me a book. → He gave a book (to me).   **to me는 전치사구**
> He bought me the book. → He bought the book (for me).   **for me 는 전치사구**
> She asked me the question. → She asked the question (of me).   **of me는 전치사구**
>
> **to를 취하는 동사** : give, allow, bring, hand, lend, offer, pay, send, show, tell 등
> **for를 취하는 동사** : buy, build, make, choose, (do), find, get, order 등
> **of를 취하는 동사** : ask   (do에 괄호가 있는 이유는 아래 Tip 참조)

Will you do **me a favor** right now? 지금 저의 부탁을 들어주시겠습니까?
          I.O   D.O

= Will you do **a favor for** me right now?

> **Tip** do가 4형식에서 3형식으로 전환시 전치사로 **to를 쓰는 경우와 for를 쓰는 경우**가 있다.
> **직접목적어가 favor인 경우 3형식 전환시 for를 쓰고 favor이외의 경우는 to가 쓰인다.**
> 위의 문장에서 간접목적어로는 me가, 직접목적어로는 a favor가 쓰였기에 3형식전환시 전치사로는 for가 쓰인것이다.

This experience will do **you good** in the future. 이 경험이 나중에 너에게 도움이 될 것이다.
                    I.O   D.O

= This experience will do good **to** you in the future.

Droughts can do **living things harm**. 가뭄은 생물에 해를 끼칠 수 있다.
　　　　　　　　 I.O　　　　D.O

= Droughts can do harm **to** living things.

> **Tip** 위의 두 문장은 직접목적어가 favor가 아닌 각각 good과 harm이므로 3형식으로 전환시 전치사로 to가 쓰인 것이다.

Anything will **do**.　아무거나 괜찮습니다.
You should **do** as I told you. 너는 내가 이야기한 대로 해야 한다.

> **Tip** do는 3,4 형식뿐만 아니라 1형식으로도 쓰인다.

34 조건 4형식동사 (직접목적어가 명사절 일 때만 4형식으로 쓰이는 동사들)

assure	확신시키다
convince	확신시키다
inform	알리다
persuade	설득시키다
remind	상기시키다
notify	고지하다

　+　목적어 + of + 명사　　　　[3형식]
　　　또는
　　　간접목적어+직접목적어(명사절) [4형식]

상기 동사들은 직접목적어로 『명사절』이 쓰이면 4형식이지만, 그냥 명사만 쓰이는 경우 그 명사 앞에 『of』가 쓰여 3형식이 된다.

He convinced me **that he was honest**. 그는 자기가 정직하다는 것을 나에게 확신시켰다. (4형식)
= He convinced me **of** his honesty.　(3형식)

He reminded me **of** my brother. 그는 나에게 형을 상기 시켰다. (3형식)
He reminded me **to get** up at 5. 그는 5시에 일어나도록 나에게 일러주었다. (5형식)

(convince, persuade, remind는 '목적어+to부정사'형태의 5형식으로도 쓰인다)

> **Tip** assure, convince, inform, persuade, remind. notify, tell + "명사절" 의 형태로 쓸 수 없다.
>
> I assured **that** he was honest.　(X)　　I **was assured that** he was honest.　(O)
> I convinced **that** he was honest. (X)　I **was convinced that** he was honest. (O)
> I told **that** he was honest.　　 (X)　　I **was told that** he was honest.　　 (O)
>
> assure ~ tell 등의 동사들은 간접목적어 없이 명사절만을 취하는 3형식으로 쓸 수 없고, 그러한 경우 반드시 『수동태』로 써야한다.

35 4형식동사 느낌의 3형식동사들

They explained **me the plan**. (X) → They explained the plan **to** me. (O)
　　　　　　　I.O　D.O

Tip
introduce	소개하다
announce	알리다
explain	설명하다
describe	묘사하다
propose	제안하다
suggest	제안하다
confess	고백하다
say	말하다

위에서 열거한 동사들은 '~에게 ~을' 이라고 해석되므로 4형식 수여동사와 느낌이 같지만 목적어를 하나만 가질 수 있는 3형식동사들이다.
따라서 위의 문장을 목적어가 두 개인 They explained **me the plan**.로 쓰면 틀린 것이고
They explained the plan **to** me처럼 목적어(the plan) 그리고 『to(전치사) + 사람(기관)』의 형태가 된다.

He introduced me the woman.　　　(X)　　목적어 2개 쓸 수 없다
→ He introduced the woman **to** me. (O)　그는 **나에게** 그녀를 소개했다.
→ He introduced me **to** the woman. (O)　그는 **그녀에게** 나를 소개했다.

The boss said the word **to** his employees. 상사는 직원들에게 명령을 내렸다.
Jun suggested / **to** me / **that we should go to the cinema tonight**.
　　　　　　　　　　　　　　　　　Jun이 나에게 오늘 저녁에 영화보러 가자고 제안했다.

▶ **목적어가 타동사와 떨어져 있는 경우?**　　　　　**h⊙t p@ge 4**

Jun suggested / to me / that we should go to the cinema tonight.
　　　　　　　　[전치사구]　[목적절 that]
위 문장은 동사 suggest가 바로 목적어를 취하지 않고 전치사구(to me)가 위치한 뒤에 목적절 that 이하가 위치하고 있다.
목적어라면 타동사 바로 뒤에 위치하는 것이 일반적이지만 위 문장은 목적어가 that절이다.
이렇게 **목적어가 that절(또는 구나 수식을 받는 경우)** 문미로 **후치(end-weight)**된다. [326번 참조]
따라서 목적어가 항상 동사의 바로 오른쪽에 있다고 보면 안 된다.

기출문제를 살펴보자 [강남대]

Could you explain to me _____ what you were talking about when you brought up the idea at the monthly staff meeting?

(A) the details　　(B) detailed　　(C) detailing　　(D) in detail

---

explain은 3형식 동사이므로 목적어를 2개 취할 수 없으므로 'explain+목적어+to 사람'의 형식으로 쓸 수 있는데, 이 문장에서는 목적어가 what절로 후치되었기에 to me가 먼저 쓰이고, 목적어인 what you이하가 빈칸 다음에 위치했다.
따라서 빈칸에는 문장의 필수요소가 아닌 부사가 적절한데, '전치사+추상명사'는 부사로 쓰이므로 '상세하게', '자세히'라는 의미의 (D)in detail이 정답이 된다.
당신이 월례 직원회의에서 아이디어를 제기했을 때 이야기 한 내용을 저에게 자세히 설명해주실 수 있습니까?
　　　　　　　　　　　　　　　　　　　　　　　　　　　　　　▶ 정답 (D)

Unit 05 5형식

명사보어 - 목적어와 동격
형용사보어 - 목적어의 상태 묘사

주어 + 불완전 타동사 + 목적어(O) + 목적격보어(O.C)

Guide 5형식동사는 불완전타동사로, 타동사이기에 목적어를 취하며, 그 목적어만으로는 의미가 불완전하기 때문에 목적어를 보충 설명할 **목적보어**가 필요한 동사를 말한다.
2형식에서의 주격보어와 마찬가지로 형용사보어와 명사보어 두 가지 모두 가능하며, 형용사보어는 목적어의 상태를 설명하고 명사보어는 목적어와 동격이 된다.
목적격보어는 ①명사 ②형용사 ③to부정사 ④동사원형 ⑤현재분사 ⑥과거분사 ⑦as~ ⑧there등 다양하다.
5형식에서는 목적보어의 형태를 묻는 것에 시험의 초점이 맞춰있다.
목적보어로 to부정사나 원형부정사 또는 현재분사나 과거분사가 쓰여야 하는지, 아니면 전치사가 필요한지를 확실히 공부한다.

36 5형식 (명사보어와 형용사보어)

He made **his son a doctor**.   그는 아들을 의사로 만들었다. **(his son = a doctor)**
           (O)   (O.C)

He made **his son rich**.   그는 아들을 부자로 만들었다.
           (O)   (O.C)

Tip 아래의 문장을 비교해보자.
  He made his son a doctor.   [his son = doctor]
  He makes his son rich.   [his son이 부유한 상태]
  첫 번째 문장에서 a doctor는 목적어인 his son과 **동격(동일인)**이 되며, 주어와는 상관이 없다.
  두 번째 문장에서 rich는 목적어 his son이 **부유한 상태를 묘사**하고 있다.
  이처럼 5형식에서의 목적보어는 주어가 아닌 목적어를 보충하고있다.

  아래의 문장들 모두 같은 맥락으로 이해한다.

I found **the situation difficult**.   나는 상황이 어렵다는 것을 알았다.
           (O)   (O.C)

They think **me honest**.   그들은 내가 정직하다고 생각한다.
            (O)   (O.C)

We chose **him chairman** of our club.   우리는 그를 클럽의 회장으로 뽑았다. **(him = chairman)**
           (O)   (O.C)

I want **everything ready** by noon.   나는 모든 것이 정오까지 준비되기를 원한다.
          (O)   (O.C)

40 | Grammar Master

37 5형식 vs. 4형식

I made **my son a robot**. 나는 아들에게 로봇을 만들어 주었다.
　　　(I.O)　　(D.O)

I made **my son a doctor**. 나는 아들을 의사로 만들었다.
　　　(O)　　(O.C)

Tip 위의 두 문장을 비교해보자.
I made my son a robot.　나는 아들에게 로봇을 만들어 주었다.　(4형식)
I made my son a doctor. 나는 아들을 의사로 만들었다.　　　(5형식)
두 문장 모두 주어, 동사, 목적어가 같으며 목적어 뒤의 단어도 명사로서 조건은 모두 같다고 볼 수 있다.

그러나 위 문장의 목적어인 my son과 robot은 동격이 될 수 없고, 아래 문장의 목적어인 my son과 doctor는 동격이다.
즉, my son ≠ robot
my son = doctor 의 관계가 성립하는 것이다.

즉, 4형식은 명사 3개(I/my son/a robot)가 모두 다른 3종류의 개별 명사인 반면, 5형식은 명사 3개(I/my son/ a doctor)중 my son과 a doctor가 동일인이므로 명사가 2종류인 것이다.

따라서 위 문장은 '아들(간접목적어)에게 로봇(직접목적어)을 만들어 주었다'의 4형식 문장이고
아래 문장은 '아들(목적어)을 의사(목적보어)로 만들었다'의 5형식 문장이 되는 것이다.

38 인식동사 #1 (생각 / 인식과 관련된 동사)

We think **this exam (to be) suitable** for the students. 우리는 이 시험이 그 학생들에게 적합하다고 생각한다.
I believe him (to be) honest. 나는 그가 정직하다고 믿는다.
= He is believed **to be** honest. **(수동태로 전환 시 생략된 to be는 복원된다)**
Most people know **me to be an independent character**.
　　　　　　　　　　　　　　　대부분의 사람들은 나를 독립적인 사람으로 알고 있다.

Tip
assume	추측하다	believe	믿다
deem	간주하다	guess	추측하다
imagine*	생각하다	intend	의도하다
know*	인지하다	report*	전하다
reckon	간주하다	suppose*	가정하다
suspect	의심하다	think	인지하다

+ 목적어 + (to be) + 목적보어

• 인식동사의 특징
1. 목적격보어 앞의 to be 생략 가능.
2. 수동태로 전환 시 생략된 형용사보어 앞의 to be는 복원된다.

그러나 discover*, feel*, imagine*, know*, report*, suppose*는 to be를 생략하지 않는다.
I know him **to be** honest. (O)
I know him honest.　　　(X)

◀ have동사를 좀 더 알고싶다면 QR코드를 스캔해보세요

39 인식동사(간주동사) #2 (as / for + 목적보어)

He **describes** himself **as** a great director. 그는 자신을 대단한 감독이라고 묘사한다.
We **consider** pasta **(as)** a high calorie food. 우리는 파스타를 높은 칼로리의 음식으로 간주한다.
= We **consider** pasta **(to be)** a high calorie food.
= We **consider** pasta a high calorie food.
Early European settlers **referred to** America **as** the New World. 초기 유럽 정착민들은 아메리카를 신세계라 불렀다.
I don't **think of** Tom **as** eccentric at all. 난 Tom이 전혀 별나다고 생각하지 않아.

We **take** an endless support from our parents **for** granted.
우리는 부모님으로부터 끊임없이 지원받는 것을 당연한 것으로 여긴다.

He **took** my remark **as** an insult. 그는 내 말을 모욕으로 받아들였다.
I **took** his silence **to be** a tacit consent. 나는 그의 침묵을 무언의 승낙으로 받아들였다.
I **mistook** her offer **as** a threat. 나는 그녀의 제의를 협박으로 오인했다.
I **mistook** sugar **for** the salt. 나는 설탕을 소금으로 착각했다.
We **elected** Jun **as** president. 우리는 Jun을 대통령으로 선출했다.
= We **elected** Jun **to be** president.
= We **elected** Jun president.

Jun **was appointed to** a professorship at Princeton. Jun은 프린스턴 대학의 교수직에 임명되었다.
We **call** him Jack. 우리는 그를 Jack이라고 부른다.

> **Tip**
> regard 간주하다   describe 묘사하다   define 정의내리다
> see 간주하다   view 간주하다   accept 간주하다   **+ 목적어 + as + 목적보어**
> refer to 언급하다 look upon 여기다   think of 생각하다

위의 동사들은 목적보어 앞에 전치사 as를 써야하는 5형식동사들이다.
2형식 오감동사의 보어로 명사를 쓸 경우 그 앞에 전치사 like를 써야 하는 맥락과 같은 것이다.
단, 위의 5형식 동사들은 형용사보어인 경우도 그 앞에 as를 쓴다는 것에 주의한다.
They regarded the situation **as** serious. 그들은 사태를 중시했다.
take A for granted : A를 당연한 것으로 여기다
take A for B = mistake A for B : A를 B로 오해하다
mistake의 경우 '실수하다'의 의미가 되려면 『make a mistake』의 형태로 쓴다.
I made a mistake in trusting such a man. 그런 사람을 믿은 것이 나의 실수였다.

consider	+ 목적어	+ as / to be / **as, to be 생략 가능**	+ 목적보어
take / mistake	+ 목적어	+ as / to be / for	+ 목적보어
appoint 임명하다 choose 선택하다 elect 선출하다	+ 목적어	+ as / to be / **as, to be 생략 가능**	+ 목적보어

make/call/name의 경우는 목적보어 앞에 as도 to be도 쓰일 수 없다.
We call him **as** Jack.   (X)
We call him **to be** Jack. (X)
Cf.) He was named as vice chairman of the Central Military Commission.
그는 중앙군사위원회의 부위원장으로 임명되었습니다. (임명 / 지명 / 고소하다의 의미인 경우 as 가능)

40 목적격보어로 to부정사를 쓰는 경우

I **want** him **to meet** Susan.   나는 그가 Susan을 만나기 원한다.
He **asked** her **to marry** him. 그는 그녀에게 청혼했다.
They **got** him **to sign** a new long-term contract. 그들은 그로 하여금 새로운 장기 계약에 서명하도록 했다.
They **help** us **(to) cross** the street safely.   그들은 우리가 길을 안전하게 건너도록 도와준다.

> **Tip** advise, allow, ask, beg, cause, command, enable, encourage, entitle, forbid, get, invite, like, permit, persuade, oblige, order, require, teach, tell, want, wish, would 등의 소망, 기대, 권유, 결심, 요구, 설득 등의 미래지향적 동사들은 **목적보어로 to부정사**가 쓰인다.
>
> get의 경우 사역의 의미(~하도록 시키다)지만 **일반동사**이므로 목적보어는 원형이 아닌 **to부정사**를 쓴다.
> They **got** him **sign** a new long-term contract. (X)
>
> 위 문장에서는 본동사인 help가 있음에도 목적보어로 동사 그대로 cross가 쓰였다. help는 준 사역동사라 하여 목적보어로 **to부정사나 원형 모두 가능**하다.
> They **help** us **(to) cross** the street safely. (O)
>
> advise, allow, forbid, permit은 **목적어 없이 동사가 이어질 때는 동명사를 쓴다.**
> They don't **allow/permit** us **to smoke** in the room. 그들은 우리가 방에서의 흡연을 허락하지 않는다.
> They don't **allow/permit smoking** in the room.   그들은 방에서의 흡연을 허락하지 않는다.

41 사역동사 make의 목적격보어

I made **Tom repair** my car. 나는 Tom이 내 차를 수리하도록 시켰다(지시했다).
           (O)   (O.C)

I made **my car repaired**. 나는 내 차가 수리되도록 시켰다(지시했다).
         (O)   (O.C)

> **Tip** 사역동사는 주어가 목적어로 하여금 어떤 일을 시키거나 또는 목적어가 어떻게 되도록 하는 동사로, 사역동사가 본동사로 쓰였을 때는 목적보어로 to가 없는 **원형부정사**나 ⓥed(=p.p)를 쓴다.

사역동사		목적어		목적보어
make 시키다 / have 시키다 / let 두다, 허락하다	+	사람 / 사물	+	**원형부정사** ← 목적어와의 관계가 **능동적**인 경우 ⓥ**ed(=p.p)** ← 목적어와의 관계가 **수동적**인 경우

위의 문장에서 made는 목적어 Tom이 내 차를 수리하도록 '시켰다'는 의미의 사역동사로 목적어(Tom)와 목적보어(repair)가 능동적인 관계로 원형동사(repair)가 쓰였다.

반면에, 아래 문장에서 made는 목적어 my car가 수리 '되도록 시켰다'는 의미의 사역동사지만, 목적어 my car가 수리하는 주체가 아니라 '수리되는 것'이므로 목적보어로 원형부정사가 아닌 과거분사인 repaired가 쓰인 것이다.
이처럼 목적어와 목적보어와의 관계가 능동적인지 수동적인지를 판단하여 능동적인 경우 원형부정사를, 수동적인 경우 과거분사인 p.p를 쓰도록 한다.
참고로 사역동사의 목적어가 사람인 경우 목적보어는 보통 원형부정사를 쓰고, 사역동사의 목적어가 사물인 경우 목적보어는 보통 과거분사를 쓴다.
그러나 '반드시 그렇다'라고 볼 수는 없으니, 목적어와 목적 보어와의 관계를 따지는 것이 정석이다.

I made my son **clean** his room.   나는 아들이 자신의 방을 청소하도록 시켰다.
[목적어 my son(사람)과 목적보어 clean은 능동적 관계]
I made his room **cleaned** by my son. 나는 아들로 하여금 자신의 방이 청소되도록 시켰다.
[목적어 his room(사물)과 목적보어 cleaned는 수동적 관계]

42 사역동사 have의 목적격보어

I **had** Jack **repair** my car. 나는 Jack에게 차를 **수리하도록** 지시했다.
I **had** my car **repaired** by Jack. 나는 Jack으로 하여금 내 차가 **수리되도록** 지시했다.
Susan **had** a man **rob** her last night. Susan은 어젯밤 어떤 남자에게 돈을 **빼앗겼다**.
The comedian **had** the guests **laughing** heartily. 그 코미디언은 손님들이 **마음껏** 웃게 **했다**.

> **Tip** 사역동사 have에는 '시키다'라는 의미 이외에 '~당하다'의 의미로 쓰이는 경우가 있는데, 세 번째 예문이 바로 그런 경우이다. 즉, 위 문장에서는 Susan이 '돈을 빼앗기도록 시켰다'로 해석하면 논리가 맞질 않는다. 이런 경우 돈을 '강탈당하다'는 의미로 have를 쓴다는 것도 알아두자!
> 또한 have가 '용납하다, 허용하다'의 의미로 쓰이면 목적보어로 현재분사를 쓸 수도 있다.
> The comedian **had** the guests **laughing** heartily. [외대 기출문제중 일부 발췌]

43 사역동사 let의 목적격보어

They **let** me **go** there. 그들은 내가 그곳에 가도록 허락했다.
Don't **let** me **be misunderstood**. (O) 내가 오해받도록 놔두지 마세요.
Don't **let** me misunderstood. (X)

> **Tip** 위에서 make와 have가 사역동사인 것에 관하여 배웠다.
> 그러나 let의 경우는 조금 다르다. let은 '시키다'라는 의미는 없고 '**놔두다, 허락하다**'는 의미만 있다.
> 또한, 목적어와의 관계가 수동인 경우 목적보어로 단순히 과거분사를 쓰는 것이 아니라
> 『**be + 과거분사**』의 형태로 쓰는 특징이 있다.
> Don't let me be misunderstood.라는 노래 제목에서 알 수 있듯이 목적어 me와 목적보어가 수동의 관계일 때, misunderstood가 아닌 be misunderstood가 되는 것에 주의한다.

44 지각동사의 목적격보어

I **saw** Julia **play** the piano. 나는 Julia가 피아노 치는 것을 보았다.
      (O) (O.C)

I **saw** a dog **running** down the street. 나는 길거리를 달려가는 개 한 마리를 보았다.
    (O)   (O.C)

I **heard** my name **called**. 나는 내 이름이 불리는 것을 들었다.
     (O)   (O.C)

> **Tip** 지각동사는 보고, 듣고, 느끼는 지각과 관련된 동사로 종류로는 see, watch, observe, look at, hear, listen to, find, notice, perceive, smell, feel등이 있으며, 목적보어가 목적어가 능동적인 경우 원형부정사를, 목적어의 진행 중인 동작을 설명하는 경우 현재분사(ⓥing)를, 목적어와의 관계가 수동적인 경우 과거분사(ed 또는 p.p)를 쓴다.

지각동사	목적어	목적보어	
see 보다		원형부정사	← 목적어와의 관계가 **능동적**인 경우
hear 듣다	사람/사물	ⓥing	← 목적어의 **진행 중인 동작**
feel 느끼다 등등		ⓥed(=p.p)	← 목적어와의 관계가 **수동적**인 경우

I saw Julia **play** the piano. 목적어 Julia와 목적보어 play의 관계는 능동적이므로 원형동사가 쓰였다.
I saw a dog **running** down the street.
목적어인 dog가 달리고 있다(running)는 **진행 중인 동작**을 설명하기 때문에 현재분사를 썼다.
I heard my name **called**. 목적어인 my name이 부르는 것이 아니라 **불리는 수동적 관계**이기 때문에 목적보어로 과거분사(called)가 쓰인 것이다.

I **saw** her **play** the piano.
I **saw** her **playing** the piano.

> ▶ I saw her play the piano. vs. I saw her playing the piano.   ⓗⓞⓣ p@ge 5
>
> 지각동사의 목적보어로는 원형부정사도 현재분사도 가능하다. 그렇다면 두 문장의 차이는?
>
> I saw her **play** the piano.　'그녀가 피아노 치는 것을 보았다'는 '늘 그러하다는 **사실의 기술**'을 나타내고
> I saw her **playing** the piano. '내가 볼 때 그녀는 피아노를 치는 중이었다'는 '목적어의 **진행 중인 동작**'을 나타낸다.

45 목적어 자리의 there

We want **there to be** peace on earth. 우리는 지구에 평화가 있기를 원한다.
This closet will allow **there to be** more space in the room. 이 옷장은 방에 여유 공간을 만들어줄 것이다.
Music can help **there (to) be** a romantic relationship.　음악은 낭만적인 분위기가 있도록 도와준다.
Let **there be** light. 불 좀 켜라.

> **Tip** there가 목적어자리에 쓰이는 5형식문장은 다음과 같이 해석한다
>
> 『want / allow　　 + **there** + to be + 목적보어』　'~가 있기를 원하다, 허락하다'
> 『make / let / help + **there** +　be　+ 목적보어』　'~가 있게 만들다, 하다, 돕다'

46 가목적어 it

I make **it** / a rule / **to get up** at 6 in the morning. 나는 6시에 기상하는 것을 규칙으로 한다.
　　　가목적어 / 목적보어 /　　진목적어

> **Tip** 동사 believe, find, make, think, take 등의 목적어로 toⓥ나 that절이 오면 가목적어 it으로 대체하고 **to 부정사나 that절은 뒤로 후치**시킨다.
> I made to get up at 6 in the morning a rule.(X) 처럼 목적어 자리의 to부정사는 그대로 쓰지 않고
> I made **it** a rule **to get up** at 6 in the morning.과 같이 목적어 자리에 가목적어 it을 쓰고 to부정사는 뒤로 후치한다.
>
> **consider, believe, find, make, think, take + it + 목적보어 + to부정사/ that절**
>
> I found **it** pleasant **walking in the rain**. 드물게는 동명사에서도 가목적어를 쓰기도 한다.

> 📖 기출문제를 살펴보자 [세종대]
>
> Many of the roads in Indonesia (A)were ruined by the flood, (B)making (C)them hard for trucks (D)to deliver food and water.
>
> ---
>
> 커마(,) 이하에서, make 동사의 진목적어는 to deliver food and water 이고, hard는 목적보어이며, for trucks는 to부정사의 의미상 주어를 표시한 것이다.
> (C)는 진목적어인 to deliver의 가목적어가 쓰여야 하므로,them이 아닌 it이 되어야 한다.
> 인도네시아의 많은 도로가 홍수로 인해 파괴되어, 트럭으로 음식과 식수를 배달하기가 어렵게 되었다
> 　　　　　　　　　　　　　　　　　　　　　　　　　　　　　　　　　　　　　　　▶ 정답 (C)

47 지속 / 발견 / 상상의 5형식 동사

He kept me **waiting for** three whole hours. 그는 나를 3시간 꼬박 기다리게 했다.
I found him **dozing** in math class. 그가 수학시간에 졸고 있는 것을 발견했다.
I cannot imagine him **losing** the race. 나는 그가 경기에서 지는 것을 상상을 할 수 없다.

> **Tip** keep, leave 지속하다 / find, catch, discover 발견하다 / imagine, picture 상상하다
> 위 동사들은 목적어 목적보어와의 관계가 능동적이면 현재분사, 수동적이면 과거분사를 쓴다.
> The children have to keep their eyes closed. 아이들은 눈을 감고 있어야 했다.
> (목적어 their eyes와 목적보어 closed는 수동의 관계)

48 5형식으로 쓰지 않는 동사

I suggest you **to consider** eliminating any unnecessary positions. (X)
I suggest **that** you consider eliminating any unnecessary positions. (O)
　　　　　　　　　　　　　　　　　　　　　　불필요한 직책 폐지를 검토하시기 바랍니다.

They say red wine **to be** good for you. (X)
They say **that** red wine is good for you. (O) 사람들은 적포도주가 몸에 좋다고 한다.

I want you **to pass** the exam. (O) 나는 당신이 시험에 합격하기를 원한다.
I want **to pass** the exam. (O) 나는 (내가) 시험에 합격하기를 원한다.
I want that you **will pass** the exam. (X) 나는 당신이 시험에 합격하기를 원한다.

I hope you **to pass** the exam. (X)
I hope **to pass** the exam. (O) 나는 (내가) 시험에 합격하기를 원한다.
I hope **that** you will pass the exam. (O) 나는 당신이 시험에 합격하기를 바란다.

> **Tip** hope(희망하다), say(말하다), suggest, propose(제안하다), demand(요구하다), insist(주장하다)
> 등의 동사들은 『목적어 + to부정사』의 5형식으로 쓰지 않고, 목적어로 that절을 써서
> I hope **that you will pass the exam**. 과 같이 3형식으로 쓴다.
>
> hope의 경우 5형식으로는 쓸 수 없고, 목적어로 to부정사를 쓰는 3형식으로
> I hope to see you. '당신을 만나길 바랍니다.' 와 같이 쓰인다.
>
> 반면에, want는 that절을 취할 수 없다.
> I want that you will pass the exam. (X)
>
> **that절을 취할 수 없는 동사 - want, like, would like, prefer, love, take, make, have 등**
> I like that he plays the guitar. (X)
> I like **his playing** the guitar. (O)

Unit 06 주요 자/타동사

Guide 이번 단원에서는 비슷하게 생겼으나 각각 자동사와 타동사로 확연히 다른 쓰임을 가진 동사들에 관하여 공부한다. 시험에 자주 출제되는 부분이므로 확실하게 암기해 둔다.

49 rise vs. raise (arise vs. arouse)

| **rise** [rose - risen] | 자 뜨다, 오르다 | 명 (임금)인상, 성공 |

The sun **rises** in the east. 해는 동쪽에서 **뜬다**.
I'm going to ask for **a rise**. 나는 **임금 인상**을 요구할 것이다.

| **raise** [raised - raised] | 타 들다, 올리다 | 명 언덕, (임금)인상, 모금액(돈) |

He **raised** his right hand. 그는 오른손을 **들었다**.
He made **a raise** for his car. 그는 그의 차를 위한 **돈**을 마련했다.

| **arise** [arose - arisen] | 자 (사건/일 등이) 발생하다, 생기다 |

A dispute **arose** between the two. 양자 간에 분쟁이 **일어났다**.

| **arouse** [aroused - aroused] | 타 일으키다/야기하다 |

The rise in train fares **aroused** public indignation. 기차 **요금 인상**은 대중의 분노를 불러일으켰다.

50 lie vs. lay vs. lie

| **lie** [lay - lain] | 자 ~에 놓여있다, ~에 눕다 |

Singapore **lies** on the equator. 싱가포르는 적도에 위치해 있다.

| **lay** [laid - laid] | 타 ~을 놓다 |

He **laid** the heavy bag down. 그는 무거운 가방을 내려놓았다.

| **lie** [lied - lied] | 자 거짓말하다 | 명 거짓말 |

You **lied** to me of purpose. 너는 내게 고의로 거짓말을 했다. [동사]
= You told me **a lie** of purpose. [명사]

51 adapt vs. adopt vs. adept

| **adapt** [adapted - adapted] | 타 적응시키다, 개조하다 |

He **adapted** the sory for the movies. 그는 그 이야기를 영화로 각색했다.

| **adopt** [adopted -adopted] | 타 입양하다, 채택하다 |

The family decided to **adopt** one pitiful orphan. 그 가족은 가여운 고아 한 명을 입양하기로 결정했다.

| **adept** [형용사] | 형 정통한, 숙련된 |

She is **adept** at playing the piano. 그녀는 피아노를 능숙하게 연주한다.

52 say vs. speak vs. tell vs. talk

say [said - said] 타 전하다 [say는 '(~내용을) 전달하다'는 의미로 목적어로는 주로 that절을 취한다]

The weatherman **said that** it would be sunny today.
오늘은 날씨가 화창할 거라고 기상 통보관이 말했다. (능동태로 주로 that절을 목적어로 취한다)
It **is said that** love is blindness. 사랑은 맹목이라고 한다. (수동태로 It is said that 절로 쓴다)

speak [spoke - spoken] 타 언어를 구사하다 [목적어로 English/Korean등 언어를 목적어로 수반한다]
자 이야기하다 [주로 전치사 about, to, with, of 등과 결합한다]

He **speaks** English very well. 그는 영어를 잘한다.
Someone **spoke to** me on the road. 누군가 길에서 내게 말을 걸었다.

tell [told - told] 타 말하다 [3/4/5형식으로 쓰인다]

Tell me **about** your strengths and weaknesses. 자신의 장단점을 말해 보세요. (3형식)
He **told me the whole story**. [간+목/직+목] 그는 나에게 모든 이야기를 했다. (4형식)
If you meet him, **tell** him **to call** on me. [목+to부정사] 그를 만나거든 들러 달라고 전해다오. (5형식)

talk [talked - talked] 자 대화하다 [주로 전치사 to, with, over 등과 결합한다]

Let's **talk about** the issue. 그 문제에 관해 이야기합시다.
We **talked over** a cup of coffee. 우리는 커피를 마시면서 이야기했다.

53 borrow vs. lend

borrow [borrowed - borrowed] 타 빌리다 [3형식으로만 쓰이며 주로 'borrow+목적어+from'의 형태로 쓴다]

Am I able to **borrow** books **from** the university library? 대학 도서관에서 책을 빌릴 수 있나요?
Can I borrow you $10? (X) 4형식 불가능

lend [lent - lent] 타 빌려주다 [3/4형식 모두 쓰인다]

I **lent Roy some money**. 로이에게 약간의 돈을 빌려 줬어. (4형식)
= I **lent** some money **to** Roy. (3형식)

54 bring vs. take (bring과 take는 기준이 누구냐에 따라 달리 쓰인다)

------------- > 기준 ------------- >
bring+(from)   (speaker)   take+(to)

bring [brought - brought] 타 가져오다/데려오다 [3/4형식 모두 쓰이며 'from+출처'가 수반되기도 한다]

Bring the book **to** me next time you come. 다음에 올 때는 그 책을 내게 가져다 줘.
Bring me the book **from** the library. 도서관에서 그 책을 내게 가져다 줘.

take [took - taken] 타 가져가다/데리고가다 ['to+목적지'나 장소부사 등이 수반된다]

I'll **take** you **to** the station. 너를 그 역에 데려다 줄게.
You should **take** umbrella in case it rains. 비가 올 경우를 대비하여 우산을 가져가야 한다.

55 hang

hang - hung - hung 타 (옷이나 그림 따위를) 걸다, 메달다

Hang your coat up on the hook. 네 외투를 옷걸이에 걸어라.

hang - hanged - hanged 타 교수형에 처하다, (옷이나 그림 따위를) 걸다, 메달다

The criminal of the deepest dye **was hanged**. 극악무도한 범죄자는 교수형에 처해졌다.

56 sit vs. seat

sit [sat - sat] 자 앉다

She **sat** on a stump in the woods to rest. 그녀는 숲 속의 나무 그루터기에 앉아 쉬었다.

seat [seated - seated] 타 ~를 앉히다

He **seated** himself behind the desk. 그가 책상에 자리를 잡고 앉았다.
The mechanic **is seated** on the floor of the car. 그 정비사는 차 밑바닥에 앉아 있다.

57 affect vs. effect

affect [affected - affected] 타 ~에 영향을 끼치다, 작용하다

covid19 **affected** the whole world in 2020. 2020년 코로나는 전 세계에 영향을 끼쳤다.

effect [effected - effected] 타 (결과를) 초래하다, 달성하다 / 명 결과, 영향

The two spaceships **effected** a successful rendezvous in space. 그 두 우주선은 우주에서 랑데부에 성공했다.
He emphasized the bad **effect** of smoking. 그는 흡연의 폐해를 강조했다. **(명사 effect - 결과, 영향)**

58 saw vs. sew vs. sow

saw [sawed - sawed/sawn] 자 / 타 톱질하다

We **sawed** up the tree for firewood. 톱으로 장작개비를 만들려고 나무를 잘게 썰었다

sew [sewed - sewed/sewn] 타 바느질하다

She **sewed** a patch onto the knee of her jeans. 그녀는 바지 무릎을 헝겊을 대서 기웠다

sow [sowed - sowed/sown] 타 씨를 뿌리다

The farmer **sowed** seeds and reaped what he sowed. 그 농부는 씨앗을 뿌리고 자신이 뿌린 것을 거두어 들였다.

59 fall vs. fell

fall [fell - fallen]   자 떨어지다, 낙하하다

Last night the thermometer **fell** below degree of frost. 어젯밤 온도계가 빙점 아래로 내려갔다.
Two students in my English class **fell** in love. 내 영어 강의를 듣는 두 학생이 사랑에 빠졌다.

fell [felled - felled]   타 쓰러뜨리다, 넘어뜨리다

He **felled** his opponent with a single blow. 그는 일격에 상대방을 때려눕혔다.
Thousands of trees **are** illegally **felled**(=logged) every year. 매년 수천 그루의 나무들이 불법으로 벌목된다.

60 wind vs. wound

wind [wound - wound]   자 / 타 감다, (도로, 강 등이) 구불구불하다

The river **winds** its way between two meadows. 그 강은 두 목초지 사이로 구불구불 흘러간다.

wound [wounded - wounded]   타 상처입히다, 부상입히다

He **was wounded** in the war. 그는 전쟁에서 부상당했다.

 기출문제를 살펴보자 [서울여대]

Melanin, a pigment that (A)lays under the skin, (B)is responsible for skin color, including the variations that (C)occur (D)among different races.

동사 뒤에 부사구가 이어지는 것으로 보아 자동사인 lies(놓여 있다)로 써야 한다.
lie : lay : lain (자동사) 놓여있다. 눕다   lay : laid : laid (타동사) 놓다. 눕히다
pigment : 색소; 그림물감   variation : 변이
피부 아래에 있는 색소인 멜라닌은 다양한 인종 사이에 생기는 변이들을 포함하여 피부 색깔의 원인이 된다.

▶ 정답 (A)

기출문제를 살펴보자 [한양대]

Many people are trying to buy a house before consumption tax _____ next year.

(A) rise   (B) is raised   (C) risen   (D) raised

시간, 조건 부사절에서는 미래 동사 대신 현재 동사를 사용한다. 따라서 부사절에 미래표시 부사구인 next year가 있어도 현재동사를 사용한다. 자동사일 경우 rises, 타동사일 경우 is raised(수동태)가 쓰여야 한다.
많은 사람들은 내년 소비세가 오르기 전에 집을 사려고 한다.

▶ 정답 (B)

ER 편입 그래머 마스터

구동사

unit 7. 자동사적 구동사 (동사+부사)
unit 8. 타동사적 구동사 (타동사+부사)
unit 9. 전치사 수반동사 (자동사+전치사)
unit10. 구-전치사 수반동사 (자동사+부사+전치사)

동사가 전치사나 부사와 함께 결합하여 동사구를 이루는 것을 구동사라고 한다.

구동사는 크게
① 자동사 역할을 하는 자동사적 구동사와
② 타동사 역할을 하는 타동사적 구동사로 볼 수 있다.

『흔히 자동사라도 전치사나 부사와 결합하면 타동사구가 된다고 생각하는 경우가 많은데, 그것은 잘못된 상식이다』

1. 자동사적 구동사 (Intransitive Phrasal Verb)   -   자동사 역할
2. 타동사적 구동사 (Transitive Phrasal Verb)   -   타동사 역할
3. 전치사 수반동사 (Prepositional Verb)   -   타동사 역할
4. 구-전치사 수반동사 (Phrasal Prepositional Verb) -   타동사 역할

Unit 07 자동사적 구동사 (동사+부사)
(Intransitive Phrasal Verb)

Guide 동사와 (전치사적) 부사가 합쳐져 자동사적 기능을 하는 동사구를 말한다. 이때 (전치사적)부사는 이를 전치사나 일반 부사와 구별하기 위하여 'particle'(부사적소사)이라고도 한다.
이러한 particle에는 about, across, around, aside, away, back, by, down, in, off, on, over, through, under, up 등이 있다.
1. 목적어를 수반 할 수 없다
2. 수동태가 불가능하다

61 동사 + about, across, around, aside, away, back, by, down, in, off, on, over, through, under, up 등이 있다.

62 자동사적 구동사의 종류 (암기해두는 것이 좋다)

get up	일어나다	break in	침입하다	break out	발생하다
break down	고장나다	drop by/in	~에 들르다	go on	지속하다
grow up	자라다	hold on	기다리다	make off	달아나다
take off	이륙하다	turn up	등장하다	set off	출발하다
get along	잘지내다	wake up	일어나다	carry on	계속하다

He couldn't **get up** early because he was sick. 그는 아파서 일찍 일어날 수 없었다.
The two girls have **fallen out**. 두 소녀는 사이가 틀어졌다.
He has **grown up** now. 그는 현재 어른이 되었다.
How many people will **turn up** at the party? 파티에 몇 명 올까?
Someone **broke in** while the guard heard a different drummer. 경비원이 딴전 부리는 동안 누군가가 침입했다.

> **Tip** 상기 구동사적 예문들은 목적어가 없으므로 수동태가 될 수 없다.
> He **has been grown up** now. (X)
> How many people **will be turned up at** the party? (X)

Someone **broke in** last night. 지난밤 누군가가 침입했다.
Someone **broke in** the office* last night. 지난밤 누군가가 사무실에 침입했다.

> **Tip** break in에 목적어처럼 보이는 명사 the office가 보인다. 하지만 the office는 목적어가 아닌 장소 부사*이다. '침입하다'는 동작은 장소에 가해지기 때문이다.
> I met him that morning. 여기서 that morning은 시간을 의미하는 부사이다. [부사적 대격]

Unit 08 타동사적 구동사 (타동사+부사)
(Transitive Phrasal Verb)

Guide 동사와 (전치사적) 부사가 합쳐져 타동사적 기능을 하는 동사구로 목적어가 수반되므로 수동태가 가능하다.
1. 목적어를 수반한다
2. 대개의 경우 수동태 가능
3. 목적어가 대명사인 경우 반드시 동사와 전치사적 부사 사이에만 위치할 수 있다.

63 타동사 + about, across, around, aside, away, back, by, down, in, off, on, over, through, under, up 등이 있다.

64 타동사적 구동사의 종류 (암기해두는 것이 좋다)

blow up	터뜨리다	bring about	야기하다	bring out	출시하다
bring up	양육하다	call off	취소하다	carry out	수행하다
check out	대출하다	do over	반복하다	figure out	이해하다
fill up/out	채우다	hang up	끊다	hand in	제출하다
hand out	나눠주다	hold off	연기하다	keep up	지속하다
lay off	해고하다	make out	이해하다	open up	개방하다
pass on	전하다	pick up	집어들다	point out	지적하다
pull over	차를 대다	put on	입다	put off	연기하다
take off	벗다	take out	꺼내다	take over	떠맡다
think over	숙고하다	try on	입다	tuck in	밀어넣다
turn in	제출하다	turn down	거절하다, 소리를 줄이다	turn out	생산하다
turn on	(불을)켜다	turn off/out	끄다 등		

Overspeculation **brought about** the bankruptcy of the bank. 과잉 투자가 그 은행의 도산을 야기했다. (능동)
The bankruptcy of the bank **was brought about** by overspeculation.
그 은행의 도산은 과잉 투자가 원인이었다. (수동)

Professional engineers should **carry out** construction supervision.
전문 엔지니어가 건축 감리를 해야 한다. (능동)
Construction supervision should **be carried out** by professional engineers.
건축 감리는 전문 엔지니어에 의하여 수행되어야 한다. (수동)

They were asked to **turn down the volume** on their stereo because it was too loud.
그들은 오디오 소리가 너무 크므로 소리를 줄여달라는 부탁을 받았다.
= They were asked to **turn the volume down** on their stereo because it was too loud.

It's a great opportunity, and I don't want to **turn it down**. 이 제안은 좋은 기회여서 거절하고 싶지 않습니다.
It's a great opportunity, and I don't want to turn down it. (X)

 ◀ turn down it이 왜 틀렸는지는 QR코드를 스캔해보세요

> **Tip** 타동사적 구동사의 특징은
> 1. 동사 + particle + 명사 목적어   (O)   [예] turn on **the light**   (O)
> 2. 동사 + 명사목적어 + particle   (O)   [예] turn **the light** on   (O)
> 3. 동사 + 대명사목적어 + particle (O)   [예] turn **it** on   (O)
> 4. 동사 + particle + 대명사 목적어 (X)   [예] turn on **it**   (X)
>
> 즉, 대명사의 경우 동사와 particle 사이에만 위치할 수 있다.

65 bring vs. bring about

She forgot to **bring** her note in her haste. 그녀는 서두른 나머지 공책 가져오는 것을 잊어버렸다.
I **brought** a friend along today. 오늘 친구를 한 명 함께 데려왔어.
The country's rapid development **brought about** the regrettable result of air pollution.
그 나라의 급속한 개발은 대기 오염이라는 유감스런 결과를 야기했다.
I'm happy to say that his hard effort has **brought about** this success.
그의 그런 노력이 이렇게 좋은 결실을 보게 되니 너무도 기쁘다.

> **Tip** 타동사적 구동사는 동사적 측면으로 접근할 경우 얼핏 이해하기가 쉽지 않다.
> bring은 엄연히 타동사다. 그런데 왜 about이라는 부사를 수반하여 타동사적 구동사라는 복잡하고 이해하기 힘든 동사구로 만들어서 사용할까?
>
> bring은 '가져오다, 데려오다'의 개념을 가진 타동사다.
> 첫 번째 문장은 '공책을 가져왔다'는 의미고 두 번째 문장은 '친구를 데려왔다'는 의미이다.
> bring about을 이해하기 전 about의 의미가 무엇인가? about하면 대체로 '~에 관하여'라는 의미라는 것을 알 수 있다.
>
> 세번째 문장을 bring 따로 about 따로 이해한다면 '유감스러운 결과에 관하여 가져왔다'는 이상한 문장이 되며 마지막 문장 역시 '이 성공에 대하여 가져왔다'는 이상한 의미가 된다.
> 그러나 bring about을 하나의 타동사구로 묶어 '야기하다'로 이해하는 순간 모든 문장이 부드럽게 해결된다는 것을 알 수 있다.
>
> **따라서 타동사적 구동사는 각각을 타동사와 부사의 독립된 개념으로 볼 것이 아니라 하나의 새로운 의미를 만들어 내는 타동사구 그 자체로 보아야 제대로 이해 할 수 있다.**

Unit 09 전치사 수반동사 (자동사+전치사)
(Prepositional Verb)

Guide 목적어를 취할 수 없는 자동사적 구동사와는 달리 목적어를 취하는 구동사를 전치사 수반동사라고 한다.
전치사 수반동사는 타동사적 구동사와 달리 목적어를 동사와 particle 사이에 둘 수 없다. (중요)
대개의 경우 수동태가 가능하다.
1형식 자동사와의 차이를 구별하는 것이 핵심 포인트이다.

66 전치사 수반동사의 종류 (암기해두는 것이 좋다)

account for	설명하다	apply for	신청하다	apply to	~을 적용시키다
ask for	요구하다	believe in	신임하다, ~의 존재를 믿다		
care for	돌보다	comply with	준수하다, 따르다		
concentrate on	집중하다	count(rely/depend) on	~을 믿다, 의지하다		
deal with	다루다	fill in(out)	~을 작성하다	graduate from	졸업하다
go into	~을 조사하다	insist on	주장하다	interfere with	방해하다
lead to	결과를 초래하다	long for	갈망하다	look at	~을 보다
object to	~에 반대하다	refer to	언급하다	reply on	~에 답하다
succeed in	~에 성공하다	wait for	기다리다	write about	~에 대해 쓰다

How do you **account for** the show's success? 그 쇼의 성공을 어떻게 설명하시겠어요?
Monotheists are people that **believe in** one God. 유일신교 신자들은 하나의 신만을 섬기는 사람들이다.
Why don't we **write about** the Koguryo Kingdom? 우리 고구려 왕국에 관해서 써 보는 건 어때?
She has **cared for** her sick father for a year. 그녀는 일 년째 아버지 병 수발을 들고 있다.
= Her sick father has **been cared for** by her for a year.
The next chapter **deals with** verbs. 다음 단원은 동사를 다룬다.
= Verbs **are dealt with** in the next chapter.

67 1형식 자동사와의 차이

They **went into** the cost. 그들은 경비를 검토했다. **(went into는 타동사구, the coast는 목적어)**
They **went into the mall**. 그들은 쇼핑몰로 들어갔다. **(into the mall은 전치사구)**

Tip 첫 번째 문장의 go into는 전치사 수반동사로 수동태가 가능하고 아래 문장은 go와 into the mall을 따로 봐야하는 1형식문장이다.
into의 본래 의미인 '~로 들어가다'는 의미로 쓰인 것이 아니라 go와 결합하여 '조사하다, 검토하다'라는 의미로 목적어가 필요한 타동사구로 쓰였기 때문이다.
반면에 아래 문장은 mall이 장소이므로 into의 본래 의미인 '~로 들어가다'는 의미대로 사용된 장소의 전치사구가 되기 때문이다.
the cost는 go into의 목적어이므로 문장을 수동태로 쓰면
The cost was gone into by them. (O) 비용은 검토되었다.
The mall was gone into by them. (X)
아래 문장의 경우 '쇼핑몰은 들어가졌다'는 전혀 비논리적인 문장이 되므로 수동태가 불가능한 1형식 문장일 뿐이다.

Unit 10 구-전치사 수반동사 (자동사+부사+전치사)
(Phrasal Prepositional Verb)

Guide 자동사적 구동사에 전치사가 수반되어 타동사의 역할을 하는 3어동사구이다.
1. 목적어를 취한다.
2. 동사와 전치사 분리 불가
3. 수동태가 불가능한 경우도 있다.

68 구-전치사 수반동사의 종류 (암기해두는 것이 좋다)

come down with	병에 걸리다	come up with	떠올리다, 제안하다	do away with	폐지하다
look forward to	학수고대하다	fall back on	의지하다	give in to	굴복하다
go through with	끝내다	keep up with	~에 뒤지지 않다	look up to	존경하다
look down on	얕보다	look back on	회상하다	make up for	보상하다
make up with	화해하다	put up with	참다	speak ill of	욕하다
speak well of	칭찬하다	stand up for	옹호하다	stay away from	~을 멀리하다

They **came up with** all kinds of excuses. 그들은 모든 종류의 변명들이 떠올랐다.
Jun **is** greatly **looked up to** by people of all ages. Jun은 모든 나이의 사람들로부터 많은 존경을 받는다.
We should **do away with** that regulation. 우리는 그 규칙을 폐지해야 한다.
= That regulation should **be done away with**. 그 규칙은 폐지되어야 한다.
We hurried on to **make up for** lost time. 허비된 시간을 메우기 위해 우리는 서둘렀다.
Don't **speak ill of** others behind their backs. 뒤에서 남을 욕 하지 말라.

69 자동사적 구동사 vs. 구-전치사 수반동사

The roses are just beginning to **come up**. 장미가 막 움이 트기 시작하고 있다.
She **came up with** a new idea for increasing sales. 그녀가 매출 증가를 위한 새로운 아이디어를 내놓았다.

Tip come up은 (식물이 땅을 뚫고) '나오다'의 의미를 가진 자동사적 구동사이다. 따라서 목적어는 수반되지 않는다. 반면에 전치사를 수반한 come up with는 (생각, 건의 등을) '제안하다'라는 의미의 타동사가 되어 목적어를 취하게 된다.

자동사가 전치사를 수반해서 목적어를 취하는 타동사구가 되듯, **자동사적 구동사도 전치사를 수반 하여 목적어를 취하는 타동사구(3어동사)가 되는 것**이다.

Chapter 1/2 기출 및 예상 문제

1 Every morning before I _____, my mother comes in and _____ the shade.

(A) rise, raise (B) rise, raises
(C) raise, rise (D) raise, rises

[문석] rise - rose - risen   (자동사)
raise - raised - raised (타동사) **[49]**
[해석] 매일 아침 내가 일어나기 전에, 엄마가 들어오셔서 커튼을 걷어 올리신다.
[정답] (B)

2 What a thin smart phone this is! I have never seen anything like this before. Does it really _____?

(A) use   (B) go
(C) work (D) move

[문석] work '작동하다. 효과 있다' (1형식동사) **[4]**
What+a+형용사+명사+주어+동사! '감탄문'의 순서이다. **[367]**
[해석] 전에는 본적이 없는 정말 얇은 스마트폰이네요. 정말 작동이 됩니까?
[정답] (C)

3 Your conduct does not _____ a man of honor.

(A) allow   (B) resemble
(C) seem   (D) become

[문석] become이 '~가 되다'의 뜻이면 2형식, '~에게 어울리다'의 뜻으로 해석되면 3형식이다. **[8]**
[해석] 네 행동은 명예로운 사람에게는 어울리지 않는다.
[정답] (D)

4 The back door of the house remained _____ for two weeks.

(A) to close   (B) closed
(C) to be closed (D) closing

[문석] remain은 2형식동사이므로 보어가 있어야한다. 문이 닫힌 상태로 있는 것(수동의 의미)이므로 과거분사가 되어야 한다. **[8]**
[해석] 그 집의 뒷문은 2주 동안 닫힌 채 있었다.
[정답] (B)

5 He died _____ that his friends had to pay for his funeral.

(A) too poorly (B) so poorly
(C) too poor   (D) so poor

[문석] die는 완전자동사지만 poor를 보어로 취했다. 완전자동사가 보어를 취하는 것을 유사보어용법이라고 한다. **[10]** 전체적으로는 so ~ that 구문이다. **[620]**
[해석] 그가 죽었을 때 너무 가난해서 그의 친구들이 그의 장례식 비용을 내야 했다.
[정답] (D)

6 Tom married _____ last Saturday.

(A) with Jane (B) Jane
(C) to Jane   (D) by Jane

[문석] marry는 3형식 타동사이다. **[15]**
[해석] Tom은 Jane과 지난 토요일 결혼했다.
[정답] (B)

Chapter 1/2 기출 및 예상 문제

7 Computers can be used in stores to check inventory and tell the store which products are selling well and which are _____.

(A) less popular
(B) less popularly
(C) leastly popular
(D) as popular as

분석 be동사의 보어(명사/형용사)를 묻는 문제이다. [8] (B)는 부사라 답이 될 수 없으며 (C)의 leastly는 없는 표현이다. (D)의 동등 비교 as~as 다음 비교 대상이 없다.
해석 상점에서 컴퓨터는 물품명세서를 확인하기 위하여 그리고 어떤 제품이 잘 팔리는지 그리고 어떤(제품)이 덜 인기 있는지를 알려주기 위해서 사용될 수 있다.
정답 (A)

8 It is amazing that today's jumbo jets _____ the little plane the Wright brothers flew at Kitty Hawk.

(A) are directly descending from
(B) are directly descend of
(C) are directly descended of
(D) are direct descendants of

분석 2형식 문장이다. 보어로는 형용사나 명사가 오는데 (A)의 경우 진행동사로 답이 될 수 없고, (B)의 descend 는 동사로 are와 중복이므로 틀린 문장이다. (D)의 명사 descendants가 주어와 동격이 되어 답이 된다. [8]
해석 오늘날의 점보제트기들이 라이트 형제가 키티호크에서 날렸던 작은 비행기의 직계 후예라는 사실은 놀랍다.
정답 (D)

9 Tom (A)<u>tries to explain his wife</u> that (B)<u>encouraging</u> her son's dependence prevents him (C)<u>from growing</u> up and (D)<u>finding</u> healthy relationship with other women.

분석 explain은 4형식으로 착각하기 쉬운 3형식 동사이다. 따라서 간접목적어로 쓰인 his wife 앞에 '~에게'의 의미의 전치사 to를 써서 tries to explain to his wife가 되어야 한다. [35]
that encouraging ~ other women까지가 목적절이다. explain **(to his wife)** that encouraging ~ other women의 형태이다.
해석 Tom은 아내에게 아들을 의존적으로 만드는 것은 아들이 성장하는 것과 다른 여성들과 건전한 관계를 형성하는 것을 방해한다고 설명하기 위해 애쓰고 있다.
정답 (A)

10 Life-long learning is the only way to remain _____ in today's job market.

(A) competitive
(B) competitor
(C) competed
(D) competition

분석 remain은 2형식동사로 보어를 묻는 문제이다. 우리가 '경쟁력을 갖춘' 상태이므로 보어로는 **형용사 competitive**가 적합하다. [8]
해석 평생 교육은 오늘날 인력시장에서 경쟁력을 유지할 수 있는 유일한 방법이다.
정답 (A)

11 There are twenty (A)<u>species</u> of wild roses in North America, (B)<u>all of which</u> have (C)<u>prickly</u> stems, pinnate leaves, and large flowers which usually smell (D)<u>sweetly</u>.

분석 smell은 2형식동사로 명사나 형용사를 보어로 취한다. (D)는 형용사 sweet가 되어야한다. [8]
해석 북미지역에는 20종의 야생장미들이 있는데 그것들 모두 가시가 돋은 줄기와 깃 모양의 잎들과 대개 향기로운 냄새가 나는 큰 꽃들을 가지고 있다.
정답 (D)

58 | Grammar Master

Chapter 1/2 기출 및 예상 문제

12 Even though it is true that as (A)<u>people age</u>, they appear to gradually mellow and to feel (B)<u>freer to</u> express their suppressed feelings, personality remains fairly (C)<u>consistently</u>, and at the same time, though (D)<u>many of</u> their manipulative skills decline, their capacity for learning (E)<u>is likely to</u> remain intact.

문석 remain은 2형식동사이므로 보어를 취한다. consistently는 부사이므로 부적절하다. [8] consistent가 형용사 보어로 답이 될 수 있다.
해설 사람들이 나이가 들어감에 따라 점점 성숙해지고 억압되었던 감정을 자유롭게 표현한다 하더라도, 개인의 성격은 뚜렷이 일관되게 남아 있으며 동시에 손재주는 쇠퇴하더라도 그들의 학습력은 여전히 온전한 상태로 남아있을 가능성이 많다.
정답 (C)

13 Though the scientists' research is not securely based, their conclusions _____.

(A) have yet some interesting
(B) are however with interest
(C) have a considerable interest though
(D) are still of some interest

문석 (A)는 타동사have의 목적어가 있어야 하므로 some이 아니라 something이 되어야 하며, (B)는 종속절에 though가 있으므로 주절에 however가 없어야 한다.
(D) 「of+추상명사」= 「형용사구」로 be동사의 보어가 되어 바른 표현이다. [310]
해설 과학자들의 연구가 확실한 토대 위에 구축된 것이 아닐지라도 그들의 결론은 그래도 어느정도 흥미롭다.
정답 (D)

14 Alexander Graham Bell, a teacher of the (A)<u>deaf</u>, once (B)<u>said</u> his family he would (C)<u>rather be</u> remembered as a teacher (D)<u>than as</u> the inventor of the telephone.

문석 his family(간접목적어) (that he would rather be remembered ~ (직접목적어)로 되어 있는데, say는 3형식동사이므로 목적어를 2개 취할 수 없다. [33]
따라서 (B)said는 **4형식동사 told**가 되어야 한다.
해설 청각장애인들의 선생님이었던 Alexander Graham Bell은 한때, 그의 가족들에게 전화기의 발명가 보다 선생님으로서 기억되었으면 좋겠다고 말했다.
정답 (B)

15 A voluntary exercise, (A)<u>to which</u> (B)<u>throughout</u> my boyhood I was (C)<u>much addicted</u>, was what I called (D)<u>as</u> writing histories.

문석 call이 5형식동사로 쓰일 때(~를 ~라고 부르다, 일컫다, 간주하다)는 목적보어 앞에 as를 쓰지 않는다.
따라서 **as를 삭제해야 한다**. [39]
목적보어 앞에 as를 쓰는 5형식동사는 regard, assure, notify, remind, define, describe이다.
[38쪽 34참조]
해설 내가 어린 시절 내내 아주 몰두했던 자발적인 활동은 소위 이야기를 쓰는 것이었다.
정답 (D)

16 The ideas spread by the revolution and the Napoleonic reforms that followed _____ a return to the old structures of rule impossible.

(A) making (B) made
(C) is made (D) are made

문석 동사를 묻는 문제이다.
The ideas(주어) a return(목적어), impossible(목적보어)의 5형식문장에서 동사만 없다. [37]
따라서 빈칸은 동사자리로 **과거동사 made**가 답이 된다.
해설 혁명과 그에 따른 나폴레옹의 개혁에 의해 만연된 그 생각은 오랜 통치구조로의 복귀를 불가능하게 했다.
정답 (B)

Chapter 1/2 기출 및 예상 문제

17 Since traffic is heavy at this time of day, I suggest _____ for the party early.

(A) leaving
(B) to leave
(C) you leaving
(D) you to leave

문절 suggest는 동명사를 목적어로 취할수는 있지만, 부정사를 목적어로 취할 수 없고, 4형식으로 쓰이지 않으며, 'suggest + 목적어 + to부정사'의 5형식의 쓰임도 없다. **[48]**
해석 지금 이 시간대의 교통이 복잡하기 때문에 나는 파티를 향해 일찍 출발할 것을 제안한다.
정답 (A)

18 어법상 올바른 것을 고르시오.

(A) He caught me by my arm.
(B) She will make you a good wife.
(C) The boy is taken a good care by Mr. and Mrs. Sohn.
(D) He is such a fool as no one will keep company with him.

문절 (B)가 문법적으로 올바른 표현이다. 이 문장은 4형식 문장으로 you가 간접 목적어, a good wife가 직접 목적어이다. make는 직접 목적어에 '평가'를 나타내는 형용사를 수반할 때는 become의 의미를 갖는다. **[p.24]**
(A) He caught me by the arm.
(C) The boy is taken a good care of by Mr. and Mrs. Sohn.
(D)의 경우 such ~ as 구문에서 as는 '유사 관계대명사'로서 He is such a pool and no one will keep company with him.에서 접속사 and와 대명사 him을 대신하여 as로 쓰고 있으므로 him이 있어선 안 된다.(unit144 유사관계대명사 참조)
해석 (A) 그는 내 손을 붙잡았다
(B) 그녀는 당신에게 좋은 아내가 되어줄 것이다.
(C) 그 소년은 션부부로 부터 좋은 보살핌을 받는다.
(D) 그는 어느 누구도 그와 사귀지 않을 그런 바보다.
정답 (B)

19 The jury (A)<u>returned</u> after a brief (B)<u>period</u> of deliberation and (C)<u>announced</u> that the evidence was (D)<u>inconclusion</u>.

문절 be동사의 보어를 묻는 문제로, 주어인 the evidence의 상태를 나타내는 형용사 보어가 필요하다. 따라서 (D)는 명사가 아닌 형용사 inconclusive로 고친다. **[hot page2]**
해석 배심원단은 잠시 신중히 생각한 끝에 돌아와서는 증거가 결정적이지 않다고 발표했다.
정답 (D)

20 (A)<u>In the eastern</u> part of New Jersey (B)<u>lays</u> the city of Elizabeth, (C)<u>a major</u> shipping and manufacturing center. (D)No error

문절 The city of Elizabeth, a major shipping and manufacturing center, lies in the eastern part of New Jersey.가 정치문이다.
주어가 The city이고, a major ~ center까지는 동격, lies가 동사이고 in the ~ New Jersey까지는 부사구이다. 목적어가 없으므로 타동사 lay가 아닌 자동사 lies가 되어야 한다. **[50]**
부사구의 선행에 따른 '동사 + 주어'순으로 도치된 것이다.
해석 뉴저지의 동쪽에 주요 물류와 제조센터인 엘리자베스 도시가 위치해 있다.
정답 (B)

ER 편입 그래머 마스터

Chapter 3

시제

Unit 11. 현재시제 (I do)
Unit 12. 현재진행시제 (I am doing)
Unit 13. 과거시제 (I did)
Unit 14. 과거진행시제 (I was doing)
Unit 15. 미래시제 (I will do)
Unit 16. 현재완료시제 (I have p.p)
Unit 17. 과거완료시제 (I had p.p)
Unit 18. 미래완료시제 (I will have p.p)
Unit 19. 시제일치의 예외

Unit 11 현재시제
(I do / I am / I have)

Guide 현재시제는 사실, 습관, 진리, 속담처럼 과거에도 현재도 그리고 앞으로도 **항상 그러하다**는 사실을 나타내는 시제 표현이다.

70 현재의 상태, 사실

I **am** a student.   나는 학생이다.
He **has** many books.   그는 많은 책을 갖고 있다.
I **live** in Seoul.   나는 서울에 산다.

71 현재의 습관

I **get up** at 7 every morning.   나는 매일 7시에 일어난다.
He **goes** to bed at 2 in the morning.   그는 새벽 2시에 잠자리에 든다.
He never **takes** cream in his coffee.   그는 커피에 크림을 넣지 않는다.

72 속담

Birds of a feather **flock** together.   유유상종
The early bird **catches** the worm.   일찍 일어나는 새가 벌레를 잡는다.
Slow and steady **wins** the race.   천천히 꾸준하면 경기를 승리로 이끈다.

73 진리

Water **boils** at 100°C.   물은 100도에서 끓는다.
Light **travels** faster than sound.   빛은 소리보다 빠르다.
Three times five **equals** fifteen.   3 곱하기 5는 15이다.
As the moon **moves** around the earth, so the earth moves around the sun.
    달이 지구 둘레를 회전하는 것과 마찬가지로 지구는 태양 둘레를 회전한다.
Yesterday my teacher said that honesty **is** the best policy.
    어제 선생님께서는 정직이 최선이라고 말씀하셨다.

Tip 마지막 문장에서는 Yesterday라는 과거표시 부사가 있음에도 불구하고, '진리'이므로 honesty **was** the best policy 처럼 **과거형으로 쓰지 않는다**.

74 왕래발착 동사

Tom **comes(will come)** to the party tonight. Tom은 오늘밤 파티에 올 것이다.
He **starts(will start)** for Seoul tomorrow morning. 그는 내일 아침 서울로 출발할 것이다.
The flight **departs(will depart)** from Seoul for New York at 7 tonight.
서울발 뉴욕행 항공편은 오늘 저녁 7시에 출발한다.

> **Tip** 왕래(go, come) 발(start, leave, depart, send) 착(arrive, reach) 동사
> 왕래발착동사를 현재동사로 쓰는 이유는 출발이나 도착과 관련된 일은 이미 기정사실화 된 것으로 보기 때문이다. 가령 서울을 출발하여 부산에 도착하는 열차는 어제도, 오늘도, 그리고 내일도 같은 시간에 출발하고 도착하는 기정사실화 된 사건이다. 또한 미래조동사(will)로 써도 무방하다.
> 그러나 왕래발착동사도 과거 시간의 부사(구) yesterday, ago, last~, just now 등과 함께 쓰이면 과거 동사로 써야 한다.
> He **went** to the movies yesterday. 그는 어제 영화를 보러 갔다.

They **are leaving** for New York next week.   그들은 다음 주에 뉴욕으로 떠날 것이다.
She **is arriving** this afternoon.   그녀는 오늘 오후에 도착할 것이다.
Tom **is coming** to see me tomorrow.   Tom은 내일 나를 보러 올 것이다.

> **Tip** 왕래발착동사가 현재진행형으로 쓰여 확정된 가까운 미래의 일을 나타내기도 한다.
> 이때는 미래를 나타내는 시간 부사가 함께 쓰이는 것이 보통이다.

75 시간, 조건 부사절

I will tell him everything when he **comes** home. 그가 돌아오면 모든 걸 말하겠다.
= When he **comes** home, I will tell him everything.
If it **snows** tomorrow, I will go skiing. 내일 눈이 오면 나는 스키를 타러 갈 것이다.
If it **is** warm tomorrow, we will drive in the country. 내일 날씨가 포근하면, 우리는 시골로 드라이브를 갈 것이다.

> **Tip** when과 if가 명사절접속사가 아닌 부사절인 경우 미래를 의미하더라도 **현재동사**로 쓴다.
> 위의 문장에서 when 이하는 시간 부사절로 he will come이라고 쓰면 **틀린 것**이다.
> When he **will come** home, I'll tell him everything.   (X)
> If it **will snow** tomorrow, I will go skiing.   (X)
>
> 아래 문장 역시 if 이하는 조건 부사절로 it will be fine이라고 쓰면 틀린 것이다.
> If it **will be** fine tomorrow, I will go fishing.   (X)
> If it **is** fine tomorrow, I will go fishing.   (O)

▶ **If와 When은 모두 부사절?**   **h⊙t p@ge 6**

If와 When이 명사절 접속사인 경우는 미래시제로 쓴다. [p.445 hot page 37/38참조]
I don't know when he **will come** home.   그가 언제 돌아올지 모른다.
여기서 when은 타동사 know의 목적어자리에 쓰인 명사절이다.

I wonder if he **will take** the offer. 나는 그가 그 제안을 받아들일지 궁금하다.
여기서 if는 타동사 wonder의 목적어자리에 쓰인 명사절이다.

76 현재완료나 과거시제 대용

① 현재완료를 대신하는 현재동사

I **forget** his phone number. (=have forgotten) 나는 그의 전화번호를 잊어버렸다.
It **is** three years since I saw you. (=has been) 너를 본 지 3년이 지났다.

> **Tip** 위 문장에서 forget은 그의 전화번호를 잊어버린 현재완료의 결과적 용법에 해당하는 have forgotten을 대신하고 있다.
> 너를 마지막으로 본 이후로 '3년이 지났다'라는 의미의 아래문장에서 is 역시 현재완료 has been을 대용하고 있다.
> (완료동사에 대해서는 Unit 16 현재완료 편 참조)

② 과거시제를 대신하는 현재동사

The weatherman **says** it will snow tomorrow. 기상 캐스터가 내일 눈이 올 것이라고 말했다.

> **Tip** The weatherman이 내일 눈이 올 것이라고 말했다(said)는 과거를 대신하여 **현재동사 says**로 쓴다.

 기출문제를 살펴보자 [서울여대]

If a person (A)<u>goes to prison</u> for using the Internet to (B)<u>commit a crime</u>, can he be barred (C)<u>from</u> using the Internet after the sentence (D)<u>will be served</u>?

If는 조건부사절 접속사이므로 (A)는 현재동사 goes가 쓰여서 바른 표현이고, after도 시간 부사절 접속사이므로 (D)는 is served로 고쳐야 한다. 주절은 bar A from B 'A에게 B를 금하다'라는 구문의 수동태이다.
만일 어떤 사람이 인터넷을 사용하여 범죄를 저질러 감옥에 간다면, 형기를 다 마친 후 그의 인터넷 사용을 금지시킬 수 있을까?

▶ 정답 (D)

기출문제를 살펴보자 [광운대]

다음 중 어법 상 잘못된 것은?

(A) He's still so selfish although he is the eldest.
(B) We'll go fishing when it will become warmer.
(C) I can't tell for sure whether he's being honest.
(D) Bring the umbrella in case it rains suddenly.
(E) You shouldn't talk while your mouth is full.

시간과 조건의 부사절에서는 현재시제가 미래시제를 대신한다. 그러므로 (B)에 쓰인 시간 부사절의 동사 시제를 현재시제로 고쳐야 한다. will become을 **becomes**로 고친다.
(A) 그는 가장 연장자임에도 불구하고 여전히 매우 이기적이다.   (B) 우리는 날씨가 더 따뜻해질 때 낚시를 갈 것이다.
(C) 나는 그가 정직한가를 확실하게 말할 수 없다.   (D) 갑자기 비가 올 경우를 대비해서 우산을 가져오라.
(E) 입 안에 음식이 가득 있을 때에는 말을 하지 말아야 한다.

▶ 정답 (B)

Unit 12 현재진행 시제
(I am doing)

Guide 현재진행시제는 진행 중인 동작 또는 가까운 미래의 동작을 나타내기도 하지만, 가장 중요한 포인트는 바로 **한시성**에 기본을 두고 있다는 점이다.
현재진행시제는 현재시제와의 비교를 통하여 각 의미의 차이를 이해하고 진행형이 불가능한 동사는 반드시 이해하고 각각의 동사는 암기하도록 한다.

77 현재 진행 중인 동작

Water **is boiling**, please turn it off? 물이 끓고 있다. 불 좀 꺼줄래?
My mother **is cooking** in the kitchen now. 어머니는 지금 부엌에서 요리를 하고 계신다.
He usually **studies** German very hard but he **is studying** English now.
그는 보통은 독일어를 매우 열심히 공부하는데 지금은 영어를 공부하고 있다.

78 현재의 반복적 습관 (부정적 한시성)

She **is always complaining** about trifles. 그녀는 하찮은 일에 늘 불평을 한다.
That woman **is constantly nagging**. 그 여자는 잔말이 많다.

Tip 현재 진행 동사가 **반복적으로 되풀이**되는 일을 기술하기도 한다.
이 경우 주로 **횟수를 나타내는 부사(always, frequently, constantly 등)**와 함께 쓰인다.
위 예문의 행위들(불평을 한다든지, 잔소리를 한다든지 등)은 주로 바람직하지 못한 것으로 간주되는 것들이다. 이러한 행위가 미래의 어느 시점에서 중단(**한시적**)되기를 바라는 마음 때문에 현재진행형이 주로 쓰이며 이를 '**부정적 한시성**'이라고 한다.

79 미래대용 (선약적 한시성)

We **are leaving** for New York tonight. 우리는 오늘 밤 뉴욕으로 떠날 것이다.
I **am playing** tennis with Tom tomorrow. 나는 내일 Tom과 테니스를 칠 것이다.
I **am seeing** a doctor tomorrow. 나는 내일 병원에 간다.

Tip 현재 진행 동사가 가까운 미래를 나타낼 때 미래 대용으로 쓰이기도 한다. 미래표시부사 tonight, tomorrow 등과 결합된 진행동사(be ~ing)는 '~하는 중'이 아닌 '**~할 것이다**'로 **해석**한다.

선약적 한시성이라는 말뜻은 과거에 정해진 약속이나 계획 등이 정해진 미래의 시점에서 종료되는 상황을 말한다.

세 번째 예문을 보면 병원에 가는 것을 진행형으로 쓰고 있다. 병원을 예약한 것은 과거이며 이 상황은 내일이면 종료되는 한시적 행위이다. 이러한 경우도 진행형을 쓴다는 것을 기억한다.

◀ 진행시제의 실체가 궁금하다면 QR코드를 스캔해보세요

80 진행형이 불가능한 동사

I **have** a car.   (O) 나는 차를 가지고 있다.
I am having a car. (X)
They **resemble** each other in taste.   (O) 그들은 취향이 서로 닮았다.
They are resembling each other in taste.   (X)

> **Tip** 진행형이 가능한 동사는 의지적으로 동작이나 멈춤이 가능한 동사들이다. 가령 I am listening to music now.은 의지적으로 음악을 듣거나 멈출 수 있다. 그러나 '기억한다'든지 '믿는다'라든지 '알고 있다'등의 동사는 의지적으로 기억을 지우거나 기억하기 싫다고 잊어버릴 수 있는 동작이 아니므로 진행형으로 쓸 수 없다.
>
> 다음 동사의 종류는 **진행형이 불가능**한 동사들이다.
> ① 소유   - have, possess, own, belong to, include
> ② 소망, 감정   - want, like, dislike, love, hate, prefer, wish, hope
> ③ 사고, 인지   - know, think, believe, remember, forget, understand, agree
> ④ 감각(오감동사) - look, sound, smell, taste, feel
> ⑤ 존재   - be, become, exist, consist
> ⑥ 모습   - resemble, seem, look, appear

She **put on** her coat.   그녀는 코트를 입었다.
He **is wearing** glasses.   그는 안경을 쓰고 있다.

> **Tip** put on & wear : 우리말로 보면 put on은 '~을 입다'는 동작의 의미임에도 진행형으로 쓰지 않고, wear는 '~을 착용하고 있다'는 상태의 의미이지만 진행형을 쓴다는 점에 유의한다.

Do you **hear** the music?   당신은 그 음악소리가 들립니까?
Are you **listening to** the music?   당신은 그 음악을 듣고 있습니까? / 청음중입니까?

> **Tip** hear & listen : 우리말로 보면 둘 다 '듣다'의 의미이지만 hear는 무의지적 동사로 진행형이 불가능하다. 따라서 hear는 진행으로 쓸 수 없고 listening은 가능하다.
> 아래의 예문 역시 같은 맥락으로 보면 된다.

He **looks** happy.   (O) 그는 행복해 보인다.
He is looking happy   (X) (2형식 오감동사로 진행형으로 쓸 수 없다.)
He **is looking at** me.   (O) 그는 나를 응시하고 있다.
(look at은 '~처럼 보이다'의 의미가 아닌 '응시하다'의 뜻으로 진행형이 가능하다.)
I **am looking for** a job.   (O) 나는 직업을 구하는 중이다. (look for '~을 찾다'로 진행형 가능)

We **are having** a party tonight. 우리는 오늘 밤 파티를 개최 할 것이다.
I **am having** breakfast.   난 지금 아침 식사 중이다.

> **Tip** have가 소유의 의미가 아닌 '개최하다, 식사하다'의 의미인 경우 역시 진행형이 가능하다.

He **saw** her go home. 그는 그녀가 집에 가는 것을 보았다.
He **is seeing** the sights of Hollywood. 그는 Hollywood를 관광하는 중이다.

> **Tip** see가 '보다'라는 의미가 아닌 '구경하다, 관광하다'의 의미로 쓰인 경우 역시 진행형이 가능하다.

I **think** that he is honest. (O) 나는 그가 정직하다는 것을 알고 있다. (think = know)
I am thinking that he is honest. (X)
I **am thinking about** changing my job. (O) 나는 직업을 바꿀까 고려 중이다.

> **Tip** think도 '알고 있다'의 의미일 때 진행이 불가능하지만, about, of 등이 수반되어 '고려 중이다'라는 의미일 때 진행형이 가능하다.

▶ **진행형이 불가능한 동사들의 진행형이 가능한 이유**   ⓗⓞⓣ p@ge 7

진행형이 불가능한 동사들의 진행형이 가능한 이유는
그 본래의 진행불가 의미가 아닌 다른 의미로도 쓰이는 경우 **진행형이 가능하다**.

I **am having** breakfast. 나는 아침을 먹는 중이다.
We **are seeing** the sights of Hollywood. 우리는 Hollywood를 관광 중이다.
I **am thinking** about changing my job. 나는 직업을 바꿀까 고려 중이다.

---

81 현재진행시제 vs. 현재시제

현재진행동사 (I am doing)

① The water **is boiling**. Can you turn it off?
물이 끓는 중이다. 좀 꺼주겠니? (진행 중인 동작)

② Let's stay inside. It **is raining** now.
비가 오는 중이다. (진행 중인 동작)

③ 'Don't disturb me. I'm busy.'
'Why? What **are** you **doing**?'
뭐하는 중이니? (진행 중인 동작)

④ Maria is in Britain at the moment.
She **is learning** English.
영어를 배우는 중이다. (진행 중인 동작)

⑤ I **am living** with some friends until I find a flat.
새로운 집을 찾기 전까지 임시로 친구와 살고 있는 중

⑥ 'You **are working** hard today.'
'Yes, I've got a lot to do.'
오늘은 (평소보다) 일을 많이 했다는 순간적 동작

⑦ I **am going** to bed now. Goodnight!
나는 잠자러 갈 거다. (진행 중인 동작)

현재동사 (I do)

① Water **boils** at 100 degrees Celsius.
물은 100도에서 끓는다는 사실

② It **rains** very much in summer.
여름엔 비가 많이 온다는 사실

③ What **do** you usually **do** at weekends?
주말에는 주로 뭐하니? (사실)

④ Most people **learn** to swim when they are children.
어렸을 때는 보통 아이들이 수영을 배운다는 사실

⑤ My parents **live** in London.
부모님은 런던에 사신다는 사실

⑥ John isn't lazy.
He **works** very hard most of the time.
John이 항상 일을 열심히 하는 것은 기정 사실

⑦ I always **go** to bed before midnight.
나는 항상 12시 이전에 잔다는 사실

Unit 13 과거시제
(I did / I was / I had)

Guide 과거시제는 동사의 행위(동작, 상태, 습관 등)가 과거의 한 시점이나 일정기간에 발생하여 현재의 시점 이전에 끝난 사건이나 일을 서술하며 우리말에서는 '~했다'에 해당한다.
대개의 경우 과거시제 표시 부사(~ ago, last ~, in + 과거년도, then, just now, the other day, early, previous, past)등이 수반 된다.

82 과거의 사실

I **lived** in Busan. 나는 부산에 살았다. (과거의 사실)
I usually **got up** at six o'clock last year. 나는 작년에는 주로 6시에 일어났다. (거의 습관이나 반복적인 동작)
I **played** the piano once a week. 나는 일 주일에 한 번씩 피아노를 연주했다.
We usually **went** shopping at midnight. 우리는 보통 자정에 쇼핑을 갔다.
I **smoked** around 40 cigarettes a day until I gave up. 금연하기 전 나는 하루 대략 40개의 담배를 피웠다.

83 역사적 사실

The Korean war **broke out** in 1950. 한국 전쟁은 1950년에 일어났다.
Franklin Roosevelt **died** in 1945. 루즈벨트 대통령은 1945년에 죽었다.
My history teacher told me that the Civil War **broke out** in 1861. (O)
My history teacher told me that the Civil War had broken out in 1861. (X)
역사 선생님은 남북전쟁이 1861년에 일어났다고 말씀하셨다.

Tip 역사적 사실은 과거동사로 서술하며, 과거시제보다 이전이라고해서 과거완료로 쓰지 않는다.

84 used to+ⓥ vs. would+ⓥ

He **used to be** a fisherman. 그는 어부였다. [과거의 직업]
He **would go** fishing. 그는 낚시를 다니곤 했다. [과거의 취미]

Tip used to + ⓥ (과거의 사실, 직업) '~했다, ~였다'
would + ⓥ (과거의 습관, 취미) '~하곤했다'
There used to / would be a cherry tree at the corner.
'모퉁이에는 체리나무가 있었다'는 의미로 '나무가 있었다'는 것은 '과거의 사실'이므로 used to가 답이다.

Raccoons **used to be trapped** for their fur. 너구리는 (과거) 모피 때문에 덫으로 잡혔다.
When a boy, he **would dream** about the possibility of flying.
소년 시절에 그는 하늘을 날아 보려는 꿈을 꾸곤 했다.

85 과거완료를 대신

시간 접속사로 연결되어 시간적 전후가 분명할 때

The train already **left** before I arrived at the station. 내가 역에 도착하기 전에 기차가 이미 떠나버렸다.
= The train **had** already **left** before I arrived at the station.
After she and Charles **married** in 1981, her life as the wife of the future king of England began.
그녀와 Charles가 1981년에 결혼한 후에 장차 영국 왕이 될 사람의 아내로서의 삶이 시작되었다.
= After she and Charles **had married** in 1981, her life as the wife of the future king of England began.

> **Tip** 주절과 시간의 접속사(before, after, when, as soon as, until)가 유도하는 종속절 간의 시간적 전후관계가 명백한 경우, **과거완료를 대신하여 과거동사**를 쓸 수 있다.

기출문제를 살펴보자 [명지대]

The technology-ubiquitous even in poor countries-not only enables (A)a freer flow of information, but it (B)also encourages citizens who (C)previously feel powerless to take a role in (D)bringing about changes in their societies.

앞의 동사들(enables, encourages)은 현재시제이지만, citizens가 무력하다고 느낀 것은 과거의 일이므로 citizens를 수식하는 관계절의 동사 feel은 이에 상응하게 과거인 felt로 바뀌어야 한다.

심지어 가난한 나라들에까지 두루 편재한 기술은 좀 더 자유로운 정보의 흐름을 가능케 해줄 뿐 아니라, 예전에는 스스로 무력하다고 느꼈던 시민들로 하여금 사회 변화를 불러일으키는 데 제 역할을 다하도록 격려해 주기도 한다.

▶ 정답 (C)

기출문제를 살펴보자 [한양대]

Sorry that I didn't write to you last week, but I (A)have been so busy lately at the hospital. Three of the doctors were sick and I (B)had to fill in for them all last week. Daniel and I finally went to see the Bolshoi Ballet. I (C)had never seen such a crowd at our local theater! Our seats were quite good, and we could see the dancers very well. We were all surprised, though, when the prima ballerina (D)had slipped and fell during the first act. She broke her leg and they took her to the hospital immediately.

끝에서 두 번째 문장에서 주절과 When절은 동시에 일어난 두 사건을 기술하므로, (D)도 주절과 같은 **과거시제인 slipped and fell로** 고쳐야 한다.
(A)현재완료와 함께 쓰이는 부사 lately가 있으므로 현재완료시제가 적절하다.
(B) 과거를 나타내는 부사구 last week가 있으므로 과거시제가 적절하다.
(C) 앞 문장에 기술된 발레 구경을 하러 간 과거시점을 기준으로 '그때까지 그렇게 많은 관중을 본 적이 없었다'는 뜻이므로 과거완료시제이다.

지난주에 편지를 쓰지 못해서 죄송해요. 최근에 병원 일이 너무 바빴어요. 의사들 중 세분이 아파서 제가 지난주 내내 그들을 대신해서 일을 해야 했어요. 다니엘(Daniel)과 제가 마침내 볼쇼이 발레단 공연을 보러 갔어요. 저는 우리 동네 극장에서 그때껏 그렇게 많은 관중을 본 적이 없었어요! 우리 자리는 정말 좋았고, 무용수들을 정말 잘 볼 수 있었어요. 1막 공연 중에 프리마 발레리나가 미끄러져 넘어졌을 때 우리는 몹시 놀랐어요. 그녀는 다리가 부러졌고 그들은 바로 그녀를 병원으로 데려갔어요.

▶ 정답 (D)

Unit 14 과거진행시제
(I was doing)

Guide 과거 어느 특정한 시점에 어떤 일이 진행되고 있었다는 것을 서술하는 시제로 우리말 '~하는 중 이었다' 에 해당한다.

86 과거의 진행 중인 동작

I **was reading** a book when he called me. 그가 전화했을 때 나는 책을 읽는 중 이었다.
While I **was putting** the bookshelves in order, I came across this book.
서가를 정리하다가 우연히 이 책을 찾아냈다.

87 과거진행 vs. 과거동사

과거진행동사 (I was doing)	과거동사 (I did)
① I **was walking** home when I met Tom. 어제 집에 가던 도중에 Tom을 만났다는 과거의 진행 중인 동작	① I **walked** home after school yesterday. 학교 끝난 후 집에 걸어갔다는 과거의 사실
② Tom **was watching** TV when the phone rang. Tom은 전화벨이 울렸을 때 TV를 보고 있었다는 과거의 진행 중인 동작	② Tom **watched** TV a lot when he was ill last year. Tom은 작년 아팠을 때 TV를 많이 보았다는 과거의 사실
③ When Tom arrived, we **were having** dinner. Tom이 도착했을 때 우리는 식사 중이었다는 의미	③ When Tom arrived, we **had** dinner. Tom이 도착하고 나서 우리는 식사를 했다는 의미

Unit 15 미래시제
(I will do / I am going to+동사원형)

Guide 미래시제는 will, 'be going to+동사원형'의 형태로 대개 사람의 의지로 일어날 것이라고 예상되는 일을 우리말 '~할 것이다'로 나타낸다.

88 단순미래(will)

I **will be** 20 next year. 내년이면 20살이 된다.
Jun **will be** a great artist someday. Jun은 언젠가 위대한 미술가가 될 것이다.

89 의지미래(shall)

I hope I **shall succeed** this time.   이번에는 성공하리라 생각한다.

Tip 평서문에서 '~할 것이다, ~하기로 되어 있다' 는 의미이다.

Shall I **make** you a cup of coffee?   커피 한 잔 끓여 드릴까요?
What **shall** I **do** next?   다음에는 무엇을 하면 좋을까요?

Tip 상대방의 의향·결단을 물어 '~할까요, ~하면 좋을까요?'의 의미이다.

90 미래시제의 주요구문

It will **not** be long before + 주어 + 현재동사   '곧 ~할 것이다'
It will be long before + 주어 + 현재동사   '한참 후에야 ~할 것이다'

It will not be long before we **know** the truth.   우리는 곧 진상을 알게 될 것이다.
It will be long before we **know** the truth.   우리는 한참 후에야 그 진상을 알게 될 것이다.

Tip It will (not) be long before에서 before는 시간의 부사접속사이므로 미래시제 will을 쓰지 않고 **현재 동사**를 쓴다는 것에 주의한다.
It will not be long before we **will** know the truth. (X)
It will be long before we **will** know the truth.   (X)

cf.) It was three weeks before I met her again. 3주가 지나고서야 나는 다시 그녀를 만났다.
『 It + was + 기한 + before + S + V 』 '~기간이 지나고서야 ~했다' [과거동사로 쓰일 경우]

91 will / would

I **know** that the world **will** change.   나는 세상이 바뀔것을 **알고 있다**.
I **knew** that the world **would** change.   나는 세상이 바뀔것을 **알고 있었다**.
It **is** certain that he **will** graduate.   그가 졸업할 것은 틀림없다.
It **was** certain that he **would** graduate.   그가 졸업할 것은 틀림없었다.

 will은 현재동사와 함께
would는 과거동사와 함께 쓰인다.
will은 과거동사와 쓰일 수 없으며, would는 현재동사와 함께 쓰일 수 없다. **(가정법 제외)**

이 단순한 논리인 will과 would는 시험에서 아주 많이 출제되는 부분이다. 반드시 학습하여 시제에 주의하도록 한다.

I **know** that he **would** arrive soon.   (X)
I **knew** that he **will** arrive soon.   (X)
It **is** certain that he **would** graduate. (X)
It **was** certain that he **will** graduate. (X)

 ◀ QR코드를 스캔해보세요

기출문제를 살펴보자 [상명대]

At local company Angleside, (A)<u>up to</u> 150 employees (B)<u>will lose</u> their jobs. Daniel West, the Managing Director, announced they (C)<u>will be offering</u> early retirement and (D)<u>hoped</u> (E)<u>to cover</u> the job losses in this way.

---

announced 뒤에는 접속사 that이 생략돼 있으며, (C)는 announced의 목적절에 쓰인 동사이다. 주절의 시제가 과거인 경우, 종속절의 시제는 과거 혹은 과거완료여야 하므로, (C)는 **주절의 시제에 맞춰 과거형 would be offering** 으로 고친다.

현지 회사 앵글사이드 (Angleside) 에서는 최대 150명의 직원이 일자리를 잃을 것이다. 전무이사 다니엘 웨스트 (Daniel West)는 회사가 조기퇴직을 제안 할 것이라 발표했으며, 감원을 이런 방식으로 감추기를 바랐다.

▶ 정답 (C)

92 미래진행시제 (will be ~ing)

At this time next year, I **will be living** in Seoul. 내년 이때쯤, 나는 서울에 살고 있을 것이다.
At the time when you call me, I **will be watching** TV tonight. 오늘 밤 TV를 보고 있을 것이다.

Tip 미래진행시제는 **미래 어느 시점에 진행 중인 동작이나 상태**를 나타낸다.

미래시제는 광범위한 미래를 의미하지만, 미래진행시제는 **미래의 특정시점**을 묘사한다.
I will drive to Busan next week. 다음주에 부산으로 차를 몰고 갈 것이다
다음주에 차를 운전할 것이라는 막연한 의지

I **will be driving** to Busan **at this time** next week. 다음주 이시간에 나는 부산으로 차를 몰고 가고 있을 것이다.
다음주 정확히 '이 시간에 운전을 하고 있을것'이라는 『**미래의 진행 중일 동작**』 을 의미

Unit 16 현재완료시제
(I have done / He has done)

Guide 과거에서 현재까지의 경험, 결과, 완료, 계속을 나타내는 현재 완료는 그 내용이 반드시 현재와 관련이 있으므로 과거를 나타내는 ~ago, last~, yesterday, in 1990, when, just now(방금 전), once, then 등과 같은 부사(구)와 함께 쓸 수 없다.

93 경험 '~한적이 있다'

I **have seen** a mouse in the basement **before**. 전에 지하실에서 쥐를 본 적이 있다.
Have you **ever been** to Hawaii? 하와이에 가 본 적 있니?
I **have never seen** so beautiful a sunset. 이제까지 이렇게 아름다운 석양을 본 적이 없다.
I **have seen** the movie with Jun **twice**. 준과 그 영화를 두 번 본 적있다.

Tip 과거에서 현재까지의 경험을 나타내는 경험용법에서는 주로 never(부정문), ever(의문문), before, 횟수 (once, twice, three times...)등이 함께 쓰이며, 현재완료의 경험용법에서 **before는 가능**하지만 ago는 '**불가능**'하다는 것도 알아두어야 한다.

94 결과

He **has gone** to America. 그는 미국으로 가버렸다. = **He went to America and he is not here now.**
I **have lost** my key. 나는 열쇠를 잃어버렸다. = **I lost my key and I don't have it now.**
Spring **has come**. 봄이 왔다. = **Spring came before and now it is spring.**

Tip 과거에 일어난 일이 현재 영향을 미치는 결과적 용법으로 그가 미국에 간 것은 과거의 일이며 그 결과 현재 이 자리에 없음을 나타낸다.
반면, He has been to America. '그는 미국에 다녀왔다'는 경험을 나타낸다.
has gone은 결과적 용법이며, has been은 경험적 용법을 나타낸다.

95 완료

I **have just finished** my homework. 지금 막 숙제를 끝냈다.
The validity of this ticket **has already expired**. 이 표의 유효기간은 벌써 지났다.
The suppliers **have not yet replied** to our request for information.
공급자는 정보에 대한 우리의 요구사항에 아직 대답하지 않고 있다.

Tip 과거에 시작한 일이 현재 막 완료되었음을 나타내는 완료용법에서는 주로 just(방금), already(이미, 벌써), yet(아직)등의 부사와 함께 쓰인다.

96 계속

I **have lived** in Seoul **for** 10 years. 10년 동안 서울에 살고 있다.
I **have lived** in Seoul **since** 2000. 2000년부터 서울에 살고 있다.

 과거에서부터 현재까지의 계속을 의미하는 계속적 용법은 I have been living in Seoul처럼 have been ~ing의 형태로도 가능(계속적 용법에 한해서만)하며, 전치사 for는 기간(~하는 동안)을 의미하고, 전치사 since는 시점(~이래로)을 의미한다.

'for + 기간' 사이에 the last, the past와 같은 표현이 쓰이기도 한다.
예) for (the last) 10 years, for (the past) 10 years '(지난) 10년 동안'

since 이하는 '~ago, last~, 1990(과거년도)'처럼 과거부사나 과거동사가 쓰일 수 있으며, 전치사, 접속사, 부사로 쓰인다.

I have lived in Seoul **since** 2000. 2000년부터 서울에 살고 있다. (전치사)
I have lived in Seoul **since** last year. 작년부터 서울에 살고 있다. (전치사)
I have lived in Seoul **since**. 그때이후 서울에 살고 있다. (부사)
I have lived in Seoul **since** I came a year ago. 1년 전 서울에 도착한 이후로 서울에 살고 있다. (접속사)

More Tips ▶ Just now?

I have lost my money just now. (X)
just now는 '방금 전'이라는 의미로 현재완료시제에서 쓰이지 못한다. 현재완료는 반드시 현재와 관련이 있어야 하는데 '방금 전'이라는 의미 자체가 현재와 관련이 있을 수가 없다.
따라서 I lost my money just now. 라고 과거동사로 써야 옳은 표현이 된다.

다음은 현재완료에서 쓸 수 없는 표현들이다.
last year(작년), 10 years ago(10년 전), 과거년도(예: 1980), yesterday, just now, when
I have studied English last year. (X)
We have known each other 10 years ago. (X)
When have you seen the movie? (X)
When did you see the movie? (O) 당신은 언제 그 영화를 보았습니까?

그러나 since 이하는 과거표현만 가능하다
I have studied English since last year. (O)

다음은 현재완료에서 쓸 수 있는 표현들이다.
**for(the past, the last) + 기간 / since + 시점 / lately = recently 최근에 / since ~이래로 /
so far = up to now = by now 지금까지 등**

He has been to London **recently**. 그는 최근에 런던에 갔다 왔다.
Vietnam has had a booming economy for (**the last**) ten years. 베트남은 지난 10년간 경기 호황을 누려왔습니다.

 기출문제를 살펴보자 [상명대]

Several (A)<u>years ago</u>, a (B)<u>multinational</u> company (C)<u>has opened</u> a car factory (D)<u>in the United States</u>.

ago라는 과거시제 부사가 들어있는 문장에서는 단순과거시제 opened를 써야 한다.
수년 전, 한 다국적 기업이 미국에 자동차 공장을 열었다.

▶ 정답 (C)

97 시간, 조건 부사절에서 현재완료가 미래완료를 대신한다

I am reading an interesting book now. I will lend it to you when I **have finished** it.
지금 재미있는 책을 읽고 있는데 다 읽고 너에게 빌려주겠다.

Please wait here until I **have done** this work. 이 일을 끝낼 때 까지 여기서 기다려라.

> **Tip** 시간 조건 부사절에서 현재동사가 미래 동사를 대신하듯이
> **시간, 조건 부사절에서 현재완료가 미래 완료를 대신한다.**
> I am reading an interesting book now. I will lend it to you when I **will have finished** it. (X)
> (will have finished로 쓰지 않는다.)
> Please wait here until I **will have done** this work. (X)
> (will have done으로 쓰지 않는다.)

98 현재완료가 주로 쓰이는 그 밖의 표현

This is **the first** time that I **have been** in such a position. 내가 그런 위치에 있었던 것은 이번이 처음이다.
It is probably **the only** raffle that I **have ever won**. 아마 이게 내가 당첨되어 본 유일한 추첨일 거예요.
This tour overseas has been **the most** impressive experience that I **have ever had**.
이번 해외여행은 지금까지 내가 겪어 본 것 중에서 가장 감명 깊은 경험이었다.

> **Tip** the first, the second 등
> the only   + **현재완료**
> 형용사의 최상급

 ◀ 현재완료가 어렵다면 QR코드를 스캔해보세요

Unit 17 과거완료시제
(I had done / He had done)

Guide 현재완료가 과거 어느 시점부터 현재까지의 일을 나타내는 반면에, 과거완료는 대과거(과거 이전)부터 과거까지의 경험, 결과, 완료, 계속을 나타낸다.
현재완료가 현재와 관련이 있듯이 과거완료는 반드시 과거와 관련이 되어야 한다.
과거완료에서 시험의 초점은 과거에 일어난 두 사건 중 더 먼저 일어난 일을 과거완료로 나타낸다는 것이다.

99 경험

Susan **didn't** want to come to the cinema with us because she **had seen** the movie before.
Susan은 그 영화를 이미 봤기 때문에 우리와 극장가는 것을 원치 않았다.

100 결과

When we **got** home last night, we found that somebody **had broken** into our house.
어젯 밤 돌아왔을 때, 우리는 누군가가 집에 침입한 것을 발견했다.

101 완료

When I **arrived** at the station, the train **had already left**. 역에 도착했을 때 기차는 이미 떠나버렸다.

102 계속

Tom **had used** the car for ten years before it **broke down**.
Tom은 차가 고장나기 전 10년 동안 사용해 왔다.
→ 차를 10년간 써왔던 것이 먼저 일어난 것이므로 고장난 건 과거, 10년간 차를 사용해 온 건 과거완료형.

103 과거에 일어난 두 사건 중 더 먼저 일어난 동작

The exam **had already started** when I **entered** the classroom.
내가 교실에 들어왔을 때 시험은 이미 시작한 뒤였다.
She **told** me that she **had been** to America. 그녀는 미국에 가 본 일이 있다고 내게 말했다.

> **Tip** 교실에 들어온 것(entered)보다 시험이 시작된 것(had started)이 더 먼저 일어난 일이므로 시험이 시작된 것을 과거완료로 기술한 것이다.
> 말한 것(told)보다 미국에 다녀온 것(had been)이 '더 먼저' 일어난 동작이다.

> **기출문제를 살펴보자 [이화여대]**
>
> Sugar (A)prices (B)already declined when (C)artificial (D)sweeteners first appeared.
>
> ---
>
> 과거 인공 감미료가 처음 등장하기 전에 설탕 가격은 이미 떨어져 있었으므로 (B)는 had already declined로 과거완료로 써야 한다.
> artificial sweeteners : 인공 감미료
> 인공 감미료가 처음 등장하였을 때 설탕 가격은 이미 떨어져 있었다.
>
> ▶ 정답 (B)

104 had p.p ~ by + 과거년도

We **had left** there by 2010.   우리는 2010년 무렵 그곳을 떠났다.
The Pilgrims **had arrived** in the New World by 1612.   순례자들은 1612년 무렵 신세계에 도착했다.

> **Tip** 'by + 과거(년도)' 문장의 동사는 과거완료를 사용할 수 있다. by가 '~무렵'이라는 의미로 We had left there by 1980.에서 과거인 1980년 이전에 그들이 떠났음(had left)의 표현이 올바른 것이다.

105 had not p.p + 시간 / 거리 + when / before

I **had not waited** long **before** he came.   오래지 않아 그가 왔다.
They **had not gone** far **when** the police caught them.   얼마 못 가 그들은 경찰에 붙잡혔다.

> **Tip** had not p.p + 시간/거리 + when / before '얼마 (채) 되지도 않아 ~했다'

106 소망, 의도의 과거완료형(had+p.p) + to부정사

She **had intended to attend** the meeting.   모임에 참석할 의도였다. (그러나 참석하지 못했다는 의미)
= She **intended to have attended** the meeting.
= She intended to attend the meeting, but she couldn't.

I **had hoped to win** the prize.   나는 상 받기를 희망했다. (그러나 상을 받지 못했다는 의미)
= I **hoped to have won** the prize.
= I hoped to win the prize, but I couldn't.

> **Tip** 소망(hope, wish, want), 의도(intend, expect, mean, be to)의 **과거완료형 + to부정사**
> = 소망(hope, wish, want), 의도(intend, expect, mean, be to)의 **과거형 + 완료부정사(to have p.p)**
> = 과거에 이루지 못한 소망 혹은 의도를 나타낸다.

> **기출문제를 살펴보자 [서울여대]**
>
> Flocks of passenger pigeons were once so large they could block out the sun for hours, but by 1914 the birds _____ into extinction.
>
> (A) hunted   (B) had hunted   (C) had been hunted   (D) would have been hunted
>
> ---
> 주어 'bird'가 사냥이 되는 대상인 수동이고 **by 1914**(과거관련)로 보아 과거완료수동태가 답이 된다.
>
> 여행비둘기떼는 한때 너무나 커서 몇 시간 동안 태양을 가릴 정도였다. 그러나 1914년 무렵 이미 그 새들은 사냥으로 멸종되었다.
>
> ▶ 정답 (C)

107 S + had + hardly(scarcely) + p.p ~ when(before) + S + V   '~하자마자 ~하다'
= S + had + no sooner + p.p ~ than + S + V

He **had hardly(=scarcely) arrived when(=before)** he had to leave again.
= **Hardly(=Scarcely) had he arrived when(=before)** he had to leave again.
그는 도착하자마자 다시 떠나야 했다.

She **had no sooner seen** him **than** she burst into tears.   그를 보자마자 눈물이 쏟아졌다.
= **No sooner had she seen** him **than** she burst into tears.

 Tip hardly, scarcely A when(before) B = no sooner A than B   'A하자마자 B하다' 구문

Hardly
Scarcely } A when (=before) B   'A 하자마자 B하다'
Barely
= No sooner A   than   B

이때 Hardly, Barely, Scarcely, No sooner가 문두로 이동하면 A는 『**had + 주어 + p.p**』의 순서로 도치되는 것에 주의 한다.

> **기출문제를 살펴보자 [한국외대]**
>
> Choose the sentence that is **NOT** grammatically correct.
>
> (A) The truth is I haven't met her; neither do I intend to.
> (B) I will not apologize to him, nor will I admit that I am wrong.
> (C) Hardly had she come out of the shower before the phone rang.
> (D) No sooner did she walk into the room than she began to cry hysterically.
> (E) So unexpected was her return that scarcely could he believe his eyes.
>
> ---
> No sooner A than B 구문에서 A는 'had + 주어 + p.p'의 어순이 되어야 하므로 did가 아니라 **had**가 되어야 하며, walk도 **walked**가 되어 No sooner had she walked into the room~이 되어야 한다.
> Her return was so unexpected that scarcely could he believe his eyes에서 so unexpected가 선행되어 주어와 동사가 도치되었으며, that 이하도 scarcely의 선행에 따라 의문문 순서가 된 바른 문장이다.
>
> ▶ 정답 (D)

Unit 18 미래완료시제
(I will have done)

Guide 미래의 어느 때를 기준으로 그 이전(과거 / 현재)에서 미래까지 동사가 행한 동작의 경험, 결과, 완료, 계속을 나타낸다.

108 경험

Tom **will have been** to Africa three times if he goes there again.
Tom이 다시 한 번 아프리카에 간다면 3번 가는 격이 될 것이다.
[if 이하는 조건부사절이기에 현재동사 goes가 쓰인 것에 주의한다]

109 결과

When you come back from your holiday, she **will have left** Korea.
당신이 휴가에서 돌아올 때면 그녀는 한국을 떠날 것이다.
[When 이하는 시간 부사절이기에 현재 동사 come이 쓰인 것에 주의한다]

110 완료

Tom **will have finished** the homework by this time tomorrow.
Tom은 내일 이 시간이면 숙제를 끝낼 것이다.

111 계속

Tom and I **will have known** each other for 10 years by next month.
Tom과 나는 다음 달이면 서로를 안 지 10년이 된다.

기출문제를 살펴보자 [이화여대]

Bill always goes to bed at 10 p.m. Susan is planning to visit Bill's house at 10:30 this evening, so when Susan gets there, Bill _____.

(A) will go to bed (B) has gone to bed (C) will be going to bed (D) will have gone to bed

---

시간부사절 when Susan에서는 현재동사 gets가 쓰였지만 Bill은 항상 10시에 잠자리에 든다고 했다. 그 사실을 바탕으로 오늘 10시 반이면 그 시간에는 잠자리에 든 동작이 '완료'될 것이다는 예측이 되므로 미래의 일이 완료된다는 의미의 will have gone to bed 가 정답이 되는 것이다.

Bill은 항상 10시에 잔다. Susan은 오늘 10시 반에 Bill의 집을 방문할 계획이다. 그러므로 Susan이 그곳에 도착할 때, Bill은 이미 잠자리에 들었을 것이다.

▶ 정답 (D)

112 by the time 현재시제, will have p.p

I **will have finished** it by the time she **comes** back. 그녀가 돌아올 때까지는 나는 그것을 끝내 놓고 있을 것이다.
By the time he **was** 12, Jay **had written** five symphonies. 12살 무렵, 그는 5곡의 이미 교향곡을 작곡했다.

> **Tip** by the time 현재시제, will have p.p (또는 미래시제)
> by the time 과거시제, had p.p (또는 과거시제)

113 will have p.p ~ by + 미래년도

By 2050, most engine cars **will have disappeared**. 2050년 무렵이면 대부분의 엔진차들은 사라질 것이다.
All the money **will have been** spent **by next year**. 내년쯤이면 그 돈은 다 쓰고 없을 것이다.

114 과거동사 ~ in + 과거년도

He graduated **in** 2020 and headed for New York. 그는 2020년 대학을 졸업하고 뉴욕으로 갔다.
Jun was born **in** 2008 in Seoul, Korea. Jun은 2008년 대한민국 서울에서 태어났다.

기출문제를 살펴보자 [중앙대]

I ran (A)<u>out of cash</u>, so I went to the bank. (B)<u>By the time</u> I (C)<u>reached</u> the bank, the doors (D)<u>were closed</u>. I (E)<u>could not cash</u> my check.

By the time + 과거동사, had + p.p (과거시제)의 공식을 인용하면 '은행에 도착하기 전(과거사실)에 문이 닫혀있었으므로(과거보다 이전) 과거완료를 사용한다' **were closed**를 **had been closed**로 고쳐야한다.
현금이 떨어졌다. 그래서 은행으로 갔는데 은행에 도착할 무렵 이미 은행 문은 닫혀 있었다. 나는 수표를 바꿀 수 없었다.

정답 (D)

Unit 19 시제일치의 예외

Guide 이번에는 시제일치에 관한 예외적인 경우에 대하여 공부한다.
가정법과 조동사를 제외한 다른 내용은 앞에서 공부한 내용과 같으므로 복습한다고 생각하고 정리하기!

115 불변의 진리, 격언, 속담은 항상 현재시제

The scientists said that the sun **is** larger than the moon. 과학자들은 태양이 달보다 크다고 했다.
Yesterday my teacher said that honesty **is** the best policy.
어제 선생님께서는 정직이 최선이라고 말씀하셨다.

116 역사적 사실은 과거시제가 일반적이다

My history teacher told me that the Civil War **broke out** in 1861.   (O)
My history teacher told me that the Civil War had broken out in 1861. (X)
역사선생님은 남북전쟁이 1861년에 일어났다고 말씀하셨다.

117 종속절의 조동사 must, should, had to는 그대로

He said that he **must see** the manager. 그는 관리인을 꼭 만나야겠다고 말했다.
The doctor told her that she **should rest** for couple of days. 의사는 그녀가 며칠 쉬어야 한다고 말했다.

118 as, than이 이끄는 비교문장에서는 시제의 제한이 없다.

They were not more diligent than you **are**. 그들은 (현재의) 당신보다 부지런하지 않았다.
They were not more diligent than you **were**. 그들은 (과거의) 당신보다 부지런하지 않았다.
They are not more diligent than you **are**. 그들은 당신보다 부지런하지 않다.

119 가정법 문장의 주절은 종속절의 시제에 영향을 받지 않는다.

If you had taken the small old plane at that time, you **could not be** alive now.
만일 당신이 그 당시 작고 낡은 비행기를 탔더라면, 당신은 지금 살아있지 못할 것이다.
If I had studied harder for the exam, I **would be** a lawyer now.
만일 시험을 위해 더 열심히 공부했다면, 지금은 변호사일 텐데.

120 시간, 조건부사절

When he **comes** home, I will tell him everything. 그가 돌아오면 모든 걸 말하겠다.
When he will come home, I'll tell him everything. (X)
If it **snows** tomorrow, I will go skiing. 내일 눈이 오면 나는 스키를 타러 갈 것이다.
If it will snow tomorrow, I will go skiing. (X)

Chapter 03 기출 및 예상 문제

1. "Who is late today?"
   "That new employee _____ late as usual."
   (A) will be   (B) is
   (C) has been   (D) was

   문법 as usual이 '평소처럼'의 뜻이므로 현재의 습관임을 알 수 있다. [70/71]
   해석 "누가 오늘 지각했나요?"
   "평소처럼 그 신입사원이 지각입니다."
   정답 (B)

2. "I wish that Susan would come to visit me."
   "Well, I'll tell her so when I _____ her."
   (A) see   (B) saw
   (C) will see   (D) would see

   문법 when이 부사절을 이끄는 경우 미래시제 대신 현재시제를 써야 한다. [75]
   해석 "Susan이 나를 방문했으면 한다."
   "알겠어. 내가 그녀를 만나면 그녀에게 그렇게 말할게."
   정답 (A)

3. She is going to buy a hat after she _____ a check.
   (A) will cash   (B) cashes
   (C) would cash   (D) cash

   문법 after는 시간부사절 접속사이므로 미래가 아닌 현재시제가 쓰여야 한다. [75]
   cash a check : 수표를 현금으로 바꾸다
   해석 그녀는 수표를 현금으로 바꾼 다음에 모자를 살 것이다.
   정답 (B)

4. "Do you plan to go on a picnic with them next Saturday, Tom?"
   "I don't, unless they _____ me."
   (A) invite   (B) may invite
   (C) will invite   (D) would invite

   문법 질문에 next Saturday는 미래를 가리키지만 unless가 부사절접속사이므로 현재시제가 답이 된다. [75]
   해석 "Tom 다음 토요일에 그들과 함께 소풍을 갈 계획이니?"
   "그들이 초청하지 않는다면 갈 계획 없어."
   정답 (A)

5. Perhaps it will be a long time _____ from abroad.
   (A) when Tom comes back
   (B) before Tom will come back
   (C) before Tom comes back
   (D) that Tom comes back

   문법 It will be a long time before '~하려면 오랜 시간이 걸릴 것이다' [90]
   It will not be a long time before '곧 ~할 것이다'
   이때 before 이하는 미래 대신 현재시제가 되어야 한다.
   해석 아마 Tom이 해외에서 돌아오려면 오랜 시간이 걸릴것이다.
   정답 (C)

6. "Why didn't you go to see him?"
   "I thought I _____ going to see him tomorrow."
   (A) was   (B) have been
   (C) am   (D) had been

   문법 주절의 동사가 과거(thought)이므로 시제일치에 따라 that절의 동사도 was going to가 되어야 한다. [91]
   해석 "왜 그를 보러 가지 않았지?"
   "내일 보러 갈 생각이었다."
   정답 (A)

Chapter 03 기출 및 예상 문제

7 I _____ in New York from 1977 to 1981, and then I was transferred to LA.

　(A) was living　　　(B) have been living
　(C) lived　　　　　(D) have lived

분석 from 1977 to 1981이 과거시간이므로 **과거시제**가 되어야 한다. [82]
해석 나는 1977년부터 1981년까지 New York에서 살았고 그리고, LA로 전근되었다.
정답 (C)

8 Jack _____ his entire fortune when the stock market crashed.

　(A) lost　　　　　(B) loses
　(C) was losing　　(D) has lost

분석 when이하의 동사(crashed) 시제가 과거이므로 주절역시 **과거시제**가 되어야 한다. [82]
해석 Jack은 주식시장이 급락했을 때 전 재산을 잃었다.
정답 (A)

9 It _____ everyday so far this month.

　(A) is raining　　　(B) rained
　(C) rains　　　　　(D) has been raining

분석 so far(지금까지)로 보아 현재완료의 계속적 용법이 된다. [96]
so far : 지금까지
해석 이 달 들어 지금까지 매일 비가 왔다.
정답 (D)

10 He says that he will lend me the book when he _____ it.

　(A) has finished　　　(B) will finish
　(C) will have finished　(D) is finishing

분석 when이하가 시간의 부사절이므로 현재가 미래를 대신하거나 **현재완료**가 미래완료를 대신한다. [97]
보기에 **현재시제가 없으므로** '**현재완료시제**'가 답이 된다.
when he will have finished it의 미래완료를 대신해서 when he has finished it의 현재완료로 써야 한다.
해석 그는 책을 다 읽고 나면 나에게 빌려주겠다고 말한다.
정답 (A)

11 We shall start as soon as it _____ raining.

　(A) will stop　　　　(B) will have stopped
　(C) has stopped　　　(D) will be stopping

분석 as soon as이하가 시간의 부사절이므로 현재가 미래를 대신 하거나 **현재완료**가 미래완료를 대신한다. **현재시제가 없으므로** '**현재완료시제**'가 답이 된다. [97]
해석 비가 그치자마자 우리는 출발할 것이다.
정답 (C)

12 The earthquake of this morning was one of the severest that we _____ for the past twenty years.

　(A) experienced　　　(B) have experienced
　(C) had experienced　(D) experiencing

분석 for the past twenty years로 보아 완료시제가 된다. 시점(was)이 과거이며 "우리가 겪었던" 내용이 그보다 이전 시제 이므로 **과거완료**가 되어야 한다. [96]
해석 오늘 아침의 지진은 우리가 지난 20년 동안 경험했던 가장 심한 것 중 하나였다.
정답 (C)

Chapter 03 기출 및 예상 문제

13 He lost the watch he _____ a few days before.

(A) has bought (B) bought
(C) had bought (D) would buy

분석 시계를 산 것이 잃어버린 것(lost) 보다 '이전의 사건'이므로 과거완료가 답이 된다. [103]
해석 그는 며칠 전에 산 시계를 잃어버렸다.
정답 (C)

14 I had scarcely locked the door when the key _____.

(A) breaks (B) broke
(C) was breaking (D) had broken

분석 had + scarcely(=hardly) + p.p ~ when(before) + S + 과거동사~ [107]
해석 내가 문을 잠그자마자 열쇠가 부서졌다.
정답 (B)

15 No sooner _____ me than she burst into tears.

(A) had she seen (B) does she see
(C) she sees (D) she had seen

분석 No sooner가 선행되면, "No sooner+had+S+p.p~ than+S+과거동사"와 같이 도치가 된다. [107/708]
해석 그녀는 나를 보자마자 울음을 터뜨렸다.
정답 (A)

16 By the time you get to LA tomorrow, I _____ for Southeast Asia.

(A) will have left (B) will leave
(C) am leaving (D) have already left

분석 by the time절이 현재시제인 경우, 주절은 현재시제가 쓰이는 경우도 있으나, 주로 미래완료가 된다. [112]
해석 네가 LA에 도착할 때쯤이면, 나는 동남아시아로 떠날 것이다.
정답 (A)

17 "What will happen?"
"By next June we _____ a million refrigerators."

(A) had sold (B) sell
(C) will sell (D) will have sold

분석 'by next June'으로 보아 미래완료와 함께 쓰인다.
해석 " 무슨 일이 일어날까요?" [113]
"다음 6월이면 우리는 100만대의 냉장고를 판매할 것입니다."
정답 (D)

18 When I (A)met Susan yesterday, she (B)told me that she (C)passed the test three days (D)before.

분석 내가 수잔을 만난 시점과 그녀가 나에게 말을 한 시점은 모두 과거지만, 그녀가 시험에 합격한 것은 어제(과거기준)보다 3일전 이므로 (C)의 passed는 대과거인 had passed가 되어야 한다. [103]
three days before (yesterday) 에서 yesterday가 생략 된 것이다.
해석 내가 어제 수잔을 만났을 때, 그녀는 나에게 자신이 3일전에 시험에 합격했다고 말했다.
정답 (C)

84 | Grammar Master

Chapter 03 기출 및 예상 문제

19 Choose the sentence that is NOT grammatically correct.

(A) When someone has hay fever, the eyes itch.
(B) As Tom approached the garden, his mood lightened.
(C) The U.S. battalion marched down the street.
(D) As the days lengthened, the work time lengthened.
(E) From that time she has always shunned publicity.

분석 현재완료에서 시점을 의미하는 표현은 since이다. (E)의 has shunned가 현재완료이므로 from이 아닌 since가 되어야 한다. [96]
(B)의 approached는 타동사이다.
해석 (A) 열병에 걸리면 눈이 따갑다
(B) Tom이 정원에 다가갔을 때, 기분이 밝아졌다.
(C) 미군부대가 마을을 행진했다.
(D) 낮이 길어지며, 일하는 시간이 늘어났다.
(E) 그때부터 그녀는 대중을 피해 다닌다.
정답 (E)

20 Not until geologists (A)<u>begin to</u> study (B)<u>exposed</u> rocks in ravines and (C)<u>on</u> mountainsides (D)<u>did they</u> discover many of the earth's secrets.

분석 일반적인 사실에 대한 기술이 아니고, 과거의 두 사건의 전후 관계를 나타내는 것이므로 과거형을 써야 한다.
begin →began (D) 부정어구(Not until ~)가 선행해서 의문문 순서로 도치가 발생한 것이다. [707]
해석 지질학자들이 골짜기와 산에서 드러난 바위를 연구하자마자 많은 지구의 비밀을 발견하게 되었다.
정답 (A)

21 Tolstoy's (A)<u>grasp of</u> details (B)<u>enabled him to create</u> novels that (C)<u>arose from and reflected</u> the complexity of events that Russians (D)<u>have endured</u>.

분석 과거의 사건(enabled)이 기준이므로 (D)는 have endured가 아닌 **과거완료(had endured)**가 되어야 한다. [103]
해석 톨스토이의 상세함에 대한 이해력이 러시아인들이 견뎌냈던 사건들의 복잡성을 살려 반영하는 소설들을 창작 할 수 있게 했다.
정답 (D)

22 Spain is (A)<u>a European</u> country that (B)<u>lay</u> east of Portugal and north of Africa. It has (C)<u>coasts</u> on (D)<u>the Atlantic Ocean</u>, both in the north and in the south.

분석 '사실의 기술'이므로 현재시제를 써야 한다. [70]
lies (to the) east of Portugal : 이 경우 흔히 to the는 생략한다.
시간, 장소, 방법, 정도 등의 전치사구에서 전치사를 생략하고 명사만 쓰는 것을 '부사적 대격'이라고 한다.
해석 스페인은 포르투갈의 동쪽, 아프리카의 북쪽에 놓여있는 유럽 국가이다. 스페인은 남쪽과 북쪽 모두에 대서양으로 난 연안을 갖고 있다.
정답 (B)

23 One of (A)<u>the greatest</u> wishes of people today is that we (B)<u>could have discovered</u> a cure (C)<u>for cancer</u> in the (D)<u>next</u> few years.

분석 in the (D)next few years로 보아 '미래'의 내용임을 알 수 있다. 따라서 과거를 의미하는 'could have discovered'를 will discover나 '가능'을 의미하는 can discover로 고쳐야한다. [91]
해석 오늘날 인간의 가장 큰 희망 중 하나는 향후 몇 년 안에 암 치료제를 발견하는 것이다.
정답 (B)

Chapter 03 기출 및 예상 문제

24 The technology-ubiquitous even in poor countries- not only enables (A)<u>a freer flow</u> of information, but it (B)<u>also encourages</u> citizens who (C)<u>previously feel</u> powerless to take a role in (D)<u>bringing about</u> changes in their societies.

분석 앞의 동사들(enables, encourages)은 현재시제이지만, citizens가 무력하다고 느낀 것은 '과거의 일'이므로 citizens를 수식하는 관계절의 동사 feel은 이에 상응하게 과거인 felt가 되어야 한다. **[82]**
해설 심지어 가난한 나라들에도 두루 편재해있는 기술은 좀 더 자유로운 정보의 흐름을 가능케 해줄 뿐 아니라, 예전에는 스스로 무력하다고 느꼈던 시민들로 하여금 사회 변화를 불러일으키는데 제 역할을 다하도록 격려해 주기도 한다.
정답 (C)

25 I (A)<u>have lived</u> in this house (B)<u>for</u> three years, but I now (C)<u>live</u> in a (D)<u>different</u> apartment (E)<u>nearby</u>.

분석 3년 동안 이 집에 살았었지만 지금은 다른 곳에 산다고 했으므로 현재완료가 아닌 과거시제 lived가 되어야 한다. 'for + 기간'은 완료시제 뿐 아니라 과거동사에서도 쓰인다. **[82]**
해설 나는 3년 동안 이 집에 살았었는데 지금은 근처의 다른 아파트에 살고 있다.
정답 (A)

26 The healthful properties of fiber have _____ for years.
(A) knew   (B) known
(C) be knowing   (D) been known

분석 문장의 주어 properties가 '알려져 왔다'는 수동의 의미가 되어야 적절하고 문장 속에 have가 있으므로 타동사 know의 **현재완료시제 수동형인 have been known**이 돼야 한다. **[170]**
해설 건강에 좋은 섬유질의 특성들은 수년 동안 알려져 왔다.
정답 (D)

27 Albany, (A)<u>a city on</u> (B)<u>the</u> Hudson River, (C)<u>is</u> (D)<u>the</u> capital of New York State since 1797.

분석 'since 1797'으로 보아 동사는 **현재완료**를 사용해야 한다. **[96]**
해설 Hudson강의 도시인 Albany는 1797년부터 뉴욕시의 수도이다.
정답 (C)

28 They (A)<u>say that</u> the economy has improved (B)<u>greatly</u> (C)<u>before</u> the president was elected to office (D)<u>in</u> March.

분석 '~이래로 지금까지'여야 앞의 현재완료와 연결이 될 수 있으므로 before를 since로 고친다. **[96]**
해설 그들은 3월에 대통령이 선출된 이래로 경제가 많이 좋아져 왔다고 말한다.
정답 (C)

ER 편입 그래머 마스터

가정법

Unit 20. if 가정법
Unit 21. 가정법 혼용 (혼합가정법)
Unit 22. 가정법 도치
Unit 23. without / but for 가정법
Unit 24. wish / as if 가정법
Unit 25. 명령법

Unit 20 if 가정법
(if가정법과거 / if가정법 과거완료 / 가정법 혼용)

Guide 가정법이란 주어진 상황을 반대로 가정하는 표현 방법이다. 주어진 문장이 가정법이라는 것을 나타내기 위해 동사의 시제가 일반시제의 쓰임과 다르다.
대표적으로 조동사의 과거형과 현재를 의미할 땐 과거동사로 과거를 의미할 땐 과거완료로 동사를 한 시제씩 과거로 쓴다는 것이다.
가정법에서 가장 중요한 것은 if가 아닌 **조동사의 과거형(would/could/might)** 이라는 것을 명심한다.

121 if 가정법 과거

현재 이루어질 수 없는 사실을 상상, 가정하거나 현재의 사실에 반대되는 일을 가정한다.

If + 주어 + 과거동사(were)~,   주어 + would/could/might + 동사원형
if절(만일 ~라면)   주절(~할/일 텐데)

If I **knew** her number, I **would call** her.   만일 그녀의 번호를 안다면, 전화를 걸 텐데.
If I **were** in the position, I **could help** you. 만일 내가 그 위치(직위)에 있다면, 너를 도울 수 있을텐데.

Tip If절의 동사가 과거(knew)이고, 주절의 조동사 역시 과거형(would)이라고 해서 과거시제라고 생각해선 안 된다. 가정법이란 상상, 가정해서 말하는 표현법으로 그러한 상상, 가정이라는 문장을 나타내기 위하여 말하고자 하는 시제보다 한 단계 이전 시제를 쓰고 있기 때문이다. 그러므로 그녀의 번호를 '알았더라면'이 아닌 '안다면'의 의미이다.
또한 knew가 아닌 현재시제 know를 써도 안되고, would가 아닌 will을 사용해서도 안 된다.
가정법 과거에선 If절의 동사가 be동사일 경우 인칭에 관계없이 were를 쓴다.
주어가 I라고해서 was라고 쓰지 않는다.

가정법 과거라는 명칭은 단지 if절의 동사형태가 과거동사이기 때문에 붙여진 이름이므로, 동사의 형태가 과거인 것이지 의미가 과거라고 생각해선 안 된다.

122 if 가정법 과거완료

과거 이루어질 수 없던 사실을 상상, 가정하거나 과거의 사실에 반대되는 일을 가정한다.

If + 주어 + had p.p ~,   주어 + would/could/might + have p.p
if절(만일 ~였다면)   주절(~했/었을 텐데)

If I **had known** the fact, I **would have told** it to you. 그 사실을 알았다면, 너에게 말했을 것이다.
If I **had had** much money, I **could have bought** the car. 돈이 많았다면 나는 그 차를 살 수 있었을텐데
If she **had worked** hard, she **might have passed** the exam.
그녀가 열심히 공부했다면, 시험에 합격할 수 있었을 지도 모른다.

Tip If절의 동사가 과거완료(had worked)라고 해서 과거완료시제라고 생각해선 안 된다. 가정법이란 상상, 가정해서 말하는 표현법으로 그러한 상상, 가정이라는 문장을 나타내기 위하여 말하고자 하는 시제보다 한 단계 이전 시제를 쓰고 있기 때문이다.
위의 가정법은 모두 과거의 이루어질 수 없던 일을 상상, 가정하거나 과거의 사실에 반대되는 일을 가정하는 가정법 과거완료문장들이다.

여기서 가정법 과거완료라는 명칭은 단지 if절의 동사의 형태가 과거완료이기 때문에 붙여진 이름이므로, 동사의 형태가 과거완료인 것이고 의미는 과거이다.
마지막 문장에서 had가 2개인 이유는 have money에서 had+p.p의 p.p로 have의 과거완료형이 되었기 때문이다.

123 if 가정법 현재

if 조건절을 의미한다

If + 주어 + 현재동사~,	주어 + will /can / may + 동사원형
if절(만일 ~라면)	주절(~할 것이다)

If his house **burns** down, he **will get** the insurance money.
만일 그의 집이 화재로 손실된다면, 그는 보험금을 받을 것이다.

If we often **use** public transportation, there **will be** less air pollution.
만일 우리가 대중교통을 이용한다면, 공기 오염이 덜할 것이다.

가정법 현재형은 조건절과 비교했을 때 수험생 입장에선 혼란스럽다.

> ▶ **If 가정법 현재 vs. If 조건절**   (h)(o)(t) p(@)ge 8
>
> **If it is fine tomorrow, I will go fishing.** 내일 날씨가 좋다면, 나는 낚시를 갈 것이다.
> 위의 문장은 가정법인가 조건절인가?If절의 동사가 현재동사이며 주절이 동사도 will이 쓰였으므로 가정법 현재형이다.
> 그런데 If를 조건부사절로 보아 미래동사 대신 현재동사를 쓴 조건부사절로 보는것이 더 바람직하다.
>
> 예전에는 가정법 현재를 **If it be fine tomorrow, I will go fishing.**처럼 if절에 동사원형을 사용했었다.
> 그러나 현대영어에서는 가정법 현재와 조건부사절의 개념을 동일시하고 있다.
> 그러므로 『가정법 현재형 = 조건절』로 생각한다.

I **demanded/asked/requested** (that) she **see** a doctor immediately.
나는 그녀에게 즉시 의사를 만나 볼 것을 요구했다.

It was **necessary/urgent** (that) he **leave** the room immediately. 그는 그 방을 즉시 나갈 필요가 있었다.

Tip 인칭이나 시제에 관계없이 that절내의 동사를 원형으로 사용하는 문장의 형식을 가정법현재라고도 한다.
'주장, 제안, 요구'를 의미하거나 주어의 요구나 요청 또는 필요성 등의 주관적 판단을 나타내는 형용사가 보어로 사용 된 'It is ~ that~'의 구문에서 그러하다.

가정법이 어렵다면 QR코드를 스캔해보세요 

124 if 가정법 미래 (should+ⓥ / were to+ⓥ)

미래에 대한 강한 의심이나, 실현 불가능한 미래를 가정한다.

| ① **If + 주어 + should + ⓥ ~,** | 주어 + **would(will)/could(can)/might(may)** + 동사원형 |
| ② **If + 주어 + were to + ⓥ ~,** | 주어 + **would/could/might** + 동사원형 |

　if절(만일 ~라면)　　　　　　　　주절(~할 것이다)

① 미래에 대한 강한 의심을 나타낼 때 If + 주어 + should ~, S + would(or will) + 원형

If I **should fail** again, I **would try** again. 만약 다시 실패한다면, 나는 또 시도할 것이다.
If it **should rain** tomorrow, I **would stay** home. 만일 내일 비가 온다면 나는 집에 있을 것이다.

If anyone **should come** to see me, tell him I will be back soon. 만일 누가 찾아오거든 곧 돌아올 것이라고 말해라.

= **Should** anyone **come** to see me, tell him I will be back soon.

If I **should be delayed**, wait for me at the information counter. 내가 만약 늦으면, 안내 창구에서 좀 기다려.
= **Should** I **be delayed**, wait for me at the information counter.

> **Tip** 가정법 미래 중 if 절의 'should + 원형구조'에서는 주절이 명령문(동사원형으로 시작하는 문장)의 형태를 띠는 경우도 상당하다.

② 실현 불가능한 미래를 가정할 때 If + 주어 + were to + 동사원형~, 주어 + would + 동사원형

If the sun **were to rise** in the west, I **would change** my mind.
　　　　　　　해가 서쪽에서 뜬다면, 나는 마음을 바꿀 것이다. (해가 서쪽에서 뜬다는 것은 실현 불가능하다.)
If I **were to be born** again, I **would become** president.
　　　　　　　내가 다시 태어난다면, 나는 대통령이 될 것이다. (다시 태어난다는 것은 실현 불가능하다.)

▶ **If 가정법 현재 vs. If 가정법 미래**　　　　　　　　　　　ⓗⓞⓣ p@ge 9

If it **is** fine tomorrow, I **will go** fishing. 내일 날씨가 좋다면, 나는 낚시를 갈 것이다.
If it **should be** fine tomorrow, I **would go** fishing. 내일 날씨가 좋다면, 낚시를 갈 텐데.

두 문장의 해석은 같다. 하지만 가정법 현재형은 조건절과 마찬가지로 '내일 날씨가 어떨지 알지 못하는 전제하에 '만일 내일 날씨가 좋다면'이라는 의미이고, 가정법 미래형은 '내일 도저히 날씨가 좋을 수 없을 것'이라는 전제가 깔려있다.

Unit 21 가정법 혼용 (혼합가정법)
(if가정법 과거 + if가정법 과거완료)

Guide 혼합이란 표현에서 알 수 있듯이 가정법끼리 또는 가정법과 직설법을 혼용해서 쓰는 표현으로 1.가정법 과거완료와 가정법 과거의 혼합형과, 2.직설법과 가정법의 혼합 구문 두 가지가 있다

125 가정법 과거완료(if절)와 가정법 과거(주절)의 혼용

If + 주어 + had p.p ~ ,   주어 + would/could/might + 동사원형
if절(가정법 과거완료 '만일 ~했다면')   주절 (가정법 과거 '~할 텐데')

If I **had bought** the stock **then**, I **would be** rich **now**. 만일 그때 그 주식을 구입했다면, 지금 부자일 텐데
If you **had taken** the small old plane **at that time**, you **could not be** alive **now**.
만일 당신이 그 당시 작고 낡은 비행기를 탔더라면, 당신은 지금 살아있지 못할 것이다.

Tip 혼합가정법은 If절의 동사는 had p.p, 주절은 '과거조동사(would, could, might) + 동사원형'을 쓴다.
시험상의 혼란을 막기 위해 주절에 종종 현재의 사실을 암시하는 now, today, current 등이 흔히 수반되므로 어렵지 않다.

126 If절이 가정법 과거, 주절은 가정법 과거완료인 경우

If + 주어 + 과거동사 / were ~ ,   주어 + would/could/might + have p.p
If 절 (가정법 과거 '만일 ~라면')   주절(가정법 과거완료 '~했을 텐데')

If he **were** living in this town, I **would have met** him long before.
만일 그가 이 마을에 산다면, 나는 오래 전에 그를 만났을 것이다.

Tip 위 문장에서 If절은 가정법 과거로 '그가 이 도시에 살고 있다면(현재의미)', 주절은 '이미 오래 전에 그를 만났을 것이다(과거의미)'로 되어있다.

기출문제를 살펴보자 [단국대]

If Fleming had not discovered penicillin, there _____ far more fatalities every year than there actually are.

(A) would have been   (B) would be   (C) are   (D) will be

---

if절에 과거완료시제가 쓰였으며 주절 중의 than이하에 현재시제를 나타내는 actually are가 와서 주절이 현재의 가정의 상태를 실제 상태와 비교하는 내용이므로, 가정의 상태도 현재인 혼합가정법이어야 한다. 혼합가정법의 주절에는 가정법 과거시제가 쓰이므로, (B)의 would be가 적절하다.
fatalities n. 사망자, 사망자수   actually ad. 실제로

만일 플레밍이 페니실린을 발견하지 않았더라면, 지금 매년 실제보다 훨씬 더 많은 사망자수가 있을 것이다.

▶ 정답 (B)

127 가정법과 직설법의 혼용

하나의 절 속에 가정과 직설이 섞여 있는 경우에도 가정법의 약속 틀을 따른다.

If he **lived** in Korea, we **can meet** very often. 만일 그가 한국에 산다면 우리는 자주 만날 수 있다.

> **Tip** If he **lived** in Korea, we **can meet** very often.
> 한국에 산다면(가정)　자주 만날 수 있는데(직설현재)

If he **had known** that you **were** ill, he **would have visited** you.
　　　　　　　　　　　　　　　　　만일 그가 당신이 아팠다는 것을 알았다면, 당신을 방문했을 텐데.

> **Tip** If he **had known** that you **were** ill, he **would have visited** you.
> 알았다면(가정)　당신이 아팠던 것(직설과거)　방문했을 텐데(가정)

I **didn't know** your number then, or I **would have called** you.
　　　　　　　　　　　　　　　　　나는 그때 당신의 번호를 몰랐다. 그렇지 않았다면 전화를 했을 것이다.

> **Tip** I **didn't know** your number then, or I **would have called** you.
> 몰랐다(직설과거)　　　　　전화를 걸었을 텐데(가정)

He **took** a taxi to the airport last night; otherwise he **would have missed** his flight.
　　　　　　　　　　　　　　　　　지난 밤 그는 택시를 탔다. 그렇지 않았다면 그는 비행기를 놓쳤을 것이다.

> **Tip** He **took** a taxi to the airport last night; otherwise he **would have missed** his flight.
> 택시를 탔다(직설과거)　　　　그렇지 않았다면 놓쳤을 것이다(가정)

I **would buy** the shoes, but I **do not have** enough money. 돈만 있다면 그 신발을 사겠지만 충분한 돈이 없다.
She **would have gone** except she **didn't have** time. 시간이 있었더라면 갔을 터인데 그녀에게는 시간이 없었다.
The flower **would have grown** well but I **did not water** it.
　　　　　　　　　　　　　　　　　물을 주었다면 꽃은 잘 자랐을 터인데, 나는 그 꽃에 물을 주지 않았다.

기출문제를 살펴보자 [동덕여대]

We were instructed to disable the trigger device _____ there be any indication of system malfunction.

(A) should　　　(B) if　　　(C) in case　　　(D) provided that

가정법 미래 'if + 주어 + should 원형동사'는 보통 '혹시라도 ~한다면'의 뜻으로 실현될 가능성이 적은 일을 가정할 때 쓰이며, if를 생략하여 주어와 should가 도치된 형태로쓰인 것이다.
주절(We were~)은 직설법이고, (if) should there be 이하가 가정법 미래이다. '지시를 받은 것'은 과거의 일(직설법과거)이고, '시스템에 고장 조짐이 보일 수 있는 것'은 미래의 내용(가정법 미래)이므로 가정법 미래 + 직설법과거의 혼용문이 되는 것이다.
instruct + 목적어 + to V : 목적어에게 ~하라고 지시[명령]하다
trigger : 방아쇠, 제동기　　　　　malfunction : 고장, 기능 불량
우리는 혹시라도 시스템에 고장 조짐이 보이면 방아쇠가 작동하지 못하게 하라는 지시를 받았다.

정답 (A)

128 otherwise 가정법

He **is** lazy; otherwise I **would employ** him. 그는 **게으르다**. 그렇지 않으면 그를 **고용할** 텐데.
He **was** lazy; otherwise I **would have employed** him. 그는 **게을렀다**. 그렇지 않으면 그를 **고용했을** 텐데.
It **was** good that I had money with me; otherwise I **would have been** put to shame.
돈이 있었기에 망정이지 아니면 망신당할 뻔 했다.
I really **needed** to talk to somebody; otherwise I **would have gone** crazy.
누구한테라도 말을 하지 않고는 견딜 수가 없었다. 그렇지 않았더라면 난 미쳤을 것이다.

> **Tip** 직설법 현재 + otherwise + 가정법 과거
> 직설법 과거 + otherwise + 가정법 과거완료

* 가정법이 아닌 단순 부사적 기능의 otherwise

Some are wise, some are **otherwise**. 약은 자도 있고 그렇지 않은 자도 있다.
Drinking is one flaw in his **otherwise** perfect character. 그의 흠이라면 단지 술 마시는 것 뿐이다.
He skinned his shins, but **otherwise** he was not injured. 그는 정강이가 까졌을 뿐 다른 데는 다치지 않았다.

> 기출문제를 살펴보자 [아주대]
>
> These researchers have provided fresh (A)<u>insights</u> into the daily lives of (B)<u>ordinary</u> people (C)<u>whose</u> existences might not (D)<u>likewise</u> be so well documented.
>
> ---
>
> 관계사 whose를 기준으로 주절은 현재완료(have provided) whose이하는 조동사의 과거 might가 쓰였다. 또한 전후 문맥의 내용이 순접이 아닌 역접의 관계이므로 likewise(마찬가지로)가 아닌 otherwise(그렇지않다면)가 되어야한다.
> 이 연구원들은 보통 사람들의 일상적인 삶에 대한 참신한 통찰력을 제공해왔는데, 그렇지 않았다면 그런 보통 사람들의 존재가 그렇게 잘 기록되지 못할 것이다.
>
> 정답 (D)

129 except / but / save 가정법

I **would employ** him except (that) he **is** lazy. 그가 게으르지 **않으면** 그를 **고용할** 텐데.
I **would have employed** him except (that) he **was** lazy. 그가 게으르지 **않았다면** 그를 **고용했을** 텐데.
We **would have come** straight here, but (that) our flight **got** in too late.
비행기만 늦게 도착하지 않았다면 우리가 이곳에 바로 올 수 있었을 텐데.

> **Tip** 가정법 과거   + except / but / save (that) + 직설법 현재
> 가정법 과거완료 + except / but / save (that) + 직설법 과거

* 주절이 가정법이 아닌 경우의 except / but / save (that)

I **know** nothing about him save (that) he **is** a student.
그가 학생이라는 것을 제외하면 나는 그에 대해 아무 것도 모른다.
This drug **is** very effective except (that) it **causes** extreme drowsiness.
졸음이 마구 쏟아지는 것을 제외하면 이 약이 가장 효과적입니다.

Unit 22 가정법 도치
(if생략 후 '의문문순서'로 도치되는 가정법)

Guide If가정법에서 If를 생략하고 주어와 동사의 순서를 바꿔 쓰는 경우(=의문문 순서)가 있는데, 이러한 경우를 도치라고 한다.
If가 쓰인 모든 가정법이 전부 이런 도치가 되는 것은 아니고 if절의 동사가 **were, had, should인 경우만** 가능하다.

130 가정법 과거 도치 'were + 주어'

If **I were** in the position, I would help you. 그 위치에 있다면 너를 도울 텐데.
▷ **Were I** in the position, I would help you.

Tip if를 생략하고 동사 were를 주어 앞으로 도치시켰다.

131 가정법 과거완료 도치 'had + 주어 + p.p'

If **I had been** in the position, I would have helped you. 그 위치에 있었다면 너를 도왔을 텐데.
▷ **Had I been** in the position, I would have helped you.

Tip if를 생략하고 조동사 had를 주어 앞으로 도치시켜 의문문 순서 Had I been의 순서가 되었다.

132 가정법 미래 도치 'should + 주어 + 원형' / 'were + 주어 + to부정사'

If **he should arrive** before 6:00, he will give me a call. 만일 그가 6시 이전에 도착한다면 나에게 전화를 할 것이다.
▷ **Should he arrive** before 6:00, he will give me a call.

If **the sun were to be** extinguished, all living things would die. 만일 태양이 꺼진다면, 모든 생명체는 죽을 것이다.
▷ **Were the sun to be** extinguished, all living things would die.

Tip if를 생략하고 조동사 should를 주어 앞으로 도치시켜 의문문 순서인 Should I arrive의 순서가 되었다.
두 번째 문장은 실현 불가능한 미래를 나타내는 가정법 미래의 were to 원형에서 if를 생략하고 be(조동사)동사인 were를 주어 앞으로 도치시켜 **Were the sun to be**라는 의문문 순서가 되었다.

▶ **If I knew her number, I would call her의 도치는?**

If I knew her number, I would call her.　　(O)
Did I know her number, I would call her.　　(X)

가정법 과거에서는 **동사가 were**일 경우에만 if 생략이 가능하다. 여기서 knew는 일반동사 know의 과거형이므로 도치가 될 수 없다.
가정법에서 도치되는 동사는 were(가정법과거)/had(가정법과거완료)/should(가정법미래)는 모두 조동사로 쓰일 경우에만 가능한 것이다. 그러므로 위 문장은 도치가 될 수 없다!!

h⓪t p@ge 10

기출문제를 살펴보자 [동국대]

That's when I realized just how close I came (A)<u>to being killed</u>. I (B)<u>could have</u> so easily been knocked off balance. (C)<u>Had I have been knocked</u> off balance and fallen over, I probably (D)<u>would have ended</u> up under the truck.

가정법 과거완료의 도치는 If 생략하고 had + 주어 + p.p의 순서가 된다.
If I had been knocked가 도치되면, **Had I been knocked**가 된다.
거의 죽을 뻔 했다는 것을 그때야 깨달았다. 나는 너무나 쉽게 균형을 잃고 넘어질 수도 있었을 것이다. 내가 균형을 잃고 넘어졌다면 아마 트럭에 깔렸을 것이다.

▶ 정답 (C)

기출문제를 살펴보자 [서울여대]

_____ a more amiable woman, Mr. Dashwood would have been made still more respectable than he was.
(A) To marry　　(B) If he married　　(C) Having married　　(D) Had he married

---

주절의 동사가 가정법 과거완료(would have been)이므로 조건절도 가정법 과거완료인 If + 주어 + had + p.p가 되어야 하는데 보기에 없다. 따라서 Had 주어 p.p의 순서로 도치가 된 것이다.
대시우드 씨가 상냥한 여자와 결혼을 했더라면 훨씬 더 존경할 만한 사람이 되었을 텐데.

▶ 정답 (D)

Unit 23 without / but for 가정법
(~이 없다면, ~이 없었다면)

Guide if가 쓰이지 않아도 가정의 의미를 갖는 문장들이 있다.
if가 없어도 가정법인지 아닌지는 **조동사의 과거형(would, could, might)**으로 알 수 있다.

133 ~이 없다면, ~이 없었다면

If it were not for his help, I would fail. 그의 도움이 없다면 나는 실패할 것이다.
= **Were it not for** his help, I would fail. (도치)
= **Without** his help, I would fail.
= **But for** his help, I would fail.

If it had not been for his help, I would have failed. 그의 도움이 없었다면, 나는 실패했을 것이다.
= **Had** it **not been for** his help, I would have failed. (도치)
= **Without** his help, I would have failed.
= **But for** his help, I would have failed.

> **Tip** Without ~, **가정법 과거구문**은 '~이 없다면 ~할 것이다'의 뜻을 갖는 가정법 구문으로,
> Without ~은 But for ~나 If it were not for ~로 바꾸어 쓸 수 있다.
>
> Without ~, **가정법 과거완료**구문은 '~이 없었다면 ~했을 것이다'의 뜻을 갖는 가정법 구문으로,
> Without ~은 But for ~나 If it had not been for ~로 바꾸어 쓸 수 있다.
>
> Without 구문에서 가정법 과거는 주절의 『**would + 원형**』으로,
> 가정법 과거완료는 주절의 『**would + have p.p**』로 알 수 있다.

가정법의 문장에 반드시 if 절이 있어야 하는 것은 아니다. if 절이 생략되거나, 또는 주어나 부사구 속에 if 절의 의미가 내포되어 있어 문장의 전후 관계로 그 의미를 파악해야 하는 경우가있다.
if가 없어도 조동사의 과거형(would/could/might)으로 가정법 임을 알 수 있다.

아래의 예문에서 공부해 보자.

134 주부에 if의 의미가 내포된 가정법

A wise man **would not do** such a thing. 현명한 사람이라면 그런 일은 하지 않을 것이다.
= If he were a wise man, he would not do such a thing.
A true friend **would help** you. 진정한 친구라면 당신을 도울 것이다.
= If he were a true friend, he would help you.

135 부사(구)에 if의 의미가 내포된 가정법

I started for the airport at once, otherwise, I **would have missed** the plane.
= If I had not started for the airport at once, I would have missed the plane.
나는 즉시 공항으로 출발했다. 그렇지 않았다면 나는 비행기를 놓쳤을 것이다.

With a little more care, you **wouldn't make** such a mistake.
조금만 더 조심한다면, 당신은 그런 실수를 하지 않을 것이다.

Ten years ago, I **could have run** as fast as you.   10년 전이라면, 나는 당신처럼 빨리 달릴 수 있었을 것이다.

136 부정사에 if의 의미가 내포된 가정법

To hear him speak Korean, you **would take** him for a Korean.
= If you heard him speak Korean, you **would take** him for a Korean.
그가 우리말 하는 것을 듣는다면, 당신은 그를 한국인으로 착각할 것이다.

137 분사구문에 if의 의미가 내포된 가정법

Left to himself, he **would never finish** it.   혼자 내버려두면, 그는 그것을 끝내지 못할 것이다.
= If he were left to himself, he **would never finish** it.
Seen at a distance, it **might look** like a UFO. 멀리서 보면, 그것은 UFO처럼 보일지도 모른다.

138 앞뒤 문맥에 if의 의미가 내포된 가정법

That **might seem** strange.   그것은 이상하게 보일지도 모른다.
I **might have been** happier.   나는 더 행복했을지도 모른다.

Unit 24 | wish / as if / time 가정법
(~라면 좋을텐데 / 마치~처럼 / ~할 때이다)

Guide wish나 as if 가정법에서는 시제의 쓰임이 if가정법과 조금 다른 부분이 있는데, 그 부분을 여러 번 반복하여 확실히 짚고 넘어가야 한다.

139 wish 가정법 (~라면 좋을 텐데)

① **wish(현재)의 경우 : if 가정법 시제의 법칙을 따른다.**

I **wish** I **were** rich. = I **am** sorry I **am** not rich. 부자**라면 좋을** 텐데.

Tip wish뒤의 가정법 과거동사는 주절의 시제와 같은 현재시점이다.

I **wish** I **had been** rich. = I **am** sorry I **was** not rich. 부자**였다면 좋을** 텐데.

Tip wish뒤의 가정법 과거동사는 주절의 시제보다 한 시제 앞선 과거시점이다.

② **wished(과거)의 경우 : 가정법과거는 과거시점, 가정법과거완료는 대과거시점이다.**

I **wished** I **were** rich. = I **was** sorry I **was** not rich. 부자**였다면 좋았을** 텐데.

Tip wished 이하의 과거동사는 wished와 같은 과거시점으로 본다.
즉, were는 주절의 과거동사 wished와 동일한 과거시점을 의미한다.

I **wished** I **had been** rich. = I **was** sorry I **had not been** rich. 부자였었다면 좋았을 텐데

Tip wished 이하의 had p.p는 whished 보다 한시제 이전의 대과거시점이다.
즉, had been은 주절의 과거동사wished보다 한 시제 이전의 대과거시점을 의미한다.

결론 wish이하의 '가정법 과거'는 '현재'를 의미하고, wish이하의 '가정법 과거완료'는 '과거'를 의미한다.
wished이하의 '가정법 과거'는 '과거'를 의미하고, wished이하의 '가정법 과거완료'는 '대과거'를 의미한다.

140 wish 가정법에서 미래에 대한 소망은 「would + 원형」

I **wish** I **would meet** her again tomorrow. 내일 그녀를 만난다면 좋을 텐데

141 as if 가정법 (마치~처럼)

① 주절이 현재인 경우 : if 가정법 시제의 법칙을 따른다

He **talks** as if he **knew** Jane. 그는 제인을 **아는** 것처럼 **말한다**.

Tip 주절의 동사가 현재인 경우 as if 이하의 과거동사는 주절의 현재와 같은 현재시점으로 본다.
즉, knew의 형태는 과거지만 주절의 현재동사 talks와 같은 동일 시점인 현재를 의미한다.

He **talks** as if he **had known** Jane. 그는 제인을 **알았던** 것처럼 **말한다**.

Tip 주절의 동사가 현재인 경우 as if 이하의 had p.p는 주절의 현재보다 하나 앞선 과거 시점이다.
즉, had known은 과거완료지만 주절의 현재동사 talks보다 하나 앞선 과거를 의미한다.

② 주절이 과거인 경우 : as if절의 가정법은 과거시점, as if절의 가정법 과거완료는 대과거시점이다.

He **talked** as if he **knew** Jane. 그는 제인을 **알았던** 것처럼 **말했다**.

Tip 주절의 동사가 과거인 경우 as if 이하의 과거동사는 주절의 과거와 같은 과거시점으로 본다.
즉, knew는 주절의 과거동사 talked와 동일한 과거를 의미한다.

He **talked** as if he **had known** Jane. 그는 제인을 **알았었던** 것처럼 **말했다**.

Tip 주절의 동사가 과거일 때 as if 이하의 had p.p는 주절의 과거보다 하나 앞선 대과거 시점이다.
즉, had known은 주절의 과거동사 talked보다 하나 앞선 대과거를 의미한다.

> 결론 as if 앞이 현재동사일 때 as if 뒤가 '가정법 과거'면 현재를 의미하고, as if 뒤가 '가정법 과거완료'면 과거를 의미한다.
> as if 앞이 과거동사일 때 as if 뒤가 '가정법 과거'면 과거를 의미하고, as if 뒤가 '가정법 과거완료'면 대과거를 의미한다.

142 It is time (that) ~

It is time (that) we **should go** home. 집에 갈 시간이다.
It is time (that) we **went** home.

Tip It is (about, high) time (that)~구문은 '~할 때가 되었는데' 또는 '~해야 할 시간'이라는 의미로 가정법 의미는 아니지만, 과거동사를 쓰기 때문에 가정법파트에서 다룬다고 이해한다.

It is time that 주어 + 『should + 동사원형』 또는 『과거동사』

'should+원형'이나 '과거동사'의 두 형태가 쓰인다.

143 would rather + 과거동사

I would rather + 동사 과거 (가정법 과거) : I wish의 의미

A: I will stay here until I meet the man. 나는 그 남자를 만날 때까지 여기서 기다리겠다.
B: I would rather you **didn't**. (현재 너의 계획을) 그렇게 안했으면 좋겠다.

I would rather that you **didn't** smoke so much. 당신이 흡연을 하지 않았으면 좋겠다.

144 would that = I wish that

Would that I **were** young again! 다시 한번 젊어졌으면!
Would that he **were** here with us. 그가 여기 우리와 함께 있다면 좋을 텐데
Ah, would that it **had been** true! 아, 그것이 사실이었다면 좋았을 텐데!

145 If 대용어

① **assuming (that)** ~라 가정하여
② **as(so) long as** ~하는 한, ~하기만 하면
③ **granting / granted (that)** 가령 ~라 치고, ~이라 하여도
④ **in case (that) = in case of + N** ~을 대비하여, 만일 ~라면
⑤ **on (upon, under) condition (that)** ~라는 조건으로
⑥ **provided / providing (that)** ~한다면
⑦ **supposing / suppose (that)** 만일 ~라면
⑧ **what if** ~라면 어찌되는가?, 한들 무슨 상관인가?

So long as he is able, age is nothing. 유능하기만 하면 그의 나이는 문제가 안 된다.
Granted (that) it is a simple test to perform, it should be easy to get results quickly.
그것은 시행이 간단한 테스트이므로 결과를 빨리 얻기가 쉬울 것이다.
Assuming (that) he is still alive, how old would he be now? 가령 그가 아직 살아 있다면 지금 몇 살이나 되었을까요?
Provided (that) you give me a discount, I will pay for it. 할인해 준다면, 구입하겠다.
He allowed his daughter to go out **on condition (that)** she would come back before dark.
그는 어둡기 전에 귀가한다는 조건으로 딸의 외출을 허가했다.
Supposing (that) you're offered the job, will you accept it? 그 일을 제안 받았다고 가정한다면 받아들이겠습니까?
What if I introduce you to Bill's sister, Kristie. 내가 빌의 여동생 크리스티를 너한테 소개시켜주면 어떨까?

> **Tip** 상기 표현들은 if를 대용하지만, 반드시 가정법 시제를 따르지는 않는다.
> as long as, assuming(that), granting(that), provided(that) 다음에는 가정법시제가 아닌 직설법 시제를 사용하는 경향이 크다.

Unit 25 명령법
동사원형으로 시작

Guide 주어(You)를 생략하고 동사원형으로 시작하는 문장을 명령문이라고 한다. 상대방의 주의를 끌 때는 You를 사용 하기도 한다.

Concentrate on your work. 네 일에 집중하라.
Don't forget to post the letter. 편지 부칠 것을 잊지 마라.
(You) read the first paragraph, Tom. Tom, 네가 첫 단락을 읽어라.

146 명령법+ and ~ '~하라 그러면 ~할 것이다'

Work hard, **and** you will succeed. 열심히 일해라, 그러면 성공할 것이다.
= If you work hard, you will succeed.
Make haste, **and** you will be in time. 서둘러라 그러면 당신은 제때 도착할 것이다.
= If you make haste, you will be in time.

147 명령법 + or ~ '~하라. 그렇지 않으면 ~할 것이다'

Hurry up, **or** you will be late. 서둘러라. 그렇지 않으면 늦을 것이다.
= If you do not hurry up, you will be late.
= Unless you hurry up, you will be late.
Get up at once, **or** you will be late for school. 곧바로 일어나라. 그렇지 않으면 지각할 것이다.
= If you do not get up at once, you will be late for school.
= Unless you get up at once, you will be late for school.

148 명령법 + 접속사 ~ will(may) '~한다 해도' 부사절로 앞에서 양보를 나타낸다. (양보명령)

Go where you **will**, you will be welcomed. 어디를 가든지, 당신은 환영받을 것이다.
= Wherever you may go, you will be welcomed.
Say what you **may**, you cannot convince me. 무슨 말을 하든지, 당신은 나를 설득시킬수 없다.
= Whatever you may say, you cannot convince me.

149 Be + 주어 + (ever + so) ~, S + V '아무리 ~하더라도'

Be a man ever so rich, he should not be idle. 아무리 부자이더라도, 게을러서는 안 된다.
= However rich a man may be, he should not be idle.
= Let a man be ever so rich, he should not be idle.

Home is home, **be it** ever so humble. 아무리 초라해도 내 집보다 더 좋은 곳은 없다.

> 기출문제를 살펴보자 [서울여대]
>
> People will always find some aspect of (A)another culture (B)distastefully, (C)be it sexual practices, a way of treating friends or relatives, or simply a food that they cannot manage to get down (D)with a smile.
>
> ---
>
> 'find + 목적어 + 목적보어'의 구문이다. 목적보어로 부사는 올 수 없다. (B)를 distasteful로 고친다.
> (C)의 **be it sexual practices**는 Be + 주어 + (ever + so) ~, S + V '아무리 ~하더라도' 구문이다.
> 성적 관행이든, 친구나 친척을 다루는 방식이든, 미소 지으며 삼킬 수 없는 단순한 음식이든, 사람들은 언제나 다른 문화의 어떤 부분을 불쾌히 여긴다.
>
> ▶ 정답 (B)

150 Suppose (=If) '만약에 ~라면'

Suppose you were in my position, what would you do? 가령 네가 내 입장이라면 어떻게 하겠니?
Suppose you had a large sum of money, what would you do with it? 많은 액수의 돈이 있다면 무엇을 할 거니?

151 let을 사용하는 명령법

1인칭, 3인칭에 관하여 상대방에게 명령하거나 허가를 구하든지 혹은 권유를 하는 형식

Let him go there. 그가 거기에 가도록 하라 (허가, 권유)

> **Tip** let이 3인칭에 쓰여서 명령을 나타낸다.

Let each man do his best. 각자 자기의 최선을 다하라.
= Each man should do his best.

Chapter 04 기출 및 예상 문제

1 If I had time, _____ see that new movie at the theater.

(A) I'll   (B) I shall   (C) I may   (D) I'd

분석 If 절에 '과거동사'가 있으므로 가정법 과거이다. 따라서 주절은 'S + would + 원형'이 된다. [121]
(A)는 I will, (D)는 I would의 축약형이다.
해석 시간이 있다면, 저 극장에서 영화를 볼 텐데.
정답 (D)

2 "I didn't catch the train."
"You _____ the train if you had hurried."

(A) would catch   (B) had caught
(C) could have caught   (D) could catch

분석 If 절에 'had p.p'가 있으므로 가정법 과거완료이다. 주절은 'S + would have p.p'가 되어야 한다. [122]
해석 "기차를 잡지 못했습니다."
"네가 서둘렀더라면 너는 그 기차를 잡을 수 있었을 것이다."
정답 (C)

3 If you _____ see Mr. Allen, give him my regards.

(A) should   (B) would
(C) shall   (D) will

분석 가정법 미래 중 if 절의 'should + 원형구조'에서는 주절이 **명령문**(동사원형으로 시작하는 문장)의 형태를 띠는 경우가 상당하다. [124]
주절이 명령문인 것으로 보아 if절에 should가 답이 된다.
해석 혹시 알렌씨를 만나면, 그 분께 안부 전해 주세요.
정답 (A)

4 If the sun _____ rise in the west, my love would be unchanged for good.

(A) should   (B) were to
(C) were   (D) shall

분석 '태양이 서쪽에서 떠오르는 것'은 실현 불가능한 가정이며, 주절이 "would + 원형"인 것으로 보아 가정법 미래이다. If절은 were to가 된다. [124]
해석 서쪽에서 태양이 떠오른다 하더라도, 내 사랑은 영원히 변하지 않을 것이다.
정답 (B)

5 "You have made some mistakes."
"I wish I _____ mistakes everyday."

(A) don't make   (B) haven't made
(C) wouldn't have made   (D) didn't make

분석 I wish + 가정법이다. [139]
everyday로 보아 현재를 의미하는 가정법 과거가 된다.
해석 "당신은 실수를 하셨군요."
"저는 매일 실수를 안했으면 좋겠습니다."
정답 (D)

6 It is high time she _____ her toys away.

(A) put   (B) puts
(C) has put   (D) is putting

분석 It is (high / about) time + 가정법 과거동사. [142]
해석 그녀가 장난감을 치울 때이다.
정답 (A)

Chapter 04 기출 및 예상 문제

7 If it had not rained yesterday, the ground _____ muddy now.

(A) is not
(B) will not be
(C) would not be
(D) would not have been

분석 If 절의 yesterday로 보아 가정법 과거완료이고, 주절에는 now가 있으므로 가정법 과거인 **혼합가정법**이다. [125]
해석 어제 비가 내리지 않았더라면, 지금 땅이 질퍽이지 않을 것이다.
정답 (C)

8 He might have led a life quite different from the one he lived _____ this event which happened all of a sudden.

(A) were it not for
(B) had it not been for
(C) if it were not for
(D) if there were not

분석 주절이 might have p.p이므로 조건절은 had p.p여야 한다. If it had not been for에서 if가 생략되고 had가 문장 앞으로 도치된 경우이다. [131]
해석 갑자기 발생한 이 사건이 아니었다면, 그는 그가 산 삶과는 아주 다른 삶을 살았을 것이다.
정답 (B)

9 Supposing you _____ write, what would you do?

(A) couldn't
(B) can't
(C) may not
(D) are unable

분석 'Supposing = If'와 같은 쓰임이며, 주절이 'would+동사원형'이므로 가정법 과거이다. [150]
해석 글을 쓸 수 없다면 어떻게 하실래요?
정답 (A)

10 Without oxygen, all animals _____ long ago.

(A) would disappear
(B) would have disappeared
(C) would be disappearing
(D) would have been disappeared

분석 long ago는 과거시제의 부사구이므로 과거사실의 가정인 가정법 과거완료를 써야 한다. [122]
해석 산소가 없었더라면, 모든 동물은 오래 전에 사라져 버렸을 것이다.
정답 (B)

11 Choose the sentence that is NOT grammatically correct.

(A) If your parents come late, I'll take care of you.
(B) If he were an honest man, he would give it back to you tomorrow.
(C) If he studied hard last night, he would pass tomorrow's exam.
(D) If he read the message, he would investigate the case more seriously.
(E) If you had told me about it, I wouldn't have worried.

분석 (A) 조건절- '만일 너의 부모님이 늦게 오면, 내가 보살펴 줄게.'
(B) 가정법 과거- '만일 그가 정직한 남자라면, 그는 내일 그것을 당신에게 돌려줄 것이다.'
(D) 가정법 과거- '만일 그가 메시지를 읽는다면, 그는 그 사건을 더 진지하게 조사할 것이다.'
(E) 가정법 과거완료- '만일 네가 나에게 그것에 대해 이야기했더라면, 나는 걱정하지 않았을 거야.'
(C)는 말하고 있는 시점이 '현재'이고 내용은 '과거와 미래가 혼재'된 문장이다. 직설법으로 쓴다면 If he studied hard last night (공부를했는지 안 했는지 모르는 상황에서), he would → will pass tomorrow's exam은 미래를 의미하므로 will이 되어야 하고, 가정법이라면 혼합문장으로 보아 If절을 과거완료로 써야한다. [91/121]
If he had studied hard last night, he would pass tomorrow's exam. (B)와 (C)에 tomorrow가 있다고 미래 시제는 아니다. 현재에서 '내일 어떨 것'이라는 의미일 뿐이다.
정답 (C)

104 | Grammar Master

Chapter 04 기출 및 예상 문제

12 Some scientists reported that insects _____ the food shortage if we could adjust to eating them.

(A) would solve (B) had solved
(C) could have solved (D) solve

문법 가정법 과거 문장이다. if절에 조동사의 과거형 could가 있는 것으로 보아 주절은 'would + 원형'이 된다. [122]
해석 몇몇 과학자들은 우리가 곤충을 먹는 것에 익숙할 수 있다면 곤충이 식량부족을 해결할 것이라고 보고했다.
정답 (A)

13 We returned home wishing not that we had seen more places _____ more time to explore the ones we did.

(A) but we had (B) but that we had had
(C) that we had had (D) so that we had

문법 wish구문의 가정법에서 not that we had seen more places but that we had had more time으로 병치 된 것이다. 이때 A부분이 과거완료이므로 B도 과거완료가 되어 had had가 된 것이다. [139]
해석 우리는 더 많은 곳을 볼 수 있었으면 하고 바란 것이 아니라, 우리가 보았던 곳을 탐사할 수 있는 더 많은 시간이 있었으면 하고 바라면서 집으로 돌아왔다.
정답 (B)

14 Choose the sentence that is NOT grammatically correct.

(A) He made the suggestion that he be set free.
(B) Were the sun to be extinguished, all living things would die.
(C) Had it not been for your help, I had failed.
(D) If I had learned the phonetic system of reading, I would be a better reader today.

문법 If it had not been for your help, I would have failed에서 if 생략 후 '주어와 동사'가 도치되면 Had it not been for your help, I would have failed가 된다. [131]
해석 (A) 그는 자신이 석방되어야 한다고 주장했다.
(B) 태양이 꺼진다면, 모든 살아있는 것들은 죽을 것이다.
(C) 너의 도움이 없었더라면, 나는 실패했을 것이다.
(D) 만일 내가 글을 읽는 것을 배웠더라면 오늘날 나는 글을 잘 읽는 사람일 텐데.
정답 (C)

15 어법상 올바른 문장을 고르시오.

(A) It is high time we went home.
(B) I objected to treat like a child.
(C) Let's go to the movies when the final exam will be over.
(D) The program is sponsored by schools and is received their funds by volunteers.

문법 (A) It is high time 주어 + 과거동사 '~할 시간이다.'
(B) I objected to **being** treated like a child. '~에 반대하다'인 object to에서 to는 전치사이므로 trating이 되어야 한다.
(C) 시간부사절에서는 미래동사 대신 현재동사를 쓴다. 따라서 will be → is
(D)는 목적어(their funds)가 있으므로 receive는 능동태 receives가 되어야 한다.
해석 (A) 집에 가야 할 시간이다.
(B) 나는 어린아이처럼 대접받는 것에 반대한다.
(C) 기말고사가 끝나면 극장에 가자.
(D) 이 프로그램은 학교로부터 후원되며 그리고 자원봉사자들로부터 후원금을 받는다.
정답 (A)

16 If the United States had built more homes for poor people in 1955, the housing problems now in some parts of this country _____ so serious.

(A) wouldn't be (B) will not have been
(C) wouldn't have been (D) would have not been

문법 If절에 in 1955가 있으므로 가정법 과거완료, 주절에 now가 있으므로 가정법 과거인 혼합가정법이다. [125]
해석 만일 미국이 1955년에 가난한 사람을 위해 더 많은 집을 지었더라면, 지금 미국의 몇몇 지역의 주택문제는 그렇게 심각하지 않을 것이다.
정답 (A)

Chapter 04 기출 및 예상 문제

17 Unfortunately, I didn't have my address book with me when I was on vacation.
If I had had your address, I _____ you a postcard.

(A) have sent
(B) had sent
(C) would sent
(D) would have sent

문석 가정법 과거완료 문제로서 if절의 시제가 가정법 과거완료 (had p.p)이므로 주절은 would have p.p가 된다. [122]
해석 안타깝게도 나는 휴가 중에 주소록을 갖고 있지 않았다. 만약 내가 너의 주소를 알았더라면 너에게 엽서를 보냈을 텐데.
정답 (D)

18 (A)If the internet (B)had been invented (C)a thousand years ago, (D)will people be significantly more homogeneous than (E)they are now?

문석 혼합가정법 구문이다. If 절은 과거를 의미하므로 had p.p지만 주절에 now가 있어서 '현재'를 의미하므로 주절은 'would + 원형'이 되어야 한다. [125]
해석 만일 인터넷이 천 년 전에 발명되었더라면(과거), 사람들은 현저히 지금 모습보다 더 동질적일까(현재)?
정답 (D)

19 _____ I was to failing, I would not have gone to the party.

(A) When I realized how closely
(B) If I would have realized how closely
(C) Had I had realized how close
(D) Had I realized how close
(E) If I realized how close

문석 주절에 would not have gone이 있으므로, 빈칸에는 가정법 과거 had + p.p가 된다. 따라서 If I had realized가 와야 하는데 보기에 없다. 도치를 생각하면 된다. If 생략하고 Had를 주어 앞에 둔 **Had I realized**가 정답이다. [131]
해석 얼마나 낙제에 가까웠는지를 알았더라면, 나는 파티에 가지 않았을 것이다.
정답 (D)

20 I'm hungry because I didn't eat anything this morning.
If I _____ breakfast, I _____ hungry now.

(A) ate   - wouldn't be
(B) ate   - wouldn't have been
(C) had eaten - wouldn't be
(D) had eaten - wouldn't have been

문석 혼합가정법 문제이다. [125]
첫 문장에 직설법으로 아침을 먹지 않았다는 정보를 주었으므로 가정법에서는 과거사실의 반대 가정으로, if 절은 가정법 과거완료(had eaten)로 주절에는 now가 있으므로 가정법 과거(wouldn't be)로 되는 혼합가정법이다.
해석 오늘 아침에 아무것도 먹지 않아서 배가 고프다. 아침을 먹었더라면 지금 배고프지 않을 텐데.
정답 (C)

21 An art teacher (A)had seen talent among the prisoners, and felt (B)that if they (C)received support earlier, (D)their lives might have turned out differently.

문석 주절 (D)의 동사가 might have turned인 것으로 보아 가정법 과거완료임을 알 수 있다. [122]
따라서 if절의 (C)는 had received가 되어야한다.
해석 미술선생님은 죄수들 사이에서 재능을 발견했으며 만일 그들이 일찍 지원을 받았더라면 그들의 삶은 달라졌을 것이라고 생각했다.
정답 (C)

Chapter 04 기출 및 예상 문제

22 Choose the sentence that is NOT grammatically correct.
(A) Fred wishes Pat will come tomorrow.
(B) Fred hopes Pat will finish the assignment by tomorrow.
(C) Fred will have finished the job when Pat comes tomorrow.
(D) Fred will start the project as soon as Pat arrives tomorrow.
(E) Fred would be pleased if Pat started the project tomorrow.

분석 (A)는 wish 가정법이므로 과거동사 would가 와야 한다. [139]
해설 (B) 프래드는 팻이 내일까지 과제를 끝내기를 바란다.
(C) 프래드는 팻이 내일 도착할 때 과제를 끝낼것이다.
(D) 프래드는 팻이 내일 도착하는 즉시 프로젝트를 시작할 것이다
(E) 프래드는 내일 팻이 프로젝트를 시작하면 기쁠텐데
정답 (A)

23 Were they to cease advertising, prices _____ significantly reduced.
(A) would be   (B) will be
(C) were   (D) will have been

분석 가정법 미래의 도치문제이다. [132]
If they **were to cease** advertising이므로 주절은 'would + 원형'이 와야 한다.
해설 만일 그들이 광고를 멈춘다면, 가격이 확연히 줄어들 텐데.
정답 (A)

24 If you (A)<u>saw</u> the amount of food he ate (B)<u>for breakfast</u> this morning, you would understand (C)<u>why</u> he (D)<u>has grown</u> so fat.

분석 가정법 혼용문장으로 주절은 가정법 과거지만, if절은 '오늘아침 먹는 것을 보았다라면'의 의미로 과거를 의미하는 가정법 과거완료가 되어야 한다. (A)는 had seen이 옳다. [122]
해설 오늘 그가 아침 먹는 양을 보았다면 당신은 그가 왜 그렇게 살이 쪘는지를 이해하게 될 것이다.
정답 (A)

25 It would make my day perfect to see my girl friend, _____, and to have dinner with her.
(A) going to a movie   (B) to go to a movie
(C) to going to a movie   (D) to go a movie

분석 가정법 과거의 문장으로 to부정사가 if 절을 대신하면서 병치되고 있다. [121]
to see my girl friend, **to go** to a movie, **and to have** dinner with her.
해설 여자친구와 만나서, 영화를 보고 저녁식사를 함께 한다면, 오늘 하루 일과를 완벽하게 할 수 있을 텐데.
정답 (B)

26 I'd rather you _____ anything about it for the time being.
(A) do   (B) didn't do   (C) don't   (D) didn't

분석 would rather + 동원 : ~하는 게 더 낫겠다 [143]
I would rather+과거 동사 (가정법 과거) : I wish의 의미
* for the time being : 당분간
'would rather (that) 주어 + 과거동사'는 일종의 가정법으로 쓰이며 for the time being은 당분간 이라는 의미로 현재의 의미를 띤 부사어 이므로 빈칸에는 가정법 과거의 과거형 동사가 되어야 한다.
해설 당분간은 네가 아무 것도 하지 않았으면 좋겠다.
정답 (B)

27 This dish _____ better if you add some more fresh herbs and garlic.
(A) is tasted   (B) would have tasted
(C) tasted   (D) tastes

분석 if 절이 과거동사가 아닌 현재 동사(add)가 쓰인 것으로 보아 가정법이 아니라 조건문임을 알 수 있다. [123] 주절에 현재동사를 쓴다.
해설 만일 신선한 야채와 마늘을 좀 첨가한다면, 이 음식은 더 맛이 좋을 것이다.
정답 (D)

Chapter 04　기출 및 예상 문제

28 Jane's title is (A)<u>curator</u>, as if her design store, (B)<u>which</u> sells horns and glass insects, (C)<u>was</u> a (D)<u>natural</u> history museum.

[문석] as if 가정법 구문이므로 (C)는 가정법 과거동사 were가 되어야 한다. [141]
curator는 보통명사라 관사가 있어야 하는데 여기서는 보어로 쓰여 관직/신분을 의미하므로 무관사이다. [356]
[해석] 제인의 직함은 큐레이터다. 뿔과 유리 곤충을 파는 그녀의 디자인 가게가 마치 자연사 박물관이라도 되는 것 같다.
[정답] (C)

29 There (A)<u>were</u> (B)<u>a great many</u> children from broken homes in the suburban schools. The principal wished that there (C)<u>are</u> more (D)<u>intact</u> families.

[문석] wish 가정법 구문이므로 that절에 가정법 시제를 써야 하는데 과거시제 당시의 상황(wished)이므로 가정법 과거를 사용 해야 과거의 의미가 된다. 따라서 (C)의 are는 were가 되어야 한다. [139]
[해석] 변두리 학교에는 결손가정의 아이들이 많았다. 교장 선생님은 정상 가정이 더 많았으면 하고 희망했다.
[정답] (C)

30 "We're in danger now."
"If you _____ to me, we wouldn't be in danger."

(A) listen　　　　　(B) would listen
(C) had listened　　(D) have listened

[문석] 주절이 '과거조동사 + 원형'이므로 If 절은 과거동사가 적절하지만 보기에 listened가 없으므로 혼합가정법으로 풀어야한다. [125]
[해석] "지금 우리는 위험하다."
"만일 네가 내 말에 귀를 기울였다면(과거), 우리는 위험하지 않을 텐데(현재)."
[정답] (C)

31 _____ I for one would be disturbed.

(A) If he were to win the medal
(B) If he was to win the medal
(C) If he wins the medal
(D) If he is the winner of the medal
(E) In the event that he wins the medal

[문석] 미래의 일을 가정하고 있으므로 'If + S + were to + 원형', 주절은 'would + 원형'으로 가정법 미래가 되어야 한다. [123]
* for one : 한 예로서, (나) 개인으로서는
[해석] 만일에라도 그가 메달을 딴다면 나는 심란할 것이다.
[정답] (A)

ER 편입 그래머 마스터

Chapter 05

수동태

Unit 26. 3형식동사(구)의 수동태
Unit 27. 4형식동사의 수동태
Unit 28. 5형식동사의 수동태
Unit 29. 수동태로 전환하지 않는 경우
Unit 30. 복합수동태
Unit 31. by 이외의 전치사

Unit 26 3형식동사(구)의 수동태
be + p.p + (by+목적격)

Guide 수동태란 주어가 동작의 주체가 되는 능동태와 달리, 주어가 동작의 대상이 되는 표현방식을 말한다. 우리말은 수동태가 많이 쓰이지 않고 문장의 주어 역시 사람으로 쓰는 경우가 많기 때문에 영어에서의 수동태 표현에 익숙하지 않다. 수동태를 '~되다, 당하다'로 해석했을 때 어색한 문장 (I was taught by Tom: 나는 Tom에 의해 배워졌다?)은 주어를 목적어로 해석(Tom이 나를 가르쳤다)해 보면 쉽게 해결된다.

152 3형식 타동사의 수동태 전환

He writes the book. 그가 책을 쓴다. (현재)
➡ The book **is written** by him. 그 책은 그에 의해 쓰인다.
He wrote the book. 그는 그 책을 썼다. (과거)
➡ The book **was written** by him. 그 책은 그에 의해 쓰였다.
He will write the book. 그는 그 책을 쓸 것이다. (미래)
➡ The book **will be written** by him. 그 책은 그에 의해 쓰일 것이다.

153 목적어가 that절인 경우의 수동태 전환 (복문 능동태의 단문수동태 전환)

They **say** that Tom **is** a liar. 사람들은 탐이 거짓말쟁이라고 한다.
That Tom is a liar is said by them. (X)
➡ **It is said that** Tom is a liar. (복문 수동태)
➡ Tom **is said** to be a liar. (단문 수동태) 주절과 종속절(목적절)의 시제가 같은 경우 [현재+현재]

> **Tip** They said that Tom was a liar. 사람들은 탐이 거짓말쟁이였다고 했다.
> ➡ It was said that Tom was a liar. (복문 수동태)
> ➡ Tom was said to be a liar. (단문 수동태) 주절과 목적절의 시제가 같은 경우 (과거+과거)

They **say** that Tom **was** a liar.
That Tom was a liar is said by them. (X)
➡ **It is said that** Tom was a liar. (복문 수동태)
➡ Tom **is said** to have been a liar. (단문 수동태)
종속절(목적절)의 시제가 주절보다 과거인 경우 완료부정사(to have p.p)를 사용한다. [현재+과거]

> **Tip** They said that Tom had been a liar. 사람들은 탐이 거짓말쟁이 였었다고 했다.
> ➡ It was said that Tom had been a liar. (복문 수동태)
> ➡ Tom was said to have been a liar. (단문 수동태) 주절과 목적절의 시제가 다른 경우(과거+대과거)

◀ 복문/단문 전환이 어렵다면 QR코드를 스캔해보세요

> **Tip** 일반인주어(We, People, They 등) 다음 say, believe, expect, think, suppose 등의 인식동사가 목적어로 that절을 취하는 경우 목적절 that절을 주어로 쓰는 것이 아니라 『It + 수동태 + that절』의 형태로 수동태가 된다.

주어	인식동사	목적절
We Poeple They	say believe expect report think suppose	that+S+V

주어	인식동사	목적절
It	is said is believed is expected is reported is thought is supposed	that+S+V

가령 They say that Tom is a liar.를 수동태로 바꾼다면
That Tom is a liar is said by them.(X) that절을 수동태의 주어로 하는 것이 아니라
➡ **It is said** that Tom is a liar.처럼 that절은 그대로 두고, They 대신 It을 주어로 하고 동사를 수동태(be+p.p)로 하는 것이다.

이 경우 주어가 2개(It과 that절의 he)이므로 **복문** 수동태라고 하며, 주어가 하나인 **단문** 수동태로의 전환은 that절의 주어를 문장의 주어로 하고, that절의 동사를 to부정사로 하여 단문을 만들 수 있다.

시제가 같은 경우 : to부정사(to+원형)

that	주어	동사
↓	↓	↓
to	X	원형

It **is** said that Tom **is** a liar.
Tom **is** said **to be** a liar.

시제가 다른 경우 : 완료부정사(to have p.p)

that	주어	동사
↓	↓	↓
to	X	have+p.p

It **is** said that Tom **was** a liar.
Tom **is** said **to have been** a liar.

이 경우 It is said(현재) that Tom was(과거) a liar.와 같이 주절과 that절의 시제가 다른 경우 **완료부정사(to have p.p)**를 사용하여 단문을 만든다.

기출문제를 살펴보자 [중앙대]

(A)<u>A great</u> many things which in times of lesser knowledge we (B)<u>imagined</u> to be superstitious or useless prove today on examination (C)<u>to be</u> of immense value to people in the past. (D)No error

(C)는 '과거 사람들(people in the past)에게 엄청난 가치가 있었다'고 했으므로 본동사 prove의 현재 시제보다 앞선 시점을 의미한다. 따라서 완료 부정사 to have been으로 고쳐야 한다.
lesser 더 적은, 덜한   superstitious 미신적인   on examination 조사해보니   immense 엄청난, 어마어마한
지식이 부족했던 시절에 우리가 미신적이거나 쓸모없는 것이라고 생각했던 많은 것들은 오늘날 검토해 보면 과거 사람들에게 엄청난 가치가 있었던 것으로 드러난다.
▶ 정답 (C)

기출문제를 살펴보자 [단국대]

His greatest claim to fame is _____ for the last Olympic squad.

(A) to be chosen   (B) to choose
(C) to have been chosen   (D) to have chosen

그가 지난 올림픽에서 선수단으로 선발된 것이 그가 유명하다는 것을 말하고 있는 시점보다 먼저 있었던 일이므로, 완료 부정사를 써야 하며, 그는 선발하는 주체가 아닌 대상이므로 부정사의 태는 수동형으로 나타내야 한다. 따라서 (C)가 정답이다.
그가 유명하다고 할 만한 가장 큰 자격은 지난 올림픽에서 선수단으로 선발되었던 것이다.
▶ 정답 (C)

154 자동사 + 전치사가 타동사인 경우의 수동태

He **looks after** the baby. 그는 아기를 돌본다.
The baby **is looked after by** him.
이때 The baby is looked after him. (X) 처럼 전치사 **after** 다음에 **by**를 뺀 목적격만 써서는 안 된다.
The dangerous situation **must be dealt with** quickly. 위험한 상황은 빨리 처리돼야 한다.

> **Tip**
> ask for   요구하다   account for   설명하다
> deal with 다루다   depend on   믿다
> laugh at   비웃다   look after   돌보다
> look at   응시하다   rely on   의지하다 등

『자동사 + 전치사』가 타동사구인 경우 수동태가 가능하다.

그러나 consist of, belong to의 경우 수동태 불가능
This house is belonged to my father. (X) 이 집은 우리 아버지의 소유이다.
Most books are consisted of several chapters. (X) 대부분의 책은 몇 개의 장으로 이루어져 있다.

155 자동사 + 부사 + 전치사의 수동태

They looked down on the poor girl. 그들은 불쌍한 소녀를 무시했다.
➡ The poor girl **was looked down on** by them.
The bank robbers **were caught up with** by the police. 은행 강도는 경찰에 의해 잡혔다.

> **Tip**
> catch up with   따라잡다   do away on   없애다
> look down on   무시하다   look up to   존경하다
> look forward to 갈망하다   put up with   참다
> speak ill of   나쁘게 말하다   stand up for   옹호하다
> speak well of   좋게 말하다

『자동사 + 부사 + 전치사』는 수동태가 가능하다.

156 타동사 + 명사 + 전치사의 수동태

He takes care of the baby. 그는 아이를 돌본다.
➡ The baby **is taken care of** by him.
They made a fool of the poor girl. 그들은 불쌍한 소녀를 놀렸다.
➡ The poor girl **was made a fool of** by them.

> **Tip**
> catch sight of   눈에 띄다   get rid of   없애다
> make a fool of   놀리다   make use of   사용하다
> pay attention to 관심을 갖다   take care of   돌보다

『타동사 + 명사 + 전치사』는 수동태가 가능하다.

Unit 27 4형식동사의 수동태
be + p.p + 보류목적어

Guide 4형식동사는 목적어를 두 개(간접목적어와 직접목적어) 취하므로 수동태를 두 가지(하나는 간접목적어를 주어로, 또는 직접목적어를 주어로)로 만들 수 있다.
그러나 모든 4형식동사가 두 개의 수동태로 변형되는 것은 아니다.

157 간접 / 직접목적어 모두 주어로 가능한 경우

He gave me a book.
I was given a book by him. 　　간접목적어(I)를 주어로
A book was given (to) me by him. 직접목적어(a book)를 주어로

> Tip 4형식동사 give의 문장의 수동태 전환시 간접목적어 앞의 전치사 to는 생략가능하다.
> 4형식의 간접 목적어를 주어로 수동태를 만들면 was given **a book**처럼 be + p.p 다음에 **직접목적어**가 그대로 남아있다. 이것을 **보류목적어**(retained object)라고 한다.

158 직접목적어만 수동태의 주어로 가능한 경우

He bought me a book.
A book was bought for me by him.
I was bought a book by him. (X) 간접목적어를 주어로 하는 수동태 불가.

> Tip 4형식문장의 수동태 전환시 I.O(간접목적어) 앞의 전치사 **for는 생략하지 않는다**.
> 4형식동사라고 해서 모두 2개의 수동태가 되는 것은 아니다. 아래 문장에서는 I가 주어가 되면 I was bought라는 수동태가 만들어졌을 때 '나는 구입되었다'라는 비 논리적인 문장이 되기 때문이다.

 기출문제를 살펴보자 [가천대]

Another study discovered that senior citizens, both those (A)living alone and those in nursing homes, became more (B)interested in life when they (C)gave pets to care (D)for.

문맥상 노인들이 애완동물을 제공한 것이 아니라 그들에게 주어진 것이므로 gave가 아니라 were given이 되어야 한다. give는 4형식동사로 수동태 뒤에도 **보류목적어**가 있을 수 있다.

또 다른 연구는 혼자 사는 노인들도 병동에서 지내는 노인들도 모두 그들에게 돌봐야 할 애완동물이 주어졌을 때 삶에 더욱 흥미를 느낀다는 것을 알아냈다.

▶ 정답 (C)

◀ 보류목적어에 관하여 QR코드를 스캔해보세요

Unit 28 5형식동사의 수동태
be + p.p + 주격보어

Guide 5형식동사를 수동태로 전환시키면 2형식문장이 되며, 5형식 능동태의 목적보어가 2형식으로 전환된 문장에서는 **주격보어**가 되는 점, 목적보어는 수동태의 주어가 될 수 없는 점에 주의한다.

159 5형식동사의 수동태

They elected Jack president.   Jack : 목적어   president : 목적격보어 [5형식]
➡ Jack **was elected president** by them.   Jack : 주어   president : 주격보어   [2형식]
Tom **is not thought of as** eccentric at all.   Tom이 전혀 별나다고 생각하지 않아.
America **was referred to as** the New World by early European settlers.
아메리카는 초기 유럽 정착민들에 의해 신세계라 불렸다.

Tip 목적어인 Jack과 목적보어인 president가 수동태가 되면서 Jack은 주어로, president는 주격보어가 되어 2형식문장이 되었다.

5형식문장의 목적보어를 주어로 하는 수동태 문장은 쓰이지 않는다.
President was elected Jack by them. (X)

『**as + 목적보어**』의 5형식은 수동태가 되면서 **as**가 그대로 쓰인다.
Early European settlers referred to America **as** the New World.
I don't think of Tom **as** eccentric at all.

They called him Jack.   him : 목적어   Jack : 목적보어 [5형식]
➡ He **was called** Jack by them.   he : 주어   Jack : 주격보어 [2형식]

Tip 5형식에서 목적어인 him과 목적보어인 Jack이 수동태가 되면서 him은 He로 주어가 되었고, Jack은 주격보어가 되어 2형식문장이 되었다.

앞에서 4형식의 수동태도 살펴봤지만, 4형식과 5형식의 수동태 『be + p.p』 다음은 '보류목적어'나 '주격보어'인 명사가 오는 경우에 주의한다.

be + **given / bought / called / considered / elected / named** + 명사 ('보류목적어'면 - 3형식 / '주격보어'면 - 2형식)

160 지각동사와, 사역동사 make의 수동태 전환

We saw him **break** the window.   우리는 그가 창문을 깨는 것을 보았다.
➡ He **was seen to break** the window by us. 원형부정사 break가 to break로

I saw several birds **sing** on the roof.   나는 지붕 위에서 여러 마리의 새들이 지저귀는 것을 보았다
➡ Several birds **were seen to sing** on the roof by me. 원형부정사 sing이 to sing으로

The doctor made him **stop** smoking.   의사는 그에게 금연하도록 했다.
➡ He **was made to stop** smoking by the doctor. 원형부정사 stop이 to stop으로

> **Tip** 지각동사와 사역동사로 인한 원형부정사 목적보어는 수동태가 되면 to부정사가 된다.

161 사역동사 have와 let의 수동태 전환

He let me go. 그는 내가 가는것을 허락했다.
➡ I was let to go. (X)
➡ I **was allowed(=permitted) to go**. (O)

> **Tip** 사역동사에서 have, help, let은 수동태로 쓰지 않는다.
> 따라서 let의 수동태는 **be allowed to부정사**가 대신한다.

I had the porter carry my bag. 나는 짐꾼에게 내 가방을 운반하라고 지시했다.
➡ The porter was had to carry my bag by me.   (X)
➡ The porter **was asked to carry** my bag by me.   (O)
➡ I **had** my bag **carried** by the porter.   (O)

> **Tip** have 역시, 수동태로 전환 시 have의 p.p형인 had를 쓰는 것이 아니라 'be + asked to부정사'나 I had my bag **carried** by the porter와 같이 carry의 목적어 my bag을 have의 목적어로 이동시킨 후 원형부정사 carry를 과거분사 **carried**로 바꿔준다.

He had them make a new coat. 그는 그들에게 새 코트를 만들 것을 지시했다.
➡ He had a new coat **made** by them.

Unit 29 수동태로 전환하지 않는 경우

Guide 기본적으로 목적어를 취할 수 없는 자동사는 수동태가 불가능하며, 그 밖에 타동사임에도 불구하고 수동태로 쓸 수 없는 경우와, 목적어가 재귀대명사이거나 절인 경우도 수동태로 쓰지 않는다. 이런 경우에 대하여 학습해 보자.

162 자동사는 수동태 불가

It **happened** to me. (O) 그 일이 내게 일어났다.
➡ It was happened to me. (X)
He **died** in the war. (O) 그는 전쟁에서 죽었다.
➡ He was died in the war. (X)

Tip start, occur, happen, appear, emerge, work, die, live, result, become 등의 자동사들은 목적어가 없으므로 수동태가 불가능하다. 상기 자동사들은 반드시 암기한다.

163 무의지동사와 소유동사

Tom **resembles** his father. (O) Tom은 아버지를 닮았다.
➡ His father is resembled by him. (X)
I **have** a nice house. (O) 나는 멋진 집이 있다.
➡ A nice house is had by me. (X)
This blouse **becomes** her. (O) 이 블라우스는 그녀에게 잘 어울린다.
➡ She is become by this blouse. (X)

Tip 타동사는 원칙적으로 수동태가 가능하지만 have(~을 갖다), meet(~를 만나다), resemble(~를 닮다), become(~과 어울리다), cost(비용이 ~ 들다) 같은 동사는 수동태로 쓰이지 않는다.

164 재귀대명사가 목적어인 경우

I dressed **myself** in black. 나는 검정으로 옷을 입었다.
➡ Myself was dressed in black by me. (X)
➡ **I was dressed** in black. (O) 수동태가 되었으므로 목적어 재귀대명사는 쓸 수 없다!!!
History repeats **itself**. 역사는 반복된다
➡ Itself is repeated by history. (X)
➡ **History is repeated**. (O) 수동태가 되었으므로 목적어 재귀대명사는 쓸 수 없다!!!

Tip 재귀대명사는 문장의 주어가 될 수 없기에 재귀대명사를 주어로 쓰지 않고 문장의 **주어는 그대로 둔 채 동사만 수동태로 전환**한다.

165 목적어가 절인 경우

We know **that he is a liar**. 우리는 그가 거짓말쟁이란 것을 알고 있다. - that절이 목적어인 경우
That he is a liar is known by us. (X) that절을 주어로 하는 수동태는 잘못되었다.
It is known that he is a liar. (O) 가주어 It be + p.p + that절의 형태로 쓴다.
➡ **He is known to be** a liar. (O) that절의 주어(he)를 문장의 주어로 하여 단문으로 만들 수 있다.

> **Tip** 절(that, if, whether)이 목적어인 경우 그 절을 주어로 하는 수동태 문장을 만들지 않는다.
> 가주어 It을 써서 → **It + be + p.p + that절** 형태로 쓴다.
> 다시 that절의 주어(he)를 문장의 주어로 하여 단문으로 만들 수 있다. (111쪽 참조)

166 목적어가 주어의 신체 일부인 경우

They waved **their hands**. 그들은 손을 흔들었다.
Their hands are waved by them. (X)

> **Tip** 주어의 신체 일부는 수동태의 주어로 쓰지 않는다.

167 목적어가 상호대명사인 경우

They hate **each other**. 그들은 서로를 싫어한다.
Each other is hated by them. (X)
They greeted **one another**. 그들은 서로 인사했다.
One another was greeted by them. (X)

> **Tip** 상호대명사 each other와 one another는 문장의 목적어로만 가능하고 문장의 주어로는 쓰지 않는다.

168 목적어가 부정사 / 동명사일 때

I want **to meet her**. 나는 그녀를 만나고 싶다.
To meet her is wanted by me. (X)
I like **reading books**. 나는 책 읽는 것을 좋아한다.
Reading books is liked by me. (X)

> **Tip** 부정사나 동명사가 목적어인 경우 주어로 하여 수동태를 만들지 않는다.

Unit 30 복합 수동태
여러 시제에 따른 수동태

Guide 진행형의 수동태, 완료동사의 수동태, 그리고 조동사의 수동태까지 각각의 시제마다 수동태가 다르다. 그 다양한 형태에 관하여 학습한다.

169 진행수동태 (be being p.p '~되는 중이다')

The ozone layer **is being destroyed**. 오존층이 파괴되고 있다.
Teaching programs **were being developed** for use in schools.
학교 수업용으로 교육 프로그램이 개발되는 중이었다.

Tip 진행동사(be~ing)의 수동형은 be being p.p의 형태로 이때, 시제와 인칭에 따라 be동사는 is, was, are, were로 변하며 p.p도 동사에 따라 변하지만, 가운데 being은 변하지 않는 고정된 형태이다.

170 완료수동태 (have been p.p)

Thousands of sharks **have been killed** by humans, but only a few people have been killed by sharks. 수천 마리의 상어가 인간에 의해 죽임을 당해 왔지만 몇몇 사람들만이 상어들에게 죽음을 당해왔습니다.
The plan **will have been notified** by noon tomorrow. 그 계획은 내일 정오까지 공시될 것이다.
The troops **retook** the island which **had been captured** by the enemy. 군은 적군에 점령되었던 섬을 탈환했다.

Tip 완료동사(have p.p)의 수동형은 have been p.p의 형태로 시제와 인칭에 따라 have는 has, have, had, will have로 변하며 p.p도 동사에 따라 변하지만, 가운데 been은 변하지 않는 고정된 형태이다.
또한 완료수동태에서 조심할 점은 완료진행형과의 혼동이다.
have been p.p 현재완료 수동태
have been ~ing 현재완료진행형 둘을 혼동해서는 안 된다!

Thousands of sharks have been killed by humans. (현재완료 수동태)
People have been killing sharks. (현재완료 **진행형** 능동태) 사람들이 상어를 죽이고 있다.

171 조동사 수동태

can be p.p ~될 수 있다
The game **can be played** with 2 to 6 players. 이 게임은 2명에서 6명의 선수들로 실시될 수 있다.

will be p.p ~될 것이다
The project **will be completed** on time. 그 기획은 제 시간에 완성될 것이다.

should be p.p = must be p.p ~되어야 한다.
Facilities **should be improved** to foster a more positive attitude to rural life.
농촌의 편의 시설이 농촌 생활에 더 긍정적인 태도를 촉진하도록 향상되어야 한다.

172 부정주어 구문 수동태 (not ~ any)

No one likes her. 아무도 그녀를 좋아하지 않는다.
She is liked by no one.　　　(X)
She **is not liked** by **any**one. (O)

> **Tip** 부정어 None, No one, Nobody, Nothing등이 주어인 능동태를 수동태로 전환할 때는
> 『be + not + p.p + by + any』의 형태가 된다.

173 동작 수동태

He **is married**.　　　　　그는 결혼한 상태에 있다. 그는 기혼이다. <상태 수동>
He **got married** last year.　그는 작년에 결혼했다. <동작 수동>
He **became tired**.　　　　그는 피곤해졌다.
I **got caught** in the rain on the way back. 나는 돌아오는 길에 비를 맞았다.
The man **got hurt** in a car accident.　　그 남자는 자동차 사고로 다쳤다.

> **Tip** 수동태의 동사는 「be + 과거분사」의 형태를 취하는 것이 원칙이지만 be동사 대신에 get, grow, become이 쓰여 **get / grow / become + p.p의 형태**가 되는 경우도 있다. 이때는 상태의 변화나 동작의 의미를 강조하는 문장이 되는데 이를 동작 수동태라 한다.
> 하지만 문맥에 따라서는 get, grow, become을 쓰지 않고 「be + 과거분사」의 형태로도 동작 수동을 나타낼 수도 있으므로 주의를 요한다.

174 명령문의 수동태

① 긍정명령문의 경우 (Let + N + be + p.p)
Let the door **be closed**. 문 닫아둬라.
Let that song **be sung** again. 그 곡이 반복되게 하라.

② 부정명령문의 경우 (Don't let + N + be + p.p)
Don't let the volume **be set** to maximum. 볼륨이 최대로 맞춰지지 않게 해.
Don't let yourself **be pressured** into making a hasty decision. 압박감 때문에 성급한 결정을 내리지 않도록 하라.

 기출문제를 살펴보자 [건국대]

The ability to reproduce and (A)<u>to change</u> has long (B)<u>regarded as</u> a special property (C)<u>characteristic of</u> living agents (D)<u>along with</u> the ability to respond to (E)<u>external stimuli</u>.

regard의 목적어도 없고, 주어 ability와 동사 regard와의 관계를 생각해보면 능동이 아닌 수동태가 되어야 한다.
(B)는 been regarded가 되어야 한다.

외부자극에 반응하는 능력과 함께, 번식하고 변화하는 능력은 생명체 특유의 특성으로 간주된 지 오래되었다.

▶ 정답 (B)

기출문제를 살펴보자 [홍익대]

U.S.-backed Sunni militias in Iraq _____ a wave of assassinations and bomb attacks, threatening the U.S. strategy to pacify the country.
(A) is hit upon   (B) are being hit with   (C) hitting it are being with   (D) were hit it with

---

주어가 복수 Sunnimilitias이고, 동사가 있어야 한다. '공격을 받는 중'이므로 **진행 수동태**가 가장 적절하다. [hit : hit : hit]

이라크에서 미국의 지원을 받는 수니파 민병대들이 암살과 폭탄공격의 연속으로 타격을 받고 있으며, 이라크에 평화회복을 바라는 미국의 전략을 위협하고 있다.

▶ 정답 (B)

 기출문제를 살펴보자 [상명대]

A course (A)can be finished in a minimum of two weeks (B)per module and (C)must be finished in a maximum of four weeks. For example, if your course has three modules you (D)must be remained in it (E)for a minimum of six weeks and a maximum of twelve weeks.

---

remain은 자동사이므로 수동태로 쓸 수 없다. 따라서 능동태인 must remain으로 고쳐야 한다.

module 측정 표준 [단위] ; (대학 특정 학과의) 학습[이수] 단위   maximum 최대, 최대한도

과정은 학습단위 당 최소 2주 안에 끝날 수 있으며, 최대 4주 안에 끝나야합니다. 예를 들어, 당신의 과정에 3개의 학습단위가 있는 경우, 최소 6주에서 최대 12주 동안 그 과정을 유지해야 합니다.

▶ 정답 (D)

 기출문제를 살펴보자 [한국외대]

(A)The moment you decide what you know is (B)more important than what you (C)have taught to believe, you (D)will have shifted gears in your quest for success.

---

teach는 'teach+목적어+to부정사'의 형태로 쓰는데, (C)의 뒤에 목적어가 주어져 있지 않으므로 옳지 않은 표현이다. (C)는 문장의 흐름상 당신이 믿도록 배워왔다는 의미가 되어야 하므로 수동태 have been taught로 고쳐야 한다. 참고로 decide가 시간의 부사절에서 미래시제(will decide)를 대신한 현재시제이므로, (D)에서 미래완료시제를 쓴 것이다.

당신이 알고 있는 것이 당신이 믿도록 배워온 것보다 더 중요하다고 판단하는 순간, 당신은 성공을 추구하는 방법을 바꿔놓았을 것이다.

▶ 정답 (C)

기출문제를 살펴보자 [중앙대]

Flight speeds of birds (A)have clocked many times, but usually at ground speed, and it (B)is asserted that migrating birds travel faster (C)when migrating than they travel at other times. (D)No error

---

새들의 비행 속도는 '측정되는' 것이므로 수동태 have been clocked가 되어야 한다.

clock v. (속도 등을) 기록하다   assert v. 주장하다   migrate v. 이동하다, 이주하다

새들의 비행 속도는 여러 차례 측정되었지만 대개는 지상 속도로 측정된 것이고, 이주하는 새들은 다른 때보다 이주하는 동안에 더 빨리 이동한다고 주장된다.

▶ 정답 (A)

Unit 31 by 이외의 전치사
be+p.p+by에서 by 이외에 다른 전치사를 쓰는 경우

Guide be + p.p + by에서 by 이외에 다른 전치사를 쓰는 경우에 대하여 학습한다.
아래의 전치사들은 모두 암기해 두는 것이 좋다.

at

be surprised at = be astonished at ~에 놀라다
I **was surprised at** the news. 나는 그 소식에 놀랐다.

be disappointed at ~에 실망하다
He **was disappointed at** the result of his own object. 그의 목적과 어긋난 결과에 매우 실망했다.

be annoyed at = be offended at ~에 화나다, 짜증나다
She **was annoyed at** his rude manner. 그녀는 그의 무례한 태도에 화가 났다.

be appalled at ~경악하다, 소름이 돋다
I **am appalled at** reading this article. 나는 이 기사를 읽고 충격을 받았다.

in

be interested in ~에 흥미가 있다, ~에 관심이 있다
I **am interested in** painting. 나는 그림에 흥미가 있다.

be involved in ~에 관련, 연관되다
A minister **was involved in** the scandal. 장관이 추문 사건에 걸렸다.

be dressed in (~색의) 옷을 입다
She **was dressed in** black from tip to toe. 그녀는 머리 끝에서 발 끝까지 까만 옷을 입었다.

be caught in (비 등을)만나다
I **was caught in** the shower and got drenched. 소나기를 만나서 온몸이 흠뻑 젖었다.

be engaged in ~에 종사하다
He **is engaged in** literary work. 그는 저술업에 종사하고 있다

be engaged to ~와 약혼 중이다
John **is engaged to** the sister of his closest friend, Ali. 존은 자신의 가장 친한 친구 알리의 여동생과 약혼했다.

be indulged in ~에 빠지다, 탐닉하다
He **is indulged in** the newly married life these days. 그는 요즘 신혼 재미에 푹 빠져 있다.

of

be tired of(from, with) ~에 싫증나다
I **was tired of** the game. 나는 그 게임에 싫증났다.

be ashamed of ~을 부끄러워하다
One should not **be ashamed of** being poor. 가난은 수치가 아니다.

be composed of = be made up of = comprise = consist of ~로 이루어지다
The baseball team **is composed of** 9 players. 야구팀은 9명의 선수로 이루어져 있다.
The baseball team **is made up of** 9 players.
The baseball team **comprises** 9 players.　　[능동태임에 주의]
The baseball team **consists of** 9 players.　　[능동태임에 주의]

= 9 players **compose** a baseball team.
= 9 players **make up** a baseball team.

to

be married to ~와 결혼하다, ~와 결혼해 살고 있다
Jane **is married to**(=with) her first lover. 제인은 첫사랑과 결혼해 살고 있다.

be addicted to ~에 빠져있다, 중독되다
Nowadays people who **are addicted to** smoking are losing ground. 요즘 흡연 중독자들의 입지가 좁아지고 있다.

be accustomed(used) to ~에 익숙하다
My eyes slowly **grew accustomed to** the dark. 내 눈이 서서히 어둠에 익숙해졌다.

be exposed to ~에 노출되다
Some bacteria which **are exposed to** UV rays will die. 자외선에 노출된 박테리아는 죽을 것이다.

be opposed to ~에 반대하다
His character **is** diametrically **opposed to** mine. 그의 성격은 나와는 전혀 다르다.

be related to ~과 관련되다
His every action **is related to** the phenomena of that society. 그의 모든 행동은 사회 현상과 관련되어 있다.

be known to / be known for / be known as / be known by

be known to ~에게 알려지다
She **is known to** us as a writer. 그녀는 우리에게 작가로 알려져 있다.

be known for ~으로 알려지다, 유명하다 (이유)
He **is well known for** his honesty. 그는 정직하기로 소문이 나 있다.
That moviemaker **is known for** good movies. 그 영화 제작자는 좋은 영화로 유명하다.

be known as ~로써 알려지다 (자격)
He **is known as** a great musician. 그는 위대한 음악가로 알려져 있다.

be known by ~로 인하여 알 수 있다 (판단)
A man **is known by** the company he keeps. 사귀는 친구를 보면 그 사람을 알 수 있다.

with

be covered with ~으로 덮여있다
The mountain **was covered with** snow. 그 산은 눈으로 덮여있다.

be tired with ~으로 피곤하다
They **were tired with** the heavy work. 그들은 과중한 일 때문에 피곤했다.

be crowded with ~으로 혼잡하다, ~으로 가득하다
The street **is crowded with** a lot of cars. 거리는 많은 차로 혼잡하다.

be filled with ~으로 가득하다
The cup **is filled with** iced tea. 그 컵은 아이스티로 가득 차 있다.

be pleased with/at ~에 기뻐하다
My parents **were pleased with** my success. 부모님은 나의 성공을 기뻐했다.

be satisfied with ~에 만족하다
We **are satisfied with** your service. 우리는 당신의 서비스에 만족한다.

be fed up with ~에 싫증나다, 질리다
I'm really **fed up with** morning traffic jam. 아침 교통체증은 정말 지겹다.

be occupied with(in) ~에 종사하다, 전념하다
Most of the inhabitants **are occupied with** agriculture. 주민의 다수는 농업에 종사하고 있다

be concerned with(in) ~와 관련되다 / **be concerned about** ~을 걱정하다
I **am not concerned with** such trivial matters. 나는 그런 하찮은 문제에는 관심이 없다.
The community **is concerned about** crime. 마을 사람들은 범죄를 염려한다.

be made from / be made of

be made from ~으로 만들어지다 [화학적 변화-성질의 변화]
Butter **is made from** milk. 버터는 우유로 만들어진다.
Wine **is made from** grapes. 와인은 포도로 만들어진다.

be made of ~으로 만들어지다 [물리적 변화-모양의 변화]
This desk **is made of** wood. 이 책상은 나무로 만들어졌다.
Her shirt **is made of** silk. 그녀의 셔츠는 실크로 된 것이다.

Chapter 05 기출 및 예상 문제

1 The distance from the Earth to the Moon _____ measured today by radar or by laser beams.

(A) is easy to (B) easily being
(C) can be easy to (D) can easily be

문심 measured의 목적어가 없고, 전치사 by로 보아 수동태임을 알 수 있다. [152]
해설 지구에서 달까지의 거리는 오늘날 레이더나 레이저광선에 의해 쉽게 측정될 수 있다.
정답 (D)

2 Ducks can swim without _____.

(A) teaching (B) taught
(C) being taught (D) having taught

문심 without은 전치사이므로 동명사 또는 명사를 취한다. teach는 타동사인데 다음에 목적어가 없으므로 수동태가 되어야 한다. being p.p의 형태인 (C)가 답이 된다. [257]
해설 오리들은 배우지 않고도 수영 할 수 있다.
정답 (C)

3 The unjust law has long _____ away with.

(A) done (B) been doing
(C) been done (D) be done

문심 do away with는 '없애다, 폐지하다'의 뜻으로 주어 The unjust law가 '폐지된 것'이므로 수동태가 되어야 한다. has 로 보아 현재완료의 결과용법이 된다. 부사 long을 빼고 보면 has been done away with가 된다. [155]
해설 그 악법은 오래 전에 폐지되었다.
정답 (C)

4 By whom _____ this paper written?

(A) has (B) was (C) ought (D) should

문심 Who wrote this paper? 를 수동태로 쓰면 Was this paper written by whom?이 된다. [152] 의문사 whom과 전치사 by를 동시에 문두로 이동시키면 By whom was this paper written?가 된다.
해설 이 논문은 누구에 의해 쓰였나요?
정답 (B)

5 Let this poem _____.

(A) to remember (B) remembering
(C) remember (D) be remembered

문심 명령문의 수동태 'Let + 목적어 + be p.p'구문이다. [174]
해설 이 시를 외우시오.
정답 (D)

6 It is said that he kept the secret.
= _____ the secret.

(A) It was said for him to keep
(B) He is said to have kept
(C) It is said him to keep
(D) They said that he kept

문심 They **say** that he **kept** the secret. [153]
= It is said that he **kept** the secret.
= He is said **to have kept** the secret.
해설 그가 비밀을 지켰다고 전해진다.
정답 (B)

Chapter 05 기출 및 예상 문제

7 The construction _____ this month.

(A) expects to be completed
(B) expects to complete
(C) is expected to be completed
(D) is expected to complete

문제 The construction이 '기대가 되는 것'이므로 수동태 'be expected to+부정사'의 형태가 되어야 하며 타동사 complete의 목적어가 없으므로 'be completed'의 수동태'가 되어야 한다. [152]
해석 그 건축물은 이 달에 완성될 예정이다.
정답 (C)

8 Yesterday I was _____ an Englishman.

(A) spoken to by   (B) spoken by to
(C) spoken to   (D) spoken by

문제 speak는 언어를 취하는 경우 타동사지만, 사람을 취하는 경우 전치사 to가 수반된다. [154]
예) speak English, speak to me.
An Englishman spoke to me. 능동태를 수동태로 바꾸면 I was spoken to by an Englishman.이 된다.
speak to : ~에게 말을 걸다.
해석 어제 영국 사람이 나에게 말을 걸었다.
정답 (A)

9 다음 중 틀린 문장은?

(A) His father was resembled by the little boy.
(B) She was caught in a shower on her way home.
(C) The house was being built by him.
(D) The child must be taken care of by his mother.

문제 resemble은 수동태도 진행형도 불가한 동사이다. [163]
(A) The little boy resembled his father가 바른 형태이다. 그 작은 소년은 아빠를 닮았다.
해석 (B) 그녀는 집에 가는 길에 소나기를 만났다.
(C) 그 집은 그에 의하여 지어지고 있었다.
(D) 그 아이는 엄마에 의해 보살핌을 받아야한다.
정답 (A)

10 다음 중 틀린 문장은?

(A) This baby should be taken care of.
(B) His advice seemed to be taken no notice of.
(C) No attention was paid what they said.
(D) His behavior was found fault with.

문제 (C) We paid no attention to what they said.를 수동태로 만들면 No attention was paid to what they said. 전치사 to가 있어야 한다. [156]
pay no attention to : ~에 관심을 갖지 않다.
take no notice of : 무시하다.
해석 (A) 이 아이는 보살핌을 받아야 한다.
(B) 그의 충고는 무시된 것 같다.
(C) 그들이 말한 것이 관심을 받지 못했다.
(D) 그의 행동은 흠잡혔다.
정답 (C)

11 다음 중 틀린 문장은?

(A) He was heard to run up the stairs.
(B) He was noticed to steal into the room.
(C) He was let to stay in bed.
(D) He was seen to beat the dog.

문제 let의 수동태는 'be allowed to+원형'이므로 He was allowed to stay in bed가 되어야 한다. [161]
(A)의 능동형은 We heard him run up the stairs.이고 수동태로 전환하면 He was heard to run up the stairs (by us)가 된다.
해석 (A) 그가 계단을 오르는 소리가 들렸다.
(B) 그가 방으로 몰래 들어오는 것을 알아챘다.
(C) 그는 누워있으라는 허락을 받았다.
(D) 그가 개를 때리는 것이 목격되었다.
정답 (C)

Chapter 05   기출 및 예상 문제

12 수동태로 전환이 잘못된 문장을 고르시오.

  (A) We expected him to come today.
  = He was expected to come today.
  (B) You must send for a doctor at once.
  = A doctor must be sent at once.
  (C) Don't touch the stone.
  = Let the stone not be touched.
  (D) We heard the tree fall with a crash.
  = The tree was heard to fall with a crash.

분석 (B) send for : ~를 부르러 보내다 [152]
= A doctor must be sent for at once.
해석 (A) 우리는 그가 오늘 올 것으로 기대한다.
(B) 당장 의사를 불러야 한다.
(C) 그 돌을 만지지 마라.
(D) 우리는 충돌과 함께 나무가 쓰러지는 소리를 들었다.
정답 (B)

13 Throughout the decades, television _____ nearby all our social ills: the rise in crime, increased divorce rates, racism, increased sexual promiscuity, dope addiction, and the collapse of the family.

  (A) has blamed   (B) has been blamed
  (C) has blamed for (D) has been blamed for

분석 TV가 '비난 받아' 왔으므로 수동태이며, blame은 전치사 for를 수반[22번 참조]한다. [152]
해석 수십 년 동안 TV는 우리들이 갖고 있는 거의 모든 사회악; 범죄의 증가, 이혼율의 증가, 인종차별, 성적 난잡함의 증가, 마약중독과 가정의 붕괴 등의 원인이라는 비난을 받아왔다.
정답 (D)

14 (A)The first scientific textbook (B)on human anatomy (C)published (D)in 1543.

분석 주어인 textbook은 출판하는 주체가 아니라 '출판되는 대상'이므로 (C)는 **수동태로 was published**가 되어야 한다. [152]
해석 인체해부학에 대한 최초의 과학 교과서는 1543년도에 간행되었다.
정답 (C)

15 Last night, the managers at the Department of Correction _____ for various accomplishments.

  (A) did recognize
  (B) were recognized
  (C) had recognized
  (D) are to be recognized

분석 recognize는 타동사인데 뒤에 목적어가 없으므로 수동태 문장이다. [152]
게다가 last night이라 했으므로 과거동사가 필요하다.
해석 지난 밤에 교도소 간수들은 다양한 성과들로 인정받았다.
정답 (B)

16 어법상 어색한 문장을 고르시오.

  (A) The window broke yesterday.
  (B) The incident occurred before anyone knew about it.
  (C) The accident was happened last night.
  (D) A snowy winter was forecast this year.

분석 (A)의 break는 자동사로 '깨지다'의 의미다.
'창문은 어제 깨졌다.'
(B)의 occur도 자동사이다.
'그 사건은 그 누구도 그것에 대해서 알기 전에 발생했다.'
(C)의 경우에는 happen은 자동사이므로 수동태로 만들 수 없다. '사고는 어제 밤에 발생했다.'
(D) forecast의 과거, 과거분사는 forecast로 동일하며 'be+p.p'의 수동태로 쓰였다.
'올해는 눈이 많이 오는 겨울이 될 것이라고 예보되었다.'
정답 (C)

Chapter 05 기출 및 예상 문제

17 어법상 어색한 문장을 고르시오.

(A) The black car is belonging to me tomorrow.
(B) By the end of the 1920s, women in the United States had won the right to vote.
(C) That tree is going to be pruned soon.
(D) By the year 2030, the information superhighway will have become accessible to all.

문선 belong은 진행형, 수동태 모두 불가능한 동사이다. (A)는 will belong to가 되어야 한다. **[163]**
해석 (A) 그 빨간 자동차는 내일 나의 것이 될 것이다.
(B) 1920년대 말에는 이미, 미국의 여성들이 투표권을 갖고 있었다.
(C) 그 나무는 곧 베어질 것이다.
(D) 2030년이 되면, 정보 고속화가 모두에게 이용 가능해 질 것이다.
정답 (A)

18 I (A)like buying smooth blue fabric (B)from which our dressmaker will make my school uniform—an anonymous (C)overdress we (D)require to wear over our regular clothes.

문선 require의 목적어가 없다. 우리가 '요구한 것'이 아니라 '(입으라고)요구 받은 것이므로 **수동태 are required**가 되어야한다.
해석 나는 우리 재단사가 교복을 만드는 부드러운 청색 천을 즐겨 사는데, 그 교복은 우리의 평상복 위에 걸치도록 되어있는 개성 없는 겉옷이다.
정답 (D)

19 (A)The crime rate has (B)gone down in Korea (C)while the prison population (D)has been risen.

문선 rise는 자동사로 수동태가 될 수 없다. 따라서 has risen(현재완료)이나 has been rising(현재완료 진행)이 되어야 한다. **[49]**
해석 한국의 범죄율은 떨어진 반면 수감자의 수는 증가하고 있다.
정답 (D)

20 Lectures in the Department of International Politics (A)are actively (B)engaged in research, and they (C)regularly asked to write articles for newspapers and (D)contribute to (E)radio and television programmes.

문선 그들이 요구하는 것이 아니라 요구받는 것이므로 (C)는 수동태인 are regularly asked to가 되어야 한다.
be engaged in : ~에 종사하다
article : 기사, 물품, 조항
contribute : 기부하다, 기여하다
해석 국제정치학과 강사들은 활발히 연구에 임하고, 신문에 기고해달라는 요청과, 라디오와 텔레비전 프로그램에 참여해 달라는 요청을 정기적으로 받는다.
정답 (C)

21 The book is printed (A)in such a way that (B)two very different pictures (C)can see depending on (D)how you look at it.

문선 see의 목적어가 없다. 주어인 two very different pictures가 '보는 것'이 아니라 '보여지는 것'이므로 (C)는 can be seen이 되어야 한다.
해석 그 책은 어떻게 보느냐에 따라 두 개의 그림이 보여질 수 있게 되는 방식으로 인쇄되었다.
정답 (C)

Chapter 05 기출 및 예상 문제

22 (A)Rediscovered in the late 1500s, the (B)ruins of Pompeii have (C)been preserved a glimpse into the daily lives of citizens of the Roman Empire that would otherwise (D)be lost to history.

문 주어 ruins의 동사 have been preserved 뒤에 목적어 a glimpse이 있는 것으로 보아 동사는 수동태가 아닌 능동태가 되어야 한다. have been preserved가 아니라 have preserved가 되어야 한다.
해 1500년대 후반에 재발견된 폼페이 유적은 역사 속으로 사라져 버렸을지도 모르는 로마제국 시민들의 일상적인 삶의 단면을 보존하고 있다.
정답 (C)

23 The official residence of the President of the United states, the White House, _____ by more than one and a half million tourists each year. It is the only residence of a head of state which is open to the public, free of charge, on a regular basis.

(A) has been assembled   (B) had designed
(C) is excluded   (D) was added
(E) is visited

문 The official residence(주어) (of the President of the United states-전치사구), (the White House-동격) 이제 빈칸에 동사가 필요한데 주어는 방문되는 장소이므로 수동태가 되어야 한다.
official residence : 공관, 관저
on a regular basis : 정기적으로, 정례화된
해 미국 대통령의 관저인 백악관은 매년 150만 명 이상의 관광객들이 방문한다. 일반 대중들에게 무료 개방이 정례화된 유일한 국가수반의 관저이다.
정답 (E)

24 If we deplete resources by consuming them _____, we are depriving future generations of the opportunity to use them.

(A) fast that they can replenish
(B) fast that they can be replenished
(C) faster than they can be replenishing
(D) faster than they can be replenished

문 선행사가 없으므로 관계사 that이 아닌 비교구문의 than이 들어가는 것이 적절하다. (C)와 (D)에서 they는 자원을 가리키고 replenish(보충하다)의 목적어가 없으므로 수동태가 되어야 한다.
deplete : 비우다, 고갈시키다
future generations : 후대, 후손
deprive A of B : A에게서 B를 박탈하다
replenish : 보충하다, 채우다
해 만일 자원이 채워지는 것보다 우리가 더 빨리 그것들을 소비하여 자원을 고갈시킨다면, 우리는 후손들로부터 그것을 이용할 기회를 박탈하고 있는 것이다.
정답 (D)

25 어법상 틀린 문장을 고르시오.

(A) A book fills leisure time for many people.
(B) Dependence on drugs is increasing.
(C) An increase in input produces a dramatic change in output.
(D) The roses need to water.

문 장미가 물을 주는 것이 아니라, 장미에게 물이 주어진다는 수동의 의미가 되어야 하므로 need to be watered, 또는 need watering으로 고친다. [527-③]
해 (A) 책은 많은 사람들에게 여가시간을 채워준다.
(B) 약에 대한 의존이 증가하고 있다.
(C) 투입의 증가는 생산의 극적인 변화를 가져온다.
(D) 그 장미는 물을 주는 것이 필요하다.
정답 (D)

조동사

Unit 32. do
Unit 33. can / could
Unit 34. must
Unit 35. may / might
Unit 36. shall / should
Unit 37. 조동사 + have p.p

조동사를 공부하기 전 알아야 할 조동사에 관한 상식!

175 조동사 다음 동사원형만이 오는 것은 아니다

She **can play** the piano. 그녀는 피아노를 연주할 수 있다.

The baby **is sleeping**. 아기는 자는 중이다. (be+~ing)
The book **was written** by Tim. 그 책은 Tim에 의해 쓰였다. (be+p.p)
I **have finished** the report. 나는 보고서 작성을 마쳤다. (have+p.p)

현재진행형과 수동태에서의 be동사, 그리고 현재완료에서의 have도 조동사이다.
be동사와 have 뒤에는 동사의 원형이 오지 않는다.

176 대부분의 조동사는 주어의 인칭과 수에 관계없이 언제나 같은 형태이다

I **can** play the piano. 나는 피아노를 칠 수 있다.
She **can** play the piano. 그녀는 피아노를 칠 수 있다.

그러나 진행형의 be, 현재완료의 have 그리고 do는 주어의 인칭, 수에 따라 형태가 변한다.
He **has** lived in Seoul. 그는 서울에 살고 있다.
She **doesn't** have much money. 그녀는 돈이 별로 없다.

177 조동사의 부정은 『조동사 + not』

The baby **is not** sleeping. 아기는 자는 중이 아니다.
She **cannot** play the piano. 그녀는 피아노를 칠 수 없다.

178 조동사가 쓰인 문장의 의문문은 『조동사+주어+본동사』의 어순이다!

Is the baby **sleeping**? 아기는 자는 중인가요?
Have you **finished** the report yet? 당신은 이제 보고서를 끝냈나요?
Can I go now? 지금 가도 되나요?

Unit 32 do
do / does / did

Guide 조동사는 주어의 인칭과 수에 따라 변화하지 않고 항상 일정한 형태로 쓰이지만, 조동사 do의 경우는 예외이다. 조동사 do의 3인칭 단수형은 does이며 과거형은 did이다.

179 의문문을 만든다

You like her.	당신은 그녀를 좋아한다. [평서문]
Do you like her?	당신은 그녀를 좋아합니까?
Does she love Tom?	그녀는 Tom을 사랑합니까? [3인칭]
Did you see the movie?	당신은 그 영화를 봤습니까? [과거형]

Tip 조동사 do가 do + 주어 + 동사원형의 형태로 의문문을 만든다.
Do + 주어 + 동사원형　(1,2인칭 현재형)
Does + 주어 + 동사원형 (3인칭 현재형)
Did + 주어 + 동사원형　(과거형)

180 부정문을 만든다

He likes watching TV.	그는 티비 보는 것을 좋아한다.
He **doesn't** like watching TV.	그는 티비 보는 것을 좋아하지 않는다.
They **didn't** do their homework.	그들은 숙제를 하지 않았다.

Tip 조동사 do가 부정어 not과 함께 쓰여 부정문을 만든다.
do not → don't　　(1,2인칭 현재형)
does not → doesn't (3인칭 현재형)
did not → didn't　 (과거형)

181 동사의 강조

You look good today.	당신은 오늘 좋아 보인다. [평서문]
You **do** look good today.	당신은 오늘 **정말** 좋아 보인다. [강조문]
She **does** talk too much.	그녀는 **정말** 말이 많다. [강조문]
You **did** look good yesterday.	당신은 어제 **정말** 좋아 보였다. [강조문]

Tip 조동사 do가 do + 원형동사의 형태로 동사를 강조하여 '정말'이라는 뜻을 갖는다.
do + 동사원형　(1, 2인칭 현재형)
does + 동사원형 (3인칭 현재형)
did + 동사원형　(과거형)

182 대동사

You run faster than he **does**. 당신은 그보다 더 빨리 달린다. (does = runs)
He said he wouldn't see them again, but he **did**.
그는 다시는 그들을 보지 않을 것이라고 말했다. 그러나 그는 그들을 보았다. (did = saw)

A : I **like** coffee. 나는 커피를 좋아한다.   A : I **don't like** coffee. 나는 커피를 싫어한다.
B : **So do** I. 나도 그래. (나도 커피를 좋아한다)   vs.   B : **Nor do** I. 나도 그래. (나도 커피를 싫어한다.)

Tip 조동사 do가 be동사 이외의 일반동사의 반복을 피하기 위하여 앞의 동사 대신 쓰이는 경우이다.
긍정문에서의 수긍은 『**So+대동사+주어**』가 되고, 부정문에서의 수긍은 『**Nor+대동사+주어**』가 된다.
이때 Nor 대신 Neither를 써도 된다.

183 부정어 도치구문

He **never tells** a lie.   그는 결코 거짓말을 하지 않는다.
➡ **Never does** he **tell** a lie.
I **never** saw him again. 나는 다시는 그를 보지 못했다.
➡ **Never did** I **see** him again.

Tip 부정어가 앞으로 나가는 도치구문은 무조건도치라 하여 '부정어 + 의문문 순서(조동사+주어+본동사)'가 된다. 그냥 '동사+주어' 순서가 아닌 **의문문 순서(조동사+주어+본동사)**가 되는 것에 주의한다.

Unit 33 can / could
가능 / 불가능 / 의심 / 추측

Guide 1. 현재형 : can (= is / am / are able to)
2. 과거형 : could (= was / were able to)
3. 미래형 : will(shall) be able to
4. 완료형 : have(has) been able to
조동사 can의 과거형은 could지만, 과거형 **could**가 현재시제에서도 쓰이는 경우도 알아두어야 한다.

184 능력 / 가능

Can you speak any foreign languages?   외국어 할 줄 아십니까?
I **can** speak English.   영어를 할 수 있습니다. = I am able to speak English.
We **can** see the lake from our bedroom window.   창을 통해서 호숫가를 볼 수 있다.
I **can** come and see you tomorrow if you like.   당신이 원하면 내일 찾아뵐 수 있습니다.

185 의심(의문문)

A : **Can** the rumor be true?   소문이 사실일까?
B : Yes, it must be true.   그래 사실이 틀림없어. / No, it **cannot** be true.   아니 사실일 리 없다.
Can he be serious?   과연 그가 진심일까?

186 부정 추측

The rumor **cannot** be true.   소문은 사실일 리가 없다.
He **cannot have slept** through all that noise.   그렇게 시끄러운 속에서 그가 잠을 잤을 리가 없다.
He **cannot have said** such a foolish thing.   그가 그런 어리석은 말을 할 리가 없다.
He **cannot have stolen** the bag.   그가 그 가방을 훔쳤을 리가 없다
* cannot have p.p '~했을 리가 없다' (과거의미)

187 can의 관용표현

① **cannot help** ⓥ**ing** '~할 수 밖에 없다'
= cannot but + 원형
= cannot help but + 원형
= have no choice(alternative) but to + 원형
= cannot refrain (abstain / keep) from + (동)명사

I **cannot help accepting** his proposal. 나는 그의 제안을 받아들일 수 밖에 없다.
= I **cannot but accept** his proposal.
= I **cannot help but accept** his proposal.
= I **have no choice but to accept** his proposal.

② cannot + 원형 + too '아무리 ~해도 지나치지 않다'

You **cannot be too** careful in crossing a street. 길을 건널 때는 아무리 주의해도 지나치지 않다.
We **cannot practice too** much in preparing for the match.
우리는 경기를 대비함에 있어서 아무리 연습해도 지나침이 없다.

③ cannot (never) ~ without + Ⓥing '~하면 반드시 ~하다'

They **cannot(never)** meet **without** fighting. 그들은 만나면 반드시 싸운다.

④ as + 형 / 부 + as(형 / 부)can be '더할 나위 없이 ~이다'
= as + 형 / 부 + as + S + can(=possible)

She is **as happy as (happy) can be**. 그녀는 더할 나위 없이 행복하다.
I want to give her a present **as nice as can be**. 나는 그녀에게 더없이 좋은 선물을 주려고 했다.

188 can vs. be able to

can : 사람 주어, 사물 주어 모두 가능

be able to : 원칙적으로는 무생물주어 불가지만, 움직이는 단체나 기계의 경우 가능

Most books **are able to be delivered** in a week; a few books take a month to be delivered. (X)
Most books **can be delivered** in a week; a few books take a month to be delivered.   (O)
대부분의 책들은 1주면 배달 될 수 있으나 몇몇 책들은 한 달이 걸리기도 합니다.
Thanks to your company, our business **was able to grow** over the past year. (O)
당신 회사 덕분에 저희 회사는 작년 한 해 동안 성장할 수 있었습니다

▶ **could** vs. **was able to**

could는 다른 절의 과거동사와 쓰일 때 쓰인다.
예) We **know** that you **can** slove the problem.
    We **knew** that you **could** slove the problem.
반면 '(과거에)어떤 일을 실제로 할 수 있었다'는 표현은 조동사 could가 아닌 '**be able to+동사원형**'을 사용한다.
예) I **could solve** the problem yesterday.   [X]
    I **was able to solve** the problem yesterday.   [O]

▶ **was able to** vs. **could**

I **was able to get** a really good price on the car. 나는 진짜 좋은 가격에 그 차를 살 수 있었어.
좋은 가격에 그 차를 구입했다는 의미(**과거의 사실**)

I **could get** a really good price on the car. 나는 진짜 좋은 가격에 그 차를 살 수 있을지도 몰라.
좋은 가격에 그 차를 구입 할 수 있는지는 알 수 없음(**현재의 가능성 희박한 추측**)
* could는 과거의 가능성이 아닌 현재에서 가능성이 희박한 상황을 의미한다.

189 현재나 미래에서의 could

The phone is ringing. It **could** be Tom. 전화벨이 울린다. 아마 Tom일 것 같다.

Tip 현재시제에서 조동사의 과거형을 쓰는 것은 **불확실성**을 의미한다.

 ▶ **can** vs. **could**

could가 can의 과거형으로 과거시제에서 쓰이는 경우 말고도 현재시제에서도 쓰일 수 있다.
The phone is ringing. It **could be** Tom. 전화벨이 울린다. 아마 Tom일지도 모르겠다.

위 문장에서 보면 전화가 울리는 것은 현재시제인데 조동사는 can이 아닌 could가 쓰였다.
조동사의 과거형을 현제시제에서 쓰는 경우는 **화자의 확신이 줄어드는 경우**이다.
위의 경우 전화를 받지 않은 상태에서 Tom이 100%확실하다고는 할 수 없으니 이런 경우 could를 써서
'Tom인 것 같다'의 의미가 되는 것이다.

▶ **Can you speak English?** vs. **Do you speak English?**

Can you speak English?는 **상대의 언어 능력**을 묻는 말이고, Do you speak English?는 **상대가 영어를 사용하는지**를 묻는 표현이나.
따라서 서양인에게는 "영어를 사용합니까?"라는 의미의 **Do** you speak English?를 사용하는 것이 적절하고
"당신 영어 할 줄 아세요?"라는 의미라면 "**Can** you speak English?"라고 물어야 할 것이다.

 기출문제를 살펴보자 [세종대]

He _____ it was a noisy metaphor for the relative profiles of the movies and literature.

(A) could help but thinking   (B) could help think which
(C) couldn't help think that   (D) couldn't help but think

---
cannot but + 원형 = cannot help -ing = cannot help but + 원형: ~할 수 밖에 없다
metaphor: 은유, 비유   relative: 상대적인   profile: 윤곽, 평론, 측면도
그는 그것이 영화와 문학의 상대적인 평론에 대한 요란한 비유라고 생각할 수밖에 없었다.   ▶ 정답 (D)

◀ 조동사의 과거형이 궁금하다면 QR코드를 스캔해보세요

Unit 34 must
(=should / =have to / =ought to)

Guide must가 크게 '추측'과 '의무'를 나타내는 대, 의무를 나타낼 때의 반대표현과 과거시제에 유의하여 공부한다.

190 추측 '~임에 틀림없다'

You've been walking all day. You **must be** tired.   너는 하루 종일 걸었다. 피곤한 게 틀림없다.
I'm sorry, he's not here. He **must have left** already. 안 됐지만 그는 여기 없다. 틀림없이 이미 떠났다.

Tip must +원형은 현재의 추측(~임에 틀림없다) must have p.p는 과거의 추측(~했음에 틀림없다)을 의미한다.

191 의무 '~해야 한다'

If you intend to succeed, you **must** work hard. 성공할 의도라면, 열심히 일해야 한다.
= should
= have to
= ought to

Tip 의무를 나타내는 must는 should / have to / ought to로 바꿔 쓸 수 있다.
의무를 나타내는 must의 반대표현은 must not이 아닌 don't have to / don't need to / need not이며 must not은 '~해선 안 된다'의 뜻으로 **부정 의무**를 나타낸다.
must의 미래형은 will have to, must의 과거형은 had to임에 주의한다.

192 의무의 반대표현 '~할 필요 없다'

You **don't have to** go there early. 당신이 그곳에 일찍 갈 필요는 없다.
= don't need to
= need not

He **doesn't have to** go there early. 그가 그곳에 일찍 갈 필요는 없다.
He **doesn't need to** go there early.
He **need not go** there early.

> **Tip** must의 부정어인 don't have to / don't need to는 3인칭 주어 뒤에서는 doesn't have to / doesn't need to로, 과거시제에서는 didn't have to / didn't need to가 되지만 **need가 not과 함께 쓰일 때는 시제나 인칭의 영향을 받지 않는 조동사**이기 때문이다.
> He needs not go there early.   (X)
> He **need not go** there early.   (O)

의문문에서의 need 역시 조동사이다.
Need I **answer** his question? 그의 질문에 대답해야 합니까?
Need he **work** late today?   그가 오늘 늦게까지 일해야 합니까?
Needs he work late today?   (X)

의문문과 부정문에서 need를 본동사로 사용할 수도 있다.
Need I talk so loudly? 그토록 크게 말 할 필요가 있나요?
= Do I need to talk so loudly?
You need not write a letter to him. 당신은 그에게 편지를 쓸 필요가 없다.
= You don't need to write a letter to him.

You **had to go** there early.   너는 그곳에 일찍 갔어야 했다. (must의 과거대용)
You **will have to go** there early.   너는 그곳에 일찍 가야할 것이다. (must의 미래대용)
You **must not speak** ill of others.   남을 헐뜯어서는 안된다. [speak ill of A - A를 욕하다]
We **must not judge** a man by his income. 사람을 그의 수입으로 평가해서는 안 된다.

> **Tip** must not은 '~해서는 안된다'라는 **부정적 의미의 의무**를 나타내는 표현이다.

Unit 35 may / might

Guide may의 여러 용법과 더불어 may가 만들어내는 관용표현을 암기한다.

193 허가 '~해도 된다'

You **may wait** in my room, but you **may not smoke** there. 내 방에서 기다려도 되지만, 흡연은 안 돼.
May I **park** the car here? 이곳에 주차해도 됩니까?
You **may come** in if you want to. 원한다면 들어와도 좋다.

> **Tip** '~해도 좋다'는 허가의 뜻을 나타낸다. may의 과거형은 might이다. 또한 허가를 청하는 'May I ~' 보다 정중한 표현은 'Might I ~'이다.
>
> may not은 금지의 뜻이 되며, 이러한 금지의 의미로는 may not, cannot, must not을 쓸 수 있는데, must not은 may not 보다 강한 금지의 의미를 갖는다.
> You **must not smoke** in the public area!

194 추측 '~일지도 모른다'

Jun **may be** at home. Jun은 집에 있을지도 모른다.
She **may pass** the test. 그녀는 그 시험을 통과할지도 모른다.
He **may succeed** or he **may not**. 그는 성공할지도 모르고, 그렇지 못할지도 모른다.

might는 may보다 불확실한 추측

He **might have** difficulty in finding our place. 그가 우리집을 찾는 데 어려움을 겪을지도 모른다.

195 기원 '~하기를 바라다'

May all your dreams **come** true! 당신의 모든 꿈이 이루어지기를 바란다.
May you **pass** the exam! 당신이 합격하기를 바란다!

196 may / might가 쓰인 관용표현

① **in order that ~ may** '~하기 위하여'
I'm studying English **in order that** I may be a diplomat. 나는 외교관이 되기 위해 영어를 공부하고 있다.

② **so that ~ may** '~할 수 있도록, ~하려고'
I will start early **so that** I **may** get a good seat. 나는 좋은 자리를 얻기 위해 일찍 출발할 것이다.

③ **may well** '~하는 것이 당연하다'
You **may well** be proud of your son. 당신이 아들을 자랑스럽게 생각하는 것은 당연하다.

④ **may(=might) as well = had better + 원형** '~하는 것이 좋겠다'
You **may as well** have another cup of coffee. 커피 한 잔 더 하는 게 좋겠네요.
You **might as well** come at five in the afternoon. 당신은 오후 5시에 오는 편이 좋겠다.

⑤ **may as well A as B** 'B 하느니 차라리 A하는 게 낫다 / B하는 것은 A하는 것과 다름없다'
You **may(=might) as well** not know a thing at all **as** know it imperfectly.
어설프게 알고 있는 것보다는 차라리 전혀 모르는 게 낫다.
You **might as well** expect a wolf to be generous **as** ask him for money.
그에게 돈을 부탁하는 것은 늑대에게 관대함을 기대하는 것이나 다름없었다.

기출문제를 살펴보자 [아주대]

He that is of the opinion money will do everything _____ doing everything for money.
(A) may well suspect (B) may well be suspected of
(C) may as well be suspected (D) may as well not suspect of
(E) may as well not be suspected

---

may well은 '~하는 것도 당연하다'는 의미인 반면, may as well은 '차라리 ~하는 편이 낫다'라는 의미이다. '의심 받다'는 의미가 되어야 하므로, 수동태인 be suspected of로 나타내야 한다.
the opinion (that) money will do everything에서 동격의 절을 이끄는 접속사 that이 생략된 것이다.
suspect A(사람)of B(범죄, 혐의 등) A가 B한 것이라고 의심하다, be of the opinion that ~라고 믿다, 생각하다
돈이면 무엇이든 다 된다고 생각하는 사람은 돈을 위해 무엇이든 한다고 의심 받는 것이 당연하다.

▶ 정답 (B)

Unit 36 will / would

Guide will은 미래시제 조동사로 본래 resolve(결심하다)란 뜻에 기원을 둔 어휘로 의지를 나타내는 조동사이다.
이와 같이 will은 기본적으로 의지를 나타내지만 단순한 미래나 추측을 나타내기도 한다.
현대 영어에서는 shall의 특별용법 이외의 모든 경우에 미래시제 조동사로 will이 쓰인다.

will 의 용법

197 단순미래 '~할 것이다'

I **will** be 20 next year.   나는 내년에 20살이 된다.
It **will** be fine tomorrow.   내일은 날씨가 좋을 것이다.
They **will** arrive in New York tomorrow.   그들은 내일 뉴욕에 도착할 것이다.

198 의지 '~하겠다, ~할 작정이다'

They **will** visit you tomorrow.   내일 당신을 방문 하겠다.
The door **will** not open.   문이 열리려 하지 않는다.
I **will** never forgive him.   나는 결코 그를 용서하지 않을 것이다.
I **won't** go to such places again.   나는 다시는 그런 곳에 가지 않을 것이다.

199 경향, 습성 '~하기 마련이다, 곧잘 ~한다'

Children **will** be noisy.   아이들은 떠들기 마련이다.
Accidents **will** happen.   사고는 일어나기 마련이다.
My car **won't** start.   내 차는 곧잘 시동이 걸리지 않는다.

200 추측 '(아마도) ~일 것이다'

You **will** probably be right.   아마도 당신이 옳을 것이다.
This **will** be our train, I suppose.   이것이 우리가 탈 기차일 것이다.
That **will** be Tom at the front door.   현관문에 있는 사람은 Tom일 것이다.

would 의 용법

201 과거동사와 함께

We **knew** that the world **would** change.   우리는 세상이 변할 것을 알고 **있었다**.
We **know** that the world **will** change.   우리는 세상이 변할 것을 알고 **있다**.

> **Tip**   We knew(과거) that the world would(will 불가) change.
> We know(현재) that the world will(would 불가) change.

202 과거의 불규칙적 습관 취미 '~하곤 했다'

I **would go** fishing.   나는 낚시를 가곤 했다.   [과거의 취미]
I **used to be** a fisherman.   나는 어부였다.   [과거의 사실, 직업]
I **used to smoke** a lot.   나는 담배를 많이 피웠다.   [과거의 중독이나 사실]

> **Tip** would '~하곤 했다'   과거의 습관이나 취미를 의미
> used to '~이었다'   과거의 사실, 직업을 의미
> There <u>used to / would</u> be a big tree at the corner.
>
> 모퉁이에 큰 나무 한 그루가 있었다는 것은 **과거의 사실**을 기술 하는 것이므로 정답은 used to가 된다.
>
> **be used to ~ing ~하는 데 익숙하다.**
> I am used to getting up early in the morning. 나는 아침에 일찍 일어나는 데 익숙하다.
> **be used to부정사 ~하는 데 사용되다.**
> This machine is used to make coffee. 이 기계는 커피를 만드는 데 사용된다.

203 will의 정중한 표현 would

Would you pass me the salt? 소금 좀 건네 주시겠어요?
조동사의 과거형(would/could/might 등)은 종종 우리말의 존칭에 해당하는 공손함을 나타낸다.

204 wish to의 의미를 갖는 would

would는 wish to의 의미로서 주어의 강한 의지나 바람을 나타낸다.

He who **would** search for wrecks must dive deep. 난파선을 찾으려는 자는 깊이 잠수해야 한다.
Do to others as you **would** be dealt with.   대접받고 싶은 대로 남들에게 하라.
She always did what she **would** do.   그녀는 언제나 자신이 하고자 하는 것을 했다.

205 would 관련 관용표현

① would like(love, prefer) to + 원형동사 '~하고 싶다'

I **would like to drink** a cup of coffee. 커피 한 잔 하고 싶다.

> **Tip** would like+목적어+to 동사원형은 5형식 문장으로 '목적어가 ~하기를 바라다'라는 의미를 갖는다. 이때, to + 동사원형은 목적격 보어로 쓰인 부정사이다.
>
> I **would like** you **to help** me. 당신이 나를 도와주었으면 합니다.
> I **would like** them **to attend** the meeting. 그들이 회의에 참석했으면 합니다.

② would rather(sooner) A than B 'B보다 A하는 것이 더 낫다'
= had better A rather than B

I **would rather stay** at home than go out. 나는 나가는 것보다 집에 머무는 것이 낫겠다.
= I **would stay** at home rather than I would go out.
= I **had better stay** at home rather than go out.

I **would rather (that)** you didn't smoke so much. 나는 당신이 담배를 많이 피우지 않았으면 좋겠다.
would rather 다음 절이 나올 경우 - 가정법 [143번 참조]

③ Would that + 가정법 : ~라고 바라는데 (=I wish)

Would that she were here with me! 그녀가 나와 함께 이곳에 오면 좋을 텐데.
Would that I had passed the exam. 시험에 합격했다면 좋을 텐데.

Unit 37 shall / should

Guide shall은 be obliged to do(~할 의무가 있다)라는 뜻에 기원을 둔 표현으로 주어의 의지가 아니라 주위의 사정으로 인하여 '~하지 않을 수 없게 되다'는 의미가 내포된 미래시제 조동사다.
shall은 원래 이러한 의미를 배경으로 그 쓰임이 복잡하였으나, 현대 미국식 영어에서는 shall 대신에 will로 대체하여 쓰는 것이 보편화되었다.
따라서 shall이 특별한 의미를 갖고 쓰이는 몇 가지 경우 외에는 모두 will을 쓴다고 보면 된다.

shall 의 용법

206 단순미래 '~할 것이다, ~하기로 되어 있다'

I hope I **shall** succeed this time. 이번에는 성공하리라 생각한다.
This time next week I **shall** be in New York. 다음 주 이때쯤이면 난 뉴욕에 있을 것이다.

207 의지미래 '~하겠다'

It **shall** be done at once. 그 일이 즉시 되도록 하겠다. → 즉시 그 일을 하겠다.
You **shall** have my answer tomorrow. 내일 대답을 해 주겠다.
They **shall not** have their own way. 그들 멋대로 하게 내버려 두지 않겠다.

> **Tip** '~하게(하도록) 하겠다, (틀림없이) ~하겠다' 2인칭과 3인칭 주어와 쓰인 shall은 주어의 의지가 아닌 말하는 사람의 의지를 나타낸다.

208 권유 '~할까요?'

Shall we dance? 우리 춤 출까요?
Shall I bring you some water? 물을 좀 가져다 드릴까요?
What **shall** I do? 난 어떻게 하죠?

> **Tip** 1인칭(I / we)를 주어로 하는 의문문에서 제의·제안·조언 요청을 나타냄

should 의 용법

209 의무 '~해야 한다'

You **should** study harder. 너는 공부를 더 열심히 해야 한다.
Young men **should** not yield up to any temptation. 젊은이는 어떤 유혹에도 져서는 안 된다.

210 놀라움을 나타내는 Should

should가 why, how, who, what 등의 의문사와 함께 반어적으로 쓰여 의외의 일이나 놀라움을 나타낸다.

Who **should** come to see me but Jun? Jun 말고 누가 나를 보러 오겠는가?
Why **should** we spend so much time in the park?
도대체 무엇 때문에 우리는 공원에서 그렇게 많은 시간을 보낸 거죠?

211 주장·제안·요구·명령·의향 등을 나타내는 주절에 이어지는 that절

He insisted that I (**should**) start at once. 그는 내가 즉시 출발해야 한다고 주장했다.
I declined his request that I (**should**) attend the conference. 나는 회의에 참석하라는 그의 요청을 거절했다.
He urged that we (**should**) accept the offer. 그는 우리가 그 제의를 받아들여야 한다고 주장했다.

> **Tip**
> insist* / urge   주장하다
> suggest* / propose 제안하다   that + 주어+(should)+동사원형
> order / command   명령하다
> ask / demand   요구하다

주장, 제안, 요구, 명령 등을 나타내는 명사나 동사 뒤의 that절은 '~해야 한다'라는 의미가 된다.
그래서 'should + 동사원형'을 쓰게 되는 것이다.
그런데 상당한 경우 이 that절 내의 should가 생략되어 출제가 된다.
그러므로 본동사가 과거형이거나 3인칭 단수형이라 하더라도 that절의 동사를 그것과 같이 과거로 쓰거나 3인칭 단수형으로 쓰게 되면 틀릴 것이다.
즉, He insisted that I started at once.(X)처럼 과거동사 insisted라고해서 that절의 동사를 과거 started라고 쓰면 안 된다는 것이다.

그러나 insist, suggest의 경우 'should+원형'이 아닌 '시제의 일치'로 쓰이기도 한다.

▶ **주장, 제안, 명령 동사의 목적어 that절은 꼭 원형 동사만?**   ⓗⓞⓣ p@ge 11

Tom insisted that he **saw** a UFO. (O) 그는 UFO를 보았다고 주장했다.
Tom insisted that he **see** a UFO. (X)

이 문장은 주절의 동사가 insist이므로 목적절에 『should + 동사원형』이 되어 see가 바른 동사의 형태인 것 같지만 과거동사 saw가 맞는 동사이다. 왜냐하면 "Tom이 UFO를 보아야 한다"라고 주장하는 것이 아니라 '자신이 UFO를 보았다'는 과거의 **사실**을 기술하고 있기 때문이다. 이처럼 '사실을 주장하거나 말하는 경우'는 that절에 should가 들어갈 수 없다.
'~해야 한다'라는 의미가 아닌 **사실의 전달은 'should + 동사원형'을 쓰지 않는다.**

기출문제를 살펴보자 [숙명여대]

Mayor Ray Nagin suggested Monday that Hurricanes Katrina and Rita and other storms (A)<u>be</u> a sign that "God is mad (B)<u>at</u> America" and at black communities, too, (C)<u>for</u> tearing themselves apart (D)<u>with</u> violence and political (E)<u>infighting</u>.

---

suggest가 '제안하다'의 의미일 때 that 절 에서는 (should) + 원형을 사용하지만 (사실을) 말하다, '전달하다'의 의미로 쓰이면 (should) + 원형을 쓰는 것에 해당사항이 없으므로 시제와 수를 일치시킨다.
that 절의 주어가 복수 이므로 **be → were**가 되어야 한다.
월요일에 Ray Nagin 시장은 허리케인 카트리나와 리타 그리고 그 외에 다른 폭풍들이 신이 미국에, 그리고 폭력과 정치적 내분으로 스스로를 갈라놓은 흑인사회에 대하여 화났다는 징표라고 말했다.

▶ 정답 (A)

212 It is + 형용사 + that~ 구문에서 이성적 판단

이성적 판단을 나타내는 형용사들

necessary 필요한	important 중요한	natural 당연한	good 유익한
well 만족스런	right 옳은	wrong 틀린	rational 사리에 맞는
proper 적절한	essential/vital 필수적인	reasonable 합리적인	wonder 놀라운 등
logical 논리적인	illogical 비논리적인	desirable 바람직한 등	

It is **natural** that he (**should**) get angry. 그가 화를 내는 것은 당연한 일이다.
It is **necessary** that you (**should**) work hard in your school days. 학교 시절에 열심히 공부할 필요가 있다.
It's not **necessary** that I (**should**) go there. 내가 거기에 갈 필요는 없다.
It is no **wonder** that he (**should**) act like that. 그가 그렇게 행동하는 것은 그리 놀라운 일은 아니다.
It is **natural** that the train (**should**) be delayed in this bad weather.
이런 악천후에 기차가 연착하는 것은 당연하다.

213 It is + 형용사 + that~ 구문에서 감정적 판단

감정적 판단을 나타내는 표현들

surprising 놀라운	astonishing 놀라운	odd 이상한	strange 이상한
pity 애석한	regrettable 유감스런	funny 우스운	curious 호기심이 있는, 이상한

It is **strange** that she (**should**) sleep all day long. 그녀가 하루 종일 잠을 자니 이상하다.
It's **surprising** that he (**should**) make such a mistake. 그가 그런 실수를 하다니 이상한 일이다.

214 lest + 주어 + should

They are working hard **lest** they (should) fail in the exam. 그들은 시험에 떨어지지 않으려고 열심히 공부하고 있다.

He ran away **lest** he (should) be caught. 그는 붙잡히지 않으려고 달아났다.

We must take in some papers **for fear (that)** we (should) be behind the times.
시대에 뒤떨어지지 않도록 신문을 몇 가지 구독해야만 한다.

> **Tip** lest+주어+should와 for fear (that)+주어+should 는 '~하지 않도록'의 뜻을 갖는 구문이다. 이때 **lest나 for fear** 자체에 부정의 의미가 포함되어 있으므로 **should** 다음에 **not**을 쓰지 않도록 주의해야 한다.

기출문제를 살펴보자 [성신여대]

The wages of production workers could not be allowed to sink too low, _____ there be insufficient purchasing power in the economy.

(A) therefore　　(B) because　　(C) where　　(D) lest

---

lest앞이 주절이므로 종속절을 이끌 접속사가 필요한데, 빈칸 뒤에 동사원형 be로 미루어 (D) lest ~ should 구문에서 should가 생략되어 있는 것이다.

lest + 주어 + (should) + 동사원형 '~가 ~하지 않도록'

purchasing power : 구매력

경제적으로 구매력이 부족하지 않도록 생산 노동자들의 임금이 낮아지는 것을 그냥 놔둘 수 없었다.

▶ 정답 (D)

Unit 38 dare
dare + 동사원형 / dare to + 동사원형

Guide dare는 '감히 ~하다, ~할 용기가 있다'는 뜻으로 부정문과 의문문에서 조동사로 쓰인다.
긍정문에서는 본동사로만 쓰이므로 뒤에 목적어로 to부정사가 따르게 된다.

215 부정문

He **dare not** do that again. 그는 다시 그런 일을 할 용기가 없다.
They **dare not** protest against his decision. 그들은 감히 그의 결정에 항의하지 못한다.

> **Tip** dare가 not을 수반하는 경우 조동사가 된다. 따라서 'dare not + 동사원형'이 된다.
> 과거형은 '**dared not + 동사원형**'이다.

216 의문문

Dare you ask him the reason? 그에게 그 이유를 물을 용기가 있습니까?
How **dare** you speak to me like that? 어떻게 감히 나에게 그렇게 말할 수 있느냐?

217 긍정문

He **dared to insult** me by saying so. 그는 그런 말로 감히 나를 모욕했다.
He **dared to tell** us the truth. 그는 용기 있게 우리에게 진실을 말했다.

긍정문에는 본동사로만 쓰이므로 뒤에 목적어로 to부정사가 따른다.

> **Tip** 문장 중에 부정적 의미(hardly, only등)가 있는 경우 긍정 평서문에서 조동사로 쓰이기도 한다.
> Dare he disclose the fact? 그가 감히 그 사실을 폭로하겠는가?
> =Does he dare to disclose the fact?
> He dare not do it. 그는 그것을 할 용기가 없다.
> =He does not dare to do it.

Unit 39 조동사+have p.p

Guide 조동사 뒤에 have p.p를 연결하면 **과거의 의미**를 갖게 된다.

218 should have p.p '~했어야 했는데' (과거에 대한 유감, 후회)

They **should have studied** harder. 그들은 좀 더 열심히 공부했어야 했다.
I **shouldn't have missed** such a golden opportunity.
그런 절호의 기회를 놓치지 말았어야 했는데. (놓쳐서 후회스럽다)

219 may(=might) have p.p '~했을지도 모른다'

You **may have had** this experience. 당신도 이런 경험을 해봤을지 모른다.
He **might have totally forgotten** the appointment. 그가 약속을 완전히 잊었을지도 모른다.

220 must have p.p '~했음에 틀림없다'

That man **must have stolen** the money!   저 사람이 그 돈을 훔쳤음에 틀림없다.
He **must have been spoiled** by his parents.   그는 부모가 응석받이로 키웠음에 틀림없다.

221 cannot have p.p '~했을 리가 없다' (과거 사실에 대한 강한 부정)

They **cannot have solved** the problem.   그들이 그 문제를 풀었을 리 없다.
He **cannot have said** such a foolish thing.   그가 그런 어리석은 말을 했을 리 없다.

222 need not have p.p '~할 필요가 없었는데' (했다)

You **need not have done** it. 그 일을 할 필요가 없었는데(해버렸다).

기출문제를 살펴보자 [성신여대]

Look at all the water on the ground. It _____ really hard last night.
(A) must have rained   (B) should rain
(C) must be raining   (D) should have rained

'~했던 게 분명하다'라는 과거 사실에 대한 강한 추측을 표현할 때는 must have p.p로 나타낸다.
땅에 있는 흥건한 물을 봐라. 어젯밤에 비가 많이 내렸던 게 분명하다.   ▶ 정답 (A)

Chapter 06 기출 및 예상 문제

1. "John smokes too much."
   "Well, he used to smoke more than he _____ now."
   (A) did
   (B) does
   (C) could
   (D) has

   문제 do의 대동사용법. [182]
   now로 보아 현재시제고, smoke는 일반동사이므로 does가 smoke를 대신한다.
   해석 "John은 담배를 너무 많이 피운다."
   "전에는 지금보다 더 많이 피우곤 했지."
   정답 (B)

2. Acute hearing helps most animals sense the approach of thunderstorms long before people _____.
   (A) do
   (B) hear
   (C) do them
   (D) hearing it

   문제 people sense에서 중복을 피하기 위하여 일반동사 sense를 대신한 대동사 do가 답이 된다. [182]
   해석 예민한 청각은 대부분의 동물들이 사람보다 먼저 폭풍우가 다가오는 것을 감지하게 도와준다.
   정답 (A)

3. Little _____ I dream that I could not see her again.
   (A) did
   (B) had
   (C) should
   (D) would

   문제 부정부사의 도치구문 [183 / 709]
   『부정어구 + 조동사(do) + S + V ~』
   해석 내가 그녀를 두 번 다시 못 보리라고는 꿈에도 생각하지 못했다.
   정답 (A)

4. If you advance your investigation, _____ about that field.
   (A) you had better get some information
   (B) you had better another information
   (C) you'd better getting such an information
   (D) you'd like have gotten the information

   문제 'had better + 동사원형'
   해석 만일 당신이 조사를 진전시키려면 그 분야에 관한 약간의 정보를 입수 하는 것이 좋을 것이다.
   정답 (A)

5. "I usually go dancing at night."
   "_____ do that."
   (A) You had not better
   (B) You had better not
   (C) You had better not to
   (D) You have better not

   문제 『had better+원형』의 부정은 『had better+not+동사원형』이다.
   해석 "나는 보통 밤에 춤을 추러가."
   "그렇게 하지 않는 것이 좋겠는데."
   정답 (B)

6. "You'd better stay here with Jack, _____ you?"
   (A) wouldn't
   (B) hadn't
   (C) won't
   (D) didn't

   문제 had better의 부가의문문은 had not?이다.
   해석 "너는 잭과 함께 여기 남아 있는 것이 낫겠다."
   "그렇겠지?"
   정답 (B)

Chapter 06 기출 및 예상 문제

7 Bill told me that _____ live with his roommate again next year.

(A) he'd rather not (B) he'll rather not
(C) he won't rather (D) he'd rather didn't

문절 'would rather+동사원형' '~하는 게 더 낫겠다'
'would rather+not+동사원형' '~하지 않는 게 더 낫겠다'
해설 빌은 내년에는 다시는 그의 룸메이트와 함께 살지 않는게 낫겠다고 나에게 말했다.
정답 (A)

8 I _____ the book, but I hardly remember I did.

(A) can read (B) may read
(C) can have read (D) may have read

문절 may + have + p.p : ~했을지도 모른다. (과거의 추측) [219]
해설 내가 그 책을 읽었는지는 모르나 도무지 기억하지 못 하겠다.
정답 (D)

9 "They _____ got to hurry if they are going to catch their train."

(A) are (B) will (C) have (D) must

문절 have got to 원형동사 = have to 원형동사 = must 원형동사의 뜻이다.
해설 그들이 기차를 탈 예정이라면 서둘러 가야 한다.
정답 (C)

10 Take an umbrella with you lest it _____ rain.

(A) should (B) would (C) did (D) might

문절 lest ~ should = for fear ~ should ~
= (so) that ~ may not [214]
'~하지 않도록, ~ 할지도 모르니'의 뜻이다.
해설 비가 올지 모르니 우산을 가져가거라.
정답 (A)

11 My grandfather got lost again last night; I _____ by himself.

(A) should never let him to go
(B) should have never let him go
(C) should never have let him go
(D) won't ever let him go

문절 과거 일에 대한 후회 표현은 'should have + p.p'다. [218]
해설 제 할아버지가 어젯밤 또 길을 잃었어요. 혼자 가시게 하지 말았어야 했는데.
정답 (C)

12 It is extremely necessary that you _____ that reading is not a physical and mental process.

(A) will realize (B) can realize
(C) realize (D) realizing

문절 'necessary + that + S + (should) + 원형' [212]
해설 독서란 육체적, 정신적 과정만이 아니라는 것을 깨닫는 것은 참으로 필요하다.
정답 (C)

Chapter 06 기출 및 예상 문제

13 After the assassination attempt, President Reagan's doctor suggested that he _____ a short test at Camp David.

(A) will take (B) would take
(C) had taken (D) take

문석 제안을 나타내는 말 다음의 that절에서는 '(should) + 동사원형'이어야 한다. [211]
해석 암살 시도 사건 후에 레이건의 의사는 캠프 데이비드에서 잠시 휴식을 취하라고 제안했다.
정답 (D)

14 The judge assented to the suggestion that _____.

(A) both of the criminals will soon be set free
(B) the prisoner be sentenced to death
(C) some of the criminals there are of guilt only
(D) the prisoner shall be sentenced to death

문석 주절의 내용에 제안, 명령, 요구, 주장 등의 말이 오면 종속절 안에 (should) 원형을 쓴다. [211]
해석 그 죄수는 사형 선고를 받아야 한다는 제의에 판사가 동의했다.
정답 (B)

15 Why isn't Tom here yet?
He _____ here forty minutes ago.

(A) could be (B) should be
(C) should have been (D) must have been

문석 forty minutes ago가 과거를 나타내고 있으므로 'Tom은 40분 전에 이곳에 왔어야 했는데 오지 않았다'는 뜻이다. 따라서 should have p.p 가 되어야 한다. [218]
should have p.p : ~했어야 했는데
must have p.p : ~했음이 틀림없다
해석 Tom은 왜 아직 안 왔니? 40분 전에 왔어야 했는데.
정답 (C)

16 He also requested that the private sector voluntarily _____ from any such activity.

(A) refrain (B) might refrain
(C) has been refrained (D) can refrain

문석 동사 request가 '요구하다'의 의미이므로 that절의 동사로는 원형동사나' should 원형동사'가 온다. [211]
해석 그는 또한 민간 부분이 자발적으로 그러한 행위를 자제하도록 요구했다.
정답 (A)

17 우리말을 영어로 바르게 옮긴 것을 고르시오.
[돈의 노예가 되어서는 안 된다.]

(A) You must not make a slave of money.
(B) You should have made a lot of money.
(C) You must not become a slave to money.
(D) You had better become a follower of money.

문석 ~해서는 안 된다 : must not [191]
~의 노예가 되다 : become a slave of / to + 명사
정답 (C)

Chapter 06   기출 및 예상 문제

18 어법상 올바르지 않은 것을 고르시오.
(A) I found this book more interesting than I had expected.
(B) My brother was robbed of his watch on his way to school.
(C) The police are looking for a red automobile driven by a man.
(D) He has to be an old man, because I was told that he was born in 1940s.

문석 (D) 확신은 have to가 아닌 must를 사용한다.
He **must be** an old man이 되어야 한다
(A) 수동태 - 5형식문장이며 than은 의사 관계대명사이다.
(B) 수동태 - My brother was robbed of his watch on his way to school.
해석 (A) 나는 이 책이 기대했던 것 보다 더 흥미롭다는 것을 알았다.
(B) 내 동생은 학교가는 길에 시계를 빼앗겼다.
(C) 경찰은 그 남자가 운전하는 빨간색 차량을 찾고 있다.
(D) 그가 1940년대에 태어났다고 들었기 때문에 그는 나이가 들었음에 틀림없다.
정답 (D)

19 She (A)<u>might enjoyed</u> the workshop if she (B)<u>had prepared</u> (C)<u>more diligently</u> (D)<u>during</u> the semester.

문석 if 가정법 과거에서는 주절에 '조동사의 과거형 + have p.p'를 쓴다. 따라서 (A)는 'might have p.p ~했을지도 모른다'의 might have enjoyed가 되어야 한다. [219]
해석 학기 중에 그녀가 좀 더 부지런히 준비했다면 그녀는 워크샵을 즐겼을지도 모른다.
정답 (A)

20 He _____ it was a noisy metaphor for the relative profiles of the movies and literature.

(A) could help but thinking
(B) could help think which
(C) couldn't help think that
(D) couldn't help but think

문석 cannot help -ing '~할 수 밖에 없다' [187]
    = cannot but + 원형
    = cannot help -ing
    = cannot help but + 원형
metaphor : 은유, 비유
relative : 상대적인
profile : 윤곽, 평론, 측면도
해석 그는 그것이 영화와 문학의 상대적인 평론에 대한 요란한 비유라고 생각할 수밖에 없었다.
정답 (D)

21 바른 문장을 고르시오.
(A) It will not be long before autumn will come.
(B) He needs hardly tell you how important this is.
(C) The king had the precious stones brought before him.
(D) We might have missed the bus, if we walked more slowly.
(E) Your father as well as your uncle are rich.

문석 (A) It will not be long before autumn comes. 시간 부사절이므로 현재시제가 된다.
(B) need는 부정문과 의문문 또는 의문이나 부정의 내용을 나타낼 때 조동사로 쓰인다. 따라서 He need hardly tell you how important this is가 되어야 한다.
(C) The king had the precious stones which was brought before him.에서 which was가 생략되어 brought만 남았으므로 바른 표현이다.
(D) We might have missed the bus, if we had walked more slowly.
(E) Your father as well as your uncle is rich.
해석 (A) 곧 가을이 올 것이다.
(B) 그는 이것이 얼마나 중요한지 너에게 말할 필요는 없다.
(C) 왕은 보석을 자신의 앞에 가져다 놓으라고 지시했다.
(D) 늦게 걸었다면 우리는 버스를 놓쳤을지 모른다.
(E) 너의 삼촌뿐만 아니라 너의 아빠도 부자다.
정답 (C)

Chapter 07

준동사
(부정사와 동명사)

Unit 40. 부정사의 명사적 용법
Unit 41. 동명사의 명사적 용법
Unit 42. 부정사의 형용사적 용법
Unit 43. 동명사의 형용사적 용법
Unit 44. 부정사의 부사적 용법
Unit 45. 부정사의 동사적 성질
Unit 46. 동명사의 동사적 성질

Unit 40 부정사의 명사적 용법
주어, 보어, 목적어로 쓰이는 부정사

Guide 부정사의 품사적 용법 중 명사적 용법에 대하여 알아본다.
명사는 문장 안에서 주어, 보어, 목적어 자리에 올 수 있으므로 부정사도 명사와 똑같이 주어, 보어, 목적어 자리에 위치할 수 있다.

223 주어 자리

To learn foreign languages is important in modern times. 현대에서 외국어를 배우는 것은 중요한 것이다.
= **It** is important in modern times **to learn foreign languages**.
주어 자리의 to부정사는 가주어 it으로 대체하고 후치시킬 수 있다.
= **Foreign languages are** important in modern times **to learn.**
부정사의 목적어를 가주어 대신하여 문장의 주어로 할 수도 있다.

Tip to부정사의 명사적 용법 중 동격
He has only one aim, to make his family happy. [only one aim = to make his family happy]

224 보어 자리

My dream is **to become a pianist**. 내 꿈은 피아니스트가 되는 것이다.
All I have to do is **(to) do my homework**. 내가 할 일은 바로 숙제를 하는 것이다.

Tip 주어자리에 do가 쓰인 명사절의 보어가 부정사인경우 to를 생략할 수 있다.
All I did was (to) give him a little push. 내가 한 일이라고는 그를 살짝 민 것 뿐이었다.

225 목적어 자리

I want **to study in England**. 나는 영국에서 공부하길 원한다.
I expected **to see different parts of the world**. 나는 세상의 다른 부분을 보길 기대했었다.

Tip 미래를 의미하는 다음 동사들은 목적어 자리에 부정사만을 쓸 수 있다.
원하다, 바라다   want, would like, wish, expect, hope, need, desire, demand
결심하다   decide, determine, aim, plan, choose, promise
기타   pretend, tend, afford, manage, care, refuse

226 목적격 보어 뒤

I made **it** a rule **to memorize 100 words a day**. 나는 하루에 단어 100개 암기하는 것을 규칙으로 했다.
I found **it** difficult **to learn Chinese**. 나는 중국어를 배우는 것이 어렵다는 것을 알았다.

> **Tip** 목적어로 to부정사를 취하지 못하는 타동사들이 있다.
> 5형식동사 make, consider, think, take, find, believe + it + 목적보어 + to부정사 구문의 형태로,
> 목적어 자리에는 가목적어 it을 쓰고 to부정사 이하를 목적보어 뒤로 후치시킨다.
> I made to memorize 100 words a day a rule. (X)
> I found to learn Chinese difficult. (X)

227 전치사 + to부정사

전치사 뒤는 동명사가 원칙이나 예외적으로 전치사 about, but, except, save, than은 to부정사를 목적어로 취할 수 있다.

① have no choice(alternative) but to ~할 수 밖에 없다
I **have no choice(alternative) but to accept** his proposal.
= There is nothing for it but to accept his proposal. 나에게는 그의 제안을 받아들이는 것 외에는 다른 선택이 없다.

② be about to ⓥ 막 ~하려 하다
When I **was about to go** to bed, the phone rang. 막 잠자리에 들려할 때, 전화가 울렸다.

③ know better than to ⓥ ~할 만큼 어리석지 않다
I **know better than to quarrel** with them. 나는 그들과 싸울 만큼 어리석지 않다.

기출문제를 살펴보자 [세종대]

After the church's (A)silence on the topic (B)for decades, the (C)editor of the magazine says it has no choice (D)but examine its past.

have no choice but to 부정사(~하지 않을 수 없다) 구문이다. (D)를 but **to examine**으로 바꿔야 한다.
교회가 그 화제에 대하여 수십 년 동안 침묵한 이후, 잡지의 편집자는 교회의 과거를 조사하지 않을 수 없다고 말한다.

▶ 정답 (D)

◀ 부정사와 동명사에 관하여 QR코드를 스캔해보세요

228 의문사 + to부정사

의문사 + to부정사는 명사구로, 주어, 목적어, 보어로 쓰일 수 있는데 주로 know, tell, ask, show, learn, teach, decide 등의 목적어로 사용된다.

how + to ⓥ '어떻게 ~하는지, ~하는 방법'
How to do is more important than what to do. 어떻게 하느냐가 무엇을 하느냐 보다 중요하다.

what + to ⓥ '무엇을 ~하는지'
They asked me **what to do**. 그들은 나에게 무엇을 해야 할지를 물었다.

when + to ⓥ '언제 ~하는지'
Please tell me **when to stop**. 언제 멈춰야 할지 말해 주세요.

where + to ⓥ '어디에서 ~하는지'
We decided **where to go**. 우리는 어디로 갈지 결정했다.

which + to ⓥ '어느 것을 ~하는지' 'which + 명사 + to부정사'의 형태로도 쓰인다.
Please tell me **which to choose**. 어느 것을 골라야 하는지 말해 주십시오.
Will you show me **which bus to take**? 어느 버스를 탈지 알려주시겠습니까?

whether + to ⓥ '~해야 할지 어떨지'
I did not know **whether to go or turn back**. 나는 가야 할지 돌아와야 할지 몰랐다.

Why + to ⓥ는 쓰이지 않는다.

기출문제를 살펴보자 [한양대]

Restaurants advertise heavily in the newspaper, and restaurant reviewers help (A)to (B)go (C)decide (D)where (E)readers for a night out.

① (E)-(C)-(D)-(A)-(B)   ② (E)-(C)-(A)-(B)-(D)   ③ (E)-(A)-(C)-(D)-(B)   ④ (E)-(A)-(C)-(B)-(D)

help는 준사역동사이므로 목적어 readers 뒤에 원형으로 올 수 있으며, 의문사 + to부정사가 명사구로 쓰였다. 따라서 다음과 같이 배열된다. reviewers help readers decide where to go for a night out.
식당은 신문에 많은 광고를 한다. 그리고 식당 평가자들은 독자들이 저녁에 외식하기 위해 어느 식당으로 가야 할지를 도와준다.

▶ 정답 ①

Unit 41 동명사의 명사적 용법
주어, 보어, 목적어로 쓰이는 부정사

Guide 동명사도 부정사처럼 문장 안에서 주어, 보어, 목적어 자리 쓰이는 명사적 용법이 있다. 동명사의 명사적 용법에 대하여 알아보자.

229 주어 자리

Reading books is my hobby. 독서는 나의 취미이다.
Being with you is as wonderful as a colorful rainbow. 당신과 함께 있는 것은 화려한 무지개만큼이나 멋지다.

부정사와 동명사는 단수 취급한다.
그러나 아래 기출문제에서 알 수 있듯이 2개 이상의 부정사나 동명사가 나열되면 복수가 된다.

 기출문제를 살펴보자 [한양대]

(A)<u>Delivering</u> pizza, editing my high school newspaper, babysitting my nephew, and doing my homework (B)<u>leaves</u> me with (C)<u>scarcely any</u> free time. (D)No error

동명사 4개가 Delivering ~, editing ~, babysitting ~, and doing ~ and로 연결되어 있으므로 동사(B)는 단수형 leaves가 아닌 복수형의 leave가 되어야 한다.
피자 배달하기, 학교신문 편집하기, 사촌 돌보고 그리고 숙제하기가 나로 하여금 거의 자유시간이 없게 한다.

▶ 정답 (B)

230 보어 자리

My hobby is **reading books**. 내 취미는 책을 읽는 것이다.
His dream is **traveling around the world**. 그의 꿈은 세계를 여행하는 것이다.
My job is **teaching people English**. 나의 직업은 사람들에게 영어를 가르치는 것이다.

231 목적어 자리

Nobody enjoys **living an ordinary life**. 아무도 평범한 삶을 살고 싶어 하지 않는다.
The couple had to postpone **purchasing a car**. 그 부부는 차 구입을 미뤄야 했다.
The minister avoided **giving a definite answer**. 장관은 명확한 답변을 피했다.
I'm sorry to bother you, but would you mind **going with us**? 귀찮으시겠지만 우리와 함께 가주실 수 있겠습니까?

Tip 동명사만을 목적어로 취하는 동사들

admit 인정하다	avoid 피하다	consider 고려하다	deny 부인하다
enjoy 즐기다	escape 탈출하다	finish 끝내다	miss 놓치다
mind 꺼리다	resent 분노하다	recommend 장려하다	suffer 겪다
keep on 지속하다	understand 이해하다	include 포함하다	do ~하다
delay / defer / postpone / put off 미루다		contemplate 심사숙고하다	involve 포함하다

232 목적어 자리의 부정사와 동명사의 차이

부정사	동명사
미래(~해야 할) / 목적(~하기 위하여)	과거(~했던) / 동작(~하는)

- **remember + to** ⓥ '~할 것을 기억하다' (미래)
- **remember +** ⓥ**ing** '~한 것을 기억하다' (과거)

I **remember to meet** her coming Friday. 나는 다가오는 금요일에 그녀 만날 것을 기억하고 있다.
I **remember meeting** her before. 나는 전에 그녀 만난 것을 기억하고 있다.

- **forget + to** ⓥ '~할 것을 잊다' (미래)
- **forget + ** ⓥ**ing** '~한 것을 잊다' (과거)

Don't **forget to mail** the letter on your way to school. 학교 가는 길에 편지 부칠 것을 잊지 말아라.
Don't **forget borrowing** money from me. 돈 빌려간 것을 잊지 말아라.

- **regret + to** ⓥ '유감이지만 ~해야 한다' (미래)
- **regret + ** ⓥ**ing** '~한 것을 후회한다' (과거)

I **regret to tell** you that your request will not be accepted.
유감스럽지만 당신의 요청은 받아들일 수 없음을 알려 드립니다.
He **regrets drinking** so much at the party. 그는 파티에서 과음한 걸 후회한다.

- **try + to** ⓥ '~하려고 노력하다' (목적)
- **try + ** ⓥ**ing** '시험 삼아 ~해보다' (동작)

She **tried to make** a cake. 케이크를 만들려고 노력했다.
She **tried making** a cake. 시험 삼아 케이크를 만들어 봤다.

- **go on + to** ⓥ '(새 습관·방식을) 시작하다, 다음 주제로 넘어가다'
- **go on + ** ⓥ**ing** '(지금까지의 동작을) 지속하다'

In spite of the interruption, he **went on speaking**. 방해에도 불구하고, 그는 계속 말을 했다.
It will **go on raining** all day, I'm afraid. 하루 종일 비가 올 것이다.
She **went on to diet**. 그녀는 다이어트를 시작했다.
Let's **go on to discuss** the demerits. 다음으로 단점을 논의하자.

- **learn/teach + to** ⓥ 기술이나 지식을 터득했다는 의미 (결과)
- **learn/teach + ** ⓥ**ing** 학습 내용이나 학과를 언급 (동작)

She **learnt to read** English at school, but she **learnt to speak** it in Australia.
그녀는 독해는 학교에서 배웠지만 회화는 호주에서 배웠다.
I **taught** myself **to climb**. 나는 독학으로 등반을 배웠다.
She goes to the mountain twice a week **to learn climbing**. 그녀는 등반을 배우러 일주일에 두 번 산에 간다.
Tom **teaches skiing** in winter. 탐은 겨울에는 스키를 가르친다.

기출문제를 살펴보자 [카톨릭대]

To forget (A)<u>wearing</u> my shoes to school was (B)<u>embarrassing</u> and I (C)<u>would rather</u> it (D)<u>were forgotten</u> by my classmates.

---

forget + 동명사 : ~한 것을 잊다 [과거] / forget + 부정사 : ~할 것을 잊다 [미래]
내용상 학교로 가기 전 신발 신을 일을 잊는 것이므로 과거가 아닌 미래의 부정사가 쓰여야 한다.
학교 갈 때 신발 신는 것을 잊어버리는 것은 당혹스러운 일이다. 나는 반 친구들이 내가 신발 신지 않고 학교에 등교한 것을 잊었으면 한다.

▶ 정답 (A)

 기출문제를 살펴보자 [광운대]

다음 중 어법 상 잘못된 것은?
(A) Paul regrets interrupting me.
(B) Steve keeps interrupting me.
(C) I regret being interrupted by Tom.
(D) There keep being power black-outs.
(E) There regret being power black-outs.

'there be동사' 문장인 There is a mistake. (실수가 있다.)에서 be동사 앞에 조동사가 온 There can be a mistake. (실수가 있을 수 있다.) 도 가능하다. 마찬가지로 2형식동사 seem이나 keep도 조동사 대신 쓰일 수 있다. There seems to be a mistake. (실수가 있는 것 같다.)와 There keeps being a mistake. (실수가 계속 있다.) 여기서 seem은 to부정사를, keep은 현재분사를 각각 보어로 취한다. 그리고 be동사 다음의 명사(주어)와 수 일치하는 것은 seem동사와 keep동사이다. 따라서 (D)에서는 복수명사 power black-outs에 대해 keep으로 수 일치한다. 그러나 regret은 이러한 2형식동사에 해당되지 않고 사람을 주어로 해야 하는 동사이므로, (E)는 사람을 주어로 하여, I regret there being power black-outs. 로 고쳐야 하고 여기서 being은 동명사이다.

(A) 폴(Paul)은 나를 방해한 것을 후회하고 있다.　　(B) 스티브(Steve)는 계속 나를 방해하고 있다.
(C) 나는 톰(Tom)에게 방해받은 것을 유감스럽게 생각한다.　　(D) 정전이 계속 되고 있다.
(E) 나는 정전이 있는 것을 유감스럽게 생각한다.

▶ 정답 (E)

 More Tips ▶ 목적어로 부정사나 동명사를 취할 때 의미상 차이가 없는 동사

attempt 시도하다	begin 시작하다	continue 계속 ~하다	cease 그만두다
hate 싫어하다	intend 의도하다	like 좋아하다	love ~을 좋아하다
prefer 선호하다	start 시작하다	propose 제안하다	neglect 무시하다

상기 동사들은 목적어로 to부정사나 동명사 어느 것을 취해도 의미의 차이가 크지는 않거나 같다.

Korean exports and imports continue to grow in volume. 한국의 수출입은 양적으로 계속 늘어나고 있다.
= Korean exports and imports continue growing in volume.

My grandmother began to tell a story. 나의 할머니께서 이야기를 시작하셨다.
= My grandmother began telling a story.

I love to travel. 나는 여행을 좋아한다.
= I love traveling.

It has ceased raining. 비가 그쳤다.
He soon ceased to breathe. 그는 곧 숨을 거두었다.

Unit 42 부정사의 형용사적 용법
명사 + to부정사

Guide 형용사적 용법의 부정사는 명사 뒤에서 그 명사를 수식한다. to 부정사가 형용사처럼 쓰일 때에는 '~하는, ~할'이라는 뜻을 가지며, **명사 뒤에서 후치수식**한다.

I need a book **to read**. 나는 읽을 책이 한 권 필요하다.
이 문장에서 부정사 to read는 앞의 명사 a book을 수식한다 (a book to read 읽을 책, 읽어야 할 책)

I have a promise **to keep**. 나는 지켜야 할 약속이 있다.
to keep이 앞의 명사 promise를 수식한다.

Would you like something **to drink**? 뭐 좀 마시겠습니까?
to drink가 앞의 명사 something을 수식한다.

He is the first Korean **to climb** Mt. Everest. 그는 에베레스트를 등반한 최초의 한국인이다.
to climb이 앞의 명사 first Korean을 수식한다.

> **Tip** something, anything, nothing은 to부정사가 아닌 일반 형용사도 something cold와 같이 후치수식을 받는데, 이를 다시 부정사가 수식하면 『-thing + 형용사 + to부정사』의 어순이 된다.
>
> I want something cold **to drink**. 나는 차가운 것 좀 마시고 싶다.
> Do you have anything more **to say**? 해야 할 말이 더 있습니까?

233 최상급, the first, the last + 명사 + to부정사

Who was **the first person to** reach the South Pole? 남극에 맨 먼저 도착한 사람이 누구였지?
This book is **the best way to** master English. 이 책이 영어를 통달하는 최선의 방법이다.
He is **the last man to** tell a lie. 그는 거짓말을 할 사람이 절대 아냐.

> **Tip** 'the last + 명사 + to부정사 / that 절'의 경우 '결코 ~할 명사가 아니다'로 해석된다.
> (the last의 경우 to부정사뿐 아니라 that 절도 가능하다)
>
> He is the last person to do such a thing. 그는 결단코 그런 짓을 할 사람이 아니다.
> It is the last thing that I want to do now. 그건 내가 지금 정말로 하고 싶지 않은 일이야.

기출문제를 살펴보자 [카톨릭대]

America is no longer the best place for anyone _____ English.
(A) practicing   (B) to practice   (C) practice   (D) practical

---

practical앞의 명사 the best place 를 꾸미는 부정사의 형용사적 용법을 묻는 문제로, 명사 앞에 최상 표현이 있으므로 to부정사가 수식한다. the best place to practice English.
미국은 더 이상 영어를 배우기에 실용적인 장소가 아니다.   ▶ 정답 (B)

234 명사 + to부정사 + 전치사의 구문

형용사적 용법으로 쓰인 부정사에 있어서 주의해야 할 점은 to부정사에 쓰인 동사가 자동사인지 타동사인지가 구별되어야 한다는 것이다. 형용사적 용법의 부정사에 쓰인 동사가 자동사인 경우에는 전치사가 뒤 따른다.

He has no house to live **in**. 그에게는 살(= live) 집이 없다.
= He has no house which he lives **in**.

Tip 위 문장에서와 같이 house를 수식하는 형용사적 용법의 부정사 to live in에서 live는 목적어를 취하지 않는 자동사이므로 전치사(in)가 필요한 것이다.
명사 + to부정사 + 전치사의 여부를 판단하는 방법은 다음과 같다.

a house to live	→ live a house	(×)
a house to live in	→ live **in** a house	(O)
a friend to talk	→ talk a friend	(×)
a friend to talk with	→ talk **with** a friend	(O)

I have nothing to write.   나는 쓸 것이 없다. - 글의 **소재, 쓸 거리**가 없다는 의미
I have nothing to write **with**.   나는 쓸 것이 없다. - 글을 쓸 **필기구**가 없다는 의미
I have nothing to write **on**.   나는 쓸 곳이 없다. - 글을 쓸 **종이**가 없다는 의미
He has no friend to speak **to**.   그는 이야기 할 친구가 없다.
She has no chair to sit **on**.   그녀는 앉을 의자가 없다.
We need someone to talk **with**.   우리는 이야기를 나눌 사람이 필요하다.

Tip 타동사구의 부정사
take care of와 같은 타동사구가 부정사로 쓰이는 경우에는 동사구 전체를 하나의 동사처럼 취급한다.
We have children to **take care of**. 우리에게는 돌볼 아이들이 있다.

235 be to 용법

be동사의 보어자리에 위치한 to부정사가 예정, 의무, 가능, 운명, 의도의 의미를 갖는 경우

① 예정 '~할 것이다' (= will)

He **is to arrive** this evening. 그는 오늘 저녁에 도착할 예정이다.
The president **is to make** a speech next week. 대통령은 다음 주에 연설할 예정이다.

② 의무 '~해야 한다' (= should)

We **are to observe** the traffic rules. 우리는 교통 법규를 지켜야 한다.
They **are to be** punctual.   사람들은 시간을 지켜야 한다.

③ 가능 '~할 수 있다' (= can)

Not a sound **was to be** heard. 어떤 소리도 들을 수 없었다.
Nobody **was to be** seen on the street. 길에는 아무도 보이지 않았다.

④ 운명 '~할 운명이다' (= be destined to do)

They **were to** meet at the bridge. 그들은 그 다리에서 만날 운명이었다.
The end **was to** come. 종말은 다가오게 되어 있었다.

⑤ 의도 '~하려거든' (be + to부정사가 조건절에서 intend의 뜻을 갖기도 하며, 가정법 동사 were와 함께 쓰이면 미래의 불가능한 가정을 나타내기도 한다)

If you **are to** succeed, you must work hard. 성공하고자 한다면, 당신은 열심히 일해야 한다.
If the sun **were to** rise in the west, I would change my mind. 해가 서쪽에서 뜬다면, 내가 마음을 바꿀 것이다.

 ▶ 명사적 용법의 주격보어 vs. be to 용법

His plan is to arrive this evening. (his plan = to arrive)
He is to arrive this evening. (He ≠ to arrive)
주격보어의 경우 주어와 동격이 되지만, be to 용법의 경우 동격이 될 수 없다.

236 동격

ability, attempt, decision, effort, plan, program, reason, resolution, wish 등의 미래 지향적, 주어의 의지를 반영하는 명사와 to부정사와 동격의 관계

We ended our conversation with **a promise to see** each other again.
우리는 서로가 다시 만날 것을 기약하며 대화를 마쳤다.

The ability to observe has helped him in his writing career.
관찰력은 그가 작가로서 글을 쓰는 데 도움이 되어왔다.

The plan to build a school was promptly approved by the committee.
학교를 세우자는 계획은 위원회 측의 즉각적인 승인을 받았다.

237 have + the 추상명사 + to부정사 '~하게도 ~하다' *해석에 주의한다.

She **had the impudence to refuse** my proposal. 그녀는 무례하게도 내 제의를 거절했다.
He **had the audacity to ask** me such a question. 뻔뻔스럽게도 그는 내게 그런 질문을 했다.

Unit 43 동명사의 형용사적 용법
동명사 + 명사

Guide 동명사는 명사 앞에 붙어 그 명사를 수식하는 형용사적 용법으로 쓰이기도 한다. 이때의 동명사는 '~하기 위한'의 의미로 목적이나 용도를 나타낸다.

명사 앞에서 그 명사를 수식하는 현재분사와 구분할 수 있어야 한다. 명사를 수식하는 현재분사는 '~하는, ~하고 있는'의 의미로 동작을 나타낸다.

동명사의 형용사적 용법은 많이 쓰이는 표현은 아니다.

a **sleeping** bag	잠을 자기 위한 가방 = 침낭 (용도를 나타내는 동명사)
a **sleeping** baby	자고 있는 아이 (동작을 나타내는 현재분사)
a **swimming** pool	수영하기 위한 풀 = 수영장 (용도를 나타내는 동명사)
a **swimming** boy	수영하고 있는 소년 (동작을 나타내는 현재분사)
a **sleeping** car	잠자기 위한 차 = 캠핑카 (용도를 나타내는 동명사)
a **sleeping** cat	자고 있는 고양이 (동작을 나타내는 현재분사)
a **smoking** room	담배 피기 위한 방 = 흡연실 (용도를 나타내는 동명사)
a **smoking** man	담배 피는 남자 (동작을 나타내는 현재분사)
a **dancing** room	춤추기 위한 방 = 무용실 (용도를 나타내는 동명사)
a **dancing** girl	춤추는 소녀 (동작을 나타내는 현재분사)

Unit 44 부정사의 부사적 용법

Guide 부사가 동사, 형용사, 부사를 수식하는 것과 마찬가지로 부정사가 부사처럼 쓰이는 경우 동사, 형용사, 부사를 수식하며, 조건, 결과, 판단 등으로 해석되기도 한다.

238 동사 수식(목적) '~하기 위하여'

He went to America **to study** English. 그는 영어를 공부하기 위하여 미국에 갔다.
   = in order to study = so as to study

We study hard **to pass** the exam. 우리는 시험에 합격하기 위하여 열심히 공부한다.
   = in order to pass = so as to pass

We study hard **not to fail** the exam. 우리는 시험에 실패하지 않기 위하여 열심히 공부한다.
   = in order not to fail = so as not to fail

Tip 1. to study가 앞의 동사 went를 수식하여 '공부하기 위하여 갔다'라는 의미로 이 경우 목적(~하기 위하여)으로 해석된다.
2. to pass가 앞의 동사 study를 수식하여 '합격하기 위하여 공부한다'라는 의미로 이 경우도 목적(~하기 위하여)으로 해석된다.
3. 부정사의 부정은 not to부정사로 not을 부정사 앞에 위치 시킨다.
in order to / so as to는 '~하기 위하여'라는 목적을 나타내는 구문이다.

239 형용사 수식(원인) '~하니, ~해서' / too~to '너무~해서 ~하지 않다'

I'm sorry **to trouble** you.   폐를 끼쳐 죄송합니다.
I am glad **to meet** you.   당신을 만나서 기쁩니다.
He is **too young to understand** love. 그는 너무 어려서 사랑을 이해 할 수 없다.

Tip 1. to trouble이 앞의 형용사 sorry를 후치수식하여 '폐를 끼쳐 죄송하다'라는 의미로 이 경우 원인(~하니)으로 해석된다.
2. to meet가 앞의 형용사 glad를 후치수식하여 '만나서 기쁘다'라는 의미로 이 경우 원인(~해서)으로 해석된다.
3. to understand가 앞의 형용사 young을 후치수식하여 이해하기에 어리다라는 의미로 이 경우 원인(~하기에)으로 해석된다. too~to '너무 ~해서 ~할 수 없다'

240　부사 수식

He is rich enough **to buy** the building. 그는 그 건물을 살 만큼 충분한 부자다.

> **Tip** 부사 enough가 형용사 rich를 후치수식하며, to buy가 부사 enough를 다시 후치수식하고 있다.

241　조건 '~ 한다면'

To hear him speak English, you will take him for an American.
= If you hear him speak English, you will take him for an American.
　　　　　　　　　　　　　　　　　　그가 영어하는 것을 듣는다면, 그를 미국인으로 알 것이다.

You will be punished **to be** late again.　또 한 번 늦으면 너는 벌을 받을 것이다.
= You will be punished if you are late again.

242　판단 '~ 하는 것을 보니'

You must be very smart **to solve** the problem. 그 문제를 풀다니 너는 아주 똑똑한 게 틀림없다.

243　결과 '~ 해서 ~하다'

Few people live **to be** a hundred years old.	100세 까지 사는 사람은 거의 없다.
He awoke **to find** himself famous.	잠에서 깨어보니 그는 유명해져 있었다.
He has grown up **to become** a climber.	그는 커서 산악인이 되었다.
They woke up **to find** the house on fire.	그들이 깨어나 보니 집에 불이나 있었다.
I worked hard only **to fail** in the exam.	나는 열심히 공부했지만 시험에 떨어졌다.

> **Tip** 위 문장에서 to부정사를 '~하기 위하여'로 옮기면 이 문장은 '100살이 되기 위하여 사는 사람은 거의 없다.' 라는 이상한 의미가 되어 버린다.
> 이때 to부정사는 결과를 나타내는 것으로서 '살아서 100살이 되는 사람은 거의 없다.'라고 해석해야 한다.
>
> 이와 같이 결과를 나타내는 부정사는 '~해서 ~하다'라고 해석해야 한다.
> 'only to부정사'의 형태에서 to부정사는 결과적 용법으로만 쓰인다. only to를 '단지 ~하기 위하여'의 목적으로 해석해서는 안 된다. '실패하기 위하여 공부했다'로 해석해선 안 된다.

Unit 45 부정사의 동사적 성질

Guide 부정사는 동사에 to를 붙여 만든 준동사로 기본적으로 동사적 성질을 갖고 있다.
동사적 성질을 살펴보면
1. 동사처럼 주어를 갖는다. (이런 경우 부정사의 주어를 의미상 주어라고 한다)
2. 목적어를 갖는다. (타동사인 경우 - 이 경우 부정사의 목적어를 의미상 목적어라고 한다)
3. 부사로부터 수식을 받는다.
4. 능동태와 수동태가 있다.
5. 시제에 따라 의미도 달라진다.

244 부정사의 의미상 주어와 의미상 목적어

I want **Tom** to meet **Jane**. 나는 Tom이 Jane을 만나기를 원한다.
I wish you to know the fact **exactly**. 나는 당신이 그 사실을 정확히 알기를 바란다.

> **Tip** 부정사의 의미상 주어란 부정사의 입장에서 본 주어를 말하고, 의미상 목적어란 부정사의 입장에서 본 목적어를 말한다. 위 문장의 주어는 'I'지만, 내가 만나는 것이 아니라 Tom이 Jane을 만나는 것이므로 to meet의 주체는 'I'가 아닌 'Tom'이 되는 것이다. 또한 to meet의 목적어 역시 'Jane'이다. 이러한 Tom을 의미상 주어라고하며, 이러한 Jane을 의미상 목적어라고 한다.
> 또한, 부정사는 부사로부터 수식도 받는다. exactly가 부정사 to know를 수식하여 정확히 알기를이라는 의미가 된다.

* 부정사의 의미상 주어가 문장의 주어와 일치하거나 일반인일 경우는 쓰지 않는다.

I want (me) to meet Susan next weekend. 나는 다음주에 Susan을 만나길 원한다.

> **Tip** 위에서 문장의 주어인 I와 to meet의 의미상 주어 me는 같은 '나'를 지칭하는 대명사이다. 이렇게 문장의 주어와 부정사의 주어가 같은 경우 부정사의 주어는 쓰지 않는다.

* 부정사의 의미상 주어가 문장의 주어와 다르면 목적격으로 쓴다.

I want **him** to meet Jane next weekend. 나는 다음 주에 그가 Jane을 만나길 원한다.

> **Tip** 이 문장에서 주어는 'I' 목적어는 'him'이다.
> 하지만 him은 부정사(to meet)의 의미상 주어이기도 하다. 이때 의미상 주어라고 해서 주격 he로 쓰지 않고 목적격 him으로 쓴다. Jane은 부정사의 의미상 목적어이다.

I have **some friends** to help **me**. 나에게는 나를 도와 줄 몇몇 친구가 있다.
I have **some friends** to help. 내가 도와줘야 할 몇몇 친구가 있다.

> **Tip** some friends (help의 의미상 주어) **to help** me (help의 의미상 목적어)
> some friends (help의 의미상 목적어) **to help**

* 의미상 주어를 'for + 목적격'의 형태로

It is hard **for him** to understand the problem.   (O) 그가 문제를 이해하기는 힘든 것이다.
= **The problem** is hard for him to understand. (O)
He is hard to understand the problem.   (X)

It is not safe for the kids to play on the street. 아이들이 거리에서 노는 것은 안전하지 않다.

It is difficult **for him** to finish the work in a week. 그가 일주일 안에 일을 끝마치기는 어렵다.
= **The work** is difficult for him to finish in a week.

> **Tip** hard, easy, safe, difficult, possible, impossible, necessary, convenient, pleasant, useful 등의 형용사들은 사람을 주어로 하지않고 『**It+형용사+for 목적격+to부정사**』의 형태로 쓴다.
>
> 또한 부정사의 목적어가 있는 경우 문장의 주어로 쓰기도 한다. 이러한 구문을 **다른 주어 구문(부정사의 목적어를 주어로 하는 구문)**이라고 한다.
> The problem is hard for him to understand.
> The work is difficult for him to finish in a week.

 기출문제를 살펴보자 [세종대]

(A)<u>This</u> was difficult (B)<u>for a woman</u> to be an artist at that time (C)<u>because</u> she had to work very hard to (D)<u>support herself</u>.

It ~ for ~ to부정사 구문으로, 주어는 This가 아닌 It이 되어야 한다.
It was difficult **for** a woman **to** be an artist at that time ~ 의 형태가 되어야 한다.
스스로 생계를 꾸려가야 했기 때문에 그 당시에 여성이 예술가가 되는 것은 힘들었다.

▶ 정답 (A)

* 의미상 주어를 'of + 목적격'의 형태로

It is kind **of you** to help me. (O) 나를 돕다니 당신은 친절하다.
You are kind to help me.   (O)
It is kind for you to help me. (X)

> **Tip** 사람의 인성을 나타내는 형용사 kind, good, bad, clever, careful, nice, rude, stupid등은 for + 목적격이 아닌 『**It+형용사+of 목적격+to부정사**』의 형태로 쓴다.
> 이러한 인성형용사는 **사람을 주어**로 하여 You are kind to help me.라고 쓰는 것도 가능하다.

It was wise **of you** to refuse his offer. 당신이 그의 제안을 거절한 것은 현명했다.
= You were wise to refuse his offer.

It is very cruel **of him** to do such a thing. 그런 짓을 하다니 그는 아주 잔인하다.
= He is very cruel to do such a thing.

245 부정사의 수동태

부정사가 의미상 주어와의 관계가 능동적이면 to ⓥ로 쓰지만 의미상 주어와의 관계가 수동적이면 to be p.p의 형태가 되어야 한다. 이러한 to be p.p를 부정사의 수동태라고 한다.

I want Tom **to repair** the car. 나는 탐이 이 차를 수리하기를 원한다.
I want the car **to be repaired** by Tom. 나는 이 차가 (탐에 의하여) 수리되기를 원한다.

> **Tip** Tom과 to repaire는 능동적관계이며, to repaire는 능동태이므로 목적어 the car를 취한다.
> the car와 to be repaired는 **수동적 관계**(차가 수리되는 것)이므로 **to be repaired** 형태의 **부정사 수동태가 된 것**이고, **to be repaired**는 수동태로 목적어를 취할 수 없다.

She commissioned the artist **to paint** a picture of her. 그녀는 화가에게 초상화를 그려 달라고 부탁했다.
She commissioned a picture of her **to be painted** by the artist. 그녀는 초상화가 그려지도록 부탁했다.

> **Tip** the artist와 to paint는 능동적 관계이며, to paint는 능동태로 목적어 a picture를 취한다.
> a picture of her와 **to be painted**는 **수동적 관계**(초상화가 그려지는 대상)이므로 **to be painted**와 같이 부정사의 수동태가 된 것이고, **to be painted**는 수동태로 목적어를 취할 수 없다.

I need **to update** the file. 파일을 새로 업데이트할 필요가 있다.
I want this program **to be updated**. 이 프로그램은 새롭게 업데이트되어야 한다.

> **Tip** I와 to update는 능동적 관계이며, to update는 능동태로 목적어 the file을 취한다.
> this program과 to be updated는 수동적 관계(프로그램이 업데이트하는 주체가 아닌 업데이트 되어지는 대상)이므로 to be updated 형태의 부정사 수동태가 된 것이고, to be updated는 수동태로 목적어를 취할 수 없다.

246 부정사의 시제 [단순부정사 / 완료부정사]

Tom **seems to be** rich.   탐은 부자(현재)인 것 같다. (현재)
= It **seems** that Tom **is** rich.

Tom **seems to have been** rich.   탐은 부자였던(과거) 것 같다. (현재)
= It **seems** that Tom **was** rich.

Tom **seemed to be** rich.   탐은 부자였던(과거) 것 같았다. (과거)
= It **seemed** that Tom **was** rich.

Tom **seemed to have been** rich.   탐은 부자였었던(대과거) 것 같았다. (과거)
= It **seemed** that Tom **had been** rich.

> **Tip** 'to + 동사원형'을 단순 부정사라 하고, 단순 부정사의 시제는 주절 동사의 시제와 동일하다.
> ① 문장의 주어 It을 삭제한다.
> ② that절의 주어를 문장의 주어로 쓴다.
> ③ 접속사 that을 지우고 대신 to부정사를 쓴다.
>
> 이때 주절의 시제와 that절의 시제가 같으면 단순부정사(to + 원형)
> that절의 시제가 문장의 시제보다 과거인 경우는 완료부정사(to have p.p)로 쓴다.
> He **seems to be** rich.
> = It seems that he is rich. (seems와 is는 같은 현재시제. 따라서 단순부정사)
> He **seems to have been** rich.
> = It seems that he was rich. (was는 seems보다 과거시제. 따라서 완료부정사)
> He **seemed to be** rich.
> = It seemed that he was rich. (seemed와 was는 같은 과거시제. 따라서 단순부정사)
> He **seemed to have been** rich.
> = It seemed that he had been rich. (had been은 seemed보다 과거시제. 따라서 완료부정사)

He **seems to be** angry with me. 그는 나에게 화가 난 것 같다.
= It **seems** that he **is** angry with me.

She **seemed to be** happy. 그녀는 행복해 보였다.
= It **seemed** that she **was** happy.

I **am** sorry **to have been** late for the last meeting. 지난번 회의에 늦었던 것에 사과드립니다.
= I **am** sorry that I **was** late for the last meeting.

He **was** said **to have studied** English very hard. 그는 영어를 아주 열심히 공부했다고 말했다.
= It **was** said that he **had studied** English very hard.

247 기대, 희망동사 + to부정사

I **want to meet** Jane. 나는 Jane을 만나고 싶다.
We **hope to see** good results. 우리는 좋은 결과를 기대한다.
I **intend to visit** Australia this year. 나는 올해 호주를 방문할 계획이다.

> **Tip** want / wish / hope / expect / intend / mean / promise/be + to부정사
> → **앞으로의 일을 소망하거나 기대하는 표현**
> 기대, 희망을 나타내는 동사 다음 to부정사는 앞으로의 일을 소망하거나 기대하는 표현이다.

248 기대, 희망동사의 과거형 + to have p.p

I **hoped to have seen** her again. 나는 그녀를 다시 만나길 희망했었다. (만나지 못했음)
= I **had hoped to see** her again.

I **intended to have called** on you last night. 지난 밤 너를 방문할 의도였다. (방문하지 못했음)
= I **had intended to call** on you last night.

We **were to have met** at 7 in the office. 우린 사무실에서 7시에 만나기로 되어있었다. (만나지 못했음)
= We **had been to meet** at 7 in the office.

> **Tip** 과거시제 want**ed** / wish**ed** / hop**ed** / expect**ed** / intend**ed** / mean**t** / promis**ed** + to have p.p
> = **had** + want**ed** / wish**ed** / hop**ed** / expect**ed** / intend**ed** / mean**t** / promis**ed** + **to** ⓥ
> → 과거에 이루지 못한 일을 나타내는 표현이 된다.
>
> 기대, 희망을 나타내는 '**과거동사 + 완료부정사**'는 과거에 이루지 못한 일을 나타낸다.
> 이때 기대, 희망을 나타내는 '**과거완료 다음 to부정사**'를 쓰면 같은 표현이 된다.
> 단, 기대, 희망을 나타내는 동사의 과거완료형 다음 완료부정사를 쓰는 표현은 틀린 것이다.
> I had intended to have called on you last night. (X)

 기출문제를 살펴보자 [명지대]

다음 문장들 중 어법상 옳지 않은 것은?
(A) Please give me a truthful account of what happened.
(B) Susan had hoped to have gone with her mother.
(C) When is it most convenient for us to meet?
(D) I tried to convince him of my innocence.

과거의 이루지 못한 일을 표현하는 방법은 소망동사(hope, wish, intend, be등)의 과거형 + to have p.p = 소망동사의 과거완료형 (had hoped) + to부정사 두 가지가 있다.
따라서 (B)는 Susan **hoped to have gone** with her mother나 Susan **had hoped to go** with her mother가 되어야 한다

(A) 무슨일이 있었는지 진실한 설명을 해주세요   (B) 수잔은 엄마와 함께 가기를 희망 했었다.
(C) 우리가 만나기에 언제가 가장 편할까요?   (D) 나는 그에게 나의 무죄를 납득시키려고 애썼다.

▶ 정답 (B)

249 help 동사와 부정사

You must **help me to clean** the room.   당신은 내가 방 치우는 것을 도와야 한다.
You must **help me clean** the room.   당신은 내가 방 치우는 것을 도와야 한다.
You must **help to clean** the room.   당신은 방 치우는 것을 도와야 한다.
You must **help clean** the room.   당신은 방 치우는 것을 도와야 한다.

> **Tip** help 동사의 목적어나 목적격 보어로는 to부정사와 원형부정사가 모두 쓰일 수 있다.
> 그리고 사역동사와 달리 원형부정사를 바로 목적어로 취할 수 있다.

250 분리부정사 (to+부사+ⓥ)

He failed to understand the theory **entirely**.

Tip 1. entirely가 **understand**를 수식하는 경우는 '그는 그 이론을 완전히 이해하지는 못했다'는 뜻이 된다.
2. entirely가 **failed**를 수식하는 경우는 '그는 그 이론을 이해하는 데 완전히 실패했다'는 뜻이 된다.

이러한 혼동을 피하기 위해 to부정사를 수식하는 부사는 『**to+부사+동사의 원형**』의 형태로 써서,
He failed to **entirely** understand it. '그는 그 이론을 완전히 이해하지는 못했다'라고 쓴다.
이때 to와 동사원형이 분리되었다고 하여 이를 분리부정사라 하는 것이다.

I did not intend to **in any way** object to his plan. 나는 그의 계획에 전혀 반대할 생각이 아니었다.
I want you to **thoroughly** read the article. 나는 당신이 그 논문을 철저히 읽었으면 합니다.
He traveled to America to **further** acquaint himself with the English language.
그는 영어에 좀 더 익숙해지기 위해 미국을 여행했다.

251 대부정사

Would you like to have some coffee? - Yes, I'd like **to**. (to = to have some coffee)
커피 좀 드시겠습니까? - 네, 그러고 싶습니다.
You may call me if you'd like **to**. (to = to call me) 원한다면 내게 전화해도 됩니다.
I asked her to play the violin, but she did not want **to**. (to = to play the violin)
나는 그녀에게 바이올린을 연주해 달라고 부탁했으나, 그녀는 그러기를 원치 않았다.
You may go out if you want **to**. (to = to go out) 원한다면 나가도 좋습니다.

Tip to부정사에서 동사의 원형은 생략하고 to만 쓰는 경우가 있다. 이때의 to가 to부정사를 대신한다고 해서 대부정사라 하며, 주로 hope, wish, would like, want, need, promise등과 같은 동사 다음에 쓰인다.
시험에서는 대부정사(to)를 생략해서 출제하는데 대부정사(to)는 생략하지 않는다.

기출문제를 살펴보자 [광운대]

어법상 올바른 문장을 하나 고르시오.
(A) You may answer this letter if you need.
(B) Except for these few, most of the students are studying hard.
(C) I should send this book to him until the end of this week.
(D) Swimming is not so good way as jogging to lose unwanted weight.

(A) need to (answer)에서 대부정사는 생략할 수 없다. (C) I should send this book to him by the end of this week. 이번 주 말까지 책을 계속 보내는 것이 아니라 한 번만 보내면 되는 동작이므로 by를 써야 한다.
I have to turn the report in **by** Friday. (한 번에 완료되는 동작은 by)
I have wait here **until** Friday. (동작의 계속은 until) (D) so + 형용사 + a + 명사 : so good a way

(A) 필요하다면 이 편지에 답장을 해도 좋다.   (B) 이들 소수를 제외하고는, 그 학생들 대부분이 열심히 공부한다.
(C) 나는 이번주말까지 그에게 이 책을 보내야한다.   (D) 원치 않는 살을 빼는데 수영은 조깅만큼 좋은 방법은 아니다.

▶ 정답 (B)

252 독립부정사

독립된 의미를 갖고 문장 전체를 수식하는 to부정사가 포함된 부사구를 독립부정사라 하며 관용어구로 알아두는 것이 좋다.

to tell the truth	사실을 말하면	to be frank with you	솔직히 말해
to be sure	확실히	to make matters worse	설상가상으로
so to speak	말하자면	strange to say	이상하게 들리겠지만
needless to say	말할 필요도 없이	to sum up	요약하면
to begin with	우선은	to cut a long story short	간단히 말해서
to say nothing of (=not to speak of / not to mention) ~은 말할 것도 없이			

To tell the truth, I have never been to America. 사실을 말하면, 나는 미국에 가본 적이 없다.
To be frank with you, he is not a good man. 솔직히 말하면, 그는 좋은 사람이 아니다.
To be sure, this book is not a good one. 확실히, 이 책은 좋은 책이 아니다.
Needless to say, you should keep the promise. 말할 필요도 없이, 당신은 그 약속을 지켜야 한다.
Strange to say, the story was made up. 이상하게 들리겠지만, 그 이야기는 꾸며낸 것이었다.
To make matters worse, it began to rain hard. 설상가상으로 비가 많이 내리기 시작했다.
He is, **so to speak**, a book worm. 그는 말하자면 책벌레다.
To do him justice, he is not an able man. 정당하게 평가하자면 그는 유능한 사람이 아니다.

253 too ~ to / enough to 부정사

『too+형용사+to부정사』는 '너무 ~해서 ~할 수 없다', '~하기에는 너무 ~하다'의 뜻으로 『so+형용사+that+주어+cannot』의 구문으로 바꾸어 쓸 수 있다.

『too ~ to do』구문에서 부정사의 의미상 주어는 『too ~ for+목적격+to do』의 형식으로 나타낸다.

He is **too** young **to** go to school. 그는 너무 어려서 학교에 갈 수 없다.
= He is **so** young **that** he **cannot** go to school.
The stone was **too** heavy **for me to** move. 그 돌은 내가 움직이기에는 너무 무거웠다.
= The stone was **so** heavy **that** I **could not** move it.

『형용사+enough to 부정사』는 '~할 만큼 ~하다', '~할 정도로 ~하다'의 뜻을 갖는 구문으로 『so+형용사+that+주어+(can) ~』의 구문으로 바꾸어 쓸 수 있다.

He is **old enough to go** to school. 그는 학교에 갈 충분한 나이이다
= He is **so** old **that** he **can** go to school.
He was **wise enough to refuse** their offer. 그는 그들의 제안을 거절할 정도로 현명했다
= He was **so** wise **that** he **refused** their offer.

enough가 명사를 수식하는 형용사일 때는 명사의 앞, 뒤에 다 쓰일 수 있다. 그러나 명사 앞에서 수식할 때가 많으며 의미도 분명해진다.

We have **enough** time to discuss it. 우리는 그것을 논의할 충분한 시간이 있다.
= We have time **enough to discuss** it

254 It takes ~ to부정사

'It takes + 사람 + 시간 + to부정사'는 "누가 ~하는 데 시간이 ~걸리다'는 뜻의 구문이다.

It took me five hours to finish the work.　　내가 그 일을 끝내는 데 다섯 시간이 걸렸다.
It will take us a day or two to repair the car. 우리가 이 차를 수리하는 데는 하루나 이틀 정도 걸릴 겁니다.

255 to 생략 가능한 경우

① and, or, but, than, as, except, like 뒤

I would like to lie down **and (to) go** to sleep.　누워서 자고싶다.
Do you want to walk **or (to) ride**?　　　　　　걸을까, 차를 탈까?
I have to do the dishes **as well as (to) study** for the exam. 나는 시험 준비도 해야하고 설거지도 해야 한다.
There is nothing for me to do **except (to) read or (to) take** a walk.
　　　　　　　　　　　　　　　　　　　　　　나는 독서하고 산책하는 일 외에는 아무 할 일이 없다.
It would be better not to do it at all **than (to) do** it that way. 그렇게 할 바에는 차라리 안 하는 편이 낫다.
Why don't you do something useful **like (to) clean** the house? 집 청소와 같은 유익한 일 좀 하지 그래?

② 질문이나 제안문의 why (not) 뒤

Why **(to) drive** to London this month? 이 달에는 런던까지 드라이브 가자.
Why not **(to) wear** the black dress?　검정색 드레스는 어때?
Why not **(to) stop** by and look at the wide selection offered. 들르셔서 제공되는 다양한 종류들을 구경하십시오.

③ do가 쓰인 명사절 뒤

All I have to **do** is **(to)** do my homework. 내가 해야 할 모든 일은 바로 숙제를 하는 것이다.
My dream is **to** become a pianist.　　내 꿈은 피아니스트가 되는 것이다.

> **Tip** All I have to **do** is **(to)** do my homework와 같이 **주어에 do가 쓰인 경우, 보어자리의 to는 생략가능**하지만, My dream is **to** become a pianist는 주어 자리에 do가 쓰이지 않았으므로 보어자리의 to는 생략 할 수 없다.

Unit 46 동명사의 동사적 성질

Guide 동명사는 동사에 ~ing가 붙은 형태의 준동사로 기본적으로 동사적 성질을 갖고 있다.
동사적 성질을 살펴보면
1. 동사처럼 주어를 갖는다. (이런 경우 동명사의 주어를 의미상 주어라고 한다)
2. 목적어를 갖는다. (타동사인 경우-이 경우 동명사의 목적어를 의미상 목적어라고 한다)
3. 부사의 수식을 받는다.
4. 능동태와 수동태가 있다.
5. 시제에 따른 의미도 달라진다.

256 동명사의 의미상 주어

① 동명사의 의미상 주어는 소유격으로 쓴다.

I enjoy **his** playing the guitar. 나는 그의 기타 연주를 즐긴다
Tom's playing the guitar makes me happy. 탐의 기타 연주는 나를 행복하게 만든다.

Tip 동명사의 의미상 주어가 인칭대명사인 경우, 주어자리에서 동명사의 의미상 주어는 소유격으로 쓴다.

② 동명사의 의미상주어를 소유격으로 쓰지 않는 세 가지 경우

첫째, 의미상 주어가 사람이거나 동물, somebody, no one 등의 부정대명사인 경우
I forgot **someone** calling me this morning. 오늘 아침에 누군가가 내게 전화했다는 것을 잊었다.
I enjoy **Tom**(또는 **Tom's**) playing the guitar. 나는 Tom의 기타 연주를 즐긴다.
(사람이름인 경우 이름만 쓰거나 ~'s 의 소유격도 가능하다)

Tip 동명사의 의미상 주어가 인칭대명사인 경우 소유격을 쓰는 것이 원칙!!
(드물긴 하지만 타동사의 목적어인 경우 목적격을 쓰기도 한다)
I want to see **his** smiling. (O)
I want to see **him** smiling. (O) [여기서 him은 타동사 see의 목적어]
그러나 동명사가 **문장의 주어 자리에 쓰인 경우 이때는 의미상 주어는 소유격만 가능**하다.
His working in the rain caused him to catch cold. (O) 그가 빗 속에서 일한 것이 감기걸린 원인이다.
Him working in the rain caused him to catch cold. (X)

둘째, 의미상 주어가 무생물, 또는 추상명사인 경우
We must allow for **the plane** being late. 우리는 비행기가 늦는다는 것을 감안해야 한다.

Tip We must allow for the **plane's** being late.(X) 무생물

셋째, 수동태 동명사의 의미상 주어인 경우
I don't like **him** being treated like that. 나는 그가 그렇게 취급받는 것이 싫다.

Tip him이 수동태 동명사인 being treated의 의미상 주어이므로 소유격(his)으로 쓰지 않는다.

③ 동명사의 의미상 주어가 문장의 주어와 일치하거나 행위자를 알 필요가 없는 일반인 주어라면 생략한다.

I enjoy (my) playing the guitar. 나는 기타 연주를 즐긴다.

> **Tip** 의미상 주어(my)가 문장의 주어(I)와 같기 때문에 쓰지 않는다.

Fishing in this lake is forbidden. 이 호수에서 낚시하는 것은 금지되어 있다.

> **Tip** 동명사 Fishing의 의미상 주어는 모든 사람들에 해당하므로 이런 경우(Our) fishing으로 쓰지 않는다.

④ 동명사의 의미상 주어가 문장의 목적어와 동일한 경우는 따로 쓰지 않는다.

I don't like **him** for being lazy. (= I don't like him because he is lazy) 나는 그가 게을러서 싫다.

> **Tip** I don't like him for (his) being lazy. 문장의 목적어인 him이 for his being lazy에서 being의 의미상 주어와 같으므로 이런 경우 his를 쓰지 않는다.

257 동명사의 수동태 『being p.p』

① 동명사의 능동태

I am proud of **helping** members of this club. 나는 이 클럽의 회원을 돕는것이 자랑스럽다.
= I am proud that I help members of this club.

② 동명사의 수동태 being p.p

I don't like **being treated** as a child. 나는 어린 아이처럼 취급받는걸 싫어한다.
= I don't like that I am treated as a child.

> **Tip** 위 문장에서는 내가 '취급하는 것(treating)'이 아니라 '취급받는 것(being treated)'이므로 수동태가 된다. 동명사의 수동태는 '**being p.p**'이다.

③ 사물주어 + need, want, require, deserve + 동명사

This house needs **painting**. 이 집은 페인트칠을 필요로 한다.
= This house needs **to be painted**.
Your room requires **cleaning**. 너의 방은 청소될 필요가 있다.
= Your room requires **to be cleaned**.

> **Tip** 아래의 동사들은 주어가 사물인 경우 동명사의 의미상 주어와 태를 일치시켜 수동태로 쓰지 않고 능동형으로 쓴다. 또한 부정사를 쓸 수도 있는데, 이 경우 수동형(to be p.p)으로 쓴다.
>
> 사물주어 (사람이외의 주어) + need / want / require / deserve + ⓥing (능동형 동명사)
> + to be p.p (수동형 부정사)
>
> 주어(house)와 paint는 수동의 관계지만 '~을 필요로 하다, 원하다'의 뜻을 가진 동사들의 주어가 사물일 경우 수동형 동명사를 쓰면 안 되고, **능동형 동명사**를 써야 한다. 부정사로 쓸 경우는 수동형 부정사를 써야 한다.

④ be worth + 명사 / 능동형 동명사

This book is **worth $100**.   이 책은 $100의 가치가 있다.
This book is **worth reading**. 이 책은 읽을 가치가 있다.
This book is worth being read. (X)
This book is worth to be read. (X)

> **Tip** be worth는 주어와의 관계에 상관없이 능동형 동명사 또는 명사만 취할 뿐 수동형 동명사나 부정사는 취할 수 없다.

⑤ be worthy of + 동명사 / be worthy + 부정사

This book is worthy of **being read**.   이 책은 읽을 가치가 있다.
= This book is worthy of reading.   (X)
This book is worthy **to be read**.   이 책은 읽을 가치가 있다.
= This book is worthy to read.   (X)

> **Tip** be worthy of 동명사와 be worthy to부정사는 태를 주어에 맞게 능동으로 또는 수동으로 일치시켜야 한다. 주어인 book과 read의 관계는 책이 읽는 것이 아닌 '읽히는 것'이므로 동명사도 부정사도 모두 **수동형**으로 쓴다.

기출문제를 살펴보자 [경기대]

It seemed to me, as I kept _____ all this, that those times and those summers had been infinitely precious and _____ saving.

(A) remembering - worth   (B) remembering - worthy
(C) to remember - worth   (D) to remember - worthy

---
worthy첫 번째 빈칸은 keep(on) ~ing를 묻는 문제이고, 두 번째 빈칸은 서술형용사 worth가 전치사적 성향을 가져서 뒤에 동명사를 목적어로 취할 수 있다는 것을 묻는 문제이다. 이때 동명사는 능동형이지만 수동의 의미를 가진다는 점이 포인트이다.
be worth ~ing는 '~할 가치가 있다'라는 의미이다.
worthy의 경우 **worthy of being saved**와 같이 수동태로 쓰여야한다. [p.321 hot page22 참조]
내가 이 모든 것을 기억해왔던 것처럼, 그 시간과 여름은 나에게 무한히 소중하고 간직할 가치가 있는 것 같았다.

▶ 정답 (A)

258 동명사의 시제

① 단순동명사 (ⓥing)

I **am** sure of his **being** honest.   나는 그가 정직한 것을 확신한다. (단순시제)
= I **am** sure that he **is** honest.
I **was** sure of his **being** honest. 나는 그가 정직했던 것을 확신했다. (단순시제)
= I **was** sure that he **was** honest.

> **Tip** 동명사의 단순시제(ⓥing)는 문장의 동사가 현재면 같은 현재시점, 문장의 동사가 과거면 같은 과거시점이다.
> I **am** sure of his **being** honest. 주절의 동사 am(현재)과 동명사 being은 같은 현재시점
> (나는 확신한다 = 현재 / 그가 정직하다는 것 = 현재) **확신하는 것과 그가 정직한 것은 같은 현재시점**
>
> I **was** sure of his **being** honest. 주절의 동사 was(과거)와 동명사 being은 같은 과거시점
> (나는 확신했다 = 과거 / 그가 정직했던 것 = 과거) **확신했던 것과 그가 정직했던 것은 같은 과거시점**

② 완료동명사(having p.p)

I **am** sure of his **having been** honest. 나는 그가 정직했다는 것을 확신한다. (완료시제)
= I **am** sure that he **was** honest.
I **was** sure of his **having been** honest. 나는 그가 정직했다는 것을 확신했다. (완료시제)
= I **was** sure that he **had been** honest.

> **Tip** 동명사의 완료시제(having p.p)는 문장의 동사가 현재면 과거시점, 문장의 동사가 과거면 대과거시점이다.
> I am sure of his having been honest. (나는 확신하고 있다 = 현재 / 그가 정직했다는 것 = 과거)
> 주절의 동사 am은 **현재**, 완료동명사 having been은 한 시점 이전인 **과거**를 나타낸다.
>
> I was sure of his having been honest. (나는 확신했다 = 과거 / 그가 정직했었다는 것 = 대과거)
> 문장의 동사 was는 **과거**, 완료동명사 having been은 한 시점 이전인 **대과거**를 나타낸다.

259 부정사 to가 아닌 전치사 to (아래 숙어들의 to는 부정사가 아닌 전치사로 반드시 암기한다)

look forward to ⓥing / N : 학수고대하다
I **look forward to hearing** from you soon. 당신으로부터의 소식을 기다리고 있겠습니다.

object to ⓥing / N : ~에 반대하다
I **object to going** shopping without mom. 엄마 없이 쇼핑가는 것에 반대한다.

be subject to ⓥing / N : ~에 영향받기 쉽다
My daughter **is subject to catching** (a) cold. 내 딸은 감기에 매우 약하다. [부정관사 a는 생략가능]

be used to ⓥing = be accustomed to ⓥing (또는 원형) : ~에 익숙하다
People **are accustomed to using(=use)** fire to make themselves warm.
사람들은 자신을 따뜻하게 하기 위해서 불을 사용하는 것에 익숙해져 있다.

When it comes to ⓥing / N : ~에 관해 말하자면
He is all thumbs **when it comes to cooking**. 그는 요리에 관해서는 아주 서툴다.

contribute to ⓥing / N : ~에 공헌하다
We **contribute to putting** our economy on a sound footing.
우리는 경제를 굳건한 토대 위에 올려놓는 기여를 합니다.

devote(=dedicate, commit) oneself to ⓥing / N : ~에 헌신하다
He **devoted himself to taking care of** the baby. 그는 아기를 돌보는 데 자신을 헌신했다.

confess to ⓥing / N : 자백하다
Tom finally **confessed to having stolen** the money. Tom은 마침내 그 돈을 훔쳤다고 자백했다.

adapt to ⓥing / N : ~에 적응하다
All business must **adapt to changing** conditions in the marketplace.
모든 산업은 시장에서 변화하는 조건들에 적응해야 한다.

come close(=near) to ⓥing / N : 거의 ~하게 되다

I **came close to kissing** her. 하마터면 그녀에게 키스할 뻔했다.
He **came near to dying** when he was a child. 그는 어렸을 때 죽을 뻔했다.

with a view to ⓥing / N : ~할 목적으로

He is painting the house **with a view to selling** it. 그는 그 집을 팔 생각으로 페인트칠을 하고 있다.

lead to ⓥing / N : ~을 이끌다, 초래하다

By challenging we are **lead to the truth**. 도전함으로써 우리는 진리에 도달한다.

in addition to ⓥing / N : 뿐만 아니라, 게다가

In addition to modern cities, Mexico has many ancient ruins.
현대적인 도시 이외에도 멕시코에는 많은 고대 유적들이 있다.

get around to ⓥing / N : ~에 까지 손이 미치다, ~을 고려하다

I keep trying to, but somehow I never **get around to it**. 노력은 하고 있는데 아직 근처도 못갔다.

 기출문제를 살펴보자 [한국외대]

A female scholar (A)<u>used to be</u> a deviant in a society where (B)<u>the learned</u> woman, far from (C)<u>being valued</u>, is (D)<u>likely to hear</u> herself (E)<u>made fun of on</u> the public stage.

내용상 '~에 익숙하다'의 뜻이므로 used 다음 전치사 to를 써서 used to be → **is used to being**이 되어야한다.
학식 있는 여자가 인정받는 것과는 거리가 먼, 남들 앞에서 자신을 놀리는 소리를 듣게 되는 사회에서 여성 학자는 이상한 사람으로 사는 것에 익숙해져 있다.

▶ 정답 (A)

기출문제를 살펴보자 [서울여대]

(A)<u>Upon becoming</u> the first (B)<u>African-American</u> Major League baseball player in 1947, Jackie Robinson suffered racist attacks (C)<u>so</u> hateful that he came close to (D)<u>have</u> a nervous breakdown

come close to : '거의 ~하게 되다'의 뜻일 때 to는 전치사이므로 다음에는 동명사가 따라야 한다. have → **having**
Jackie Robinson은 1947년 메이저리그 최초의 흑인선수가 되자마자 너무나도 증오에 찬 인종차별적 공격을 당해서 거의 신경쇠약상태에 이르렀다.

▶ 정답 (D)

그러나 agree, consent, entitled, inclined, prone등의 동사나 형용사는 '전치사 to+명사' 뿐 아니라 '부정사 to+동사원형'으로 쓰기도 한다.

She is inclined(prone) **to anger**.   그녀는 걸핏하면 화를 낸다.   **(to+명사)**
She is inclined(prone) **to lose** her temper.   그녀는 걸핏하면 성질을 부린다.   **(to+동사)**

260 동명사의 관용적 표현들

How(What) about Ⓥing ~? : ~하는 것은 어때?
What about going to a movie tonight? 오늘밤에 영화 보러 가는 거 어때?

spend + 시간/돈 + (on,in) Ⓥing : ~하는 것에 시간/돈을 쓰다
I **spent $200 changing** my hair style. 난 헤어스타일 바꾸느라 200달러를 썼어.

> **Tip** spend+목적어+**on** 명사   spend a lot of money **on** food. 음식에 돈을 쓰다.
> spend+목적어+**(in)** 동명사   spend a lot of money **(in)** buying food. 음식을 구입하는 데 돈을 쓰다.

There is no Ⓥing : ~하는 것은 불가능하다
There is no smoking in the hospital. 병원에서 담배를 피우면 안 된다.

have a hard time ~ing = have difficulty(=trouble) (in) Ⓥing : ~하는 데 어려움을 겪다
I **have a hard time repairing** the big house. 그 큰 집을 수리하느라 힘들다.
= I **have difficulty (in) repairing** the big house.

be busy Ⓥing : ~하느라 바쁘다
My mom **is busy cooking**. 엄마는 요리하느라 바쁘시다.

It is no use Ⓥing = It is of no use to부정사 : ~해도 소용없다
It's no use regretting it now. 그것을 지금 후회해봐야 소용없어.
= **It's of no use to regret** it now.

cannot help Ⓥing : ~하지 않을 수 없다
I **cannot help accepting** the proposal. 난 그 제안을 받아들이지 않을 수 없어.
= I **cannot but accept** the proposal.

feel like Ⓥing : ~하고 싶은 기분이다
I **feel like having** a cup of coffee. 커피 한 잔 하고 싶다.

go Ⓥing : ~하러 가다
Let's **go swimming** in the lake. 호수로 수영하러 가자.
I've always wanted to **go shopping** abroad. 해외에서 쇼핑하는 것을 항상 원했는데.

make a point of Ⓥing : ~하곤 한다, ~을 습관으로 하다
= be in the habit of Ⓥing
= make it a rule to 부정사
Many **make a point of getting** to the beach to get a tan.
많은 이들은 피부를 태우기 위해 습관적으로 해변에 가곤 한다.
I **make it a rule to have** a medical check-up once a year.
나는 1년에 한 번씩 건강진단을 받는 것을 규칙으로 삼고 있다.

부정어(never, not) + without Ⓥing : ~하면 (반드시) ~하다

Any typhoon **never comes without causing** great deal of damage to crops.

어떤 태풍이고 왔다 하면 꼭 농작물에 많은 피해를 입힌다.

It goes without saying that : ~은 두 말할 필요도 없다
= It is needless to say that
= It is matter of fact(=course) that

It goes without saying that we'll be paid for our work someday.

언젠가 우리가 한 일에 대해서 보상을 받을 거라는 데는 두말할 나위가 없다.

Chapter 07 기출 및 예상 문제

1. No one was _____ on the street.

   (A) to see (B) to be seen
   (C) saw (D) seeing

   문석 be to 용법 중 '가능'을 묻는 문제이다. 대개 부정주어로 시작하고 be to 다음에 수동태가 나오는 경향이 있다. see의 목적어가 없기 때문에 수동태가 되어야 한다. [235]
   해석 거리에는 한 사람도 보이지 않았다.
   정답 (B)

2. _____ pure lead, the lead ore is mined, then smelted, and finally refined.

   (A) Obtaining (B) Being obtained
   (C) It is obtained (D) To obtain

   문석 to 부정사의 부사적 용법의 '목적(~하기 위하여)'이다. [238]
   해석 순수한 납을 얻기 위해서는 납 광석이 채광되고, 녹여진 다음 마지막으로 정련된다
   정답 (D)

3. He woke up _____ lying on a bench in the park.

   (A) to find himself (B) himself to find
   (C) to himself find (D) find himself

   문석 to부정사의 부사적 용법의 '결과'이다. [243]
   해석 그는 깨어나 보니 공원의 벤치에 누워 있었다.
   정답 (A)

4. He wasn't _____ six miles every day.

   (A) strong enough to walk
   (B) enough strong to walk
   (C) enough strong for walking
   (D) strong enough for walking

   문석 형용사나 부사를 수식하는 enough는 후치 수식한다. [253]
   해석 그는 매일 6마일을 걸을 수 있을 정도로 튼튼하지 않다.
   정답 (A)

5. I could not make him _____ the meaning of that word.

   (A) understand (B) understood
   (C) understanding (D) being understood

   문석 make가 사역동사이므로 목적보어로는 원형부정사나 과거분사를 취한다. [41]
   the meaning이 목적어이므로 수동의 understood는 불가능하다.
   해석 난 그에게 그 단어의 의미를 이해시킬 수 없었다.
   정답 (A)

6. "How should I style it?"
   "I want _____."

   (A) I would cut my hair short
   (B) to cut my hair short
   (C) cutting my hair short
   (D) to have my hair cut short

   문석 to have에서 have는 사역동사이고 my hair는 목적어, cut은 목적보어(과거분사)가 된다. [42]
   (cut - cut - cut) 목적어인 hair가 머리를 자르는 주체가 아니라 수동적(머리카락이 깎이는)이므로 과거분사가 되는 것이다. 따라서 능동의 (B)는 우리말로 해석하면 문제가 없어 보이지만 태가 맞지 않기 때문에 절대 답이 될 수 없다.
   해석 "어떤 스타일로 해드릴까요?"
   "나는 짧은 스타일을 원합니다."
   정답 (D)

Chapter 07　기출 및 예상 문제

7　(A)<u>Because of</u> the accident, my mother will forbid my brother and (B)<u>me</u> (C)<u>from swimming</u> in the river unless someone (D)<u>agrees to</u> watch us.

> 문석 forbid의 경우 목적어 없이 바로 동사가 이어질 때는 동명사를 쓰지만, [The teacher forbade **singing** in the classroom. '선생님은 교실에서 노래를 금지했다'] 목적어가 있는 경우 '**목적어 + to부정사**'의 형태로 쓴다. [21]
> 해석 사고 때문에 나의 어머니는 형과 내가 어떤 사람이 우리를 주의 깊게 보살피지 않는다면 강에서 수영하는 것을 금지할 것이다.
> 정답 (C)

8　You would (A)<u>become irritated</u> if you (B)<u>watched</u> the correspondence (C)<u>to pile up</u> on your desk (D)<u>day by day</u>.

> 문석 watch는 지각동사이므로 원형부정사를 목적보어로 취한다. (C)는 pile up이 되어야 한다. [44]
> 해석 만일 당신이 날마다 당신 책상위에 편지가 쌓이는 것을 보신다면 화가 날 것이다.
> 정답 (C)

9　Medical researchers have (A)<u>not yet</u> been able (B)<u>to have developed</u> an (C)<u>effective</u> vaccine (D)<u>against</u> influenza.

> 문석 완료동사(have + p.p)와 완료부정사(to have p.p)는 함께 쓰지 않는다. 따라서 (B)는 to develop이 되어야 한다. [246]
> 해석 의학연구자들은 아직 독감에 대한 효과적인 백신을 개발하지 못했다.
> 정답 (B)

10　People complain that the costs of establishing a business (A)<u>are</u> (B)<u>so much</u> that (C)<u>only</u> the rich can afford (D)<u>running</u> a company.

> 문석 can afford to 부정사 : ~ 할 여유가 있다
> 해석 사람들은 사업체를 설립하는 비용이 너무 많이 들어 단지 부자들만 회사를 경영할 경제적 능력이 있다고 불평한다
> 정답 (D)

11　She is _____ forward to _____ to Europe after she finishes her studies at the university.

　(A) seeing - going　　(B) looking - go
　(C) seeing - go　　　(D) looking - going

> 문석 look forward to ~ing : ~을 고대하다. [259]
> 해석 그녀는 대학을 마친 다음 유럽에 가길 고대하고 있습니다.
> 정답 (D)

12　We certainly have no objection to _____.

　(A) be one of the members of the party
　(B) have to read such an uninteresting story
　(C) go to see Mr. Williams
　(D) giving him that chance

> 문석 object to ~ing [259]
> = have objection to ~ing : ~을 반대하다.
> 해석 우리는 정말로 그에게 그러한 기회를 주는 것에 반대하지 않습니다.
> 정답 (D)

Chapter 07 기출 및 예상 문제

13 She must be looking forward as much to his return as he himself is to _____ her.

(A) see (B) seeing
(C) have been (D) having seen

문석] She must be looking forward as much to his return as he (himself) is (looking forward) to seeing her. 중복되는 looking forward가 생략된 것이며, himself 역시 강조로 생략가능하다. [259]
해석] 그가 그녀를 보고 싶어 하는 것만큼 그녀도 그가 돌아오길 고대하고 있다.
정답] (B)

14 He made a great contribution to _____ the party.

(A) build (B) building
(C) having been built (D) make

문석] contribute to ~ing [259]
= make a contribution to ~ing : ~에 공헌하다.
해석] 그는 그 정당을 세우는 데 커다란 기여를 했다.
정답] (B)

15 "Does he have a hard time _____ English?"

(A) of speaking (B) speaking
(C) speak (D) to speak

문석] have a hard time ~ing : ~하느라 고생하다 [260]
해석] 그가 영어를 쓰느라 고생하고 있습니까?
정답] (B)

16 "What kind of car do you want to have?"
"I prefer _____ to that blue."

(A) having this red car
(B) had this red car
(C) to have this red car
(D) this red car having

문석] prefer A to B : B보다 A를 더 좋아하다. [543]
이때 A와 B는 명사나 동명사이다.
prefer A rather than B : B보다 A를 더 좋아하다.
이때 A와 B는 부정사이다.
보기에 to가 있으므로 (C)는 답이 될 수 없다.
해석] "어떤 종류의 차를 원하십니까?"
"나는 저 파란 것보다 이 빨간 차가 더 좋습니다."
정답] (A)

17 It is no good _____ me about your having lost money.

(A) tell (B) to tell
(C) telling (D) having told

문석] it is no good(use) ~ing : ~하는 것은 소용없다. [260]
해석] 너의 잃어버린 돈에 대해서 나에게 이야기 해 봐야 소용이 없다.
정답] (C)

18 I don't feel like _____ lunch now.

(A) to eat (B) eating
(C) for eating (D) to be eating

문석] feel like ~ing : ~하고 싶다 [260]
해석] 나는 지금 점심을 먹고 싶지 않다.
정답] (B)

Chapter 07 기출 및 예상 문제

19 She doesn't think that your coat is _____.
(A) worthy the price (B) worth the price
(C) worthy to buy (D) worthy while the price

분석 worth는 목적어를 받을 수 있는 형용사이다.
worth + 능동형 동명사 = worthy of + 동명사
[hot page 22]
(C)가 답이 되려면 worthy to be bought와 같이 수동형이 되어야한다.
해석 그녀는 네 코트가 제 값을 하지 못한다고 생각한다.
정답 (B)

20 They never meet _____ quarreling.
(A) but (B) always
(C) without (D) except

분석 never(cannot)~without~ '~하면 반드시 ~하다'
해석 그들은 만나기만 하면 싸운다. [187]
정답 (C)

21 (A)Would anyone (B)object to (C)us inviting Ron (D)to go with us to the lecture?

분석 동명사의 의미상 주어는 소유격이므로 inviting의 의미상의 주어인 (C) us는 our가 되어야한다. [256]
해석 우리가 Ron을 초대하여 함께 강연장에 가는 것을 반대하는 사람 있습니까?
정답 (C)

22 (A)Tom calling Marie made (B)her angry, (C)so she (D)hung up on him.

분석 주어자리에서 동명사의 의미상 주어는 소유격만 가능하다. [256]
calling의 의미 주어여야 하므로 (A) Tom → Tom's
해석 Tom이 Marie에게 전화한 것이 그녀를 화나게 했기 때문에, 그녀는 전화를 끊어버렸다.
정답 (A)

23 The human ribs are capable (A)to move (B)so as to allow room for the lungs (C)to expand (D)during breathing.

분석 capable은 of와 함께 (동)명사를 취하므로 (A)는 be capable of moving이 되어야 한다.
해석 인간의 갈비뼈는 호흡하는 동안에 폐가 늘어날 수 있는 공간을 내주려고 움직일 수 있다.
정답 (A)

24 Some members (A)of the committee were opposed (B)to use the club (C)members' money to redecorate the (D) meeting hall.

분석 be opposed to ⓥing
= object to ⓥing : ~에 반대하다. [259]
해석 위원회의 몇몇 위원은 클럽 회원의 돈으로 회의실을 다시 장식하는 것을 반대한다.
정답 (B)

184 | Grammar Master

Chapter 07 기출 및 예상 문제

25 Aurelia (A)<u>did not have</u> time to (B)<u>go to</u> the concert last night because she was busy (C)<u>to prepare</u> (D)<u>for her trip</u> to Brazil and Chile.

문제 『be busy ⓥing : ~하느라 바쁘다』이므로 to prepare → preparing이 되어야한다. [260]
해설 Aurelia는 브라질과 칠레로 갈 여행을 준비하느라고 바빠서 어젯밤 연주회에 갈 시간이 없었다.
정답 (C)

26 Some of the questions that scholars ask (A)<u>seem</u> to the world (B)<u>to be scarcely</u> worth (C)<u>to ask</u>, (D)<u>let alone</u> answering.

문제 worth는 능동형 동명사를 목적어로 취하는 동사이므로 (C) to ask → asking [hot page 22]
해설 학자들이 질문하는 몇몇 질문은 세상 사람들에게는 대답은 말할 것도 없고 물어볼 가치도 없는 것처럼 보인다.
정답 (C)

27 In March, the Philippines, Vietnam and China agreed (A)<u>jointly exploring</u> for oil and natural gas in the (B)<u>contested</u> area, but none of (C)<u>the countries</u> has given up (D)<u>its</u> territorial claims.

문제 exploring → to explore : agree는 부정사를 목적어로 취한다. (D) its는 none을 받는 것으로 맞는 표현이다
해설 3월에 필리핀, 베트남과 중국은 서로의 분쟁지역에서 공동으로 석유와 천연가스를 탐사하는 것에 대해 동의했지만 그 나라 중 어느 한 나라도 그 영토에 대한 자국의 소유권을 포기하지는 않았다.
정답 (A)

28 Hindu Yoga is claimed to (influence) on Buddhism, which is notable for its spiritual exercises. It has also (note) that there is a range of concepts common to meditative practices, typical of Yoga, in both Hinduism and Buddhism.

(A) influence - notes
(B) have influenced - been notable
(C) have had an influence - been noted
(D) have been influenced - been noted
(E) have been influenced - noted

문제 '~영향을 끼치다'는 타동사로 influence를 쓰거나 have an influence(effect) on 을 쓰면 된다. influence 뒤에 on이 있는한 (A) 본동사이므로 탈락, (B) 완료동사이므로 탈락, (D) 완료수동태이므로 딜락이다. 거기에 영향을 미친 것은 과거의 일이고 주장은 현재이므로 완료부정사를 써야 한다. [246]
They have also noted that을 수동태로 바꾸면 It has also been noted that이 된다.
해설 힌두교의 요가가 불교에 영향을 끼쳤다는 주장이 있다. 불교는 알다시피 정신수련으로 유명하다. 힌두교와 불교 양쪽에 존재하는 요가의 전형적인 명상 관행에 공통적인 다양한 개념들이 있다는 사실도 또한 주목되어 왔다.
정답 (C)

29 In recent speeches, the officials pledged _____.

(A) not to let that happen
(B) to not let that to happen
(C) not to let that to happen
(D) to not let that happen

문제 부정사의 부정은 항상 앞에 쓴다. 따라서 'not to let'이 답이다.
'let + 목적어 + 원형부정사'이므로 let that happen이다.
해설 최근 연설에서 공무원들은 그런 일이 일어나지 않게 하겠다고 서약했다.
정답 (A)

Chapter 07 기출 및 예상 문제

30 We expect politicians (A)<u>to place</u> a positive spin on economic news, but to insist that things (B)<u>are</u> going great when many people have personal experience (C)<u>to</u> the contrary (D)<u>seem</u> foolish.

분석 to insist that things are going great when many people have personal experience to the contrary(부정사 insist의 목적어)의 구조로 부정사가 주어이므로 동사는 단수일치인 seems를 써야 한다.
(B)의 are 앞에 insist가 있기 때문에 원형이 be로 써야 할 것 같지만 '~해야 한다'의 의미가 아닌 사실을 언급하고 있으므로 현재형 동사 are를 쓴 것은 맞는 표현이다.
해석 우리는 정치인들이 경제소식에 관하여 긍정적인 입장을 취해 주기를 기대한다. 그러나 많은 사람들이 개인적으로 정 반대로 경험하고 있을 때 일이 아주 잘 되어가고 있다고 주장하는 것은 어리석어 보인다.
정답 (D)

31 Ellen Swallow Richards became the first woman to enter, graduate from, and _____ at the Massachusetts Institute of Technology.
(A) teach   (B) a teacher
(C) who taught   (D) teaching

분석 병치구조이다. 부정사 to 다음 enter, graduate from, and teach~의 구조이다.
해석 Ellen Swallow Richards는 MIT에 입학하여 졸업하고 교수가 된 첫 여성이었다.
정답 (A)

32 Google may well be able to continue its charmed life by holding onto its search lead and getting its non-search business _____ in more profits.
(A) kicking   (B) kicks
(C) to kick   (D) kicked

분석 get은 사역의 의미일 때 'get+목적어 to부정사'의 구문으로 나타낸다. 따라서 목적보어는 현재분사가 아닌 to부정사. 또한 목적어와 목적보어가 능동관계이므로 과거분사도 아니다.
해석 검색 분야의 선두 자리를 유지하면서 비 검색 사업 분야로 더 많은 수익을 내도록 함으로써 구글은 현재의 매력적인 상태를 유지할 가능성이 있다
정답 (C)

33 Women have been debating for a generation _____ work and home life, but somehow each new chapter starts a new fight.
(A) how best to balance
(B) how best in balancing
(C) best how to balancing
(D) best how to be balanced

분석 목적어 자리의 '의문사 + to부정사'를 묻는 문제이다. to balance를 수식하는 부사 best보다 의문사 how가 앞서야 한다.
해석 여자들은 한 세대동안 어떻게 하면 일과 가정생활 사이에 균형을 가장 잘 맞출 수 있을까에 대해 논쟁을 해오고 있지만, 국면이 바뀔 때마다 새로운 논쟁이 시작된다.
정답 (A)

34 The condition would be more difficult to (A)<u>diagnose it</u> in children (B)<u>who speak</u> these languages, though (C)<u>subtle symptoms</u> such as impaired verbal shortterm memory (D)<u>would remain</u>.

분석 To diagnose the condition would be more difficult ~ 를 가주어로 사용하여 **[223]**
= It would be more difficult to diagnose **the condition.**를 다시 부정사의 목적어를 주어로 하여 The condition would be more difficult to diagnose it가 된 것이다. 여기서 목적어 **The condition** 을 **주어로** 한 것이므로 diagnose 뒤에 목적어 it을 또 쓸 수 없다. 따라서 diagnose 의 목적어로 쓰인 (A)의 it을 삭제해야 한다.
해석 비록 손상된 음성 언어적 단기 기억 같은 미묘한 증상들이 남아있다 할지라도 이러한 언어를 사용하는 아이들의 상태를 진단하기는 더욱 힘들 것이다.
정답 (A)

Chapter 07　기출 및 예상 문제

35 This section explains how (A)<u>find</u> a word in the dictionary, (B)<u>hear</u> how a word sounds, practise your pronunciation and use wild card (C)<u>to help</u> you (D)<u>find</u> a word.

> **분석** explain은 타동사로 목적어를 취해야 하는데, '의문사 + to부정사'가 명사구이므로, (A)는 to find가 되어 how to find로 명사구가 되어야 한다.
> **해석** 이 부분은 사전에서 단어를 찾는 법, 단어가 어떻게 소리가 나는지 듣는 법, 발음을 연습하는 법, 그리고 단어를 찾는데 도움이 되도록 와일드카드를 사용하는 법 등을 설명하고 있다.
> **정답** (A)

36 Many people (A)<u>have stopped</u> (B)<u>to smoke</u> after they (C)<u>learned</u> that smoking (D)<u>is</u> a prime cause of lung cancer.

> **분석** stop + 부정사 '~하기 위해 멈추다' **[232]**
> 　　　stop + 동명사 '~하는 것을 멈추다'
> **해석** 많은 사람들은 흡연이 폐암의 주된 원인이라는 것을 알고 난 이후 흡연을 중단했다.
> **정답** (B)

37 The white gown he was wearing made _____ possible to see his movements clearly.

　　(A) him　　　　　　(B) that
　　(C) them　　　　　 (D) it

> **분석** 5형식문장에서 목적어 자리에 to부정사나 that 절은 가목적어 it을 쓰고 뒤로 후치시킨다. **[46]**
> **해석** 그가 입고 있는 하얀 가운 때문에 그의 행동을 유심히 살펴보는 것이 가능했다.
> **정답** (D)

38 (A)<u>Owning</u> a home, the dream of many, (B)<u>are</u> unattainable for many young people (particularly unmarried mothers) without (C)<u>aid</u> from governmental and non-profit (D)<u>sources</u>.

> **분석** 주어가 동명사(Owing)이므로 동사는 단수여야 한다. (B) are → is **[229]**
> **해석** 많은 사람들의 꿈인 집을 소유한다는 것은 특히, 미혼모에게 있어서는 정부나 비영리기관의 도움 없이는 이룰 수 없는 일이다.
> **정답** (B)

39 I would appreciate _____ me know what has happened there as soon as possible.

　　(A) at you letting　　(B) for you to let
　　(C) you let　　　　　(D) your letting

> **분석** appreciate 은 동명사를 목적어로 취한다. **[231]** 이유는 동명사는 과거와 동작을 의미한다. 따라서 '어떤 동작에 대해 감사하는 것'이기 때문이다.
> 하나 더 : 동명사의 의미상 목적어가 인칭대명사일 경우 소유격을 쓴다는 것도 잊지 말자!
> **해석** 그곳에서 발생한 것들에 대해 가능한 빨리 제가 알 수 있게 해주신 것에 대해 감사드립니다.
> **정답** (D)

Chapter 07 기출 및 예상 문제

40 James said that his face (A)had looked so pale (B)that morning when he got out of the shower (C)that he'd contemplated (D)to call in sick to work.

문제 contemplate는 동명사를 목적어로 취하는 동사이므로 to call → calling이 되어야 한다. [231]
contemplate : 심사숙고하다.
해설 James는 그날 아침 샤워를 하고 나왔을 때 얼굴이 매우 창백하여 직장에 아프다는 전화를 하려고 생각했다.
정답 (D)

41 In an interactive computer game designed to represent a world inspired by the popular television series 'Star Trek: The Next Generation', thousands of players spend up to eighty hours a week _____ in intergalactic wars.

(A) participate
(B) participated
(C) participates
(D) to participate
(E) participating

문제 'spend + 목적어 + ⓥing'는 '~을 하며 시간을 보내다'이다. [260]
up to : ~에 이르기까지 intergalactic : 은하계 간의
해설 인기 TV 시리즈물 '스타 트렉: 더 넥스트 제너레이션'에서 영감을 받아 디자인된 한 컴퓨터 게임에서 수천 명의 게임 이용자들이 은하계 간의 전쟁에 참가하면서 일 주일에 80시간까지 보낸다.
정답 (E)

42 Our two sons, from the day they learnt that they have a grandfather, have insisted _____ to him.

(A) at taking
(B) at having taken
(C) on being taken
(D) on having been taken

문제 'insist on + 동명사'구문으로 시제가 같기 때문에 완료동명사를 쓸 수 없다.
take의 목적어가 없으므로 수동태가 되어야 한다.
해설 자신들에게 할아버지가 있다는 사실을 알고부터 우리 두 아들은 할아버지에게 데려다 달라고 주장했다.
정답 (C)

43 Although he doesn't like most sports, he _____.

(A) likes swimming and he does golfing
(B) enjoys swimming and golfing
(C) is swimming and likes golfing
(D) would like swimming and golfing

문제 (A), (C)는 병치에 어긋나고 (D) would like는 to부정사를 취하므로 부적절하다. 동사 enjoy는 동명사를 목적어로 취하므로 (B)가 적절한 표현이다. [231]
해설 그는 비록 대부분의 운동을 좋아하진 않지만, 수영과 골프는 즐겨한다.
정답 (B)

ER 편입 그래머 마스터

분사

Unit 47. 현재분사
Unit 48. 과거분사
Unit 49. 분사형용사
Unit 50. 복합분사
Unit 51. 의사(유사) 분사
Unit 52. 분사구문

Unit 47 현재분사
ⓥ+ing

Guide 현재분사는 동사원형 + ing 형태로 '~하고 있는(명사)', '~하는(명사)'라는 의미로 주로 명사를 꾸미는 형용사로 쓰인다.
명사를 앞에서 꾸미는 '**전치수식**'과 뒤에서 꾸미는 '**후치수식**'의 차이와 쓰임을 정확히 알고 있어야 한다.

261 현재분사의 한정적 용법

① 현재분사가 단독으로 명사를 수식하면 명사 앞에서 수식한다 (전치수식)

The **sleeping** baby is cute. 자고 있는 아기는 귀엽다.
The **dancing** girl is my sister. 춤을 추고 있는 소녀는 나의 여동생이다.

② 현재분사 뒤에 뒤따르는 어구가 있으면 수식하는 명사의 뒤에서 수식한다 (후치수식)

The baby **sleeping on the sofa** is cute. 소파에서 자고있는 아기는 귀엽다.
The girl **dancing on the stage** is my sister. 무대에서 춤을 추고 있는 소녀는 나의 여동생이다.

▶ 형용사의 전치수식과 후치수식　　　　　　　ⓗⓞⓣ p@ge 12

I saw a **full** moon. 나는 보름달을 보았다.
I bought a basket **full of flowers**. 나는 꽃으로 가득 찬 바구니를 샀다.

첫 문장에서는 형용사 full이 명사 moon을 앞에서 꾸미고 있다. 이렇듯 한 단어로 된 형용사는 명사를 **앞에서 수식**하며, 이 것을 **전치수식**이라고 한다.
반면에 full of flowers는 명사 basket을 앞이 아닌 뒤에서 수식하고 있는데, 이는 형용사 full이 **of flowers 라는 딸린 어구와 결합**이 되어 **형용사구**가 되었기 때문이다. 이처럼 형용사구는 명사 앞에서 전치수식 할 수 없고, 명사 뒤에서 후치 수식만 가능하다.
분사 역시 형용사와 같은 맥락이다.
The **sleeping** baby is very cute. 명사 baby를 분사 sleeping이 전치수식하고 있다.
The baby **sleeping on the sofa** is very cute. sleeping과 on the sofa가 함께 하나의 형용사구로서 명사 baby를 후치수식 한다.

---

262 현재분사구는 '주격 관계대명사 + be동사'가 생략된 형태이다

The baby sleeping on the sofa is cute. 소파에서 자고있는 아기는 귀엽다.
➡ The baby **(who is)** sleeping on the sofa is cute.
The girl dancing on the stage is my sister.
➡ The girl **(who is)** dancing on the stage is my sister.
There was a girl reading a book in the room. 방에는 책을 읽고 있던 한 소녀가 있었다.
➡ There was a girl **(who was)** reading a book in the room.

Tip 주격 관계대명사는 be동사와 함께 생략 할 수 있다.

263 주격 관계대명사 + 일반동사의 경우

The man **who stood** at the station was Tom. 정류장에 서있는 남자는 Tom이었다.
➡ The man **standing** at the corner was Tom.
The food **which lay** on the table attracted many flies. 테이블 위의 음식이 많은 파리들을 끌어들였다.
➡ The food **lying** on the table attracted many flies.

> **Tip** 주격 관계대명사와 일반동사는 일반동사를 원형으로 고친 후 ing를 붙여서 분사화 할 수 있다.
> who stood at the station에서 stood는 일반동사의 과거형으로 원형 stand로 고친 후 ing를 붙인다.
> 즉, who stood → stand**ing**이 되는 것이다.
> which lay on the table은 which lay → l**ying**이 된다. (lie의 현재분사형은 lying이다)

기출문제를 살펴보자 [세종대]

In the picture he depicts a group of farm laborers _____.

(A) struggled the sheeps   (B) struggling with their sheep
(C) struggling their sheeps   (D) struggled with their sheep

---

sheep은 단·복수 동형이므로 (A), (C)는 답이 아니다. struggle은 자동사로 쓰였으므로 laborers **who were** struggling with their sheep이 된다. **who were는 생략 가능하다.**

그림에서 그는 한 무리의 농장 노동자들이 자신들이 키우는 양들과 씨름하고 있는 광경을 그리고 있다.

▶ 정답 (B)

264 현재분사의 서술적 용법

① 현재분사는 자동사 다음에 쓰여 주격 보어의 역할을 한다.

The baby kept **smiling** for three minutes. 아기는 3분 동안 계속 웃었다
He stood **leaning** against the wall. 그는 벽에 기대어 서 있었다.
I'll come **running** to see you again. 당신을 다시 만나러 기꺼이 달려 오겠다.
They sat **watching** the World Cup final on TV. 그들은 TV로 월드컵 결승전을 보며 앉아 있었다.

② 지각동사 + 목적어 + 현재분사의 형태로 쓰여 목적격 보어의 역할을 한다.

I saw him **playing** the guitar. 나는 그가 기타치는 것을 보았다.
We could smell something **burning**. 우리는 무언가 타는 냄새를 맡을 수 있었다.
I hear birds **singing** every morning. 나는 매일 아침 새가 노래하는 소리를 듣는다.
I felt the ground **shaking**. 나는 땅이 흔들리는 것을 느꼈다.

③ keep / leave + 목적어 + 현재분사의 형태로 쓰여 목적격 보어의 역할을 한다.

Tom kept me **waiting** for a long time. Tom은 나를 오랫동안 기다리게 했다.
We kept the fire **burning**. 우리는 불이 계속 타게 두었다.
Don't leave the baby **crying**. 아기가 울게 놔두지 마라. [명령문이므로 주어 (you)가 생략된 것이다]

▶ 동명사와 현재분사의 구별 그리고 차이　　　　　　　　　　　　　　h⓪t p@ge 13

Dancing in the rain with a lover is amazing. 연인과 빗 속에서 춤추는 것은 놀랍다.
Dancing children are like penguins. 춤추는 아이들은 펭귄같다.

동명사는 '~하기' '~하는 것'으로 해석되며 단수 취급하고, 현재분사는 '~하는(명사)'로 해석된다.
첫 번째 문장은 '빗속에서 춤추는 것'의 의미이고, 동사도 단수이므로 dancing은 주어로 쓰인 동명사이다.
두 번째 문장은 '춤추는 아이들'의 의미로, 주어가 children이며 동사도 복수이므로 dancing은 children을 수식하는 현재분사이다.

Flying drons is my job. 드론을 날리는 것이 나의 직업이다.
Flying drons are like helicopters. 날아 다니는 드론은 헬리콥터 같다.

첫 번째 문장은 '드론을 날리는 것'의 의미이고, 동사도 단수이므로 flying은 주어로 쓰인 동명사이다.
두 번째 문장은 '날라다니는 드론'의 의미로, 주어가 drons이며 동사도 복수이므로 flying은 drons을 수식하는 현재분사이다.

Running a company is really difficult. 회사를 운영하기는 정말 힘들다.
A running boy on the grass is my son. 잔디에서 달리고 있는 아이는 내 아들이다.

첫 번째 문장은 '회사를 운영하기'의 의미이고, 동사도 단수이므로 running은 주어로 쓰인 동명사이다.
두 번째 문장은 '달리는 아이'의 의미로, 주어가 boy로 running은 boy를 수식하는 현재분사이다.

 ◀ 동명사와 현재분사의 차이? QR코드를 스캔해보세요

 ◀ 분사의 전치/후치수식? QR코드를 스캔해보세요

Unit 48 과거분사
ⓥ+ed / p.p(past participle)

Guide 과거분사는 '동사의 원형 + ed' 또는 'p.p'의 형태로 '~되어진(명사)'라는 의미로 명사를 꾸미는 형용사로 쓰인다. 현재분사와 마찬가지로 전치수식과 후치수식의 개념을 확실히 이해한다.

265 과거분사의 한정적 용법

① 과거분사가 단독으로 명사를 수식하면 명사 앞에서 수식한다 (전치수식)

The **broken** door is being repaired. 망가진 문이 수리되는 중이다.
The **wounded** passengers were carried to hospital. 부상당한 승객들은 병원으로 후송되었다

② 과거분사 뒤에 뒤따르는 어구가 있으면 수식하는 명사의 뒤에 놓인다 (후치수식)

The door **broken by the strorm** is being repaired. 태풍에 의해 망가진 문이 수리되는 중이다.
The passengers **wounded by the accident** were carried to hospital.
그 사고로 인해 부상당한 승객들은 병원으로 후송되었다.

▶ **타동사만 과거분사가 가능하다?** h@t p@ge 14

자동사는 목적어를 취할 수 없기 때문에 수동태가 불가능하므로 과거분사도 없을 것 같지만, 자동사도 삼단변화(go-현재 : went-과거 : gone과거분사)가 있다. 물론 수동태는 불가능하므로 자동사의 과거분사는 수동의 의미가 아닌 '명사의 상태'나 '완료'를 의미한다.
There are **fallen** leaves on the street. 거리에 낙엽이 있다.
The **escaped** prisoner was caught by the police. 탈옥수가 경찰에 의해 붙잡혔다.

반면에 타동사의 과거분사는 명사와 수동적 관계를 나타낸다.
She is wearing a white dress **made** in Korea. 그녀는 한국에서 만들어진 드레스를 입고 있다.

---

266 과거분사구는 '관계대명사 + be동사'가 생략된 형태이다

There is a window (which was) **broken** by the intense wind. 강풍에 의해 깨진 창문이 있다.
The passengers (who were) **wounded** by the accident were carried to the hospital.
그 사고에 의해 상해를 입은 승객들이 병원으로 후송되었다.
The article **written** by Tom is controversial. Tom에 의해 쓰인 기사는 논쟁의 여지가 있다.
= The article (which was) written by Tom is controversial.
I bought a car **made** in Sweden. 나는 스웨덴 산 자동차를 한대 샀다.
= I bought a car (which was) made in Sweden.

Tip 주격 관계대명사는 be동사와 함께 생략 할 수 있다

기출문제를 살펴보자 [동아대]

Commercial banks make most of their income from interest _____ on loans and investments in stocks and bonds.

(A) earn   (B) earned   (C) earning
(D) to earn   (E) was earning

---

interest (that is) earned on ~에서 that is가 삭제되고 만들어진 경우이다.

상업은행들의 대부분의 수익은 대출과, 주식, 채권투자에서 얻어지는 이자이다.

▶ 정답 (B)

기출문제를 살펴보자 [세종대]

(A)<u>After a brief period</u> of democratization, the country (B)<u>plunged into</u> civil war (C)<u>with a coup</u> against the democratically (D)<u>electing</u> President, Juan Bosch

---

한정사 the와 명사 president 사이에 쓸 수 있는 품사는 형용사인데 내용상 누가 대통령을 선출한 것이 아니라 선출된 대통령이므로 과거완료 elected가 되어야 한다. the President (who was) democratically elected이라고 이해하면 된다.
plunged into : 추락하다, 뛰어들다

짧은 기간의 민주화가 끝난 후, 그 나라는 민주적으로 선출된 대통령 후안 보쉬에 반대하는 쿠데타로 인해 내전에 돌입했다

▶ 정답 (D)

267 과거분사의 서술적 용법

① 과거분사는 자동사 다음에 쓰여 주격 보어의 역할을 한다

He remains **unmarried**.	그는 미혼이다.
My parents looked **worried**.	부모님은 근심스러운 듯 보였다.
They got **injured** in the accident.	그들은 그 사고로 다쳤다.
I became **acquainted** with him.	나는 그를 잘 알게 되었다.

② '동사 + 목적어 + 과거분사'의 형태로 쓰여 목적격 보어의 역할을 한다

I heard my name **called**.	나는 내 이름이 불리는 것을 들었다. (누군가 내 이름을 부르는 소리를 들었다)
You leave it **undone** than leave it **half-done**.	어중간히 하려거든 (처음부터) 하지 마라.
He could make himself **understood** in English.	그는 영어로 의사소통을 할 수 있었다.
I found the road **crowded** with cars and buses.	나는 도로에 차와 버스가 북적댄다는 것을 알았다.
She wants the chair **painted** white.	그녀는 의자가 흰색으로 칠해지기를 원한다.

③ 'have / get + 목적어 + 과거분사'의 형태로 쓰여 목적격 보어의 역할을 한다. 이때 주어의 의지가 있는 경우에는 '~시키다'라는 사역의 뜻이 되고, 주어의 의지와 관계없는 경우에는 '~되다 / 당하다'라는 수동의 뜻이 된다

I want to **have** my hair **cut**.	나는 이발을 하고 싶다.
He **had** his car **washed**.	그는 세차를 지시했다. (차가 세차 되도록 지시했다는 의미)
I'd like to **have** it **wrapped**, please.	그것을 포장해 주십시오.
She **had** her purse **stolen**.	그녀는 지갑을 도난당했다.

Unit 49 분사형용사
ⓥ+ing / ⓥ+ed or p.p

Guide interest, surprise 등의 동사들은 동사보다는 분사로 전환 되어 형용사로 쓰이는 경우가 많다. 이 경우 현재분사로 쓰여야 옳은 것인지, 과거분사로 쓰여야 옳은 것 인지에 관한 내용을 공부한다.

His conduct **surprised** me.	그의 행위에 놀랐다.
Her rude manner **annoyed** me.	그녀의 무례한 태도가 나를 짜증나게 했다.
I'm not going to **disappoint** you.	실망시켜드리지 않을 것이다.

위 문장에서 알 수 있듯이 surprise, annoy, disappoint는 모두 타동사다.
하지만 위에서처럼 동사로 쓰이는 경우보다 아래와 같이 과거분사 또는 현재분사로 변화되어 형용사처럼 쓰이는 경우가 더 상당하다.

268 감정이나 상태와 관련된 분사

interest, excite, surprise, satisfy, annoy, disappoint 등의 동사들은 꾸미는 명사와의 관계를 생각해서 그 관계가 능동적일 땐 현재분사로, 수동적일 땐 과거분사로 변형시킨다.

현재분사의 형용사화		과거분사의 형용사화	
amazing	놀라운	amazed	놀란
amusing	즐거운	amused	즐거워진
boring	지루한	bored	지루해진
confusing	혼란시키는	confused	혼란 된
embarrassing	당황케 하는	embarrassed	당황스러운
exciting	흥분시키는	excited	흥분된
charming / fascinating	매혹하는	charmed / fascinated	매혹 된
frightening	겁주는	frightened	겁이 난, 놀란
interesting	흥미 있는	interested	흥미를 갖게 된
satisfying	만족을 주는, 충분한	satisfied	만족스러운
shocking	충격을 주는	shocked	충격적인
surprising	놀라게 하는	surprised	놀란
missing	실종된	distinguished, noted, celebrated	저명한
becoming	잘 어울리는	qualified	자격(자질) 있는
promising	유망한	sophisticated	복잡한
overwhelming	압도적인	talented	재능 있는
striking	두드러진	crowded	붐비는
demanding	까다로운	completed	작성한, 완성된

**감정과 관련된 이러한 동사들이
사람을 꾸미는 경우 → 과거분사
사물을 꾸미는 경우 → 현재분사로 쓰이는 것이 일반적인 경우를 먼저 살펴보자.**

His jaw dropped a mile when he heard the **surprising** news. 그는 그 놀라운 소식을 듣고 입이 벌어졌다
(사물 news를 수식 = 현재분사)

> **Tip** 소식이 놀란 것이 아니라 '놀라운 소식'(능동적)이라는 의미로 현재분사를 쓴다.

I was **surprised** at the news. 나는 그 소식에 놀랐다. (사람 'I'를 수식 = 과거분사)

> **Tip** 내가 놀라게 한 것이 아니라 내가 놀란 것(수동적)이므로 과거분사를 쓴다.

I think this book **interesting**. 나는 이 책이 흥미롭다고 생각한다.
interest와 book과의 관계는 능동적이다 (사물 book을 수식 = 현재분사)
I bought an **interesting** book. 나는 흥미로운 책을 구입했다.

> **Tip** 책이 흥미를 느끼는 것이 아니라 재미를 주는 책, 즉 '재미있는 책' 이라는 의미로 현재분사를 쓴다.

I am **interested** in this book. 나는 이 책에 흥미가 있다. (사람 I를 수식 = 과거분사)

> **Tip** 그 책을 읽은 내가 흥미를 느끼게 된 수동적이므로 과거분사를 쓴다. (interest와 I와의 관계는 수동적)

Being locked in an elevator was incredibly **frightening** experience.
엘리베이터 안에 갇히는 것은 소름끼치는 경험이었다. (사물 experience를 수식 = 현재분사)

> **Tip** 경험이 두려움을 느낀 것이 아니라 두려움을 주는 경험, 즉 '두려운 경험'이므로 현재분사를 쓴다.

Children are **frightened** of ghost. 아이들은 귀신을 무서워한다. (사람 children을 수식 = 과거분사)

> **Tip** 아이들이 두려움을 느끼는 것은 수동적이므로 과거분사를 쓴다.

그러나 명사와의 관계를 생각해서 그 관계가 능동적일 땐 현재분사로 수동적일 땐 과거분사로 쓰는 것이 올바른 분사의 쓰임이다.
I met a **fascinating** woman at the party. 나는 파티에서 아주 매력적인 여자를 만났다.

> **Tip** 매료된 것이 아니라 '매력을 발산하는' 여성, 즉 '매력적인' 여자이므로 현재분사가 쓰인 것이다.
> 사람이라고 항상 과거분사가 쓰이는 것이 아니다.

I was **fascinated** by their performance. 나는 그들의 공연에 매료되었다.

> **Tip** 내가 '매료된 것'이므로 수동의미의 과거분사가 쓰였다.

He's such a **boring** person. 그는 무척 따분한 사람이다.
He brightened up the **boring** party. 그는 따분한 파티에 활기를 불어 넣었다.

> **Tip** bore는 감정과 관련된 동사로 사람을 꾸미는 경우 과거분사로, 사물을 꾸미는 경우 현재분사로 쓰는 것이 일반적이다. 하지만 위의 문장에서는 person을 꾸미는 bore가 현재분사로 되어 있다. 현재분사냐 과거분사냐는 항상 꾸미는 명사와의 관계가 능동적이면 현재분사, 수동적이면 과거분사로 쓰는 것이 올바르기 때문이다.

기출문제를 살펴보자 [숙명여대]

The (A)frustrating workers, (B)organizing (C)to form a labor union, found themselves (D)confronted with (E)disinterested co-workers.

---

frustrate는 '(사람을) 실망시키다, 좌절시키다'는 뜻이다. 내용으로 보면, '좌절시키는 노동자들'이 아니라 '노동자들이 좌절한'의 뜻이므로 (A)는 과거분사 frustrated로 고쳐야 한다.
(E)의 disinterested 역시 '무관심한 동료'라는 의미의 과거분사로 명사 co-workers와 수동의 관계이므로 과거분사의 쓰임이 올바르다.

노동조합을 만들려다 좌절한 노동자들은 자신들이 무관심한 동료 노동자들과 맞서고 있다는 것을 깨달았다.

▶ 정답 (A)

기출문제를 살펴보자 [아주대]

(A)Weak U.S retail sales figures and (B)disappointed results from Citigroup Inc., (C)the nation's biggest bank, exacerbated (D)investors' pessimistic mood (E)on Wall Street overnight

---

disappointed result는 시티그룹의 약화된 미국의 소매상수치와 실망스러운 결과가 실망했다는 것인데 실망스러운 결과지 결과가 실망할 수는 없다. disappointing으로 바꾸어 '실망스러운'의 뜻이 되어야 한다.

저조한 미국 소매 판매 수치와 미국 최대 은행인 시티그룹의 실망스러운 성과는 월가 투자자들의 비관적인 분위기를 밤새 한층 더 악화시켰다.

▶ 정답 (B)

기출문제를 살펴보자 [단국대]

(A)Government-controlled postal systems finally took (B)over private postal businesses, and in the 1700s government ownership of (C)most postal systems in Europe was an (D)accepting fact of life.

결과가 받아들이는 것이 아니라 받아들여진 결과로서의 의미이므로 과거분사 accepted fact가 되어야 한다.

정부에 의해 통제되는 우편체계가 마침내 민영 우편 사업체를 떠맡았다. 그리고 1700년대까지 유럽에서의 대부분의 우편체계에 대한 정부소유권은 받아들여진 현실이었다.

▶ 정답 (D)

Unit 50 복합분사
명사 / 형용사 / 부사 + 분사

Guide 복합분사는 명사, 형용사, 부사에 각각 하이픈(-)으로 분사가 연결된 형태이다.

269 명사 + 현재분사

English-speaking 영어를 사용하는	peace-loving 평화를 사랑하는	war-hating 전쟁을 싫어하는
grass-eating 초식의	ice-breaking 서먹함을 깨는	pain-killing 진통의

There are greater numbers of **English-speaking** immigrants. 영어가 모국어인 이민자 수도 상당하다고 합니다.
Grass-eating animals flourish in this region. 이 지역에서는 초식동물이 잘 자란다.
It was peopled by a fiercely independent race of **peace-loving** Buddhists.
그곳의 주민들은 자립심이 굉장히 강한 평화주의자인 불교도들이다.

270 명사 + 과거분사

home-made 집에서 만든	sun-burned 햇볕에 그을린	horse-drawn 말이 끄는
money-dominated 돈이 이끄는	grass-grown 풀로 덮인	man-made 수공의
ivy-covered 담쟁이로 덮인		

She was dying for a **home-made** apple pie. 그녀는 집에서 만든 사과파이를 굉장히 먹고 싶어 했다.
It's a country where **horse-drawn** carts far outnumber cars. 그 나라에는 말이 끄는 짐수레가 차보다 훨씬 많다.
The NASA spacecraft Cassini is now the first **man-made** object to orbit Saturn.
나사 우주선 카씨니는 현재로는 최초로 사람이 만든 토성을 공전하는 물체이다.

271 형용사 + 현재분사

good-looking 잘 생긴	sad-looking 슬퍼 보이는	funny-sounding 웃긴소리가 나는
pleasant-sounding 유쾌한 소리가 나는	bitter-tasting 쓴 맛이 나는	bad-smelling 나쁜 냄새가 나는

He is a **good-looking** guy, tall and slim. 그는 키 크고 날씬한 잘생긴 사람이다.
It was the **bad-smelling** fume from the crater. 화구에서 발산하는 악취나는 연기였다.

272 형용사 + 과거분사

ready-made 이미 만들어져 나온   guilty-found 유죄의   innocent-proved 무죄가 입증 된

Is this suit **ready-made** or custom-tailored? 이 양복 기성복이에요, 맞춤옷이에요?
He was a **guilty-found** suspect. 그는 유죄로 판명된 용의자이다.

273 부사 + 현재분사

tight-fitting 몸에 딱붙는   hard-working 힘든   fast-walking 빠르게 걷는
fast-reading 빠르게 읽는   early-rising 일찍 일어나는   far-seeing 선견지명이 있는
long-lasting 오래 지속되는   ever-lasting 영원한   never-ending 영원히 끝날 것 같지 않는

It gives **ever-lasting** life to all who drink from it. 이 물을 마시는 사람은 영원히 죽지 않아.
The **hard-working** man was frustrated over his early retirement.
열심히 일한 그 남자는 조기 퇴직으로 좌절하였다.

274 부사 + 과거분사

well-known 유명한   newly-born 갓 태어난   newly-married 신혼의
hard-boiled 매정한   completely-made 완전히 만들어진   fast-paced 빠른 흐름의
widely-spoken 널리 쓰이는   hard-pressed (일·돈·시간에) 쪼들리는, ~을 하는 데 애를 먹는

The most **well-known** philosopher of Ancient Greece was Aristotle.
고대 그리스의 가장 잘 알려진 철학자는 아리스토텔레스였다.
He is a **hard-boiled** police officer. 그는 매정한 경찰이다.
Korea's **fast-paced** and competitive lifestyle causes a lot of stress.
한국인들의 빠르게 돌아가는 경쟁적인 생활 양식은 많은 스트레스를 야기시킨다.
In today's world, you'd be **hard pressed** to escape the use of the Internet.
요즘 세상에서, 여러분은 인터넷의 사용을 피하기는 몹시 힘들 것입니다.

> **기출문제를 살펴보자 [이화여대]**
>
> ~ Effective strength, however, always (D)fell short of authorized strength caused by high rates of sickness and desertion so the Army (E)was hard-pressing to provide the command and control necessary to maintain order and safety.
>
> ---
> 군대가 명령을 내리는 데 어려움을 겪었다는 뜻이 되려면 (E)의 hard-pressing 을 hard-pressed(돈/시간에 쫓기는, 곤경에 처해진)라는 수동의 과거분사로 고쳐야 한다.
> 그러나 효과적인 병력은 높아진 질병율과 탈영 비율로 인해 늘 인가 병력에 못 미쳤고, 그래서 미 육군은 질서와 안전을 유지하는데 필요한 명령 과 통제를 제공하는데 어려움을 겪었다. ▶ 정답 (E)

Unit 51 의사(유사)분사

Guide 의사(유사) 분사는 복합 분사와 유사한 형태를 갖지만, 조금 다르다. 의사 분사는 원래 분사의 형태를 취할 수 없는 명사에 과거분사형 접미사인 ~ed 를 붙여 형용사로 사용된다. 대개 하이픈(-)으로 연결된다.

She has **deep-rooted** loyalties to her nation. 그녀는 자기 나라에 아주 깊은 충성심을 가지고 있다.
Christopher grew up to be a tall, **red-haired**, quiet and deeply religious man.
크리스토퍼는 키가 크고, 빨간 머리의, 조용하면서, 신앙심이 깊은 남자로 자랐다.
He solves the mysterious murder case with **cold-blooded** decisiveness.
그는 냉철한 판단력으로 연쇄 살인의 미스터리를 풀어나간다.
His only fault is that he's **short-tempered**. 그의 유일한 결점은 성미가 급하다는 것이다.
In the kingdom of the blind, the **one-eyed** is king. 장님 나라에서는 애꾸눈이 왕이다

---

blue-eyed 푸른 눈의	dirty-tempered 성질머리가 더러운	far-sighted 선견지명의
hot-blooded 다혈질의	long-legged 다리가 긴, 발이 빠른	long-tailed 꼬리가 긴
one-eyed 외눈의	short-tempered 성질이 급한	

Unit 52 분사구문

Guide 분사구문이란 부사절이 분사구로 전환된 것으로 '접속사 + 주어 + 동사'의 부사절을 현재분사나 과거분사로 시작하는 부사구로 전환한 것이다.
능동 분사구문은 현재분사로 시작되며, 수동 분사구문은 'Being + 과거분사'의 형태로 시작된다.
'Being + 과거분사'의 분사구문에서 Being은 생략되는 것이 보통이다.

275 부사절을 분사구문으로 바꾸는 방법

As he had some money, he could buy the book. 약간의 돈이 있었기 때문에, 그는 책을 살 수 있었다.
= **Having** some money, he could buy the book.

첫 번째, 부사절의 '접속사(As)를 생략'한다
He had some money, he could buy the book.

두 번째, 부사절의 주어와 주절의 주어가 같을 경우에 '부사절의 주어(He)를 생략'한다
Had some money, he could buy the book.

세 번째, 부사절의 동사를 '원형 + ing'의 형태로 바꾼다
Having some money, he could buy the book.

▶ 부사절의 주어가 주절과 다른 경우   h@t p@ge 15

이때, 부사절의 주어와 주절의 주어가 다른 경우에는 부사절의 주어를 생략할 수 없다.
When I looked back, the cottage was covered with snow. 뒤 돌아 봤을 때, 오두막은 눈에 덮여 있었다.
Looking back, the cottage was covered with snow. (X)
I looking back, the cottage was covered with snow. (X)

부사절의 주어는 I, 주절의 주어는 the cottage로 주어가 다르다.
주절의 주어는 일반 명사주어인데 반해, 부사절의 주어가 **인칭대명사(I, you, he, she, they, we)**인 경우 분사구문의 주어로 쓰지 않기 때문에 I looking~의 형태로도 쓸 수 없다.

When I looked back, I saw the cottage covered with snow와 같이 주절의 주어를 부사절과 같게 고친 후
Looking back, I saw the cottage covered with snow. (O)와 같이 바꿀 수는 있다.

그러나 주어가 **무인칭 대명사 it**인 경우는 주절의 주어와 상관없이 분사구문이 가능하다.
As it was fine yesterday, we went fishing. → **It** being fine yesterday, we went fishing. (O)

기출문제를 살펴보자 [성균관대]

(A)Looking back, (B)the cottage seemed (C)to have been covered by the snow, (D)which fell (E)faster and faster.

주절의 주어 the cottage가 부사절 looking의 주어가 될 수 없다.
When I looked back, the cottage seemed~의 부사절로 써야 한다.
부사절의 주어가 인칭대명사인 경우 I looking~처럼 분사구문의 주어로 쓰지 않는다.

뒤돌아 보았을 때, 오두막은 눈에 덮여있던 것처럼 보였고 눈은 빠르게 내리고 있었다.

▶ 정답 (A)

 기출문제를 살펴보자 [가천대]

(A)After waiting in line (B)for three hours, much (C)to our disgust, the tickets (D)had been sold out when we reached the window.

주절의 주어가 the tickets로 부사절 waiting in line for three hours의 주체가 되지 못한다. 따라서 After waiting ~은 적절한 표현이 아니므로 주어를 포함한 절의 형태로 바꿔주는 것이 바람직하다. to our disgust로 보아, 주어는 we가 적당하다.
(A)는 **After we waited**의 부사절이 되어야 한다.

세 시간 동안 줄을 서서 기다리고 나서, 매표구 앞에 이르렀을 때 대단히 유감스럽게도 표가 이미 매진되었다.

▶ 정답 (A)

분사구문은 시간, 이유, 조건, 양보, 그리고 부대상황을 나타낸다.

276 시간을 나타내는 분사구문

when, while, after, before 등의 시간을 의미하는 접속사가 이끄는 부사절을 분사구문으로 만들어 '~하는 때에, ~하는 동안, ~한 후에'라는 의미를 갖는다

Walking along the street, I met a friend by chance. 거리를 걷다가, 한 친구를 만났다.
➡ While I was walking along the street, I met a friend by chance.
Arriving at the station, I called him up. 역에 도착했을 때, 나는 그에게 전화를 걸었다.
➡ When I arrived at the station, I called him up.

277 이유를 나타내는 분사구문

as, since, because 등의 접속사가 이끄는 원인, 이유의 부사절을 분사구문으로 만들어 '~때문에, ~해서'라는 의미를 갖는다

Having no money, I couldn't buy the book. 돈이 없어서, 나는 책을 살 수 없었다.
➡ As I had no money, I couldn't buy the book.
Being tired with the hard work, I went to bed early. 힘든 일로 지쳐서, 일찍 잠자리에 들었다.
➡ Because I was tired with the hard work, I went to bed early.

> **Tip** 분사구문에서 Being은 생략할 수 있다. Being을 생략하면 수동 분사구문이 된다.
> **Tired** with the hard work, I went to bed early.

278 조건을 나타내는 분사구문

if, once 등의 접속사가 이끄는 조건의 부사절을 분사구문으로 만들면 '~라면, ~한다면'이라는 의미를 갖는다

Turning to the left, you will see the building. 왼쪽으로 돌면, 그 건물이 보일 겁니다.
➡ If you turn to the left, you will see the building.
Getting up early, I'll go there. 일찍 일어난다면, 나는 그곳에 갈 것이다.
➡ If I get up early, I'll go there.
Purchased in the shop, this underwear cannot be refunded. 일단 구입되면, 속옷은 환불 안 된다.
➡ Once it is purchased in the shop, this underwear cannot be refunded.

279 양보를 나타내는 분사구문

Though, Although, Even if 등의 접속사가 이끄는 양보의 부사절을 분사구문으로 만들어 '~일지라도, 비록 ~이지만'이라는 의미를 갖는다

Admitting he is right, I cannot forgive him. 그가 옳다는 것을 인정한다 할지라도, 나는 그를 용서할 수 없다.
➡ Even if I admit he is right, I cannot forgive him.
Located near the coast, the town does not get much of an ocean breeze.
➡ Though it is located near the coast, the town does not get much of an ocean breeze.
해안가 근처에 위치해 있음에도 불구하고, 마을은 바닷바람이 별로 불지 않는다.

280 부대상황을 나타내는 분사구문

부대상황을 나타내는 분사구문은 '~하면서, ~한 채'라는 동시 동작을 나타낸다. 부대상황을 나타내는 분사구문은 절로 바꾸지 않는 것이 일반적이지만, 시간의 연속성 상의 부대상황을 나타내는 경우는 and를 이용해 절로 바꿀 수도 있다

* 부사절이 주절과 동시성을 나타내는 경우

Standing on the cliff, I watched the sun setting. 절벽에 서서, 나는 해가 지는 것을 바라보았다.
➡ As I stood on the cliff, I watched the sun setting.

He went away, **waving** his hand. 그는 손을 흔들며 가 버렸다.
➡ He went away, and (he) waved his hand.

* 연속동작을 나타내는 경우

He got up early, **washing** his face. 그는 일찍 일어난 후, 세수를 했다.
➡ He got up early, and (he) washed his face.

Picking up a stone, he threw it to the river. 돌 하나를 집어든 후, 그는 강에 던졌다.
➡ After he picked up a stone, he threw it to the river.

281 with 부대상황

with는 전치사 이므로 with + 목적어 다음 동사를 쓸 수 없다

with + 명사 + ┌ 현재분사/ 과거분사
           ├ 형용사/ 부사(구)
           └ 전치사구

① **with + 목적어 + 형용사**

I went out **with the door open**. 나는 문을 열어 놓은 채 나갔다.
I went out **with the door closed**. 나는 문을 닫아 놓고 나갔다.

> **Tip** 이때, open은 형용사로 '열린'이라는 의미지만, close는 형용사로 '가까운'이라는 의미이기 때문에 분사 closed로 써야 '닫힌' 라는 의미가 된다.

② **with + 목적어 + 부사 / 부사구**

He goes to sleep **with the light on**. 그는 불을 켜 놓은 채 잔다.
He was sitting on the sofa **with a pipe in his mouth**. 그는 파이프를 입에 문 채 소파에 앉아 있었다.

③ **with + 목적어 + 현재분사**

With night coming on, we started home. 밤이 되자 우리는 집으로 향했다.
He stood there **with his back leaning** against the tree. 그는 나무에 기댄 채 서있었다.

> **Tip** 동사 came이라든지 comes가 쓰일 수 없음에 주의한다.

④ **with + 목적어 + 과거분사**

I lay on the sofa **with my eyes fixed** on the ceiling. 나는 천장에 시선을 고정한 채 소파에 누워있었다.
When it is crowded, you shouldn't sit **with your legs crossed**. 사람이 붐빌 때는 다리를 꼬고 앉아서는 안된다.

 기출문제를 살펴보자 [성균관대]

With our planet's population (A)<u>continuing</u> to (B)<u>increase</u>, and the quality of life for millions in the (C)<u>developing</u> world (D)<u>improves</u> daily, our demand for energy is also (E)<u>growing</u>.

with 부대상황에선 동사를 쓸 수 없다. improves를 분사 improving으로 써야 한다.
주절은 our demand(주어) is growing(동사) 이다.
지구의 지속적 인구증가와, 개발도상국에서 수백만 명을 위한 삶의 질이 향상과 더불어, 우리의 에너지 요구 또한 늘어나고 있다.

▶ 정답 (D)

282 수동 분사구문

현재분사(ⓥing)가 아닌 과거분사(p.p)로 시작하는 분사구문도 있다.

'Being + 과거분사'나 'Having been + 과거분사'에서 Being이나 Having been이 생략되어 과거분사만 남은 것이다

Seen from the plane, the island looks like a heart. 비행기에서 보이는, 그 섬은 마치 하트모양같다.
- **(Being) seen** from the plane, the island looks like a heart.
- **When it is seen** from the plane, the island looks like a heart.

Tip it은 the island를 대신한 대명사이고 it은 보는 주체가 아니라 비행기에서 보이는 대상이기 때문에 수동태가 된 것이다. 주어 it과 접속사 When을 삭제하면 is는 원형 Be가 되고 ing를 붙이면 Being이 되는데 이때 **Being은 생략가능**하다.

Written in an easy style, the book was a best-seller. 쉬운 문체로 쓰였기 때문에, 그 책은 베스트셀러가 되었다.
- **(Having been) written** in an easy style, the book was a best-seller.
- **As it had been written** in an easy style, the book was a best-seller.

Tip As it had written에서 it은 the book을 대신한 대명사이고, it(=the book)은 쓰는 주체가 아니라 쓰인 대상이기 때문에 수동태가 된다. 주어 it과 접속사 as를 삭제하면 had는 원형 have가 되고 ing를 붙이면 having이 되는데 이때 having been은 생략할 수 있다.

283 끼인 분사구문

This kind of rabbit, **as it lives** in all parts in the state, is the most common animal.
- This kind of rabbit, **living** in all parts in the state, is the most common animal.
- **Living** in all parts in the state, this kind of rabbit is the most common animal.

이 종류의 토끼는 이 지역 전체에 살고 있기 때문에 가장 흔한 동물이다.

The leisure, **if it is used** wisely, promotes health, efficiency, and happiness.
- The leisure, **used** wisely, promotes health, efficiency, and happiness.
- **Used** wisely, the leisure promotes health, efficiency, and happiness.

만일 여가가 현명하게 사용된다면 건강, 효율, 행복을 촉진시킬 수 있다.

Tip 부사절이 주어와 동사 사이에 끼어있는 경우도 있는데, 이런 경우도 같은 방법으로 분사구문으로 만들 수 있다. 이 경우 주어와 동사 사이에 있어도 되고 앞으로 이동해도 된다.

284 독립 분사구문

It being fine, we went fishing. 날씨가 좋았기 때문에, 우리는 낚시를 갔다.
- As it was fine, we went fishing.

The sun having set, I started for home. 해가 지자, 나는 집을 출발했다.
- When the sun had set, I started for home.

Tip **부사절의 주어와 주절의 주어가 다른 경우에는 주어를 생략할 수 없다.** 이를 독립 분사구문이라 한다.

285 비인칭 독립 분사구문(현수분사구문)

분사구문의 의미상 주어가 주절의 주어와 다른 we, you, they 등 일반인 주어지만, 이를 생략해도 문맥상 의미가 변치 않는다면 생략할 수 있는데, 이를 비인칭 독립 분사구문이라 한다. 관용적 표현이므로 암기하는 것이 좋다

compared with ~을 비교하면
Compared with last year, prices have risen by 20 percent. 작년과 비교해 물가는 20%가 상승했다.

frankly speaking 솔직히 말해서
Frankly speaking, I don't want to meet him. 솔직히 말해, 나는 그를 만나기 싫다.

generally speaking 일반적으로 말해서
Generally speaking, English is not easy to speak. 일반적으로 말해서, 영어는 말하는 것이 쉽지 않다.

granting that ~을 인정한다면, ~을 인정한다 하더라도
Granting that he was drunk, he is responsible for his conduct.
술 취했다는 것을 인정한다 하더라도, 그는 행동에 책임을 져야 한다.

judging from ~으로 판단하건대
Judging from reports, she seems to be an able woman. 듣는 바에 의하면 그녀는 유능한 것 같다.

strictly speaking 엄격히 말해서
Strictly speaking, it's not allowed. 엄밀히 말하자면, 그건 허용되지 않는다.

talking of ~에 대해 이야기하자면
Talking of touring, have you been to Sydney? 여행에 관한 얘긴데, 시드니에 다녀오신 적이 있습니까?

286 분사형 전치사 분사가 전치사의 기능을 하는 경우

considering ~을 고려하면
Considering his work, his earned income was small. 그가 하는 일을 생각한다면, 그의 근로소득은 적었다.

notwithstanding ~에도 불구하고
He was plucked **notwithstanding** his great diligence. 그는 공부는 열심히 했으나, 낙제했다.

according to ~에 따르면
According to news reports, some of the captured rebels say they are from Sudan.
언론 보도들에 따르면, 체포된 일부 반군들은 자신들이 수단 출신이라고 밝혔습니다.

excepting, excluding ~을 제외하고
The sanctions ban the sale of any products **excepting** medical supplies and food.
그 제재는 의약품과 식품을 제외하고는 어떤 물품의 판매도 금한다.

including ~을 포함하여
We need to buy some items **including** house wares. 우리는 가정용품을 포함해서 몇몇의 물품을 사야 한다.

concerning, regarding ~에 관하여
I was impressed by the speaker's profound insight **concerning** his topic.
나는 주제에 대한 발표자의 깊은 통찰력에 깊은 인상을 받았다.

pending ~할 때까지, ~하는 동안은
He was released on bail **pending** further inquiries. 그는 추후 조사가 있을 때까지 보석으로 석방되었다.

barring ~이 없다면, ~이 아니라면
Barring accidents, we should arrive on time. 사고만 없다면 우리가 시간 맞춰 도착할 것이다.

given ~이 주어지면, ~라고 가정하면
Given her interest in children, teaching seems the right job for her.
아이들에 대한 그녀의 관심을 고려해 볼 때, 교직이 그녀에게 맞는 직업인 것 같다.

287 분사구문의 부정

분사구문의 부정은 not이나 never를 분사 앞에 위치한다

Not having enough money, I had to walk home. 나는 돈이 넉넉하지 않아서, 걸어서 집에 갔다.
= As I didn't have enough money, I had to walk home.
Not knowing anything, I cannot say. 아무것도 모르니까 말할 수가 없다.
= As I don't know anything, I cannot say.
Never wishing to continue the job, I decided to study.
= As I didn't wish to continue the job, I decided to study.
그 일을 계속하기 원치 않았기 때문에, 나는 공부하기로 결심했다.

288 완료 분사구문

완료 분사구문이란 부사절의 시제가 주절 동사의 시제보다 앞선 시제의 경우나 현재완료인 경우를 말하며,
'Having + 과거분사'의 형태를 취한다. 이때 Having은 생략할 수 없다

Having finished my homework, I went to bed. 숙제를 끝낸 후, 나는 잠자리에 들었다.
= After I **had finished** my homework, I **went** to bed.
Having lived in America, he speaks English well. 미국에서 살아왔기 때문에 그는 영어를 잘한다.
= As he **has lived** in America, he **speaks** English well.
Having finished my homework, I am free now. 숙제를 끝냈기 때문에, 지금 나는 자유다.
= As I **finished** my homework, I **am** free now.

> **Tip** 분사구문에서 종속절(부사절) 동사의 시제가 주절의 동사의 시제보다 앞선 시제일 때는 '완료형 분사구문 (Having p.p)'을 쓰기에 finished는 Having finished가 된 것이다.

289 분사구문에서 접속사를 생략하지 않는 경우

분사구문의 분사는 『접속사+주어+동사』가 함축된 것으로 파악해야 하는데, 여기서 접속사의 의미는 앞뒤 문맥으로 판단해야 한다. 그러나 분사구문에서 접속사의 의미를 분명히 하기 위해 분사 앞에 접속사를 생략하지 않는 경우도 있다

이것을 부사절 축약이라고 부르며,

『부사절 접속사+주어+be동사』의 경우 '주어와 be동사'를 동시에 생략하면 되고
『부사절 접속사+주어+일반동사』의 경우 일반 동사를 '원형 + ing'로 바꾸면 된다

Although he is rather unwell, the speaker will take part in the seminar.
= **Although** rather unwell, the speaker will take part in the seminar.
다소 불편했으나, 연설자는 세미나에 참석할 것이다.

When you are ready, you can begin your speech. 준비되면 당신은 연설을 시작할 수 있다.
= **When** ready, you can begin your speech.

Although he feels rather sick, the speaker will take part in the seminar.
= **Although** feeling rather sick, the speaker will take part in the seminar.
다소 아팠지만, 연설자는 세미나에 참석 할 것이다.

When you give a speech, you should speak loudly and distinctly. 연설할 때는 크고 명확하게 말해야 한다.
= **When** giving a speech, you should speak loudly and distinctly.

> **Tip** 원래는 be동사도 『원형+ing』로 고치면 being이 되는데, being은 주로 생략하기 때문에 『부사절 접속사+주어+be동사』의 경우 주어와 be동사를 생략하는 것으로 보는 것이 편하다

290 축약하지 않는 경우

부사절의 주어가 주절의 주어와 다른 경우 축약 할 수 없다!

When **her husband** suddenly **died**, **people** whispered that she caused him to die. (O)
When **her husband** suddenly **dying**, **people** whispered that she caused him to die. (X)
그녀의 남편이 갑작스럽게 죽자, 사람들은 그녀가 남편의 죽음을 초래했다고 수군거렸다.

After **we insulated** the walls and attic, **heating costs** went down. (O)
After **we insulating** the walls and attic, **heating costs** went down. (X)
벽과 다락방에 단열재를 설치한 뒤로 난방비가 줄었다.

291 분사구문의 위치

① 글머리에 오는 경우

Walking along the street, I met a friend by chance. 거리를 걷다가, 한 친구를 만났다.
Having no money, I couldn't buy the book. 돈이 없어서, 나는 책을 살 수 없었다.

② 문장의 중간에 오는 경우

The president, **preparing** to give a speech, is meeting with his advisors.
연설 준비중인 대통령은 자신의 조언자와 미팅중이다.
The White House, **Located** in Washington, is the home of the president.
워싱턴에 위치한 백악관은 대통령의 관저이다.

③ 문장의 끝에 오는 경우

He smiled, **saying** hello. 그는 안녕이라고 말하며 미소지었다.
The train was derailed, **causing** many casualties. 열차가 탈선하여 많은 사상자를 냈다.

292 분사구문의 강조

① 현재분사 + as + 주어 + do

Living as he does in mountain, he has few visitors. 그는 산 속에 살기 때문에 손님이 거의 없다.

Tip 능동 분사구문의 강조인 경우 동사로 **do**(does/did)를 쓴다

② 과거분사 + as + 주어 + be

Published as it was, at such a time, his work attracted attention.
그러한 시기에 그의 작품이 출간되었기에 많은 관심을 끌었다.

Tip 수동 분사구문의 강조인 경우 동사로 **be**(am/are/is/was/were)동사를 쓴다

Chapter 08   기출 및 예상 문제

1 As the movie was_____, he was _____.
   (A) thrilled / frightened   (B) thrilled / frightening
   (C) thrilling / frightened   (D) thrilling / frightening

분석 thrill : 오싹하게 하다 / frighten : 겁주다 [268]
영화는 스릴을 제공하는 '주체'이므로 능동의 현재분사가 되어야 하며, 사람은 영화에 의해 겁을 먹게 되는 '대상'이므로 수동의 과거분사가 된다.
해석 그 영화가 스릴이 있어서 그는 겁이 났다.
정답 (C)

2 "I hear that the trip exhausted Susan."
   "She was pretty exhausted, but most people didn't think it was _____ at all."
   (A) exhausted   (B) exhausting
   (C) exhaust   (D) exhaustion

분석 exhaust (동사) '지치게 하다' [268]
exhausting(형용사) '지치게 하는'(주체)
exhausted(형용사) '지친'(대상/객체)
해석 " 그 여행이 Susan을 지치게 했다더군요."
"그녀는 아주 지쳤다. 하지만 대부분의 사람들은 그 여행이 전혀 지치게 했다고 생각하지 않았다."
정답 (B)

3 Since it is too windy and cold, we must keep _____.
   (A) the closed windows   (B) the windows closed
   (C) closed the windows   (D) closing the windows

분석 'keep + 목적어 + 분사'형태로 '창문이 닫히는 것'이므로 목적보어의 형태는 과거분사가 되어야 한다. [267]
해석 너무 바람이 불고 추워서 창문을 닫아 두어야 한다.
정답 (B)

4 He has never heard an unkind word _____ at home.
   (A) speak   (B) speaking
   (C) was spoken (D) spoken

분석 목적어인 '불친절한 말'이 사용되는 것이므로 목적보어는 수동의 과거분사가 되어야 한다.
해석 그는 집에서 불친절한 말이 사용되는 것을 들어본 적이 없다.
정답 (D)

5 When he went to see the doctor because of a stomachache, the doctor gave him a _____ pill.
   (A) pain-killing   (B) pain-killed
   (C) killing pain   (D) pains-killing

분석 '명사 + 분사'의 유사분사를 묻는 문제이다. 고통을 없애 주는 주체이므로 능동이 된다. [269]
해석 그가 복통 때문에 의사를 보러갔을 때, 의사는 그에게 진통제를 주었다.
정답 (A)

6 He went out with _____ behind.
   (A) his dog follow   (B) his dog followed
   (C) following his dog   (D) his dog following

분석 with 부대상황으로 follow는 자/타동사 모두 쓰인다. 그러나 개가 따라가는 것이므로 자동사로 보는 것이 타당하다. 따라서 'with + 명사 + 분사'의 꼴로 현재분사가 된다. [281]
해석 그는 개를 뒤따르게 하고 밖으로 나갔다.
정답 (D)

Chapter 08 기출 및 예상 문제

7 _____ with her sister, she looks too plain.

(A) Comparing
(B) Having compared
(C) Compared
(D) Having been compared

분석 'compare A with B' 'A를 B와 비교하다'를 수동태로 고치면 'A be compared with B'가 된다. 목적어가 없으므로 수동 분사구문이 되는 것이다. [282]
해설 그녀의 언니와 비교해 보면, 그녀는 평범하게 생겼다.
정답 (C)

8 The job _____, they are packing up to leave.

(A) done
(B) was done
(C) having done
(D) is to be done

분석 원 문장은 After the job is done, they are packing up to leave이다. 접속사와 is를 축약하면 The job (being) done이 된다. being은 생략 가능하다. [285]
해설 일이 끝났으므로 그들은 떠나기 위해 짐을 쌌다.
정답 (A)

9 Written _____ in easy style, the book is popular among the students.

(A) as it does
(B) as it is
(C) as it did
(D) as it were

분석 분사구문의 강조용법이다. 'V+ing+as+주어+do' 'V+ed+as+주어+be'가 된다. 분사구문으로 고치기 전의 문장은 As it is written in easy style, the book ~이다. 따라서 Written as it is in easy style인 것이다. [292]
해설 쉬운 문체로 쓰였기 때문에, 그 책은 학생들 사이에 인기가 있다.
정답 (B)

10 _____ with the size of the whole earth, the highest mountains do not seem high at all.

(A) When compared
(B) Compare them
(C) If you compare
(D) A comparison

분석 부사절의 축약문제이다. When they are compared with~ 에서 they are가 생략되었다. [289]
해설 전 지구의 크기와 비교해 볼 때 가장 높은 산들도 전혀 높게 보이지 않는다.
정답 (A)

11 All things _____ into consideration, my father's life was a happy one.

(A) took
(B) were taken
(C) taken
(D) taking

분석 Taking all things into consideration = All things taken into consideration '모든 것을 고려해 볼 때' [285/286]
해설 모든 것을 고려해보면, 나의 아버지의 삶은 행복한 삶이었다.
정답 (C)

12 Riding in a coach and wearing the crown jewels, _____.

(A) the crowd cheered the royal couple
(B) the royal couple was cheered by the crowd
(C) cheering for the royal couple was done by the crowd
(D) the royal couple, who was being cheered by the crowd

분석 Riding과 wearing의 의미상 주어는 사람이 되어야 한다. [275]
(D) the royal couple, who was being cheered by the crowd는 완전한 문장이 아니기 때문에 잘못이다
해설 마차를 타고 왕관을 쓰고, 왕과 왕비는 대중의 환호를 받았다.
정답 (B)

Chapter 08 기출 및 예상 문제

13 Written in French, _____.

   (A) I can't read the letter easily
   (B) the letter is very hard to read
   (C) to read the letter is not so easy
   (D) the letter is very hard to read it

문점 '불어로 쓰인 것'은 편지이므로 사물이 주어가 되어야 한다. To read the letter is very hard = It is very hard to read the letter = The letter is very hard to read 그러므로 (D)의 read it에서는 it을 삭제해야 한다. **[282]**
해설 불어로 쓰여 있어서, 그 편지는 읽기가 어렵다.
정답 (B)

14 Returning to my apartment, _____.

   (A) I found my watch missing
   (B) my watch was missing
   (C) the watch was missed
   (D) I found my watch stealing

문점 아파트에 돌아온 주체는 사람이므로 주절은 사람 주어가 되어야 한다.
(D)는 I found my watch stolen이 되어야 한다.
해설 아파트에 돌아와서 나는 내 시계가 도둑맞은 것을 알았다.
정답 (A)

15 Captured during the robbery, _____.

   (A) the police questioned the suspect for hours
   (B) the suspect was questioned for hours by the police
   (C) the safe disappeared
   (D) the safe is still in the room

문점 과거분사구(Captured)로 시작하고, 주절을 채우는 문제이다. 잡힌 것은 도둑이 된다. **[282]**
해설 강도질하는 도중에 잡혀서 용의자는 몇 시간 동안 경찰에 의해 심문을 받았다.
정답 (B)

16 다음중 문법적으로 잘못된 것은?

   (A) He visited the poor and the suffering.
   (B) The injuring lay unattended.
   (C) The deceased left a large sum of money.
   (D) The unexpected has happened.

문점 'the + 형용사'의 문제로 '부상자'는 'the injured'이므로 (B) the injuring → the **injured [344]**
the poor : 가난한 사람들   the suffering : 아픈 사람들
the deceased : 죽은 사람
the unexpected : 예기치 않은 일
해설 (A)그는 가난한 사람들과 고통받는 사람들을 방문했다.
(B) 부상당한 사람들이 보살핌 없이 누워있었다.
(C) 돌아가신 분께서 많은 돈을 남기셨다.
(D) 예기치 않은 일이 발생했다.
정답 (B)

17 다음중 문법적으로 잘못된 것은?

   (A) I saw a one-armed man on the street.
   (B) He is said to be a good-natured man.
   (C) We passed the odd-appeared village on the second day.
   (D) He married a brown-haired lady last weekend.

문점 (C) the odd-appeared → the odd-appearing : 이상하게 보이는 appear는 자동사이므로 현재분사가 되어야 한다. **[271]**
해설 (A) 나는 거리에서 팔이 하나만 있는 사람을 보았다.
(B) 그는 마음이 착한 사람이라고 한다.
(C) 우리는 둘째 날에 이상해 보이는 마을을 지나갔다.
(D) 그는 지난주에 갈색머리의 여인과 결혼했다.
정답 (C)

Chapter 08 기출 및 예상 문제

[18~20] 다음중 문법적으로 옳은 것은?

18 (A) Being very fine, we went on a picnic.
(B) Entering the room, there was a strange sight.
(C) I found him studying hard in his room.
(D) The boy written a letter is my cousin.

분석 (A) As it was very fine, we went on a picnic. 을 분사구문으로 고치면 It being fine, we went on a picnic.이 된다. '날씨가 좋아서, 우리는 소풍을 갔다'
(B) 주어를 일치시켜야 한다. 주절이 I saw a strange sight가 되어야한다. '방에들어와서, 나는 이상한 장면을 보았다'
(D) The boy (who was) writing ~ 과 같이 현재분사가 되어야 한다. '편지를 쓰고 있는 아이는 나의 사촌이다'
정답 (C) 나는 그가 방에서 열심히 공부하고 있는 것을 알았다.

19 (A) Shortly after leaving home, the accident happened.
(B) To get up on time, a great effort was needed.
(C) Until completely awake, work was impossible.
(D) Riding the subway, I always read a book.

분석 준동사의 의미상 주어를 묻고 있는 문제이다.
(A)사람이 집을 떠난 것이므로 주절을 I had the accident happen.이 되어야 한다.
(B) 사람이 제 시간에 일어나는 것이므로 주절을 I needed a great effort.가 되어야 한다.
(C) 사람이 깨어나는 것이므로 I found it impossible to do work.가 되어야 한다.
정답 (D) 지하철을 타면 나는 항상 책을 읽는다.

20 (A) I felt myself pulled by the sleeves.
(B) I am sorry to have kept you waited.
(C) His remark left me wondered what he had in mind.
(D) Comparing with his brother, he is clever.

분석 (B)의 wait는 현재분사 waiting이 되어야 한다.
(C)what이하가 목적어이므로 현재분사 wondering이 되어야 한다.
(D) 비교되는 것이므로 Compared가 되어야 한다.
해설 (A) 나는 소매가 당겨지는 것을 느꼈다.
(B) 당신을 기다리게 해서 죄송합니다.
(C) 그의 말은 나에게 그의 마음 속에 무엇이 있는지를 궁금하게 했다.
(D) 그의 형과 비교해보면, 그는 영리하다.
정답 (A)

21 다음중 문법적으로 잘못된 것은?

(A) Seeing the policeman, he turned back and ran away.
(B) The door remained locked.
(C) With night came on, we were ready to leave for home.
(D) Be careful when crossing the street.

분석 with는 전치사이므로 동사가 수반될 수 없다. with 부대상황으로 came은 현재분사 coming이 되어 With night coming on이 되어야 한다. [281]
해설 (A) 경찰관을 보자마자, 그는 돌아서서 도망쳤다.
(B) 문은 잠겨 있었다.
(C) 밤이 오자, 우리는 집으로 향할 준비를 했다.
(D) 길을 건널 때는 주의해라.
정답 (C)

22 (A)<u>To the left</u> of his desk is a very (B)<u>orderly</u> bookcase, (C)<u>with</u> all the books (D)<u>put</u> away (E)<u>stood</u> upright in the correct place.

분석 「with + 명사 + 분사」의구조로 with 이하에 동사는 들어갈 수 없다. [281]
명사인 bookcase가 치우는 주체가 아니라 치워지는 대상이 되는 것이므로 과거분사 put은 맞는 표현이고, stand 자동사로 과거분사가 불가능하다.
stood는 standing이 되어야한다.
해설 그의 책상 왼쪽에는 정돈이 잘 된 책장이 하나고, 모든 책들은 적절한 자리에 똑바로 세워져 있다.
정답 (E)

Chapter 08 기출 및 예상 문제

23 (A)<u>Divorcing</u>, living (B)<u>on</u> public assistance in an Edinburgh apartment with her infant daughter, J. K. Rowling (C)<u>wrote</u> Harry Potter and the Sorcerer's Stone (D)<u>at</u> a cafe table.

분석 (A)는 '이혼한 상태'를 나타내는 Had been divorced가 분사구문이 되어 Having been divorced로 되고 이때 Having been이 생략되어 **Divorced**가 되어야 한다. **[282]**
public assistance : 생활보호
philosopher : 철학자, 현인   live on : ~에 의존해 살다
해설 이혼한 채 어린 딸과 에든버러 아파트에서 사회보장에 의한 생활 보호에 의존해 살며 J. K. 롤링은 커피 마시는 탁자에 앉아 해리포터와 마법사의 돌을 썼다.
정답 (A)

24 The pancreas (A)<u>is</u> an organ (B)<u>involving</u> in the digestion of food and (C)<u>in</u> the regulation of (D)<u>the sugar level</u> in the bloodstream.

분석 췌장은 소화기능과 관련된 것이므로 아래와 같다.
The pancreas is an organ **(which is involved)** in the digestion of food 이때 '주격 관계대명사+be동사'를 생략하면 과거분사가 되어 organ을 꾸미는 형용사구가 되는 것이다. **[266]**
pancreas : 췌장   regulation : 규칙, 규제, 조절
해설 췌장은 음식의 소화와 혈당치의 조절에 관련된 장기이다.
정답 (B)

25 People believe that meditation has a _____ effect on those who practice it.

(A) calm   (B) calmly
(C) calmed   (D) calming

분석 명사 effect를 꾸미는 형용사가 필요하다. effect와의 관계가 수동적이라면 calmed가 되겠지만 진정시키는 능동적이므로 calming되어야 한다. **[261]**
해설 사람들은 명상이 그것을 수행하는 이들에게 진정시키는 효과가 있다고 믿는다.
정답 (D)

26 She (A)<u>entertained</u> (B)<u>all the</u> crowd with (C)<u>a lot of</u> (D)<u>amused</u> stories.

분석 감정동사가 명사를 꾸미는 형용사로 쓰일 땐 꾸미는 명사와의 관계를 고려하여 수동일 땐 p.p로 능동일 땐 ing로 고쳐야한다. 이야기가 재미를 느끼는 것이 아니라 재미있는 이야기이므로 **amusing**이 되어야 한다. **[268]**
해설 그녀는 많은 재미있는 이야기로 군중 모두를 즐겁게 했다.
정답 (D)

27 Defense and space projects account for most increases in the $135 billion federal research and development budget next year, _____ scientists who fear that after years of growth the nation is beginning to skimp on technology that fuels marketplace innovation.

(A) worries   (B) worrying   (C) worried
(D) to worry   (E) have worried

분석 Defense and space projects account for ~, and they worry scientists에서 they worry를 분사화 시키면 worrying scientists가 되는 것이다. **[280]**
account for : 설명하다, ~의 비율을 차지하다
skimp on : 아끼다, 구두쇠 노릇하다
해설 1350억불의 내년도 연방 연구 개발 예산에서, 국방과 우주계획이 증가분의 대부분을 차지하고 있어서 과학자들을 걱정시키고 있는데, 그들은 국가가 수년간의 성장을 누린 후 이제 시간 혁신의 원동력이 되는 과학기술에 대해 인색하게 굴기 시작하는 것을 우려하고 있다.
정답 (B)

Chapter 08 기출 및 예상 문제

28 On the causes of global warming, skeptics make the argument that most of the greenhouse effect comes from water vapor and only 4% of the carbon dioxide _____ the atmosphere is due to human activity.

(A) enter (B) entered
(C) entering (D) enter into

문제 the carbon dioxide which enters the atmosphere is ~
= the carbon dioxide ~~which enters~~ → **entering** the atmosphere is ~ **[262]**
해석 지구 온난화의 원인들에 대해서, 회의론자들은 대부분의 온실 효과가 수증기로부터 발생되고 대기 중으로 들어오는 이산화탄소 중 단 4%만이 인간의 활동 때문이라고 주장하고 있다.
정답 (C)

29 Once a week, the cruise ships would be in the harbor, and the streets would be full of pink tourists, most of them (A)<u>elderly</u>, (B)<u>worn</u> shorts and (C)<u>looking</u> (D)<u>stunned</u> from the heat and the hassling.

문제 the cruise ships ~ pink tourists, 여기까지 주어 동사 두 번 나오고 접속사가 한 번 쓰였다. 이제부터는 동사를 쓸 수 없다. **[280]**
따라서 most of them elderly, who wore shorts~로 쓰거나 who를 생략하게 되면 일반 동사는 '원형+ing'의 형태가 되어야 한다. 또는 쉽게 생각해서 목적어(shorts)가 있으므로 현재분사 **wearing**을 생각해도 된다.
해석 일주일에 한번, 크루즈 배들이 항구에 있을 것이고 거리는 얼굴이 그을린 관광객들로 가득 차 있을 것이며 그들 중 대부분은 나이가 지긋하며 반바지를 입고 있고 더위와 짜증스러움으로 인해 넋이 나간 모습을 하고 있을 것이다.
정답 (B)

30 Coffee, like beer, was made _____ and, therefore, provided a new and safe alternative to alcoholic drinks.

(A) using boiled water (B) boiled water used
(C) use of boiled water (D) water boiling

문제 using boiled water는 분사구문(동시동작)으로서 '끓인 물을 사용해서'란 뜻이다. **[280]**
주어를 they로 가정하여 and 앞뒤를 능동태로 바꾸면 They make coffee, like beer, using boiled water이며 이 문장을 수동태로 쓴 것이다.
해석 그들은 맥주와 마찬가지로 끓인 물을 사용해서 커피를 만들었고, 그리하여 (커피는) 술에 대하여 새롭고 안전한 대안이 되었다.
정답 (A)

31 Most people (A)<u>are quite puzzled</u> about how languages come (B)<u>into being</u>. When they think about it, their thoughts (C)<u>are led</u> inevitably to the (D)<u>fascinated and unsolved</u> problem (E)<u>of the ultimate</u> origin of language.

문제 fascinated and unsolved problem에서 시각적으로 병치에는 전혀 문제가 없지만 내용상으로 접근하면 해결되지 않은 문제는 맞지만 문제가 매혹될 순 없다. 매력적인 문제이므로 fascinating이 되어야 하므로 **fascinating and unsolved** problem.이 되어야 한다. **[268]**
해석 대부분의 사람들은 어떻게 언어가 발생해서 존재하게 되었는지를 매우 의아해한다. 그것을 생각할 때, 그들의 생각은 불가피하게 언어의 궁극적인 기원에 관한 매력적이며 풀리지 않는 문제로 이끌린다.
정답 (D)

32 (A)<u>In the early days</u> of the airlines, money (B)<u>earned</u> from carrying mail kept planes (C)<u>fly</u> because (D)<u>paying</u> passengers (E)<u>were</u> not common.

문제 'keep+목적어+~ing' 형태를 취해서 '목적어가 ~하는 것을 유지하다'의 의미가 된다. 따라서 fly를 **flying**으로 고쳐야 한다. **[264]**
해석 항공사의 초기 시절에는 우편물 운송으로 번 돈이 비행기 운행을 유지했는데, 그 이유는 돈을 내는 탑승객이 흔치 않았기 때문이다.
정답 (C)

Chapter 08 기출 및 예상 문제

33 "Come on, Lisa. How can I feel relaxed with _____ me like that?"

(A) his watching (B) him to watch
(C) him watching (D) him to be watching

문석 watching을 동명사로 보아 인칭대명사의 의미상주어는 소유격을 쓴다고 생각해선 안 된다.
'with+명사+분사'의 **with 부대상황**을 묻고 있는 것이다. 따라서 with him watching이 정답이 된다. **[281]**
해석 Lisa, 그가 저렇게 쳐다보고 있는데 어떻게 내가 편하겠니?
정답 (C)

34 (A)Instead of (B)eliminating, music appreciation (C)should be included in our (D)elementary curriculum.

문석 문장의 주어 '음악 감상'은 제거하는 주체가 아니라 제거하는 대상이므로 과거분사의 형태로 써야한다. 즉 (B)는 being eliminated가 되어야 한다. **[257]**
해석 음악 감상은 우리들의 기초 교과과정에서 제거될 것이 아니라 포함되어야 한다.
정답 (B)

35 Some people were (A)puzzling about the effects of a chemical like DDT; they were (B)pleased that it killed insects, but (C)they were not sure if (D)it was safe to use around humans and other animals.

문석 사람들이 '의아해 하는 것'이므로 수동이 되어야 한다. (A)는 puzzled가 되어야 한다. **[268]**
해석 어떤 사람들은 DDT와 같은 화학물질의 효과에 대하여 의구심을 가졌다; 그들은 그 물질이 해충을 죽이는 효과에 기뻐했지만, 인간과 다른 동물들 근처에서 사용하는 것이 안전한지는 확신하지 못했다.
정답 (A)

36 Many accidents caused by people (A)falling asleep (B)at the wheel happen early in the morning, (C)inducing by drivers having had (D)little or no sleep at all.

문석 ~early in the morning, and it is induced ~에서 주어가 같고 접속사와 be 동사는 동시에 생략 가능 하므로 = ~early in the morning, being induced ~ **[280]**
'유발되는 것' 이므로 과거분사 induced가 되어야 한다.
해석 운전대 앞에서 조는 사람들에 의해 발생하는 많은 사고는 아침에 일어난다, 이것은 잠을 거의 자지 못했거나 아예 자지 못한 운전자들에 의하여 유발된다.
정답 (C)

Chapter 08 기출 및 예상 문제

37 With the road _____ by the fallen tree, we had to make a detour.

(A) blocking
(B) to block
(C) blocked
(D) have blocked

문석 with 부대상황 문제이다. 명사인 the road가 막은 것이 아니라 막힌 것이므로 **수동을 의미하는 과거분사가 쓰여야 한다.** [281]
make a detour : 우회하다
해석 나무가 쓰러져 도로가 차단되었기에, 우리는 길을 우회해야만 했다.
정답 (C)

38 Although (A)<u>extending families</u> will be larger in the future, natural families will be smaller in some (B)<u>developed countries</u> as couples decide (C)<u>to have</u> (D)<u>fewer and fewer</u> children.

문석 대가족은 '확대가족'이라고도 하는데, 풀어 설명하면 '확대된 가족'인 수동관계이므로 (A)를 extended families로 고친다.
해석 비록 대가족들은 앞으로 그 규모가 더욱 커지겠지만, 부부들이 자녀를 점점 덜 갖기로 함에 따라 일부 선진국에서 자연가족은 규모가 더욱 작아질 것이다.
정답 (A)

ER 편입 그래머 마스터

명사

Unit 53. 가산명사
Unit 54. 불가산명사
Unit 55. 불가산명사 vs. 가산명사
Unit 56. 명사의 단수, 복수
Unit 57. 명사의 격
Unit 58. 복합명사

Unit 53 가산명사
(보통명사 / 집합명사)

Guide 셀 수 있는 명사를 의미하는 가산명사에는 보통명사와 집합명사가 있다.
가산명사의 단수형 앞에는 한정사나 부정관사(a, an)가 수반된다.
가산명사의 복수형은 보통 books나 buses 처럼 '~(e)s'가 수반 되지만, alumni, data처럼 '~i'나 '~a'로 끝나는 단어들도 있다는 것에 주의한다.

293 보통명사

일정한 형태의 제품이라든지 boy, student 등과 같은 사람을 지칭하기도 하는 가장 많은 명사의 종류이다

I am **a** student. (O) 나는 학생이다.
I am student. (X) 보통명사의 단수형 앞에는 최소한 부정관사가 있어야한다.
They are student**s**. (O) 그들은 학생들이다.
They are student. (X) 보통명사의 복수형은 명사 뒤에 -s나 -es가 붙는다.

294 보통명사의 추상명사화

The pen is mightier than **the sword**. 지식은 무력보다 강하다.
= 지식, 문   = 힘, 무

> **Tip** 보통명사의 단수형 앞에 정관사 the를 붙여 the pen, the sword와 같이 쓰면 문맥에 따라 추상적 의미를 갖는 추상명사로 쓰인다.
> the cradle(유년기), the grave(무덤), the mother(모성애), the father(부성애), the patriot(애국심), the judge(판사의 직분), the tongue(언변), the heart(심정), the adventure(모험가적 기질), the man(남자다운 기질) 등
>
> 그러나 아래문장에서 정관사 + 보통명사는 그냥 그 명사를 지칭할 뿐 추상적 의미로 쓰이지 않았다.
> I bought a pen. **The pen** is very smooth. 펜을 하나 샀는데 그 펜은 매우 부드럽다.

295 all + 복수 보통명사 = very + 형용사

She is **all ears**. 그녀는 매우 집중하고 있다.
= She is **very attentive**.
I'm **all thumbs** when it comes to gardening. 난 정원 가꾸는 일에는 전혀 재주가 없어.

> **Tip** all eyes = very concentrative (매우 집중력있는)
> all smiles = very happy   (매우 행복해 보이는)
> all thumbs = very muffed   (매우 서툰)

296 집합명사

둘 이상이 모여 이룬 집합체를 칭하는 명사

297 집합명사의 종류

army, audience, band, board, class, club, crew, committee, crowd, group, jury, party, staff, family, team, troupe 등의 집합명사들은 집합체를 의미하면 단수, 구성원을 의미하면 복수 취급한다

298 집합명사의 단수/복수

There lives only one **family** in the mountain. 산 속에는 단 한 가구만이 살고 있다.
There are nine professional baseball **teams** in Korea. 한국에는 9개의 프로야구팀이 있다.

> **Tip** 집합명사는 가산명사이므로 family / families, team / teams처럼 단/복수 모두 가능하다.

299 집합명사 자체는 변하지 않고 동사만 변하는 경우

My family **is** very large. 우리 가족은 대가족이다. [집합체를 의미 → 단수]
집합체가 큰 것이지 가족 구성원들이 크다는 것이 아니다.
My family **are** all early risers. 우리 가족은 모두 일찍 일어난다. [구성원을 의미 → 복수]
집합체가 일찍 일어나는 것이 아니라 가족 구성원들이 일찍 일어난다는 것이다.

The jury **were** unconvinced that he was innocent. 배심원들은 그가 부죄라는 것을 확신하지 못했다.
The jury **is** still out. Let's wait and see. 판결은 아직 나오지 않고 있어. 기다려 보자.
The jury **was** mostly made up of women. 배심원단은 주로 여자로 구성 된다.

> **Tip** 집합명사가 집합체 자체를 의미하는 경우 단수로 취급하고, 집합의 구성원을 지칭하는 경우는 복수로 취급한다. 집합명사 다음 members를 넣어 어색하지 않으면 '구성원'으로 생각할 수 있다.
>
> My family (memebers) are all early risers. 가족 구성원은 모두 부지런하다.(어색하지 않다)
> My family (memebers) is very large. 가족 구성원은 매우 크다. (어색하다)
>
> 만일 가족 구성원들 모두 '건장하다'는 의미라면 large가 아닌 big, stout이라는 형용사가 사용되지, 사람에게 large라는 형용사를 쓰지는 않는다. [Unit 91 참조]
>
> '배심원들'의 의미인 경우 복수동사로 받지만 '판결'이나 '배심원단'이라는 의미의 집합체를 의미할 경우 단수동사로 받는다.

300 The + 집합명사 = 복수 취급하는 경우

The police **are** waiting for the suspect. (O) 경찰이 용의자를 기다리고 있다.
The police **is** waiting for the suspect. (X)

> **Tip** the police(경찰) / the clerge(성직자) / the peasantry(소작농)등의 단어들은 항상 정관사가 수반되며 복수 취급한다.
>
> 그러나 경찰관을 의미할 경우 police officer로 쓰며 단수, 복수 모두 가능하다.
> He is a police officer. 그는 경찰관이다.
> They are police officers. 그들은 경찰관들이다.

The English **are** proud of their history. 영국인들은 그들의 역사를 자랑스러워한다.
The French **are** especially known for their pride in their native language.
프랑스인들은 특히 그들의 언어에 대한 자부심으로 알려져 있다.

> **Tip** the British, the Dutch, the French, the Irish, the Spamish, the Welsh등 은 복수형으로 단수로 취급하지 않는다.

301 The + 집합명사 = 단수 취급하는 경우

The public **disapproves** of the government plan. 대중은 정부의 그 계획에 반대한다.
The press **is waiting** for the declaration of president. 기자단은 대통령의 성명을 기다리는 중이다.

> **Tip** the public(대중) / the press(기자단) 등의 단어들은 정관사를 수반하며 집단의 의미일 때 단수 취급한다.
>
> 그러나 구성원을 의미하는 경우 복수 취급하기도 한다.
> The public **disapprove** of the government plan. 국민들(개개인)은 정부의 그 계획에 반대한다.

302 단수형이 없는 복수 명사

People **are** gathering by twos and threes. 사람들이 삼삼오오 모이기 시작했다.
Cattle **feed** on grass. 소들은 풀을 먹는다.
In parts of the UK the vermin **have become** almost immune to conventional pesticides.
영국의 어느 지역에서는 해충들이 거의 전통적인 살충제에 영향을 받고 있지 않고 있다.

> **Tip** people (사람들) / vermin (해충) / poultry (가금류) / cattle (소떼) 등의 단어들은 무관사에 복수 취급한다.
>
> 그러나 people의 경우 a people 또는 peoples는 국민, 민족, 종족을 의미한다.
> a warlike people 호전적인 국민 / the peoples of Asia 아시아의 여러 국민들

Unit 54 불가산 명사
(물질명사 / 추상명사 / 고유명사)

Guide 셀 수 없는 명사를 의미하는 불가산명사에는 물질명사, 추상명사, 고유명사가 있다.
불가산명사의 단수형 앞에는 부정관사(a, an)가 붙을 수 없으며 단, 복수도 없다.
그러나 거의 대부분의 불가산명사들이 보통명사로 쓰이기도 한다. 명사에서 이 점이 가장 혼란스러운 부분으로,
불가산명사 자체를 의미하는가 보통명사로 쓰였는가는 많은 연습과 문제풀이의 경험을 통해서 파악해야 한다.

303 물질명사

재료, 음식, 액체, 기체, 원소등 일정 형태가 없는 물질을 칭하는 명사로 부정관사도 붙지 않고 복수형도 불가능하다. 동사는 단수형으로 쓴다

종류 : glass, metal, paper, stone, sand, wood, water, wine, milk, air, gold, silver, soap, chalk, salt, sugar, flour, bread, hair, pizza, butter 등

Water flows down in torrents. 물이 세차게 흐른다.
Gold exceeds silver in value.   금은 은보다 값어치가 있다

304 물질명사의 양 표시

물질명사는 불가산명사로 셀 수 없지만 much, little과 같은 형용사나 a glass of와 같은 조수사를 사용하여 양의 많고 적음을 나타낼 수 있다

a cup of coffee	커피 한 잔	a slice of cheese	치즈 한 장
a glass of water	물 한 잔	a bar(=cake) of soap	비누 한 조각
a piece of paper	종이 한 장	a bottle of wine	와인 한 병
a loaf of bread	빵 한 조각	a suit of clothing	의류 한 점
a school(=shoal) of fish 물고기 떼			

I bought **three loaves of bread**. 나는 빵 세조각을 샀다.
[이때 three loaves of **breads** - 복수로 쓰면 틀린 표현]

> **Tip** 빵(bread)도 물질명사인가?
> bread, cheese, chocolate, pizza, butter등의 음식은 물질명사이다.
> 우리가 밥을 '많이/적게' 먹는다는 표현에서 '많이/적게'는 '수'적 개념이 아닌 '양'적 개념이다.
> 음식이 '많다'/'적다'는 것은 '양'을 의미하고 서양인들에게도 위에 나열된 음식들은 모두 '양'적 개념이므로
> 빵을 많이(much) 또는 적게(little)먹는다는 표현은 양적인 불가산명인 것이다.

305 물질명사의 보통명사화

**물질명사가 제품이나 경우, 사례, 용도 등의 의미로 쓰이면 보통명사 취급하게 된다.
이때는 부정관사가 수반 될 수 있으며, 복수형도 가능하게 된다**

This shop sells **various wines**. 이 가게에서는 다양한 **와인(제품)**을 판다. (복수가능)
A fire broke out in town last night. 어젯밤에 시내에서 **화재**가 발생했다. (부정관사)
The thief threw **a stone** at a dog. 도둑은 개에게 **돌**을 던졌다. (부정관사-'무기'의 개념)
Trout are found chiefly in cool, limpid **waters**. 송어는 주로 차고 맑은 **강**에서 발견된다.

물질명사		vs.	보통명사	
iron	철		an iron	다리미
light	빛		a light	등
fur	동물의 털		a fur	모피
paper	종이		a paper	신문, 보고서
fire	불		a fire	모닥불, 화재
water	물		waters	강, 바다, 호수, 식수

306 대표 물질명사 (집합적 물질명사)

furniture	clothing	money	mail	luggage	jewelry	machinery
merchandise	equipment	scenery	stationery	traffic	weaponry 등	

**상기 명사는 (대표) 물질명사로 부정관사(a, an)가 수반될 수 없으며, 복수형도 불가능하다.
따라서 (a) few나 many가 아닌 (a) little이나 much로 양의 많고 적음을 나타내야 한다**

I don't have **many luggages** to carry. (X) [계명대학교]에 출제된 적이 있다.
I don't have **much luggage** to carry가 옳은 표현이다.

Warm **clothing** is indispensable in cold weather. 추운 날씨에는 따뜻한 옷이 필수다.

> **Tip** Her clothes were made of the finest silk. 그녀의 옷은 아주 고운 천으로 만들어졌다.
> clothing은 대표물질명사지만, **clothes는 복수명사이므로 복수동사로 받는 것에 유의한다.**

My **mail** has been piling up while I have been on holiday. 휴가 동안 우편물이 많이 쌓였다
My mails have been piling up while I have been on holiday. (X)
We installed **much machinery** in the factory. 우리는 많은 기계류를 공장에 설치했다.
We installed many machineries in the factory. (X)
Much furniture is stacked up in the factory. 가구들이 공장에 수북이 쌓여 있다.
Many furnitures are stacked up in the factory. (X)

Tip '-ry'로 끝나는 명사는 물질명사이다. 따라서 불가산명사이다.
예) machinery, poetry, jewelry, scenery, weaponry 등
그러나 **machine, poem, jewel, scene, weapon** 등은 **보통명사**이다.

The **jewels** were locked up in a strongbox. 보석들은 자물쇠로 잠긴 채 금고에 놓여있었다.
It was like **a scene** out of the past. 그것은 마치 추억속의 한 장면 같았다.

307 추상명사

성질, 상태, 관념 등 구체적 형태가 없는 추상적 개념을 칭하는 명사로 ability, advice, beauty, experience, knowledge, information 등이 해당한다.

추상명사는 형용사나 동사의 파생어인 경우가 많다.

① 형용사에서 파생 - bravery, falsehood, freedom, kindness, honesty, neutrality, width 등
② 동사에서 파생 - arrival, assistance, entreaty, forgery, formation, movement, hatred, understanding 등

308 추상명사의 보통명사화

His wife is **a beauty**. 그의 아내는 미인이다

Tip beauty를 '아름다움'이 아닌 '미인'(사람)으로 본 상황 (형용사 beautiful의 파생어)

He was **a failure** as a singer, but he was **a success** as a businessman.
그는 가수로서는 실패자였으나, 기업가로는 성공한 자였다.

Tip failure를 실패자로, success를 성공한 자로 본 상황 (동사 fail의 파생어)

I am so much obliged to you for **many kindnesses**. 베푸신 친절 정말로 감사합니다.

Tip kindness를 구체적 행위로 본 상황 (형용사 kind의 파생어)

기출문제를 살펴보자 [총신대]

James has always thought of himself as _____.
(A) fail   (B) failure   (C) a failure   (D) failures

위의 경우 추상명사를 그 뜻이 가진 구체적인 경우나 사람에 비유했기에 보통명사로 간주하여 부정관사를 붙인 것으로 흔히 쓰이는 경우는 아니나 알아두자.

제임스는 항상 자신을 실패자라고 생각했다.

▶ 정답 (C)

309 추상명사의 정도, 양 표시

I need **more information**. 더 많은 정보가 필요하다.
He gave them **a piece of advice**. 그는 그들에게 한 마디의 조언을 했다.

> **Tip** 추상명사도 물질명사와 마찬가지로 조수사를 이용해서 양을 표시할 수 있다.
> a fit of anger 한 차례의 화 / 분노   a round of applause 한 차례의 박수
> an act of charity 한 번의 자선

310 of + 추상명사 = 형용사구

The plan is importance.   (X)
The plan is **of importance**. (O) 그 계획은 중요하다.
= The plan is **important**.

> **Tip** 주어 plan은 명사보어 importance와 동격이 불가능하다.
> be동사의 보어가 importance와 같은 추상명사를 취하려면 'of + 추상명사'의 형태가 되어야 한다.
> **'of + 추상명사'는 형용사의 역할**을 한다.
>
> 이렇게 쓰는 이유는 of와 추상명사 사이에 **형용사를 써서 강조하거나 부정하려는** 것이 주된 이유이다.
> 즉, The plan is of **great** importance. '이 계획은 매우 중요하다'와 같이 **great을 쓰기 위함**이다.

This stone is **of value**. 이 돌은 가치가 높다.
This stone is **of little value**. 이 돌은 가치가 거의 없다. (부정 하기 위하여 형용사 little을 쓴 것이다.

> **Tip** 추상명사 앞에 전치사 of가 결합되면 형용사구가 된다.
> This stone is **of value**는 This stone is **valuable**과 같다
>
> of use = useful : 유용한   of importance = important : 중요한
> of help = helpful : 도움이 되는   of ability = able : 유능한
> of wisdom = wise : 현명한   of benefit = beneficial : 이로운

 기출문제를 살펴보자 [삼육대]

Among the aims of university education must be included the acquisition of knowledge, but _____ are the development of intellectual curiosity and the realization that the acquisition of knowledge is pleasurable.

(A) far greater importance   (B) for greater importantly
(C) of far greater importance   (D) of far greater important

---
important문장이 도치되어있다. but 이하의 주어가 the development~ and the realization~ pleasurable까지이고, are가 동사이다. 따라서 빈칸은 be동사의 보어자리인데 도치되어 있는 것이다. of + 추상명사는 형용사구로 보어가 되므로 (C)가 된다.

지식습득이 대학교육의 목표 중에 포함되어야 하지만, 지적인 호기심의 개발과 지식습득이 즐겁다는 깨달음이 훨씬 더 중요하다.

▶ 정답 (C)

311 all + 추상명사 '매우 ~한'

She is **all beauty**.
= She is **beauty itself**.
= She is **very beautiful**.

> **Tip** all + 추상명사 = 추상명사 + itself = as 형용사 as can be '매우 ~한'
> all attention = very attentive(매우 주의 깊은), all kindness = very kind(매우 친절한)

312 다른 전치사 + 추상명사 = 부사구

You should handle those crystal bowls **with care**. 이 크리스탈 그릇들은 조심해서 취급해야 한다.
I've paid this bill twice **by mistake**. 착오로 이 계산서를 두 번 지불했다.
I sent him **in haste** for the doctor. 나는 의사를 부르러 급히 그를 보냈다.
We must start **without delay**. 우리는 지체 없이 출발해야 한다.

> **Tip** 추상명사 앞에 전치사 of이외의 다른 전치사가 결합되면 부사구가 된다.
>
> You should handle those crystal bowls **with care**는
> You should handle those crystal bowls **carefully**와 같다.

by degrees = gradually	서서히	by stealth = stealthily	모르게
by accident = accidentally	우연히	by mistake = mistakenly	실수로
by chance = accidentally	우연히		
in brief = briefly	간단히	in detail = detailedly	자세하게
in length = lengthily	길게	in safety = safely	안전하게
in comfort = comfortably	안락하게	in haste = hastily	서둘러서
in reality = really	사실은	in succession = successively	연속적으로
in earnest = seriously, heavily	열심히, 심하게		
on demand = whenever asked for	요청만 하면	on purpose = purposely	고의로
on suspicion = suspiciously	의심하여	on occasion = occasionally	가끔
on request = by the request of	요청에 의하여		
to excess = excessively	과다하게	to no purpose(=avail) = in vain	헛되이
to perfection = perfectly	완전하게		
with care = carefully	조심스럽게	with ease = easily	쉽게
with diligence = diligently	근면하게	without delay = at once	지체 없이
without fail = for certain	확실히	without doubt = no doubt	의심의 여지없이
without leave = without permission	허락 없이		

> **기출문제를 살펴보자 [강남대]**
>
> Could you explain to me _____ what you were talking about when you brought up the idea at the monthly staff meeting?
>
> (A) the details   (B) detailed   (C) detailing   (D) in detail
>
> ---
>
> explain은 3형식 타동사로 수여동사와 달리 목적어 두 개를 쓰지 못한다. 따라서 'explain+목적어+to 사람'의 형식으로 쓰일 수 있는데, 이 문장에서는 목적어가 길어 to me가 먼저 쓰이고, 목적어인 what you ~ 이하가 빈칸 다음에 위치했다. 따라서 빈칸에는 문장의 필수요소가 아닌 부사가 적절한데, '전치사+추상명사'는 부사로 쓰이므로 '상세하게', '자세히'라는 의미의 (D) in detail이 정답이다.
>
> 당신이 월례 직원회의에서 아이디어를 제기했을 때 이야기 한 내용을 저에게 자세히 설명해주실 수 있습니까?.
>
> ▶ 정답 (D)

313 고유명사

Seoul, Korea, New York City, Michael Jackson처럼 명사의 일종으로 특정한 대상 또는 유일한 대상을 가리키며, 이미 정체성이 결정 되었기에 정관사나 정체성을 한정하는 한정사와 함께 쓰이지 않는다.

언어 낱낱의 특정한 사물이나 사람을 다른 것들과 구별하여 부르기 위하여 고유의 기호를 붙인 이름. 문법에서는 명사의 하나이며, 영어에서는 첫 글자를 대문자로 쓴다. '홍길동'과 같은 인명은 동명이인이 있는 경우라도 고유명사에 속한다. 한편 '홍길동'이 신비한 능력이 있는 사람을 의미하게 되는 경우라면 고유 명사가 아니라 보통 명사화한 것으로 간주되기도 한다.[표준국어대사전]

Seoul is the capital of **Korea**. 서울은 한국의 수도이다.
The exhibition was supported sponsored by **the city of Seoul**. 그 전람회는 서울시 후원으로 개최되었다.
In the 1780s, **New York City** served as the capital of America. 1780년대에 뉴욕은 미국의 수도 역할을 했다.

> **Tip** Seoul vs. the City of Seoul
>
> Seoul은 고유명사이므로 정관사 없이 단독으로 쓰인다. 반면에 the City of Seoul은 고유명사가 아니라 '보통명사인 city를 기준'으로하는 고유명칭이기에 정관사가 수반된다.
>
> 하지만 New York City도 보통명사인 city가 쓰였지만 정관사가 수반되지 않았다. 이는 고유명사 New York과 City의 명사 합성어로 보통명사의 성질이 없어진 '고유명사'이기 때문이다.
>
> [정관사에 관하여는 Unit 60 (353)을 참고하기 바란다]

314 고유명사의 보통명사화

① '~의 일가족(가족)', '~부부'를 나타내는 경우 = 'the + 성씨의 복수형'으로 표현한다.

The Johns loved to entertain others. 존스 부부는 다른 사람들을 즐겁게 하는 것을 좋아했다.

② '~의 집안사람(가문 출신)'을 나타내는 경우 = 'a(n) + 성씨의 단수형'으로 표현한다.

His wife is **a Kennedy**(=a member of the Kennedy family). 그의 부인은 케네디가 출신이다.

③ '~라는 사람(a certain)' 뜻일 경우

A Mr. Kim wants to see her. 김 씨라는 사람이 그녀를 만나기를 원한다.

④ '동명이인'을 나타내는 경우

There are **three Toms** in our company. 우리 회사에 3명의 Tom이 있다.

⑤ '~과 같은 사람(인물)'

He will become **an Edison**. 그는 에디슨과 같은 과학자가 될 것이다.

⑥ 제품, 작품을 나타내는 경우

I bought **a Porsche**. 나는 포르쉐를 한 대 샀다.

▶ **불가산명사 vs. 가산명사**　　　　　　　　　　　　　　h⊙t p@ge 16

불가산명사	vs.	가산명사
advice 충고		suggestion 제안
advertising 광고업		advertisement 광고
baggage, luggage 수화물		suitcase 가방
clothing 의류		clothes 옷(복수명사)
depression 우울, 침울		depression 불경기
equipment 장비		device 장치, tool 도구
information 정보		detail 세부사항
money, cash 돈		refund, cost, price, incentive, bonus, charge, fare, fine, budget, fee 요금
pollution 오염		pollutant 오염물질
processing 처리, 가공		process 진행
work 일		job 일　work 작품

Let me give you **a piece of advice**. 내가 충고 하나 하지. (불가산)
I'd like to hear your **suggestions** for ways of raising money. 모금 방법에 대하여 여러분들의 의견을 듣고 싶습니다. (가산)
They packed **equipment** for their camping trip. 그들은 캠핑여행을 위한 장비를 챙겼다. (불가산)
She extricated herself from financial difficulty by working **two jobs**.
　　　　　　　　　　　　　　　　그 여자는 두 일을 병행해서 경제적인 어려움에서 벗어났다. (가산)

 기출문제를 살펴보자 [한양대]

Researchers (A)have found that (B)greater use of the Internet (C)was associated with declines in social involvement and increases in loneliness and (D)depressions.

depression이 '불경기'를 의미할 때는 depressions처럼 복수형이 가능하지만, '의기소침'이나 '우울'을 의미할 때는 불가산명사이므로 depression이 되어야 한다.
연구원들은 인터넷 사용의 증가가 사회적 연대의 감소와 고독, 그리고 우울함의 증가와 관련되어 있었다는 것을 발견했다.

▶ 정답 (D)

Unit 55 가산명사 vs. 불가산명사

Guide 명사를 학습 할 때 유의할 것은 한 명사가 절대 한 종류(가산 또는 불가산)에만 속해 있지 않다는 것이다. 앞에서 살펴 보았듯이 fire, water, stone 등은 가산 명사와 불가산 명사 모두 쓰일 수 있다. 따라서 주어진 명사가 어떤부류에 속할지는 문맥을 통해서 결정 할 수 있어야 한다.

① 추상명사 ➡ 보통명사
Nothing grows old sooner than **a kindness**. 친절 만큼 빨리 자라는 것도 없다. (친절한 행위 - 보통명사)

② 보통명사 ➡ 추상명사
He forgot **the judge** in **the father**. 그는 부성애(the father) 때문에 판사의 직분(the judge)을 망각했다.

③ 고유명사 ➡ 보통명사
I bought **a Porsche**. 나는 포르쉐를 한 대 샀다.

④ 물질명사 ➡ 보통명사
This is **a good wine**. 이것은 좋은와인이다. (제품)

⑤ 보통명사 ➡ 집합명사
The whole **village** were surprised at the news. 온 마을이 그 소식에 놀랐다.

이하 모두 마찬가지로 예문을통하여가산명사와 불가산명사의 차이를 확실하게 학습한다.

She has long wavy blond **hair** and blue eyes. 그녀는 약간 곱슬거리는 긴 금발에다 파란 눈이다.
There is **a hair** on your shirt. 네 셔츠에 머리카락 한 올이 붙어있다.

Tip 머리카락은 셀 수 없다. 자신의 머리카락이 몇 개인지 어떻게 헤아릴 수 있는가
그러나 떨어진 머리카락은 얼마든지 셀 수 있다.

Wind is caused by the sun because it heats the atmosphere unevenly.
바람은 태양에 의해서 생긴다. 왜냐하면 이것은 대기를 불균일 하게 가열하기 때문이다.
A strong wind increased the damage caused by the flooding. 강한 바람이 홍수로 인한 피해를 가중시켰다.
A heavy snow had disrupted the city's transport system. 폭설이 그 도시의 운송 체계를 붕괴시켰다.

Tip 자연현상인 바람, 비, 날씨, 계절 등은 불가산명사이다.
그러나 형용사가 수반되는 경우 보통명사가 될 수 있다.

The job demands skill and **experience**. 그 일은 기술과 경험을 요구한다.
Let me tell you about **an experience** I had on the bus.
오늘 제가 여러분에게 버스에서 겪은 일을 말씀 드리겠습니다.

Tip experience는 불가산명사이다. 그러나 '특정한 일'이나 '체험' 등을 의미할 때는 보통명사가 된다.

The moon revolves around the earth. 달은 지구의 주위를 운행한다.

When the sun and the moon are on opposite sides of the Earth, we see **a full moon**.
태양과 달이 지구의 반대 방향에 있을 때, 우리는 보름달을 보게 된다.

Our solar system has at least nine planets and about a hundred of **moons**.
태양계는 적어도 아홉 개의 행성과 약 백여 개의 위성으로 이루어져 있다.

> **Tip** moon과 sun의 경우 보통 정관사가 수반되는 불가산명사이나, a crescent moon(초승달), a half moon(반달), a full moon(보름달)의 경우는 보통 명사화되어 부정관사가 수반된다.
> 복수형 moons의 경우 '위성, 행성'의 의미이다.

We are unable to subsist without **water and air**. 사람은 물과 공기가 없으면 살지 못한다.

The two rivers that join mingle **their waters**. 합류하는 두 강은 양쪽의 강물을 합친다.

Food remains the best source of calcium, since it provides other nutrients as well.
음식은 다른 영양소 역시 공급하기 때문에, 칼슘의 최대의 원천이다.

Canned foods have a hermetic seal. 통조림 식품은 밀봉된다.

People eat **fruit** in various ways. 사람들은 다양하게 과일을 먹는다.

Success is **the fruits** of one's efforts. 성공은 노력의 결실이다.

It might be argued that **dried fruits** are even tastier than fresh fruits.
말린 과일이 생과일보다 훨씬 맛이 좋다고 주장 할 수 도 있다.

She is far from **a beauty**; she is **a fright**. 그녀는 미인은 고사하고 괴물 같다.

That last goal was **a beauty**! 그 마지막 골은 정말 아름다웠어!

All **rooms** have a balcony or terrace. 모든 방에는 발코니나 테라스가 있다.

I have ~~a~~ **room** for linguistics. 나는 언어학에 재능이 있다. **[room - 수용력(capacity) 불가산명사]**

 기출문제를 살펴보자 [중앙대]

Drones in China inspect power lines, (A)<u>survey</u> fires and (B)<u>disaster zone</u>, spray (C)<u>crops</u>, and (D)<u>monitor</u> air pollution around factories.

형용사를 수반한 zone은 가산명사이다. 그러므로 한정사 없이 단수명사의 형태로 쓸 수 없다.
문맥상 재난을 당한 여러 지역들을 조사한다는 내용이 되어야 하므로, zone 을 복수로 나타내는 것이 자연스러우므로 (B)를 disaster zones가 되어야한다.

inspect 조사하다, 검사[점검]하다　　survey 측량하다, 조사하다　　disaster 재해, 재난, 참사

중국에서는 드론이 송전선을 점검하고, 화재와 재난 지역을 조사하고, 농작물에 물이나 농약을 살포하며, 공장 주변의 대기오염을 감시한다.

▶ 정답 (D)

 ◀ (불)가산명사가 혼란스럽다면 QR코드를 스캔해보세요

Unit 56 명사의 단/복수

Guide 일반적으로 단수는 부정관사와 함께 쓰이며, 복수의 경우 -s나 -es로 끝난다.
그러나 -s, -es이외의 복수도 있는데 이를 불규칙 복수라고 한다.
불규칙 복수라고해서 규칙이 없는것은 아니다. ~(e)s로 끝나지 않는 복수형을 통털어 불규칙 복수라하며 나름대로의 규칙이 있으므로 이 규칙을 이해하고, 교재의 불규칙 명사들은 모두 암기한다.

315 규칙 복수명사

① 어미가 -s, -x, -sh, -ch로 끝나거나, [s], [z], [ʃ], [tʃ], [dʒ]로 발음되면 -es를 붙인다

ass [æs] → ass**es** [æsiz]   bus → bus**es**
glass → glass**es**   dish → dish**es** [diʃiz]
bench → bench**es**   box → box**es**

> 예외 ex나 ix로 끝나는 경우에는 ex나 ix를 ic로 고친후 es를 붙인다.
> appendix → append**ices**   index → ind**ices**   matrix → matr**ices**

② 자음 + y는 y를 i로 고친 뒤 -es를 붙인다

lady → lad**ies** [-z]   city → cit**ies**   baby → bab**ies**

> 예외 ① 고유명사인 경우 -s만 붙인다. Henry → Henrys
> ② 모음 + y는 -s만 붙인다. day → days, boy → boys

③ 자음 + o는 -es를 붙인 뒤 [z]로 발음한다

potato → potato**es**   hero → hero**es**   echo → echo**es**

> 예외 자음 + o로 끝나는 단어 중 줄여서 된 말(automobile → auto)의 복수형은 -s만 붙인다.
> piano(pianoforte) → pianos   curio(curiosity) → curios
> photo(photograph) → photos   solo(solitudinarian) → solos

④ 어미가 -f, -fe인 단어는 f를 -v로 고친 뒤 -es를 붙인다

half → hal**ves**   wife → wi**ves**
calf → cal**ves**   leaf → lea**ves**

> 예외 예외 : 다음 단어는 -f, -fe로 끝나는 경우라도 -s만 붙인다.
> chief → chiefs (조직의)장   roof → roofs 지붕   cliff → cliffs 절벽
> dwarf → dwarfs 난쟁이   safe → safes 금고   grief → griefs 슬픔, 비탄
> proof → proofs 증거   strife → strifes 투쟁, 싸움   gulf → gulfs 만(해안에서 사용)

316 불규칙 복수명사 (~en, ~ee, ~ce)

① 모음이 변하거나 -en을 붙임

man → m**en** 남자　　　　　　　　woman → wom**en**[wimin] 여자
ox → ox**en** 소　　　　　　　　　child → child**en** 어린이

② -oo[단수] -ee[복수]

goose[gu:s] → g**ee**se[gi:s] 거위　　tooth → t**ee**th 이(치아)　　foot → f**ee**t 발

③ -ouse[단수] -ice[복수]

mouse → m**ice**[mais] 쥐　　　　louse[laus] → l**ice**[lais] 이, 벼룩

317 -(s)is[sis]로 끝나는 단어의 복수는 -(s)es[siz]

analysis 분석	analy**ses**	axis 중심축	ax**es**
basis 근거, 기초	ba**ses**	crisis 위기	cri**ses**
diagnosis 진단	diagno**ses**	hypothesis 가설, 추측	hypothe**ses**
oasis 오아시스	oa**ses**	parenthesis 삽입 어구, 괄호	parenthe**ses**
synthesis 합성, 종합	synthe**ses**	thesis 학위, 논문	the**ses**

Some **parentheses are** needed around that expression. 그 표현에는 약간의 삽입어구가 필요하다.
The **diagnosis** that he heard today **was** not very negative. 그가 오늘 들은 진단은 그리 부정적이지 않았다.
The **crisis** we face as a family **ends** up bringing us closer together.
우리 집에 닥친 위기는 오히려 가족들을 하나로 묶어 주는 역할을 한다.

318 -um, -on으로 끝나는 단어의 복수는 -a

bacterium 세균	bacteria	datum 자료, 정보	data
curriculum 교육과정	curricula	medium 매체	media
memorandum 보고서, 각서	memoranda	stadium 경기장	stadia
criterion 기준	criteria	phenomenon 현상, 사건	phenomena

The **data are** derived from detailed examinations of consumer behavior and historical trend analysis. 이 자료는 고객 행동에 대한 구체적인 조사자료와 과거부터 지금까지의 경향 분석을 통해 얻어진 것이다.
The **phenomenon** of teen Internet addiction **has** risen above the dangerous level.
청소년들의 인터넷 중독 **현상**이 위험수위를 넘어섰다.
The **bacteria** that **cause** cholera **grow** quickly in water. 콜레라를 유발하는 박테리아는 물속에서 급속히 증가한다.

319 -us로 끝나는 단어의 복수는 -i

alumnus 동창생	alumni	bacillus 세균	bacilli
cactus 선인장	cacti	focus 초점	foci
fungus 균, 버섯	fungi	genius 수호신	genii
nucleus 핵, 중심	nuclei	syllabus 강의계획서	syllabi
stimulus 자극	stimuli	octopus 문어	octopi

The **syllabi prescribe** precisely which books should be studied.
교수요목은 공부할 책들을 정확히 규정해 놓고 있다

All of the **alumni are** to attend the reception at the principal's house.
졸업생들 모두가 교장선생님 집에서의 리셉션에 참석할 예정이다.

She is an **alumna** of Stanford University. 그녀는 스탠포드 대학교 졸업생이다.
They are **alumnae** of Stanford University. 그녀들은 스탠포드 대학교 졸업생들이다.

> **예외** 여자 동창생은 alumna로 쓰며, 복수형은 alumnae이다.
> 그러나 남/녀 구분없이 alumnus/alumni가 더 일반적으로 쓰인다.
>
> 이하의 단어들도 -ae가 복수형인 경우이다.
> I sent in **a curriculum vita** to that company. 나는 그 회사에 **이력서**를 냈다. (단수)
> I sent in **curriculum vitae** to some companies. 나는 몇 회사에 **이력서**를 냈다. (복수)
> We looked at **an alga** in the lab. 우리는 실험실에서 **해조**를 보았다. (단수)
> We looked at **algae** in the lab. 우리는 실험실에서 **해조**를 보았다. (복수)

320 단/복수 동형 명사 (단수와 복수의 형태가 같은 명사)

물고기류 :	fish, trout(송어), carp(잉어), salmon(s)(연어), shrimp(s)(새우)
동물류 :	deer(사슴), sheep(양), swine(돼지), moose(무스), buffalo(버팔로)
'~s'형 :	species(종/종류), series(연속물), means(수단), brains(두뇌)
사람 :	Chinese(중국인), Japanese(일본인), Swiss(스위스인)

We caught **a fish** in the river. 우리는 강에서 물고기 한 마리를 잡았다.
We caught **three fish** in the river. 우리는 강에서 물고기 세 마리를 잡았다. (three fishes라고 하지 않는다.)

> **예외** There are many **fishes** in this lake. 이 호수에는 많은 어류가 산다.
> 그러나 '**어류**'를 의미하는경우 fishes와 같이 복수로 쓰기도 한다.

It is **a species** of insect previously unknown to science. 이전에는 과학계에 알려지지 않은 종의 곤충이다.
Rain forest destruction is causing the extinction of **many species**.
열대우림이 파괴되어 많은 동식물들이 멸종되어 가고 있다.

> **예외** foot : '발'의 복수형 → feet   '보병'의 복수형 → foot
> horse : '말'의 복수형 → horses   '기마병'의 복수형 → horse
> fish : 물고기의 종류 → fishes   단순하게 물고기 마릿 수 → fish
> the Japanese 일본인 전체   the Chinese 중국인 전체 [정관사 수반시]

321 분화 복수 [단수의 의미와 복수형의 의미가 다른 경우]

air 공기	airs 뽐내는 태도	pain 고통	pains 노력, 수고
time 시간, 시, 때	times 시대	circumstance 사정	circumstances 경우
advice 충고	advices 보고, 통지	sand 모래	sands 사막
good 선/이익	goods 상품, 화물	content 내용물	contents 목차, 차례
arm 팔	arms 무기	force 힘	forces 군대
people 사람	peoples 국민, 민족	quarter 4분의 1	quarters 숙소, 진영
ash 재	ashes 유골	paper 종이	papers 서류, 보고서, 신문
letter 문자, 편지	letters 문학, 학문	glass 유리	glasses 안경
water 물	waters 바다, 강	physic 의술, 약	physics 물리학
manner 방법, 태도	manners 예법	work 일	works 공장
custom 습관	customs 관세, 세관	color 색	colors 군기
writing 쓰기	writings 저작	spectacle 광경	spectacles 안경
respect 존경	respects 인사	spirit 정신	spirits 기분
part 부분	parts 재능	cloth 옷(감)	clothes 옷

I hate the way she puts on **airs**. 나는 그녀가 으스대는 게 싫다.
Foreign governments supplied **arms** to the rebels. 외국 정부들이 그 반군들에게 무기를 제공했다.
They ghosted up the smooth **waters** of the river. 그것들은 잔잔한 강물 위를 소리도 없이 거슬러 올라갔다.
He always takes great **pains** with his lectures. 그는 항상 아주 정성 들여 강의를 한다.
The people cheered the soccer team with drums beating and **colors** flying.
사람들은 북 치고 깃발을 휘날리며 축구 선수들을 응원했다.

322 상호 복수 [두 개 이상의 것이 상호적으로 작용해야 할 경우에는 반드시 복수 형태로 쓴다]

shake hand**s** : 악수하다	exchange seat**s** : 자리를 바꾸다
exchange letter**s** : 편지를 교환하다	change car**s** / bus**es** : 차(버스)를 갈아타다.
be friend**s** with : ~와 친구 사이다	make friend**s** with : ~와 친구가 되다
be on good term**s** with : ~와 사이가 좋다	take turn**s** : ~교대하다

Koreans often **shake hands** with bowing. 한국인들은 종종 머리를 숙이면서 악수를 한다.
At first the colonists lived **on good terms with** the native people.
처음에 개척자들은 원주민들과 사이좋게 지냈다.

 기출문제를 살펴보자 [동국대]

Wolves are the classic illustration of (A)<u>species</u> that defends a group territory. (B)<u>The average wolf pack</u> is (C)<u>an extended family</u> of from five to eight individuals with a territory of (D)<u>a few hundred square kilometers</u>.

---

species → a species : species는 '-s'로 끝나지만 단수/복수 동형명사이다. 따라서 부정관사(a)가 없으면 species는 복수형으로 여겨지는데 depends로 단수일치 동사가 왔으므로 단수형임을 나타내주는 부정관사를 써서 **a** species가 되어야한다.

늑대는 집단의 영역을 방어하는 종의 전형적인 예다. 평균적인 늑대 무리는 수백 평방킬로미터의 영역을 가진 5~8마리로 이루어진 대가족이다.

▶ 정답 (A)

323 복수형의 낱말을 단수 취급하는 경우

① 학과명

physics, politics, mathematics, ethics 등의 교과목은 -s로 끝나지만 단수 취급한다

Mathematics is given a great deal of weight on the entrance examination.
입학시험에서 수학의 비중이 매우 크다.

> **Tip** statistic이 '통계(자료)'를 의미하면 단, 복수 모두 가능하지만 '통계학'으로 쓰이면 항상 statistics로 쓰며 단수 취급한다.
> These statistics **are** punched into a computer. 이런 통계자료들이 컴퓨터에 입력된다
> Statistics **is** my major. 통계학은 나의 전공이다
>
> chemicals는 교과목명이 아닌 '화학(약)품'이라는 뜻이고, 교과목의 '화학'은 chemistry이다.
> I am learning how to mix **chemicals**. 나는 화학약품을 혼합하는 법을 배우고 있다
> As a chemist she knows **chemistry** like the back of her hands.
> 그녀는 화학자로서 화학을 자세히 안다

② 복수형태의 국가명 : The + 나라명+s

The Bahamas, The Philippines, The United States 등의 국가명은 반드시 The를 사용하며 단수 취급한다

The Bahamas is full of the world's most elegant women. 바하마는 세계에서 가장 아름다운 여성들로 가득 하다.

③ 시간, 거리, 금액, 무게를 하나의 단위로 취급할 때에는 단수 취급한다

Thirty hundred kilometers is a very long way. 3000킬로미터는 매우 먼 거리이다.

④ 놀이

billiards(당구), cards(카드놀이), checks(서양장기), marbles(공기놀이) 등

Billiards is all the rage with students. 학생들 사이에 당구가 성행하고 있다.

⑤ 질병명

measles(홍역), rickets(구루병), the dumps(울적함), the shakes(오한) 등

Measles is an infectious disease. 홍역은 전염병이다.

> **Tip** 감기(cold)나 ~ache로 끝나는 headache, stomachache, toothache등은 '~s'로 끝나지 않는다.

명사의 소유격(속격)
명사's / of

Guide 소유격(속격)은 '소유'를 의미하는 이외에도 다양한 쓰임이 있다.
명사의 소유격은 ① 명사's ② of 형태가 있다.

324 명사의 소유격(명사's)은 소유관계를 나타내며 '~의'로 해석한다

① 사람과 동물과 같은 생물의 소유격은 명사 뒤에 's(apostrophe S)를 붙여서 만든다

The woman is Mr. **Scott's** wife.   그녀는 Mr. Scott의 아내이다.
The **man's** house is next to mine.   그 남자의 집은 우리 옆집이다.
This is my **mother's** coat.   이것은 우리 엄마의 코트이다.

② 복수 명사가 -s로 끝나면 그냥 '(apostrophe)만 붙인다

Those are the **students'** backpacks.   (O) 저것들은 학생들의 백팩이다.
Those are the **students's** backpacks. (X)

③ 사람의 이름이 -s로 끝나면 's를 붙인다.

Emily is **Charles's** sister. 에밀리는 찰스의 누이다.

④ 복수라도 -s로 끝나지 않는 경우엔 's로 소유격을 만들 수 있다

My sister graduated from Sookmyung **Women's** University. 누나는 숙명여대를 졸업했다.
Children's clothes were everywhere. 아이들의 옷이 온 데 널브러져 있었다.

⑤ 특정 소유격 - 관사 수반 불가

Tom's bike   탐 소유의 특정한 자전거
a **Tom's** bike (X)
Tom's old bike   소유격과 명사 사이 형용사 가능

⑥ 종별 소유격 - 단수인 경우 부정관사 수반

a **children's** bike 아동용자전거 - 자전거의 종류를 의미 할 뿐 특정한 자전거를 의미하지 않는다.
(부정관사 a는 children을 한정하는것이 아니고 bike의 한정사이다.)
a **children's** old bike (X) 소유격과 명사 사이 형용사 불가!

⑦ 복합명사의 소유격은 마지막 단어에 's

Tom lives in his mother-in-**law's** house. Tom은 장모님 집에 산다.
Why should I take the blame for somebody **else's** mistakes?
내가 왜 다른 사람의 실수에 대해 비난을 받아야 하죠?

325 의미상 주어 / 의미상 목적어로의 소유격

① 의미상 주어

I've already gotten **my parent's** consent. 이미 부모님의 동의는 얻었다.
I can't wait to see **my boy's** smile. 내 아들의 웃음을 빨리 보고 싶다.

> **Tip** my parent's consent = my parents(주어) consented
> my boy's smile = my boy(주어) smiles

② 의미상 목적어

We successfully negotiated **the hostages's** release. 우리는 인질 석방을 성공적으로 성사시켰다.
The president's assassination precipitated the country into war. 대통령 암살은 그 나라를 전쟁으로 몰고 갔다.

> **Tip** the hostages's release = released the hostages(목적어)
> the president's assassination = assassinated the president(목적어)
>
> We successfully negotiated **the hostages's** release.
> = We successfully negotiated the release **of** the hostages.
> **The president's** assassination precipitated the country into war.
> = The assassination **of** the president precipitated the country into war.

326 명사가 물건인 경우엔 of를 사용해서 소유격을 만든다

① 사람과 동물과 같은 생물의 소유격은 명사 뒤에 's (apostrophe S)를 붙여서 만든다

Tell me the author **of** this book.   (O) 이 책의 작가를 말해주세요.
Tell me this **book's** author.   (X)
I broke the legs **of** the table.   (O) 내가 테이블의 다리를 망가트렸다.
I broke the **table's** legs.   (X)

▶ **사물에 붙이는 's (apostrophe - S) ?**   **ⓗⓞⓣ p@ge 17**

도량과 척도(시간, 거리, 가격, 중량), 자연, 국가, 도시 등은 's(apostrophe - S)를 붙여 사용한다.

today's paper   오늘 신문   **tomorrow's** lesson   내일 수업
a **day's** journey   당일치기 여행   five **minutes'** walk 도보로 5분 거리
ten **miles'** distance 10마일의 거리   a **dollar's** worth of sugar 1달러어치의 설탕
the **world's** peace   세계의 평화

▶ **초점(중심)이 다른 경우**

Joanne K. Rowling**'s novels**   - novels의 비중이 크다
the novels **of** Joanne K. Rowling   - Joanne K. Rowling의 비중이 크다

He is the well-known **entertainer's** son.
He is the son **of** the well-known entertainer. 그는 유명한 연예인의 아들이다.

> **Tip** 위 예문은 둘 다 가능하지만 end-weight 원칙(긴 표현을 뒤로)에 의해 두 번째 예문이 더 바람직하다.

327 소유격의 명사 생략

① 소유격('s) 뒤의 house, shop, office, store, place 와 같은 장소, 집 등은 생략 할 수 있다

Last night I stayed at my **uncle's**. 어젯밤 I 아저씨 댁에서 머물렀다.

> **Tip** Last night I stayed at my uncle's house라고 써도 맞는 표현이다

② 같은 명사가 되풀이 될 때 반복을 피하기 위해서 소유격 다음에 오는 명사는 생략함

This book is my **brother's** (book). 이 책은 동생의 것이다.
My car is faster than **Tom's** (car). 내 차는 Tom의 차보다 빠르다.

③ 이중소유격 : a, an, this, these, that, those, some, any, no, which, what, such, each, every 등의 한정사는 소유격과 함께 나란히 쓸 수 없으므로 『한정사 + 명사 + of + 소유대명사/명사+'s』의 형태로 써야 한다

He is a my friend.   (X)
He is **a friend of mine**.   (O)
He is **my** friend.   (O) 그는 내 친구이다.

Any friend of my son's is welcome. 내 아들의 친구라면 누구든지 환영한다.
= **My son's friends** are welcome.

It was **a good idea of Tom's**.   그것은 톰의 기발한 아이디어였다
= It was **Tom's good idea**.

The wheels of the **car's** began to turn. (X)
The wheels of the car began to turn.   (O) 그 자동차의 바퀴가 돌아가기 시작했다.

> **Tip** 이중소유격에서 of의 목적어는 '**사람**'만이 가능하다.

기출문제를 살펴보자 [가천대]

Yesterday I met _____ on my way home from school.

(A) my father's a friend   (B) a friend of my father's
(C) a my father's friend   (D) a friend of my father

명사의 소유대명사꼴은 명사's 이므로 my **father's**가 된다.
어제 나는 학교에서 집에 가는 길에 아빠의 친구분을 만났다.

▶ 정답 (B)

328 my father's picture vs. a picture of my father('s)

This is **my father's picture**.

> **Tip** ① 아버지 소유의 그림 ② 아버지가 그린 여러 그림중 한 점 ③ 아버지를 그린 그림 (세 가지 의미 모두 가능)

This is **a picture of my father**.

> **Tip** '아버지를 그린 그림'이라는 의미만 있음

This is **a picture of my father's**.

> **Tip** ① 아버지 소유의 그림 ② 아버지가 그린 여러 그림중 한 점 (두 가지 의미만 있음)

> **Tip** 영화 터미네이터2에서 경찰로 변장한 살인 로봇이 '존 코너'를 쫓는과정에서 그의 양부모를 찾아가 존 코너의 사진을 요구하는 장면이 나온다. 이때 그 로봇은 양부모에게 Do you have **John's photograph**? 라고 하지않고, Do you have **a photograph of John**?이라고 한다.
>
> apostrophy-s는 소유의 의미이므로 John's photograph는 '존 소유의 사진'이라는 의미이다. John's car, John's book과 같이 쓰면 '존의 자동차', '존의 책'이라는 소유의 의미이다.
>
> 그 살인 로봇은 '존이 소유한 사진'을 의미하는 것이 아니라 **존을 찍은 사진**을 의미했기 때문에 **a photograph of John**이라고 했던 것이다.

3:10초경을 보세요

329 소유격에 따른 공동소유와 개별소유

This house is **Tom and Ted's**. 이 집은 Tom과 Ted의 것이다. (한 채의 집을 공동소유)
= This is **Tom and Ted's** house.
These houses are **Tom's and Ted's**. 이 집들은 Tom의 집과 Ted의 집이다. (각각의 집을 개별소유)
= These are **Tom's and Ted's** houses.

330 of + a(n) + 명사형 수사어구

때때로 무생물의 소유격으로 알려진 'of + 명사'형임에도 불구하고 소유격으로 해석이 안되는 경우가 있다. 이들의 경우에는 'B의 A'라는 일반적인 해석 보다는, 'A와 같은 B'로 해석해야 한다

A mountain **of** a wave rushed on the village. 파도의 산이 마을을 덮쳤다. (X)
→ 산더미 같은 파도가 마을을 덮쳤다. (O)
Susan is an angel **of** a wife. Susan은 아내의 천사다. (X)
→ Susan은 **천사 같은 아내**다. (O)

Unit 58 복합명사
명사+명사

Guide 두 개의 명사가 하나의 의미를 갖는 명사의 경우에 관하여 알아본다.
복합명사는 어려운 파트이므로 학습후 교재의 명사들은 반드시 암기한다.

331 단수명사 + 명사

복수의 경우에는 뒤의 명사만 복수형이 된다

application form 신청서	admission fee 입장료	attendance record 출석률
insurance coverage 보상 적용 범위	interest rates 금리, 이율	time period 시한/기간
shoe store 신발가게	convenience store 편의점	department store 백화점
blood type 혈액형	income tax 소득세	mountain range 산맥 등

An application form will be winging its way to you soon. 지원서가 곧 당신께 발송될 것입니다.
Some analysts predict the Fed will raise **interest rates** one or two more times.
몇몇 분석가들은 연방 준비제도 이사회가 한두 번 더 금리를 인상시킬 것이라고 예상하고 있습니다.

332 복수명사 + 명사

명사자체에 '-s'가 수반되는 명사들이 있다. 이런 경우 복수형태 그대로 쓴다

award**s** ceremony 수상식	benefit**s** package 복지 혜택	custom**s** regulations 세관 규정
custom**s** office 세관	custom**s** duties 관세	custom**s** declaration 세관 신고
custom**s** tariffs 관세	future**s** market 선물 시장	good**s** train 화물열차
saving**s** plan 저축 계획	saving**s** account 저축 계좌	sale**s** person 영업사원
sale**s** division 판매 부서	sale**s** figures 판매 수치	shareholder**s** meeting 주주총회
sport**s** car 스포츠카 등		

Generous **benefits package** is frosting on the cake at this firm. 많은 복지 혜택은 이 회사를 더욱 빛나게 한다.
There are four rookies in the **sales division**. 영업부 신입사원은 네 명 입니다.
The Customs Office works hard to keep out counterfeit goods.
세관은 위조품 반입을 막기 위해 많은 노력을 기울인다.

Anyone holding a **boarding pass** should return to the central ticket counter for further instructions. 탑승권을 소지하신 승객께서는 모두 중앙 티켓 카운터로 다시 가셔서 안내를 받으셔야 합니다.
If you order two for $70, we pay the **shipping charges**.
그러나 70달러에 2상자를 주문하시면 운송료는 저희 회사 측에서 부담합니다.

Tip **boarding** pass 탑승권   **living** expenses 생활비   **working** environment 근무환경
planning stage 기획단계   **seating** capacity 좌석수용력   **shipping** charge 운송비용
training course 교육과정 등과 같이 '~ing+명사'의 형태도 쓰인다.

333 'man, woman'이 포함된 복합명사

① 'man, woman'이 들어간 복합명사가 '동격(A=B)'를 이룰 경우 복수형(men, women)으로 쓴다

Most **women doctors** choose pediatrics and general practice over surgery.
대부분의 여자 의사들은 외과보다는 소아나 내과를 선호한다.

> **Tip** women = doctors가 동격이다.

The percentage of **women teachers** working at elementary schools rose from 66 percent in 2000 to 70 percent in 2004. 초등학교의 여성 교사들의 비율은 2000년에 66 퍼센트에서 2004년에 70 퍼센트로 증가했다.

> **Tip** women = teachers가 동격이다.

단수형은 아래와 같다
I prefer to see **a woman doctor**. 나는 여의사에게 진찰을 받는 게 더 좋다.

그러나 단수형으로 쓰면 산부인과의사라는 의미와 겹칠 수도 있다.
I'll end up working as **a woman doctor**. 산부인과 의사로 끝까지 일하겠다.

② 'man, woman'이 들어간 복합명사가 동격을 이루지 않을 경우(A≠B)에는 'man, woman'을 그대로 쓴다

They are **woman lovers**. 그들은 여자를 밝힌다.

> **Tip** woman ≠ lovers는 서로 다르다.

Some feminists tend to be **man haters**. 어떤 페미니스트들은 남자를 혐오하는 경향이있다.

> **Tip** woman ≠ haters는 서로 다르다.

Chapter 09　기출 및 예상 문제

1 The representatives of the party took great _____ in reaching a final agreement.
　(A) a pain　　　　　(B) pains
　(C) pain　　　　　　(D) the pain

문석 take pains : 수고하다 cf. pain : 고통 [321]
해석 그 정당의 대표들은 최종적인 합의에 이르는 데 아주 애를 썼다.
정답 (B)

2 Her house is within _____ from the police station.
　(A) a stone's throw　　(B) a throw of a stone
　(C) stone's throw　　　(D) the stone's throw

문석 지명, 천체, 지역, 시설, 시간, 거리, 중량, 가격 의인화된 무생물 등은 나타낼 때 ~'s 를 붙여 소유격을 나타낸다.
a stone's throw 아주 가까운 거리 [326]
해석 그녀의 집은 경찰서에서 아주 가깝다.
정답 (A)

3 Is it true that _____ was stolen last night?
　(A) that car of Jim　　(B) that car of Jim's
　(C) that Jim's car　　　(D) Jim's that car

문석 a(an), this, that, no, any, some, many, another + of + 소유대명사 형태의 2중 소유격을 묻는 문제이다. [327]
해석 Jim의 차가 지난 밤에 도둑 맞은 것이 사실이냐?
정답 (B)

4 "I didn't go to the party last night."
　"Did _____ go to the party?"
　(A) many John friends
　(B) many John's friends
　(C) many of John friends
　(D) many friends of John's

문석 a(an), this, that, no, any, some, many, another + of + 소유대명사 형태의 2중 소유격을 묻는 문제이다.
해석 "나는 어젯밤에 파티에 가지 않았습니다."
　　　"John 친구들이 파티에 많이 갔습니까?"
정답 (D)

5 다음중 문법적으로 옳은 것을 고르시오
　(A) He is on good term with her.
　(B) He shook hand and parted.
　(C) I changed trains at Taejon Station.
　(D) We took great pain making a fire.

문석 분화 복수를 묻는 문제이다. [321]
(A) be on good terms with : ~와 사이가 좋다
(B) shake hands with : ~와 악수하다
(C) change trains : 기차를 갈아타다
(D) take pains : 수고하다
정답 (C)

6 다음 밑줄 친 부분이 잘못된 것은?
　(A) There were lots of passers-by on the street.
　(B) I have to buy a piece of furniture.
　(C) How many baggages do you want to check?
　(D) We have three Johns in our class.

문석 (C) baggage는 집합적 물질명사(불가산)이므로 many baggages를 much baggage로 고쳐야한다. [306]
해석 (A) 거리에는 많은 행인들이 있었다.
(B) 나는 가구 한 점을 구입해야 한다.
(C) 체크인 할 가방이 얼마나 됩니까?
(D) 우리 반에는 세 명의 John이 있다.
정답 (C)

Chapter 09 기출 및 예상 문제

7 He had been cutting (A)human (B)hairs for two years (C)before he (D)came to New York.

> 문석 hair가 머리카락 전체를 가리킬 때는 불가산명사로 복수형을 쓸 수 없지만, a gray hair - 흰 머리카락 하나 two gray hairs - 흰 머리카락 두 개 등과 같이 셀 수 있는 명사로도 쓰인다. [Unit 55]
> 해석 그는 뉴욕에 오기 전 2년 동안 미용일을 했었다.
> 정답 (B)

8 (A)Classification is a useful approach to the (B)organization of (C)knowledges in (D)any field.

> 문석 knowledge는 추상명사이므로 복수형이 있을 수 없다. [307]
> 해석 분류는 어떤 분야에서도 지식을 조직하는 데 유용한 접근법이다
> 정답 (C)

9 (A)According to (B)the doctrine of utilitarianism, the (C)goal of life is the maximum (D)happinesses for the maximum number of individuals.

> 문석 happiness는 추상명사이므로 복수형으로 쓸 수 없다.
> 해석 공리주의의 원리에 따르면 삶의 목적은 최대 다수의 개인을 위한 최대행복이다
> 정답 (D)

10 The manufacturing of (A)transportation (B)equipments (C)ranks as Michigan' principal (D)industry.

> 문석 equipment는 집합적 물질명사이므로 복수형으로 쓰지 못한다. [306]
> 해석 수송 장비의 제조는 미시건의 주요한 산업으로 자리를 차지한다.
> 정답 (B)

11 (A)The diamond is the (B)hardest (C)substance in (D)natures.

> 문석 nature가 '자연'의 뜻일 때는 불가산명사이고, '천성, 본성'의 의미이면 가산/불가산 모두 가능하다. [Unit 55]
> 해석 다이아몬드는 자연에서 가장 단단한 물질이다.
> 정답 (D)

12 Although the hurricane swept through this town, _____ was done.

   (A) a little damages   (B) a few damages
   (C) few damages   (D) little damage

> 문석 damage(손해)는 셀 수 없는 명사이므로 little/much로 수식한다.
> 해석 비록 폭풍이 이 마을을 휩쓸고 지나갔지만 손해는 거의 없었다.
> 정답 (D)

13 Tom and John are _____ of Yale University.

   (A) alumni   (B) alumna
   (C) alumnus   (D) alumnae

> 문석 alumnus 의 복수는 alumni이다. [318]
> 해석 Tom과 John은 예일대학 동창생이다.
> 정답 (A)

Chapter 09 기출 및 예상 문제

14 The card (A)is printed (B)on (C)recycled (D)papers.

문제 paper가 '종이'의 뜻일 때는 물질명사이므로 복수형이 없다. [303]
해설 그 카드는 재활용 종이에 인쇄되었다.
정답 (D)

15 Most farmers (A)learn all their practical (B)skills from (C)actually doing (D)farms work.

문제 '명사 + 명사'의 복합명사에서 앞의 명사는 단수이므로 farm work가 되어야한다. [331]
해설 대부분의 농부들은 실제로 농장 일을 함으로써 모든 실제적인 지식을 배운다.
정답 (D)

16 Peanuts (A)grow in long, bright green (B)rows on 18 (C)inches-high (D)bushes.

문제 명사 앞의 단위 명사형은 복수라도 단수형으로 쓴다. (c) inches-high → inch-high [462]
해설 땅콩은 18인치 높이의 관목에서 길고 연두색의 줄을 지으며 자란다
정답 (C)

17 The (A)value of all (B)good and services (C)produced in a country during a (D)given period is called the gross national product.

문제 good : 이익 goods : 상품 / goods and services : 재화와 용역 / gross national product : 국민총생산 [321]
해설 정해진 기간 동안에 한나라에서 생산된 모든 재화와 용역의 가치는 국민 총생산이라고 불린다
정답 (B)

18 (A)The winner photograph (B)was of an old barn window (C)covered with (D)a delicate, lacy frost.

문제 수상자의 사진이므로 (a) winner → winner's [324]
해설 수상자의 사진은 섬세하고 망사같은 서리로 뒤덮인 오래된 헛간의 창문에 관한 것이었다
정답 (A)

19 (A)The latest census report (B)reveals that the city has (C)less inhabitants in 1980 (D)than in 1990.

문제 복수명사 inhabitants 앞은 양이 아닌 수량형용사를 쓴다. less → fewer
해설 최근의 인구조사 보고서에 의하면 그 도시는 1990년보다 1980년에 인구가 적었다.
정답 (C)

20 "What did you buy today, Bruce?"
 "I bought _____."
 (A) two bag of rice (B) two dozen rice
 (C) two sacks of rice (D) two rices

문제 rice는 물질명사이다. (A)는 two **bags** of rice가 되어야 한다. [303]
해설 "Bruce, 오늘 뭐 샀니?" " 난 쌀 두 포대 샀어."
정답 (C)

Chapter 09 기출 및 예상 문제

21 Sir Anthony Van Dyck, one of the (A)world's (B)greatest master of portraiture ever known, (C)was born in Antwerp (D)and was (E)the seventh of twelve children.

문석 one of 다음 복수명사이므로 master → **masters**
(E)the seventh 서수 앞에는 정관사 the를 쓴다.
해석 Anthony Van Dyck은 지금까지 알려진 세계에서 가장 위대한 초상화법 대가들 가운데 한 사람이며, 12자녀 중 7번 째이다.
정답 (B)

22 There are two (A)kinds of magnetic (B)disks: floppy disks, which are portable, and hard disks, which can store (C)many more information (D)than floppy disks.

문석 information은 불가산명사이므로 many가 아닌 much가 되어야 한다. [307]
해석 두 종류의 자성을 띤 디스크가 있다. 휴대 가능한 플로피디스크와 플로피보다 저장을 많이 할 수 있는 하드디스크가 있다.
정답 (C)

23 Choose the sentence that is NOT grammatically correct.
(A) My family are all fast learners.
(B) She refused to give evidence at the trial.
(C) Do some research before you buy a house.
(D) We finally came to firm decision on the matter.
(E) They are sick of the discomforts of air travel.

문석 decision이 '결정'을 의미할 때는 가산명사로 사용하므로 come to **a** firm decision으로 쓴다.
해석 (A) 우리가족은 모두 빨리 배운다.
(B) 그녀는 재판에서 증거 제시하기를 거부했다.
(C) 집을 사기 전에 잘 알아보아라.
(D) 우리는 마침내 그 문제에 대해 굳은 결심을 하게 된다.
(E) 그들은 비행기 여행의 불편함에 질렸다.
정답 (D)

24 어법상 올바르지 않은 것을 고르시오.
(A) Don't forget to buy a few butter.
(B) I stopped to see the queen's parade.
(C) She was used to being teased by her sister.
(D) The author is known by the book to everybody.

문석 butter는 물질명사로 불가산명사이므로 a few를 쓸 수 없다. a few butter → **a little** butter가 되어야 한다.
해석 (A) 버터 약간 사는 것 잊지마라.
(B) 나는 여왕의 퍼레이드를 보기 위해 멈췄다.
(C) 그녀는 언니로 부터 놀림을 당했었다.
(D) 그 작가는 그 책으로 인하여 모두에게 알려져있다.
정답 (A)

25 The job involved not just piecing together more than three (A)billions DNA (B)sequences, but making sure none of the (C)material that was used came from bacteria or other (D)organisms clinging to the fur.

문석 수사가 수반된 경우: 수사 + dozen, score, hundred, thousand, million, billion + 복수명사 [461]
[예] five hundred people : 5백 명
수사가 수반되지 않은 경우: dozens, scores, hundreds, thousands, millions, billions + **of** + 복수명사
[예] hundred**s of** people : 수백 명
수사(three)가 수반되었으므로 **three billion**이 되어야 한다.
해석 그 일은 30억 개 이상의 DNA연속물을 하나씩 모으는 것 뿐만 아니라 그것에 사용되는 물질 중 어느 하나도 박테리아나 혹은 털에 달라붙는 다른 생물체로부터 오지 않도록 확실히 하는 것도 포함한다.
정답 (A)

Chapter 09 기출 및 예상 문제

26 Although (A)<u>the hail</u> (B)<u>consists of</u> ice or snow, it usually falls (C)<u>during</u> the summer at (D)<u>the beginning</u> of a thunderstorm.

문제 우박은 불가산명사로 대표 개념을 나타낼 때는 관사 없이 사용한다. the hail → hail이 되어야 한다.
해설 우박은 얼음이나 눈을 포함하지만, 종종 여름에 폭풍이 시작할 때 내린다.
정답 (A)

27 Though many of (A)<u>the hardship</u> that (B)<u>the peoples</u> of the world face today are purely local, the plight of those (C)<u>suffering from</u> hunger and malnutrition (D)<u>is</u> of truly global proportions.

문제 many of + 복수명사이므로 hardships가 되어야 한다.
해설 오늘날 세계 여러 민족들이 직면하고 있는 많은 어려움들이 순전히 지역적인 문제이긴 하지만 기아와 영양실조를 겪는 사람들의 곤경은 분명히 전 세계적인 문제이다.
정답 (A)

28 Computers can be frustrating, but just think of all of the _____ you get from having one.

(A) beneficiaries   (B) benefiters
(C) benefits   (D) benefited

문제 정관사 the가 있으므로 명사가 되어야 한다. beneficiary = benefiter '수익자'라는 뜻이므로 benefit이 정답이다.
해설 컴퓨터는 좌절감을 일으킬지도 모른다. 그러나 컴퓨터를 갖게 됨으로 얻을 수 있는 모든 이익을 생각해 보라.
정답 (C)

29 If there is one thing we should (A)<u>be worried about</u>, it is (B)<u>not that</u> we are (C)<u>doing badly</u> at learning other people's languages but that we increasingly pay (D)<u>so few</u> attention to the correct use of our own.

문제 attention은 불가산명사이므로 (a) few가 아닌 (a) little 로 수식한다.
해설 우리가 걱정할 일이 하나 있다면, 그것은 우리가 다른 사람들의 언어를 배우는 데 있어 서투르다는 것이 아니라, 우리 고유의 언어를 올바로 사용하는지에 대해 점점 더 주의를 기울이지 않는다는 것이다.
정답 (D)

30 The Ministry of Environment said the team captured the six wild bears in the Russian Far East on Sept. 30 in order to bring them to Korea as the _____ endangered in this country.

(A) species are   (B) species is
(C) specie is   (D) specie are

문제 species는 단수/복수 동형 명사이다. 문장에서는 곰 '한 종류만'을 의미하고 있으므로 단수 is로 받는다. [320]
해설 환경부는 그 팀이 한국에 들여오기 위해 9월 30일에 러시아 극동 지역에서 6마리의 야생 곰을 포획했다고 말했는데, 이는 그 종이 한국에서 멸종 위기에 처했기 때문이라고 말했다.
정답 (B)

리얼북 | 247

Chapter 09 기출 및 예상 문제

31 (A)Startling advances in medical technology are offering (B)people (C)informations and options today that (D)were only imagined several years ago.

문절 information은 불가산명사로 복수가 불가능하다.
해설 의학기술의 놀라운 발전은 오늘날 사람들에게 여러 해 전에는 단지 상상만 했던 많은 정보와 선택권을 제공하고 있다.
정답 (C)

32 (A)Over the centuries, (B)this Silk Road way station has been (C)conquered by (D)Chinese general, Tibetan warlords, and Mongol horsemen.

문절 general은 보통명사이므로 단수형으로 쓰려면 최소한의 관사가 있거나 복수형으로 써야 한다. 뒤에 나온 명사들처럼 (D)를 복수형인 Chinese generals로 고쳐야 한다.
way station : 중간역   warlord : 장군, 군사 지도자
horsemen : 승마자, 기수
해설 수 세기에 걸쳐 이 실크로드 중간 역은 중국 장군들과 티베트 장수들 그리고 몽골 기마병에 의해 정복되어 왔다.
정답 (D)

33 (A)In the reign of (B)Spain King Philip IV, a once-mighty empire was (C)drowning in corruption, (D)intrigue, and lawlessness.

문절 Spain은 국가명의 명사이므로 King을 수식할 수 없다. 따라서 (B)를 Spain's King Philip IV나 Philip IV, King of Spain(동격)처럼 써야한다. [324]
해설 스페인 왕 필립 4세의 통치하에서, 한때 강력했던 제국이 부정부패와 음모 그리고 불법에 빠지고 있었다.
정답 (B)

34 She read a piece of _____ to him.

(A) poems   (B) a poetry
(C) verses   (D) poetry

문절 poem은 보통명사, poetry는 대표물질명사로 불가산명사이다. [306]
해설 그녀는 그에게 시 한편을 읽어주었다.
정답 (D)

35 "Could you find an answer to your problem in the book I gave you?"
"I looked at it, but it wasn't really _____."

(A) of much use   (B) much used
(C) able to use   (D) of usefulness

문절 'of + 추상명사 = 형용사'를 묻는 문제이다. [310]
of much use = very useful
해설 "내가 네게 준 책에서 네 문제에 대한 답을 찾을 수 있었니?"
"그것을 봤는데, 사실은 큰 도움이 안됐어"
정답 (A)

36 The player stands _____ high.

(A) seven foot   (B) seven foots
(C) seven feet   (D) seven feets

문절 단위피트는 단수형이 foot이고 복수형이 feet이다. [316]
해설 그 선수는 키가 7피트이다.
정답 (C)

ER 편입 그래머 마스터

관사

Unit 59. 부정관사
Unit 60. 정관사
Unit 61. 무관사
Unit 62. 관사의 위치

Unit 59 부정관사 a / an

Guide 가산명사의 단수형 앞에는 최소한 부정관사 a(an)를 붙여서 쓰는데, 이때 정해지지 않은 불특정한 단수 명사 앞에 부정관사를 붙여서 쓴다.
I am student가 아니라 I am **a** student이다.

334 하나 (one)

He couldn't say **a(=one)** word. 그는 **한** 마디도 하지 못했다.
Rome was not built in **a(=one)** day. 로마는 **하루**아침에 세워지지 않았다.

335 어느 종류, 종속의 하나 '~라는'

A Mr. Kim came to see you this morning. 어느 김 씨라는 사람이 당신을 만나러 오늘 아침 왔었다.
I need **a** car, not **a** truck. 내가 필요한건 자동차지 트럭이 아니다.

> **Tip** One Mr. Kim came to see you this morning. (X)
> I need one car, not one truck. (X)
> 어느 종류, 종속의 하나 '~라는'의미의 부정관사 'a'는 334번처럼 one으로 바꾸지 못한다.

336 같은, 동일한

Birds of **a** feather flock together. 같은 깃털의 새들은 함께 모인다. (유유상종)
We are of **an** age. 우리는 나이가 같다.

> **Tip** 하나(=a)라는 의미는 동일한(=the same) 이라는 의미도 있다. 하나로 통일된 교복을 입으면 모두 같아 보이는 것과 같다.

337 per '~마다'

My mother goes to church once **a** week. 엄마는 일주일마다 교회에 가신다.
He asked $100 **a** lesson. 그는 강의당 100달러를 요구했다.

> **Tip** '~당, 마다'의 부정관사는 전치사 per와 같은의미이므로 per와 부정관사는 같이 쓸 수 없다.
> My mother goes to church **per** week. (O)   My mother goes to church **per a** week. (X)
> He asked $100 **per** lesson.   (O)   He asked $100 **per a** lesson.   (X)

338 종족대표

A dog is a faithful animal. 개는 충직한 동물이다.
= **The dog** is a faithful animal.
= **Dogs** are a faithful animal.

> **Tip** 부정관사+단수명사 = 정관사+단수명사 = 무관사 복수명사 모두 동물전체를 의미하는 표현이다.
>
> 그러나 The dogs are faithful animals처럼 '**정관사+복수명사**'로 쓰면 전체를 의미하는 것이 아니라 '그 개들'이라는 뜻으로 '특정한 개 여러 마리'를 의미한다.
> **The** dogs in the movie are lovable and nice. 영화 속에서 개들은 사랑스럽고 멋지다.

339 처음으로 화제에 오르는 명사 앞

A friend called me yesterday. 어제 한 친구가 전화를 했다.
Once upon a time, there lived **a** king. 예전에 한 왕이 살았다.

> **Tip** 위 예문의 'a'는 certain(어떤 불특정)이라는 의미로 a friend나 a king은 화자(필자)에게는 특정한 친구나 왕이 된다.
> 특정인을 의미하는데도 부정관사가 쓰인것은 청자(독자)에게는 화재에 처음으로 등장한 신 정보이기 때문이다.

 기출문제를 살펴보자 [중앙대]

In the future, our cars will be smart, and our tires will be smarter. For starters, (A)it's airless, eliminating the need to worry about pounds (B)per a square inch. It's also made from recycled materials in an effort to reduce waste. But the most impressive feature may be (C)its 3-D-printed treads, which can be swapped (D)in and out to accommodate various road conditions.

전치사 per는 '~당', '마다'라는 뜻으로 쓰이는데, 이때 뒤에 오는 명사는 무관사로 써야 하므로, (B)는 **per square** inch가 되어야 한다. 참고로 부정관사 a에도 'a+단위'를 써서 '매 ~마다,~당'의 뜻으로 쓸 수 있으므로 **per를 삭제하고 a** square inch로 써도 된다.

tread (타이어의) 접지면   swap 교환하다, 바꾸다   in and out 완전히, 철저하게

미래에 우리의 자동차는 스마트해질 것이고 우리의 타이어는 더 스마트해질 것이다. 우선 첫째로, 이 타이어에는 공기가 없어서 평방 인치당 가해지는 파운드(무게)에 대한 걱정을 할 필요가 없다. 또한 그 타이어는 쓰레기를 줄이기 위한 노력의 일환으로 재활용 소재로 만들어진다. 그러나 가장 인상적인 특징은 3D 프린터로 만든 접지면일 지도 모르는데, 이 접지면은 다양한 노면상태에 맞게 적응하도록 완전히 바뀌어질 수 있다.

▶ 정답 (B)

 ◀ 관사가 궁금하면 QR코드를 스캔해보세요

Unit 60 정관사
the

Guide 가산/불가산, 단/복수 명사 할 것 없이 **특별히 (지)정해준 명사나, 정황상 언급하는 명사가 명확하거나 특정한 경우**라면 그 명사는 정관사(the)를 수반한다.
명사를 '특별히 (지)정해준다'는 것이 어떤 의미이고, 어떤 상황인지에 대하여 학습한다.

340 누구나 알 수 있는 명사를 (지)칭할 때

Open **the window**, please. 창문 좀 열어주세요.
The earth moves round **the sun**. 지구는 태양 주위를 돈다.
The sky is clear and **the sea** is calm. 하늘은 맑고 바다는 고요하다.

> **Tip** the station, the door, the window, the garden, the bell 등 누구나 알 수 있는 명사를 지칭하는 경우 부정관사(a)가 아닌 정관사 (the)를 수반한다.

341 앞에서 언급한 명사

I bought a book yesterday. **The book(=It)** is very interesting.
어제 책 한 권(a book)을 샀는데 그 책(the book)은 아주 흥미 있다.

> **Tip** 처음 등장하는 보통명사 앞에는 부정관사(a)를 쓴다. 그러나 뒤에서 그 명사가 다시 언급될 때는 정관사 the가 붙는다.
> There was **a** young man in the village. **The** young man was very dutiful and ~
> 마을에 **한**(=**어느**) 청년(a young man)이 있었다. **그** 청년(the young man)은 매우 공손했다 그리고~

342 수식받거나 한정 받는 명사

The milk in the refrigerator went bad. 냉장고의 그 우유는 상했다.
Tell me **the way to repay you for all your kindness**. 호의에 보답할 수 있는 방법을 알려줘.

> **Tip** milk가 전치사구 in the refrigerator에 의해 수식을 받고 있으므로 특정화 되어 **the** milk로 쓴다.
> way가 부정사 to reply~의 수식을 받고 있으므로 the way가 된 것이다.
> 이러한 수식어로는 형용사절이나 형용사구, 전치사구 등 다양하다.

343 보통명사가 고유명사로 쓰이는 경우

After meeting at **the White House** today, the two leaders held a news conference.
두 정상은 오늘 백악관에서 회담을 가진 후 기자 회견을 열었다.

He received his Ph.D. in economics in 2020 from **the University of Michigan**.
그는 미시간대학교에서 2020년에 경제학박사 학위를 받았다.

Tip 원래는 보통명사였는데, 고유명사가 된 경우 정관사 the를 수반하며 앞 글자는 대문자로 쓴다.

a white house '하얀 집'   the White House '백악관'
a British museum '영국의 한(어느) 박물관'   the British Museum '대영 박물관'
a bank of Korea '한국의 한(어느) 은행'   the Bank of Korea '한국은행'

1. 국가이름 - **the** Republic of Korea
2. 기관이름 - **the** Bank of Korea, **the** State Department
3. 건물이름 - **the** Red Cross Hospital, **the** Hyatt Hotel
4. 간행물 - **the** Korea Herald, **the** New York Times, **the** Washington Post

원래의 고유명사인 Michigan State University는 관사가 쓰이지 않지만, 보통명사 university를 고유명사화 하여 the University of Michigan으로 쓰는 경우 반드시 정관사가 수반된다.

344 the + 형용사 = 형용사 + people

The rich are not always happy. 부자들이 항상 행복한 것은 아니다.
The English are proud of their history. 영국인들은 그들의 역사를 자랑스러워한다

Tip the young = young people
the old = old people
the rich = rich people

'the + 형용사'는 people을 의미하므로 복수 취급한다. 따라서 동사도 복수동사를 쓴다.
'the + 형용사'가 **추상명사의 의미인 경우는 단수** 취급 한다.
the beautiful 미(아름다움), **the** sublime 숭고(함), **the** unknown 알려지지 않은 것,
the unexpected 예기치 못한 것 등

The unknown **has** a mysterious attraction. 알려지지 않은 것은 신비스러운 매력을 가지고 있다.
The unexpected **has** happened. 예기치 못한 일이 일어났다.

345 by the 단위

They sell salt **by the pound**. 그들은 소금을 파운드 단위로 판매한다.
There are advantages to getting paid **by the hour**. 시급으로 받는 것도 여러 이점이 있다.
This car gets 30 miles **to the gallon**. 이 차는 1갤런 당(의 휘발유로) 30마일을 달린다.

Tip 비율을 나타내는 계량 단위 명에 붙여서, 보통 by the ~, to the ~의 형태로 쓰인다.
by the hour, by the day, by the pound, by the kilogram 등

346 신체나 옷의 일부 『전치사 + the + 신체』

I caught the robber **by the sleeve**. 나는 강도의 소매를 잡았다.
I caught the robber by his sleeve. (X)
He patted me **on the shoulder**. 그는 내 어깨를 두드렸다.
He patted me on my shoulder. (X)
He couldn't **look me in the eyes**. 그는 내 눈을 똑바로 쳐다보지 못했다.
He couldn't look me at my eyes. (X)
He kissed her lightly **on the cheek**. 그가 그녀의 볼에 가볍게 입을 맞추었다.
He held me **by the wrist** tightly. 그는 내 손목을 꽉 잡았다.
The answer was **staring us in the face**. 해답은 바로 우리 눈 앞에 있었다.

> **Tip** I caught the robber **by the sleeve**(A)에 상응하는 표현은 I caught **his sleeve**(B)이다.
> (A)는 처음부터 '그의 소매를 잡았다'는 의미이고, (B)는 처음부터 강도의 소매를 잡으려고 의도했다기
> 보다는 강도를 잡으려다 보니 그의 소매가 잡혔다는 의미에 가깝다.
>
> 시험에서의 point는
>
> I caught the robber **by the sleeve**. (O)
> I caught **his sleeve**. (O)
> I caught the robber **by his sleeve**. (X)
> 와 같이 전치사 다음 소유격이 아닌 정관사를 쓴다는 것이 핵심이다.
>
> 전치사의 종류는 아래와 같다.
>
> 이때 정관사 앞의 전치사는 동사의 의미에 따라 달리 쓰인다.
>
> ┌ **beat, hit, kiss, pat, strike** + 사람(동물)   ⇨ **on the** + 신체일부
> │ **catch, hold, pull, take, seize** + 사람(동물)   ⇨ **by the** + 신체일부
> └ **look, stare** + 사람(동물)   ⇨ **in the** + 신체일부
> (이 경우 **look, stare**는 타동사의 쓰임으로 전치사 at이 수반되지 않는다)

기출문제를 살펴보자 [단국대]

When we took him (A)<u>to a neighborhood restaurant</u> and offered him (B)<u>some delicious</u> food, he suddenly cheered up, (C)<u>looked at us in the eyes</u>, and (D)<u>treated us friendly</u>, smiling.

신체적 표현은 '전치사 + the + 신체일부'로 표현한다.'보다, 응시하다'의 look과 stare가 신체일부와 사용되는 경우 타동사로, look / stare 사람(동물) + in the 신체일부와 같이 쓰인다.
looked at us in the eyes가 아니라 **looked us in the eyes**가 되어야한다.

우리가 그를 근처 식당으로 데려가서 그에게 몇 가지 맛있는 음식을 대접했을 때, 그는 갑자기 기분이 좋아져서는 우리를 쳐다보고 그리고 웃으며 다정하게 대했다

▶ 정답 (C)

347 '형용사의 최상급 + 명사' 또는 '서수로 수식된 명사'

This is **the biggest** car in the world. 세계에서 가장 큰 자동차이다.
Summer is **the best** season for swimming. 여름은 수영하기에 가장 좋은 계절이다.
I went on a diet for **the second** time this year. 난 올해 들어 두 번째 다이어트를 시작했다.(서수)

> **Tip** 최상급이나 서수(first, second, third..), next, same등이 명사를 수식하는 경우에는 그 명사는 특정한 사람이나 사물을 가리키게되므로 the가 수반된다.

그러나 다음의 경우는 부정관사가 수반된다.
My book became a best seller. * 베스트셀러 책은 한 권만 있는것이 아니므로 부정관사가 수반 되었다.
위 문장에서 a best seller에 부정관사가 수반된 이유는 그 **수가 여럿인 보통명사에 해당**되기 때문이다.

of의 수식을 받고 최상의 뜻이 명확한 부사의 최상급에 붙이기도 한다.
I like Jun (the) best of all. 모든 사람 중에서 Jun을 제일 좋아한다.

형용사·부사의 비교급 앞에 all과 함께 '그만큼, 도리어 더'의 의미로 쓰인다.
I like him all the better for his faults. 그에게 결점이 있기 때문에 도리어 더 좋아한다.
The dark made the house look all the eerier. 어둠이 그 집을 더욱 무시무시하게 보이게 했다.

서수가 부사로 사용된다면 무관사이다.
Tom arrived **first**, and Jane arrived second. Tom이 먼저 도착했고, Jane이 두 번째로 도착했다.
Tom arrived the first, and Jane arrived the second. (X)

> **Tip** 최상급이나 서수의 수식을 받는 명사라 하더라도 무관사인 경우도 있다.
> best man = groomsman 들러리
> first prize 일등상
> I was best man at your wedding. 너의 결혼식 때 내가 신랑 들러리였다.
> Hey, I didn't know that you won first prize! 이런, 네가 1등 했는지 몰랐는걸!

▶ **부정관사 + 서수**　　　　　　　　　　　　　　**h⊙t p@ge 18**

다음과 같은 경우에는 서수 앞이라도 부정관사를 쓴다

1. '또 하나의, 별개의'라는 뜻일 경우
I have **a second** house in Hawaii. 나는 하와이에 또 하나의 집이 있다. (본채 외의 별장의 개념)
One horse died, **another** is exhausted and **a third** is recovering slowly.
　　　　　　　　　　　　　　　말 한 마리는 죽었고, 다른 한 마리는 지쳤으며 그리고 또 다른 말은 서서히 회복중이다.

2. 명사와 결합하여 복합명사적 색채가 강한 경우
My friend is **a second son**. 내 친구는 차남이다.

348 하늘, 바다, 비, 바람 등을 뜻하는 명사가 주어로서 형용사 없이 쓰일 때

The sea was as smooth as glass. 바다는 거울처럼 잔잔했다.
The wind was strong. 바람은 강했다.

> **Tip** A cold wind was blowing. 찬바람이 불고 있었다.
> 형용사(cold)의 수식을 받아 wind는 보통명사화가 되어 부정관사가 수반되었다.

349 부정문·의문문에서 대개 한정구가 따르는 불가산명사

I **haven't** got **the time** to answer his letter. 나는 그의 편지에 답장을 쓸 겨를이 없다.
She **didn't** have **the courage** to tell the truth. 그녀는 사실을 말할 만큼의 용기가 없었다.

350 악기나 발명품

He steeped himself in playing **the piano**. 그는 피아노 치는 데 열중하였다.
The telephone was invented by Alexander Graham Bell. 전화기는 Bell에 의해 발명되었다.

351 '-ties'로 끝나는 복수형 수사

in **the nineties** 90년대에
Your grade was in **the eighties**. 너의 점수는 80점대이다.

352 대조를 이루는 명사

The earth contains **the sea** and **the land**. 지구는 바다와 육지로 되어있다.
The chair swivels to **the left** and **the right**. 의자는 왼쪽 오른쪽으로 회전한다.
Horses sleep longer in **the summer** than in **the winter**. 말은 겨울보다 여름에 더 오래 잡니다.

> **Tip** 대조관계를 나타내는 명사는 정관사를 수반한다.
> 단순히 계절을 의미하는 아래와 같은 경우 무관사다.
> The young like **summer**.
> The old doesn't like **winter**.

353 경계가 정해진 국가, 바다, 강, 산맥 등의 명칭

The Philippines uses sugar cane waste to produce power.
필리핀은 전력을 생산하는데 사탕수수 폐기물들을 이용한다.

Northwest Passage is a very dangerous Arctic Ocean route from **the Atlantic** to **the Pacific**.
북서항로는 대서양에서 태평양까지 매우 위험한 북극해 길이다.

The mountains in **the Andes** are the highest in the world outside of **the Himalayas**.
안데스 산맥에 있는 산들은 히말라야 산맥을 제외하고 세계에서 가장 높다.

The Han River empties (itself) into the Yellow Sea. 한강은 서해로 흘러 들어간다.

Slaves were not emancipated until 1863 in **the United States**. 미국에서 노예는 1863년에야 해방이 되었다.

> **Tip** 정관사는 특별히 정한 명사 앞에 쓰는 관사를 말한다. 즉, 불특정한 명사는 부정관사를, 특별히 정해진 명사는 정관사를 수반한다.
>
> 필리핀(Philippines)앞에 정관사를 쓰는 이유는 필리핀은 아시아 대륙 남동쪽의 서태평양에 산재하는 7,000여 개의 섬으로 되어 있는데, 그 모든섬을 필리핀이라는 나라로 정한 것이다.
> 그래서 **the** Philippines가 되는 것이다.
>
> 미국 플로리다반도 동쪽 대서양상의 700여 개 섬으로 이루어 바하마(Bahama Islands)라는 국가 역시 마찬가지이므로 정관사를 수반하여 **the** Bahamas라고 한다.
>
> 미국도 같은 맥락이다. 북미대륙 본토 48개주와 북태평양의 하와이 그리고 알라스카까지 더해서 50개의 주(state)가 미국이라는 하나의 국가를 이룬다.
> 이 모든 50개의 주를 미국으로 특별히 정했으므로 **the** United States of America와 같이 the가 수반 되는 것이다.
>
> **두 지역이나 두 개 사이 함께 있어서 자연적인 경계를 구별하기가 애매한 경우 정관사 the를 써서 정해준다.**
>
> 예를 들어 호수는 자연경계가 분명하지만, 강과 바다 등은 경계를 구별하기가 어렵다. 이런 경우 어디서부터 어디까지를 이 나라의 바다(가령 대한민국의 동해와 남해)로 봐야하고, 어디서부터 어디까지를 이 강(가령 한강을 예로)으로 정해 줄 필요가 있기 때문이다.
>
> 산맥의 경우 '~s'로 끝나는 경우가 대부분이고, '~s'로 끝나지 않는 산의 이름은 mount(ain)이나 Mt. 가 수반되어 Mt. Everest나 mount(ain) Everest와 같이 표기하고 Everest라고만 쓰기도 한다.

1. 경계를 알 수 없는 경우 → 정관사

(1) 반도 : the Korean Peninsular   (2) 사막 : the Sahara (Desert)
(3) 산맥 : the Alps, the Himalayas   (4) 강 : the Han River, the Danube
(5) 바다 : the Atlantic, the Pacific   (6) 운하 : the Panama Canal
(7) 해협 : the English Channel   (8) 군도 : the Bermudas, the East Indies

2. 경계가 분명한 경우 → 무관사

(1) 호수 : Lake Alice, Lake Michigan   (2) 산 : Mount Everest, Mount Halla
(3) 공원 : Central Park, Hyde Park   (4) 역 : Seoul Station
(5) 공항 : Kimpo Airport, Kennedy Airport   (6) 항구 : Busan Harbor
(7) 광장 : Acropolis Square, Times Square

354 칭호·작위 등의 앞 단, 그 직후에 성이나 이름이 올 때는 관사가 없다.

the King 왕   / King Edward 에드워드 왕
the Queen 여왕   / Queen Elizabeth 엘리자베스 여왕
the President 대통령 / President Biden 바이든 대통령

355 강조적으로 사용되어 '출중한, 최고의'라는 의미일 때

This is **the hotel** in Seoul. 이 호텔은 서울에서 초일류급 호텔이다.
Written one hundred years ago, this is still **the Egyptian travel book**.
백 년 전에 쓰였지만, 이 책은 여전히 최고의 이집트 여행기이다.

 기출문제를 살펴보자 [서울여대]

(A)<u>Earliest written</u> record of (B)<u>a locust plague</u> is probably in the Book of Exodus, (C)<u>which describes</u> an attack that took place in Egypt (D)<u>in about</u> 3500 B.C.

형용사의 최상급 앞에는 정관사를 써야 하므로, (A)는 The earliest written이 되어야 한다.
locust 메뚜기   plague ~떼, 전염병, 재앙(유해동물의) 대량발생   Exodus 출애굽기
메뚜기 떼에 관한 가장 이른 문헌 기록은 아마도 출애굽기 안에 있을 것인데, 출애굽기에서는 기원전 3,500년경에 이집트에서 일어난 (메뚜기 떼의) 습격을 묘사하고 있다.

▶ 정답 (A)

Unit 61 무관사

> Guide 관사없이 명사만 단독으로 쓰이는 무관사의 용법은 부정관사나 정관사 용법 만큼 중요하므로 꼼꼼히 학습한다.

356 관직, 신분을 나타내는 명사가 보어로 쓰이거나 동격으로 쓰일 때

We elected him **mayor**. 우리는 그를 시장으로 뽑았다. (관직)
President Biden is a far different leader than **president** Trump.
바이든 대통령은 트럼프 대통령과는 많이 다르다. (동격)
Biden, **(the) president** of the United States is different from Trump, **(the) former president**.
미국의 대통령 바이든은 이전 대통령이었던 트럼프와는 다르다.

> Tip 1. 보어로 쓰이는 명사가 주어진 상황에서 유일한 관직, 신분(president, general, mayor, curator, chairperson 등) 등의 직책을 나타낼 때
> 2. 단독으로 쓰이는 동격인 경우 관사를 쓰지 않는다.
> 3. 수식을 받는 동격의 경우 정관사를 수반하기도 하지만 보통 생략한다. 하지만 아래와 같은 부정관사는 생략 할 수 없다.
> Biden, **an** old friend of mine, became prisident. 나의 오랜 친구인 바이든은 대통령이 되었다.

Mr. Hanson is **a director**(one of the directors) of the National Bank.
한슨씨는 국립은행의 이사 중 한 명이다.

> Tip 위 예문은 **여러 이사중 한명**을 의미하므로 부정관사가 수반 된 것이다. 이러한 부정관사는 생략하지 않는다.

357 건물의 목적이나 가구(기구)의 기능을 의미할 경우

My mother **goes to church** once a week. 엄마는 일주일에 한 번씩 교회에 가신다.
My mother goes to the church once a week. (X)
I usually **go to bed** at midnight. 나는 보통 자정에 잠자리에 든다.
I usually go to the bed at midnight. (X)

> Tip 장소를 지칭하는 학교(school), 교회(church), 감옥(prison)등이 **목적**을 의미할 때, 가구나 기구를 칭하는 침대(bed), 프린터기(print) 등이 **본래의 기능**을 의미할 때 관사를 수반하지 않는다.

go to town	상경하다, 읍내에 가다	go to sea	선원이 되다
go to bed	잠자리에 들다	go to prison	투옥되다 (= be sent to prison)
go to class	수업 받으러 가다	go to (the) hospital	입원하다
go to court	법정에 서다	go to work	출근하다
at school	수업 중	at church	예배 중
at table	식사 중 (to뿐 아니라 at이 쓰이기도 한다)		

기출문제를 살펴보자 [단국대]

It is largely (A)<u>due to</u> the publisher's (B)<u>efforts</u> that there has been (C)<u>a resurgence of</u> interest in Huston's writings, and all her books are back (D)<u>in the print</u>.

가구나 건물이 본래의 목적인 경우 무관사이듯 **'인쇄되어, 발간되어'**의 의미로 관사 없이 **in print**를 사용한다.
(D) in the print → **in print**
출판사의 노력으로 인해 Huston의 글이 다시 주목받기 시작했으며, 그녀의 모든 책이 다시 인쇄에 들어갔다.
▶ 정답 (D)

358 언어

I can speak **Korean**, **English**, and **German**. 나는 국어, 영어, 독일어를 할 수 있다.
= I can speak **the Korean language**, **the English language**, and **the German language**.

> **Tip** 언어를 지칭하는 Korean, English, Japanese등은 무관사로 쓰지만 뒤에 **language**가 붙으면 정관사 **the**도 함께 사용되어 the Korean language, the English language, the German language의 형태로 쓴다.

359 a kind(=sort / type) of

He is **a kind of person** who is dead but won't lie down. 그는 우직하게도 항복할 줄 모르는 사람이다.
Television is **a sort of window** on the world. 텔레비전은 세상을 보는 일종의 창이다.
The bagpipes are **a type of musical instrument** played in Scotland.
백파이프는 스코틀랜드에서 연주되는 악기의 한 종류다.

360 호칭, 가족을 부를 때

Waiter! Let me have the check, please. 웨이터, 영수증 가져오세요.
I take after **mother** more than **father**. 나는 아버지보다 어머니를 더 닮았다.

> **Tip** 식당에서 종업원을 부를 때, 특정한 종업원을 부르는 것이 아니므로 관사를 수반하지 않는다.
> 가족(부모)의 경우도 엄마나 아빠는 한 명씩뿐 이므로 셀 필요도, 특정하게 정할 필요도 없으므로 관사를 수반하지 않는다.

361 최상급 형용사가 서술적 용법으로 쓰이는 경우

I feel **best** in the morning. 나는 아침에 기분이 가장 좋다.
This lake is **deepest** at that point. 이 호수는 저 지점이 가장 깊다.

이 부분의 자세한 내용은 Unit 112 무관사 최상급편 참고

362 총칭적으로 쓰인 man, woman, mankind, God

Man is mortal, but **God** is immortal. 인간은 죽지만, 신은 불멸이다.
Mankind has existed for thousands of years. 인류는 수천년 동안 존재해왔다.

> **Tip** man이 '사람, 남자'의 의미로 쓰이는 경우 한 사람(남자), 두 사람(남자)처럼 셀 경우가 생기지만, '인간'을 의미하는 경우 한 인간, 두 인간 처럼 셀 경우가 없으므로 관사를 수반하지 않는다.

363 운동, 식사, 질병, 교과목, 계절, 잡지명

Soccer is a ball game played by two teams. 축구는 두 팀에 의해 행해지는 경기이다. (운동)
Dinner is waiting for you. 저녁 식사가 준비되어 있다. (식사)
Diabetes is closely linked to **obesity**. 당뇨병은 비만과 밀접한 관련이 있다. (질병)
I caught **cold**. 나는 감기에 걸렸다. (질병)
Mathematics is given a great deal of weight on the entrance examination.
입학시험에서는 수학의 비중이 매우 크다. (교과목)
Spring is the most pleasant of all seasons. 사계절 중에서 봄이 제일 즐겁다. (계절)
After putting few months into his research, Jun sent his idea to **Newsweek**.
몇 달간 연구를 진행한 후에 Jun은 자신의 아이디어를 '뉴스위크'에 보냈다. (잡지)

> **Tip** 계절은 무관사지만, 전치사와 결합되어 '기간'적인 의미로 쓰이면 정관사를 수반한다.
> These tinted windows keep your car cool **in the summer**. 차 유리를 썬팅하면 여름에 차 안이 시원하다.
> We put out food for the birds **during the winter**. 겨울 동안 들새를 위해 먹이를 밖에 내놓는다.
>
> 식사의 경우도 형용사가 수반되면 보통명사화 될 수 있다.
> My boss treated me to **a nice dinner** at a nice restaurant.
> 사장님께서 나에게 멋진 레스토랑에서 근사한 식사를 대접해 주셨다.
>
> 정기간행물 중 추상명사니 고유명사인 Newsweek, vogue, USA Today 등은 무관사지만, 보통명사 (herald-전령)에서 유래한 the Korea Herald나 the Time같은 경우 정관사가 수반된다.
>
> 가볍고 흔한 질병(fever, ~ache)에는 대개의 경우에 부정관사가 수반된다.
> I have **a fever**, and my throat is sore. 열이 나고 목도 아프다.
> I have **a headache** and need to lie down. 두통이 있어서 누워야겠다.
> I caught **a bad** cold. 나는 지독한 감기에 걸렸다.
>
> 『 cold는 catch cold와 같이 하나의 숙어처럼 고정화 된 어구에 한해서는 관사가 붙지 않으나, bad와 같은 형용사가 수반 되는 경우는 부정관사가 쓰여 위와 같이 쓰인다.』

 기출문제를 살펴보자 [세종대]

(A)The soccer is (B)a ball game (C)played by two teams, each (D)made up of 11 players.

운동명 앞에는 관사를 쓰지 않으므로 (A)는 Soccer가 되어야 한다.
축구는 두 팀에 의하여 진행되는 볼게임으로 각 팀은 11명의 선수로 구성된다. ▶ 정답 (A)

364 동사 turn의 명사보어

She turned **musician** through her mother being one. 어머니가 음악가이기 때문에 그녀도 음악가가 되었다.
= She became **a musician** through her mother being one.

365 by + 수단(교통, 통신)

Jane is going to Busan **by train** to visit his Korean friend.
Jane은 그의 한국인 친구를 방문하러 기차로 부산에 가고 있다.

It is of little importance whether we go **by bus** or (by) **car**.
우리가 버스로 가느냐, 차로 가느냐 하는 것은 별로 중요하지 않다.

I've reserved a room **by phone**. 전화로 방을 하나 예약했다.
They made contact with headquarters **by radio**. 그들은 무선으로 사령부와 교신했다.

> **Tip**
> by bus 버스로　　by train 기차로　　by car 자동차로　　by plane 비행기로
> by phone 전화로　by radio 무선으로　by fax 팩스로　　by (e)mail (이)메일로

그러나 by 이외의 전치사가 사용될 경우 (부)정관사나 소유형용사를 수반할 수 있으며, (단)복수 형태도 가능하다.

I had to stand all the way back **in a bus**. 나는 돌아오는 길 내내 버스 뒤쪽에서 서 있어야 했다.
I spent the whole night **in my car**.　　나는 내 차 안에서 밤을 지새웠다.
Tom proposed to her **over the phone**, and she accepted.
Tom은 전화로 그녀에게 청혼했고 그녀는 그의 청혼을 받아들였다.

The old man was hit **by a bus**.
이 문장은 능동태 A bus hit the old man.을 수동태로 쓴 것이다.
여기서 bus는 '교통수단의 개념'이 아닌 '보통명사'이므로 관사가 수반된 것이다.

366 대구를 이루는 경우

The union members were standing **face to face** with the police. 노조원들은 경찰과 정면 대치하고 있었다.
Day by day nothing seems to change, but pretty soon, everything is different.
하루하루는 달라지는 게 없어 보이지만 조금만 지나보면 모든 게 다 변해 있어.

> **Tip**
> arm in arm 손잡고, 팔짱끼고　　step by step 한 단계씩　　　　　　face to face 정면으로
> side by side 나란히　　　　　　from time to time 때때로　　　　　man to man 남자대 남자로
> toe to toe 발을 맞대고　　　　　from beginning to end 처음부터 끝까지 등

대구를 이루는 '명사+and+명사'의 형태는 무관사로 쓰고 복수형도 불가능하다.
They talked a man to a man. (X)　→　They talked **man to man**. (O)
They stood toes to toes. (X)　　　→　They stood **toe to toe**. (O)

그러나 대구를 이루는 명사가 both ~ and, (n)either ~ (n)or 의 경우 'the'를 수반하기도 한다.
He was the first person to reach both the North and (the) South Poles.
그는 최초로 북극과 남극을 둘 다 가본 사람이었다.

He sided with neither the conservatives nor the progressives.
그는 보수와 진보 어느 진영에도 속하지 않았다.

Unit 62 관사의 위치
so / such ~ that구문에서 관사의 위치

Guide such나 so와 연결되는 명사는 부정관사의 위치가 각각 다르다. 쓰임에 따른 관사의 위치와 복수형에 관하여 확실히 암기해둔다.

367 such / what / rather / quite + a + 형용사 + 명사

He is not **such a great scholar** as you think. 그는 네가 생각하는 만큼 위대한 학자가 아니다.
What a beautiful sight it is! = How beautiful it is! 참 아름답구나! (감탄문)

> **Tip** 감탄문에서는 'What + a + 형용사 + 명사 + 주어 + 동사!'의 순서로 쓰고 'How + 형용사 + 주어 + 동사'와 같다.

I have **quite an important promise** that day. 나 그날 꽤 중요한 약속이 있다.
I need **rather a thick board**. 나는 두툼한 판자가 필요하다.

> **Tip** 미-구어에서는 quite와 rather는 관사가 앞에 위치하는 경우도 있다. 하지만 문법문제에서는 'quite a'의 순서가 맞는 것이다.

368 so / as / too / how / however + 형용사 + a + 명사

Jun is **so good a boy**. Jun은 정말 착한 아이다.
However rich a man may be, he cannot buy happiness. 아무리 부자라도, 행복을 살 수는 없다.

 기출문제를 살펴보자 [중앙대]

Choose the sentence that is grammatically **CORRECT**.

(A) Knowing is one thing and teaching is another.
(B) Such a work cannot be done so a short time.
(C) He has been waiting for an hour and so am I.
(D) I will reward whomever can solve this problem.

(B) so+형용사+a[an]+명사'의 구문에서는 관사가 형용사 뒤에 위치하므로 so short a time이 되어야 한다.
(C) 앞의 긍정문에 대해 '~도 또한 그렇다'의 의미를 나타낼 때는 'so+조동사+주어'를 쓴다. 따라서 so have I 가 되어야 한다.
(D) 복합관계대명사의 격은 관계절 내의 역할에 따라 결정되는데, 주어진 문장에서 복합관계대명사는 자신 이끄는 절에서 주어의 역할을 하고 있으므로 주격으로 나타내야 한다. whomever를 whoever로 고친다.

(A) 아는 것과 가르치는 것은 별개이다.
(B) 그러한 일은 그렇게 짧은 시간에 마칠 수 없다.
(C) 그는 한 시간 동안 기다리고 있으며 나 또한 그렇다.
(D) 나는 이 문제를 해결할 수 있는 누구에게나 보상을 할 것이다.

▶ 정답(A)

▶ so vs. such

h(o)t p@ge 19

so

① 명사 없이 형용사나 부사만을 수식 할 수 있다.
He is **so** honest **a man that** everybody likes him. (O)
He is **so** honest **that** everybody likes him. (O)

② so + 복수명사 불가
He is **so** honest a man that everybody likes him. (O)
They are **so** honest **men** that everybody likes them. (X)

③ so + 불가산 명사불가
This is **so** important **information**. (X)

그러나 **many, much, little**과 같은 수/양 형용사가 명사 앞에 위치하면 **so**로 수식한다.
There are **so** many choices that I can't choose one. (O) 너무나 많은 선택이 있어서 하나를 고를 수 없다.
There is **so** much work to do. (O) 할 일이 너무 많다.

such

① 명사 없이 형용사나 부사만을 수식 할 수 없다.
He is **such an** honest **man that** everybody likes him. (O)
He is **such** honest that everybody likes him. (X)

② such + 복수명사가능
They are **such** honest **men** that everybody likes them. (O)

③ such + 불가산명사가능
This is **such** important **information**. (O)

그러나 **many, much, little**과 같은 수/양 형용사가 명사 앞에 위치하면 **such**로 수식할 수 **없다**.
There are **such** many choices that I can't choose one. (X) 너무나 많은 선택이 있어서 하나를 고를 수 없다.
There is **such** much work to do. (X) 할 일이 너무 많다.

④ any, every, no, some, 기수 + such + 명사
I have never seen two **such** beautiful girls.

 기출문제를 살펴보자 [단국대]

I (A)<u>have been gratified</u> that the entire rest of the world (B)<u>has redoubled its</u> commitment, and within this country (C)<u>such</u> many governors and mayors and business leaders (D)<u>have stepped up</u> to say, "We are still in"

----

many, much, little과 같은 수/량 형용사가 명사 앞에 위치하면 such로 수식할 수 없으므로 (C)는 **so** many governors가 되어야한다.

gratified a. 만족하고 있는, 만족한   redouble v. (노력 등을) [강화]하다   commitment n. 약속. 노력; 헌신   step up 앞으로 나오다

나는 세계의 나머지 지역 전체가 노력을 배가한 것에 만족해왔으며, 국내에서도 너무나 많은 도지사들과 시장들과 기업주들이 나서서 "우리는 여전히 참여 하고 있다."라고 말해왔다

▶ 정답 (C)

---

369 All, Both, Double, Half, Twice + the + 명사   [Unit 88 참고]

All the actors and actresses came forth to receive applause. 배우들이 모두 나와 찬사에 답례했다.
I favor **both the book** and the film. 나는 그 책과 그 영화 둘 다 좋아한다.
I want at least **twice the salary** they're offering to pay me. 적어도 그 쪽에서 제안하는 급여의 두 배를 받고 싶다.

Chapter 10 기출 및 예상 문제

1 Jane has classes on Monday, Wednesday and Saturday, three days _____.
(A) by the week (B) a week
(C) per a week (D) for a week

문제 a = per : ~에 / ~당 [337]
per와 a는 동의어이므로 (C)처럼 같이 쓸 수 없다.
해설 Jane은 월요일, 수요일, 토요일, 일주일에 3일 수업이 있다.
정답 (B)

2 _____ more to be pitied than blamed.
(A) Uneducated are (B) Uneducated is
(C) The uneducated are (D) The uneducated is

문제 빈칸에 주어와 동사가 와야 완전한 문장이 된다.
the + 형용사 = 복수 보통명사 [344]
해설 못 배운 사람들은 비난받기보다 불쌍히 여겨져야 한다.
정답 (C)

3 A : What do you want?
B : I want _____ that is on the table.
(A) the loaf of bread (B) some breads
(C) a loaf of bread (D) a slice of bread

문제 that is on the table이 한정구 명사를 꾸며주는 말이므로 a loaf of bread가 아니라 the loaf of bread이다. [342]
해설 A : 무엇을 원하십니까?
B : 식탁 위에 있는 저 빵 한 덩어리를 원합니다.
정답 (A)

4 "As a rule, the workers in this plant are paid _____."
(A) by an hour (B) by the hour
(C) by a hour (D) by hours

문제 by the + 단위명사 : ~단위로 [345]
해설 일반적으로 이 공장의 노동자들은 시간당으로 임금을 받는다.
정답 (B)

5 We heard _____ boring lecture that we were falling asleep.
(A) such a (B) too (C) so (D) such

문제 lecture가 셀 수 있는 명사이므로 a가 있어야 하고 such ~ that 구문이다. [367]
해설 우리는 아주 지루한 강의를 들어서 잠이 들었다.
정답 (A)

6 What _____ nice car you have!
(A) is (B) a (C) the (D) of

문제 감탄문은 'what+a+형용사+명사+S+V!' 또는 'How+형용사+a+S+V!'의 순서로 쓴다. [367]
해설 멋진 차를 가지고 계시군요!
정답 (B)

Chapter 10 기출 및 예상 문제

7 It was _____ that we went camping in the mountains last weekend.

(A) such nice weather (B) too nice weather
(C) so nice a weather (D) nice weather so

분석 빈칸 뒤의 that절로 보아 so 아니면 such ~ that구문인데, weather가 불가산명사이므로 so가 아닌 such ~ that구문이 된다. [hot page 19]
해석 지난주에 아주 좋은 날씨여서 산으로 캠핑 갔다.
정답 (A)

8 John is _____ that he can score points easily.

(A) a very tall player (B) so tall player
(C) so a tall player (D) such a tall player

분석 'so + 형용사 + a(n) + 명사' = 'such + a(n) + 형용사 + 명사' 형태를 묻는 문제다.
해석 John은 아주 키가 큰 선수여서 쉽게 득점을 할 수 있다.
정답 (D)

9 Jina has _____ that she is unable to get a job.

(A) such small education (B) a such little education
(C) so little education (D) a so small education

분석 so는 'so + 형 + a(an) + 명'의 순서로, 단수명사만 쓸 수 있다. 단, so의 경우 바로 다음에 many, much, few, little과 같은 형용사가 있다면 복수나 불가산명사를 쓸 수 있다. so many girls나 so much time등이 그 예가 된다. small은 '크기'를 나타내는 형용사로 education을 수식할 수 없다. 따라서 little education이 답이 된다.
해석 지나는 교육을 거의 받지못해 직업을 구할 수 없다.
정답 (C)

10 _____ sacrifice it was, no one but him would ever know.

(A) Such a great (B) A greater
(C) How great a (D) As great

분석 '_____ sacrifice it was'가 know의 목적어이므로 명사절이어야 한다.
의문부사 how는 명사절을 이끌 수 있다.
'how + 형 + a(n) + 명사'에 주의할 것. [368]
해석 그를 제외하고는 어느 누구도 그것이 얼마나 큰 희생이었는지 모를 것이다.
정답 (C)

11 No matter how_____, it is not necessarily worthless.

(A) dry a desert may be (B) a desert may be dry
(C) may a desert be dry (D) a desert dry may be

분석 no matter how = how + 형 + a(n) + 명사 [368]
해석 사막이 아무리 건조하다 할지라도, (꼭) 가치 없는 것은 아니다.
정답 (A)

12 "Did Sylvia fly across the Caspian Sea?"
"No, she crossed both ways by _____."

(A) a ship (B) the ship
(C) ships (D) ship

분석 'by+탈것'이 수단인 경우 무관사다. [365]
by ship : 배타고
해석 "Sylvia가 카스피 해를 비행기로 횡단했습니까?"
"아니요. 그녀는 배를 타고 왕복했습니다."
정답 (D)

Chapter 10 기출 및 예상 문제

13 "Does Louisa like _____?" "I bet she does."

   (A) to play piano   (B) to play the piano
   (C) of playing the piano   (D) playing piano

문제 play의 목적어가 '악기명'인 경우 정관사를 수반한다. [350]
해설 "Louisa가 피아노치기를 좋아합니까?"
        "틀림없이 그래요"
정답 (B)

14 다음중 문법적으로 잘못된 것은?

   (A) The Han River flows through Seoul.
   (B) The man is mortal and God is immortal.
   (C) He was going to Busan Station.
   (D) The Korea of the 17th century was different from that of today.

문제 (A) 강 이름은 the를 수반한다.
(B) man, woman 등이 대표단수로 쓰이는 경우 관사를 쓰지 않는다. (예) **Woman** lives longer than **man**.
(C) at the station이라고 쓰지만, 역을 이름과 함께 쓰면 the를 쓰지 않는다.
(예) the Seoul station (X) **Seoul station** (O)
(D) 'of the 17th century'라는 한정구가 있으므로 Korea 앞에 the를 붙인다.
해설 (A) 한강은 서울을 관통하며 흐른다.
(B) 인간은 유한하고 신은 무한하다.
(C) 그는 부산역으로 갔다.
(D) 17세기의 한국은 오늘날의 한국과 달랐다.
정답 (B)

15 A watt is (A)an unit (B)of power (C)equal to one joule (D)per second.

문제 unit [juːnit]의 u는 반자음으로 자음 취급하므로
(a) an unit → **a** unit
equal to = equivalent to : ~에 해당하는
해설 1와트는 1초에 1줄에 해당하는 힘의 단위이다.
정답 (A)

16 The pith that fills (A)the center of a reed can usually (B)be removed, (C)leaving (D)an hollow, jointed tube.

문제 hollow가 자음이므로 부정관사 a를 써야 한다.
해설 갈대의 중심을 채우고 있는 심은 대개는 텅 비고 연결된 관을 남기고 제거 될 수 있다.
정답 (D)

17 (A)The most of the coal we (B)now mine to use for fuel (C)was formed (D)about 300 million years ago.

문제 최상급의 의미가 아닌 '대부분, 대다수'를 위미하는 Most는 무관사로 쓴다. [435]
해설 오늘날 우리가 연료로 사용하는 대부분의 석탄은 대략 3억 년 전에 형성되었다.
정답 (A)

18 All passengers who (A)voluntarily give up (B)their seats on this flight to Buenos Aires (C)will receive a voucher good for (D)round-trip ticket anywhere in Chile, Argentina and Uruguay.

문제 'ticket'은 '보통명사'이므로 단수형일 땐 관사가 반드시 필요하다. a round trip ticket
해설 부에노스아이레스로 가는 좌석을 스스로 포기한 모든 승객들은 상품으로 칠레, 아르헨티나 그리고 우루과이의 어디든지 갈 수 있는 왕복 티켓을 받게 될 것이다.
정답 (D)

Chapter 10 기출 및 예상 문제

19 You have (A)<u>choice</u> of writing the essay by hand or (B)<u>word-processing</u> (C)<u>it</u>. Which method (D)<u>should</u> you choose?

문문 전치사 by에 명사 hand와 word-processing이 병치되어 있다. word-processing은 명사 이므로 목적어 it을 취할 수 없다.
have choice – 선택하다
해설 여러분은 손이나 워드프로세스로 논문 쓰기를 선택할 수 있다. 어떤 방법을 선택하겠는가?.
정답 (C)

20 (A)<u>The</u> rice yields more food per acre than (B)<u>any</u> other (C)<u>grain</u>, and more people depend on (D)<u>it</u> than any other foodstuff.

문문 정관사는 정해준 명사 앞에 쓴다. rice 정해줄 필요가 없는 쌀을 의미 하므로 관사를 수반하지 않는다.
해설 쌀은 다른 곡식에 비해 에이커당 더 많이 생산할 수 있다. 그리고 많은 사람들이 다른 곡식보다 쌀을 주식으로 삼고 있다.
정답 (A)

21 Astronomy is _____ of stars and planets.

(A) a science (B) sciences
(C) the science (D) science

문문 빈칸 뒤 of stars and planets의 한정어구가 있으므로 정관사를 수반한 the science가 되어야 한다. [342]
해설 천문학은 항성과 행성의 과학이다.
정답 (C)

22 (A)<u>The Mauryan dynasty</u> (B)<u>Chandragupta Maurva</u> founded reached its peak under his grandson (C)<u>Ashoka</u>, who conquered much of (D)<u>the India</u>.

문문 '~s'로 끝나는 복수 국가명 앞에는 정관사 the가 붙는다. the Netherlands, the Philippines 등 하지만 India 앞에는 정관사 the가 쓰일 수 없다. [353]
해설 찬드라굽타 마우리야가 세운 마우리야 왕조는 그의 손자 아쇼카 왕의 통치하에 있을 때 절정에 달하였다. 아쇼카와는 인도의 상당 부분을 점령하였다.
정답 (D)

23 (A)<u>The journey</u> of Aeneas and his men was a long and treacherous one, not unlike that of (B)<u>Odysseus</u>. Aeneas was sidetracked so many times that finally (C)<u>prophetess</u> stepped in and guided him to (D)<u>the underworld</u>.

문문 (C)의 prophetess '여자 예언자'는 **보통명사**이므로 부정관사 'a'를 수반해야 한다.
해설 아이네아스와 그의 부하들의 여정은 길고도 위험했다. 이 여정은 오디세우스의 여행과 다르지 않았다. 아이네아스는 가고자 하는 길에서 벗어나는 경우가 너무 많아서, 최종 가서는 한 여자 예언자가 끼어들어 그를 지하세계로 안내하였다.
정답 (C)

Chapter 10 기출 및 예상 문제

24 The game (A)<u>finished</u> late, and the spectators (B)<u>filled</u> the streets, (C)<u>anxious to</u> get home (D)<u>before the dark</u>.

분석 dark가 '어둠,' '밤'이라는 뜻으로 쓰일 때는 불가산명사이므로 무관사로 쓴다. **before dark**가 되어야 한다.
해설 경기가 늦게 끝나서, 어둡기 전에 집에 가고 싶어하는 관중들이 거리를 가득 메웠다.
정답 (D)

25 (A)<u>Since</u> I arrived in America, I (B)<u>have come to</u> understand (C)<u>what was instilled</u> in me (D)<u>as child</u> was a myth.

분석 child는 보통명사의 단수형으로 부정관사 'a'를 수반해야 한다.
instill : (사상 따위를) 주입하다
해설 내가 미국에 온 이후로 어린아이였을 때 나에게 주입된 것은 신화였다는 것을 이해하게 되었다.
정답 (D)

26 (A)<u>The largest rainforest</u>, (B)<u>covering as</u> much territory as the rest of (C)<u>the world's rainforests combined</u>, is in (D)<u>Amazon River basin</u> in South America.

분석 일반적으로 보통명사는 한정사를 사용한다.
문장에서 basin이라는 명사는 아마존 강이라는 구체적인 한정 어구를 받고있기 때문에 정관사 the를 사용해야 한다. (D)는 **the** Amazon River Basin이 되어야 한다.
the Han river, the Pacific ocean 등도 마찬가지이다.
basin : 분지, (하천의) 유역
해설 가장 넓은 열대우림 지역은, 그 면적이 지상의 다른 열대우림 지역을 전부 합한 것만큼의 넓이이고, 남아메리카의 아마존 강 유역에 있다.
정답 (D)

27 (A)<u>All of a sudden</u>, the young woman (B)<u>rose</u> to (C)<u>her feet</u> and struck him on (D)<u>his</u> face.

분석 신체는 '**전치사+정관사+신체나 옷의 일부**'와 같이 관사를 쓴다. **[346]**
rise to one's feet 은 '일어서다'는 숙어이고 '뺨을 때리다'에서 on the face 는 신체일부의 접촉을 의미하므로 소유격을 사용하여 on his face가 아닌 on the ~ 와 같이 정관사가 쓰여야 한다.
해설 갑자기, 젊은 여성이 일어나서 그의 뺨을 때렸다.
정답 (D)

마공스터디 www.magongstudy.com
동영상 강의중

ER 편입 그래머 마스터

대명사

Unit 63. 인칭대명사
Unit 64. it
Unit 65. 재귀대명사
Unit 66. 소유대명사
Unit 67. 지시대명사
Unit 68. such
Unit 69. so
Unit 70. the same
Unit 71. 부정대명사
Unit 72. one(s) / the one
Unit 73. another

Unit 74. other(s) / the other(s)
Unit 75. all
Unit 76. each
Unit 77. every
Unit 78. both
Unit 79. either / neither
Unit 80. none / no one
Unit 81. some / any
Unit 82. most / mostly
Unit 83. 부분(대명)사

Unit 63 인칭대명사
I, you, he, she, we, they 등

Guide 사람을 대신하는 인칭대명사는 주어자리에 쓰는 주격, 목적어 자리에 쓰는 목적격 등의 격이 있고, 단/복 수도 있다.

수	인칭	격			
		주격 (~은,는,이가)	소유격(~의)	목적격(~을,를)	소유대명사 (~의 것)
단수	1인칭	I	my	me	mine
	2인칭	you	your	you	yours
	3인칭	he	his	him	his
		she	her	her	hers
		it	its	it	--
복수	1인칭	we	our	us	ours
	2인칭	you	your	you	yours
	3인칭	they	their	them	theirs

① his는 소유격과 소유대명사가 같고, she는 소유격과 목적격이 같은 것에 주의한다.
  This is **his** car.
  This car is **his**(=his car).

② it은 소유대명사가 없는 것에 주의한다.

③ you의 경우 한 명의 '너'를 지칭할 경우(단수)와 '너희들'을 지칭할 경우(복수)를 주의한다.

370 비교급에서의 격

I know you better than **he**. 그가 너를 아는 것보다 내가 너를 더 잘 안다.

Tip 비교대상은 (I와 he : 주격끼리 비교)

I know **you** better than **him**. 나는 그보다 너를 더 잘 안다.

Tip 비교대상은 (you와 him : 목적격 끼리 비교)

371 일반인을 나타내는 인칭대명사는 we, they, you로 쓴다

We have much rain in summer.   여름에는 비가 많이 온다.
Do **they** speak English in Australia? 호주에서는 영어를 사용하나요?

Tip 이 경우 We, They는 해석하지 않는다.

Unit 64 it의 용법

Guide It은 비인칭 주어, 지시대명사, 가주어, 가목적어, 강조용법에 이르기까지 다양한 쓰임을 가지고 있다.

372 비인칭 주어 it

It is 9 o'clock. 9시다.
It's Sunday. 일요일이다.
It's hot outside. 밖은 덥다.
It's getting dark. 어두워지고 있다.

Tip 시간, 요일, 계절, 날씨, 명암 등을 나타내는 비인칭 주어 it는 **의미도 없고 해석도 하지 않는다**

373 앞의 명사, 구, 절, 문장을 대신하는 it

"Where is my hat?" - "**It** is in the room." 내 모자 어디 있지? - 그것(=my hat)은 방 안에 있어.
I tried to repair my car, but **it** was impossible. 내 차를 고쳐보려 했지만, **그것(it = to repair my car)**은 불가능했다.
Jun is my baby. **It** is a source of joy. Jun은 나의 아이이다. 그것(It=Jun is my baby)이 기쁨의 원천이다.

374 가주어 it

문장의 주어가 부정사나 명사절인 경우 뒤로 보내고 그 대신 it를 사용해 형식적인 주어 역할을 하게 한다

It is impossible **to master English in a month or two**.
한두 달에 영어를 마스터하는 것은 불가능하다. (It = to master English in a month or two)
It is natural **that she should get angry**. 그녀가 화를 내는 것은 당연하다. (It = that she should get angry)

375 가목적어 it

5형식문장에서 목적어가 to부정사와 that절인 경우 가목적어 it으로 대체 하고 뒤로 후치시킨다

I think **it** my duty **to support my family**. 나는 가족을 부양하는 것이 내 의무라고 생각한다.
This machine will make **it** possible **to increase productivity**. 이 기계가 생산성 증가를 가능하게 할 것이다.
The entire staff thought **it** peculiar **that the CEO didn't attend the seminar**.
전 직원은 CEO가 세미나에 참석하지 않은 것을 이상히 여겼다.

376 3형식 문장에서의 가목적어 it

You must see to **it that this kind of thing never occurs again**.
당신은 다시는 그런 일이 일어나지 않도록 유의해야한다

> **Tip** see to가 '~하도록 유의하다'의 타동사구인데 이때 to는 전치사이므로 that절을 목적어로 취할 수 없다. 그래서 that 절을 대신하여 it을 **가목적어**로 쓴 것이다.

You can depend on **it that we will help you**. 우리가 당신을 도울 것이라는 것을 신뢰해도 된다.

> **Tip** 전치사 on이 that절을 목적어로 취할 수 없다. 그래서 it을 **가목적어**로 쓴 것이다.

Rumor has **it that Pam felt in love with Jun**. 소문에 의하면 Pam이 Jun을 좋아한다.

> **Tip** have는 that절을 목적어로 취할 수 없다. 그래서 it을 **가목적어**로 쓴 것이다.

377 강조구문의 it

I met Jun at the park this morning. 나는 오늘 아침에 공원에서 준을 만났다.

위의 문장에서 ① 주어 I 를 강조
It was **I** that met Jun at the park this morning. 오늘 아침에 공원에서 Jun을 만난 것은 바로 나였다.

> **Tip** 이 경우 강조어가 사람(**주어**)이므로 It ~ that 강조에서 that 대신 **who**를 쓸 수도 있다.
> It was I **who** met Jun at the park this morning.

② 목적어 Jun 을 강조
It was **Jun that** I met at the park this morning. 오늘 아침 내가 공원에서 만난 사람은 Jun이었다.

> **Tip** 이 경우 강조어가 사람(**목적어**)이므로 It ~ that 강조에서 that 대신 **whom**을 쓸 수도 있다.
> It was Jun **whom** I met at the park this morning.

③ 장소의 부사구 at the park을 강조
It was **at the park** that I met Jun this morning. 오늘 아침 내가 Jun을 만난 것은 공원에서였다.

④ 시간의 부사구 this morning을 강조
It was **this morning** that I met Jun at the park. 내가 공원에서 Jun을 만난 것은 바로 오늘 아침이었다.

It was **he** that(=**who**) gave me the money. 그 돈을 나에게 준 사람은 바로 그이다.
It was **him** that(=**whom**) I gave the money. 나는 그 돈을 바로 그에게 줬다.

> **Tip** it ~ that 강조구문에서 강조어가 대명사인 경우 **주격/목적격**을 맞추는 것이 중요하다.

> **Tip** 시간부사 / 장소부사나 부사구를 사용할 때 when과 where는 formal 범주에서는 벗어나므로 이 경우 that 대신에 where나 when을 사용하지 않는다.
> It ~ that 강조구문에서는 that과 who(m), which를 사용하는 것이 일반적이다.

기출문제를 살펴보자.
It was (A)<u>not until</u> 1895 (B)<u>when</u> the (C)<u>southernmost</u> source of the river (D)<u>was</u> discovered.
It ~ that 강조구문인데 이 경우 1895가 있다고 해서 when을 써선 안 된다. (B)는 that을 써야 한다.

 기출문제를 살펴보자 [한양대]

다음중 **바른쓰임은?**

Behaviorist John B. Watson claimed that even innate behavior could be altered by conditioning. But it was the Chinese psychologist Zing-Yang Kuo (A)<u>who</u> people believe took the behaviorist idea to its extreme, denying the existence of instinct as an explanation for behavior. Kuo felt that instinct was just a convenient way (B)<u>to psychologists</u> to explain behavior that did not fit current theory. Kuo's most well-known experiments (C)<u>involved in</u> rearing kittens — some raised from birth in cages with rats, others introduced to rats at later stages. He investigated a series of results that could help (D)<u>himself to prove</u> his hypothesis.

강조구문에서 강조되는 요소가 사람일 때는 that 대신 who를 사용할 수 있고 (A)다음의 **people believe는 삽입절**이므로 (A)는 동사 took의 주어로서 주격 **who**가 맞다.
(B)의 to부정사 to explain의 의미상 주어이므로 for psychologists로 고쳐야 한다.
(C)의 involve는 타동사이므로 전치사 in 없이 involved로 고쳐야 한다.
(D) 같은 절 안에서 목적어가 주어와 같을 때 목적어로 재귀대명사를 쓰는데, 여기서는 could help의 주어가 He가 아닌 a series of results이므로, him으로 고쳐야 한다.
behaviorist n. 행동주의 심리학자   innate a. 타고난, 내재적인   conditioning n. 조건화, 길들이기

행동주의 심리학자 존 왓슨(John B. Watson)은 선천적인 행동도 조건화(길들이기)에 의해 수정될 수 있다고 주장했다. 그러나 사람들의 생각에 그의 행동주의적 사상을 극단까지 끌고 가서, 행동을 설명하는 것으로서의 본능의 존재를 부정한 사람은 바로 중국의 쿠오 징양(Zing-Yang Kuo)이었다. 쿠오는 본능이란 현행 이론에 부합하지 않는 행동들을 심리학자들이 설명하기 위한 편의적인 방법에 불과하다고 생각했다. 쿠오의 가장 잘 알려진 실험은 새끼 고양이 기르기를 관련시킨 실험이었는데, 어떤 고양이들은 태어날 때부터 우리에서 쥐들과 함께 길러졌고, 또 다른 고양이들은 나중 단계에서 쥐와 함께하게 되었다. 그는 자신의 가설을 입증하는 데 도움이 될 만한 일련의 결과들을 조사하였다.

▶ 정답 (A)

---

378 의문사 강조 (what + be + it + that~)

What made you so angry? 무엇이 너를 그렇게 화나게 했니?

= **It was what that** made you so angry.

이 문장은 It ~ that강조구문이지 의문문은 아니다. 의문문으로 쓰려면 의문사 what을 앞으로 선행시키고 『동사+주어』의 순서로 아래와 같이 쓰면 된다.

= **What was it that** made you so angry?

Unit 65 재귀대명사
~self, ~selves

Guide 단수형 myself, yourself, himself, herself, itself와 복수형 yourselves, themselves, ourselves가 있으며, 아래의 쓰임을 공부한다.

379 재귀대명사의 강조용법 - 부사이므로 생략 가능

I solved the problem **myself**. 나 스스로 문제를 풀었다.
I **myself** solved the problem.

Tip 강조를 나타내는 재귀대명사는 문미 또는 주어 바로 옆에도 올 수 있고, 부사이므로 생략도 가능하다.

380 목적어로 쓰이는 재귀대명사 - 명사이므로 생략 불가

I have hurt **myself**. 몸을 다쳤다.
I have hurt me. (X)
We must take care of **ourselves**. 우리는 스스로를 돌보아야 한다.
We must take care of us. (X)

Tip 이 경우 재귀대명사 myself는 타동사 hurt의 목적어로써 생략할 수 없다. 또한 이 경우 I have hurt me 라고 하면 안 된다. 목적어가 주어와 동일한 경우 목적격으로 쓰지 않고 재귀대명사로 써야한다.

381 재귀대명사의 관용적 표현

I painted my house **by myself**. 나는 집을 스스로 칠했다.
Jun did everything **for himself**. Jun은 모든 걸 혼자서 했습니다.
The beasts are dangerous **in themselves**. 야수는 본래 위험하다.
Allen was upset **beside himself**. Allen은 이성을 잃을 정도로 화를 냈다.
This is not the issue **between ourselves**. 우리끼리 이야기지만, 이건 화제도 아니야.

Tip
for oneself	'스스로, 혼자 힘으로'	by oneself	'혼자' (= alone)
of itself	'저절로' (= by itself)	in itself	'본래' (= by nature)
enjoy oneself	'즐기다' (= have a good time)	help yourself (to~)	'(~을) 마음껏 드세요'
make oneself at home	'편히 지내다'	beside oneself	'제 정신이 아닌'
kill oneself	'자살하다'	hurt oneself	'다치다'
in spite of oneself	'자신도 모르게'	teach oneself	'독학하다'
between ourselves	'우리끼리 얘긴데'		

기출문제를 살펴보자 [아주대]

The ability to laugh at (A)<u>one</u> is an important mechanism that helps (B)<u>maintain</u> emotional balance and a capacity to survive. Those who (C)<u>possess</u> this ability can (D)<u>cope with</u> difficult circumstances and (E)<u>prevail</u> over any physical and social handicap.

재귀대명사는 목적어가 주어와 동일한 경우에 사용하는데, 주어진 문장에서 laugh라는 행위의 주체인 for one이 일반인이라 생략되어 있지만, 대상 역시 일반인으로 같다. 그러므로 (A)의 one을 oneself로 바꿔야 한다.
cope with ~에 대처하다   prevail over ~에게 이기다; ~을 극복하다

자신을 보며 웃을 수 있는 능력은 감정적인 균형을 유지하는 데 도움이 되는 중요한 메커니즘이고 생존 능력이다.
이 능력을 가진 사람들은 어려운 상황에 대처할 수 있으며 그 어떤 신체적, 사회적 장애도 극복할 수 있다.

▶ 정답 (A)

 기출문제를 살펴보자 [광운대]

다음 중 어법 상 가장 적절한 것은?
(A) Lee and Pat blamed each other's parents.
(B) Lee and Pat knew that I would curse themselves.
(C) Lee and Pat knew that I would curse each other.
(D) Mary believes John to love herself.
(E) Before John left, Mary kissed himself.

(B)재귀대명사는 같은 절 안에서 주어와 목적어가 같을 때 목적어에 쓰인다. Lee and Pat은 주어인 I 와 같은 that절 안에 있지 않으므로 themselves를 them으로 고쳐야 한다.
(C)that절의 주어 I와 each other가 의미상 서로 호응하지 않으므로 I를 they로 고쳐야 한다. 만일 '리와 팻은 각자 내가 상대방을 저주할 것이라고 생각했다'는 뜻의 문장이라면, 즉 knew가 아니라 thought라면 Each of Lee and Pat thought that I would curse the other. 가된다.
(D)목적어와 목적보어는 의미적으로 주술관계의 절을 이루는데 to love의 의미상 주어 인 John과 herself는 같지 않으므로 herself를 her로 고친다.
(E)주어 인 Mary와 목적어 인 himself가 가리키는 John이 다른 절에 있어 재귀대명사를 쓸 수 없으므로 himself를 him으로 고친다.

(A) 리(Lee)와 펫(Pat)은 서로의 부모를 비난했다.
(B) 리(Lee)와 펫(Pat)은 내가 그들을 저주하리라는 것을 알고 있었다.
(C) 리(Lee)와 펫(Pat)은 그들이 서로를 저주하리라는 것을 알고 있었다.
(D) 메리(Mary)는 존(John)이 그녀를 사랑한다고 믿고 있다.
(E) 존(John)이 떠나기 전에, 메리(Mary)는 그에게 키스를 했다.

▶ 정답 (A)

 기출문제를 살펴보자 [경희대]

Christie Smith says she (A)<u>felt guilty</u> when she fell in love with her first cousin's son Mark, "I was trying (B)<u>so hard to convince me</u> (C)<u>not to have these feelings</u>." she recalls, "(D)<u>that I went to</u> the Bible looking for confirmation that it was wrong."

(B)에서 to convince의 의미상 목적어인 me는 문장의 주어 I 와 같다.
문장의 주어와 목적어가 같은 경우 목적어는 재귀대명사로 써야하므로 myself로 고친다.
Christie Smith는 큰 사촌의 아들인 Mark와 사랑에 빠졌을 때 죄책감을 느꼈다고 말한다. "이런 감정을 느껴서는 안된다고 강력히 내 자신을 납득 시키느라 애를 썼고 그것이 잘못이라는 확증을 찾으려 성경책을 보기도 했다"고 회고한다.

▶ 정답 (B)

Unit 66 소유대명사
mine, yours, his, hers, theirs, ours

Guide 소유대명사는 『소유격 + 대명사』의 역할을 동시에 한다.
his는 소유격과 소유대명사의 형태가 같으므로 'his+명사'는 소유격이고, his가 **단독**으로 쓰였다면 '**소유대명사**'라는 것에 주의한다.

382 같은 명사의 반복을 피하기 위해서

His vacation does not coincide with **mine**. 그의 휴가가 나의 휴가와 일치하지 않는다.
mine = my vacation

His was the fastest car of all. 모든 차 중에서 그의 차가 가장 빨랐다.
His = his car [his는 소유격과 소유대명사의 형태가 같다]

> **Tip** 대명사(his)가 본명사(car)보다 먼저 쓰이기도 한다.

His car is much faster than **mine**. 그의 차가 내 차보다 훨씬 빨랐다.
mine = my car

383 한정사의 반복을 피하기 위해서

One day I met a my friend on the street.　　(X) 어느 날 나는 길에서 친구를 만났다.
One day I met **a friend of mine** on the street. (O)
관사 a와 소유격 my를 함께 쓸 수 없으므로 이런 경우 『한정사 + 명사 + of + 소유대명사』의 형태를 쓴다.

> **Tip** a friend of mine은 a friend of my friends(내 여러 친구중 한 명)를 줄여쓴 것으로 my friend보다는 친근함이 덜하다. 친한 친구라면 my friend가 더 좋은 표현이다.

 기출문제를 살펴보자 [홍익대]

(A)<u>Never</u> would I (B)<u>have had</u> a letter of (C)<u>her</u> seen by you in (D)<u>former</u> days.

a(한정사) letter(명사) of hers(소유대명사)의 구조로 (C)는 소유대명사인 **hers**가 되어야 한다.
이전이였다면 나는 너에게 그녀의 편지를 절대 보여 주지 않았을 것인데.

▶ 정답 (C)

Unit 67 지시대명사
this (these), that (those)

Guide this (these), that (those)가 있으며, 특히 that은 관계대명사나 접속사와 혼동하지 않도록 한다.

384 가까운 곳에 있는 이것(단수)은 this, 이것들(복수)은 these

This is my book. 이것은 내 책이다.
These are my books. 이것들은 내 책들이다.

385 먼 곳에 있는 저것(단수)은 that, 저것들(복수)은 those

This is my brother and **that** is my cousin. 이쪽이 나의 형이고 저쪽이 나의 사촌이다.

386 가까운(= 후자) 것은 this로, 먼(= 전자) 것은 that으로

I have a dog and a cat; **this** is Tom and **that** is Jerry.
   전자   후자   나는 개 한 마리와 고양이 한 마리가 있다. 고양이는 Tom이고, 개는 Jerry다.

Both talent and diligence are indispensable to the attainment of success in life;
the other(= the latter) is more important than **the one**(= the former).
재능과 근면은 둘 다 성공을 위해서 필수 불가결한 것이지만, 후자가 전자보다 더 중요하다.

> **Tip** 여기서 this는 가까운 즉, 후자인 cat을 가리키고, that은 먼 즉, 전자인 dog를 가리킨다.
> 전자 : that, the one, the former, the first
> 후자 : this, the other, the latter, the second

387 비교구문에서 명사의 반복을 피하기 위한 that/those

비교구문에서 반복되는 명사가 한정어구(주로 of)의 수식을 받을 경우 단수는 **that**으로, 복수는 **those**로 받는다.

The population of Seoul is larger than **that** of Busan. 서울의 인구가 부산의 **인구**보다 크다.
The ears of a rabbit are larger than **those** of a cat. 토끼의 귀는 고양이의 **그것(귀)**보다 더 크다.
Salaries are higher here than **those** in my country. 이곳의 급여가 우리나라에서의 **그것(급여)**보다 높다.

> **Tip** The population of Seoul is larger than the population of Busan. 비교구문이고 반복되는 명사 the population은 of Busan의 수식을 받고 있다. 따라서 the population 대신 대명사 that을 쓴 것이다.
> the ears of a cat에서 ears라는 복수명사가 반복이 되므로 those가 된 것이다.
> Salaries are higher here than the salaries in my country.
> 시험에서는 that과 those를 묻기보다는 that of와 those of를 통째로 생략하고 시험에 출제된다.

기출문제를 살펴보자 [경희대]

(A)The financial yield of Alaska's petroleum (B)reservoirs is greater (C)than its fishing and farming (D) industries combined.

The financial yield of Alaska's petroleum reservoirs is greater than **that (=the financial yield) of** its(=Alaska's) fishing and farming ~에서 **반복되는 the financial yield** 대신에 대명사 **that**을 쓰고 **of**로 연결되어야 하는데 that of를 통째로 생략시켰는데, 생략할 수 없다. 비교구문의 that of 생략문제는 똑같은 형태의 문제가 자주 출제되므로 꼭 확인하기 바란다.

알래스카 석유 저장고에서 얻는 경제적 이익이 알래스카 농어업의 경제적 이익보다 더 크다.

▶ 정답 (C)

 기출문제를 살펴보자 [서울여대]

The risks of laser surgery (A)are lower than (B)conventional surgery, but (C)a great deal (D)depends on the skills of individual surgeons.

The risks와 conventional surgery는 대등한 존재가 아니어서 비교할 수 없다. **conventional surgery는 those of가 되어야한다.** the risks of conventional surgery를 반복을 피하여 [**those of** conventional surgery]로 쓴 것이다.
a great deal은 상당량이라는 뜻으로 much와 같은 의미이다. 따라서 뒤따르는 동사 depends on은 맞는 형태이다.
레이저 수술은 종래의 수술 방법보다 위험이 적다. 그러나 많은 것이 의사 개인의 기술에 달려있다.

▶ 정답 (B)

388 수식을 받는 those

Those who were present were almost all students. 참석자는 **대부분** 학생이었다.
Many of **those who were arrested** refused to identify themselves.
체포된 사람들 중 많은 **이들**이 자신의 신분을 밝히기를 거부했다.

Tip 수식어구나 절로 부터 수식을 받을 경우 대명사로는 they나 them이 아닌 those를 쓴다.

They who were present were almost all students.　　[X]
Many of them arrested refused to identify themselves. [X]

주격관계대명사와 be동사는 생략이 가능하므로 [486쪽 Unit.139 참조]
Those present were almost all students.
Many of **those arrested** refused to identify themselves와 같이 쓸 수 있다.

기출문제를 살펴보자 [홍익대]

This reasoning says (A)<u>more than</u> it intends to say: it puts the prisoners almost literally (B)<u>into</u> the position of living dead, (C)<u>he</u> who are in a way already dead, (D)<u>so that</u> they are now cases of Agamben's Homo Sacer.

수식어구나 절의 수식을 받는 대명사는 those이다. (C)의 뒤에 있는 관계대명사 who를 복수동사 are로 받았으므로, 선행사는 복수대명사인 those이어야한다.

reasoning : n.추론, 추리   literally : ad.문자[말] 그대로; 사실상, 정말로   Homo Sacer : 호모 사케르(잉여인간)

이러한 추론은 전하고자 하는 것보다 더 많은 것을 전하고 있다. 그것은 죄수들을 거의 문자 그대로 살아있는 송장, 즉 어떤 면에서 이미 죽은 것이나 다름없는 사람들의 처지로 몰아넣는다. 그 결과 그들은 이제 아감벤(Agamben)이 이야기했던 '호모 사케르(잉여인간)'가 되었다.

▶ 정답 (C)

389 that의 관용표현

① and that (앞 문장 전체를 대신하여) 그것도, 게다가

I forget things, **and that** very often. 나는 물건을 잊어버린다, **그것도** 매우 자주.

② That's the point 그것이 중요하다

That's just the point. We must do something. 바로 그 점이 문제야. 우리는 무언가를 해야 한다.

③ That's the way S + V : 원래 그런 것이다

Don't cry. **That's the way the cookie crumbles.** 울지마. 세상사란 다 그런 것이다.

390 this / that + 수량형용사, 정도형용사, [부사] '이(그)만큼', '이(그)렇게'

I don't think that anything really surprised me **that** much.   그다지 놀랄 만한 것은 없었다고 생각한다.
Eight weeks? Does it usually take **that** long?   8주요? 보통 그렇게 오래 걸리나요?

Tip this much, that much, that early, that long, this high 등은 '이(그)만큼', '이(그)렇게'로 해석된다.

Unit 68 such

Guide such는 대명사, 도치용법, such as(예를 들면)과 같은 다양한 용법으로 사용 된 다는 것에 주의 하여 학습한다.

391 this나 that을 대신하는 such

If you act like a child, you will be treated as **such**. 어린애 **같이** 굴면 그렇게 (어린아이)처럼 취급을 받을 것이다.

> **Tip** such가 앞의 명사 child를 대신하는 지시대명사로 쓰였다.
> 이 경우 such는 '그렇게, 그러한'의 뜻을 갖는 **this**나 **that**을 대신한다.

There are ups and downs in our life. **Such** is life. 삶에는 오르막과 내리막이 있다. 인생은 **그런** 것이다.

> **Tip** 이 경우 such는 앞 문장 전체(There are ups and downs in our life)를 대신하는 대명사로 쓰였다.
> such가 **this**를 대신 (This is life)하여 대명사로 쓰인 것이다.

392 such가 be동사의 보어인 경우 도치

Such is the way of the world. 세상이란 그러한 것이다.
Such is the elegance of this typeface that it is still a favourite of designers.
　　　　　　　　　　　　　　　　　이 서체의 우아함이 그 정도이므로 그것이 아직도 디자이너들의 인기를 얻고 있다.

393 such as

앞에서 언급한 명사의 예시로 사용되며 '~와 같은 그런'의 의미로 쓰인다.

Autumn gives us fruits, **such as** pears and apples. 가을에는 배나 사과 **같은** 과일들이 난다.
No machine can work without a fuel **such as** coal or oil yet.
　　　　　　　　　　　　　　　　　아직은 석탄이나 석유 **같은** 연료가 없이는 어떤 기계도 움직일 수 없다.

Autumn gives us fruits, **such** pears and apples.　(X)
No machine can work without a fuel **as** coal or oil. (X)

이 경우 시험에서는 such만 나오거나 as만 나와서 출제되는데 항상 such as가 함께 짝을 이루어야 한다.
이 경우 such as는 like와 같다.

= Autumn gives us fruits, **like** pears and apples.
= No machine can work without a fuel **like** coal or oil.

> **기출문제를 살펴보자 [서강대]**
>
> Acetone in the body (A)increases (B)under (C)abnormal conditions (D)such fasting or diabetes.
>
> ----
>
> abnormal condition의 예로 fasting or diabetes를 들었다. such만 따로 쓰지 않는다. **such → such as**
> 몸 안의 아세톤은 단식이나 당뇨같은 비정상적 상황 하에서 증가한다.
>
> ▶ 정답 (D)

394 such ~ as

이 경우 as는 such와 짝을 이루어 의사(=유사) 관계대명사라 한다.

Such students **as** study hard will pass the exam. 공부를 열심히 하는 **그와 같은** 학생들은 시험에 통과할 것이다.
He is not **such** a great scholar **as** we think. 그는 우리가 생각하고 있는 **그와 같은** 대단한 학자가 아니다.

> **Tip** 이 경우 선행사가 사람(student)이라고 해서 who를 쓰지 않고 as를 쓰며 이러한 as를 '유사(의사) 관계
> 대명사'라고 한다.
> 첫 문장은 주어가 없고(as가 주어를 대신), 아래 문장은 목적어가 없는(as가 목적어를 대신) 문장이다.

395 such + a + 형용사 + 명사

She is **such a kind girl** that everyone likes her.
= She is **so kind a girl** that everyone likes her.
이때, such 대신 so를 쓰게 되면 'so + 형용사 + a + 명사'의 순서로 바뀌는 것에 주의해야 하며

She is **so kind that** everyone likes her.　(O)
so 다음 형용사만 쓰고 바로 접속사 that으로 연결이 가능하지만

She is **such kind that** everyone likes her. (X)
such 다음 형용사만 쓰고 that으로 연결하는 것은 불가능하다. ⇒ 368번 hot page 19 참조

396 such가 만드는 관용표현

① **as such** 그러한 것(사람)으로서
A commercial is a kind of lie; so you should take it as **such**.
상업 광고는 일종의 거짓말이니까 **그런 것**이다하고 받아들여야 한다.

② **such as it is[they are]** 이런 것이지만, 변변치 못하지만
The food, **such as it was**, satisfied my hunger. 음식은 변변치 못했지만, 나의 허기를 채워 주었다.

Unit 69 so

Guide so는 대명사 뿐 아니라 접속사로도 사용되는 것에 주의하여 학습한다.

397 지시대명사

so는 부사로 쓰이는 경우가 일반적이지만 동사 say, tell, think, hope, expect, suppose, believe, fear, hear 등의 목적어로서 긍정문에서 '그렇게'라는 의미를 갖는 대명사로 쓰이며 부정에서는 not이 쓰인다.

| Is he right? | I think **so**. 그렇게 생각한다. | (so = he is right) |
| | I think **not**. 그렇게 생각하지 않는다. | (he is not right) |

Tip 부정에서는 I think not.도 쓰이지만 I don't think so.가 더 일반적이다. 동사가 think, believe, guess, suppose일 경우 not보다는 don't + think, believe, guess, suppose + so로 표현하는 것이 더 일반적이다.

398 대동사 do의 목적어로서

'그렇게, 그와 같이'의 뜻으로

Whoever wants to play outside can do **so**. 밖에서 놀고 싶은 사람은 누구든지 **그렇게** 할 수 있다.

Tip do so 대신에 do it도 쓸 수 있지만 일반적으로 it은 so보다도 문맥상 더욱 명확한 의지적 행동을 나타내는 동사(구)를 가리키는 경우에 쓰인다. 따라서 **의지와는 상관없는 결과를** 나타내는 동사구를 가리키는 경우에는 do so가 쓰이며, do it은 쓰이지 않는다.

399 긍정문에서의 동의

앞 문장의 주어와 so 이하의 주어가 같으면 『so + 주어 + 동사』의 어순으로 '정말로, 참으로'의 뜻이 된다. 그러나 앞 문장의 주어와 so 이하의 주어가 다르면 『so + 동사 + 주어』의 어순이 되어 '~도 역시 그래'의 뜻이 되는 것에 주의한다.

Jun is very kind.	Jun은 친절하다.	
So he is.	그는 정말 그래요.	앞 문장의 주어 Jun과 so 이하의 주어 he가 동일인이다.
So is his wife.	그의 아내도 역시 친절하다.	앞 문장의 주어는 Jun인데 so 이하의 주어는 his wife로 주어가 다르다.

They work hard. 그들은 열심히 일합니다.
So they do. 그들은 정말 그래요. 앞 문장의 주어 They와 so 이하의 주어 they가 동일하다.
So do I. 나도 그래요. 앞 문장의 주어는 They인데 so 이하의 주어는 I로 주어가 다르다.

She is happy, and **so am I**. 그녀는 행복하다. 그리고 나도 그렇다.

My brother has caught cold, **so have I**. 형은 감기에 걸렸다. **그리고 나도** 감기에 걸렸다.
She works in Hawaii, **so does her brother**. 그녀는 하와이에서 일한다. 그녀의 오빠도 **마찬가지다**.

Tip 위의 세 문장 모두 앞 문장의 주어와 so 이하의 주어가 다르므로 『So + 동사 + 주어』의 순서로 되어 있다.
이때 so 이하의 동사는 앞 문장의 동사가 be동사면 so 이하도 『**be동사 + 주어**』로,
앞 문장의 동사가 have / has동사이면 so 이하도 have / has동사로,
앞 문장의 동사가 일반 동사라면 so 이하는 do /does / did 동사로 써야 하는 것에 주의한다.

기출문제를 살펴보자 [가톨릭대]

I had a racing bike when I was young, and _____.

(A) my brother did so   (B) did my brother so
(C) so did my brother   (D) as my brother did so

긍정에 수긍하는 표현은 『So + 동사 + 주어』의 순서이다.
나는 경기용 자전거가 있었고, 형 역시 (경기용 자전거가) 있었다.

▶ 정답 (C)

기출문제를 살펴보자 [가톨릭대]

Overeating that leads to obesity is dangerous to your health, but _____ extreme thinness.

(A) so as   (B) so is   (C) as is   (D) same is

부정어(not, never)등이 있는 선행문장에 대한 수긍은 'nor+대동사+주어'지만, 긍정문에 대한 수긍은 'so+대동사+주어'가 된다. 앞문장의 동사가 is 이므로 'so+is+주어'가 된다.

비만으로 이끄는 과식은 건강에 위험하지만, 극단적으로 마른 것 역시 그러하다(위험하다)

▶ 정답 (B)

Unit 70 the same

Guide the same은 단독으로 대명사로 쓰일 뿐 아니라, 부사나 as나 that과 결합하여 사용 되는 경우를 학습한다.

400 지시대명사 the same

Thank you for helping me. I'll do **the same** for you someday.
도와 주셔서 감사합니다. 언젠가는 당신에게도 똑같이 도움을 드리겠습니다.

Happy New Year! - **The same** to you. 새해 복 많이 받으십시오! 당신도 복 많이 받으십시오.

Tip the same은 앞에서, 또는 시간상 이전에 언급된 것과 '똑같은 것'이란 뜻의 대명사로서 문장 내에서 주어, 보어, 또는 목적어로 쓰일 수 있다.

The two are **much the same**, but this man is a bit better. 둘 다 마찬가지이지만 그래도 이 사람이 좀 낫다.
Both of the toy companies are going well, their comparative sales are **almost the same**.
두 장난감 회사 모두 잘 되고 있고 판매량도 거의 비슷하다.

Tip almost, much, quite, about 등의 부사는 the same 앞에서 강조어로 쓰인다.

The same is true of my case. 그 똑같은 것이 내 경우에도 그러하다. (내 경우도 마찬가지다.)
Though he has some faults, I like him **all the same**. 비록 그는 결점을 가지고 있지만, 여전히 나는 그를 좋아한다.

Tip 같은 것, 'all the same 그래도, 여전히, 마찬가지로'

401 the same ~ as vs. the same ~ that

He has **the same** watch **as** I lost yesterday. 그는 내가 어제 잃어버렸던 것과 같은 시계를 갖고 있다.
They met him at **the same** place **as** before. 그들은 전과 같은 장소에서 그를 만났다.

Tip the same ~ as는 유사한 종류의 것(= 동종물)을 나타내는 표현이다.

He has **the same** watch **that** I lost yesterday. 그는 내가 어제 잃어버렸던 바로 그 시계를 갖고 있다.
We went back by **the same** way **that** we had come by. 우리는 우리가 왔던 길로 되돌아갔다.

Tip the same ~ that은 똑같은 것(= 동일물)을 나타내는 표현이 된다.

Unit 71 부정대명사
one(s), another, some, the other(s), others

Guide 정해져 있지 않은 불특정한 대상을 칭하는 대명사를 부정대명사라고 한다.
one, ones, another, some, the other, the others, others 등의 의미와 쓰임을 정확히 알고 있어야 한다.

one   the other

Tip 두 개 중 첫 번째 한 개는 one, 마지막 한 개는 the other라고 한다.

one   another   the other

Tip 세 개 중 첫 번째 한 개는 one, 두 번째 것은 another, 마지막 한 개는 the other라고 한다.

one   another   the others

Tip 여러 개 중 첫 번째 한 개는 one, 두 번째 것은 another, 마지막 복수 모두를 the others라고 한다.

 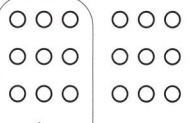 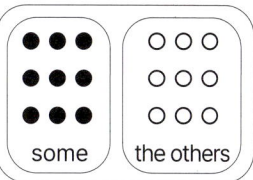

Tip 처음 한 개는 one이지만, 여러 개(복수)는 some(몇 개)이다.
또 다른 여러개는 others로 표현한다. others는 나머지가 더 남아있다는 의미이다.
the others는 나머지 모두를 의미한다.

I have **two** sisters. **One** is Susan and **the other** is Jane.
나는 누나가 **둘** 있다. **첫 째**가 수잔, **다른 누나**는 제인이다.

I got **three** shirts for my birthday presents. **One** is red, **another** is white, and **the other** is green. 나는 생일선물로 **세** 장의 셔츠를 받았다. **첫 번째**는 빨강, **두 번째**는 화이트, 그리고 **마지막**은 녹색이다.

Jina picked **a few balls** from the bag. Among them, **one** was blue, and **another** was red.
지나는 가방에서 **몇**개의 공을 집어들었다. 그 중 **첫째**는 파랑, 그리고 **두 번째 것**은 빨강이었다.

Some animals have a backbone, while **others** don't. 어떤 동물은 척추가 있고, **어떤(다른)** 동물은 없다

Some parents send their kids to kindergarten, while **others** don't.
어떤 부모는 아이를 유치원에 보내지만, **어떤(다른)** 부모는 보내지 않는다.

There were **six kids** in the room. **Some** were watching TV, and **the others** were playing games.
방에는 **여섯** 명의 아이들이 있었다. **몇 명**은 티비를 보고 있었고, 그리고 **나머지 모두**는 게임을 하고 있었다.

I met **five** foreigners at church. **One** is from Germany, and **the others** are from Switzerland.
나는 교회에서 **5명**의 외국인을 만났다, **한 명**은 독일에서 그리고 **나머지 모두** 4명은 스위스에서 왔다.

 기출문제를 살펴보자 [숭실대]

Every year, (A)hundreds of people leave important jobs in the government to take more lucrative positions in private industry. (B)Some go to work as lobbyists, (C)another as consultants to business, (D)still others as key executives in corporations, foundations and universities.

'어떤 이들(some)은 로비스트로 일하기 위해 떠나고', '어떤 이들(others)은 기업의 고문으로 일하기 위해 떠나며', '또 어떤 이들(still others)은 기업, 재단, 대학에서 핵심 임원으로 일하기 위해 떠난다'라는 의미로 보아 (C)는 한명이 아닌 **여러명이**므로 another가 아닌 복수형 others가 되어야한다.

매년 수백 명의 사람들이 더 많은 돈을 벌 수 있는 민간 업계의 직책을 차지하려고 정부 내의 주요 일자리를 떠나고 있다. 어떤 이들은 로비스트로 일하기 위해 떠나고, 어떤 이들은 기업의 고문으로 일하기 위해 떠나며, 또 어떤 이들은 기업, 재단, 대학에서 핵심 임원으로 일하기 위해 떠난다.

▶ 정답 (C)

 기출문제를 살펴보자 [홍익대]

(A)For to say what something is (B)is one thing, but to say that it is, is (C)other; we can know what a dog is without committing ourselves to (D)affirming either the existence or non-existence of dogs.

'A is one thing, B is another'는 'A와 B는 별개이다'라는 뜻의 관용표현이다. (C)를 another로 고쳐야 한다.
other는 한정사로만 쓰이고 대명사로는 쓰이지 못한다.
왜냐하면 어떤 것이 무엇인지를 말하는 것과 그것이 존재한다고 말하는 것은 전혀 별개이기 때문인데, 우리는 개의 존재 혹은 부재를 확인하는 데 몰두하지 않고서도 개가 무엇인지를 알 수 있다.

▶ 정답 (C)

Unit 72 one / ones / the one
불특정 가산명사의 단/복수

Guide one은 단/복수 모두 가능하며, 정관사를 수반하여 the one처럼 쓰이면 특정명사를 의미한다.

402 일반인을 대신

One should obey **one's** parents. 사람은 자기의 부모님께 순종해야 한다.

403 불특정 가산명사를 대신

I have lost my pen, so I have to buy another **one**. 펜을 잃어버려서 **다른** 펜을 **하나** 사야 한다.

> **Tip** 여기서 one은 특정 pen이 아닌 불특정한 pen을 지칭. one은 한정사(another)나 형용사와 쓰일 수 있다.

I bought a pen the other day, but I lost **it** yesterday. 전날 펜을 하나 샀는데, **그것(the pen)**을 어제 잃어버렸다.

> **Tip** it은 앞에서 언급한 이 전날 구입한 바로 그 명사를 대신한다. 이 처럼 특정한 명사는 one을 쓰지 않는다.

it vs. one의 차이는 QR코드를 스캔해보세요 ▶

> ▶ **one vs. it**　　　　　　　　　　　　　h⊙t p@ge 20
>
> one과 it의 차이 : one은 앞에서 언급한 바로 그 명사를 대신하는 것이 아니라 앞에서 언급한 명사와 같은 종류이거나 비슷한 종류의 불특정한 가산명사를 대신한다. 즉, 위 문장에서 나는 펜을 잃어버렸고, 그 잃어버린 펜과 상관없이 같은 종류이거나 비슷한 종류의 펜을 구입하겠다는 의미이다.
>
> 반면에 it은 앞에서 언급한 바로 그 명사를 대신한다. 즉, 이 전날 펜을 하나 샀는데, 잃어버린건 앞에서 언급한 '전에 구입한 바로 그 펜'을 칭하는 것이다.

404 ones : one의 복수형

I have lost **some** pens, so I have to buy other **ones**. 펜을 **몇 개** 잃어버려서 **다른** 펜을 사야 한다.

> **Tip** one은 불특정 가산명사의 단수를 대신하므로 불특정 가산명사의 **복수형**은 ones로 쓴다.

405 the one

If there is a true hero, he is **the one**. 진정한 영웅이 있다면 바로 그 사람이다.
Which man do you mean? **The one** with a beard? 어떤 사람입니까? 수염 난 저 사람인가요?

> **Tip** 불특정 가산 명사를 지칭하는 one 앞에 정관사 the를 붙여 쓰면 앞에서 언급한 명사 중 바로 '그러한 명사'를 의미하게 된다.
> 첫 문장에선 영웅을 언급했는데, 뒤의 the one은 바로 he가 '그러한 영웅'이라는 뜻이며, 아래문장에선 수염 난 그가 바로 '그러한 남자'임을 묻고 있는 것이다.

406 형용사의 수식을 받을 수 있다 (단수에서는 관사 수반)

I exchanged the skirt for **a red one**. 치마를 빨간 것으로 교환했다. (one = another skirt)
Two trade unions were amalgamated into **a large one**.
두 노동조합은 하나의 큰 조합으로 통합되었다. (one = union)

> **Tip** 대명사 one은 한정사나 형용사의 수식을 받을 수 있다.

407 비교급과 최상급에서는 one이 생략된다

According to pessimists, the English climate is **the worst** in the world.
염세주의자들에 따르면 영국의 날씨는 세상에서 가장 나쁘다.

> **Tip** 이 경우 최상급 the worst 다음 one(= climate)을 쓰지 않고 생략한 것이다.

His collection of stamps is **the most valuable one**. 그의 우표수집은 가장 가치있는 것이다.

> **Tip** 그러나 most와 함께 쓰인 최상급에는 대개 one을 생략하지 않는다.

408 own 다음 one이 생략된다

If there is any difficulty about cars, I can bring my **own**. 만일 차에 문제가 있다면 내 차를 가져가겠다.

> **Tip** my own one(= car) 이라고 하지 않는다.

기출문제를 살펴보자 [한국외대]

Choose the sentence that is NOT grammatically correct.

(A) Peter bought two red pens yesterday and two blue ones today.
(B) Peter bought red wine yesterday and white one today.
(C) Peter bought a computer yesterday and one today, too.
(D) Peter bought some books yesterday and some today, too.
(E) Peter bought some rice yesterday and some today, too.

불가산명사인 wine은 one으로 받지 못한다. 그냥 형용사만 써서 white one → white로 쓰던가 white wine과 같이 wine을 한번 더 써도된다. one은 불특정 가산명사만을 대신한다.
(A) 에서 ones는 pens의 대명사이다.
(C) 에서 one은 a computer의 대명사이다.
(E) rice는 불가산명사이므로 some rice에서 반복을 피하려면 some만 쓰면 된다.

▶ 정답 (B)

 기출문제를 살펴보자 [동덕여대]

I don't have a decent bookcase, so I am going to _____.

(A) have it made   (B) have one made
(C) have that to be made   (D) have it be made.

적당한 책장이 없으므로 하나 제작한다는 문장이다. 여기서 사역동사 have의 목적어 one은 a decent bookcase의 대명사가 아니다. it은 선행명사를 칭하는데 a decent bookcase는 단지 '적당한 책장'의 예시를 든 것 이고, have의 목적어는 일반적인 책장 중 (어느)하나를 의미하는 것이다. 따라서 대명사는 one이 되는 것이다.
'have + 목적어 + made'는 목적어(one)를 만드는 것이 아니라 목적어가 '제작 되는 것'이므로 과거분사 made가 된 것이다.
decent : 어울리는, 적당한

나는 적당한 책장이 없어서 (적당한 책장이)하나 만들어지도록 해야 겠다.

▶ 정답 (B)

it vs. one의 차이는 QR코드를 스캔해보세요 ▶

Unit 73 another
an + other + 단수명사

Guide another는 an + other (단수명사)가 합쳐진 것으로 another가 형용사로 쓰일 경우 단수명사만 수반 할 수 있으며, 부정대명사로 쓰일 경우 **단수** 취급한다.
셋 이상(또는 몇 개인 모르는 상황)에서 두 번째 것을 another로 받으며, 둘인 경우 두 번째 것은 the other를 쓴다.
another는 불가산 명사를 수식 할 수는 없지만 상황에 따라 복수형의 명사는 수식 할 수 있다.

409 대명사 another

That first orange tasted so good, I'd like **another**.
첫 번째 오렌지가 맛이 좋았다, 하나 더 먹고 싶다. another (orange)

I don't like this bag. Show me **another**. 이 가방은 마음에 들지 않습니다. 다른 것을 보여 주세요. another (bag)

I have two good friends; **one** is Tom and **another** is Jun.   (X)
I have two good friends; **one** is Tom and **the other** is Jun.   (O)
나에게는 두 명의 좋은 친구가 있다; **한명**은 탐, **다른 한** 명은 준이다.

Tip another는 둘 인 상황에서 쓰이지 못한다.
두 명의 좋은 친구라고 했으므로 두 번째(마지막) 친구는 the other가 되어야한다.

410 형용사 another

You are welcome to **another** opinion. **다른** 의견도 좋습니다.
여기서 another는 명사 opinion을 꾸미는 **형용사**로 쓰임

He will be out for **another** three **days**. 그는 **3일 더** 쉴 겁니다.

Tip another는 단수명사만을 수식한다고 했는데 여기서는 another가 three days를 꾸미고 있다.
이때 **three days**를 복수로 본 것이 아니라 하나의 단위, 과정(= 단수의 개념)로 생각하여 another를 쓴 것임에 주의한다.

To finish the project, I need **another** two **weeks**. 그 프로젝트를 끝내기 위해서는 **2주가 더** 필요하다.

Tip 위 문장과 마찬가지로 **two weeks**는 그 프로젝트를 끝내기 위한 하나의 기간, 과정(= 단수의 개념)로 생각하여 another를 쓴 것임에 주의한다.

기출문제를 살펴보자 [세종대]

(A)A herd of elephants, monkeys, and (B)another wildlife (C)stampede across (D)a series of wide, open plains.

another는 단수 가산명사만을 수식한다. wildlife는 집합적 불가산명사이므로 another가 아닌 other로 수식한다.
코끼리와 원숭이 그리고 다른 야생동물 무리들이 넓고 광활한 평원을 횡단하며 몰려 다닌다.

▶ 정답 (B)

411 another의 관용표현

① A is one thing (and) B is another A와 B는 별개이다.

Saying is **one thing** and(;) doing (is) **another**. 말하는 것과 행동하는 것은 **별개이다**.

Tip 이때 and대신 커마(,)나 세미콜론(;)도 가능하며 중복되는 조동사(be동사)도 **생략 가능**하다.

② each other와 one another

each other : 둘 사이 one another : 셋 이상 사이

The two companies allied themselves to **each other**. 두 회사는 **서로** 동맹하였다.
The two old men embraced **each other** and cried. 두 노인은 **서로** 부둥켜안고 울었다.

Tip each other가 목적어로 쓰였다.

Neighbors are talking with **one another**. 이웃들이 **서로** 얘기를 나누고 있다.
They are so different from **one another**. 그들은 **서로** 너무 달라요.

Tip one another가 전치사 from의 목적어로 쓰였다.
each other와 one another는 둘 다 주어로 쓰일 수 없다.

 기출문제를 살펴보자 [강남대]

Choose the sentence that is grammatically correct.
(A) Knowing is one thing and teaching is another.
(B) Such a work cannot be done so a short time.
(C) He has been waiting for an hour and so am I.
(D) I will reward whomever can solve this problem.

(B) so+형용사+a[an]+명사'의 구문에서는 관사가 형용사 뒤에 위치하므로 so short a time이 되어야 한다.
(C) 앞의 긍정문에 대해 '~도 또한 그렇다'의 의미를 나타낼 때 'so+조동사+주어'를 쓴다. 따라서 so have I 가 되어야 한다.
(D) 주어진 문장에서 명사절 접속사는 자신 이끄는 절에서 주어의 역할이므로 주격 **whoever**로 고친다.
(A) 아는 것과 가르치는 것은 별개이다.
(B) 그러한 일은 그렇게 짧은 시간에 마칠 수 없다.
(C) 그는 한 시간 동안 기다리고 있으며 나 또한 그렇다.
(D) 나는 이 문제를 해결할 수 있는 누구에게나 보상을 할 것이다.

▶ 정답 (A)

Unit 74 other/others/the other(s)

Guide other는 한정사로만 쓰이고 대명사로의 기능은 없다.
the other는 한정사와 대명사 모두 가능하며, the other, the others는 대명사로만 쓰인다.

412 other

① other는 명사 앞에서 형용사로만 쓰이며, 가산명사뿐 아니라 불가산명사도 수식한다.
가산명사를 수식하는 경우 단수형은 수식할 수 없고, 복수형만 수식한다.

I don't care what **other people** say. (O) 누가 뭐라든 상관없다.
I don't care what other person says. (X)

② other 앞에 'one, any, no, every'의 한정사가 함께 쓰이면 단수명사가 온다.

He is taller than **any other boy** in his class. 그는 반에서 다른 어떤 아이보다 키가 크다.
　　　　any other boys (X)
=He is taller than **all (the) other boys** in his class. **all other** 다음엔 복수명사가 수반된다.

③ two 이상의 기수 다음에는 'other + 복수명사'가 된다.

There are **two other students** on the ground. 운동장에 2명의 학생이 있다.
　　　　other two students (X)

413 the other

① 대명사로 쓰이는 경우

주로 one과 함께 쓰여 두 개 중 나머지 하나를 의미한다.

Of the **two** boxes **one** box weighs two tons more than **the other**.
두 상자 중 한 상자는 나머지 한 상자 보다 2톤이 더 나간다.

Tip 두 개의 박스(of the two boxes)중 하나는 one으로 나머지 한 개 남은 것은 the other (box)

② 형용사로 쓰이는 경우

단수명사와 복수명사를 모두 수식가능

To my dismay, **the other** team scored three runs. 당혹스럽게도 **상대** 팀이 3점을 얻었다.
두 팀이 겨룰 때 상대팀은 하나이므로 the other + 단수명사이다.

The skyscraper towers above **the other** buildings. 그 고층건물은 **다른 모든** 건물들보다 훨씬 높다.
다른 모든 건물들(복수) the other + 복수명사

414 others vs. the others

둘 다 대명사로만 쓰이며 others는 막연히 '다른 것들, 다른 사람'을 가리키며, 뒤에 무언가 더 남아있음을 의미하고, the others는 나머지 모두를 지칭하기에 무언가 더 남아있지 않다는 점에서 다르다.

① other, the other + 복수명사는 others, the others로 축약해서 쓸 수 있다

All these students are good, but **some** work harder than **others**.
이 학생들 모두가 착실하다. 하지만 **어떤** 학생들은 **다른** 학생들보다 더 열심히 한다.

Tip All these students are good, but **some(students)** work harder than **other(students)**.

Some talented children may feel alienated from **the others** in their class.
재능이 뛰어난 어떤 아이들은 학급의 **다른 모든** 아이들로부터 소외감을 느낄 수도 있다.

Tip Very talented children may feel alienated from **the other(students)** in their class.

② others vs. the others

Some like baseball; **others** like soccer. **어떤** 사람은 야구를 좋아하고, 또 **어떤** 사람은 축구를 좋아한다.

Tip 이 경우 the others like soccer라고 쓰면 야구를 좋아하는 사람 이외에 '나머지 모든 사람들'이 축구를 좋아 한다는 의미가 된다. 운동이 두 종류만 있는 것은 아니다. 다른 운동을 좋아하거나 운동을 좋아하지 않는 사람들도 있으므로 the others라고 쓸 수 없다.

In this class **some** are girls, and **the others** are boys. 교실에 **몇**은 여학생이고 **나머지 모두**는 남학생이다.

Tip 성별은 남자와 여자 둘이다.
한 반에 일부는 여자 아이들이며, 그들(여자 아이들)을 제외한 나머지 모든 이들은 남자 아이들이므로 **the others**가 된 것 이다. 여자를 제외한 나머지 모두는 남자일 수밖에 없다.

기출문제를 살펴보자 [숭실대]

Every year, (A)hundreds of people leave important jobs in the government to take more lucrative positions in private industry. (B)Some go to work as lobbyists, (C)another as consultants to business, (D)still others as key executives in corporations, foundations and universities.

수백 명의 사람들중 어떤 사람들(some)+다른 사람들(others)+또 다른 사람들(still others)의 표현이다.
(C)는 단수를 의미하는 another가 아닌 복수를 의미하는 some이 되어야한다.
some (go to work) as consultants ~ still others (go to work) as key executives에서 중복되는 go to work가 생략된 것이다.
매년 수백 명의 사람들이 더 많은 돈을 벌 수 있는 민간 업계의 직책을 차지하려고 정부 내의 주요 일자리를 떠나고 있다. 어떤 이들은 로비스트로 일하기 위해 떠나고, 어떤 이들은 기업의 고문으로 일하기 위해 떠나며, 또 어떤 이들은 기업, 재단, 대학에서 핵심 임원으로 일하기 위해 떠난다.

▶ 정답 (C)

Unit 75 all

Guide each는 대명사, 형용사, 부사 등으로 다양하게 쓰인다.

415 대명사 all

All이 사람이나 동물을 의미하는 경우 대개 '**복수**' 취급한다.

All are happy. 다들 행복해 한다.

All이 사물을 의미하는 경우 대개 '**단수**' 취급한다.

All that **glitters is** not gold. 반짝이는 모든 것이 다 금은 아니다.

All은 불특정명사를 의미하기에 of 뒤의 명사에는 정관사(the), 소유격(my, his등)과 함께 쓰인 '**구체적 명사나 대명사**'가 온다.

All of the cars in the street were blocked off. 거리의 모든 차들은 멈췄다.

> **Tip** All of cars in the street were blocked off. (X)
> 정관사 the를 빼고 명사 cars만 쓰면 틀린 것이다.

All of their attempts have been ineffectual. 그들의 모든 시도는 효력이 없었다.

416 형용사 all

All + 명사 / All + the 명사

All students must keep quiet in the library.　　　　　　(O) 모든 학생은 도서관에서 조용히 해야 한다.
All the students in the class like the movie very much. (O) 학급의 모든 학생들은 그 영화를 매우 좋아한다.
All of the students must keep quiet in the library.　　 (O)
All of students must keep quiet in the library.　　　　　 (X)

> **Tip** All은 전치사 of 없이 바로 명사를 수식하거나 the + 명사를 수식할 수 있다.
> '**All + 명사**' / '**All + the + 명사**' / '**All of the + 명사**'는 가능하지만 '**All of 무관사 명사**'는 불가능하다.

417 All은 전치 한정사로써 '한정사 앞'에 쓴다.

All the students could not solve the problem. 아무도 그 문제를 풀 수가 없었다.
지시형용사 the 앞

All my classmates like me. 반 아이들이 전부 나를 좋아한다.
소유격 my 앞

> **Tip** All은 전치한정사로 정관사, 지시형용사, 소유격과 같은 한정사 앞에 위치한다.

418 부사 all

We cannot **all** live in cities. 우리 모두가 도시에 살 수는 없다.

> **Tip** 위 문장에서는 조동사 뒤에서 부사로 쓰였으며 all 이 부사로 쓰이면 '완전히, 온통'이라는 의미이다.

419 all의 관용표현

All in all, I think the economy is going well. 나는 전반적으로 경제가 좋아지고 있다고 생각한다.
I'm warning you **once and for all**. Don't ever do anything like that again.
마지막으로 경고하는데 다시는 그런 짓 하지 마라.
The enemies were **all but** annihilated.   적군은 거의 전멸됐다.
I decided to achieve my goal **at all cost**. 나는 어떤 대가를 치르더라도 목표를 이루기로 결심했다.

> **Tip** all in all '대체로', '전반적으로'
> once and for all '단호하게', '마지막으로'
> all but '거의'
> at all cost (= at any price) '어떤 대가를 치르더라도'

Unit 76 each

Guide each는 대명사, 형용사, 부사 등 다양하게 쓰인다.

420 대명사 each

Each가 대명사로 쓰이면 '각자, 각각'의 뜻이며 항상 단수 취급한다.

Each has his own opinion. 각자 보는 바가 다르다.
Each of the boys has received ten dollars. 소년들은 각자 10달러씩 받았다.
We **each** have our own opinions. 우리들은 각자 자기의 의견을 가지고 있다.

> Tip 이 경우에는 each는 동격 대명사로, We가 주어이다.

Each는 불특정명사를 의미하기에 of 뒤의 명사에는 정관사(the), 소유격(my, his등)과 함께 쓰인 구체적 명사나 대명사가 온다.

Each of the toys has a different shape. 장난감 모양이 각기 다르다.

> Tip Each of 뒤에 복수명사가 올 수 있으나, Each가 주어 이므로 단수 취급한다.

Each of them was given three items. 그들은 각 사람 앞에 물건 세 개씩 받았다.
= **They each were** given three items.

> Tip Each of them 은 They each로 쓸 수 있다.

부정문에 쓰지 않는다.

부정문에서는 each를 쓰지 않고 no one이나 neither를 쓴다.

Each doesn't want to go there. (X) 거기 가고싶어 하는 사람은 없다.
Neither wants to go there. (O)
No one wants to go there. (O)

 기출문제를 살펴보자 [덕성여대]

Each of the Medic Alert bracelets (A)<u>worn</u> by millions of Americans who (B)<u>suffer from</u> (C)<u>diabetes</u> (D)<u>are engraved with</u> the wearer's name.

Each는 단수 취급하므로 (D)는 is가 되어야 한다.
당뇨를 앓고 있는 수백만 명의 미국인들이 차고 있는 의료경보 팔찌 각각에는 착용자의 이름이 새겨져 있다.

▶ 정답 (D)

421 형용사 each

Each + 가산명사의 단수형태

Each man has his merits and faults. 사람은 **제각각** 장단점이 있다.

> **Tip** 이때 Each가 수식하는 명사는 가산명사의 단수형(man)으로, 동사도 단수동사(has)로, each를 가리키는 대명사(his)도 단수로 쓴다.

Each men have their merits and faults. (X)

> **Tip** Each뒤에 복수명사(men) 복수동사(have) 대명사(their)라고 쓰면 잘못된 것이다.

Each + the 명사 (X)

All the students in the class like the movie very much. (O)
Each the student in the class likes the movie very much. (X)
Each student in the class likes the movie very much. (O)

> **Tip** Each는 All처럼 'the + 명사'와 쓰일 수 없다.

422 부사 each

각자에게, 제각기

I gave them two dollars **each**. 그들에게 각각 2달러씩 주었다.

기출문제를 살펴보자 [광운대]

다음 중 어법 상 가장 적절한 것은?

(A) Lee and Pat blamed each other's parents.
(B) Lee and Pat knew that I would curse themselves.
(C) Lee and Pat knew that I would curse each other.
(D) Mary believes John to love herself.
(E) Before John left, Mary kissed himself.

(B)재귀대명사는 같은 절 안에서 주어와 목적어가 같을 때 목적어에 쓰인다. Lee and Pat은 주어인 I 와 같은 that절 안에 있지 않으므로 themselves를 **them**으로 고쳐야 한다.
(C) that절의 주어 I와 each other가 의미상 서로 호응하지 않으므로 I를 they로 고쳐야 한다. 만일 '리와 팻은 각자 내가 상대방을 저주할 것이라고 생각했다'는 뜻의 문장이라면, 즉 knew가 아니라 thought라면 Each of Lee and Pat thought that I would curse the other. 가된다.
(D) 목적어와 목적보어는 의미적으로 주술관계의 절을 이루는데 to love의 의미상 주어 인 John과 herself는 같지 않으므로 herself를 **her**로 고친다.
(E) 주절의 주어인 Mary와 목적어인 himself가 가리키는 John이 다른 절에 있으므로 himself를 **him**으로 고친다.

*blame 나무라다, 비난하다   *curse 저주하다, 악담하다

(A) 리와 펫은 서로의 부모를 비난했다.   (B) 리와 펫은 내가 그들을 저주하리라는 것을 알았다.
(C) 리와 펫은 내가 서로를 저주하리라는 것을 알았다.   (D) 메리는 존이 그녀를 사랑한다고 믿고 있다.
(E) 존이 떠나기 전에, 메리는 그에게 키스를 했다.

▶ 정답 (A)

Unit 77 every

Guide every는 대명사가 아닌 형용사로만 쓰인다.

423 every + 단수 '모든~'

Every man has his faults.　　　(O) 인간이란 누구나 불완전하다.
Every men have their faults.　　(X)
Every people have their faults. (X)
Every boy and girl has to turn in his (or her) report by this Friday. (O)
모든 소년과 소녀는 금요일까지 리포트를 제출해야 한다.

Every boys and girls have to turn in their report by this Friday. (X)

> **Tip** every가 '모든, 전부'의 의미로 쓰이면 언제나 단수명사를 수식하여 단수동사로 연결한다. and로 연결되어도 마찬가지이다

424 every + 복수 '매 ~마다'

『every + 기수 + 복수명사』 = 『every + 서수 + 단수명사』

The Olympic Games are held **every four years**. 올림픽 게임은 매 4년마다 열린다.
The Olympic Games are held **every four year**. (X) 단수명사로 쓰면 틀린 것이다

> **Tip** every가 '모든, 전부'의 의미가 아닌 기수를 수식하여 '매 ~마다'의 의미로 쓰이면 복수명사를 취할 수 있다.

I must go to the dentist **every third day**. 나는 3일에 한 번씩 치과에 가야 한다.

> **Tip** every + 서수 + 단수명사

 기출문제를 살펴보자 [세종대]

(A)Every few year (B)the El Nino current is warmer than normal, (C)causing changes in the normal patterns of sea and (D)surface temperatures.

---

every 가 '모든'이 아닌 '매~마다'를 뜻할 때는 'every few days (수 일마다)', 'every few years (수 년마다)'처럼 복수로 쓴다.

수 년마다 엘니뇨현상은 평균 바다의 패턴과 지표의 온도변화를 야기하면서 평상시보다 온도가 높아진다.

▶ 정답 (A)

Unit 78 both

Guide both의 대명사와 형용사 용법을 알아본다.

425 대명사 both '둘 다~'

Both of the Kennedy brothers engaged in extra marital affairs with Monroe.
케네디 형제 **둘 다** 먼로와 불륜에 관여했다.

both가 대명사로 쓰이면 둘을 지칭하므로 항상 복수 취급한다.

Both are good. 두 **책** 다 좋다.
= Both of these books are good.

Both가 of와 함께 쓰일 경우 of의 목적어는 정관사(the), 소유격(my, his등)과 함께 쓰이거나 대명사가 온다.

= Both of **the** books are good. (O)
= Both of **books** are good.   (X)

Tip of 의 목적어는 정관사나 소유격 없이 명사만 올 수는 없다.

동격으로 써서 양쪽(둘) 다

They **both** wanted to go to America. 그들은 **둘 다** 미국에 가고 싶어 했다.
= **Both of them** wanted to go America.
I met them **both**. 두 **사람**을 다 만났다.
= I met **both of them**.

426 형용사 both '둘 다~'

Both + 복수명사 = 복수취급

Both men are alive. 두 **남자**는 모두 살아 있다.
Both (the) men are alive.

Tip Both the + 복수명사도 가능하지만 both 뒤의 정관사 the는 주로 생략한다.

both는 all처럼 전치한정사의 기능을 하므로 지시형용사·소유격 대명사 등의 앞에 쓴다.

Both the books are about history. 두 **책** 모두 역사에 관한 것이다. **지시형용사 the 앞**
Both his words and actions are trustworthy. 그는 말과 행동 모두 믿을 만해요. **소유격 his 앞**
I **don't** want **both books**. 그 책을 **둘 다** 원하는 것은 아니다. **(하나만 필요하다)**

Tip both의 부정(not~both)은 '부분부정(둘 다 ~은 아니다)'의 의미이다.

Unit 79: either / neither
either of / neither of

Guide (n)either는 대명사, 형용사, 부사로 다양한 쓰임을 갖는다.

427 대명사 (n)either - 단수취급

either : 둘을 전제로 '어느 한쪽'- 단수취급
I'll take tea or coffee; **either is** fine. 나는 차나 커피를 마실 거야. 어느 것이든 괜찮아.

neither : 둘을 전제로 '어느 쪽도 ~아닌'- 단수취급
Neither of them **has** a car. 그들 누구도 차를 가지고 있지 **않다**.

Either, Neither가 of와 함께 쓰일 경우 of 뒤의 명사는 정관사(the), 소유격(my, his등)과 함께 쓰인 구체적 명사나 대명사가 온다. 이 경우에도 단수동사를 쓴다.
Either of them will do. 어느 쪽이라도 좋다.
Neither of the games is interesting. 둘 중 어느 게임도 재미가 **없다**.

부정문에서의 주어

Neither of us **could** solve the problem.　(O) 우리들 누구도 그 문제를 풀 수 **없었다**.
Either of us **couldn't** solve the problem. (X)

> **Tip** Either of 명사~not 이 부정문에서 주어로 쓰이는 것에 관한 예문들이 나오기는 하지만 수험영어에선 틀린 것으로 간주한다.

 기출문제를 살펴보자 [아주대]

Note (A)<u>also</u> that the base class had a default constructor and (B)<u>a destructor</u>, neither (C)<u>of which</u> (D)<u>do anything</u>.

----

neither of them이 neither of which로 바뀌면서 관계절이 된 것인데, 주어는 neither이므로 동사는 단수동사로 쓴다. 따라서 do는 does가 되어야한다.

베이스 클래스는 디폴트 생성자와 소멸자를 포함하고 있고, 그 두 가지는 또한 아무 것도 하지 않는다는 사실에 주목하라.

▶ 정답 (D)

428 형용사 (n)either

either : '어느 한 쪽'이라는 의미이며 단수명사를 수식하고 단수동사로 받는다.

You can park on **either side** of the street. 도로 어느 쪽에 주차해도 된다.

> **Tip** either sides (X)

neither : '어느 쪽도 ~아닌'이라는 의미이며 단수명사를 수식하고 단수동사로 받는다.

Neither statement is true. 어느 쪽 주장도 사실이 **아니다**.

> **Tip** Neither statements (X)

부정

I **don't** like **either** of them. 그들 둘 다 **싫다**.
= I **like neither** of them.
= I **like none** of them.

> **Tip** don't either는 neither와 같다.

429 부사 (n)either

부정문인 경우

Tom **doesn't** like coffee, and Jane **doesn't** like coffee, **either**.
= Tom **doesn't** like coffee, **and neither** does Jane.
= Tom **doesn't** like coffee, **nor** does Jane. Tom은 커피를 좋아하지 않고, Jane도 역시 그러하다. (=좋아하지 **않는다**)

> **Tip** 이 경우 neither는 자체가 부정어이므로 neither뒤에 부정어를 쓰지 않으며, 『**neither + 조동사 + 주어**』의 순서가 됨에 유의한다.
> neither는 부사이므로 접속사 and와 함께 쓰이는 것에 유의한다.
> nor는 접속사이므로 등위접속사 and 없이 절을 연결할 수 있다.

긍정문인 경우

Tom **likes** coffee, **and** Jane **likes** coffee, **too**.
= Tom **likes** coffee, (and) **so** does Jane. Tom은 커피를 좋아하고, Jane도 역시 그러하다. (= 좋아한다)

> **Tip** 긍정에 수긍하는 경우는 nor나 neither가 아니라 so를 써서 『**So+조동사+주어**』의 순서가 됨에 유의한다

Unit 80 none / no one
none(사람/사물) no one(사람)

Guide none은 사람/사물 모두를 의미 할 수 있고, 단/복수 모두 가능 하나, no one은 사람만 의미 하고 단수 취급한다.

430 대명사 none / no one

단수 & 복수

None are completely happy. 아무도 완벽하게 행복한 사람은 **없다**.
None is designed for residential use. 이곳에 있는 어떤 물건도 거주자를 위해 디자인되지 **않았다**.
No one knows what will happen in the future. 앞으로 무슨 일이 일어날지 아무도 **모른다**.

> **Tip** None은 대명사로 단수·복수 어느 쪽으로도 쓰이며, 사람과 사물 모두 의미 할 수 있다.
> 일반적으로 사람을 의미할 경우에는 복수 취급이 많으며, 특별히「한 사람도 ~않다」의 뜻으로 단수임을
> 분명하게 할 경우에는 no one을 쓰며, 사람만을 의미한다.

None of 뒤의 명사에는 정관사(the), 소유격(my, his등)과 함께 쓰인 구체적 명사나 대명사가 온다.

None of the students know(knows) anything about it yet. 학생 중 아무도 아직 그 일을 **모른다**.
None of the books are(is) interesting. 그 책 중 어떤 것도 재미**없다**.

> **Tip** None의 경우 『단 / 복수』 취급 모두 가능하다.

None of the information is useful to me. 그 정보는 내게 하나도 쓸모가 **없다**.

> **Tip** of 뒤에 불가산명사(information)가 오거나 단수 대명사가 오는 경우는 **단수 취급만 가능**하다.

부정

I **don't** want to make **any** comment on the matter. 그 문제에 대해서는 노코멘트이다.
= I want to make **none of the** comment on the matter.

> **Tip** 부분부정의 의미인 don't any를 none으로 바꾸면 완전 부정의 의미가 강하다.

431 부사 none

none + the + 비교급으로 : (~하다고 해서) 그만큼 ~한 것은 아니다

He is **none the happier** for his wealth. 그가 부유하다고 그만큼 행복한 것은 아니다.
I love her **none the less** for her faults. 난 그녀의 잘못에도 불구하고 그녀를 사랑한다.

> **Tip** none the less = nevertheless : 그럼에도 불구하고

Unit 81 some / any

Guide some - 긍정문, 권유문에서 쓰인다.
any - 부정문, 의문문, 조건문, 긍정문 모두에서 쓰이며 긍정문에서 쓰일 경우 '**어떤(무슨) ~라도**'의 뜻이 된다.

432 대명사 some / any

단수 & 복수

Some are wise, **some are** otherwise.   현명한 자도 있고 그렇지 않은 자도 있다.
Not all labor is hard; **some is** pleasant.   노동이라고 해서 모두가 고된 것만은 아니다. 즐거운 것도 있다.

> **Tip** 대명사 some 다음 동사의 일치는 문맥에 따라 복수명사를 대신하는지, 단수명사를 대신하는지 판단하여 선택한다. 위 문장에서 some은 사람들을 의미하므로 복수동사(are)가 쓰였고, 아래문장에서 labor는 단수명사이므로 단수동사(is)가 쓰인 것에 유의한다.

Some of, Any of 뒤의 명사에는 정관사, 소유격과 함께 쓰인 구체적 명사나 대명사가 온다.

Some of **my friends are** a little nutty.   내 친구 몇 명은 약간 괴짜야.
Some of **the milk was** spilled.   우유가 조금 엎질러졌다.
Any of **my friends help** me.   내 친구들 중 어느 누구든지 나를 돕는다.
Any of **the furniture is too** heavy **to** carry.   가구가 너무 무거워서 이동할 수 **없다**.
　　　　　　　　　　　　　(**too~to부정사 구문** '너무~해서 ~할 수 없다')

> **Tip** some of, any of가 주어일 때는, of 뒤의 명사에 일치시킨다.
> 또한, Any는 긍정문, 의문문, 조건문, 부정문에 모두 쓰인다.

433 형용사 some / any

I need **some food**.   음식이 좀 필요하다.
I want **some books** to read.   읽을 책이 좀 필요하다.
I **don't** want **any food**.   어떤 음식도 먹고 싶지 **않아요**.
Do you know **any students** in the new school? 새 학교에서 누구 아는 학생 있니?

> **Tip** some, any는 가산, 불가산명사 모두를 수식한다. 단, 가산명사를 수식할 경우 **복수명사**를 수식한다.

any + 가산명사의 단수형

You can borrow **any book** you like. 당신은 원하는 **어떤(무슨)** 책이든지 빌릴 수 있다.

> **Tip** 예외적으로 any가 '선택의 개념'이나 '~하는 것은 어떤, 무엇에 관계없이'라는 뜻으로 강조할 경우, 가산명사라도 단수형으로 쓰이기도 한다.

Unit 82 most / mostly

Guide most는 대명사와 형용사로 쓰이며, 특히 most와 mostly를 구별 하는 것이 중요하다.

434 대명사 most

① 최대량(수), 최대한도

This is the **most** that I can do. 이것이 내가 할 수 있는 **최대한도**이다.

② 대개의 사람들, 대다수의 사람들

I am happier than **most**. 나는 **대부분의 사람들**보다 행복하다.
There are thousands of verbs in English and **most** (of them) are regular.
영어에는 동사가 수천 개가 되는데 (그 중) **대부분**이 규칙 동사이다.

Tip 대부분(의) 의미일 때에는 most와 함께 the를 쓰지 않는다.

③ Most of 뒤의 명사에는 정관사(the), 소유격(my, his 등)과 함께 쓰인 구체적 명사나 대명사가 온다.

Most of the villagers were poor. 마을 사람들의 **대부분**은 빈곤했다.
Most of the land in rain forests **is** very poor. 열대 우림에 있는 거의 **대부분의 땅**은 비옥하지 않습니다.

Tip Most of the 단수명사 + 단수동사 / Most of the 복수명사 + 복수동사

435 형용사 most

Most people have a desire to collect things. **대부분의 사람들**은 수집욕구가 있다.

Tip Most가 형용사로 명사를 수식하는 경우 한정사 없이 바로 명사를 수식한다. Most the people (X)

Most water is good to drink. **대부분의 물**은 마시기에 좋다.

Tip Most + 불가산명사 = 단수동사 / Most + 복수명사 = 복수동사

 ◀ most와 mostly의 차이는 QR코드를 스캔해보세요

436 most & mostly & almost

mostly는 부사지만 명사 앞에 쓰인다.

There were many injured people in the accident, **mostly** students.
사고로 많은 사람들이 다쳤는데, 학생들이 **대부분**이었다.

The audience were **mostly** women. 청중은 여자가 **대부분**이었다.

> **Tip** 부사는 명사를 설명하는 기능이 없기 때문에 명사 앞에 위치 하지 못한다. 아래 예문과 같이 be동사가 생략되었거나 be동사를 후치 설명하는 것이다.
> There were many injured people in the accident, (who) mostly (were) students.
> The audience were mostly women. (mostly가 were를 뒤에서 후치수식 하는 것이다)
> 'mostly+명사'는 many injured people > **mostly** students, audience > **mostly** women과 같이 주어에 종속 되는 관계인 경우에만 쓸 수 있다.
> Mostly women like jewelry. (X)
> **Most** women like jewelry. (O) 대부분의 여자들은 보석을 좋아한다.
> **주종관계가 아닌 단독으로 쓰인 명사는 mostly가 아닌 most를 쓴다.**

most는 형용사로 명사를 직접 수식하지만, almost는 부사로 명사를 직접 수식할 수 없다.

Most people like holiday.   (O) 대부분의 사람들은 휴일을 좋아한다.
Almost people like holiday.   (X)
Almost all people like holiday. (O)

> **Tip** Almost(부사) all(형용사) people(명사) like holiday. (O)

Great white sharks can swallow **almost anything**. (O) 백상아리는 **무엇이든지** 먹어치울 수 있다.

> **Tip** 그러나 Almost가 every, any, no로 시작하는 everyone, anybody, nothing과 같은 대명사는 바로 수식 할 수 있다.

He has done **most everything** under the sun. (O) 그는 세상에서 **가능한 모든 일**을 해봤다.

> **Tip** most everything도 물론 가능하다.

▶ **Almost + 대명사**   h⊚t p@ge 21

Almost all of our records were destroyed by the fire. 그 화재 때 거의 모든 기록이 불에 타 버렸다.

almost는 부사이므로 명사를 수식할 수 없다.
그러나 all, some, any 등은 대명사뿐만 아니라 형용사적 기능도 유지되기 때문에 부사의 수식을 받을 수 있는 것이다.

Some, Any, Much, Many, Most, Each, Both, Either, Neither 다음에는 한정사를 쓰지 않고 바로 명사가 오며, 'of + 명사'표현을 쓰는 경우, 그 명사는 한정된 대상을 나타내기에 명사 앞에는 정관사, 지시형용사 또는 소유형용사 그리고 대명사처럼 '한정'된 의미를 나타내는 단어들을 써야 한다.

Unit 83 부분(대명)사
all, most, some, majority, part, the rest, half 등

Guide 전부나 일부를 의미하는 부분대명사인 all, most, some 등은 전치사 of의 목적어에 동사를 일치시키는 것이 포인트

```
┌ All
  Most
  Some
  Majority
  Part       + of +  ┌ 단수명사 or 불가산명사  +  단수동사
  The rest           └ 복수명사                +  복수동사
  Half
  Certain
  분수
└ %
```

위의 표현들은 모두 of의 목적어에 동사를 일치시킨다.

All of the **seats** in the room **are** empty. 방 안에 있는 모든 **좌석**은 비어있다.
The majority of alcohol related **harm is** preventable. 술과 관련된 **피해** 중 대부분은 예방이 가능하다.
Certain of **those** present **were** unwilling to discuss the matter further.
　　　　　　　　　　　　　　　　　　　　　참석자들 중 일부는 그 문제를 더 이상 논의하기를 꺼렸다.
Half of **the teenagers** in Korea **have** their own bedrooms.
　　　　　　　　　　　　　　　　　　　　　한국의 **10대들** 중 절반이 자신의 방을 가지고 있습니다.
A majority of **Americans believe** that the country is on the wrong track.
　　　　　　　　　　　　　　　　　　　　　대다수 **미국인들**은 미국이 잘못된 방향으로 가고 있다고 믿는다.

 기출문제를 살펴보자 [한국외대]

Choose the sentence that is NOT grammatically correct.

(A) Most of the ideas was wrong.
(B) Half of the food has been eaten.
(C) About 75 percent of the sailors were sick.
(D) The majority of passengers are on board.
(E) The rest of the milk has spoiled.

(A) Most of the ideas was wrong. 에서 부분표시(대)명사는 동사를 of 뒤의 명사에 일치시킨다.
ideas라고 했으므로 were가 되어야 한다.

(A) 그 아이디어 대부분은 틀렸다.　　　　(B) 그 음식의 절반은 섭취 되었다.
(C) 선원 중 75%가 아팠다.　　　　　　　(D) 승객 대다수가 탑승했다.
(E) 나머지 우유는 상했다.

▶ 정답 (A)

Chapter 11 기출 및 예상 문제

1 He has six children, so _____ is a large family.

(A) he (B) his
(C) him (D) himself

분석 (B) his는 소유격이 아니라 소유대명사이다. [382] 즉, his family의 의미이다.
해석 그는 아이가 여섯이므로 그의 가족은 대가족이다.
정답 (B)

2 What language do _____ speak in Singapore?

(A) they (B) ones
(C) one (D) those

분석 특별한 의미가 없는 막연한 일반인 주어는 they, we 등을 쓴다. [371]
해석 싱가포르에서는 사람들이 어떤 언어를 씁니까?
정답 (A)

3 They found _____ impossible to live with her in the same house.

(A) so (B) that (C) it (D) also

분석 find, make, think가 to부정사를 목적어로 하여 5형식 문장이 될 때는 'find + it + 목적보어 + to부정사'의 형태가 되어야 한다. [375]
해석 그들은 그녀와 같은 집에서 사는 것이 불가능하다는 것을 알았다.
정답 (C)

4 'Were all the people in the car injured in the accident?'
'No, _____ only the two passengers who got hurt.'

(A) it was (B) there is
(C) it were (D) there was

분석 'it is ~ that 강조구문'으로 강조하고자 하는 대상이 사람인 경우 who(m)을 사용할 수 있다. [377]
해석 '차에 탔던 모든 사람이 그 사고에서 부상당했나요?'
'아니요. 부상당한 사람은 단지 두 사람뿐이었어요'
정답 (A)

5 His salary as an engineer is much higher _____.

(A) in comparison with the salary of a teacher
(B) than a teacher
(C) than that of a teacher
(D) to compare as a teacher

분석 앞 명사의 반복을 피하는 대명사로 'of 명사구'가 위에서 수식 하므로 that을 써야 한다. [387]
해석 기술자로서의 그의 월급이 선생의 월급보다 훨씬 높다.
정답 (C)

6 Today's libraries differ greatly from _____.

(A) the past
(B) those past
(C) that are past
(D) those of the past

분석 비교하는 것이 오늘날의 도서관과 과거의 도서관이며 libraries가 복수이므로 those를 써야 한다. [387]
해석 오늘날의 도서관은 과거의 도서관과는 크게 다르다.
정답 (D)

Chapter 11 기출 및 예상 문제

7 Is the climate of Italy _____?

(A) similar like Florida
(B) somewhat similar to Florida
(C) so much like Florida
(D) somewhat like that of Florida

문석 비교하는 것이 '이탈리아의 기후'와 'Florida의 기후'이므로 'that(=climate) of'의 형태가 되어야 한다. [387]
해석 이탈리아의 기후는 플로리다의 기후와 어느 정도 비슷하나요?
정답 (D)

8 Work and play are both necessary to health; _____ gives us recreation and _____ gives us energy.

(A) that, this   (B) the former, the one
(C) this, that   (D) it, one

문석 전자(that, the former)와 후자(this, the latter)를 물어 보는 문제이다. [386]
해석 노동과 놀이는 건강에 둘 다 필요하다. 후자는 우리에게 휴식을 주고 전자는 우리에게 활력을 준다.
정답 (C)

9 "Do you have my passport, Joe?"
"Yes, I have _____ right here."

(A) one   (B) one passport
(C) it   (D) this

문석 지칭하는 것이 my passport로 확정되어 있기 때문에 it으로 받는다. [373]
해석 "Joe, 네가 내 여권을 가지고 있니?"
"네, 여기 있어요."
정답 (C)

10 I don't have a bookcase, so I am going to _____.

(A) have one made
(B) have it made
(C) have that to be made
(D) get it to make

문석 지칭하는 a bookcase는 특정 명사가 아닌 막연한 명사이므로 one으로 받는다. have는 사역동사이며 책꽂이가' 만들어지는 것'이므로 수동의 made가 된다. [403]
'how + 형 + a(n) + 명사'에 주의할 것.
해석 나는 책꽂이가 없다. 그래서 나는 그러한 책꽂이를 하나 만들려고 한다.
정답 (A)

11 This typewriter isn't good; I want _____.

(A) some other   (B) another
(C) other   (D) any other

문석 another는 '또 다른'의 뜻이다. [409]
other는 대명사의 기능이 없으므로 A, C, D는 답이 될 수 없다.
해석 이 타자기는 좋지 않다. 다른 것을 원한다.
정답 (B)

12 밑줄 친 부분이 문법적으로 잘못된 것은?

(A) I am not a scholar, but am regarded as <u>such</u>.
(B) If that hat does not fit, try <u>another</u>.
(C) His point of view is quite different from <u>me</u>.
(D) This story is less interesting than the preceding <u>one</u>.

문석 (C)의 me는 mine (=my point of view)이 되어야 한다. such는 대명사로 '그런(명사)'의 의미가 있다.
해석 (A) 나는 학자가 아니고, 그렇게 간주 되지도 않는다.
(B) 만일 그 모자가 안 맞으면 다른 것을 써보라.
(C) 그의 견해는 나의 견해와 완전히 다르다.
(D) 이 이야기는 이전 이야기보다 덜 흥미롭다.
정답 (C)

Chapter 11 기출 및 예상 문제

13 주어진 문장과 뜻이 같은 것은?

[They didn't send both of their sons.]

(A) They didn't send any of their sons.
(B) They sent one of their sons.
(C) They didn't send either of their sons.
(D) They sent none of their sons.

문석 부분 부정을 묻는 문제이다. (A) (C) (D)는 모두 '그들은 자신들의 아들을 하나도 보내지 않았다'의 뜻으로 전체 부정이다. [425/430]
해석 그들은 아들 둘 모두를 보낸 것은 아니었다.
정답 (B)

14 다음 영작이 옳은 것은?

[한 줄씩 띄어서 써라.]

(A) Write on another every line.
(B) Write on each other line.
(C) Write on every another line.
(D) Write on every other line.

문석 『every other + 단수』 '하나씩 건너 뛰고'
   cf. 『every other year』 '2년 마다'
정답 (D)

15 All the graduates _____ to attend college.

(A) except Jane and she plan
(B) except Jane and her plans
(C) except Jane and her plan
(D) except her and Jane

문석 except가 전치사이므로 목적격이 와야 한다. 목적어는 '명사 + 대명사'순서로 쓴다.
해석 Jane과 그녀를 제외한 모든 졸업생들은 대학에 진학 할 계획이다.
정답 (C)

16 (A)<u>To</u> the finalists, (B)<u>Bob and I</u>, the last high jump was the most (C)<u>exciting</u> (D)<u>as well as</u> the most difficult.

문석 the finalists와 Bob and I가 동격이다. to의 목적격이므로 (B) Bob and I → **Bob and me**가 되어야 한다.
해석 결승 진출자들인 Bob과 나에게는 마지막 높이뛰기가 가장 어려운 것은 물론 가장 흥분되는 것이다.
정답 (B)

17 We often see young people (A)<u>entertaining them</u> (B)<u>by playing</u> Frisbee, (C)<u>a game of</u> (D)<u>catch played with</u> a plastic disc.

문석 entertaining의 목적어인 them이 의미상 주어인 young people이므로 **재귀대명사 themselves**가 되어야 한다. [380]
해석 우리는 종종 젊은이들이 플라스틱 원판으로 하는 잡기 게임인 프리스비를 하면서 즐기는 것을 본다.
정답 (A)

18 He makes (A)<u>much higher</u> grades than his brothers; however, (B)<u>they</u> are a great deal (C)<u>more sociable</u> than (D)<u>him</u>.

문석 접속사로 이어지는 대명사의 격은 대비되는 대명사의 격에 의해서 결정된다.
they가 주격이므로 (D) him → **he**가 되어야한다.
해석 그는 그의 형제들보다 높은 점수를 받는다. 하지만 그들은 그보다 훨씬 더 사교적이다.
정답 (D)

Chapter 11 기출 및 예상 문제

19 All during his political career, (A)<u>Senator Baker</u> believed (B)<u>that it was the</u> nation's welfare (C)<u>that mattered</u>, (D)<u>not him</u>.

문석 the nation's welfare 와 his welfare가 대비되므로 (D)him은 his가 되어야 한다. [382]
여기서 his는 소유대명사이다.
해석 그의 정치적 경력동안 베이커 상원의원은 중요한 것은 그의 복지가 아니라 국가의 복지라고 믿었다.
정답 (D)

20 (A)<u>Neither</u> of the two candidates (B)<u>who</u> (C)<u>had applied for</u> admission to Department of the English Language and Literature (D)<u>were</u> eligible for scholarship.

문석 'Neither(either) + 단수명사 + 단수동사' 'Neither(either) + of + 복수명사 + 단수동사'이므로, (D)는 was가 되어야한다. [428]
해석 영어영문학과에 지원했던 두 명의 지원자 중 어느 누구도 장학금을 탈 자격이 되지 않았다.
정답 (D)

21 Either of the two candidates (A)<u>who</u> (B)<u>have applied for</u> admission (C)<u>to</u> the University (D)<u>qualify for</u> (E) scholarships.

문석 Either는 단수취급하므로 동사는 qualifies와 같이 '단수동사'가 되어야 한다. [427]
해석 그 대학을 지원한 두 명중 한명이 장학금의 자격을 갖는다.
정답 (D)

22 My father didn't like the (A)<u>idea</u> of (B)<u>keeping pets</u> (C)<u>in the</u> house, and (D)<u>so did</u> my mother.

문석 부정문에 대한 동조는 'neither + V + S' 이므로 (D)는 neither did가 되어야 한다. [514]
해석 아버지는 집에서 애완동물을 기르는 것을 좋아하지 않으셨고, 어머니도 역시 그러셨다.
정답 (D)

23 (A)<u>Because</u> it is unpredictable and often fails to blow when electricity (B)<u>is most needed</u>, wind is not reliable enough to assure supplies for an electricity grid that must (C)<u>be prepared</u> to deliver power to everybody who wants (D)<u>them</u>.

문석 (D)의 them은 power를 가리키므로 it이어야 한다.
해석 언제 불지 예측할 수 없고 전기가 가장 필요할 때 불지 않는 일이 종종 있기 때문에, 바람은 전력을 원하는 모든 사람들에게 전력을 전하기 위해 준비되어 있어야 하는 고압송전선망의 전력량을 확실히 충낭하기에는 그다지 믿을 만하지 못하다.
정답 (D)

24 (A)<u>Despite</u> the fact that (B)<u>they had lived</u> in France until they were 8 years old, neither of the boys (C)<u>is able to speak</u> French anymore. (D)No error

문석 (A)는 명사 the fact 앞의 전치사로 쓰인 것이며, (B)는 8살 이전에 프랑스에서 살았던 것을 기술하고 있으므로 과거완료가 쓰인 것이 맞다.
(C)는 neither of + 복수명사는 단수동사로 받는다. 따라서 틀린곳이 없는 정문이다.
해석 그 소년들은 8살 때까지 프랑스에서 살았지만, 그 소년들중 어느 누구도 지금 프랑스어를 하지 못한다.
정답 (D)

Chapter 11 기출 및 예상 문제

25 (A)One can learn more (B)about new computers by actually working with (C)it than one can by (D)merely reading the instruction manual.

문석 대명사 (C)의 it은 앞의 명사 computers(복수) 이므로 them으로 바꾸어야 한다.
해석 단순히 사용설명서를 읽는 것보다는 실제로 작업을 함으로써 새로운 컴퓨터에 대해 더 많이 배울 수 있다.
정답 (C)

26 Totem poles provide eloquent records of a tribe's lineage and _____ history.

(A) its (B) it's (C) his (D) their

문석 빈칸에는 문맥상 '부족의'라는 의미가 적절하므로 tribe를 받는 대명사 it의 소유격인 its가 되어야 한다.
(B)는 it is의 축약형이다.
totem pole '토템 상을 그리거나 새겨서 집 앞 등에 세우는 기둥'
eloquent : 말 잘하는, 유창한   lineage : 혈통, 핏줄
해석 토템 폴은 한 부족의 혈통과 그 역사를 잘 표현하는 기록들을 제공한다
정답 (A)

27 (A)The willow tree is one of (B)the first trees to get its leaves (C)in the spring and one of (D)the last to (E)lose it in the autumn.

문석 (E)의 lose it에서 it은 앞에 쓰인 명사 leaves를 대신하므로 복수대명사 them을 가리키므로 them이 되어야한다.
willow : 버드나무, 버드나무로 만든 제품
해석 버드나무는 봄에 가장 먼저 나뭇잎들이 나오는 나무들 중에 하나이며 가을에는 가장 늦게 나뭇잎들이 떨어지는 나무들 중에 하나다.
정답 (E)

28 Two of (A)the scheduled lecturers (B)will be able to speak this week (C)but (D)the another cannot.

문석 the와 an(other)은 같이 쓰지 못한다. 예정된 강의는 다수이며 그중 둘은 할 수 있지만 나머지는 다 못한다는 뜻이므로 the another를 the other(s)로 고친다. [413]
해석 예정된 강의들 중에서 둘은 이번 주에 할 수 있겠지만 나머지(들)는 할 수 없다.
정답 (D)

29 When Bill broke up with his girl friend, he felt so lonely that he tried to find one _____ immediately.

(A) other (B) another
(C) the other (D) the another

문석 셋 이상 중에서 또 다른 하나를 표현할 때 쓰는 부정대명사로는 another 를 쓴다. [409]
정관사가 붙은 the other나 the others 는 나머지와 나머지 모두를 가리킨다.
해석 빌은 자신의 여자 친구와 헤어지고 너무 외로워서 또 다른 여자를 찾으려 했다.
정답 (B)

Chapter 11 기출 및 예상 문제

30 (A)<u>Footwear</u> factories are equipped with (B)<u>heavy</u> machinery that can cause serious injury, and (C)<u>much</u> of the raw material used in the factories (D)<u>are</u> toxic.

문석 much가 명사나 대명사로 쓰이는 경우는 단수 취급을 해야 하므로 (D) are를 is로 바꿔야 한다.
해석 신발 공장들은 중상을 초래할 수 있는 중장비를 갖추고 있고 공장들 내에서 사용되는 원재료 중 많은 것이 유독하다.
정답 (D)

31 Even after your explanation, we still have _____ of questions.

(A) a few (B) some
(C) quite a few (D) a number

문석 a few, some, quite a few 등이 of를 수반하여 부정대명사로 쓰이면 뒤에는 특정명사가 오기 때문에 'of the + 명사'의 형태로 '정관사 the'가 있어야 한다.
그러나 a number of + 복수명사가 바로 오기 때문에 정답은 (D)가 된다.
해석 당신의 설명을 듣고 난 후에도 여전히 많은 의문점이 남는다.
정답 (D)

32 Both of them got the flu; _____ was at work today.

(A) neither (B) either
(C) any (D) nor

문석 긍정문에서 '둘 모두'는 both고, 부정문에서 '둘 모두'는 **neither**이다. [427]
내용상 근무하지 않았다는 부정의미이므로 **neither**를 쓴다.
해석 그들 둘 다 독감에 걸렸다. 그래서 둘 다 근무하지 않았다
정답 (A)

33 (A)<u>According to</u> experts, companionship and social support are vital (B)<u>to</u> both our psychological and physical wellbeing - one reason, perhaps, why (C)<u>married</u> people tend to live (D)<u>longer</u> than unmarried (E)<u>one</u>.

문석 (E)의 one은 불특정한 것을 지칭하는 부정 대명사로, 본문의 경우 people을 대신하는 것이므로 복수형태가 되어야 한다. one을 **ones**로 고쳐야 한다. [403]
해석 전문가에 따르면 주변 사람들과의 관계와 주위의 격려가 우리의 심리적, 육체적 안녕에 중요하며, 이는 아마도 결혼한 사람들이 결혼하지 않은 사람들보다 오래 사는 경향이 있는 한 가지 이유가 될 것이라고 한다.
정답 (E)

34 People interviewed by the magazine (A)<u>often expected</u> younger people to be (B)<u>less honest than</u> their (C)<u>elders'</u>. however, younger people in the wallet test had the same honest-score as older people (D)<u>exactly</u> 67 percent.

문석 이 문제에서는 younger people to be less honest than their elders' (젊은이와 노인들)을 비교하고 있다. 그런데 elders'는 소유대명사를 나타낼 때 사용하는 apostrophe '가 붙어있으므로' 노인들의 것'이라는 의미가 된다. 그냥 their elders가 되어야 한다. 여기서 their는 별 의미 없이 그냥 그들의 연장자들 정도로 해석하면 된다.
해석 잡지사에 의해 요청을 받은 사람들은 일반적으로 노인들보다 젊은이들이 덜 정직할 것이라는 예상을 했다. 그러나 지갑 실험에 참여한 젊은이들은 노인들과 같은 점수인 67%를 얻었다.
정답 (C)

Chapter 11 기출 및 예상 문제

35 Economic development in the West _____ in the East.

(A) surpasses far that one
(B) far surpasses those ones
(C) far surpasses that
(D) surpasses further one

문법 one(s)는 불특정 가산명사만을 대신하는데 development가 '불가산 명사'이므로 (A), (B), (D)는 모두 답이 될 수 없다. far는 부사이므로 (A)처럼 동사와 목적어 사이에 위치할 수 없다. **[387]**
development n. 발전
surpass vt. ~을 능가하다
far [ad] 훨씬, 매우
further [ad] 더욱이, 게다가
해석 서부의 경제 발전은 동부의 경제발전을 훨씬 능가한다.
정답 (C)

36 (A)<u>Many of CEOs</u> appear (B)<u>to see</u> it (C)<u>as vital</u> for the future of the company to (D)<u>expand into</u> the Asian market.

문법 many of A : A중에서 많은, many A : 많은 A 한정되지 않은 막연히 많은 명사를 나타낼 땐 전치사 of로 한정하지 않아야한다. 내용상 단순히 많은 CEO들을 지칭하고 있으므로 전치사 of없이 **Many CEOs**로 되어야 한다.
해석 많은 CEO들은 아시아 시장으로 사업을 확대하는 것이 회사의 미래를 위해 아주 중요한 것이라고 생각 하는 것 같다.
정답 (A)

37 President Lee and his party (A)<u>would have little to</u> worry about, as (B)<u>most of consumers</u> will make (C)<u>sensible</u> judgments on scientific grounds rather than by some anti-governmental (D)<u>forces' instigation</u>.

문법 'most + 복수명사' **[434]**
'most of the + 복수명사' 중 정관사 the가 없으므로 **most consumers**가 옳다.
해석 이 대통령과 그의 당은 거의 걱정을 하지 않는다. 왜냐하면 대부분의 소비자들은 반정부적 무력의 자극에 의해서가 아닌 과학적 기준에 근거하여 현명한 판단을 할 것이기 때문이다.
정답 (B)

38 We all have to (A)<u>start living</u> within our means or- preferably (B)<u>below it</u>. If you don't overborrow or overspend, you're (C)<u>far less</u> vulnerable (D)<u>to whatever problems</u> the financial system may.

문법 means가 '수단, 방법'의 의미일 땐 단, 복수동형 명사 **[320]**지만, '재산, 수입'을 의미하면 복수로만 취급한다. 따라서 (B)의 it은 '수입'의 의미로 쓰인 means를 대신하므로 복수 대명사 **them**이 되어야 한다.
within our means : 소득의 범위 내에서
preferably : 오히려
overborrow : 돈을 과하게 빌리다
overspend : 과소비하다
financial system : 금융시스템
해석 우리는 수입 이내에서 또는 오히려 수입 이하에서 지출하는 삶을 시작해야 한다. 만일 너무 많은 돈을 빌리거나 과소비하지 않는다면 지금의 금융시스템이 일으킬 수 있는 어떠한 문제에도 당신은 덜 무너지게 된다.
정답 (B)

마공스터디 www.magongstudy.com
동영상 강의중

ER 편입 그래머 마스터

Chapter 2

형용사

Unit 84. 형용사의 한정용법과 서술용법
Unit 85. 한정용법 vs. 서술용법
Unit 86. 형용사의 후치수식
Unit 87. 형용사 + 전치사
Unit 88. 형용사의 순서
Unit 89. 수/량 형용사
Unit 90. 수사
Unit 91. 형용사의 정도 표시
Unit 92. 감정동사의 형용사화
Unit 93. 난이 형용사 (사람을 주어로 하지 않는 형용사)
Unit 94. 이성 / 감성의 형용사
Unit 95. 인성형용사

437 형용사는 명사를 꾸미거나 서술한다

She is a **pretty** girl.　　　　She is **pretty**.
명사 앞의 한정용법　　　　　　보어로 쓰이는 서술용법

형용사는 명사 앞에서의 한정용법과 보어로 쓰이는 서술용법을 이해하는 것에서 시작한다.

 기출문제를 살펴보자 [한국외대]

In their evolution, (A)plants could not leave the water (B)without solving a host of serious problems. (C)To begin with, the seas provided a (D)continuously supply of (E)water.

명사인 supply를 꾸미는 건 부사가 아닌 형용사이므로 continuously → continuous가 되어야 한다.
진화에 있어 식물은 많은 심각한 문제들을 해결하지 않고서는 물을 떠날 수 없었다. 먼저 바다가 계속적으로 물을 공급해주었다.

▶ 정답 (D)

 기출문제를 살펴보자 [경기대]

One of the (A)majority causes of (B)tides is the (C)gravitational (D)attraction of the moon.

명사 cause를 꾸미는 건 명사 majority가 아닌 형용사 major이다.
조수의 주요 원인 중 하나는 달의 중력적인 끌어당김이다.

▶ 정답 (A)

438 형용사의 종류

성상형용사 : 명사의 성질과 상태를 나타내는 형용사로 대부분의 형용사가 여기에 속한다.
Tom is a **good** boy.　탐은 착한 아이다.
There is a **nice** car.　멋진 자동차가 있다.

수량형용사 : 가산명사의 수와 불가산명사의 양을 나타내는 형용사.
This is the **first** hotel in the city. 이 호텔이 도시에서 첫 번째 호텔이다.
Many people witnessed the accident. 많은 사람들이 그 사고를 목격했다.

대명형용사 : 인칭대명사의 소유격, 지시형용사, 부정형용사, 의문형용사, 관계형용사가 있다.
He is **my** brother. 그는 나의 형이다.
I have **some** money with me. 나는 돈이 조금있다.

형용사의 정의와 종류는 간단히 살펴보고, 이제 형용사의 자세한 쓰임에 대하여 살펴보자.

Unit 84 형용사의 한정용법과 서술용법

Guide 형용사는 명사 꾸밈말로 명사를 직접꾸미는 한정용법과 보어자리에서 명사를 꾸미는 서술용법이 있다.
대부분의 형용사는 한정적으로도 서술적으로도 모두 쓸 수 있지만 둘 중 하나의 용법만으로 쓰이거나 용법에 따라 의미가 달라지는 형용사들도 있다.
형용사의 서술용법의 경우 한정용법보다 쓰임이 다양하고 복잡하다.
단순형용사가 있는 반면 관계대명사와 be동사의 생략의 결과로 만들어 지는 형용사구에 대하여도 자세하고 확실히 학습하도록 한다.

439 한정용법으로만 쓰이는 형용사

~er 형 : inner 내부의 **outer** 외부의 **upper** 더 위쪽의 **utter** 완전한 **former** 이전의 **latter** 나중의 **major** 주요한 등

~en 형 : golden 금으로 만든 **drunken** 술 취한 **wooden** 나무로 된 **silken** 비단결 같은 **olden** 옛날의 **sunken** 가라앉은 **maiden** 최초의 등

기타 : elder 나이가 많은 **mere** 단지 **sole** 유일한 **lone** 혼자의 **utmost** 최고의 **daily** 매일의 **main** 주된 **thorough** 철저한 **only** 유일한 **same** 같은 **very** 바로 그~

She is a **mere** child. 그녀는 단지 어린아이일 뿐이다.
She is **mere**. (X)

> **Tip** mere는 한정용법으로만 쓰이므로 서술용법으로 쓰일 수 없다.

He is a **drunken** man.   그는 술에 취했다.
= He is **drunk**.   (O)   여기서 drunk는 drink의 과거분사이다.
= He is a **drunkard**. (O) drunkard '술고래'라는 명사이다.
= He is **drunken**.   (X)

> **Tip** drunken은 한정용법으로만 쓰이므로 서술용법으로 쓰일 수 없다.
> * drunk driving 음주운전

Tom is an **elder** brother.   (O) Tom은 형이다.
Tom is **elder**.   (X)
Tom is **older**.   (O)
Tom is an **older** brother.   (O)

> **Tip** older는 한정용법과 서술용법으로 모두 가능하지만, **elder**는 한정용법으로만 쓴다.

기출문제를 살펴보자 [경기대]

The policy allows employers (A)<u>to establish</u> two classes of (B)<u>retirees</u>, with more comprehensive benefits for (C)<u>those</u> under 65 and more limited benefits for those (D)<u>elder</u>.

---

elder와 older모두 old의 비교급이지만, elder는 한정적 용법으로만, older는 한정, 서술 용법 모두 쓰인다.
(D)는 those (who are) older 에서 괄호 부분이 생략된 형태이다.
comprehensive : 포괄적인 benefit n. 이익, (보험·사회 보장 제도의) 연금
이 정책은 고용주들이 퇴직자들을 두 부류로 나누어 65세 미만의 퇴직자에게는 더 포괄적인 연금혜택이 돌아가고, 65세 이상의 퇴직자에게는 더 제한된 혜택이 돌아가도록 제도화하는 것을 허용한다.

▶ 정답 (D)

440 서술용법으로만 쓰이는 형용사

a~ 형 : alike   alive   awake   asleep   alone   aware   ashamed   afraid   aloof 등
　　　　～같은　살아있는　깨어있는　잠든　홀로의　알고 있는　부끄러운　두려운　냉담한

감정을 나타내는 형용사 : content   fond   glad   pleased   upset 등
　　　　　　　　　　　만족하는　좋아하는　반가운　기쁜　　화난

기타 : able   unable   wont   liable   well   worth   sure 등
　　　～할 수 있는　～할 수 없는　～하는 습관이 있는　책임 있는　건강한　～할 가치 있는　확실한

The lobsters are **alive**. 바닷가재들이 살아있다.
There are **alive** lobsters. (X)
There are **live** lobsters. (O)

Tip alive는 서술 용법으로만 쓰인다.

People are **afraid** of death.　　　　사람들은 죽음을 두려워 한다.
He was **ashamed** of what he did.　그는 자신이 한 일이 부끄러웠다.
I am **fond** of music.　　　　　　　나는 음악을 좋아한다.
This book is **worth**.　　　　　　　이 책은 가치가 있다.
This is a **worth** book. (X)
This is a **worthy** book. (O)　　　이것은 훌륭한(괜찮은) 책이다. [441번 참조]
This book is **worthy** to be read. (O)

Tip worth는 서술적 용법으로만 worthy는 한정 용법, 서술 용법 모두 쓰인다.
　　worth는 한정 용법으로는 쓰이지 않는다.
　　그런데 Hot Page 22에 보면 This book is worth a million dollars. (이 책은 백만 달러의 가치가 있다)라는 예문이 있다.
　　worth는 형용사지만 전치사처럼 쓰이기도 한다. 이 예문에서의 worth는 전치사적으로 쓰인 것이다.
　　형용사라면 한정사 뒤에 놓이는 것이 원칙이나 『**worth + 한정사 + 명사**』의 형태로 되어있다면 형용사가 아닌 **전치사적**으로 쓰인 것이다.

▶ **worth** vs. **worthy**

ⓗⓞⓣ p@ge 22

worth + ⎡ 명사
         ⎣ 능동형의 동명사 (수동형 동명사와 to부정사는 불가)

This book is **worth 100 dollars**. 이 책은 100달러의 가치가 있다. [여기서 worth는 전치사적 용법]
This book is **worth reading**. 이 책은 읽을 만한 가치가 있다. [worth + 능동형 동명사]
This book is **worth being read**. (X) [worth + 수동형 동명사 불가능]
This book is **worth to be read**. (X) [worth + to부정사 불가능]
It is **worthwhile to read** this book. (O) 이 책은 읽을 만한 가치가 있다. [worthwhile + to부정사 가능]

be worth는 '태'에 상관없이 '능동형 동명사' 또는 '명사'만 취할 뿐 '수동형 동명사'나 '부정사'는 취할 수 없다.
(그러나 worthwhile의 경우 to부정사를 취한다)

worthy + ⎡ of + (동)명사
          ⎣ to 부정사

worthy of는 to부정사 / 동명사 모두 목적어로 취하는데, 이때 능동태인지 수동태인지는 의미상 주어와의 관계로 판단해야 한다.
be worthy는 'of + (동)명사'나 'to부정사'를 취하며, 이때는 '태'를 맞춰야 한다.

This plan is **worthy of attention**. 이 계획은 눈여겨볼 만하다 [worth(y) of + 명사]
This book is **worthy of being read**. (O) 이 책은 읽을 만한 가치가 있다.
This book is **worthy of reading**. (X) (책이 '읽히는 것'이므로 능동형은 틀림)
This book is **worthy to be read**. (O) [worthy + to부정사 가능]
This book is **worthy to read**. (X) (책이 '읽히는 것'이므로 능동형은 틀림)
This book is **worthy of 100 dollars**. (X) **worthy of**는 '액수'를 목적어로 취 할 수 없다.
This book is **worth 100 dollars**. (O)

가격('s) + worth of + 물건 (worth는 명사로도 쓰인다)

This is **100 dollars' worth of** the book. 이 책은 100달러의 가치이다.
= This is **100 dollars worth of** the book.
= This book is **worth 100 dollars**.

100 dollars' worth of the book처럼 worth앞에 소유격['s]를 붙이는 것이 원칙이나, 돈의 액수 즉, 수의 개념이 부각될 때는 ('s)이 생략되기도 한다.

 기출문제를 살펴보자 [고려대]

Many millions of dollars (A)<u>worthy</u> gold, silver, and jewels (B)<u>have gone down with</u> ships in numerous ship disasters. These treasures lie (C)<u>at the bottom of</u> (D)<u>almost every major body</u> of water in the world.

'가격이 얼마어치의 물건' 이라고 할 때는 『가격('s) +worth of +물건』 = 『물건 + worth + 가격(돈 액수)』 라는 표현을 유의해야 할 것이다. Many millions of dollars(') worth of gold, silver, and jewels = gold, silver, and jewels (which are) worth many millions of dollars와 같다.

조난으로 수백만 달러어치의 금, 은, 그리고 보석들이 배와 함께 바다 속으로 가라앉았다. 이러한 보석들은 세상의 주요 바다의 바닥에 놓여있다.
▶ 정답 (A)

Unit 85 한정용법 vs. 서술용법

Guide 한정용법과 서술용법으로 모두 쓰이지만, 각 용법에 따라 의미가 달라지는 형용사에 관하여 공부한다.

441 한정용법과 서술용법으로 쓸 때 의미가 달라지는 형용사

	한정적용법	서술적용법
ill	나쁜	몸이 아픈
late	늦은, 돌아가신	늦은
present	현재의, 출석한	출석한
certain	어떤, 확실한	확실한
right	오른쪽의, 옳은	옳은
sorry	불쌍한, 가련한	미안한, 유감스러운, 애석한
concerned	걱정하는	관련된
involved	복잡한	연관된
worthy	훌륭한, 괜찮은	가치(자격이) 있는, 받을 만한

① The **ill** news runs fast. **나쁜** 소식은 빨리 퍼진다. (한정적)
   He is **ill**, so he can't come. 그는 **아파서** 올 수 없다. (서술적)

② She returned in the **late** evening. 그녀는 **늦은** 밤에 돌아왔다. (한정적)
   My **late** uncle was a doctor. **돌아가신** 삼촌은 의사셨다. (한정적)
   He was **late** for the meeting. 그는 모임에 **늦었다**. (서술적)

③ He is contented with his **present** life. 그는 **현재** 생활에 만족하고 있다. (한정적)
   I was **present** at the meeting. 나는 그 모임에 **참석했다**. (서술적)

④ He arrived at a **certain** town. 그는 **어떤** 마을에 도착했다. (한정적)
   I'm **certain** that he saw me. 그가 나를 본 것은 **확실했다**. (서술적)

⑤ Raise your **right** hand. **오른손**을 들어라. (한정적)
   I think it is **right**. 나는 그것이 **옳다고** 생각한다. (서술적)

⑥ He is in a **sorry** state. 그는 **가련한** 처지이다. (한정적)
   I am **sorry** to hear your bad news. 나쁜 소식을 들으니 **유감이다**. (서술적)

⑦ **Concerned** parents held a meeting. **걱정 된** 부모들이 회의를 열었다. (한정적)
   The prosecution summoned all the parties **concerned**. 검찰은 **관련 된** 자들을 모두 소환했다 (서술적)

⑧ He made an **involved** plot easy. 그는 **복잡한** 줄거리를 쉽게 정리했다. (한정적)
   Needless to say, the problem is the cost **involved**. 말할 필요도 없이, **연관된** 문제는 비용이다 (서술적)

442 전치사적 형용사 (목적어를 취하는 형용사) - like, unlike, near, opposite, worth

목적어를 취하는 형용사는 전치사적 형용사라고도 하는데 서술적 용법으로 쓰일 경우 형용사이면서 동시에 명사를 목적어로 취하게 된다. 다시 말해, 보어자리에서 서술적 용법의 형용사의 역할을 함과 동시에 전치사로써 목적어를 취하게 된다.

She looks **like her mother**. 그녀는 엄마를 닮았다.
My school is **near the park**. 우리 학교는 공원에서 가깝다.
My house is **opposite the postoffice**. 우체국 건너편이 우리 집이다.
The book is **worth 100 dollars**. 그 책은 100달러 가치이다.

> **Tip** 2형식동사 look의 보어 자리의 like는 서술적 용법의 형용사이면서 동시에 목적어 mother를 취한다.
> be동사 뒤의 보어자리의 near는 서술적 용법의 형용사이면서 동시에 목적어 park를 취한다.
> be동사 뒤의 보어자리의 opposite는 서술적 용법의 형용사이면서 동시에 목적어 postoffice를 취한다.
> be동사 뒤의 보어자리의 worth는 서술적 용법의 형용사이면서 동시에 목적어 100 dollars를 취한다.

His house is very **near**. 그의 집은 아주 가깝다.

> **Tip** 여기서 near는 서술 형용사로 쓰였다.

His house is very **near** the mountain. 그의 집은 그 산 근처이다.

> **Tip** 여기서 near는 전치사로 쓰였다.

Her mother lived in a **nearby** town. 그녀의 어머니는 인근 소도시에 살았다.

> **Tip** 여기서 near는 서술 형용사로 쓰였다.

I sometimes meet friends in a **nearby[near(×)]** restaurant. 가끔씩 친구들과 근처 레스토랑에서 만난다.

▶ near vs. nearby

h⓿t p@ge 23

near는 서술 형용사(보어)나 전치사(명사를 목적어로)로 쓰인다.
His house is very **near**는 서술용법의 보어로 쓰인 것 이고,
His house is very **near** the mountain. near가 전치사로 관사(the)와 명사(mountain)을 목적어로 취하고 있다.

예외적으로 '시간'이나 '최상급-nearest'는 한정용법으로 쓰이기도 한다.
The conflict is unlikely to be resolved in the **near** future. 그 갈등이 가까운 장래에는 해결될 것 같지 않다.(시간)
She has a 2-point lead over her **nearest** rival. 그녀는 자기와 가장 가까운 경쟁 선수(차점자)에 2점 앞서 있다. (최상급)

nearby는 한정 형용사로 한정사(관사)와 명사 사이에 쓰인다.
a(관사) **nearby** town(명사) [O] vs. a(관사) **near** town(명사) [X]

Unit 86 형용사의 후치수식
명사+형용사(구)

Guide 형용사는 크게 명사 바로 앞(한정용법)수식과 보어(서술용법)수식이 있지만, 명사 바로 뒤에서 수식하는 경우도 있다. 이를 '후치수식'이라고 하며 6가지의 쓰임에 관하여 알아본다.

443 -thing, -one, -body로 끝나는 명사는 뒤에서 수식한다

Is there **something special** today? 오늘은 **무언가 특별한 것**이 있을까?
A lot of **special things** happen during the winter time. 겨울에는 **특별한 일들**이 많이 생긴다.
Introduce me to **someone nice and pretty** if you know one. **참한 누군가** 있으면 소개해 주세요.

Tip -thing, -one, -body로 끝나는 명사들은 형용사를 앞에 두지 않고 뒤에 둔다.
이것은 형용사 때문이 아니라 이 명사들(~thing, ~one, ~body)의 특성으로 이해한다.
(그러나 thing이 단독으로 쓰일 때는 special things처럼 형용사가 전치 수식 된다)

444 -ible이나 -able로 끝나는 형용사

This is **the best** method **available**. 이것이 **이용할 수 있는 최고의** 방법이다.
I thought **all** means **possible**. 나는 **가능한 모든** 방법들을 생각했다.

Tip -ible이나 -able로 끝나는 형용사들은 항상은 아니지만 **대게의 경우** 명사 뒤에서 후치수식된다.
명사앞에 주로 최상급, all, every, only등이 수반되는 경우 그러하다.
명사(method) 앞에 최상급(the best)이 있고 형용사가 '-able'로 끝나는 (available)이다.
명사(means) 앞에 all 이 있으므로 '-ible'로 끝나는 형용사(possible)는 명사 앞이 아닌 뒤에 쓰였다.

그러나 그렇지 않은 경우도 있다.

아래의 기출문제를보면 **earliest possible date**가 바른것으로 되어있다. as soon as possible처럼 관용적으로 쓰이는 표현이다.

 기출문제를 살펴보자 [숙명여대]

The number of accountants (A)<u>hired</u> by the financial department (B)<u>on a yearly basis</u> (C)<u>are to be counted</u> and (D)<u>made known to</u> headquarters (E)<u>at earliest possible</u> date.

『the number of+복수명사』는 단수취급하므로 (C)가 is가 되어야한다.
the earliest possible date '될 수 있는 대로 빨리' (=as soon as possible)
매년 회계 부서에 의해 고용된 회계사의 수는 집계되어 될 수 있는대로 빨리 본부에 보고 될 예정이다.

▶ 정답 (C)

445 서술적 용법으로 쓰이는 형용사는 명사 뒤

Any man **alive** likes music. 살아있는 사람이라면 누구나 음악을 사랑한다.
All members **present** were interested in the program. 참석한 모든 멤버들은 그 프로그램에 관심이 있었다.

> **Tip** Any man (who is) alive likes music.에서 관계대명사와 be동사는 생략 가능하기에 who is가 삭제되어 보기의 문장이 되는 것이다.
> All members (who were) present were interested in the program.에서 who were가 생략되었다.

기출문제를 살펴보자 [가천대]

Scientists are searching for the oldest _____ because it can teach them a great deal about many matters.

(A) tree alive   (B) tree live   (C) tree lively   (D) alive tree

한정용법의 형용사 live tree거나 서술용법 tree (which is) alive가 되어야 한다.
과학자들은 살아있는 가장 오래된 나무를 찾고 있는데 그것이 그들에게 많은 문제를 해결하도록 알려 줄 수 있기 때문이다.

▶ 정답 (A)

---

446 척도형용사

This river is **two kilometers wide** at its mouth. 이 강의 하구는 너비가 2킬로미터다.
An iguana can grow up to **six feet long** and live for ten years.
이구아나는 6피트까지 자랄 수 있고 10년을 살 수 있다.
The Sphinx is **20 meters tall** and **57 meters long** with a width of 6 meters.
스핑크스는 높이 20m, 길이 57m 그리고 너비가 6m이다.

> **Tip** 『기수+측정단위명사(kilometer, meter, foot, inch 등)+척도형용사(deep, long, high, old, tall, wide)』 척도이 기준이 되는 형용사는 측정단위 명사 뒤에 쓰인다.

---

447 형용사에 수식어구가 따를 경우

I bought a basket **full of flowers**. 나는 꽃으로 가득 찬 바구니를 샀다.
The bumpers on that truck are made of steel **covered with chrome**.
저 트럭의 범퍼는 크롬 도금이 된 **강철로 만들어져** 있다.

> **Tip** 형용사 full 뒤에 of flowers라는 전치사구가 더해져 '꽃으로 가득 찬'이라는 하나의 의미 단위가 되었다. 이러한 형용사를 형용사구라고 하며, 이런 경우 명사 앞에서 full of flowers basket으로 쓰지 않고 명사 뒤에서 후치수식 하게 된다.
> I bought a basket (which is) **full of flowers**.
> The bumpers on that car are made of steel (which is) **covered with chrome**.

448 관계대명사와 be동사의 생략

The picture **on the wall** is very expensive. 벽에 걸린 그림은 매우 비싸다.
The child **playing in the yard** is my son. 놀이터에서 놀고 있는 아이는 나의 아들이다.
The picture **painted by Karen** is now in a museum. Karen에 의해 그려진 그림은 박물관에 있다.

> **Tip** The picture (which is) on the wall is very expensive.에서 which is가 삭제되어 전치사구인 on the wall이 형용사구로 쓰인 경우
>
> The child (who is) playing in the yard is my son.에서 who is가 삭제되어 현재분사구인 playing in the yard가 형용사구로 쓰인 경우
>
> The picture (which was) painted by Karen is now in a museum.에서 which was가 삭제되어 과거분사인 painted by Karen이 형용사구로 쓰인 경우

Unit 87 형용사+전치사

be(come)+형용사+전치사 = 타동사구

Guide 서술적 용법의 형용사가 다른 전치사와 결합하여 마치 타동사처럼 사용되는 경우로 암기해 두는 것이 상당한 도움이 된다.

449 be + 형용사 + of (걱정, 의심, 바람, 인식, 능력 등)

be afraid(terrified) of	~을 두려워하다	be ashamed(scared) of	~을 부끄러워하다
be aware(conscious) of	~을 알다	be (in)capable of	~할 수 (없다)있다
be careful of	~을 주의 하다	be critical of	~을 비평하다
be desirous of	~하기를 갈망하다	be envious of	~을 부러워하다
be fearful(frightened) of	~을 두려워하다	be fond of	~을 좋아하다
be full of	~으로 가득 차다, 몰두하다	be guilty of	~잘못을 범하다
be jealous of	~을 시기하다	be proud of	~을 자랑스러워하다
be respectful of	~을 존중하다	be short of	~이 부족하다
be sick(tired) of	~이 지긋지긋하다	be suspicious of	~을 의심하다
be tolerant of	~을 견뎌내다	be typical of	~을 대표하다

450 be + 형용사 + to (반대, 대조, 원인, 성향 등)

be accessible to	~을 이용할 수 있다	be accustomed to	~에 익숙하다
be addictive to	~에 중독성이 있다	be attentive to	~에 신경을 쓰다
be attractive to	~에게 매력적이다	be blind to	~을 깨닫지 못하다
be close to	~에 가까이 있다, 근접하다	be contrary to	~에 반대하다, 어긋나다
be due to	~때문이다	be equal to	~와 동일하다
be equivalent to	~와 맞먹다, 대등하다	be friendly to	~에 친절하다
be harmful to	~에 해롭다	be helpful to	~의 힘이 되다
be hostile to	~을 적대시하다	be inferior to	~보다 열등하다
be opposite to	~에 반대이다	be prone to	~하기 쉽다
be sensitive to	~에 민감하다	be similar to	~와 비슷하다
be subject to	~에 대상이다		

451 be + 형용사 + about (걱정, 분노 등)

be anxious(concerned, worried) about	~을 걱정하다	be angry about	~에 화나다
be knowledgeable about	~에 대하여 잘 알다	be nervous about	~에 대해 긴장하다
be uneasy about	~이 불안한	be upset about	~에 대해 속상해하다

452 be + 형용사 + for (감사, 비난, 자격 등)

be bound for	~에 대하여 책임을 지다	be celebrated for	~에 명성이 높다
be competent for	~할 능력이 있다	be convenient for	~에 편리하다
be eligible(fit) for	~에 적격하다, 적합하다	be essential for	~에 필수적이다
be famous for	~로 유명하다	be good for	~에 좋다
be liable for	~할 의무가 있다	be impatient for	~을 초조하게 기다리다
be perfect for	~에 최고로 적합하다, 딱 맞다	be pressed for	~에 쫓기다
be responsible for	~에 대해 책임지다	be suitable for	~에 적합하다
be thankful for	~에 대해 감사히 여기다	be valid for	~동안 유효하다

453 be + 형용사 + in (전문, 종사, 몰두, 개입 등)

be absorbed in	~에 몰두하다	be buried in	~에 갇히다
be busy in	~하느라 바쁘다	be concerned in	~에 관여하다
be engaged in	~에 종사하다	be engrossed in	~에 열중하다
be expert(proficient) in	~에 능통하다	be involved in	~에 휘말리다
be interested in	~에 흥미 있다	be lacking in	~이 부족하다
be prompt in	~이 빠르다	be proficient in	~에 능통하다

454 be + 형용사 + on (의존, 몰두)

be avenged(revenged) on	원수를 갚다	be bent on	~하기로 작정하다, ~에 열중하다
be dependent on	~에 의존하다	be intent on	~에 여념이 없다, 전념하다
be keen on	~에 열심이다		

455 be + 형용사 + with (만족, 익숙, 감정 등)

be acquainted with	~을 알다, 정통하다	be concerned with	~에 관심이 있다
be consistent with	~와 일관되다	be content with	~에 만족하다
be covered with	~으로 덮이다	be familiar with	~에 익숙하다, 알다
be inflicted with	~로 괴로움을 당하다	be occupied with	~로 바쁘다
be pleased with	~에 기쁘다	be satisfied with	~에 만족하다

456 be + 형용사 + from (분리, 이탈)

be absent from	~에 결석하다	be descended from	~의 후손이다
be different from	~와 다르다	be far from	~와 거리가 멀다, ~가 아니다
be free from	~이 없다	be safe from	~로 부터 벗어나다

457 be + 형용사 + at (분노, 능숙함, 초조)

be angry at	~에 화를 내다	be apt at	~의 재주가 있다
be bad(poor) at	~을 못하다	be clever(good) at	~을 잘하다
be disappointed at	~에 실망하다	be impatient at	~에 안달 나다

One should not **be ashamed of** being poor. 가난을 부끄러워해선 안 된다.
It tastes so good that you easily **become addictive to** the sweet taste.
이것은 너무 맛이 좋아서 여러분은 쉽게 이 단 맛에 중독될 수 있다.
Farmers **are anxious about** their crops because of an increase in the insect.
농부들은 해충이 증가함에 따라 농작물을 걱정하고 있다.
The company **was liable for** the damage caused by the driver's carelessness.
회사 측은 운전자의 부주의로 인한 피해에 책임을 져야 했다.
We **are acquainted with** each other, but are not friends. 우리는 서로 아는 사이지만 친구는 아니다.
Those who **became absorbed in** studying passed the test.
정신을 집중해서 공부한 이들은 그 시험을 통과했다.
Many students **were absent from** school because of the flu epidemic.
많은 학생들이 유행성 독감으로 결석했다.
He **is** really **bad at** making decisions. 그는 결정 내리는 일은 정말 못한다.
She **seems bent on** making life difficult for me. 그녀가 나를 살기 힘들게 하려고 작정을 한 모양이다.

> **Tip** be동사 대신 become이나 seem, appear등이 쓰이기도 한다.

Unit 88 형용사의 순서
주관적 의견/평가 + 객관적 사실

Guide 두 개 이상의 형용사를 나열할 때 형용사들 간의 배열순서가 있다. 형용사가 명사와 관계가 밀접할수록 명사에 가깝게 위치한다.
『전치한정사+한정사+서수+기수+**(주관적의견/평가)**+크기+모양+신구+색상+재료』의 순서대로 쓴다.

전치한정사 +	한정사 +	서수 +	기수 +	크기 +	모양 +	신구 +	색상 +	기원 +	재료
all	관사(a, the)	first	one	big	aquare	new	white	Korean	wooden
both	소유격 (my, your등)	second	two	large	round	old	black	Italian	plastic
double		third	three	medium	oblong		red		
half	지시형용사 (this, these, that등)	fourth	four	small			yellow		
배수사	부정형용사 (any, each, every, no등)	fifth	five	tiny					
	의문형용사 (what, whatever등)								

All the boys **on the ground** are playing soccer. 운동장의 **모든** 아이들은 축구를 하고 있다.

Tip 전치한정사(All) + 한정사(the) + 명사(boys) + 형용사구(on the ground)

You can only use **your first three** fingers. 너는 단지 **처음 세** 손가락(엄지, 검지, 중지)만 사용할 수 있다.

Tip 한정사(소유격:your) + 서수(first) + 기수(three) + 명사(fingers)의 순서.
한정사는 연이어 쓰일 수 없다.
This is **a my** car. (X)
This is my car. 또는 This car is mine.으로 쓴다.
You can use **the your** first three fingers. (X)

Both the books are about history. 두 책 **모두** 역사에 관한 것이다.

전치한정사는 부정형용사(any, each, every, no, some. either, neither)와 함께 쓰지 않는다.
All every packages are light. (X) **모든** 짐이 가볍다.
All packages are light.   (O)
Each package is light.   (O) **각각의** 짐은 가볍다.

Tip 전치한정사(all, both, half, double, 배수사)는 그 자체에 수량적 개념이 있으므로 부정 형용사와 함께 쓰면 반복이 된다.

주관적 의견 + 크기, 모양, 신구, 색상, 재료의 순서로 쓴다

Jun is **a kind young** man. 준은 **친절한 젊은**이다.
한정사(a)+주관적 의견(kind)+신구(young)

We stayed in **a sweet little hotel** on the seafront. 우리는 해안가에 있는 **한 작고 아담한** 호텔에서 묵었다.
한정사(a)+주관적 의견(sweet) + 크기(little)

He sold **his dirty old white** car. 그는 자신의 **더럽고 오래 된 흰색** 차를 처분했다.
한정사(his)+주관적 의견(dirty)+신구(old)+색상(white)

Tip 주관적 의견이나 평가와 관련된 형용사(beautiful, pretty, kind, dirty, clean 등)는 기수와 크기 사이에 위치한다.
Jun is a young kind man. (X)
We stayed in a little sweet hotel on the seafront. (X)
He sold his old dirty white car. (X)

기출문제를 살펴보자 [계명대]

다음중 올바른 문장을 고르시오.
(A) Jane is boring with her job because she does the same thing every day.
(B) Jina's English is excellent. She speaks perfect English.
(C) The woman is carrying a plastic small black bag.
(D) Mark tried hardly to find a job, but he had no luck.

(A)는 Jane이 '따분해지는 것'이므로 boring은 bored가 되어야 한다.
(C) 형용사의 어순은 '크+모+신+색+재'의 순서이다.
a plastic small black bag을 **a small(크기) black(색상) plastic(재료)** bag으로 고친다.
(D) 부사인 hardly는 '거의 ~ 않다'이고, hard는 '열심히'라는 의미이다. hardly를 hard로 고친다.
(A) 제인은 매일 같은일에 지루해한다.　　　　　(B) 지나는 영어를 잘한다 완벽하게 구사한다.
(C) 그 여자는 작은 검정색 플라스틱 가방을 옮기고 있다.　(D) 마크는 열심히 직업을 구하려 했으나 운이 없었다.

▶ 정답 (B)

기출문제를 살펴보자 [가톨릭대]

In my sister's house, there is a _____ table.

(A) large beautiful wooden　　　(B) large wooden beautiful
(C) beautiful large wooden　　　(D) beautiful wooden large

형용사의 순서는 **'주관적 의견+객관적 사실(크기+모양+신구+색상+재료)' 순서**로 쓴다.
따라서 'beautiful(주관적 의견) + large(크기) + wooden(재료)'의 순서로 쓰는 것이 바른 표현이다.
누나 집에는 멋지고 큰 나무 테이블이 하나 있다.

▶ 정답 (C)

Unit 89 수량 형용사
many / much / few / little

Guide many나 much는 그 자체가 형용사지만 '~of'가 수반되어 형용사로 쓰이는 경우가 있다. a number of나 an amount of등이 그 예에 해당하는데, 이 경우 number나 amount를 주어로 보고 of 이하를 전치사구로 보는 것 아니라 "~of" 까지가 하나의 수나 양에 관련된 형용사로 보아야 한다.

458 수를 나타내는 형용사

⎡ many (많은)
⎢ a good(=great) many (상당히 많은)
⎢ a number of (많은)   ⎤
⎢ not(=quite) a few (많은)   ⎥ + 복수명사 + 복수동사
⎢ a few (조금 있는) / few (거의 없는)
⎣ several (몇몇의) / various (다양한)   ⎦

[the number of (~명사의 수)] + 복수명사 + 단수동사

[many a (많은)] + 단수명사 + 단수동사

459 양을 나타내는 형용사

⎡ much (상당량의)
⎢ a good(=great) deal of (상당량의)
⎢ a(n) (great) amount of (상당량의)   ⎤
⎢ not(=quite) a little (상당량의)   ⎥ + 불가산명사 + 단수동사
⎢ a little (조금 있는) / little (거의 없는)
⎣ less (양이 더 적은 - little의 비교급) ⎦

* little이 '작은, 어린'의 의미인 경우 가산명사와 쓰일 수 있다.

📖 기출문제를 살펴보자 [단국대]

If you went back to the mid-19th century, the cost of living would be _____ one-twentieth of what it is today.

(A) lesser than (B) less than (C) still lesser than (D) fewer than

---

비용의 많고 적음을 나타낼 때에는 much나 little을 쓴다. 그런데 little의 비교급 표현 중에서, less가 양의 적음을 나타내는 데 반해, lesser는 '가치 혹은 중요성의 덜함'을 나타낼 때가 많고, 이것은 한정적 용법으로만 쓰므로 주어진 문장에는 적절하지 않다. 따라서 빈칸에는 **little의 비교급** less than이 적절하다.

만일 19세기 중반으로 되돌아간다면, 생활비는 오늘날의 20분의 1도 채 안 될 것이다.

▶ 정답 (B)

460 수와 양에 모두 쓰이는 형용사

- all (모든/전부)
- some (일부의/조금의)
- most (대부분의)
- planty of (충분한)
- a lot of
- = lots of (많은)

\+ 불가산명사 + **단수동사**
or
\+ 복수명사 + **복수동사**

- any
- no

\+ 불가산명사 / 단수명사 + **단수동사**
or
\+ 복수명사 + **복수동사**

No student is to leave the room.　어떤 학생도 교실을 나갈 수 **없다**.
There **were no letters** this morning.　오늘 아침에는 편지가 한 통도 **없었다**.
There **are a good many faces** as pretty as she is in this town. 그녀 정도의 귀여운 얼굴은 우리 마을에 **많다**.
Quite a few people are going to arrive early. 많은 사람들이 일찍 도착할 것이다.
The number of National students is presently 40,000. 국립대학 학생 **수**는 현재 40,000명입니다
A great deal of damage to the plane **was** estimated at more than $100,000.
　　　　　　　　　　　　　　　　　　　　　　　비행기 피해**액**은 10만 달러가 넘을 것으로 추산되었다.
We made **quite a little money** this year. 올해 우리는 **꽤 많은 돈**을 모았다.
Jack is just **a little** boy. 잭은 단지 **어린**아이일 뿐이다.

> **Tip** little은 형용사로 '작은, 어린'의 의미도 있다. 이 경우 가산명사와도 쓰일 수 있다.

Some foods digest more easily than others. **어떤 식품들**은 다른 식품들보다 소화가 잘 된다.
Some food is cooking on the stove. **음식**이 렌지 위에서 조리되고 있다.

> **Tip** food는 '식품'의 의미면 가산명사 / '음식'의 의미면 불가산명사이다.

There **is plenty of evidence** to support this contention. 이 주장을 뒷받침 하는 **풍부**하다.
There **are plenty of ways** for kids to help other kids. 어린이들이 다른 어린이들을 돕는 방법은 **많습**니다.

▶ **a number of** vs. **the number of**　　　　　　　　　　h⊙t p@ge 24

'a number of + 복수명사'는 '많은 명사'의 뜻이고 '**the number of** + 복수명사'는 '명사의 수'라는 뜻으로
a number of + 복수명사는 **복수명사에** 의미가 있고 the number of + 복수명사는 **the number**에 의미가 있기 때문에
동사의 수가 다른 것이다.

A number of stars are shining in the universe. '많은 별이 우주에서 반짝인다'는 바르지만,
The number of stars is shining in the universe. 는 틀린문장이다.
이유는 The number of stars는 '별의 수'라는 의미인데, 숫자가 반짝인다는 표현은 잘못 되었기 때문이다.
The number **of** stars is increasing in the universe. '우주에서 별의 수는 증가 하고있다'는 바른표현이다.

Unit 90 수사
dozen, score, hundred, thousand, million

Guide '수십 개'나 '수백 개'등을 의미하는 수사적 표현에 관하여 학습한다.

461 dozen, score, hundred, thousand, million

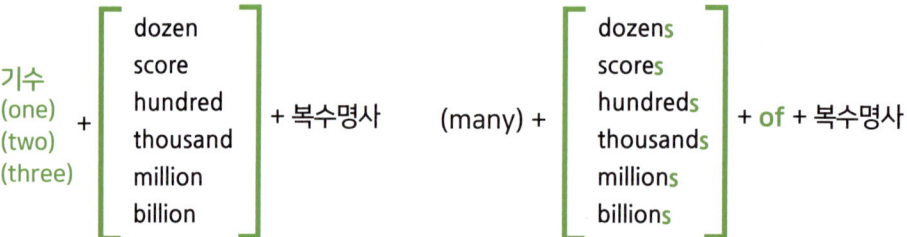

three dozen eggs 3다스(36개)의 계란	**dozens of eggs** 수십 개의 계란
five hundred people 5백 명	**hundreds of people** 수백 명
two thousand dollars 2천 달러	**thousands of dollars** 수천 달러

Tip dozen, score, hundred 등과 같은 수 단위 앞에 기수(one, two, three..)가 쓰여 구체적인 수를 가리킬 때 그 수 단위는 단수형태이며, dozen, score, hundred 등과 같은 수 단위가 기수 없이 수십, 수백, 수천과 같이 막연한 범위를 가리킬 때는 그 수 단위는 『복수 형태+of』를 취해 hundreds of, thousands of와 같이 쓰이며, **many hundreds of people**(수백명)과 같이 앞에 **many**를 수반하기도, 생략하기도 한다.

'수 만'이나 '수십 만'은 아래와 같이 쓴다.
tens of thousands (of) 수 만   **hundreds of thousands (of)** 수 십만
tens of millions (of) 수 천만   **hundreds of millions (of)** 수 억

The Australian Aborigines are the island's original inhabitants; they have lived there for **tens of thousands of** years. 호주 원주민들이 섬의 최초의 거주자들이다. 그들은 거기서 수 만년 동안 살아 왔다.

기출문제를 살펴보자 [세종대]

The job involved not just piecing together more than three (A)<u>billions</u> DNA (B)<u>sequences</u>, but making sure none of the (C)<u>material</u> that was used came from bacteria or other (D)<u>organisms</u> clinging to the fur.

『기수 + dozen, score, hundred, thousand, million, billion + 복수명사』 [예] five hundred people : 5백 명
『dozen, score, hundred, thousand, million, billion + s + of + 복수명사』 [예] hundreds of people : 수백 명
따라서 three billion DNA sequences가 되어야 한다.
그 일은 30억 개 이상의 DNA 염기서열을 하나씩 모으는 것뿐만 아니라, 그것에 사용되는 물질 중 어느 하나라도 박테리아나 혹은 털에 달라붙는 다른 생물체로부터 오지 않도록 확실히 하는 것도 포함한다.

▶ 정답 (A)

기출문제를 살펴보자 [동국대]

Given its focus on keeping people ~중략~ not hesitate to invest _____.

(A) ten of billions more if needed (B) ten of billions more if need be
(C) tens of billions more if needed (D) tens of billions more if need be

---

tens of thousands '수 만', tens of millions '수 천만', tens of billions '수 백억'이므로 정답은 (C)

▶ 정답 (C)

462 two years vs. two-year

He is **two years** old.

Tip two라는 복수를 의미하는 기수사 뒤에는 years라는 복수명사가 온다.
[참고- 기수(사): 하나, 둘, 셋.... 서수(사): 첫 번째, 두 번째, 세 번째 ....]

그러나 He is **a two-year old** boy.(O)   He is **a two-years old** boy.(X)

Tip '기수사 + 명사'가 형용사적으로 명사 앞에 놓이면, 기수사 바로 뒤의 명사는 단수 형태로 쓴다.
이하의 예문 역시 마찬가지다. (-이 없어도 마찬가지다)

a ten-**minute** break	10분간의 휴식	a ten-**minutes** break	(X)
a five-**story** building	5층(짜리) 건물	a five-**stories** building	(X)
a two-**dollar** bill	2달러(짜리) 지폐	a two-**dollars** bill	(X)
a ten-**kilo** race	10킬로(의) 경주	a ten-**kilos** race	(X)
a two-**horse** carriage	쌍두마차	a two-**horses** carriage	(X)

a **goods** train 화물열차 (goods는 그 자체가 '화물'이라는 의미의 명사이다) 235쪽 321번 참조

 기출문제를 살펴보자 [가천대]

(A)The qualifying examination (B)consists of (C)two three-hours periods (D)taken on consecutive days.

명사 앞의 수사는 단수로 써야한다. 따라서 two **three hour** periods가 옳다.
이때, three hour period가 두 개라는 뜻이므로 two three hour periods가 된 것이다.
그 자격시험은 이틀동안 치러지는 세 시간짜리 시험 으로 구성되어 있다.

▶ 정답 (C)

463 pair, couple 등이 짝을 나타낼 때에는 단수, 복수가 가능하다

two **pair** of shoes	= two **pairs** of shoes	'구두 두 켤레'
four **couple** of hounds	= four **couples** of hounds	'4쌍의 사냥개'
five **head** of oxen	five **heads** of oxen [X]	'소 5마리'

Tip head는 '짐승의 머릿수'를 셀 때 쓰이며 앞에 복수의 기수사가 와도 항상 단수형으로 쓴다.

464 분수표현

영어에서의 분수표현은 우리말과는 달리 분자(기수)부터 쓰며 분모(서수)를 뒤에 쓴다.

1/2 = **one second** 또는 **a half**
1/3 = **one third** 또는 **a third**
1/4 = **one fourth** 또는 **a quarter**

분자가 2이상의 복수면, 「분모는 '서수 + s'」가 된다.

2/3 = **two thirds**
3/4 = **three fourths**

465 Ten years 는 단수명사?

'기수 + 복수명사'가 단위를 뜻하면 단수 취급한다.

Ten years is a long time to wait.   10년은 기다리기에는 긴 시간이다.
5 kilometers is a good way to run.   5킬로미터는 달리기에 좋은 거리이다.

> **Tip** 시간, 거리등의 주어가 보어와 be동사로 연결되는 경우 단수로 본다. 위 문장의 보어 a long time, a good way는 모두 단수이므로 그에 맞춰 단수 **is**로 받은 것이다.

Ten years have passed since he died.   그가 죽은 지도 10년이 지났다.
Five years have elapsed since he graduated from college.   그가 대학을 졸업한 지 5년이 흘렀다.

> **Tip** 그러나 '시간의 흐름'을 의미하는 pass, elapse등은 복수 취급한다.

466 명사 + 기수 (= the + 서수 + 명사)

World War I = World War **one** = **the First** World War (제1차 세계대전)
Act II = **the second** Act (제2막)
Volume **three** = **the third** Volume (제3권)
We especially enjoyed **the third** act of the play. 우리는 연극의 세 번째 막을 가장 재밌게 봤다.

Gate 5 = Gate **five** (O)
the Fifth Gate   (X)

> **Tip** 순서의 개념이 없는 경우 서수로 쓰지 않는다.

Unit 91 형용사의 정도 표시
large / small vs. high / low

Guide 규모나 수치의 형용사에 관하여 알아본다.

467 large / small

He has a **large** family to support.   그는 부양해야 할 **대가족**을 거느리고 있다.
There was a **large** attendance at the lecture.   그 강연에는 **많은** 청중이 참석했다.
My English vocabulary is very **small**.   내가 알고 있는 영어 단어는 **적다**.
I need some **small** change.   **잔돈**이 좀 필요한데요.

집합적 의미의 명사 또는 막연한 '수량' 단위에는 many, much가 아닌 『large, small』을 쓴다.

large / small +
- 집합적명사 - audience, attendance, family, population 등
- 수량 - amount, number, quantity, sum, change, vocabulary, profit 등

468 high / low

The price of oil is very **high** this month.   이번 달 석유 가격은 매우 **높다**.
The price of oil is very **expensive** this month.(X)
This leads to **low** temperature.   이것은 기온이 **내려가는** 역할을 한다.

Tip 수치개념이 내포된 단어들은 high, low로 수식한다.
가격은 '**높고 낮음**'으로 표현한다. 가격이 비쌀 수는 없다.
물건이 비싼 것이지 '가격이 비싸다'라는 표현은 비논리적인 표현이다.

high / low + income, price, salary, speed, temperature, pressure, fare, level, demand, supply 등

469 what

What is the air pressure at sea level?   해수면에서 기압은 **얼마입니까**?
How much is the air pressure at sea level?   (X)
What is the largest discount available?   가장 큰 할인 폭은 **얼마입니까**?
How much is the largest discount available? (X)

how many나 how much 대신 What을 쓴다.

Tip '얼마나 ~한가?'로 해석되더라도 의문사는 how가 아니라 **what**을 사용한다.

Unit 92 감정동사의 형용사화

ⓥ+ing(현재분사) / ⓥ+ed 또는 p.p(과거분사)

Guide 주로 감정과 관련 된 동사를 ~ing나 ~ed를 붙여 분사로 변형시켜 사용하는데, 이러한 분사들은 명사를 꾸미는 형용사의 역할을 한다. 이때 ~ing / ~ed의 형태가 시험문제의 초점이 된다.

470 감정을 나타내는 동사

excite	흥분시키다	interest	흥미를 주다	surprise	놀래 키다
embarrass	당혹시키다	satisfy	만족시키다	disappoint	실망시키다
please	기쁘게 하다	amuse	재미있게 하다	frighten	섬뜩하게 하다
frustrate	좌절시키다	irritate	성나게 만들다	agitate	초조하게 하다
fascinate	매혹시키다	depress	낙담시키다	tire	피곤하게 하다
discourage	낙담시키다 등				

위의 동사들은 수식하는 명사가 '능동적 주체'면 'ⓥ+ing'의 형태로, 수식하는 명사가 '수동적 객체'면 'ⓥ+ed' 형태로 변형시켜 쓰게 되는데, 사람과 관련된 경우 'ⓥ+ed'의 형태가 빈번하고, 사물과 관련이 되면 'ⓥ+ing'의 형태가 빈번하다. 그러나 이것이 절대적인것은 아니므로 오른쪽의 기출문제를 확인하기 바란다.

This **exciting** game made people **excited**. 열광적인 경기가 사람들을 **흥분시켰다**.

여기서 게임은 사물의 개념이므로 현재분사 exciting으로, people은 사람이므로 과거분사 excited로 각각 수식하고 있다.

예문을 좀 더 살펴보자.

The **surprising** news = The news is **surprising**. 놀라운 뉴스
The **frightening** movie = The movie is **frightening**. 무서운 영화 (공포영화)
The **tiring** work = The work is **tiring**. 힘든 일
They were **surprised** at the news. 그들은 그 소식에 **놀랐다**.
A **frightened** child. 겁먹은 아이
She was **tired** after a hard day's night. 그녀는 밤을 샌 뒤로 **피곤했다**.

Tip 위 예문에서 news는 놀라는 것이 아니라 우리를 '놀라게 하는 주체'가 된다.
movie 역시 마찬가지로 영화가 무서움을 타는 것이 아니라 능동적으로 우리를 '무섭게 하는 주체'가 된다.
work도 피곤함을 느끼는 것이 아니라 사람들을 피곤하게 만드는 주체가 된다.

They were surprised at the news.에서는 우리가 그 소식에 '놀란 것'이므로 수동태가 되어 과거분사의 형태가 옳고, A frightened child는 아이가 겁을 준 주체가 아니라 '겁을 먹은 대상'이 되었으므로 과거분사로 수식하고 있다.

마지막 문장에서는 그녀가 밤을 샌 뒤 피곤하게 한 것이 아니라 밤을 새서 피곤함을 느끼고 있으므로 수동의 의미인 과거분사가 된 것이다.

기출문제를 살펴보자 [계명대]

(A)Poor nutrition made him so (B)tiring ~ 중략

영양실조가 그를 피곤하게 한 것이다. 그가 피곤함을 느끼는 대상이 되므로 tiring이 아닌 tired가 되어야 한다.

▶ 정답 (B)

 기출문제를 살펴보자 [이화여대]

The (A)actor's career (B)skyrocketed with his (C)amused appearances on In Living Color ~ 중략

(C)에서 외모 appearances가 웃음을 받는 것이 아니라 웃음을 주는 외모이므로 **amusing** appearances가 되어야 한다.
그 배우의 경력은 Living Color에서의 우스꽝스러운 모습으로 하늘높이 치솟았다.

▶ 정답 (C)

감정동사의 형용사들은 사람과 함께 쓰이면 과거분사로 사물과 함께 쓰이면 현재분사로 쓰이는 것이 일반적이나 절대적이라고 볼 수는 없으므로 수식하는 명사가 능동적 주체인지 수동적 객체인지를 먼저 고려하는 것이 중요하다.

아래 기출문제를 보면 감정동사가 아니더라도 동사를 분사화하여 형용사로 쓰는 경우 기본적으로 과거분사는 명사의 상태를 수동적(동작의 대상이 되는)으로 나타내고, 현재분사는 명사의 상태를 능동적(동작의 주체가 되는)으로 나타낸다.

 기출문제를 살펴보자 [고려대]

(A)The other day I had an experience so surprising and (B)unexpecting that it made me (C)spill a drink (D)down my shirt.

이 문제에서는 surprising and (B)unexpecting을 현재분사로 병치시킴으로써 겉으로 보기에는 병치를 이룬 문장으로 보이게 해놨다. 그러나 experience가 surprising의 수식을 받아 '놀라운 경험'은 맞는 표현이나, 경험이 예기치 못한 주체가 될 수 없으므로 틀리게 된다. 경험은 예측을 하고 못하고의 주체가 아니라 대상이 되어야하므로 '예상치 못한 경험'의 표현은 (B) unexpected가 옳은 표현이 된다.
며칠 전 나는 너무나도 놀랍고 예상치 못한 경험을 하여 내 셔츠에 음료를 엎지르고 말았다.

▶ 정답 (B)

 기출문제를 살펴보자 [가천대]

The desire to help (A)correct the worst injustices of the economic system in our own countries also leads us to reach out to help (B)impoverishing people in other lands. What makes (C)such an effort feasible today is the fact that so much of what people suffer from (D)is preventable with science and technology.

---

impoverish가 '가난하게 하다'는 뜻의 타동사로 impoverish와 people은 서로 수동 관계에 있다. 현재분사에는 능동의 의미가 있고, 과거분사에는 수동의 의미가 있으므로, (B)를 과거분사 impoverished로 고쳐야 옳은 문장이 된다.
우리나라 경제 제도의 가장 심한 불공정성을 바로잡는 데 도움을 주려는 열망은 또한 우리로 하여금 다른 나라의 가난한 사람들에게 도움의 손길을 내밀게 한다. 오늘날 그러한 노력을 실현가능하게 하는 것은 사람들이 겪는 고통의 상당 부분을 과학과 기술로 막을 수 있다는 사실에 있다.

▶ 정답 (B)

Unit 93 난이(어려움과 쉬움) 형용사
사람을 주어로 하지 않는 형용사

Guide He is hard. '그는 어렵다'는 표현은 비논리적이다. 일이나 문제를 푸는 것과 같은 행동들은 어려울 수 있으나, 사람은 어렵다는 형용사의 주체가 될 수 없기 때문이다.

essential	본질적인	necessary	필수의	natural	자연의
possible	가능한	impossible	불가능한	important	중요한
surprising	놀라운	useless	쓸모없는	useful	유용한
easy	쉬운	hard	힘든	difficult	어려운
pleasant	기쁜	dangerous	위험한	convenient	편리한
common	평범한 등				

He is **difficult** to solve the problem. (X)
형용사 difficult는 사람을 주어로 하여 위 문장처럼 쓰지 않고

It is **difficult for** him **to** solve the problem. (O) 그에게 있어서 그 문제를 푸는 것은 **어렵다**.
『It + 형용사 + for + to부정사』의 형태로 쓴다.

중요 Point! 아래 문장을 살펴보자.
To please the people is very **hard**.   부정사가 주어인 문장 (그 사람들을 만족시키는 것은 어렵다.)
It is very **hard to please the people**.   가주어 It이 주어인 문장
The people are very **hard** to please.   부정사의 의미상 목적어(the people)가 주어인 문장

 이처럼 부정사의 의미상 목적어를 문장의 주어로 쓰는 경우는 가능하다.
이 경우 사람이 주어라 하더라도 그대로 주어가 될 수 있다. 이것을 문법용어로 『**다른 주어 구문**』 또는 『**부정사의 의미상 목적어를 주어로 하는 문장**』으로 부른다.

기출문제를 살펴보자 [한양대]

The condition would be more difficult to (A)<u>diagnose it</u> in children (B)<u>who speak</u> these languages, though (C)<u>subtle</u> symptoms such as impaired verbal short-term memory (D)<u>would remain</u>.

To diagnose the condition would be more **difficult** ~ 를 가주어를 사용하여 It would be more **difficult to diagnose the condition**으로 쓸 수 있다.
다시 부정사의 목적어를 주어로 하여 **The condition** would be more **difficult to diagnose**가 된 것이다.
여기서 목적어 The condition을 주어로 뺀 것 이므로 diagnose 뒤에 목적어 it을 또 쓸 수 없다. 따라서 diagnose의 목적어로 쓰인 (A)의 it을 빼야 한다.

이러한 언어를 사용하는 아이들의 상태를 진단하기는 더욱 힘들 것이다. 비록 손상된 언어적 단기 기억 같은 미묘한 증상들이 남아 있다 하더라도 말이다.

▶ 정답 (A)

Unit 94 이성 / 감성의 형용사

Guide 사람을 주어로 쓰기보다는 『It be + 이성 / 감성 형용사 + that + 주어 + should 구문』으로 쓴다.

이성/감성 형용사 + that + 주어 + should 구문과 같은 형태로 쓰며, 이때 should는 생략할 수 있다.

natural	당연한	obligatory	의무적인	advisable	바람직한
necessary	필요한	important	중요한	right	(도덕적으로) 바른
proper	적합한	rational	이성적인	mandatory	의무적인
strange	이상한	odd	이상한	surprising	놀라운
essential	필수적인	vital	필수적인	required	필수의
imperative	반드시 해야하는 등				

It is **strange** that he (should) know nothing about it. 그가 그것에 대해 아무것도 알지 못한다는 것이 **이상하다**.
= **It** is **strange for** him **to** know nothing about it.

Tip 'It be+이성, 감성의 형용사+that절'은 'It be+이성, 감성의 형용사+for+목적어+to부정사'로 바꿔 쓸 수 있다.
이성, 감성의 형용사도 **사람을 주어로 쓰는 일은 거의 없다.**

It is **right** that he (should) be punished. 그가 벌을 받는 것은 **정당하다**.
It is **essential** that he (should) be prepared for this. 그가 이 일에 마음의 준비를 하고 있는 것은 **긴요한** 일이다.

기출문제를 살펴보자 [세종대]

In Lyotard's idea of cultural progress, it is apparently mandatory that _____ a steep hierarchy of media.
(A) is   (B) there be   (C) which will be   (D) it is

요구, 주장, 제안, 명령 등의 동사와 더불어 that절 앞에 사람의 이성형용사 mandatory, natural, essential, vital, imperative 등이 올 경우 that 이하에 (should)+동사원형 의 형태가 온다. 이때도 should는 생략할 수 있다.
문화적 발전에 대한 리오타르의 사상에서는 대중매체에 엄격한 계급제가 있어야 한다는 것이 명백한 의무이다.

▶ 정답 (B)

Unit 95 인성 형용사

Guide He is kind. '그는 친절하다'는 표현은 논리적인 문장이다.
사람주어 + be + 인성형용사 + to부정사의 형태로 쓰거나, It is + 인성형용사 + of + to부정사의 형태로 쓴다.

『이성/감성 형용사 + that + 주어 + should 구문』 과 같은 형태로 쓰며, 이때 should는 생략할 수 있다.

good 착한	kind 친절한	bad 나쁜
generous 관대한	mean 비열한	considerate 사려 깊은
cruel 잔인한	humble 겸손한	nasty 심술궂은
gentle 신사적인	naughty 짓궂은 등	

He is **kind** to help the poor. 가난한 사람들을 돕는 그는 **친절하다**.
= It is **kind of him** to help the poor.
He was very **considerate** to wait. 그가 기다려 준 것은 대단히 **사려 깊은** 행동이었다.
= It was very **considerate** of him to wait.

Tip 인성형용사라고 부르는 위의 형용사들은 『It + 인성형용사 + **of** + 목적격 구문』에서 **for가 아닌 of**를 쓴다. 시험에서의 출제율은 낮으나 참고로 알아두도록 하자.

Chapter 12 기출 및 예상 문제

1 The American dream does not come to those who fall _____.

(A) sleeping (B) sleep
(C) asleep (D) slept

문법 asleep은 서술적으로만 쓰는 형용사이다. [440]
fall asleep : 잠들다
해석 미국인의 꿈, 성공의 욕망은 잠든 사람에게는 오지 않는다.
정답 (C)

2 All the kids in the picture _____.

(A) look like (B) look each other
(C) look alike (D) resemble

문법 (A) 'look like + 명사'이어야 함 [8/440]
(B) look each other는 each other가 목적어이므로 자동사 look과 같이 쓰일 수 없음.
(D) resemble은 **타동사**이므로 **목적어**가 있어야 함.
해석 사진 속의 모든 아이들은 똑같아 보인다.
정답 (C)

3 "What kind of suit did you buy?"
"Well, I think it's somewhat _____ yours."

(A) as (B) like
(C) alike (D) similar as

문법 (A) as는 접속사이므로 주어 동사가 와야 한다.
(C) alike는 형용사이므로 뒤에 목적어를 받지 못한다.
(D) similar as → similar to라면 가능하다.
해석 "어떤 종류의 옷을 샀습니까?"
"당신 것과 다소 비슷한 것을 샀습니다."
정답 (B)

4 Goethe placed before me a landscape by Rubens. "You have already seen this picture" said he, "but nobody can look often enough at _____."

(A) anything really excellent
(B) really excellent anything
(C) really anything excellent
(D) excellent anything really

문법 -thing, -body로 끝난 대명사는 형용사가 **뒤에서 수식한다.** [443]
해석 괴테는 내 앞에 루벤스가 그린 풍경화를 한 점 놓았다. "이미 이 그림을 보셨지요. 하지만 정말로 뛰어난 것은 아무리 자주 보아도 지나치지 않는 것이지요."하고 그는 말했다.
정답 (A)

5 "What did he use to get the flounder?"
"I think he had a _____."

(A) bamboo long fishing pole
(B) long bamboo fishing pole
(C) pole long, bamboo, and fishing
(D) bamboo fishing pole, long

문법 '한정사(a) + 모양(long) + 재료(bamboo)'의 순서가 되며 fishing pole은 **복합명사**로 하나의 명사로 간주하여 분리하지 않는다. [Unit 88]
해석 "그가 도다리를 잡는 데 무엇을 사용하였습니까?"
"긴 대나무 낚싯대를 사용했다고 생각합니다."
정답 (B)

6 I don't think that his proposal is _____.

(A) worthy reconsideration
(B) worth reconsideration
(C) worth of reconsideration
(D) worthy to reconsider

문법 worth + 명사 [Hot page 22]
= worthy of + 명사 '~할 가치가 있다'
해석 그의 제안은 재고할 가치가 없다고 생각한다.
정답 (B)

Chapter 12 기출 및 예상 문제

7 "Let's finish off the rest of this cake."
"None for me, thanks. I've had _____."

(A) quite a few (B) ever enough
(C) too many (D) more than enough

분석 I have had enough = I am full '배부르다'
more than은 enough를 수식하여 more than enough(=too much) '너무 많은'의 뜻으로 쓰인다.
해설 "이 남은 케이크를 다 먹자."
"저는 됐습니다. 아주 충분히 먹었거든요."
정답 (D)

8 "Why didn't you use that?"
"Because it wasn't _____ to fit it."

(A) good enough (B) enough good
(C) as enough good (D) good as enough

분석 enough가 형용사나 부사를 수식할 때는 뒤에서 수식한다. [253]
해설 "왜 그것을 사용하지 않았지요?"
"그것에 알맞을 만큼 충분히 좋지 않았거든요."
정답 (A)

9 There were _____ people laughing and talking.

(A) a great many (B) many a good
(C) a great deal of (D) many a

분석 many+a의 경우 '단수명사+단수동사'로, a great deal of의 경우 '불가산명사+단수동사'의 형태이다. [458/459]
해설 웃고 떠드는 사람들이 많았다.
정답 (A)

10 She has _____ collected information.

(A) many (B) lots of
(C) a lot (D) a number of

분석 information은 불가산명사이므로 보기에서는 (불)가산명사를 모두 수식 할 수있는 lots of로 수식한다. [460]
(C) a lot은 '매우'의 뜻인 **부사**이다.
collected는 과거분사로 형용사로 사용되었다.
해설 그녀는 상당량의 수집된 정보를 가지고 있다.
정답 (B)

11 문법적으로 옳은 문장을 고르시오.

(A) His illness was because of too many late hours.
(B) Our team has won four successive games.
(C) We are desirable of maintaining world peace.
(D) She is very economic, and has saved much money.

분석 (A) was because of → was due to
(C) are desirable of → are desirous of
(D) economic(경제의) → economical(검소한)
1. He was ill because of too many late hours.
2. His illness was due to too many late hours.
because of는 부사적으로, due to는 형용사적으로 쓰였다.
부사는 동사를, 형용사는 명사를 수식한다. 그리고 부사절, 부사구는 없어도 완벽한 문장이 될 수 있다.
He was ill. (O) 그는 아팠다.
이것이 because of 와 due to의 차이점이다.
해설 (A) 그의 병은 너무 많이 늦게 자고 늦게 일어났기 때문이다.
(B) 우리 팀은 연속 네 경기를 이겼다.
(C) 우리는 평화를 지속하기를 원한다.
(D) 그녀는 매우 검소해서 많은 돈을 모았다.
정답 (B)

Chapter 12 기출 및 예상 문제

12 다음 주어진 우리말을 영어로 가장 잘 나타낸 것은?
["당신은 거기에 언제 가시는 게 편하신가요?"]

(A) When shall you be convenient to go there?
(B) When will you go there conveniently?
(C) When to go there will be convenient to you?
(D) When will it be convenient for you to go there?

문제 convenient는 사람을 주어로 쓰지 않는 형용사이다. 'It+be+convenient+for+사람+to부정사'의 형태로 쓴다. **[Unit 93]**
정답 (D)

13 (A)Expected noises are (B)usually more (C)tolerable than unexpected ones of the (D)alike magnitude.

문제 alike는 서술적용법의 형용사로 명사를 앞에서 수식 하지 못하므로 (D)는 similar magnitude나 same magnitude가 되어야 한다. **[440]**
해설 예상된 소음은 비슷한 크기의 예기치 못한 소음보다 대개는 더 참을 만한다.
정답 (D)

14 Naomi Uemura's (A)alone trip (B)to the North Pole (C)in 1978 captured the imagination of the (D)whole world.

문제 alone은 서술적 용법에만 쓰이는 형용사이므로 명사 앞에서 수식할 수 없다. lone이나 lonely가 되어야 한다.
alone trip → lone(=lonely) trip
해설 Naomi Uemur가 1978년에 북극점으로 홀로 여행한 것은 전 세계의 상상력을 사로잡았다.
정답 (A)

15 (A)Some antibiotics (B)used in the treatment of human disease are (C)like only in that they are (D)obtained from fungi and bacteria.

문제 be동사의 보어이므로 (C)의 like는 서술적 용법의 alike가 되어야 한다.
해설 인간의 질병치료에 쓰이는 항생제들은 그것들이 곰팡이류와 박테리아에서 얻어진다는 점에서만 같다.
정답 (C)

16 You (A)will have to wait (B)more three months for (C)delivery of (D)the new car.

문제 형용사의 어순을 묻는 문제이다. 'one more time'처럼 '3개월 더'라는 표현은 'three more months'이다.
해설 새 차를 받으려면 3개월 더 기다려야 한다.
정답 (C)

17 Biologists and anthropologists (A)possess a wealth (B)of evidence to indicate that human beings (C)arose from lower forms of life over (D)a time long period.

문제 '시한, 기간, 시기'라는 의미의 time period는 복합명사이므로 붙여써야 하며, 형용사 long을 그 앞에 두면 된다.
a long time-period. **[331]**
a wealth of = a lot of
해설 생물학자들과 인류학자들은 인간이 오랜 시기에 걸쳐 하등생물에서부터 성장해 왔음을 보여주는 상당히 많은 증거를 가지고 있다.
정답 (D)

Chapter 12 기출 및 예상 문제

18 Columbus Day (A)<u>is celebrated</u> (B)<u>on</u> the (C)<u>twelve</u> of October (D)<u>because</u> on that day in 1492, Christopher Columbus first landed in the Americas.

분석 날짜는 서수로 쓰기 때문에 (C) twelve → **twelfth**가 되어야 한다.
해석 콜럼버스데이는 콜럼버스가 1492년 처음 미국에 상륙했던 10월 12일에 기념식이 거행된다.
정답 (C)

19 The store (A)<u>that is</u> opposite (B)<u>over</u> the road there is another store (C)<u>selling</u> such (D)<u>goods</u>.

분석 opposite는 목적어를 취할 수 있는 형용사이므로 (B) over를 삭제해야 한다. **[442]**
또는 opposite to도 가능하다.
해석 저기 길 반대편에 있는 가게는 그런 상품을 파는 다른 가게이다.
정답 (B)

20 (A)<u>In newly urban Asia</u>, low fertility rates are blamed on factors such as overcrowding and on the high price of housing which leaves (B)<u>few cash</u> to spare (C)<u>for raising</u> children (D)<u>even</u> among two-income, middle class households.

분석 cash는 불가산 명사이므로 little로 수식한다. **[459]**
해석 최근 아시아의 도시지역에서의 낮은 출산율은 인구 과잉과 맞벌이의 중산층 가정에서 조차 자녀양육을 위한 여유자금을 거의 만들 수 없게 하는 높은 주택 가격 때문이다.
정답 (B)

21 Many students who (A)<u>know of</u> e. e. cummings as a poet are (B)<u>surprised to learn</u> that he spent (C)<u>less hours</u> working on his poetry (D)<u>than on</u> his drawings and paintings.
(*e. e. cummings is known for not using capital letters, even for his own name.)

분석 (C)의 hours는 복수 가능한 보통명사이므로 수/량 형용사는 less가 아닌 fewer가 되어야 한다. **[458]**
해석 e. e. cummings을 시인으로 알고 있는 많은 학생들은 그가 그림을 그리는 것보다 시를 짓는 데 시간을 더 적게 보냈다는 것을 알고 놀랐다.(e. e. cummings는 심지어 자신의 이름에도 대문자를 사용하지 않은 것으로 유명하다)
정답 (C)

22 Edgar Allan Poe was an American writer (A)<u>whose</u> stories are (B)<u>noted</u> for their (C)<u>carefully</u> plotting, ironic coincidences, and surprising (D)<u>endings</u>.

분석 여기서 plotting은 명사로 줄거리의 의미이다. 따라서 부사가 아닌 형용사가 수식해야 옳다.
carefully → **careful**
해석 에드가 앨런 포는 미국의 작가였고 그의 이야기는 주의 깊은 줄거리, 아이러닉한 일치성과 놀라운 엔딩으로 주목 받았다
정답 (C)

Chapter 12 기출 및 예상 문제

23 Hwang and his team of researchers at Seoul National University _____ the medical community in May when, in a study published in the U.S. journal Science, he reported that he had successfully produced tailor-made stem cells from 11 cloned human embryos an _____ feat.

(A) stunned - unprecedented
(B) stunning - unprecedented
(C) have stunned - unprecedenting
(D) were stunned - unprecedenting

문제 목적어(the medical community)가 있으므로 첫 빈칸에는 동사가 들어가야 한다. 내용상 지난 5월 일을 기술하고 있으므로 **과거동사**를 써야 한다. 두 번째 빈칸은 명사 feat를 수식할 형용사가 필요한데 '**전례 없는**'이라는 의미 **unprecedented**가 가장 적절하다. [268]
해석 황우석 교수와 그의 서울대학교 연구팀은 지난 5월 의학계를 놀라게 했는데, 그때 미국의 사이언스 지에서 발표된 논문에서 그는 맞춤형 줄기세포를 유례없는 성과인 11개의 복제된 인간태아에서 성공적으로 만들어냈다고 보고했다.
정답 (A)

24 His father seems to be _____ father.

(A) a quite strict   (B) quite a strict
(C) a strict quite   (D) quite strict a

문제 'quite+a+형용사+명사'의 순서로 쓴다. [367]
해석 너의 아버지는 매우 엄격하신 것 같다.
정답 (B)

25 In their evolution, (A)plants could not leave the water (B)without solving a host of serious problems. (C)To begin with, the seas provided a (D)continuously supply of (E)water.

문제 명사인 supply를 꾸미는 건 부사가 아닌 형용사다. continuously→ **continuous**
해석 그들의 진화에 있어 식물은 많은 심각한 문제들을 해결하지 않고서는 물을 떠날 수 없었다. 먼저 바다가 계속적으로 물을 공급해주었다.
정답 (D)

26 Indeed, doctors - (A)especially dermatologists - keep their (B)eyes on the skin for all (C)manner of clues (D)to underlie disease and other conditions (E)affecting a woman's health.

문제 clues to에서 to는 전치사이므로 동사 underlie가 올 수 없다 **underlying**이 되어야 형용사가 되어 뒤에 있는 명사를 수식하여 '근원적인 질병'이라는 의미가 완성된다. clues **to underlying** disease [263]
해석 실제로 의사들, 특히 피부과 의사들은 여성의 건강에 영향을 끼치는 근원적인 질병과 그 밖의 이상상태들에 대한 모든 종류의 단서들을 찾기 위해 피부에서 눈을 떼지 못한다.
정답 (D)

27 The Government was today (A)accused of placing (B)much too emphasis on artificial targets after primary school results (C)showed that improvements in core subjects are (D)failing to keep p ace with (E)rapidly rising expectations.

문제 much(형용사) too(부사) emphasis(명사) 부사는 명사를 수식하지 못하며 형용사는 부사를 수식하지 못하므로 **too much emphasis**가 되어야 한다. [508]
해석 초등학교의 시험결과가 핵심 과목에서의 학력 향상이 빠르게 높아가는 기대에 미치지 못하고 있다는 것을 보여준 후에 정부는 오늘 인위적인 목표를 지나치게 많이 강조했다는 비난을 받았다.
정답 (B)

Chapter 12 기출 및 예상 문제

28 In (A)<u>most</u> of (B)<u>his comic films</u>, Woody Allen satirizes the sentimental (C)<u>obstacles</u> of (D)<u>intellectuals</u> living in a (E)<u>fast-pace</u> world.

문제 '빠른 세계'를 영어로 표현할 때, (E) fast-pace는 world를 수식하는 형용사로 쓰였으므로 문법적으로 **fast-paced**로 고쳐야 옳다. [274]
'아이스 티'를 영어로 'i**ced** tea'라고 하는 것과 비슷하다.
satirize : 풍자하다
해설 대부분의 그의 희극영화에서 우디 알렌은 빠른 세계에 살고 있는 지식인들의 정서적 장애들을 풍자한다.
정답 (E)

29 (A)<u>During</u> the 2008 Beijing Olympics, Michael Phelps (B)<u>set</u> a (C)<u>world new</u> record in swimming and (D)<u>won</u> (E)<u>eight gold</u> medals.

문제 우리말로는 '세계(world)+신(new)+기록(record)'이지만, world record가 복합명사로 하나의 의미 단위이므로 형용사 'new(형용사) + world record'가 되어야 한다. [331]
해설 2008년 베이징 올림픽에서 마이클 펠프스는 수영에서 세계 신기록을 세우며 8개의 금메달을 땄다.
정답 (C)

30 By 1952 the (A)<u>disillusioned</u>, impoverished young writer, (B)<u>having completed</u> two novels and fifteen short stories that no one wanted to publish, was ready (C)<u>to forsake</u> the literary life for a (D)<u>steadying</u> job.

문제 steady가 형용사이다. steady seller라고 하듯이 '안정적인 직업'은 **steady** job이다.
해설 1952년 무렵 환상에서 깨어난 가난한 젊은 작가는, 어느누구도 출판을 원치 않는 2개의 장편소설과 15개의 단편소설을 완성한 이후에 안정된 일자리를 찾아 문학도의 삶을 버릴 준비가 되어 있었다.
정답 (D)

31 Dopamine is also (A)<u>responsible for</u> (B)<u>the high</u> we feel when we do (C)<u>daring something</u>, like skiing down a double black diamond slope or (D)<u>skydiving</u> out of a plane.

문제 -thing, -one, -body로 끝나는 명사는 형용사가 '후치 수식'하므로 (C)는 **something daring**이 되어야 한다. [443]
a double black diamond slope : 스키장 최상급코스
해설 도파민은 우리가 무언가 대담한 것—스키장 최상급코스를 타고 내려온다든지, 스카이다이빙을 한다든지—을 할 때와 관련이 있다.
정답 (C)

32 어법상 올바른 것을 고르시오.
(A) Who is a man that wrote this book?
(B) Will you be convenient to see me next Friday?
(C) Italian is said to be very musical than any language.
(D) What I want to know is whether he is equal to the task.

문제 (A) Who is **the** man that wrote this book?
(B) Will it be convenient for you to see me next Friday? convenient는 사람을 주어로 하지않는 형용사다. (다음 주 금요일에 만나는 것이 괜찮을까요?)
[Unit 93]
(C) Italian is said to be more musical than any other language. (이탈리아어는 다른 언어보다 더욱 음악적이라고 알려져 있다)
(D) What I want to know is whether he is equal to the task. (내가 알고 싶은 것은 그가 그 일에 적합한지 이다)
정답 (D)

Chapter 12 기출 및 예상 문제

33 I don't think this jacket is _____.

　(A) worthy to buy　　　(B) worth to buy
　(C) worth the price　　(D) worthy buying

분석 worth + 명사 / 동명사 = 능동형만 가능
　worthy + of 명사 / of 동명사 / to 부정사
　　　　　　　　　　　　　　　　[Hot page22]
this jacket is **worth of being bought**나 this jacket is **worthy to be bought**는 가능하다
해석 나는 이 재킷이 그 가격의 가치가 있다고 생각하지 않는다.
정답 (C)

34 For the last 15 years I didn't use _____.

　(A) a dollar worthy for my dental benefits
　(B) a dollar's worth of my dental benefits
　(C) my dental benefits dollar-worth
　(D) my dental benefits a dollar's worth

분석 시간, 거리, 가격, 중량의 의인화는 apostrophe('s)로 소유격을 쓴다. **[Hot page 17]**
　[예] Today's paper, a dollar's worth of paper
해석 지난 15년간 나는 치과 사회보장 혜택을 1달러어치도 이용하지 않았다.
정답 (B)

35 In my house, there is a table _____.

　(A) round nice wooden
　(B) round wooden nice
　(C) nice round wooden
　(D) nice wooden round

분석 형용사의 순서는 『**주관적 의견 + 객관적 사실(크기+모양+신구+색상+재료)**』 순서로 쓴다. **[Unit 88]**
따라서 'nice(주관적 의견) round(모양) wooden(재료)'의 순서로 쓰는 것이 바른 표현이다.
해석 우리집에는 멋지고 둥근 나무 테이블이 하나 있다.
정답 (C)

리얼북 | **349**

마공스터디 www.magongstudy.com
동영상 강의중

부사

Unit 96. 부사의 역할
Unit 97. 부사의 형태
Unit 98. 부사의 종류
Unit 99. 부사의 순서
Unit 100. ago / before / since
Unit 101. already / yet / still
Unit 102. enough
Unit 103. very
Unit 104. much
Unit 105. 기타 부사

Unit 96 부사의 역할
동사, 형용사, 부사를 설명(수식)

Guide 부사는 동사, 형용사, 그리고 부사를 수식하지만, 명사는 수식할 수 없다.
시험에서는 부사가 명사를 바로 수식하는 경우의 문제를 많이 출제하며, '-ly 형태의 형용사'도 주의하여 학습한다.

471 동사를 설명한다 (동사 앞 또는 문장의 맨 뒤에서)

Mom **slowly** read the story to us.   어머니는 우리에게 그 이야기를 **천천히** 읽어 주셨다.
He speaks English **well**.   그는 영어를 **잘한다**.

> **Tip** slowly가 동사 read를 앞에서 수식해서 '천천히 읽으셨다'가 된다. 부사는 동사를 수식할 때 그 앞에 놓이는 것이 일반적이나, 두 번째 문장에서처럼 문장의 맨 뒤에서 수식하는 경우도 많을 정도로 부사의 위치는 다양하다.
> **그러나 부사는 목적어 앞에 쓰지 않는다.** He speaks well English. (X)

472 형용사를 설명한다 (형용사 앞에서)

This novel is **very** interesting.   이 소설은 **아주** 재미있다.
This car is **too** expensive.   이 차는 **너무** 비싸다.

> **Tip** very가 형용사 interesting을 수식하고 too가 형용사 expensive를 수식하고 있다.
> 이 경우 부사는 수식하는 형용사 앞에 위치한다. 그러나 enough는 부사로 쓰이면 형용사 뒤에 놓인다.
> He is rich enough to buy the car. 그는 그 차를 구입할 만큼 충분한 부자이다.
> (부사 enough가 형용사 rich 뒤에서 수식하고 있다.)

473 부사를 설명한다 (부사 앞에서)

He speaks Chinese **quite** well.   그는 중국어를 **꽤** 잘한다.
She is a **truly beautifully** dressed woman.   그녀는 **참으로 아름답게** 차림인 여성이었다.

> **Tip** well은 동사 speak를 꾸미는 부사이고 quite는 부사 well은 앞에서 수식하는 부사이다.
> 이처럼 부사가 부사를 수식할 때도 부사 앞에서 수식한다.
> truly(부사) + beautifully(부사) + dressed(형용사) + woman(명사)

 기출문제를 살펴보자 [세종대]

The result could be biofuel that is (A)<u>cheaper</u> (B)<u>than</u> petroleum and a lot (C)<u>more environmental</u> friendly, with a carbon footprint 80% (D)<u>smaller than oil's</u>.

(C)에서 friendly는 형용사이고 environmental은 형용사를 꾸미는 부사가 되어야 하므로 environmentally가 되어야 한다.
결론은 바이오연료가 될 수 있으며, 온실가스 배출량이 80%적다는 점에서 바이오연료는 석유보다 싸며 보다 친환경적이다.
▶ 정답 (C)

474 문장전체를 설명한다 (문장 앞에서)

Fortunately no one was hurt in the accident. **다행스럽게도** 그 사고로 아무도 다치지 않았다.
Luckily no one was inside when the roof fell. **운 좋게도** 지붕이 무너질 때 집안엔 아무도 없었다.
Happily, the soldiers did not die. **다행히도** 그 군인은 죽지 않았다.
The soldiers did not die **happily**. 그 군인은 **행복하게** 죽지 않았다. (불행하게 죽었다는 뜻)

> **Tip** 문두의 부사는 그 **문장의 전체적인 분위기를 암시**하는 기능을 한다.

475 동사적 기능의 부정사와 동명사를 수식한다

I want you to know the fact **exactly**. 나는 당신이 그 사실을 **정확히(정확하게)** 알았으면 한다.
By **drastically** cutting leisure expenses, they hoped to save enough money to buy a house.
여가 비용을 **과감히** 줄임으로, 그들은 주택을 구입할 충분한 돈을 모으길 희망했다.

> **Tip** 준동사도 동사적 성질을 가지고 있으므로 부사로부터 수식을 받는다.
> exactly가 부정사 to know를 수식하고, drastically가 동명사 cutting을 수식한다.

▶ 동명사를 수식하는 형용사와 부사의 구별   h@t p@ge 25

Fluently speaking English is a powerful tool.(O) 영어를 유창하게 구사하는 것은 강력한 도구이다.
Fluent speaking English is a powerful tool.   (X)
아래 문장이 틀린이유는 speaking이 English를 목적어로 취했기 때문에 『동사적』으로 쓰였다. 따라서 부사로부터의 수식을 받을 수는 있지만 형용사로 부터의 수식은 받지 못하기 때문이다.

Fluently speaking is a powerful tool.(X)
Fluent speaking is a powerful tool.   (O) 유창한 언변은 강력한 도구이다.
위 문장이 틀린이유는 speaking이 단독으로 쓰였기 때문에 『명사적』으로 쓰였다. 따라서 형용사로부터의 수식을 받을 수 있지만 부사로 부터의 수식은 받지 못하기 때문이다.

기출문제를 살펴보자 [세종대]

After (A)<u>exhaustive</u> researching his new work of (B)<u>historical fiction</u>, the novelist grew (C)<u>less interested in</u> the modern repercussions of the Apollo moonmission than in how (D)<u>it affected</u> international relations at the time.

동명사가 동사처럼 쓰일 때는 형용사가 아닌 부사로부터 수식을 받는다.
여기서 researching은 his new work를 목적어로 갖는 동사적 쓰임이므로 researching을 수식하려면 부사여야 한다.
exhaustive → exhaustively
그의 새로운 작품인 역사소설을 철저하게 연구한 후에 그 소설가는 아폴로 우주선의 달 정복 임무가 끼친 현대적인 영향보다는 그것이 당시 국제관계에 어떻게 영향을 미쳤는가에 더 관심을 갖게 되었다.

▶ 정답 (A)

Unit 97 부사의 형태

Guide 부사의 대부분은 -ly로 끝나지만 그렇지 않은 부사도 있고, 명사에 'ly'를 붙이면 부사가 아닌 형용사가 된다. 여러 가지 부사의 형태에 관하여 공부한다.

476 형용사 + ly

quick 빠른(형용사) ⇒ quickly 빠르게(부사)

Firemen **quickly** put out a small fire. 소방관들이 **빠르게** 작은 화재를 진압했다. (동사 put out을 설명)

477 명사 + ly = 형용사

명사에 ly가 붙은 것은 부사가 아닌 '형용사'이다

friendly	정다운	lovely	사랑스러운	manly	남자다운
costly	값비싼	nightly	밤의	hourly	시간마다의
daily	매일의	weekly	주마다의	monthly	매달의
yearly	매년의	quarterly	연 4회의	southerly	남쪽에
northerly	북쪽에	easterly	동쪽에	westerly	서쪽에

'명사+ly'가 아니지만 형용사인 경우도 있다

likely	있음직한	early	이른	lonely	외로운
kindly	친절한	lively	활기찬	only	단지
elderly	나이가 든	curly	구불구불한	ugly	못생긴

That was a **costly** mistake. 그것은 **비싼**(뼈아픈)실수였다.
a **daily** newspaper 일간신문
a **lovely** baby 사랑스런 아기

A jazz band inaugurated the festivities with a **lively** song. 재즈 밴드가 **활기찬** 곡으로 축제의 첫 순서를 열었다.
The **lonely** man only wanted someone to dine with him.
그 **외로운** 남자는 단지 그와 함께 저녁을 먹을 사람을 원했을 뿐이다.

478 형용사 부사의 형태가 같은 경우

	형용사적 의미	부사적 의미
early	이른	일찍
hard	어려운, 단단한	열심히, 심하게
late	늦은	늦게
wrong	잘못된, 틀린	잘못되게, 나쁘게
near	가까운	가까이에
long	오랜	오래
wide	넓은	널리
far	먼	멀리
right	옳은, 정확한	바로, 정확히
close	가까운, 닫은	정밀히, 바로 옆에
great	큰, 훌륭한	잘

I get up **early** in the morning. 나는 아침 **일찍** 일어난다.

Tip early가 get up(동사)을 수식하는 **부사**로 쓰였다.

The **early** bird catches the worm. **일찍** 일어나는 새가 벌레를 잡는다.

Tip early가 bird(명사)를 수식하는 **형용사**로 쓰였다.

He runs **fast**. 그는 **빨리** 달린다.

Tip fast가 runs(동사)를 수식하는 **부사**로 쓰였다.

He is a **fast** runner. 그는 **빠른** 달리기 선수이다.

Tip fast가 runner(명사)를 수식하는 **형용사**로 쓰였다.

His grandmother lived **long**. 그의 할머니는 **오래** 사셨다.

Tip long이 lived(동사)를 수식하는 **부사**로 쓰였다.

Today was a **long** day. 오늘은 **긴** 하루였다.

Tip long이 day(명사)를 수식하는 **형용사**로 쓰였다.

479 -ly가 붙어 다른 뜻의 부사가 되는 경우

close	형 가까운, 친밀한	부 가까이, 바싹		direct	형 똑바른	부 곧바로, 직행으로
closely		부 자세하게		directly		부 즉시
dear	형 비싼, 소중한	부 비싸게		free	형 자유로운, ~이 없는	부 무료로
dearly	부 대단히, 몹시, 비싼 대가를 치르고			freely	부 자유로이, 마음대로	
hard	형 딱딱한, 어려운	부 열심히, 힘들게		high	형 높은	부 높게
hardly		부 거의 ~아닌		highly	부 매우	
late	형 늦은/돌아가신	부 늦게, 만년에		most	형 가장 ~한	부 가장, 최고로
lately		부 최근에		mostly		부 대개, 주로
near	형 가까운	부 가까이		pretty	형 귀여운	부 꽤, 매우, 몹시
nearly		부 거의		prettily		부 예쁘게
wide	형 넓은	부 완전히, 있는대로		short	형 짧은, 부족한	부 짧게, 부족하게
widely		부 (폭)넓게, 대단히, 크게		shortly		부 얼마 안 되어, 곧

He was **late** for dinner. 그는 저녁식사에 **늦었**다.

Tip late는 be동사의 보어로 쓰인 **형용사**

He came home **late**. 그는 집에 **늦게** 왔다.

Tip late는 came(동사)을 설명하는 **부사**로 '늦게'의 의미이다.

He came home **lately**. 그는 **최근에** 집에 왔다.

Tip lately는 came(동사)을 설명하는 **부사**로 '최근에'의 의미이다.

It is **hard** work. 힘든 일이다.

Tip hard는 work(명사)를 수식하는 **형용사**

He works **hard**. 그는 **열심히** 일한다.

Tip hard는 works(동사)를 설명하는 **부사**

He **hardly** works **hard**. 그는 열심히 일을 하지 **않는**다.

Tip hardly는 works(동사)를 설명하는 **부사**

기출문제를 살펴보자 [명지대]

(A)The following night Bill returned quite (B)lately from work to (C)find his wife (D)lying unconscious beside the phone.

---

late와 lately의 차이를 묻고 있다. 문맥상 '집에 아주 늦게 돌아왔다'는 뜻이므로, (B)의 lately는 late가 되어야 한다.
late : 늦게, 뒤늦게, 늦게까지   lately : 요즈음, 최근에
다음 날 밤에 빌은 직장에서 아주 늦게 돌아와서는 아내가 전화기 옆에 의식을 잃고 쓰러져 있는 것을 발견했다.

▶ 정답 (B)

She is very **pretty**. 그녀는 매우 **예쁘다**.

Tip pretty는 be동사의 보어로 쓰인 **형용사**

She sings **pretty** well. 그녀는 노래를 **매우** 잘한다.

Tip well은 sings(동사)를 설명하는 **부사**고, pretty는 well(부사)을 수식하는 **부사**다.

She is **prettily** dressed. 그녀는 **예쁘게** 옷을 입었다.

Tip prettily는 **형용사** dressed를 설명하는 **부사**

Mt. Everest is very **high**. 에베레스트 산은 매우 **높다**.

Tip high는 be동사의 보어로 쓰인 **형용사**

He raised his hand **high**. 그는 손을 **높이** 들었다.

Tip high는 raised(동사)를 설명하는 **부사**

Covid 19 was **highly** contagious. 코로나는 **대단히** 전염성이 강했다.

Tip highly는 contagious(형용사 '전염성이 강한')를 설명하는 **부사**로 '매우, 대단히'라는 의미이다.

They buy cheap and sell **dear**. 그들은 싸게 사서 **비싸게** 판다.

Tip dear는 sell(동사)을 설명하는 **부사**로 '비싸게'의 의미이다.

He loved her **dearly**. 그는 그녀를 **대단히** 사랑했다.

Tip dearly는 loved(동사)를 설명하는 **부사**로 '대단히, 몹시'의 의미이다.

He opened his arms **wide** to embrace her. 그가 그녀를 안으려고 두 팔을 **활짝** 벌렸다.

Tip wide는 opened(동사)를 설명하는 **부사**

The idea is now **widely** accepted. 그 생각은 이제 **널리** 받아들여진다.

Tip widely는 accepted(형용사)를 설명하는 **부사**

기출문제를 살펴보자 [단국대]

(A)So great was the movement of people to urban areas that the newspaper editor Horace Greeley declared, 'We cannot (B)all live in cities, yet (C)near all seem determined to do (D)so.'

---

near '가까운' nearly '거의' 이다. 내용상 (C)의 near는 **nearly**가 되어야 한다.

도시지역으로 인구 이동이 너무나 커서 신문사 편집장 Horace Greeley는 '우리 모두가 도시에 살 수는 없다. 하지만 거의 모든 사람들이 도시에 살려고 결심한 것 같다.'고 말했다.

▶ 정답 (C)

Unit 98 부사의 종류

Guide 부사의 종류에는 크게 단순부사(시간, 장소, 정도), 의문부사, 관계부사가 있으며, 이외에 부사의 의미에 따라 긍정·부정의 부사, 이유·원인의 부사, 목적·결과의 부사 등이 있다.

480 시간부사

now, then, before, ago, already, just, later, still, soon, yet, late, early 등과 같이 시간을 나타내는 부사

I came here **yesterday**. 나는 **어제** 여기에 왔다.
They have **already** left for America. 그들은 **이미** 미국으로 떠났다.
Prices were lower **then**. **그때는** 물가가 더 낮았다.
I have met him **before**. 나는 **전에** 그를 만난 적이 있다.

481 장소부사

here, there, upstairs, aside, away, far, down, up, back, near 등과 같이 장소를 나타내는 부사

The baby was crying **upstairs**. 아기가 **위층에서** 울고 있었다.

Tip upstairs는 명사가 아닌 부사로 쓰였다. 물론 명사의 역할도 하지만 주 역할은 부사이다.

Put your bag **here**. 가방을 **이곳에** 두시오.
Look at that lady over **there**. **저기** 있는 저 숙녀를 보세요.

482 정도부사

very, much, completely, enough, nearly, quite, rather 등과 같이 정도를 나타내는 부사

She is very **beautiful**. 그녀는 **아주** 아름답다
I **completely** forgot to mail the letter. 나는 편지를 부친다는 것을 **완전히** 잊고 있었다.
Is it large **enough**? 이 정도면 **충분히** 큽니까?

483 의문부사

시간, 장소, 이유, 방법 등을 묻는 when, where, why, how와 같은 의문사를 의문부사라 한다.

When are you leaving for New York? 당신은 **언제** 뉴욕으로 떠납니까?
Where do you live? 당신은 **어디에서** 사십니까?
Why is the boy crying? 그 아이는 **왜** 울고 있습니까?
How can I get there? 그곳에는 **어떻게** 갈 수 있습니까?

484 관계부사

관계부사는 접속사와 부사의 역할을 동시에 한다. 관계 부사에는 시간을 나타내는 when, 장소를 나타내는 where, 이유를 나타내는 why, 방법을 나타내는 how가 있다.

*관계부사의 자세한 내용은 관계대명사 편에서 다루도록 한다.

Sunday is the day **when** I go fishing.   일요일은 내가 낚시를 가는 **날**이다.
This is the park **where** they usually eat lunch.   **여기가** 그들이 주로 점심식사를 하는 공원이다.
That is the house **where** he was born.   **저기가** 그가 태어난 집이다.
That's (the way) **how** he solved the problem.   이것이 그가 문제를 푼 **방법**이다.

> **Tip** 관계부사 how는 선행사 the way와 함께 쓸 수 없다. 그러므로 the way나 how 둘 중 하나만 쓴다.

485 양태부사, 방법부사 : 어떻게(how)에 대한 답이 될 수 있는 부사

gladly, well, heartily, carefully 등으로 양태부사는 일반적으로 문미에 위치하며, 동사 앞에 쓰기도 한다.

He came **immediately**.   그는 **즉시** 왔다.   '어떻게 왔는가?'의 대답
He behaved **perfectly**.   그는 **완벽하게** 행동한다.   '어떻게 행동하는가?'의 대답
I **gladly** accepted the invitation.   그는 초대를 **흔쾌히** 받아들였다.   '어떻게 받아들였는가?'의 대답
He has been writing **carefully** the cards which he purchased at the store.
　　　　　　　　　　　　　　　　　　　　　그는 가게에서 구입한 그 카드를 조심스럽게 작성 하고있다.

> **Tip** 부사는 목적어앞에는쓰이지 않지만, 목적어에 수식어구나 절이 연결될 경우 부사가 목적어 앞에 놓이는 경우도 있다. 위 문장에선 목적어 the cards 뒤에 which 이하의 절이 연결되어 목적어가 길어졌기 때문에 carefully가 목적어 앞에 놓였다.

486 빈도부사

always(항상) ≫ often=frequently(자주) ≫ usually(보통) ≫ sometimes(가끔씩) ≫ seldom=scarcely=hardly=barely=rarely(부정: 거의~않다) ≫ never(결코~아닌) 등과 같이 횟수를 나타내는 부사

He is **always** late for the class.   그는 **항상** 수업에 늦는다.
I **often** visit my grand parents.   나는 **종종** 할아버지 할머니를 방문한다.
They **usually** have dinner at eight.   그들은 **보통** 8시에 저녁식사를 한다.
I work so much overtime that I **hardly** ever see my children.   야근이 너무 많아서 애들 얼굴 보기도 **힘들다**.

> **Tip** hardly의 경우 ever와는 종종 함께 쓰이지만 always와는 함께 쓰지 못한다.
> always는 조동사와 be동사를 강조하는 경우 앞에 쓰이기도 한다.
> He has been and always will be friendly.

487 빈도 / 정도 / 부정 부사의 위치

① 일반 동사 앞에 쓰이는 것이 원칙
② 조동사나 be동사의 뒤
③ 조동사가 2개 이상인 경우 첫 번째 조동사 뒤
④ 본동사가 생략된 조동사 앞
⑤ 문두나 문미

She **sometimes** walks to school.   그녀는 **때때로** 학교에 걸어서 간다.
I can **hardly** believe the news.   나는 그 소식을 거의 믿을 수 **없다**.
hardly는 부정부사로 부정어(no, not, never)등과 함께 쓸 수 없다.

He **never** goes abroad.   그는 한 번도 해외에 가지 **않았다**.
I have **never** been to Europe before.   나는 전에 유럽에 가 본 적이 **없다**.
They are trying to boss us and bully us as they **always** used to.
그들은 **늘** 그랬던 것처럼 우리는 쥐고 흔들고 괴롭히려고 애쓰고 있다.

Tip 빈도부사 always가 조동사 used to앞에 쓰인 이유는
They are trying to boss us and bully us as they always used to always (boss us and bully).에서 중복 된 boss us and bully가 생략 되면서 **문미의 빈도부사인 always가 조동사 used to앞으로 이동**한 것이다. **문미의 부사는 조동사 앞으로 오려는 성질이 있다.**

▶ **일반동사 뒤의 hardly?**   ⓗⓞⓣ p@ge 26

We have **hardly** any time left.   시간이 거의 남지 않았다.
I have **hardly** any money.   나는 돈이 거의 없다.

위 문장은 hardly가 일반동사 have 뒤에 위치해있다. hardly가 have를 설명하는 것이 아니라 any를 설명하기 때문에 '**hardly(부사)+any(형용사)+명사**'의 순서가 된다.

---

488 초점부사

almost, also, alone, else, only 등으로 피수식어 바로 앞 또는 뒤에서 그 말만 강조

He plays golf **even** in the rain.   그는 **심지어** 빗속에서도 골프를 친다.
They eat anything **even** raw meat.   그들은 무엇이든 먹는다 - **심지어** 날고기까지.

(1) 전치수식 (almost, also, only 등)

He **almost** sold his books.   그는 그의 책을 **팔다시피** 했다.
He sold **almost** all his books.   그는 **거의** 모든 책을 팔았다.

Only I know him. **나만이** 그를 알고 있다.
I **only** know him. 나는 그를 **알고만** 있을 뿐이다.
I know **only** him. 나는 **그만을** 알고 있다.

(2) 후치수식 (alone, else, enough 등)

Facts **alone** do not compose a book. 사실**만으로** 책이 되는 것은 아니다.
Is there anything **else** you would like to buy? 더 사고 싶은 게 있나요?
Let me see what **else** there is on the menu. 메뉴에 **다른** 건 뭐가 있나 살펴볼게요.
She is intelligent **enough** not to miss a trick. 그녀는 빈틈이 없을 **정도로** 영리하다.

489 양태부사 (~ly)

All our hotels have been **carefully** selected for the excellent value they provide.
저희 호텔들은 모두 뛰어난 가치를 제공하는 엄선된 호텔들입니다.

= All our hotels have been selected **carefully** for the excellent value they provide.

Tip 어미가 ~ly인 양태부사의 경우 **과거분사의 전 / 후 수식 모두 가능**

Unit 99 부사의 순서

Guide 여러 종류의 부사가 나열되는 경우 그 어순이 절대적인 것은 아니나, 『방법 + 장소 + 시간』 순서가 우선이나 『장소 + 방법 + 시간』 순서가 되기도 하며, 『작은 단위 + 큰 단위』 또는 『짧은 부사(구) + 긴 부사구』 의 순서로 쓴다.

490 부사가 2개 이상 겹칠 때의 배열순서

I'll call on you at **seven o'clock next Sunday**. 다음 주 일요일 7시에 방문하겠다.
　　　　　작은 단위(seven o'clock) + 큰 단위(next Sunday)

We'll stay **in a cottage next weekend**.　　우리는 다음 주말 별장에 머물 것이다.
　　　　장소(in a cottage) + 시간(next weekend)

He came to Korea **by ship last year**.　　그는 작년 배를 타고 한국에 왔다.
　　　　　방법(by ship) + 시간(last year)

She played **beautifully at the concert last night**. 그녀는 지난 밤 콘서트에서 멋지게 연주했다.
　　　　짧은 부사(beautifully) + 긴 부사구(장소-at the concert) + 시간(last night)

491 『타동사 + 부사』 의 결합 (2어 동사)

① 목적어가 일반명사일 때 : 목적어는 부사 뒤, 또는 동사와 부사 사이에 온다.

Put **your coat** on. (O) 『타동사 + **명사** + 부사』
Put on **your coat**. (O) 『타동사 + 부사 + **명사**』

Tip 목적어(your coat)가 부사 뒤에 위치 할 수 있는 이유는 명사는 후치(end-weight)가 가능하기 때문이다. 반면에 대명사는 후치가 불가능하기 때문에 부사뒤에 위치 할 수 없다!

② 목적어가 대명사일 때 : 복석어는 동사와 부사 사이에 온다. 부사 뒤에 올 수 없다.

Put **it** on.　(O) 『타동사 + **대명사** + 부사』
Put on **it**.　(X)　it은 대명사 이므로 부사 on 뒤에 쓸 수 없다.

③ 『자동사 + 전치사』 는 하나의 타동사구이므로 분리시킬 수 없다.

Look at the boy.　(O)
Look the boy at.　(X)
Look at him.　(O)
Look him at.　(X)

◀ turn on it이 왜 틀렸는지는 QR코드를 스캔해보세요

▶ **부사와 전치사의 구별**   ⓗⓞⓣ p@ge 27

I put the coat on the sofa. 나는 코트를 소파 위에 올려놓았다.
I put the coat on.   나는 코트를 입었다.

첫 번째 문장에서 on은 전치사로, 소파와 결합하여 소파 위에라는 의미를 나타낸다. 여기서의 on은 동사 put을 수식하지 않는다.
두 번째 문장에서 on은 동사 put을 수식하여 '물건을 어디에 두다'라는 의미이므로 부사이다.
두 번째 문장은 I put on the coat. 라고 쓸 수도 있는데, 이 문장에서 on을 전치사라고 본다면 '나는 코트 위에 두었다'라고 해석되어 비논리적 문장일 뿐만 아니라 put의 목적어가 없는 문장이 되고 만다.

 기출문제를 살펴보자 [국민대]

어법상 틀린 것을 고르시오.
(A) That tree is going to fall tomorrow.
(B) Tom is going to be tall like his dad.
(C) I came an interesting article across last night.
(D) How can I get the message through to him?

(A)와 (B)는 미래시제 대용인 be going to를 사용하여 가까운 미래의 일을 서술하고 있으므로 옳은 문장들이다.
(C)와 (D)는 '자동사 + 전치사'의 동사구와 '타동사 + 부사'의 동사구를 묻는 문제이다. (C)는 '자동사(came) + 전치사(across)'로 이 경우 자동사는 목적어를 가질 수 없으므로 목적어 an interesting article은 전치사 뒤에만 위치해야 한다. 따라서 I came across an interesting article이 되어야 한다.
(D)는 '타동사(get) + 부사(through)'의 동사구로 이때 명사 목적어(the message)는 동사 뒤나 부사 뒤 어디에 쓰여도 무방하다.

(A) 저 나무는 내일 쓰러질 것이다.
(B) Tom은 그의 아빠처럼 키가 클 거야.
(C) 나는 어제 밤 우연히 재미있는 기사를 보았다.
(D) 제가 어떻게 그에게 메시지를 전할 수 있을까요?

▶ 정답 (C)

 기출문제를 살펴보자 [국민대]

Hold the big picture below (A)<u>so that</u> it touches your nose. Pretend you (B)<u>are looking</u> through it. Then (C)<u>move away it</u> slowly, without refocusing your eyes. Now you can see a (D)<u>three-dimensional</u> scene.

동사와 부사가 대명사 목적어를 취할 때는 『동사 + 대명사 목적어 + 부사』의 순서이다.
일반명사일 경우 『동사 + 일반목적어 + 부사』 『동사 + 부사 + 일반명사 목적어』 모두 가능하다.
turn **it** on   [O]   turn on **it**   [X]
turn **the light** on [O]   turn on **the light** [O]

당신의 코에 닿도록 큰 그림을 아래에 들고 있어라. 그것을 꿰뚫어 보듯이 보아라. 그런 다음 초점을 맞추지 말고, 그림을 천천히 멀어지게 하라. 그럼 3차원 장면을 볼 수 있을 것이다.

▶ 정답 (C)

Unit 100 ago / before / since

492 ago

① 현재를 기준으로 시점표시와 함께 과거를 의미하는 과거동사에서 쓰인다.

② 시점표시 없이 ago만 쓸 수 없다.

③ 완료시제와 쓸 수 없다.

I met him **two years** ago.　　(O) 나는 그를 2년 전에 만났다.
I met him ago.　　　　　　　(X)
I have met him two years ago. (X)

> **Tip** 현재를 기준으로 2년 전이라는 정확한 과거를 의미하며, I met him ago.처럼 단독으로 ago만 쓰지 못하며 I have met him two years ago와 같이 현재완료동사와도 쓰지 못한다.

493 before

① 현재를 기준으로 막연한 과거(시점표시와 함께 쓰지 못한다)를 표시하는 과거동사에서 쓰인다.

② 현재완료와 함께 쓰여 '경험'의 의미를 나타낸다.

③ 과거의 어느 때를 기준으로 과거완료와 함께 쓰여, '그 때보다 ~이전'의 의미로 쓰인다.

I met him **before**. 나는 전에 그를 만났다.
I met him **two years before**. (X)
I **have met** him **before**.　　나는 전에 그를 만난 적이 있다. (현재완료-경험)
I **had met** him the day **before** yesterday. 나는 어제 전날(=그저께) 그를 만났다.
I **had met** him two days **before** you met him. 나는 당신이 그를 만나기 이틀전에 그를 만났다.

> **Tip** I met him before.에서는 현재를 기준으로 막연한 과거(즉, 시간표시어구 없이)로 품사는 부사이며, 이 경우 시간표시어구와 함께 쓰여 정확한 과거를 나타낼 수 없다. I met him two years before. (X)
>
> I have met him before. 현재완료(have met)동사와 함께 쓰여 이전의 경험을 나타낸다.
>
> I had met him the day **before** yesterday. 과거의 어느 때(yesterday)를 기준으로 그 이전(had met)을 의미한다. 여기서 before는 전치사로 쓰였다.
>
> I **had met** him two days **before** you met him. 여기서 before는 접속사로 쓰였다.

494 since

완료동사와 함께 쓰여 since 이하는 반드시 과거동사나 과거시점 표시어구가 온다.

I have lived in Seoul **since last year**. 나는 작년부터 서울에 살고있다.　　　**since가 전치사로**
I have lived in Seoul **since 1990**.　나는 1990년 부터 서울에 살고있다.　　　**since가 전치사로**
I have lived in Seoul **since I was young**. 나는 어렸을때부터 서울에 살고있다.　**since가 접속사로**

> **Tip** since는 전치사와 접속사로 쓰일 때 과거표시어구(last year, 1990)나 과거동사(was)와 함께 쓰인다.

I met him last month and have not seen him **since**. 지난 주에 그를 만났는데 그 이후 그를 본 적이 없다.
We were divorced two years ago and she has **since** remarried.
　　　　　　　　　　　　　　　　　　우리는 2년 전에 이혼을 했고 그녀는 그 후 재혼을 했다

> **Tip** since가 **부사**로 쓰이면 단독으로 쓰여 '그 후'라는 의미를 갖는다.
> 문미나 have(has/had) + p.p사이에 쓰이기도 한다.

Unit 101 already / yet / still

495 already

긍정문에서 '이미, 벌써'
The bell has **already** rung. 종이 **벌써** 울렸다. **(긍정문)**

의문문, 부정문에서 놀람의 표현으로 '아니 벌써'
What? Has she **already** married? 그녀가 **벌써** 결혼했다고? **(의문문-놀람의 표현)**

> **Tip** 긍정 의문문에서 yet 대신 already를 쓰면 놀람, 의아함을 나타냄.

496 yet

의문문에 쓰여서, '이미, 벌써'
Has the bell rung **yet**? 종이 **이미** 울렸니?

부정문에 쓰여서 '아직'
No, it has not rung **yet**. **아직** 울리지 않았다. (부정문)

have yet to '아직 ~되지 않았다' ('~되어야 한다'의 의미)
Our exact plans have **yet** to be finalized. 정확한 계획들은 **아직** 마무리 **되지 않았다**.

최상급에서의 yet은 '현재까지' 또는 '그때까지''의 의미
It was **the highest** building **yet** constructed. 그것은 **그때까지** 건축된 건물 중 가장 높은 것이었다.

497 still

긍정문, 의문문에 쓰여서 '아직 (계속의 뜻)'

The old building is **still** in use.	오래된 건물을 **아직** 사용 중이다. (긍정문)
Is he **still** alive?	그가 **아직** 살아있나요? (의문문)
He is **still** standing.	그는 **아직도** 서 있다. (be동사 + still)
He is standing **still**.	그는 **가만히** 서 있다. (형용사)
She **still** dislikes him.	그녀는 **아직도** 그를 싫어한다. (still + 일반동사)

부정문 '아직도'
He **still doesn't** like her. 그는 **아직도** 그녀를 좋아하지 않는다. (still + 부정조동사)
I **still can't** believe that James is no longer with us. 제임스가 우리 곁을 떠났다는 사실이 **아직도** 믿어지지 않는다.

> **Tip** still의 위치 ① still + 일반동사 ② be동사 + still ③ 조동사 + still + 본동사 ④ still + 부정조동사

Unit 102 enough

enough가 부사로써 형용사나 부사를 수식하는 경우 수식하는 말 뒤(=후치수식)에 쓴다.

He is rich **enough** to buy the yacht. (O) 그는 그 요트를 살 수 있을 만큼 충분한 부자이다.
He is **enough** rich to buy the yacht. (X)

> **Tip** rich(형용사) + enough(부사)

She sings well **enough**. (O) 그 여자는 노래를 꽤 잘한다.
She sings **enough** well. (X)

> **Tip** well(부사) + enough(부사) well은 동사 sings를 수식하는 부사이며 enough는 well을 후치수식하고 있다.

enough가 명사를 수식하는 형용사로 쓰일 경우, enough는 명사 앞, 뒤 모두에서 수식 가능하다.

He has **enough** money to buy the yacht. (O)
He has money **enough** to buy the yacht. (O)

기출문제를 살펴보자 [인천대]

Despite his broken legs, John can walk _____ get around.

(A) good enough to (B) fine enough to
(C) well enough to (D) bad enough to

'부러진 다리에도 불구하고'라는 의미로 봐서 잘 걷는다가 빈칸에 쓰여야한다.
walk는 자동사이고 부사 well이 뒤에서 수식하고 있으며 enough가 well을 수식하는 부사로 쓰여 후치수식해야 한다. 따라서 **well enough to get**이 정답이 된다.
다리가 골절되었음에도 불구하고 John은 충분히 돌아다닐 정도로 잘 걷는다.

▶ 정답 (C)

Unit 103 very

Guide
1. 형용사로 쓰여 명사를 수식
2. 부사로 쓰여 형용사와 부사를 수식 (동사 수식 불가)
3. 현재분사 수식
4. 특정 과거분사 수식

498 very의 형용사적 쓰임 - 명사수식

This is **the very** item I am looking for. 이것이 내가 찾던 **바로 그** 물건이다.
Pleasure dies at **the very** moment when it charms us most.
　　　　　　　　　　　쾌락이란 우리를 가장 즐겁게 해주는 **바로 그** 순간에 사라진다. (서양속담)
I have **the very** thing to degrease. 나는 기름을 제거할 수 있는 **바로 그** 것을 가지고 있다.

Tip very가 형용사로 쓰이는 경우, 명사 앞에서 『the very+명사』의 형태로 쓰인다.
　　　이 경우 해석은 '바로 그 명사'로 해석된다.

499 very의 부사적 쓰임 - 형용사/부사 수식

Jun is **very tall**. Jun은 **매우** 키가 크다.
He was **very kind** to everyone. 그는 모든 사람에게 **매우** 친절하다.

Tip 형용사 tall과 kind를 수식

Jun swims **very well**. Jun은 수영을 **아주** 잘한다.
He breaks his words **very often**. 그는 약속을 **매우** 자주 어긴다.

Tip 부사 well과 often을 수식

500 the + very + 최상급

Jun is **the very tallest** boy in his class. Jun은 반에서 **가장** 크다.
This is **the very fastest** car in the world. 이 차가 세계에서 **가장** 빠른 차이다.

Tip the + very + 원급est

501 very의 분사 수식

① '현재분사'는 very로 수식한다

This game is very interesting. 이 게임은 매우 재미있다.
The attacks on 9/11 were **very frightening**. 9월 11일 테러 공격은 **매우** 끔찍했다.

② 감성, 흥미, 놀람, 실망과 관련된 '과거분사'는 very로 수식한다

I'm **very tired** these days. 요즘 **너무** 피곤하다.
We were **very surprised** but happy about the coincidence.
우리는 그 우연의 일치로 아주 놀랐지만 한편으로 **매우** 기쁘기도 했다.
I was **very pleased** and very touched. 나는 **매우** 기쁘고 매우 감동 받았습니다.

> **Tip** '감정, 심리'와 관련된 동사가 **'과거분사'**로 쓰인 경우는 very로 수식한다.
> **very가 수식 할 수 있는 과거분사는 다음과 같다.**
> alarmed, amazed, amused, bored, contented, conceited, disappointed, distinguished, embarrassed, excited, fascinated, frightened, interested, limited, relaxed, reserved, satisfied, shocked, surprised, tired

I found her **very changed** since I had met her last. (X)
I found her **much changed** since I had met her last. (O) 마지막에 그녀를 본 후 많이 변했다는 것을 알았다.

> **Tip** changed처럼 동사에 가까운 과거분사는 very가 아닌 much로 수식한다.

502 very는 단독으로 동사를 설명 할 수 없다 (very+too도 불가)

Thank you **very**. (X)
I can't say I like Mark **very**, but I don't wish him any harm. (X)
내가 마크를 대단히 좋아한다고는 할 수 없지만 그래도 그에게 무슨 안 좋은 일이 생기는 것은 바라지 않는다.
I enjoyed your presentation **very**. (X) 귀하의 프레젠테이션이 아주 좋았습니다.

> **Tip** 위의 세 예문은 모두 틀렸다. very는 단독으로는 동사를 설명 할 수 없기 때문이다.
> very가 동사를 설명하려면 반드시 much와 결합하여 다음과 같이 쓰여야한다. (이 경우 very는 생략가능)

Thank you **(very) much**. (O)
I can't say I like Mark **(very) much**, but I don't wish him any harm. (O)
I enjoyed your presentation **(very) much**. (O)

very는 『too+형용사』의 형태도 수식할 수 없다.

These shoes are **very too** tight.   (X)
The speaker was **very too** expensive. (X)

『too+형용사』는 much로 수식한다.

These shoes are **much too** tight.   (O) 이 신발은 너무 많이 조인다.
The speaker was **much too** expensive. (O) 그 스피커는 너무 비쌌다.

Unit 104 much

Guide
1. 형용사, 부사의 원급은 수식불가
2. 형용사, 부사의 비교급은 수식가능
3. 과거분사 수식
4. 동사수식

503 much는 형용사, 부사의 원급 수식불가

Jun is **much** tall. (X)　　　　Jun is **very** tall. (O)
You look **much** good. (X)　　You look **very** good. (O)

Tip much는 형용사인 tall과 good을 수식하지 못하므로 very로 써야한다.

Jun swims **much** fast. (X)　　　　　　Jun swims **very** fast. (O)
This inner beauty lasts **much** long. (X)　This inner beauty lasts **very** long. (O)

Tip much는 부사인 fast와 long을 수식하지 못하므로 very로 써야한다.

그러나, different와 like는 very뿐 아니라 much의 수식도 받을 수 있다.

Tom is **very / much different** from his brother. (O)
Seoul is a city **very / much like** New York. (O)

504 much는 형용사, 부사의 비교급 수식

Jun is **much taller** than Susan. Jun이 Susan보다 키가 훨씬 크다.
You look **much better** than your picture. 사진보다 실물이 훨씬 좋습니다.

Tip much는 비교급 taller와 better를 수식하여 '훨씬'이라는 의미이다.

Jun swims **much faster than** Susan. Jun이 Susan보다 훨씬 빠르게 수영한다.
This inner beauty lasts **much longer than** momentary attraction.
　　　　　　　　　　　　　이러한 내적 아름다움은 순간적인 매력보다 훨씬 더 오래 지속됩니다.

Tip much는 부사의 비교급인 faster와 longer를 수식한다.

Jun is **very taller** than Susan. (X)
You look **very better** than your picture. (X)
Jun swims **very faster than** Susan. (X)
This inner beauty lasts **very longer than** momentary attraction. (X)

Tip very는 비교급을 수식하지 못한다.

505 much + the + 최상급

Jun is **much the tallest** boy in his class. Jun은 반에서 가장 크다.
This is **much the fastest** car in the world. 이것이 세계에서 가장 빠른 차이다.

> **Tip** Jun is the very tallest boy in his class. Jun은 반에서 가장 크다.
> This is the very fastest car in the world. 이 차가 세계에서 가장 빠른 차이다.
> the + very + 최상급 (500번 내용)
> much + the + 최상급

506 동사 수식

I **much** regret the mistake I made before. 나는 전에 내가 저지른 잘못을 크게 후회하고 있다.
I like classical music very **much**. 나는 클래식 음악을 매우 좋아한다.

> **Tip** much가 동사 regret을 전치수식 / much가 동사 like를 후치수식

507 과거분사 수식

She was **much tired** with studying for examination. 그녀는 시험 공부하느라 몹시 피곤했다.
She was **very tired**. 그녀는 매우 피곤하다.
He was **much surprised** by the news. 그는 그 소식에 몹시 놀랐다.
He was **very surprised**. 그는 매우 놀랐다.

> **Tip** 형용사화 된 과거분사 뒤에 by, with, at 등의 전치사를 동반하여 수동태가 명확할 경우는 much를 쓴다.
> He is much afraid that somebody will recognize him.
> He is much ashamed of his behaviour.
>
> 반면에 아래의 과거분사들은 much보다는 **very**가 일반적으로 쓰인다.
> alarmed, amazed, amused, bored, contented, conceited, disappointed, distinguished, embarrassed, excited, fascinated, frightened, interested, limited, relaxed, reserved, satisfied, shocked, surprised, tired
>
> 서술형용사인 afraid, alike, fond 등은 very가 아닌 much로 수식한다.

508 much too vs. too much

You are **much too kind**. 당신은 매우 친절하다.
You are **too much kind**. (X)
This coffee has **too much sugar** in it. 이 커피는 설탕이 너무 많다.
This coffee has **much too sugar** in it. (X)

> **Tip** too + much + 불가산명사 / much + too + 형용사, 부사
>
> much(부사) + too(부사) + kind(형용사)
> too(부사) + much(형용사) + sugar(불가산 명사)
> much가 부사로 쓰이는 경우 『much(부사)+too(부사)』의 순서로 쓰고, 『too(부사)+much(부사)』의 순서로 쓰지는 않는다.

There are **too many mistakes** in this essay. 이 수필에는 잘못된 부분이 너무 많다.
Too many uncomfortable thoughts were crowding in on her.
너무나 많은 불편한 생각들이 그녀에게 한꺼번에 떠올랐다.

Tip 복수명사의 경우 too much가 아닌 **too many**의 수식을 받는다.

▶ **very** vs. **much**　　　　　　　　　　　　　　　　　h⊙t p@ge 28

very
① 동사수식 불가
② 형용사/부사 수식가능
③ 현재분사 수식가능
④ 과거분사 수식불가
⑤ too 수식불가

much
① 동사수식가능
② 형용사/부사 수식불가 (different와 like는 가능)
③ 현재분사 수식불가
④ 과거분사 수식가능 (이 부분은 501번 507번 참조)
⑤ too 수식가능

기본적으로는 위와 같으나 예외(very가 수식하는 과거분사와 much가 수식하는 과거분사)가 있으니 앞의 내용을 확실하게 학습하도록 한다.

Unit 105 기타 부사
little / only / never / once / ever / too / either

509 little / a little

little = almost not '거의 ~하지 않는'

a little = somewhat '조금은 ~하는'

He sleeps **little** because of the examination. 그는 시험 때문에 잠을 **거의 못** 잤다.
He sleeps **a little** after the examination. 그는 시험을 치른 후 잠을 **조금** 잤다.

little이 know, think, imagine, dream, expect 앞에 놓이면 'not ~ at all'의 뜻으로 전체 부정을 나타낸다.

I **little knew** what was going to happen. 어떤 일이 일어날지 전혀 **몰랐다**.
I **little expected** that he would come. 나는 그가 올 것이라고 전혀 기대하지 **않았다**.

510 only

위치가 자유롭게 변하며, 관계가 가장 밀접한 말 가까이 놓는 것이 원칙이다.

only가 대명사를 수식할 경우, 그 대명사의 앞 또는 뒤에 올 수 있다.

Only I bought the book. **단지 나만** 그 책을 구입했다.   (다른 사람은 구입하지 않았다는 의미)
I **only** bought the book. 나는 그 책을 **사기만** 했다.   (사놓고 보지는 않았다는 의미)
I bought **only** the book. 나는 **그 책만** 구입했다.   (다른 건 구입하지 않았다는 의미)

511 ever / once / never

ever 의문문에 쓰여서 '전에, 언젠가, 이제까지'

once 긍정문에 쓰여서 '이전에 한 번' (경험)

never 부정문에 쓰여서 '~한 적이 전혀 없다'

Have you **ever** been to England? 지금까지 영국에 가본 적이 있습니까?
Yes, I have **once** been to England. 이전에 한번 가본 적이 있습니다.
No, I have **never** been to England. 전혀 가본 적이 없습니다.

> **Tip** 조건문에서의 ever는 '**언젠가**', 비교문에서의 ever는 '**이전**'
> 조건문에서의 once는 '**일단**', 평서문에 once를 쓰면 '**옛날**'의 뜻으로 쓰이기도 한다.
>
> If you **ever** visit Seoul, please call at my office. 언젠가 서울에 오시게 되면 내 사무실을 찾아주십시오.
> If he **once** begins, he is sure to succeed. 일단 그가 시작하면 성공시킬 것이 틀림없다.
> He is working harder than **ever**. 그는 이전보다 더 열심히 일한다.
> There **once** lived a poor couple in a cottage in a village. 옛날 가난한 부부가 이 마을 오두막에 살았었다.

기출문제를 살펴보자 [단국대]

Now mobile chatting is a widely accepted phenomenon, but _____ a novelty in the telecommunications industry.

(A) once it being (B) it was once
(C) once there being (D) there was once

등위접속사 but이하는 앞쪽과 같은 형태가 쓰이는데, 절이 병치가 되어야하므로 A, C는 답이 될 수 없다.
지금은 모바일 채팅이 광범위하게 받아들여지고 있는 현실이나, 예전에는 통신산업에서 혁신이었다.

▶ 정답 (B)

512 유도부사 There

문두에서 동사를 이끄는 역할을 하며, be동사가 흔히 쓰인다.

There is no one there. 그곳에는 아무도 **없다**.
There was a drunken man lying on the road as I passed. 내가 지나갈 때 도로에는 술 취한 남자가 누워 **있었다**.
= A drunken man was lying on the road as I passed.

There used to be a bridge here.   이곳에 큰 다리가 **있었다**.
There seems to have been a fire.   화재가 발생**했던 것 같다**.

513 not

not이 believe, think, hope, fear, suppose 등의 동사에서 조동사 없이 동사 뒤에 바로 not을 쓰는 경우가 많다.

Do you think they will come? I **think not**. (= I think he will not come.)
그가 올 거라고 생각합니까? **그렇게 생각하지 않습니다**.
Will he fail? I **hope not**.   그가 실패 할까요? **그러지 않길 바랍니다**.
Will he come back? I am **afraid not**. 그가 돌아 올 거라고 생각합니까? **그렇게 생각하지 않습니다**.

'부정어 + all, both, every, always, necessarily, quite, fully, altogether 등'이 함께 쓰이면 부분 부정의 뜻이 된다.

Every man can**not** be an artist.   모든 사람이 예술가 **일수는 없다**.
The rich are **not always** happy.   부자라고 **항상** 행복한 것은 **아니다**.
All books are **not** good.   모든 책이 **다** 유익한 것은 **아니다**.
I do **not** believe him **fully**.   나는 그를 완전히 믿지는 **않는다**.
I do **not quite** agree.   나는 **전적으로** 동의하는 것은 **아니다**.

514 too / (n)either / so / nor

too는 긍정문에, **either**는 부정문에 쓰여서 '역시, 또한'의 뜻이 된다.

If you go, I will go, **too**. 네가 간다면, **나도 가겠다**.
If you don't go, I will **not** go, **either**. 네가 안가면, **나도 안가겠다**.
Tom likes coffee, **and** Jane likes coffee, **too**.
= Tom likes coffee, **(and) so does Jane**. Tom은 커피를 좋아하고, **Jane도 역시 그러하다.**(=좋아한다)

Tip 긍정에 수긍하는 경우는 nor나 neither가 아니라 **so**를 써서 『So+대동사+주어』의 순서가 된다.

Tom **doesn't** like coffee, **and** Jane **doesn't** like coffee, **either**.
= Tom **doesn't** like coffee, **(and) nor(=neither) does Jane**.
Tom은 커피를 좋아하지 않고, Jane도 **역시 그러하다. (=좋아하지 않는다)**

기출문제를 살펴보자 [강남대]

_____ all teachers left early this afternoon; some stayed late and finished grading examination papers.

(A) No (B) Not (C) None (D) Nor

---

some(몇몇 선생님)으로 보아 앞은 부분부정(모든 선생님이 ~한것은 아니다) 표현이 와야 함을 알 수 있다.
부정어 not이 부사로 every 나 all 앞에 쓰이면 부분부정이 된다. No(형용사), None(대명사), Nor(접속사)
모든 선생님이 오늘 오후 일찍 퇴근한 것은 아니다. 몇몇 선생님들은 늦게까지 남아 시험지 채점을 마치셨다.

▶ 정답 (B)

기출문제를 살펴보자 [단국대]

Choose the sentence that is grammatically **CORRECT**.

(A) Knowing is one thing and teaching is another.
(B) Such a work cannot be done so a short time.
(C) He has been waiting for an hour and so am I.
(D) I will reward whomever can solve this problem.

(B) so+형용사+a[an]+명사'의 구문에서는 관사가 형용사 뒤에 위치하므로 so short a time이 되어야 한다.
(C) 앞의 긍정문에 대해 '~도 또한 그렇다'의 의미를 나타낼 때 'so+조동사+주어'를 쓴다. 따라서 so have I 가 되어야 한다. (D) 복합관계대명사의 격은 관계절 내의 역할에 따라 결정되는데, 주어진 문장에서 복합관계대명사는 자신이 이끄는 절에서 주어의 역할을 하고 있으므로 주격으로 나타내야 한다. whomever를 whoever로 고친다.

(A) 아는 것과 가르치는 것은 별개이다.
(B) 그러한 일은 그렇게 짧은 시간에 마칠 수 없다.
(C) 그는 한 시간 동안 기다리고 있으며 나 또한 그렇다.
(D) 나는 이 문제를 해결할 수 있는 누구에게나 보상을 할 것이다.

▶ 정답 (A)

515 의문부사

직접의문문 : '의문부사 + 동사 + 주어'

간접의문문 : '의문부사 + 주어 + 동사' (명사절)

I don't know. + When should I do it?
→ I don't know **when I should do it**. (간접의문문 : know의 목적어)
= I don't know **when to do it**.　　　(부정사구 : 명사적 용법)

516 의문부사 + think, believe, say, imagine, suppose

인식동사류 중 think, believe, say, imagine, suppose 다음에 직접의문문을 연결할 때에는 의문부사를 문두로 선행시킨다.

Do you **think** + **Where** does she live?
→ Do you **think where** she lives?　(X)
→ **Where** do you **think** she lives?　(O) 그녀가 어디에 산다고 생각하십니까?

Why do you **suppose** he resigned?　당신 추측에는 그가 왜 사직한 것 같습니까?
How can we **say** the project is a success?　그 계획이 성공이라고 우리가 어떻게 말할 수 있나?

When do you **know** there will be a final announcement on this? (X)
Do you **know when** there will be a final announcement on this? (O)
이것에 관한 최종발표가 언제 있을지 아시나요?

Tip 인식동사라 하더라도 know는 의문부사가 선행되지 않는다.

 기출문제를 살펴보자 [광운대]

Choose the sentence that is grammatically **INCORRECT**.
(A) Tell me a reason why you're not extending the same courtesy to me?
(B) How often have I really told you not to do it that way?
(C) What do you think which car I finally decided to buy after all?
(D) Do you think you handled the situation the best way you could?
(E) How come you have to wear such a funny jacket to ride a motorcycle?

의문사가 중복되어있다. 두형태로 바로 쓸 수 있는데, 첫 번째 Which car do you think I finally decided to buy after all?(내가 최종적으로 어느 차를 구매하기로 결정했을 것이라고 생각하니?)와 같이 쓰던가, 두 번째 What do you think of the car which I finally decided to buy after all?(너는 내가 최종적으로 구매하기로 결정한 그 차에 대하여 어떻게 생각하니?)와 같이 써야한다.

(A) 네가 나에게 동일한 호의를 보이지 않는 이유를 말해주겠니?
(B) 그걸 그런식으로 하지 말라고 도대체 내가 몇 번이나 말했니?
(C) 너는 내가 최종적으로 구매하기로 결정한 그 차에 대하여 어떻게 생각하니?
(D) 너는 네가 할 수 있는 최선의 방법으로 그 상황을 다뤘다고 생각하니?
(E) 어째서 오토바이를 타기위해 그런 우스꽝스러운 자켓을 입어야하니?

▶ 정답 (C)

Chapter 13 기출 및 예상 문제

1 "What do you feel about that, Mary?"
"I feel _____ that this should not have been done so carelessly."

(A) strong
(B) strongly
(C) being very strong
(D) to be strong

문석 that 이하가 feel의 목적절이다. 원래 부사는 목적어 앞에 위치할 수 없으나 목적어가 절인 경우 목적절 앞에는 위치할 수 있다.
I feel that this should not have been done so carelessly **strongly**.
= I feel **strongly** that this should not have been done so carelessly.
해석 Mary, 너는 그것에 대해 어떻게 생각하니?"
"나는 이것이 그렇게 부주의하게 처리되어서는 안 된다고 강하게 주장한다"
정답 (B)

2 "The ice melted _____."

(A) fastly
(B) very fastly
(C) quick
(D) fast

문석 fast는 형용사와 부사가 같은 형태이다. [478]
fastly라는 단어는 없다.
해석 "얼음은 빨리 녹았다."
정답 (D)

3 "Do you want Mrs. Baker to pay for the call?"
"No, I want her to call me _____."

(A) collect
(B) collectly
(C) collective
(D) collectively

문석 call + 목적어 + collect '목적어에게 수신자 요금부담으로 전화하다'
이 경우 'collectly라고 하지 않는 것에 주의한다.
해석 "Baker 부인이 전화요금을 내시기를 바랍니까?"
"아니에요. 저에게 수신자 요금부담으로 전화 주셨으면 해요"
정답 (A)

4 The Yazoo Basin contains the finest agricultural land in Mississippi, but floods and poor drainage have _____ this area.

(A) always problems in caused
(B) caused always problems in
(C) always caused problems in
(D) caused problems in always

문석 빈도부사의 위치를 묻는 문제이다. have p.p.에서 have가 조동사이므로 have뒤에 쓴다. [487]
해석 Yazoo 분지는 미시시피 주에서 가장 좋은 농업지역을 포함하고 있지만 홍수와 빈약한 배수시설이 언제나 이 지역에서 문제를 일으켜 왔다.
정답 (C)

5 "I have told you this many times."
"But _____."

(A) I still can not remember it
(B) I can not still remember it
(C) I can not remember it still
(D) I can not remember still it

문석 부정어(not, never)가 있는 문장에서 still은 조동사 앞에 위치한다. [497]
해석 "이것을 내가 너에게 여러 번 말했는데"
"그런데도 아직 기억할 수 없어요"
정답 (A)

Chapter 13 기출 및 예상 문제

6 The gentleman was apparently content _____.

(A) to patiently wait outside the door
(B) to wait outside patiently the door
(C) to wait patiently outside the door
(D) to wait outside the patiently door

분석 부사의 위치는 『방법 + 장소 + 시간』이 원칙이다. [490]
해설 그 신사분은 문 밖에서 끈기있게 기다리는 데 만족한 것 같습니다.
정답 (C)

7 Mr. Smith did not get up until eight-thirty that morning and he arrived at the meeting _____.

(A) late too much
(B) much too late
(C) too much late
(D) too much lately

분석 too much + 불가산명사 / much too + 형용사, 부사 late는 형용사이므로 much too late가 되어야한다. [508]
해설 Smith씨는 그날 아침 8시 30분까지 일어나지 않았고 회의에 너무 늦게 도착했다.
정답 (B)

8 I go to the race track quite often, but I only bet _____.

(A) scarcely
(B) barely
(C) hardly
(D) occasionally

분석 only는 부정의 뜻이 있으므로 부정부사와 함께 쓰지 못한다. [510]
(A), (B), (C)는 '좀처럼 ~하지 않는'의 부정부사이다.
해설 나는 경기장에 꽤 자주 가지만, 돈은 가끔씩 밖에 걸지 않는다.
정답 (D)

9 Canada does not require that U.S. citizens obtain passports to enter the country, and _____.

(A) Mexico doesn't either
(B) Mexico does neither
(C) neither Mexico does
(D) either does Mexico

분석 부정적인 내용에 대한 수긍은
『and + S + 부정어 + either』나
『and neither + V + S』 (또한 ~아니다)이다. [514]
해설 캐나다는 미국 시민이 자기 나라에 들어올 때 여권 제시를 요구하지 않는데 멕시코 또한 그렇다.
정답 (A)

10 (A)In response Pfizer, like many companies, focused its development efforts (B)more and more exclusive on drugs that promised a big payoff, (C)hoping to make up in volume what they (D)lost in profit margins.

분석 focused exclusively on drugs 동사 focused를 꾸미는 부사가 필요하다. 예) They depend entirely on him, (C)hoping to make up 은 분사구문으로 Pfizer focused ~ and hoped ~ 의 구문에서 접속사 and와 동사 hoped를 분사구문으로 만든 것 이므로 옳다.
앞으로 ,(쉼표) 다음의 V+ing는 '~하면서'로 해석하면 매끄럽게 이해할 수 있을 것이다. [471]
in volume : 대량으로
해설 그에 대응하여 화이자도, 다른 많은 회사들처럼, 자신들의 개발노력을 잃어버린 이익을 대량으로 회복하길 희망하면서 점차 배타적으로 큰 이익이 보장된 약에 초점을 맞추었다.
정답 (B)

Chapter 13 기출 및 예상 문제

11 (A)<u>Almost students</u> in the advanced class (B)<u>have been studying</u> English for m any years, (C)<u>which</u> is why their grades are (D)<u>better than average</u>.

분석 Almost는 부사이므로 명사를 직접 수식할 수 없다. Most students로 쓰거나 Almost all students로 고친다. [436]
해석 상위반의 학생들은 수년 동안 영어를 공부해 왔고, 그것이 그 학생들의 성적이 높은 이유다
정답 (A)

12 An obese person does not have to look extremely fat. Even people _____ can actually be considered obese. If a person has a certain amount of fat on their body, then their health might be in danger. This amount of fat is usually thought to be 40% of the body's total composition.
(A) who only seem slight overweight
(B) who seem overweight only slight
(C) who seem slight overweight only
(D) who seem only slightly overweight

분석 only(선행부사)+slightly(부사)+overweight(형용사)의 순서가 바르다. [510]
해석 비만인 사람이라 해서 반드시 매우 뚱뚱해 보이는 것은 아니다. 단지 약간 과체중인 것처럼 보이는 사람조차도 사실 비만으로 간주될 수 있다. 사람에게 상당한 양의 체지방이 있다면, 그들의 건강은 위험하다고 할 수도 있다. 이러한 체지방량은 대체로 몸 전체의 40%정도라고 생각한다.
정답 (D)

13 (A)<u>No content</u> with (B)<u>turning</u> his hotel into a museum, Mr. Robinson also (C)<u>sponsors</u> ambitious events (D)<u>at the adjacent</u> office tower and shopping mall.

분석 no는 형용사이므로 명사가 뒤따르고, not 은 부사이므로 형용사가 뒤따른다.
형용사 content 앞에 부사 Not이 와야 한다.
해석 자신의 호텔을 박물관으로 바꾸는 데 만족하지 않고, Robinson 씨는 인접한 사무실 건물과 쇼핑몰에서의 대규모 행사도 후원한다.
정답 (A)

14 The (A)<u>reporting</u> was (B)<u>too</u> real that (C)<u>most</u> people (D)<u>were convinced</u> that the invasion was really (E)<u>taking place</u>.

분석 so~that 구문이므로 too가 아닌 so가 되어야 한다. [368]
해석 그 보도가 너무 실제 같아서 많은 사람들은 침략이 실제로 일어났다고 확신했다.
정답 (A)

15 Word processing (A)<u>has given writers</u> the opportunity to write more quickly, to correct typing errors (B)<u>nearly effortless</u>, to facilitate revising at the sentence (C)<u>as well as</u> the global level, and to save a text for (D)<u>later</u> modification.

분석 effortless는 동사 correct를 수식하는 부사가 되어야 한다. [472]
따라서 부사 nearly가 앞에서 부사 effortlessly를 꾸미고 그 부사구 nearly effortlessly가 통째로 동사 correct를 꾸미는 형태가 되는 것이다.
facilitate : 쉽게 하다
revising : 수정
global : 포괄적인
해석 컴퓨터에 의한 문서 작업은 글을 쓰는 사람에게 보다 빨리 글을 쓰고, 타이핑 중에 일어난 실수를 아주 쉽게 고치고, 글 전체뿐 아니라 문장에서의 수정도 쉽게 하고, 또 텍스트를 나중에 수정하기 위해 따로 떼어두는 등의 일할 기회를 주었다.
정답 (B)

Chapter 13 기출 및 예상 문제

16 How far _____ people sit or stand when holding a conversation is usually determined by their culture.

(A) apart   (B) beside
(C) from   (D) between

문제 따로 멀리 떨어져 앉는다는 의미이므로 far apart가 된다.
해설 대화를 할 때 사람들이 얼마나 멀리 떨어져 앉거나 서있는가는 자신들의 문화에 달려있다.
정답 (A)

17 (A)<u>Learning to use</u> a language (B)<u>free and full</u> is a (C)<u>lengthy and effortful</u> process. Teachers (D)<u>cannot learn</u> the language for their students.

문제 언어 language를 꾸미는 형용사가 필요한 게 아니라 to use 를 꾸며야 하므로 부사 freely and fully가 되어야 한다. [250]
해설 언어를 자유롭게 완전하게 사용하는 법을 배우는 것은 장기간에 걸친 노력이 필요한 과정이다. 교사들이 학생들 대신 그 언어를 배울 수는 없다.
정답 (B)

18 (A)<u>Realizing</u> that this was the opportunity (B)<u>of</u> his lifetime, Eric delivered a (C)<u>furious</u> medley of lyrics that wowed his hosts and radio audience (D)<u>like</u>.

문제 like는 명사, 형용사, 부사, 전치사, 접속사 등으로 두루 쓰인다. 그러나 본문에서처럼 문미에 쓰지는 않는다. 반면 alike는 형용사일 경우, 서술형용사로 주격보어로 쓰며, 부사일 경우,' 한결같이, 똑같이, 동등하게'의 뜻으로 문미에 쓴다. young and old alike(노소를 막론하고 다같이) 이 문장에서 alike는 부사로 (D)의 like를 alike로 고쳐야 한다.
해설 이것이 그의 일생의 기회라고 깨달은 Eric은 그가 출연한 라디오 프로그램의 사회자들과 청중들을 다 같이 열광시킨 여러 노래를 혼합한 메들리를 떠들썩하게 불렀다.
정답 (D)

19 (A)<u>Most</u> VNR (B)<u>material</u> looks (C)<u>too realistic</u> that it's hard (D)<u>for viewers</u> to tell the difference.

문제 so ~ that 구문이다. (C)의 too를 so 로 고친다. [368]
해설 대부분의 VNR자료는 너무 사실적이어서 시청자들이 차이를 구별하기 어렵다.
정답 (A)

20 Some internet pharmacies (A)<u>have been known</u> (B)<u>to sell</u> fake (C)<u>and potential</u> unsafe medicines (D)<u>to unknowing consumers</u> in many countries.

문제 형용사 unsafe를 수식하려면 potential은 부사 potentially가 되어야 한다. [472]
해설 일부 인터넷 약국들은 많은 나라의 무지한 소비자들에게 가짜 또는 잠재적으로 위험할 수도 있는 약들을 팔고 있는 것으로 알려져 왔다.
정답 (A)

Chapter 13 기출 및 예상 문제

21 (A)<u>Because of</u> the many beliefs that connect business (B)<u>to the wealth</u> and the traditional values of the United States, people (C)<u>who are successful</u> in business (D) <u>sometimes have become</u> heroes to the American people.

문설 부사 sometimes가 조동사 have와 p.p 사이에 와야 한다. [487]
해설 사업이 부와 그리고 전통적 가치와 연결되어 있다는 미국의 믿음 때문에, 미국 사회에서 사업으로 성공한 사람들은 종종 영웅으로 간주된다.
정답 (D)

22 어법상 틀린 것을 고르시오.

(A) He hasn't phoned still.
(B) I learned to ride a bike when I was a boy.
(C) I'll see you in March.
(D) I'll see you on Monday.

문설 부정문에서 still의 위치는 조동사 앞이므로 He still hasn't phoned가 되어야 한다. [497]
해설 (A) 그는 아직도 전화하지 않았다.
(B) 나는 어렸을 때 자전거 타는 것을 배웠다.
(C) 나는 당신을 3월에 볼 것이다.
(D) 월요일에 보자.
정답 (A)

23 After (A)<u>competing</u> Tour de France, Lance Amstrong reported that he (B)<u>wasn't able to</u> bend his knees (C)<u>for two entire days</u> and had to walk very (D)<u>slow</u> to get around.

문설 (D)의 slow는 동사 had to walk를 꾸미는 부사가 되어야 하므로 slowly가 되어야 한다. [471]
해설 투르 드 프랑스(매년 7월 프랑스에서 개최되는 프랑스 일주사이클 대회)를 완주한 후, 랜스 암스트롱은 이틀 내내 무릎을 구부릴 수 없었고 천천히 걸어 다녀야 했다고 말했다.
정답 (D)

24 (A)<u>Even though</u> his reputation was declining, (B)<u>almost</u> people (C)<u>were</u> willing to admit that (D)<u>he</u> was an eminent scientist.

문설 almost는 부사로 명사를 수식할 수 없다. most people이나 almost all people이 맞는 표현이다.
해설 그의 평판이 하락했음에도 불구하고 대부분의 사람들은 그가 유능한 과학자라고 기꺼이 인정했다.
정답 (B)

25 The young pitcher (A)<u>threw</u> the ball (B)<u>so hardly</u> (C)<u>that</u> the batter (D)<u>could not hit it</u> at all.

문설 hardly는 '거의 ~않다'는 부정 부사이므로 내용상 논리가 맞지 않는다. 세게 던졌다는 의미의 hard가 되어야 한다. [479]
해설 젊은 투수가 아주 세게 공을 던졌기 때문에 타자는 공을 칠 수 없었다.
정답 (B)

마공스터디 www.magongstudy.com
동영상 강의중

ER 편입 그래머 마스터

비교급과 최상급

Unit 106. 비교급과 최상급 만들기
Unit 107. 비교급1: 우열비교 (원급er ~ than)
Unit 108. 비교급2: 동등비교 (as 원급 as)
Unit 109. the + 비교급
Unit 110. than대신 to가 수반되는 비교급
Unit 111. 최상급
Unit 112. 무관사 최상급

두 개 이상의 성질이나 정도 등을 비교하기 위해 형용사나 부사의 원급의 형태를 변화시키는 방법이다. 비교의 전제는 병치구조이다. 문장에서 비교되는 것의 구조와 생략 관계 등을 확실히 이해해야 한다.

Unit 106 비교급과 최상급의 형태
~er, the ~est

Guide 일반적으로 비교급은 형용사와 부사의 원급에 ~er 또는 more ~ 를, 최상급은 ~est 또는 most ~를 붙여 만든다. 어떤 비교급에 ~er 또는 more ~ 를 쓰는지, 어떤 최상급에 ~est 또는 most ~가 붙는지에 관하여 학습한다.

517 원급 + er, the + 원급 + est 형태

① 원급의 어미가 -e로 끝나는 것은 -r, -st를 붙인다.

nice - nic**er** - (the) nic**est**
large - larg**er** - (the) larg**est**

② 「단모음 + 단자음」으로 끝나는 것은 마지막 자음을 하나 더 쓰고 -er, -est를 붙인다.

big - big**ger** - (the) big**gest**
hot - hot**ter** - (the) hot**test**

③ 「자음 + y」로 끝나는 것은 y를 i로 바꾸고 -er, -est를 붙인다.

happy - happ**ier** - (the) happ**iest**
easy - eas**ier** - (the) eas**iest**

518 more + 원급, (the) most + 원급 형태

① -ful, -less, -ish, -ous, -able, -al 등의 접미사로 된 2음절어 대부분

famous - **more** famous - (the) **most** famous
useful - **more** useful - (the) **most** useful

② 3음절어 이상 대부분

beautiful - **more** beautiful - (the) **most** beautiful
difficult - **more** difficult - (the) **most** difficult

③ 형용사 + ly 형태의 부사

slowly - **more** slowly - (the) **most** slowly
fluently - **more** fluently - (the) **most** fluently

④ 분사

interesting - **more** intereting - (the) **most** intereting
interested - **more** interested - (the) **most** interested

Tip 최상급이라도 항상 정관사가 수반 되는 것은 아니기에 괄호 처리한 것이다.
(정관사를 쓰지 않는 최상급은 p.404 unit.112에서 다루도록 한다)

519 음절수에 관계 없이 more와 the most가 수반되는 경우

① fond, glad, just, kind, like, real, right 등이 서술적(보어)으로 쓰이는 경우

It tastes **more like** lemon water than tea. 홍차라기보다 레몬수 맛이 난다.
People in the country is **more kind** than the people in town. 시골 사람들은 도시 사람들보다 친절하다.

> **Tip** kind의 경우 kinder-kindest가 쓰이기도 하지만 more-most kind가 더 일반적이다.

② 비교급, 최상급 형용사가 열거될 때

Tom is **more brave, more robust, more strong** than Jack. Tom이 Jack보다 더 용감하고, 튼튼하며, 강하다.

520 불규칙 비교급과 최상급

다음의 형용사나 부사는 일반적 원칙에 따른 비교급과 최상급의 형태를 취하지 않는다.

원급	비교급	최상급		
good -	better -	best	[형] 좋은	
well -	better -	best	[부] 좋은 / 잘	
bad -	worse -	worst	[형] 나쁜	
ill -	worse -	worst	[부] 나쁜	
many -	more -	most	[수] 많은	
much -	more -	most	[량] 많은	
little -	less -	least	[량] 적은	
few -	fewer -	fewest	[수] 적은	(few는 규칙변화지만 little과의 차이를 위해 기재합니다)

Jun is a **better** swimmer **than** Jack. Jun은 Jack보다 수영을 더 잘한다.

> **Tip** better는 형용사 good의 비교급

He has **more** books **than** you. 그는 당신보다 더 많은 책을 가지고 있다.

> **Tip** more는 수 형용사 many의 비교급

Our circumstances now are **worse than** in the past. 지금 우리 환경은 예전보다 더 나쁘다.

> **Tip** worse는 형용사 bad의 비교급

January is **the best** season for skiing. 1월은 스키 타기에 가장 좋은 계절이다.

> **Tip** the best는 형용사 good의 최상급

Leave **the least** important point till last. 가장 덜 중요한 것 들은 뒤로 미뤄라.

> **Tip** the least는 little의 최상급

Unit 107 비교급 1
우열비교/강조/형용사 비교

Guide 주어(명사)끼리의 비교와 보어(형용사)끼리의 비교를 학습하고, 비교급의 강조표현이 만들어 내는 구문을 학습한다.

521 우열비교급 - 우열을 가리는 비교급

Jun is **taller than** his father. Jun은 그의 아버지보다 키가 더 크다.
This movie is **more exciting than** that one. 이 영화는 저 영화보다 더 흥미진진하다.

> **Tip** taller는 형용사 tall+er의 형태이고, 형용사 exciting은 분사이므로 more가 붙은 비교 형태이다.

I can speak English **more fluently than** my brother. 나는 형보다 더 유창하게 영어를 할 수 있다.

> **Tip** fluently는 '~ly'형 부사로 more가 붙은 비교 형태이다.

Jun is **not taller than** his father. Jun은 그의 아버지보다 더 크지 않다.

> **Tip** 비교급의 부정은 『not+비교급+than』의 형태이다.

522 비교급의 병치

비교급의 구문에서 비교의 대상이 되는 것은 문법적으로 동등한 것이어야 한다. 이를 비교문의 병치라고 한다.

The climate of Australia is milder than **that of Canada**. 호주의 기후는 캐나다의 그것(=기후)보다 온화하다.
= **The climate of Australia** is milder than **Canada's**.

The ears of a rabbit are larger than **those of a cat**. 토끼의 귀는 고양이의 그것(=귀)보다 더 크다.
= **The ears of a rabbit** are larger than **a cat's**.

> **Tip** The climate of Australia is milder than the climate of Canada.로 쓰면 같은 명사인 the climate가 중복이 된다.
> 이러한 중복을 피하기 위하여 반복되는 명사가 **불가산이거나 단수**인 경우 **대명사 that**으로, **복수**인 경우 **those**로 쓴다.
> 이때 The climate of Korea is milder than Canada. (X) 와 같이 that of를 생략해서는 안된다.
>
> **that/those of** 대신 『 's 』 apostrophe(아포스트로피) s를 사용할 수 있다.
> The climate of Australia is milder than **Canada's**.

523 비교급의 대상

I know you better than **he** (knows you). 그가 너를 아는 것 보다 내가 너를 더 잘 안다.

> **Tip** 비교대상은 (I와 he : 주격 끼리 비교)

I know **you** better than (I know) **him**. 나는 그보다 너를 더 잘 안다.

> **Tip** 비교대상은 (you와 him : 목적격 끼리 비교)비교대상은 (you와 him : 목적격 끼리 비교)

524 강조

강조에는 비교급 강조와 최상급 강조, 그리고 둘 다 강조하는 방법이 있다.

① 비교급 강조

Really, planes are **a lot** safer than cars. 실제로 비행기는 차보다 훨씬 안전하다.
The price was **a good deal** higher than we expected. 가격은 우리가 생각한 것보다 훨씬 비쌌다.

> **Tip** still, a good deal, a great deal, a lot, a bit, a little이 비교급 앞에서 비교급을 강조하여 '훨씬'이라는 의미가 된다.

② 최상급 강조

That was **far and away** the best film I have seen this year. 그 영화는 올해 본 영화 중 단연 으뜸이었다.
International Airways, simply **the very** best in the air. 인터내셔널 항공은 하늘에서 진정 최고 중의 최고이다.

> **Tip** the very, far and away, out and away가 최상급 앞에서 최상급을 강조하여 '훨씬'이라는 의미가 된다.

③ 비교급과 최상급 모두 강조

Jun is **much** taller than his father. Jun은 그의 아버지보다 훨씬 더 크다.
E-mail is **far** more convenient than the telephone. 이메일이 전화보다 훨씬 편리합니다.

> **Tip** much, even, far, by far는 비교급과 최상급 모두 강조한다.

525 much more / much less

He **can** speak English, **much more** Korean. 그는 국어는 말할 것도 없고 영어도 할 줄 안다.
He **can't** speak Korean, **much less** English. 그는 영어는 말할 것도 없고 국어도 못한다.

> **Tip** can （긍정） ~, much **more** 이때 much 대신 even, still도 같은 표현이 된다.
> can't （부정） ~, much **less** 이때 much 대신 even, still도 같은 표현이 된다.

526 보어(형용사)비교 [more 원급 than 원급]

Jun is **more** wise **than** clever.   Jun은 영리하기 보다는 현명하다.

Tip more A than B 'B라기 보다는 A이다'는 형용사(보어)끼리의 비교로, 이 경우 음절수에 상관없이 원급만을 쓴다. Jun is wiser than cleverer. (X)

Jun is **more** wise **than** he is handsome.   Jun은 생긴것도 잘 생겼지만 무엇보다(그보다) 현명하다.

Tip 상기 두 문장의 차이는 미묘하므로 잘 기억해 두어야한다.

527 부정어 + 비교급 + than

Nothing is **more** precious **than** time.   시간보다 더 소중한 것은 없다.
Nothing is **more** important **than** health.   건강보다 더 중요한 것은 없다.
No one in this class is **taller than** Jun.   이 학급의 어느 누구도 Jun보다 더 크지는 않다.

Tip 『부정어 + 비교급 + than』은 '어느 ~도 더 ~하지 않다', '더 ~한 ~는 없다'의 의미

기출문제를 살펴보자 [중앙대]

All ants move at the same speed, but (A)it takes much time to go around the longer side of the twig or the pebble than it takes to go around the shorter side, and therefore, (B)in the same period of time, the shorter path receives (C)more ant traffic and a higher buildup of pheromones. (D)No error

---

문장에 than으로 보아, 그 앞은 비교급으로 표현해야 한다. 따라서 (A)의 much를 more로 바꾼다.
twig : n.잔가지, 가는 가지   pebble : n.조약돌, 자갈
traffic : n.통행[교통]량   buildup : n.축적; 조성, 형성

모든 개미들이 같은 속도로 움직이지만, 잔가지나 자갈의 더 긴 쪽을 돌 때는 짧은 쪽을 돌 때보다 더 많은 시간이 걸리므로, 같은 시간에 더 짧은 쪽 길에 개미의 통행량이 더 많아지고, 페로몬의 축적도 더 높아진다.

▶ 정답 (A)

기출문제를 살펴보자 [홍익대]

She finally became even (A)very violent in her disposition than her husband himself. She was not satisfied (B)with simply doing (C)as well as he had commanded; she seemed anxious (D)to do better.

비교급과 함께 쓰이는 than으로 보아 (A)는 very가 아닌 more가 되어야하고, 이때 바로 앞에 있는 even은 비교급을 강조하는 표현이다.

disposition : n.성질, 기질; 경향   satisfy : v.만족시키다
command : v.명령하다, 요구하다   anxious : a.열망하는, 간절히 바라는

그녀는 결국 남편보다 성질이 훨씬 난폭해졌다. 그녀는 단순히 남편이 시킨 것만큼 잘 하는 것에 만족하지 않았다. 그녀는 더 잘 하고 싶어 하는 것처럼 보였다.

▶ 정답 (A)

Unit 108 비교급 2
동등비교(as~as) / 배수비교 / 비교급 도치

Guide 동등비교란 대등관계를 나타낸다.
형용사 원급과 부사 원급을 구별하는 것이 중요하다.

528 as + 형용사의 원급 + as : ~만큼 ~하다

Jun is **as tall as** his father. Jun은 그의 아버지만큼 크다.
This game is **as exciting as** that one. 이 게임은 저 게임만큼 흥미롭다.

> **Tip** 『as + 원급 + as』를 동등비교라 하며 이때 as ~ as 사이에는 비교급이 아닌 **원급**을 쓰는 것에 주의한다.
> 동등비교의 부정
> Jun is **not** as tall as his father. Jun은 그의 아버지만큼 크지 않다.

529 as + 부사의 원급 + as : ~만큼 ~하다

Jun runs **as fast as** Tom. Jun은 Tom만큼 빨리 달린다.
Jun drives **as well as** Michael Schumacher. Jun은 미하엘 슈마허 (독일 카레이서)만큼 운전을 잘한다.

> **Tip** as~as 동등비교에서는 형용사 뿐만 아니라 **부사의 원급**을 쓰는 것에도 주의한다.

기출문제를 살펴보자 [고려대 일부]

(A)The earthly fortunes of saints (B)can fluctuate (C)as wild as tech stocks (D)depending on the needs of believer.

동사 fluctuate를 수식하려면 부사 wildly가 되어야 한다. (C)는 as **wildly** as가 바른 형태이다.
earthly : 세속적인   saint : 성인   fluctuate : 변동하다, 오르내리다
성인들의 세속적인 부는 신자들의 필요에 따라 기술 관련 주식만큼 심하게 오르내릴 수 있다.

▶ 정답 (C)

530 배수비교

『배수사 + as + 원급 + as』 '~보다 ~몇 배 더 ~하다'

He works **twice as hard as** others. 그는 남보다 두 배로 일을 한다.
= He works **two times as hard as** others.
Gold is **three times as expensive as** silver. 금이 은보다 세 배 더 비싸다.

> **Tip** as + 원급 + as 앞에 배수표현 twice(두 배), three times(세 배), four times(네 배)등이 오면 동등 비교가 아닌 배수비교가 되어 '~보다 몇 배 ~하다'의 의미가 된다.
>
> A is **half as many(much, large) again as** B : ~의 1배 반, 1.5배
> Jun earns **half as much** again as Tom does. Jun은 Tom의 1.5배를 번다.
>
> A is **half as many(much, large) as** B : A는 B의 절반
> I have only half **as many** books **as** he has. 내가 보유한 책은 그가 보유한 것의 절반 밖에 안 된다.
>
> **two times**는 동등비교(as~as)와 우열비교(~er than)에 모두 쓰이는 반면, **twice**는 동등비교(as~as)에만 쓰이는 것이 원칙. (그러나 현대영어에서는 지켜지지 않는 경우도 상당하다)
> The chimpanzee lives **two times longer than** the giraffe.(O)
> The chimpanzee lives twice longer than the giraffe. (X) 침팬지는 기린보다 두 배 더 오래 산다

531 최상의 의미로 쓰이는 원급표현

as ~ as any + 명사 : '~못지않게 ~한', '~보다 더 ~한' = '가장 ~한'

He is **as** qualified **as any** man in the office. 그는 사무실 내에서 그 누구 **못지않게** 자질을 갖춘 사람이다.
She is **as** brave **as any** man. 그녀는 어느 남자 **못지않게** 용감하다.

532 원급(as~as)을 이용한 관용표현

① **not so much A as B** : A라기보다는 오히려 B

Jun is **not so much** an amateur **as** a professional golfer. Jun은 아마추어라기보다는 프로골퍼다.
=Jun is **not** an amateur **so much as** a professional golfer.
=Jun is a professional golfer **rather than** an amateur.
=Jun is **more** a professional golfer **than** an amateur.
=Jun is **less** an amateur **than** a professional golfer.

② **as 형용사 as 형용사** : ~하고 ~하다

Jun is **as** gentle **as** intelligent. Jun은 신사이고 지적이다.
=Jun is **both** gentle **and** intelligent.

③ **as ~ as can be** : 더할 나위 없이 ~하다 (최상급의 의미) --------- 553번 참조

I am **as** happy **as can be**.   나는 **더할 나위 없이** 행복하다.(가장 행복하다)
The weather is **as** fine **as can be**.   날씨가 **더할 나위 없이** 좋다. (가장 좋다)

④ **as good as** : ~나 다름없는(마찬가지인)

This tastes **as good as** it looks.   이건 보이는 **것만큼** 맛있다. (~만큼 좋다)
He is **as good as** his word.   그는 약속을 **잘** 지킨다. (약속을 잘 지키는)
=He is a man of his word.
This job is **as good as** done.   이 일은 끝난 거나 **다름없다**. (~나 다름없는)

▶ **as ~ as vs. so ~ as**

h@t p@ge 29

긍정문의 비교에서는 **as ~ as**를 사용하고 부정어가 있는 경우는 **as ~ as**와 **so ~ as** 둘 모두 가능하다.
(A)<u>Some</u> people are (B)<u>so</u> (C)<u>reliable and trustworthy</u> (D)<u>as</u> the sunrise. [아주대]
긍정문인데 as ~ as가 아닌 so ~ as를 사용했기에 (B)가 **as**로 바뀌어야한다.

부정문인 경우는 **as ~ as**와 **so ~ as** 둘 모두 사용가능하다.
It is not **so(=as)** good as it looks. 허울만 좋았지 실속은 하나도 없다.
He is not **so(=as)** diligent as his brother. 그는 형만큼 부지런하지 못하다.

그러나 주어가 부정주어인 경우는 **as ~ as**보다 **so ~ as**가 우선적이다.
Nothing is **so** unpalatable **as** a lovers' quarrel. (O) 부부 싸움은 칼로 물 베기
Nothing is **as** unpalatable **as** a lovers' quarrel. (△)

533 than을 이용한 관용표현

① A is no more B than C is D = A is not B any more than C is D

A whale is **no more** a fish **than** a horse is (a fish). 고래가 물고기가 아닌 것처럼 말도 물고기가 아니다.
= A whale is **not** a fish **any more than** a horse is (a fish).

> **Tip** A가 B가 아닌 것은 C가 D가 아닌 것과 같다.
> D가 B와 같을 경우 D는 생략 가능.
> than 이하에 부정어는 없으나 의미는 부정이다.

② A is no less B than C is D = A is just as B as C is D

A whale is **no less** a mammal **than** a horse is (a mammal). 고래가 포유류인 것처럼 말도 포유류이다.
= A whale is **just as** a mammal **as** a horse is (a mammal).

> **Tip** A가 B인 것은 C가 D인 것과 같다.
> D가 B와 같을 경우 D는 생략 가능
> just대신 quite를 써도 같은 의미이다.
> A whale is **quite as** a mammal **as** a horse is (a mammal).

③ not more than / no more than

He has **not more than** 20 books. 그녀는 **많아야** 20권의 책을 갖고 있다.
He has **no more than** 20 books. 그녀는 **단지** 20권의 책을 가지고 있다.

> **Tip** not more than = at most 많아야, 기껏해야
> no more than = only 단지, 겨우

④ not less than / no less than

Not less than one hundred people were present. **적어도** 100명 이상의 사람들이 참석했다.
No less than one hundred people were present. 사람들이 100명**이나** 참석했다.

> **Tip** not less than = at least 적어도
> no less than = as much as ~ 만큼

⑤ no other than

It was **no other than** his voice. **다름 아닌** 바로 그의 목소리였다.

> **Tip** no other than = no less than = no(not) better than = no worse than '다름 아닌' '~와 마찬가지인'

534 비교급 도치

Jun spends more time in the library **than John does**. Jun은 John보다 도서관에서 더 많은 시간을 보낸다.
= Jun spends more time in the library **than does John**.
= Jun spends more time in the library **than John**.

* 비교급의 도치는 도치파트(Unit 157 / 158)에서 자세히 다루도록 한다.

535 선택 비교 의문문

Which / Who ~ 비교급, A or B? 는 "A와 B 중 어느 것이 / 누가 더 ~합니까?"라는 선택 비교 의문문이 된다.

Which is longer, this stick **or** that one? 어느 것이 더 깁니까, 이 막대긴가요, 아니면 저것인가요?
Who is younger, Jun **or** Mary? 누가 더 어립니까, Jun인가요 Mary인가요?

536 의미에 따라 비교급과 최상급의 형태가 달라지는 경우

old - older - oldest	연령, 신구	
old - elder - eldest	손위	
late - later - latest	시간	
late - latter - last	차례	
far - farther - farthest	거리, 공간	
far - further - furthest	시간, 정도	

My **elder**(=**older**) brother is a doctor. 나의 형은 의사다.
Would you call me again two hours **later**? 두 시간 후에 다시 전화하시겠습니까?
I haven't read the **latter** part of the book yet. 그 책의 후반부는 아직 읽지 못했다.
We couldn't go no **farther**. 우리는 더 이상 갈 수 없었다.
For **further** information, please call us. 더 알고 싶은 내용이 있으면 저희에게 전화하십시오.

Tip 명사 앞에는 elder와 older 모두 올 수 있으나, 보어로는 older만 가능하다. [439 참조]
   Tom is **older** than Jack. (O)   Tom is **elder** than Jack. (X)

 기출문제를 살펴보자 [숙명여대]

(A)<u>Lots of</u> conference (B)<u>attendees</u> were late (C)<u>because</u> the hotel was located (D)<u>further</u> than anyone (E)<u>had anticipated</u>.

(D)는 거리가 멀었음을 나타내는 **farther**가 옳다.
많은 회의 참석자들은 지각했다. 왜냐하면 예상했던 것보다 호텔(회의장소)이 더 멀었기 때문이다.

▶ 정답 (D)

기출문제를 살펴보자 [한국외대]

Choose the one that is grammatically **INCORRECT**.
(A) Before going any farther with the project, we should check with the boss.
(B) The furthest road is sometimes the best road to take.
(C) For further information, please visit the information center in the town.
(D) The fog is so thick that I can't see farther than about ten meters.

----

far의 비교급은 father와 further는 두 가지가 있는데, 거리를 나타내는 경우에는 farther와 further를 모두 사용할 수 있지만, '추가적인', '~이외의'와 같이 '정도'를 나타내는 경우에는 further를 쓴다.
(A)는 '프로젝트를 향후 더 진행하는 것', 즉 '정도'에 대한 개념이므로, father 자리에 **further**를 써야 한다.
(A) 그 프로젝트를 더 진행하기 전에, 우리는 사장님과 함께 검토를 해봐야 합니다.
(B) 가장 먼 길이 때로는 선택하기에 가장 좋은 길이다.
(C) 더 많은 정보를 원하시면, 시내에 있는 정보 센터를 방문해 주십시오.
(D) 안개가 너무나도 짙어서 대략 10미터 보다 더 멀리는 볼 수 없다.

▶ 정답 (A)

537 이중비교 (동등비교+우열비교) '~만큼 ~하거나 (오히려) 더 ~하다'

The winter is **as bad as or worse than** last. 이번 겨울은 지난 겨울**만큼** 고약**하거나 더** 고약하다.
He is **as bright as, if not brighter than,** his brother 그는 형**보다** 영리**하지 않아도** 그 **만큼은** 영리하다.
The boys sang just as well as, **if not better than**, the singer.
그 아이들은 그 가수보다는 낫지않았지만 그(가수) 만큼 잘 불렀다.

Tip 동등비교(as~as)와 우열비교 (~er than)을 한 문장에 같이 쓰면 '~만큼 ~하거나 (오히려) 더 ~하다'와 같은 강조의 의미가 된다.

동등비교(as~as)와 if not 우열비교(er than)는 더~하지는 않아도 ~만큼은 된다'는 의미이다.

기출문제를 살펴보자 [경희대]

My experience with kids is probably just as good as, _____, any high school sitter.

(A) if not better than   (B) and better than
(C) better than   (D) not if better than

My experience with kids is probably just **as good as** any high school sitter.
If my experience with kids is not better than any high school sitter. 의 두 문장을 결합하여 한 문장으로 표현했다. 이때 반복되는 my experience with kids is를 생략한 것이다.

아이 돌보기에 관한 나의 경험은, 아이를 돌보는 고등학생(아르바이트로 아이를 돌보는 고등학생)보다 더 좋지는 않아도, 아마 아이 돌보미 고등학생만큼은 좋다.

▶ 정답 (A)

Unit 109 the + 비교급

Guide 비교급 앞에 정관사 the가 붙는 경우
1. 둘 사이 비교 (of the two)
2. 이유, 조건, 판단을 의미하는 for, because, if, by등의 부사구나 부사절이 수반될 때
3. the 비교급~, the 비교급 : ~하면 할수록 점점 더 ~하다
4. 절대비교

538 둘 사이 비교 (of the two)

Jun is **the taller of** the **two** boys. 두 아이 중 Jun이 더 크다.
I have been to **Hawaii and Alaska**, and I like Hawaii **the better**.
나는 하와이와 알레스카를 다녀왔는데 하와이가 더 좋다.

> **Tip** 비교대상이 두 개(two)로 전제가 되면 비교급 앞에 정관사 the를 써야 하며, 이때 최상표현으로 쓰지 않는다.
> Jun is **the tallest** of the **two** boys. (X)
> Jun is **the tallest boy** of the **three**. 셋 이상인 경우 **최상급**을 쓴다.
>
> 비교급이지만 than은 없고 전치사 of가 쓰이던가, both, A and B와 같은 둘을 의미하는 표현이 보인다.

 기출문제를 살펴보자 [중앙대]

(A)<u>Of</u> the two Hemingway novels I have read, I like A Farewell to Arms (B)<u>the best</u>, not only because of its structure, but also (C)<u>because of</u> (D)<u>its</u> fascinating story.

둘 사이의 비교 시 비교급 앞에 정관사 the를 쓴다. of the two가 있으므로 둘 사이 비교이다.
the best → the better가 바른 표현이다.
내가 읽은 헤밍웨이의 두 소설 중 '무기여 잘 있거라'를 더 좋아한다. 단지 구조뿐만 아니라 매력적인 스토리 때문이다.
▶ 정답 (B)

 기출문제를 살펴보자 [중앙대]

(A)<u>Although</u> (B)<u>both</u> Stephen King and Tom Clancy write (C)<u>thrilling</u> books, King is (D)<u>the best</u> storyteller.

둘 사이의 비교는 최상급이 아니라 'the + 비교급'을 쓰므로 (D)를 the better로 고친다.
Stephen King과 Tom Clancy둘 모두 전율 넘치는 책들을 쓰지만 King이 더 나은 작가이다.
▶ 정답 (D)

539 이유(for, because), 조건(if), 판단(by)등의 부사구(절) 수반 시

비교급이 이유를 나타내는 for, because 등과 함께 쓰이면 the + 비교급으로 쓴다.

I feel **the better for** solving the problem. 그 문제를 풀었더니 기분이 좋다.
We love him **(all) the more because** he is very kind. 그가 친절해서 우리는 그를 좋아한다.
So much **the better if** there is a music. 음악이 있으면 더 좋을 것이다.

> **Tip** 이유나 조건을 동반하는 비교구문에서는 비교급 앞에 정관사 the를 써야 한다.
> (all / so much) the + 비교급 + **for, because of, owing to, on account of** + 명사
> (all / so much) the + 비교급 + **because, if** + S + V

기출문제를 살펴보자 [가천대 일부]

다음 중 올바른 표현을 고르시오. 라는 문제 중 보기의(C)가 정답인 경우이다.
(C) Learning makes a man wise, but a fool is made the more foolish by it.

비교급이 이유를 나타내는 for, because 등과 함께 쓰이면 the + 비교급이 되어야 한다.
여기서 by it(= learning)은 '학습 때문에'의 의미로 보아야 하므로 **the more**의 표현이 맞는 것이다.
공부는 사람을 지혜롭게 만드나, 바보는 오히려 배울수록 더 바보가 된다.

▶ 정답 (C)

---

540 The 비교급~, the 비교급~ : ~하면 ~할수록 (점점) 더 ~하다

The higher the mountain is, **the stronger** the wind is. 산이 높을수록 바람은 더욱 세다.
= **The higher** the mountain, **the stronger** the wind.

> **Tip** 'The 비교급+주어+동사, the 비교급+주어+동사' 이때 be동사는 생략할 수 있다.(생략문이 선호된다)
> 또한 주어가 일반인이거나, 주어를 생략해도 의미의 변화가 없으면 생략할 수 있다.
> The more, the better. 많으면 많을수록 좋다.
> The sooner, the better. 빠르면 빠를수록 좋다.

비교급 and 비교급 (정관사 the없이 비교급 and 비교급 '점점 더 ~하다')
My savings have become **more and more**. 저금이 차차 늘었다.
Korea's trade deficit with Japan is getting **bigger and bigger**.
한국의 대일 무역 적자 폭이 점점 커지고 있다.

none the 비교급 for '~ 때문에 그만큼 더 ~하지는 않다'
He is **none the wiser** for his experience. 경험을 쌓았는데도 그는 조금도 현명해지지 않는다.

none the less for '~에도 불구하고 ~하다'
I love her **none the less for** her faults. 그녀의 잘못에도 불구하고 그녀를 사랑한다.

기출문제를 살펴보자 [서강대]

A story (A)always sounds clear enough (B)at a distance, but (C)nearer you get to the scene of events, the (D)vaguer it becomes.

---

the 비교급~, the 비교급을 묻고 있다. (C)는 the nearer가 되어야 한다.

멀리서 남의 이야기를 들을 땐 항상 명확히 들리지만, 그 사건의 현장에 접근하면 할수록 그것은 애매해진다.

▶ 정답 (C)

▶ **주어와 동사의 순서가 일치하지 않는 경우**   h@t p@ge 30

The stronger **magnetic field** is, the greater is **the voltage** produced by a generator.

위 문장은 앞 부분은 『주어 + 동사』, 뒤 부분은 『동사 + 주어』로 '주어와 동사'의 순서가 서로 다르다.

뒤 문장의 주어인 **the voltage**가 분사구 **produced by a generator**의 수식을 받아 길어졌기 때문에 동사 뒤로 후치된 것이다.

541 절대 비교급

His family belonged to **the upper class**. 그의 집안은 상류층에 속했다.
The latter part of the book was so boring. 그 책의 후반부는 아주 지루했다.

> **Tip**
> the greater part of   대부분의
> the latter part of   후반부
> the younger generation 젊은 세대
> the upper class   상류층
> the higher education   고등교육
>
> 구체적인 비교의 대상(than~) 없이 막연히 그룹을 지어 '~한 편의 것'이라는 뜻으로 쓸 때는 비교급 앞에 the를 붙인다. **than**을 수반하지 않는다.

 기출문제를 살펴보자 [경기대]

Of several word processors that are (A)being used these days, most of Americans and Europeans think that MS word is (B)the better since it is (C)easier to learn than other (D)ones.

Of 이하에 (the) two처럼 둘이라는 표현이 있을 때만 'the+비교급'이 된다. two나 both등 둘의 의미가 없는 Of이하의 전치사구가 쓰인 문장에서는 최상급이 사용된다. 따라서 (B)는 **the best**가 되어야한다.

요즘 사용되는 몇 개의 워드프로세서중 대부분의 미국인들과 유럽인들은 다른 것들보다 배우기 쉽기 때문에 MS워드가 가장 좋다고 생각한다.

▶ 정답 (B)

Unit 110 than 대신 to가 수반되는 비교급

Guide 비교급에서 than대신 to를 쓰는 경우
1. 라틴어 비교
2. prefer

542 라틴어 (-ior) 비교급

-ior로 끝나는 라틴어에서 온 단어의 비교급에서는 than이 아닌 to를 쓴다.

His computer is **superior to** mine. 그의 컴퓨터는 내 것보다 훌륭하다.
He considers himself **inferior to** his brothers. 그는 자신을 자기 형제들보다 못한 인간이라고 생각하고 있다.
She is five years **senior to me**. 그녀는 나보다 5살 연상이다.

She is five years senior to I.　　(X) 주격으로 쓰지 않는다.
= She is five years older than I. (O) 주격으로 쓴다.

> **Tip**
> superior to ~보다 나은
> senior to ~보다 손위의, 연상의
> exterior to ~보다 바깥쪽의, 외부의
> anterior to ~보다 (시간, 사건 따위가) 앞선
> major to ~보다 많은
>
> inferior to ~보다 못한
> junior to ~보다 손아래의, 후배인
> interior to ~보다 내부의, 안쪽의
> posterior to ~보다 뒤의, 다음의
> minor to ~보다 적은

543 prefer

People prefer a brand new car **to** a used one. 사람들은 중고차보다 새 차를 더 선호한다.
I prefer **working to being** lazy. 나는 빈둥거리는 것보다 차라리 일을 하는 것을 더 선호한다.
= I prefer **to work rather than (to) be** lazy.

> **Tip** prefer A to B는 B보다 A를 더 선호하다는 의미로 비교의 의미만 than을 쓰지 않고 to를 쓴다.
> 그러나 비교하는 대상이 명사나 동명사가 아닌 **to부정사인 경우** to가 아닌 **rather than**을 쓴다.

 기출문제를 살펴보자 [경기대]

(A)<u>Anticipating</u> a future (B)<u>in which</u> millions of Americans will prefer to (C)<u>shopping</u> in the security of their living rooms, the mall industry is experiencing a (D)<u>full-blown</u> mid-life crisis.

(C)prefer의 앞에 to가 주어져 있으므로, 뒤에는 동사원형이 와야 한다. (C)을 shop으로 고친다.
full-blown : a.완전히 발달한, 본격적인, 전면적인　　mid-life crisis : 중년의 위기
수백만 명의 미국인들이 자신들의 거실에서 안전하게 쇼핑하는 것을 선호하게 될 미래를 예상하면서, 쇼핑몰 업계는 본격적인 중년의 위기를 경험하고 있다.

▶ 정답 (C)

Unit 111 최상급
the + 원급est / the most + 원급

Guide 세 개 이상을 비교하여 '그중에서 가장 ~한'이라는 의미를 나타낼 때는 다음의 두 가지 형태로 나타낸다.
1. the 최상급 + in + 장소나 범위를 나타내는 단수형 명사
2. the 최상급 + of + 비교의 대상이 되는 복수형 명사
3. the 최상급 + that절

544 최상급의 형태

KTX is **the fastest train** in Korea.   KTX는 한국에서 제일 빠른 열차다.
Jeju is **the most beautiful island** in Korea.   제주도는 한국에서 가장 아름다운 섬이다.
Tom is **the most friendly guy** of them.   그들중 Tom이 가장 친절한 녀석이다.
ER Grammar Master is **the most useful book** that I have ever read.
　　　　　　　　　　　　　　　　　　ER그래머 마스터는 내가 읽었던 것 중 가장 유용한 책이다.

> **Tip** 1음절, 짧은 단어로 된 2음절의 최상급은 『the+원급est』의 형태이나
> ① 긴 단어의 2음절과 3음절, ② ~ly, ③ 분사의 최상급은 『the+most+원급』의 형태이다.

545 최상급에서의 전치사와 that절

Jun is the tallest boy **in** his class.   Jun은 반에서 키가 가장 크다.
Jun is the tallest boy of **all** the boys here.   Jun은 이곳의 모든 아이들 중에서 가장 키가 크다.
He was the greatest English writer **that** ever lived.   그는 지금까지 살았던 영국 작가들 중 최고였다.

> **Tip** 최상급에서
> in + 장소나 범위를 나타내는 단수형 명사 (in his class '~에 있어서 가장 ~한')
> of + 비교의 대상이 되는 복수형 명사 (of all the boys '~가운데서 가장 ~한')
> that + (ever) 절 '지금까지 ~중 가장 ~한'

546 최상급과 비교급

Jun is **the tallest boy of the three** (boys).   Jun은 셋 중에서 키가 가장 크다.
Jun is **the taller of the two** (boys).   Jun은 둘 중에서 키가 더 크다.

> **Tip** 셋 이상의 비교에서는 최상급, 둘 사이의 비교는 the + 비교급으로 쓴다.

547 절대 최상급

ER Grammar Master is **the best seller.** ER그래머 마스터는 베스트셀러다.
From **earliest times** animals have been widely used as food for humans.
초창기부터 동물은 인간의 음식으로 쓰였다.

I am **most happy**. 나는 정말 행복하다
Susan is a **most beautiful** woman. Susan은 아름다운 여성이다.

> **Tip** 셋 이상의 구체적인 비교의 대상이 전제가 되지 않는 최상급을 절대 최상급이라고한다.
> **best seller, earliest times**등이 그러하고 『**most+형용사**』의 형태로 쓰기도 한다.
> 정관사나 부정관사가 수반되기도 하고 관사없이 쓰이기도 한다.

548 양보의 의미를 갖는 최상표현

The wisest man cannot know everything. 가장 현명한 사람일지라도 모든 것을 다 알 수는 없다.

549 최상급의 강조

최상급을 강조할 때는 much, by far, very 등을 쓴다.

The book is **by far the most** useful of all. 그 책은 모든 것 중에서 단연코 가장 유용하다.
His English was **much the worst**. 그의 영어는 그야말로 최악이었다.
This is **the very largest** city in the world. 이 도시가 세계에서 제일 크다.

> **Tip** very가 최상급을 수식하는 경우는 '**the very + 최상급**'의 어순이 된다.

550 최상급 + but one = the second + 최상급 "두 번째로 (가장) ~한"

He is **the tallest** student **but one** in his class. 그는 반에서 두 번째로 키 큰 학생이다.
= He is **the second tallest** student in his class.
The Amazon is **the longest** river **but one** in the world. 아마존 강은 세계에서 두 번째로 긴 강이다.
= The Amazon is **the second longest** river in the world.

551 one of the + 최상급 + 복수명사

one of the + 최상급 + 명사의 복수형은 '가장 ~한 것 중의 하나'라는 뜻을 갖는 구문이다.

He is **one of the greatest scientists** in the world. 그는 세상에서 가장 위대한 과학자 중 한 사람이다.

552 최상급의 의미를 갖는 비교급 ❶

Jun is **the tallest** boy in his class.   Jun은 반에서 키가 제일 크다.
= Jun is **taller than** any other boy in his class.   교실에서 어느 누구도 Jun 보다 큰 아이는 없다.
= Jun is **taller than** any of the other boys in his class.
= Jun is **taller than** all (the) (other) boys in his class.
= **No (other) boy** is **so tall as** Jun in his class.   Jun만큼 큰 아이는 없다.
= **No (other) boy** is **taller than** Jun in his class.   Jun보다 큰 아이는 없다.

> **Tip** 위의 5가지 표현은 모두 결국 Jun이 제일 크다는 의미이다.
> 비교급에서 any other는 **단수명사**를 취하지만, any of ~ 와 all (the) (other)는 **복수명사**를 취한다.
> no other + 단수명사 + 단수동사이다
> **other 앞에 an / no / any가 수반되면 단수명사가 따른다.**

기출문제를 살펴보자 [강남대]

Choose which pair of sentences does NOT have the **SAME** meaning.
(A) This is half as large as that.   = This is half the size of that.
(B) He is the last man to tell a lie.   = He is not such a man as to tell a lie.
(C) Seoul is larger than any other city in Korea. = No other city in Korea is so large as Seoul.
(D) I gave him the dictionary that I had bought.   = I bought a dictionary and I had given it to him.

과거의 어떤 행위보다 먼저 일어난 일 즉, 대과거를 표현할 때는 과거완료시제를 쓰는데, 따라서 ④의 첫 번째 문장은 사전을 산 것이 먼저 일어나고, 그에게 그 사전을 준 것이 나중에 일어난 일이 된다. 그러나 두 번째 문장을 살펴보면, 사전을 산 것이 나중이고, 그에게 그 사전을 준 것이 먼저가 되어, 의미상으로 어색하며 두 문장의 뜻도 같지 않다.
(A) be half the size of ~의 절반 크기이다
(B) the last+명사+to V 결코 ~이 아닌
(C) 비교급을 이용하여 최상급의 의미를 나타낼 때는 '비교급+than any other 단수명사'와 'No+명사 ~ so+원급'을 사용한다.
(A) 이것은 크기가 저것의 절반이다. 이것은 저것의 절반 크기이다.
(B) 그는 거짓말을 할 사람이 절대 아니다. 그는 거짓말을 할 그런 사람이 아니다.
(C) 서울은 한국의 다른 어떤 도시보다 크다. 한국의 어떤 도시도 서울만큼 크지 않다.
(D) 나는 그에게 내가 샀던 사전을 주었다. 나는 사전을 샀고 그에게 그 사전을 이미 주었었다.

▶ 정답 (D)

---

553 최상급의 의미를 갖는 비교급 ❷

I'll never be **happier**. 지금 이 순간 보다 더 행복 할 수는 없을 것이다.(지금이 가장 행복하다)
Tom was **as thin as** a man **could be**. Tom은 더 이상 마를 수 없을 만큼 몸이 말랐다.
There are **few** things better than reading. 독서만큼 유익한 것도 없다.(독서가 가장 유익하다)

> **Tip** 상기 표현들은 비교급의 형태를 띄고 있지만 의미상 최상급이 된다.

554 비단계 형용사 - 비교급/최상급을 만들지 못하는 형용사

alive, dead, single, plural single, married, absolute, complete, empty, entire, favorite, full, matchless, identical, preferable, round, square, total, triangular 등의 형용사들은 more나 the most가 동반되는 비교나 최상표현으로 쓸 수 없다.

The most absolute majority of the people oppose the new economic policy. (X)
An absolute majority of the people oppose the new economic policy. (O)
국민의 절대 다수가 새 경제 정책에 반대한다.

The most entire time we spent together was one big lie. (X)
The entire time we spent together was one big lie. (O) 우리가 함께 보낸 시간은 전부 거짓말에 불과했어.

Tip 상기 형용사들은 A아니면 B에 속하기 때문에 중간적 단계가 없다.
'더 살아있다'든지, '더 동그랗다'든지의 표현이 불가능한 것이다. 따라서 비교급이나 최상급의 표현이 없는 것이다.

555 부정의 뜻을 갖는 the last

the last는 '최후의'라는 뜻도 있지만 '결코 ~하지 않는'이라는 부정의 뜻으로도 쓰인다.

He is **the last** man I want to see.
그는 내가 보고 싶은 가장 최후의 사람이다. ⇒ 그는 내가 결코 만나고 싶지 않은 사람이다.

It is **the very last** thing they expected. 그것은 그들이 전혀 예상하지 못한 것이다.

기출문제를 살펴보자 [동덕여대]

He was a more prolific writer than any _____ popular writers of his time.
(A) of   (B) other   (C) one of   (D) of the other

any other + 단수명사 = any of the other + 복수명사
그는 당대의 인기 있는 작가들 중 어느 누구보다 더 많은 작품을 쓴 작가였다.

▶ 정답 (D)

기출문제를 살펴보자 [단국대]

If you went back to the mid-19th century, the cost of living would be _____ one-twentieth of what it is today.
(A) lesser than   (B) less than   (C) still lesser than   (D) fewer than

비용의 많고 적음을 나타낼 때에는 much나 little을 쓴다. 그런데 little의 비교급 표현 중에서, less가 양의 적음을 나타내는데 반해, lesser는 '가치 혹은 중요성의 덜함'을 나타낼 때가 많고, 이것은 한정적 용법으로만 쓰므로 주어진 문장에는 적절하지 않다. 따라서 빈칸에는 less than이 적절하다.
만일 19세기 중반으로 되돌아간다면, 생활비는 오늘의 20분의 1도 채 안 될 것이다.

▶ 정답 (B)

기출문제를 살펴보자 [경기대]

But (A)by far (B)the largest number of women scholars in the past (C)was almost totally (D)self-educated.

'the number of+명사'는 '명사의 수' / 'a number of+명사'는 '많은 명사'의 의미이다. 독학한 주체는 '여성학자의 수'가 아니라 '많은 여성학자들'이므로 a number of women scholars이며, 여기 형용사 large로 강조하여 a large number of women scholars를 최상급으로 고쳐서 the largest number of women scholars가 된 것이므로 동사는 복수의 were가 되어야한다. **[p.333 hot-page 24 참조]** *self-educated : 독학의

그러나 과거에는 단연 가장 많은 수의 여성 학자들이 거의 완전히 독학을 했다.

▶ 정답 (C)

 기출문제를 살펴보자 [단국대]

(A)The new employees enjoyed (B)their first day at work, although everyone agreed (C)that the lunch was (D)the bad food they had ever eaten.

최상급이 사용되는 형태로 '최상급 + of + 복수명사', '최상급 + in + 단수명사', '최상급 (that) S + have (ever) p.p 등이 있다. 여기서는 여태껏 먹어본 것 중 "가장 ~한"의 의미가 되어야하므로 (D)의 the bad를 **the worst**로 바꿔야 한다.

점심 식사가 그들이 전에 먹어본 것 중에서 가장 형편없었다는데 모든 사람들이 찬성했음에도 불구하고, 신입 사원들은 직장에서 첫 근무를 즐겁게 했다.

▶ 정답 (D)

 기출문제를 살펴보자 [경기대]

Luck, (A)or the grace of Heaven may seem to take part in many happenings in life, (B)but a little deeper looking into the causes of them (C)reveals that one's own efforts were by far more responsible for them (D)that most people imagine.

---

far more responsible~의 비교급이므로 that이 아닌 **than**이 되어야 한다.
(,) 다음 or는 상황에 따라 '즉, 다시 말하면'의 의미를 갖는다.

행운, 즉 하늘의 영광은 삶에있어서 많은 일에 관여하는것 같지만, 그것들의 원인을 더 깊이 들여다보면 대부분의 사람들이 상상하는 것보다 훨씬 더 많이 자신의 노력으로 (그런 행운이)기인했음을 알 수 있다.

▶ 정답 (D)

 기출문제를 살펴보자 [홍익대]

No group of stories exhibits (A)greatest richness and depth, and certainly (B)none has been (C)more influential than the set of tales (D)which we know as 'the Greek myth.'

No group 이하는 최상급이 아닌 비교급이 되어야 한다. 따라서 (A)는 greatest가 아니라 **greater**가 되어야 한다.

그 어떠한 이야기 그룹도 그리스 이야기로 알고 있는 이야기만큼 풍부한 풍요함과 깊이를 보여주지는 못하며, 그 어떤 것도 우리가 알고 있는 그리스 신화만큼 영향을 끼치지 못해왔다.

▶ 정답 (A)

Unit 112 무관사 최상급
the를 쓰지 않는 최상급

Guide 최상급은 앞에 정관사 the와 함께 쓰는 것이 원칙이나 아래와 같은 경우 정관사 the와 함께 쓰지 않는다.
1. 부사의 최상급
2. 소유격 뒤
3. 서술 형용사

556 부사의 최상급

She drives a car **most carefully** in her family. 그녀가 가족 중에서 운전을 가장 조심스럽게 한다.
Those who mount **highest** can see **farthest**. 가장 높이 오르는 자가 가장 멀리 볼 수 있다.

Tip highest는 동사 mount를, farthest는 동사 can see를 수식하는 부사다. 따라서 최상급 앞에 정관사를 쓰지 않는다.
most carefully가 동사 drives를 수식하는 부사다.

557 소유격 + 최상급

Tom is **my best** friend in town. 마을에서 탐이 나의 가장 좋은 친구다.
Do **your best**. 너의 최선을 다해라.

Tip 최상급이 소유격 뒤에 쓰이면 관사가 수반 될 수 없다.
한정사는 연속해서 쓸 수 없는데, 소유격도 한정사고 관사도 한정사이기 때문이다.

558 서술형용사

The worst is **cheapest**. 싼 게 비지떡.
when is it **most** convenient for us to meet? 우리가 만나기에 언제가 가장 편합니까?
Jun is (the) **tallest** in his class. Jun이 그의 반에서 가장 키가 크다.
I feel **best** in the morning. 나는 아침에 기분이 가장 좋다.
Summer is **hottest** in August. 여름은 8월이 가장 덥다.
This lake is **deepest** at that point. 이 호수는 저 지점이 가장 깊다.
The voters should elect whichever of the candidates seems **best** to them.
투표자들은 누구든지 자기들에게 최고인 것 같은 자를 뽑아야 한다.

Tip 보어자리의 형용사가 명사없이 단독으로 쓰일 경우 최상급이라해도 관사를 수반하지 않는다.
I am happy를 최상급(I am happiest)으로 만든다고해서 원래 없던 관사가 생기는것은 아니기 때문이다.

(a) Jun is the tallest student in his class.
(b) Jun is (the) tallest in his class.

(b)의 tallest 뒤에는 명사가 따르지 않지만, student나 boy등의 명사가 생략되었다고 볼 수도 있다. 여기서 형용사 tallest는 명사가 수반되지 않았으므로 서술적 용법의 형용사라고 할 수 있으나 순수한 서술적 용법이라고 단정지을 수는 없다.
tallest 다음 student나 boy등의 명사가 수반되어도 문장은 여전히 성립하기 때문이다.

그러나 I feel best in the morning.의 경우 best는 good의 최상급으로 good 다음 어떤 명사도 수반될 수 없으므로 순수한 서술적 용법의 형용사이다. 이런 경우 정관사(the)가 수반될 수 없다.

Summer is hottest in August. 여름은 8월이 가장 덥다.이 문장에서 hottest는 순수한 서술적 용법의 형용사로, 명사가 수반될 수 없으므로 정관사 역시 수반될 수 없다.
Summer is the hottest season in August.라고 season이 수반될 수 있지 않을까? 라고 생각한다면 "여름은 8월중 가장 더운 계절이다."는 비논리적 문장이 되어버린다.
8월중에 어떻게 여러 계절이 있을 수 있겠는가?

This lake is deepest at that point. 역시 This lake is the deepest lake at that point.와 같이 쓸 수 없다. point안에 이 호수, 저 호수가 있을 수 없기 때문이다.

Of these lakes, this one is **the** deepest. (O)
위의 예문에서 정관사가 수반될 수 있는 이유는 Of these lakes, this one is **the** deepest (lake)처럼 볼 수 있기 때문이다.

따라서, 명사가 수반 가능한 서술형용사라면 정관사를 쓸 수 있지만, 명사가 수반 될 수 없는 상황이라면 정관사는 수반될 수 없다.

559 most (한정사/대명사)

Jun spends **most** of time reading.   Jun은 대부분의 시간을 책 읽는 데 보낸다.
Most people know the fact.   대부분의 사람이 그 소식을 알고 있다.

Tip most가 '가장~한'의 의미가 아닌 '**대부분**'이라는 의미이면 최상의 표현이 아니므로 정관사와 함께 쓰지 않는다.
Soccer is the most popular sport. 축구는 가장 인기 있는 운동이다.

very의 뜻으로 쓰이는 **a most의 경우 most는 강조의 의미**로 본다.
I had **a most** enjoyable evening.   아주 즐거운 저녁을 보냈다.
That is **a most** beautiful mountain. 저것은 매우 아름다운 산이다.

560 관용적 표현

at most (=not more than) 기껏해야, at least 적어도

There were **at most** 10 people at the meeting. 모임에 나온 사람은 고작 10명이었다.
You could have **at least** left a message for me. 최소한 나한테 메모는 남길 수 있었잖아.

no more than 겨우, no less than 자그마치

There is room for **no more than** three cars. 겨우 자동차 세 대가 들어갈 공간 밖에 없다.
The guide contains details of **no less than** 115 hiking routes.
그 안내서에는 자그마치 115개의 하이킹 루트에 대한 자세한 내용이 들어 있다.

 기출문제를 살펴보자 [서울여대]

(A)The most of the coal we (B)now mine to use for fuel (C)was formed (D)about 300 million years ago.

최상급의 의미가 아닌 대부분, 대다수를 위미하는 Most는 무관사로 쓴다.
오늘날 우리가 연료로 사용하는 대부분의 석탄은 대략 3억 년 전에 형성되었다.

▶ 정답 (A)

 기출문제를 살펴보자 [명지대]

다음 문장들 중 어법상 옳지 않은 것은?
(A) Please give me a truthful account of what happened.
(B) Susan had hoped to have gone with her mother.
(C) When is it most convenient for us to meet?
(D) I tried to convince him of my innocence.

248번에서 풀어본 문제지만 한번 더 살펴본다. 정답은 had hoped to go나 hoped to have gone이 되어야 한다. 위 문제의 정답은 (B)지만 (C)에서 most앞에 정관사가 없음에도 바른 문장인 것은 다른 상대와의 비교가 아닌 경우, 즉 '~ 중에서'라고 한정하는 말이 없이 막연히 쓰인 최상표현은 정관사 the와 함께 쓰지 않기 때문이다.
(A) 무슨 일인지 진실한 설명을 해주시오.
(B) Susan은 엄마와 함께 가기를 희망했었다.
(C) 언제가 만나기 편하십니까?
(D) 그는 그에게 나의 무죄를 입증하려고 애썼다.

▶ 정답 (B)

Chapter 14 기출 및 예상 문제

1 I can speak German a little but _____ you do.

(A) not so well than
(B) not so better as
(C) not well than
(D) not so well as

문석 주어(I), 동사(can speak), 목적어(German)의 3형식 문장이므로 빈칸에는 부사가 온다. [529]
동등비교의 부정 표현은 "not so ~ as"이다.
해석 나는 독일어를 조금 할 수 있지만 당신처럼 잘 하지는 못한다.
정답 (D)

2 "This pretzel is delicious!"
"Well, at least it's _____ the one I baked last week."

(A) as worse as
(B) no worse than
(C) as better than
(D) not better as

문석 (A) as worse as → as bad as [520]
(C) as better than → better than
(D) not better as → not so good as
해석 "이 프리첼은 맛있습니다."
"적어도 지난주에 구운 것보다 나쁘지는 않습니다."
정답 (B)

3 "Can he buy the car?"
"He is as poor as poor _____ be."

(A) may   (B) man
(C) people   (D) can

문석 as poor as (poor) can be '아주 가난한' [532]
해석 "그가 차를 살 수 있습니까?"
"그는 아주 가난합니다."
정답 (D)

4 (A)~(D)중 보기와 의미가 다른 하나를 고르시오.

Tom is not so much an amateur as a professional designer.

(A) Tom is not an amateur so much as a professional designer.
(B) Tom is a professional designer rather than an amateur.
(C) Tom is as a professional designer as an amateur.
(D) Tom is less an amateur than a professional designer.

문석 not so much A as B 'A라기보다는 오히려 B' [532]
(C) as ~ as는 동등비교구문으로 '~만큼 ~하다'는 의미이다. '탐은 아마추어(디자이너)인 만큼 전문 디자이너이다'라는 의미는 논리적인 문장이 아니다.
해석 "Tom은 아마추어라기보다는 전문 디자이너이다"
정답 (C)

5 Few of the people who live on the "cooperatives" _____ than they were as laborers.

(A) is well off financial
(B) financially well off
(C) are better off financially
(D) financial better off

문석 주어가 Few이므로 복수동사가 있어야 하고, than이 있으므로 비교급을 써야 한다. [552]
해석 협동조합에 의존해서 사는 사람들 가운데 그들이 노동자였을 때보다 부유한 사람은 거의 없다.
(협동조합에 의존해서 사는 사람들은 노동자였을 때 가장 부유했다는 의미)
정답 (C)

Chapter 14 기출 및 예상 문제

6 The more precise _____ ,the more effective the communication.

   (A) a writer's words
   (B) there are a writer's words
   (C) that a writer's words
   (D) they are a writer's words

문석 the 비교급, the 비교급구문이다. 뒷 부분에 동사가 없으므로 앞부분에도 동사가 없어야 한다. [540]
해석 작가의 언어가 정확 할수록 의사전달은 더 효과적이다.
정답 (A)

7 Poverty with honesty is _____ wealth by unfair means.

   (A) preferable than
   (B) more preferable than
   (C) preferable to
   (D) more preferable to

문석 preferable은 접속사 than 대신에 전치사 to와 함께 쓰고 자체로 비교의 의미가 있으므로 more를 쓰지 않는다. [554]
해석 정직한 가난이 부당한 수단에 의한 부유함보다 더 좋다.
정답 (C)

8 His failure was due to nothing else _____ his own carelessness.

   (A) besides   (B) than
   (C) without   (D) unless

문석 nothing else than = nothing other than = nothing more than = only
해석 그의 실패는 단지 그 자신이 부주의한 탓이다.
정답 (B)

9 He was so poor that he had _____ than one hundred dollars.

   (A) no less   (B) not less
   (C) no more   (D) not more

문석 no more than은 '단지'의 뜻이고 not more than은 '기껏해야'의 뜻이므로 not more than이 옳다. [560]
해석 그는 너무 가난해서 기껏해야 100달러 밖에 없다.
정답 (D)

10 Those students do not like to read novels, _____ text books.

   (A) much less
   (B) leaving out of the question
   (C) forgetting about
   (D) in any case

문석 "~은 말할 것도 없고"의 뜻이고 앞 문장이 부정문 이므로 much less가 옳다. [525]
해석 그 학생들은 교과서는 말할 것도 없고 소설을 읽는 것도 좋아하지 않는다.
정답 (A)

Chapter 14 기출 및 예상 문제

11 I've had _____ time to decide.

(A) than enough more
(B) than more enough
(C) more than enough
(D) enough than more

> 분석 more than이 형용사를 꾸밀 때 "매우"의 뜻이다.
> 해설 나는 결정할 시간이 매우 충분하다.
> 정답 (C)

12 To _____ of my knowledge, there are no adequate books on the subject.

(A) the best   (B) the good
(C) the better (D) the most

> 분석 to the best of my knowledge
> = as far as I know "내가 아는 한"
> 해설 내가 아는 한 그 주제에 관한 적절한 책이 없다
> 정답 (A)

[13-14] 다음 중 어법에 맞는 문장을 고르시오.

13 (A) The later you come, there will be little time for discussing.
(B) The later you come, the fewer time there will be for discussion.
(C) The later you come, the less time will there be for discussion.
(D) The later you come, the less there will be time for discussion.

> 분석 원 문장이 As you come later, there will be less time for discussion.이므로 "the 비교급~, the 비교급 ~" 형태로 바꾸면 (C)가 옳다. [540]
> 해설 네가 늦게 올수록 논의할 시간이 더 적을 것이다.
> 정답 (C)

14 (A) He is taller of the two boys.
(B) He will come as soon as possible he can.
(C) The harder you work, the more you will be successful.
(D) She is happiest when she is alone.

> 분석 (A) 뒤에 of the two가 있으므로 taller → the taller
> (B) as soon as possible = as soon as he can
> (C) more successful이 비교급 이므로 the more successful you will be.가 되어야한다.
> (D) happies가 순수한 서술적 용법의 최상급이므로 정관사가 수반되지 않은 것이다. [556]
> 해설 (A) 두 소년중 그가 더 크다
> (B) 가능한한 그는 빨리 돌아올것이다.
> (C) 열심히 일할수록, 너는 더 많이 성공 할 것이다.
> (D) 그녀는 혼자있을때, 가장 행복하다.
> 정답 (D)

15 The salesgirl (A)showed me all of the shoes (B)that she had, but I decided to (C)buy the last pair because it was (D)most fine.

> 분석 fine이 1음절 형용사이므로 최상급은 (D) most fine → finest [517]
> 해설 그 판매원은 나에게 가지고 있는 모든 신발을 보여주었지만, 나는 그것이 가장 좋았기 때문에 마지막 켤레를 사기로 결정했다.
> 정답 (D)

Chapter 14 기출 및 예상 문제

16 The songs of Bob Dylan are (A)<u>very popular</u> among young people, (B)<u>who regard</u> him (C)<u>as more superior</u> (D)<u>to other</u> musicians.

분석 superior는 그 자체로 비교의 의미를 가지므로 more를 붙이지 않는다. [554]
해설 Bob Dylan의 노래는 젊은이들 사이에 매우 인기가 있는데, 그들은 Bob Dylan이 다른 음악가들 보다 탁월하다고 생각한다.
정답 (C)

17 (A)<u>The more difficulty</u> the questions are, (B)<u>the less likely</u> I am (C)<u>to be able</u> to (D)<u>answer them</u>.

분석 원래의 문장이 As the questions are more difficult, I am less likely to be able to answer them.이므로 (A) The more difficulty → The more difficult [540]
해설 질문이 어려울수록 나는 답변 할 능력이 더 없어진다.
정답 (A)

18 (A)<u>Given</u> his choice of the two cakes, Johnny regarded (B)<u>them</u> thoughtfully for a moment and then (C)<u>chose</u> the (D)<u>smallest</u> one.

분석 the two cakes사이에서 고르는 것 이므로 둘 사이 비교이다. 둘 사이 비교에는 the 비교급을 써야 하므로 (D)는 the smallest → the smaller [538]
해설 두 케이크를 선택하게 했을 때 Johnny는 그것을 잠시 동안 생각에 잠겨서 바라보고 난 뒤 더 작은 것을 골랐다.
정답 (D)

19 (A)<u>Of the three plants</u> Amy (B)<u>had</u> in her apartment, only the ivy, which is (C)<u>the hardier</u>, lived through (D)<u>the winter</u>.

분석 of the three plants에서 보듯 셋 이상에서 비교한 것이므로 최상급을 쓴다. [546]
(C) the hardier → the hardiest
해설 Amy가 아파트에서 기르는 세 개의 식물 가운데 가장 질긴 담쟁이만이 겨울을 살아남았다.
정답 (C)

20 (A)<u>Many</u> jazz enthusiasts (B)<u>rate</u> Charlie "Bird" Parker, the alto saxophonist, (C)<u>as the</u> (D)<u>greater</u> improviser of all jazz musicians.

분석 of + 비교대상, in + 비교장소, that절의 경우 최상급을 쓴다. (D) the greater → the greatest [545]
해설 많은 재즈광들은 알토색소폰 주자인 Charlie Bird Parker를 모든 재즈 음악가 가운데 가장 위대한 즉흥 연주자로 평가한다.
정답 (D)

410 | Grammar Master

Chapter 14 기출 및 예상 문제

21 (A)<u>Of</u> the nominees for the Pulitzer Prize in Journalism this year, (B)<u>few</u> are (C)<u>influential</u> as Professor Blake. (D) No error

문절 as 원급 as가 되어야 하므로 few are (C)as influential as 가 되어야 한다. [528]
해설 올해의 저널리즘에서의 퓰리처상 지명자 중 Blake 교수 만큼 영향력 있는 사람은 거의 없다.
정답 (C)

22 White families are _____ blacks or Hispanics to have computers at home.

(A) three times as likely as
(B) as three times likely as
(C) as likely three times as
(D) likely as three time as

문절 배수비교는 '기수 + times + as 원급 as'이다. [530]
Hispanic : 라틴계의
해설 백인 가정은 집에 컴퓨터가 있을 가능성이 흑인계나 라틴계 가정보다 3배 높다.
정답 (A)

23 The final exam will be here _____.

(A) sooner than you think
(B) as soon as than you think
(C) sooner than think you
(D) as soon as you think

문절 The final exam will be here sooner than you think. [517]
(B) as ~ as 비교구문은 than 으로 이어질 수 없다.
(D) as soon as는 네가 시험을 생각하자마자로 논리가 맞지 않는다.
해설 학기말 시험은 네가 생각하는 것보다 빨리 올 것이다.
정답 (A)

24 Last year, land values in most parts of the pinelands (A)<u>rose</u> almost (B)<u>as fast</u>, and in some parts (C)<u>even faster</u> than, (D)<u>those</u> outside the pinelands.

문절 and ~ than 이 삽입되어 있는 것이고, as fast는 as 와 짝을 이루어 as fast as가 되어야 한다. (B)as fast as
해설 작년에 대부분의 소나무지대의 땅값은 거의 그 지역주변만큼 빠르게 상승했고 어떤 지역은 훨씬 더 빠르게 상승했다.
정답 (B)

25 Experts (A)<u>are worried</u> that (B)<u>hardened</u> gang members won't be caught, partly because their victims are often (C)<u>too scared</u> to turn them in and partly because some schools are more interested in avoiding bad publicity (D)<u>as</u> exposing violent kids.

문절 more interested로 보아 avoiding bad publicity 와 exposing violent kids는 비교되는 것이므로 as가 아니라 than이 되어야한다.
해설 전문가들은 비열한 갱단들이 잡히지 않을까봐 걱정 하고있다. 그들의 피해자들이 너무 겁을 먹어 그들을 신고하지 않기 때문이기도 하고, 일부 학교들은 폭력적인 아이들을 드러내 놓는 것보다 학교에 대한 나쁜 평판을 피하는 데 더 치중하기 때문이기도 하다.
정답 (D)

Chapter 14 기출 및 예상 문제

26. He was so disappointed that he (A)angrily chose the (B)worse movie he could find, (C)in the hope that it (D)might at least seem funny.

분석 worse는 bad, ill의 비교급인데 비교의 대상이 없고 he could find라는 관계절의 수식을 받으므로 (B)의 worse는 최상급 worst가 되어야 한다. [520]
in the hope that(of) ~을 기대하여
해석 그는 홧김에 최악의 영화를 고른 것에 실망했지만, 그 영화가 적어도 재미는 있을지 모른다는 기대를 갖고 있었다.
정답 (B)

27. (A)As recently as 2006, (B)less customers thought (C)twice about the materials (D)used to make baby bottles.

분석 (B)의 less는 little의 비교급으로 수를 나타내는 복수의 가산명사 customers 와 사용할 수 없다. [520]
따라서 less → fewer
해석 2006년까지만 해도 아기 젖병을 만드는데 사용되는 물질에 관해 깊이 생각해본 소비자는 거의 없었다.
정답 (B)

28. (A)Maintaining a common good often (B)requires that particular individuals or particular groups (C)bear costs that are (D)very greater than those borne by others.

분석 very는 원급을 강조한다. 비교급을 강조하는 것은 much다. (D)를 much로 고친다. [524]
해석 공공의 이익을 유지하려다 보면 종종 특정 개인이나 특정집단들은 다른 개인이나 집단들이 감내하는 것보다 훨씬 더 큰 희생을 견뎌야 할 필요가 있게 된다.
정답 (D)

29. The female cuttlefish rejects 70 percent of mating attempts, yet she takes males disguised as females _____.

(A) at a more high rate
(B) at a much higher rate
(C) with a very higher rate
(D) with much a higher rate

분석 at a rate :~의 비율로. 비교급 higher를 꾸미려면 비교급의 강조 much가 쓰인다. [524]
cuttlefish : 갑오징어
mate : v. 결혼하다, 동료가 되다, 교미하다
해석 암컷 갑오징어는 70%의 교미시도를 거절하지만, 암컷으로변장한 수컷은 훨씬 더 높은 비율로 받아들인다.
정답 (B)

Chapter 14 기출 및 예상 문제

30 If the competive elements (A)<u>were not tempered</u> by the basis urge (B)<u>to help one another</u>, business practices (C)<u>would rapidly become</u> much more savage and brutal (D)<u>as they are</u>, even today.

문절 앞에 비교급 much more ~가 있으므로 (D)는 than they are가 맞는 표현이다.
practice : 실행, 연습, 습관, 음모, 책략
savage : 야만의, 잔인한
brutal : 잔인한
해석 만일 경쟁적인 요소가 서로를 돕는다는 기본적 욕구에 의해서 진정되어지지 않는다면, 사업관행은 심지어 오늘날 훨씬 더 잔인하고 야만스럽게 될 것이다.
정답 (D)

31 To answer quickly is more important than _____.

(A) accurate answer
(B) answering accurate
(C) to answer accurately
(D) Your accurate answer

문절 비교는 서로 같은 것끼리 해야 한다. 비교의 주체가 'to 부정사구'이고 비교 대상도 'to 부정사구'가 되어야 하므로 (C)가 된다.
해석 신속하게 대답하는 것이 정확하게 대답하는 것보다 더 중요하다.
정답 (C)

32 The situation is so bad that the public service is now less than half _____ it had been before the coup in 1994.

(A) productive than
(B) productive as
(C) as productive as
(D) to be productive as

문절 half as 원급 as' 반만큼 ~하다'는 일종의 배수 비교구문이다. [530]
public service : 공공서비스
less than half : 절반 미만
coup : 쿠데타, 히트, 대성공
해석 상황이 너무 나빠져서 현재 공공서비스는 생산성이 1994년 쿠데타 이전의 절반에도 채 미치지 못한다.
정답 (C)

33 In Hawaii and Barbados, it was found that each tourist used (A)<u>between six</u> and ten times as much water and electricity (B)<u>than</u> a local. In Goa, villagers (C)<u>forced to walk</u> to wells for their water (D)<u>had to watch</u> as a pipeline to a new luxury hotel was built through their land.

문절 배수사 + as + 원급 + as 로 as는 as와 짝을 이룬다. (B)의 than은 as가 되어야한다.
해석 하와이와 바베이도스 관광객들이 현지인보다 최소 6배 이상의 물과 전기를 소비하였다. 고아에서는, 물을 얻기 위해 우물까지 걸어가야만 하는 마을 사람들이 새로 생기는 고급호텔로 통하는 급수관이 자신들의 땅을 지나가는 것을 지켜봐야만 했다.
정답 (B)

마공스터디 www.magongstudy.com
동영상 강의중

ER 편입 그래머 마스터

등위접속사

Unit 113. and
Unit 114. but
Unit 115. for / so
Unit 116. or / nor
Unit 117. yet
Unit 118. 접속부사
Unit 119. 등위상관접속사

접속사는 접착제와 같다. 그래서 단어와 단어, 구와 구, 절과 절을 연결하는 역할을 한다.
이러한 접속사의 종류에는 등위접속사와 종속접속사가 있다.

등위접속사 (and, but, or, so, nor, yet, for) 7가지 중 for, nor, so는 오직 독립된 절만 연결할 수 있다.

종속접속사는 주절-종속절의 관계를 형성하며, 명사절, 형용사절, 부사절을 이끄는 역할을 한다.

Unit 113 and

Guide and는 단어, 구, 절 모두 연결 가능하다.

561 기본용법

She served me coffee **and** sandwiches. 그녀는 커피와 샌드위치를 나에게 제공했다.

> **Tip** coffee and sandwiches 단어와 단어끼리 연결

To teach **and** to learn are two different things. 가르치는 것과 배우는 것은 두 가지의 다른 것이다.

> **Tip** to teach and to learn 구와 구끼리 연결

Jun played the piano, **and** Susan sang a song. Jun은 피아노를 연주했고, Susan은 노래를 불렀다.

> **Tip** Jun played the piano, **and** Susan sang a song. 문장끼리 연결
> 등위접속사 and가 서로 다른 주어의 문장과 문장을 연결할 경우 등위접속사 앞에 comma(,)를 쓰는 것이 일반적이다.

562 명령문 또는 must, should, have to + and / or

Do your best **and** you will succeed. 최선을 다해라 **그러면** 성공할 것이다.
We have to run, **or** (else) we'll be late. 뛰어야 해. **그렇지 않으면** 지각할 거야

> **Tip** 동사원형으로 시작하는 명령문 또는 must, should, have to 뒤의 등위접속사 and는 '**그러면**'으로 해석한다.
> 동사원형으로 시작하는 명령문 또는 must, should, have to 뒤의 등위접속사 or는 '**그렇지 않으면**'으로 해석한다.

563 come, go, run, try, wait + and + 동사

Come and sit here next to me. 이리 와서 옆에 앉아.
She might want to **go and help** orphans. 그 여자는 가서 고아들을 돕고 싶어 할지도 몰라.

> **Tip** come, go, run, try, wait +and + 동사에서 and는 목적의 to 부정사의 의미이다.

Unit 114 but

Guide but은 단어, 구, 절 모두 연결 가능하다.

564 기본용법

Jun is young **but** wise man. Jun은 젊지만 현명한 남자다. (단어끼리 연결)
He is not tall, **but** he can play basketball very well.
그는 키가 크지는 않지만 농구를 아주 잘 할 수 있다. (문장끼리 연결)

565 but의 부사적 용법

He is **but** a child. 그는 그저 어린아이에 불과하다.

Tip but이 부사로 단지, 다만, 그저 ~뿐(only, merely)이라는 의미를 갖는다.

566 but의 전치사적 용법 = except

Nobody but me knows the news. 그 소식을 아는 사람은 나뿐이다.
= Nobody **except** me knows the news.
He is **nothing but** a liar. 그는 거짓말쟁이에 불과하다.
　　nothing but = only

Who can do the work **but** Tom? Tom 이외에 누가 그 일을 할 수 있겠는가?

Tip all, everyone, anyone, anything 등 전체를 뜻하는 부정대명사
　　no one, nobody, none, nothing 등 부정을 뜻하는 부정대명사
　　who 등의 의문사가 이끄는 반어적인 의문문
　　the first, the last, the next, the tallest 등 서수나 최상급 다음 but은 전치사 except의 의미로 사용된다.

567 부정어 ~ but '~하면 반드시 ~하다'

It **never** rains **but** it pours. 비만 왔다 하면 억수로 쏟아진다.
I **never** see you **but** I think of my father. 너를 만나면 반드시 내 아버지가 생각난다.
= I **never** see you **without thinking** of my father.

Unit 115　for / so

Guide　for는 "왜냐하면"의 의미로 앞의 내용에 대한 이유를 부가적으로 설명하고 다른 등위 접속사들과는 달리 절과 절만 연결할 수 있다.
so는 "그래서", "그러므로"의 의미로 앞의 내용에 대한 결과를 나타내는 절을 연결시키는 접속사이다.
so도 for처럼 다른 등위 접속사들과는 달리 절과 절을 연결하는 데만 사용한다.

568 for

We don't go out, **for** it is raining. 우리는 밖에 나가지 않을 것이다. 비가 오기 때문이다.
I don't drink coke, **for** it contains caffeine. 나는 콜라를 마시지 않는다, 카페인이 들어있기 때문이다.

For it is raining, we don't go out. (X)
For it contains caffeine, I don't drink coke. (X)

569 so

You're a responsible young man, **so** I don't worry too much.
너는 책임감 있는 젊은이기에, 그래서 나는 많은 걱정을 하지 않는다.
It was snowing, **so** I decided to take the subway. 눈이 오고 있었다. 그래서 나는 지하철을 타기로 했다.

▶ **for vs. so**　　　　　　　　　　　　　　　ⓗⓞⓣ p@ge 31

등위 접속사 for나 so는 부사절을 이끄는 종속 접속사인 because나 as 등과는 달리 문두에 쓸 수 없다.

For it is raining, we don't go out. (×)
So I don't worry too much, you are a responsible young man. (×)
Because it is raining, we don't go out. (O)

▶ **so~that vs. so that**
She is so kind (that) everybody likes her. 부사로 쓰여 형용사 kind를 꾸미고 있다.
She worked very hard so (that) she could pass the entrance exam.
so that은 접속사로 쓰였다.
두 경우 모두 that은 생략 가능하다.

Unit 116 or / nor

Guide or는 단어, 구, 절 모두 연결 가능하다. nor는 상관접속사로도 쓰인다 (698번 참조)

570 or

There are only cereals **or** vegetables to eat. 먹을 거라곤 잡곡이나 채소뿐이다.

Tip cereals or vegetables 단어와 단어끼리 연결

The book may be on the desk **or** in the drawer. 그 책은 책상 위에 있거나 서랍 속에 있을 것이다.

Tip on the desk or in the drawer 구와 구끼리 연결

Their eyes may be bigger than yours, **or** their faces may be darker than yours.
그들의 눈은 당신들 눈보다 클지도 모르고, 혹은 그들의 얼굴이 당신들 얼굴보다 검을지도 모른다.

Tip 등위접속사 or가 문장과 문장을 연결할 경우 등위접속사 앞에 쉼표(,)를 쓴다.

571 nor

앞의 부정문에 이은 또 하나의 부정문을 만들 때 쓰이며, "~도 또한 ~하지 않다"의 의미이다.
nor는 and neither와 바꿔 쓸 수 있는데, 이때 neither, nor 뒤의 문장 어순은 의문문 순서로 도치된다.
He is not rich, **and** he does **not** want to be, **either**. 그는 부자가 아니다, 그리고 부자가 되길 원치도 않는다.
He is not rich, **and neither** does he want to be. 의문문 순서로 도치된다
He is not rich, **nor** does he want to be. 의문문 순서로 도치된다

Tip neither는 접속사가 아닌 부사로, 접속사 and 없이 문장을 연결할 수 없다.

Unit 117 yet

Guide yet은 접속사, 부사로 쓰인다.

572 접속사 yet

'그럼에도 불구하고', '하지만, 그래도' (nevertheless와 뜻이 같으나 but보다는 강하고 still보다는 약함)

A strange **yet** true story. 이상하지만 진짜 이야기
He was my close friend, **yet** he wouldn't help me. 그는 나의 절친한 친구였다. 그러나 나를 도우려 하지 않았다.

573 부사 yet

① 부정문에서 (아직 ~않다)

I **haven't** finished the work **yet**. 나는 아직 그 일을 끝내지 못했다.

② 의문문에서 (이미, 벌써)

Have you done your work **yet**? 벌써 일을 다 끝냈니?

574 연결부사 yet - 접속사로 쓰이는 것은 아니다.

It is spring now, **but yet** it's quite cold out there. 지금은 봄이지만 밖은 꽤 춥다.
Tom was a poor man, **and yet** Susan loved him. Tom은 가난한 젊은이였지만, Susan은 그를 사랑했다.
Though the lady seems happy, **yet** she is worried. 그 여인은 행복해 보이지만 그래도 걱정이 있다.

> Tip yet이 부사로 다른 접속사(but, and, though등)와 함께 쓰여 강한 부정의 의미를 나타낸다.
> and yet 또는 but yet으로 그럼에도 불구하고, 그런데도, 게다가 (더욱)

Unit 118 연결(접속) 부사

Guide 연결(접속)부사는 접속사가 아니다. 접속사적인 의미를 가진 부사일 뿐이다.
따라서 절과 절을 연결할 경우 접속사의 기능을 가진 semicolon(;)이나 등위접속사 등과 함께 사용된다.

575 접속부사의 종류

양보 (~임에도 불구하고)	however, nevertheless, still 등
결과 (따라서, 결과적으로)	accordingly, consequently, hence, therefore, thus, as a consequence, as a result, finally 등
부가 (더욱이, 게다가)	besides, furthermore, moreover, above all, in addition, likewise 등
추가 설명 (사실상, 제대로)	indeed, in fact 등
대조 (반대로, 대조적으로)	contrarily, in contrast
순서 (그 다음에, 그 후에)	then, thereafter 등
가정 (그렇지 않다면)	otherwise
화제전환 (그런데, 그건 그렇고)	(in the) meantime, meanwhile, by the way 등

Jane is pretty, **and besides**, she is intelligent and kind.   Jane은 귀엽다, 게다가 똑똑하고 친절하기까지 하다.
The soldiers were tired **and** sleepy; **nevertheless**, they kept on walking.
군인들은 피곤하고 졸렸으나, 계속 걸었다.

기출문제를 살펴보자 [광운대]

다음 문장 중에서 어법상 가장 어색한 것을 고르시오.
(A) Jill doesn't do well in school. However, her sister is a straight A student.
(B) You see lots of trees in Maine; likewise, there are few in Arizona.
(C) She won the lottery; therefore, she was happy.
(D) John has always been a top math student. Nevertheless, he failed calculus this quarter.

(B) You see lots of trees in Maine; likewise, there are few in Arizona. like wise는 접속부사로 쓰여서 '마찬가지'라는 의미이므로 앞의 '메인에는 나무가 많다'와 '애리조나에는 나무가 거의 없다'는 서로 반대의 뜻이므로 두 문장을 연결할 수 없다. 접속사 역할의 세미콜론(;)이 있으므로 **however**로 연결해야 한다.
(D) calculus : 미적분학   quarter : 학기

(A) Jill은 학교성적이 좋지않지만 그녀의 언니는 전과목 A 학생이다.
(B) 메인주에서는 많은 나무를 볼 수 있지만, 아리조나에서는거의 볼 수 없다.
(C) 그녀는 복권에 당첨되어서 행복했다.
(D) John은 수학을 잘하는 학생이지만, 이번 학기 미적분학에 낙제했다.

▶ 정답 (B)

▶ 등위접속사 vs. 연결(접속)부사

h@t p@ge 32

등위접속사는 두 문장을 연결할 수 있다.
S + V, 접속사 S + V. (이 경우 접속사는 for, so, but, yet, or, and, nor이다)

접속부사는 문장을 연결할 수 없다.
즉 S + V.(;) 접속부사 S + V. 세미콜론(세미콜론이 접속사의 역할을 한다) 혹은 마침표 2개가 필요하다.

I tried to reserve the seat,(쉼표) (but / however) someone had already booked it.
위 문장은 한 문장에 두 개의 절이 있다. 그러므로 등위접속사 but이 답이다.

I tried to reserve the seat.(마침표) (But / However) someone had already booked it.
두 문장이므로 이 경우는 접속부사 however가 답이다.

접속부사의 위치
문장의 맨 앞이나 중간, 뒤에 올 수 있고, 부사이므로 문장에서의 이동이 자유롭다.
세미콜론과 쉼표 사이에 위치하며 기능상으로는 두 절을 연결, 의미상으로는 부사적인 역할을 한다.

He was sick; **therefore**, he didn't go out. 그는 아팠다, 그래서 나가지 않았다.
He was sick; he didn't go out. (세미콜론만 쓰이고 접속부사 생략되기도 함)
He was sick; his boss, **however**, didn't let him go home. 그는 아팠다; 그의 상사는, 그러나 그가 퇴근하지 못하게 했다.
He was sick; he would have been here **otherwise**. 그는 아팠다; 안 그랬으면 그는 여기 왔을 것이다.

접속부사는 문장을 연결하지 않고 독립적으로 쓰이기도 한다.

He was sick. **However** he went to work. 그는 아팠다. 그럼에도 불구하고 그는 출근했다.

등위접속사에 의한 의미 전달.
He was sick, **but** he went to work.

접속사는 절과 절을 연결하여 하나의 문장을 만드는 것이다.
Susan doesn't want to marry John, **although** she loves him. → 하나의 문장

접속부사는 두개의 문장을 의미로만 연결하는 부사다. 그러므로 두 개의 절을 연결하여 하나의 문장으로 만들 수는 없다.
Susan loves John. **However**, she doesn't want to marry him. → 두 개의 문장

Unit 119 (등위)상관접속사
and, but, or, nor

Guide 등위접속사 and, but, or, nor는 다른 어구와 짝을 지어 상관어구를 이루는데, 이를 등위상관접속사라고한다. 이때 짝이 되는 A와 B는 병치를 이룬다.

576 상관접속사

both A and B	A, B 둘 다
either A or B	A 또는 B
neither A nor B	A, B 둘 다 아닌
not A but B	A가 아니라 B
not only A but also B	A뿐만 아니라 B도

Tip
1. both A and B는 항상 복수 동사를 취하며, 나머지들은 B에 동사를 일치시킨다. 자세한 내용은 Unit 150 일치 파트를 참고한다.
2. both A and B = at once A and B = A and B as well
3. not only A but also B = B as well as A (이때 역시 B에 동사를 일치시킨다)
4. Not only가 문두에 쓰일 경우 의문문순서로 도치된다.

I know **both** where you went **and** what you did.　　나는 당신이 어디에 갔고 무엇을 했는지 알고 있다.
Either Jun **or** Susan knows the fact.　　Jun 또는 Susan이 그 사실을 알고 있다.
The tickets are **neither** in my pocket **nor** in my purse.　　티켓은 주머니에도 지갑에도 없다.
He is **not only** an excellent student **but (also)** an outstanding athlete.
=He is an outstanding athlete **as well as** an excellent student.
=**Not only** is he an excellent student **but (also)** an outstanding athlete.
　　그는 우수한 학생일 뿐만 아니라 탁월한 선수이기도 하다.

577 병치되는 대상은 항상 같은 형태여야 한다.

1. He wants to go by **either train or plane**. (train과 plane) 그는 기차나 비행기로 가기를 원한다.
2. He wants to go **either by train or by plane**. (by train과 by plane)
3. He wants **either to go by train or to go by plane**. (to go by train과 to go by plane)
같은 단어가 반복되는 2, 3번의 경우보다 1번의 경우를 많이 쓴다.

마공스터디 www.magongstudy.com
동영상 강의중

ER 편입 그래머 마스터

명사절 접속사

Unit 120. 명사절 접속사의 개념/종류
Unit 121. 명사절 접속사 that
Unit 122. 명사절 접속사 whether, if
Unit 123. when / where / why / How
Unit 124. what(ever), which(ever)
Unit 125. who(ever), whom(ever)

명사절접속사는 명사자리(주어/보어/목적어/전치사의 목적어)의 절을 이끄는 접속사다.
문장성분(주어/보어/목적어)을 다 갖춘절을 이끄는 경우와 그렇지 않은(주어/보어/목적어 중 한 성분이 없는) 경우로 나눌 수 있다.

Unit 120 명사절 접속사의 개념/종류
that, whether, if, when, where, why how, what 등

Guide 명사의 자리(=주어, 보어, 목적어, 그리고 전치사의 목적어자리)에 들어간 절을 이끌어 주는 접속사를 말한다.
명사절 접속사의 종류는 ① 완전한 문장(P.S)을 이끄는 that/whether/if/when/where/why/how와
② 불완전한 문장(N.P.S)을 이끄는 what/which/who/whom으로 분류 할 수 있다.

that	'~라는 것', '~하기'의 의미로 단순 사실의 내용을 이끈다	
whether if	'~인지 어떤지'의 의미로 불 확실한 내용을 이끈다	**+ 완전한 형태의 문장** (Perfect Sentence)
when시간(언제) where장소(어디서) why이유(왜) how방법(어떻게)		

what(ever)	'~것, 무엇'의 의미로 (불)특정을 의미한다	
which(ever)	'(~중에서)어느 것'의 의미로 선택의 상황에 쓰인다	**+ 불완전한 형태의 문장** (Not Perfect Sentence)
who(ever) whom(ever)	'누구'의 의미로 사람을 의미한다.	

완전한 형태의 문장이란 주어, 동사, 보어 또는 목적어가 모두 갖춰진 형태의 문장을 말한다.

불완전 형태의 문장이란 주어나, 보어 또는 목적어 중 하나가 없는 형태의 문장을 말한다.

[The rumor / 주어(명사)] [is / 동사] [true / 보어]   그 소문은 사실이다.

주어자리에 명사 The rumor가 쓰인 2형식 문장이다.
그런데 이 문장에서 The rumor(소문)의 내용은 알 수가 없다.
그렇다면 the rumor의 내용이 He is a liar라면, '소문 = 그는 거짓말쟁이다'가 되는 것이다.

[He is a lair / 주어(절)] [is / 동사] [true / 보어]

이것을 연결해서 써보면 He is a liar is true라는 동사가 두 개 쓰인 **틀린문장**이 되어버린다.

그러면 위에서 배운 주어자리에 절(He is a liar)이 들어왔으므로 명사절 접속사 that으로 연결하면

[**That** he is a liar / 주어(명사절)] [is / 동사] [true / 보어]   그가 거짓말쟁이라는 것은 사실이다.

That he is a liar is true. 라는 문장이 되고 be동사가 두 가지만, 접속사 That이 쓰였기 때문에 바른 문장이 되는 것이다.

그렇다면 많은 명사절 접속사의 종류 중에 왜 That을 취했을까? Whether나 When 또는 What 등의 다른 명사절 접속사들은 안 될까?

위에서 살펴보면 That은 '단순사실 절'을 이끈다고 되어 있다.
그리고 Whether, if는 불확실한 내용을 이끈다고 했고, When언제, Where어디서, Why왜, How어떻게, What 이하는 '언제, 어디서, 왜, 어떻게' 의 의미가 확실한 문장을 이끈다고 했다.

He is a liar. '그는 거짓말쟁이다'는 단순사실을 전달하는 문장이다. 따라서 That만 가능하다.
Whether he is a liar is true.   그가 거짓말쟁이인지 '어떤지'는 사실이다.
When he is a liar is true.   '언제' 그가 거짓말쟁이인지는 사실이다.
Why he is a liar is true.   '왜' 거짓말쟁이인지는 사실이다.
위와 같이 다른 접속사를 넣어보면 **비논리적**인 문장이 된다는 것을 알 수 있다.

그렇다면 what은 어떨까?
Who(ever), Whom(ever), which(ever), what(ever)는 불완전 문장을 이끈다고 되어있다.

그런데, **He is a liar**는 '주어 + 동사 + 보어'가 모두 갖춰진 완벽한 문장이므로 불완전한 문장(주어, 보어, 목적어 중 하나가 없는 문장)만을 이끌 수 있는 what은 아예 자격이 없는 것이다.

[**What** he wants]   [is]   [money]   그가 원하는 것은 돈이다.
  주어(명사절)   동사   보어

위 문장에서는 타동사 wants의 목적어가 없다. what이 목적어의 역할과 접속사의 역할을 동시에 하는 것이다.

기출문제를 살펴보자 [건국대]

(A)That patients want is to (B)be treated with respects and consideration, (C)which in my experience (D)too few hospitals and doctors (E)bestow.

주어자리의 명사절 접속사 문제이다. That patients want is to (B)be treated에서 That patients want가 주어, is가 본동사이다. 명사절 접속사 That은 완전한 문장만 이끌 수 있다.
want의 목적어가 없으므로 That → What이 옳다.
which(=목적격 관계대명사) too few hospitals and doctors(주어) bestow(타동사)의 구조이다.
calculus : 미적분학   quarter : 학기

환자들이 원하는 것은 존중과 배려로 치료받는 것이다. 그러나 내 경험으로 볼 때 그렇게(=선행문장 전체; 환자들이 원하는 존중과 배려) 치료하는 병원과 의사는 거의 없다.

▶ 정답 (A)

Unit 121 명사절 접속사 that의 용법

Guide 명사절 접속사 that은 ①주어, ②보어, ③목적어, ④형용사의 보어절을 이끄는 역할로 "~하기, ~하는 것"으로 해석되며 완전한 형태의 절만을 이끈다.
전치사의 목적어로는 불가능하지만 in that(~라는 점에서)과 except that(~을 제외하고)은 가능하다.

578 주어 자리의 that

That he is a liar is true. 그가 거짓말쟁이라는 것은 사실이다.
= **It** is true (**that**) **he is a liar**. 가주어 It을 쓰고 that이하를 후치시켰다.

> **Tip** 주어 자리의 단순사실절 he is a liar를 that이 이끈다. 이때 that he is a liar대신 가주어 It을 쓰고 that 이하는 뒤로 후치시킬 수 있다.
> 주어 자리의 that은 생략 불가능하지만 가주어를 써서 후치된 that은 생략가능하다.

579 보어 자리의 that

The trouble is **that we don't have enough time**. 문제는 우리가 시간이 부족하다는 것이다.
The best part of this program is **that it can be used by the beginners**.
이 프로그램의 가장 좋은 점은 초보자들도 이용할 수 있다는 것이다.

> **Tip** be동사 뒤 보어 자리의 단순사실절 we don't have enough time을 that이 이끈다.
> be동사 뒤 보어 자리의 단순사실절 it can be used by the beginners를 that이 이끈다.

580 목적어 자리의 that

I didn't know **that he loved her**. 나는 그가 그녀를 사랑했다는 것을 몰랐다.
You will find **that there's no place like home**. 당신은 집처럼 좋은 곳이 없다는 것을 알게 될 것이다.

> **Tip** 타동사 know의 목적어 자리의 단순사실절 he loved her를 that이 이끈다.
> 타동사 find의 목적어 자리의 단순사실절 there's no place like home을 that이 이끈다.
> 목적어 자리의 that은 생략 가능하다. I didn't know **he loved her**.

581 전치사의 목적어 that

Men are different from animals **in that men can think logically**.
인간은 논리적으로 생각할 수 있다는 점에서 동물과 다르다.
The movie is good **except that it is too long**. 그 영화는 너무 길다는 것만 제외하면 좋다.
The spring air is nice **but that construction noise is a little much**. 봄바람은 좋은데, 공사장 소음이 좀 크다.

> **Tip** 명사절 접속사 that은 전치사의 목적어로는 쓰이지 않으나, 예외적으로 in, except(= but, save)의 목적어로는 가능하다.
> except는 to부정사도 목적어로 취할 수 있으며 이 경우 to를 생략한 원형으로 쓰기도 한다.
> Some people have little to do except (to) spend their money.

582 형용사의 보어 that

I am really sorry **that I couldn't accept his invitation**. 그의 초대에 응하지 못해 몹시 미안하다.
I was surprised **that my friend was in the movie**. 내 친구가 그 영화에 나와 놀랐다.
I am sure **that I will be a valuable asset to your company**. 제가 귀사에 귀중한 자산이 될 것으로 확신합니다.

> **Tip** 명사절 that이 주어, 보어, 목적어, 전치사의 목적어자리가 아닌 형용사 뒤에 위치해 있다.
> 명사가 형용사 뒤에서 형용사의 수식을 받듯이 명사절도 형용사 뒤에 위치할 수 있다.
> 그러므로 형용사 뒤에 명사절 that이 가능한 것이다.

583 동격절을 이끄는 that

사실의 fact, news, truth, report
생각의 belief, idea, opinion, thought
증거의 evidence, suspicion, proof   + that절
제안, 요구의 order, suggestion, requirement
기타 chance, doubt, possibility, rumor, news

위에서 열거한 명사들 뒤의 that절은 앞의 명사와 동격의 절로 that 이하가 완전한 문장이 이어진다는 점에서 관계대명사 that절과 다르지만, '**형용사절**'에 해당한다.

The actress tried to cover up the fact **that she had plastic surgery**.
그 여배우는 자신이 성형수술을 했다는 사실을 숨기려 했다.

> **Tip** 명사절 that she had plastic surgery는 the fact와 동격 (The fact is that she had plastic surgery)

There is a chance **that we may win the game**. 우리가 시합에서 이길 가능성이 있다.

> **Tip** 명사절 that we may win the game은 a chance와 동격 (A chance is that we may win the game)

There is no proof **that he stole it**. 그가 그것을 훔쳤다는 증거는 없다.

> **Tip** 명사절 that he stole it은 proof와 동격 (The proof is that he stole it)

The rumor **that his son was injured in the accident** was not true.
그의 아들이 사고로 다쳤다는 소식은 사실이 아니었다.

> **Tip** 명사절 that his son was injured in the accident는 The rumor와 동격 (The rumor is that his son was injured in the accident)

▶ 동격의 that vs. 명사절 접속사 that ⓗⓞⓣ p@ge 33

동격의 that도 명사절 접속사 that도 완전한 형태의 문장을 이끌지만, 선행사의 여부에 따라 쓰임이 다르다.

She tried to conceal <u>the fact</u> **that she was a student**. 그녀는 학생이라는 사실을 숨기려 했다.
           (선행사) → (동격의 that)

I <u>know</u> [that she was a student] 나는 그녀는 학생이었다는 것을 알고 있다.
동사   목적절   → 선행사가 없는 타동사의 목적어 자리 (명사절 접속사)

이처럼 선행사가 있으면 동격의 that, 선행사 없이 주어, 보어, 목적어 자리에서 절을 이끌면 명사절 접속사 that이다.

📖 기출문제를 살펴보자 [동국대]

The smiles on our faces were (A)<u>wiped away</u> in an instant as the opening shot was cut short by an (B)<u>announcement where</u> a "major incident" had (C)<u>taken place</u> at the palace and we were (D)<u>being transferred</u> immediately to the BBC newsroom.

----

an announcement where a "major incident" had taken place at the palace 에서 where뒤에 장소를 나타내는 at the palace가 또 있다. This is the hospital where I was born in the hospital.처럼 쓴 것과 다를 바 없다. in the hospital을 쓸 수 없다. 따라서 선행사 an announcement 다음 **동격의 that**으로 보는 것이 바른 것이다.

왕실에서 큰 사고가 발생했다는 소식에 행사가 중단되자 얼굴에서 미소가 사라지고 우리는 BBC뉴스 편집실로 즉시 이동해야 했다.

▶ 정답 (B)

Unit 122 명사절 접속사 whether, if

Guide whether, if는 "~인지 어떤지(아닌지)"의 의미로 ask / wonder / question / doubt / don't know / don't decide / be not sure등과 같이 불확실성을 의미하는 표현을 이끄는 명사절 접속사이다.

584 주어 자리의 whether

Whether the news is true is not certain. 그 소식이 사실인지는 확실치 않다.
If the news is true is not certain. (X) **If는 주어 자리에 쓸 수 없다.**

> **Tip** not certain이라고 했기 때문에 주어자리의 the news is true는 불확실성을 의미한다.
> 이러한 불확실성을 의미하는 절은 whether가 이끈다.
> **if는 주어 자리에 쓸 수 없다.**

585 보어 자리의 whether

The question is **whether I should keep the promise or not**. 문제는 내가 약속을 지켜야하느냐 마느냐이다.
=The question is **whether or not I should keep the promise**.
The question is **if I should keep the promise or not**. (X) **if는 보어 자리에 쓸 수 없다.**

> **Tip** question은 의문을 나타내는 단어이다. 의문은 불확실함을 의미한다. 따라서 I should keep the promise or not은 '약속을 지켜야할지 말아야할지'의 불확실성을 의미하는 절이므로 whether가 이끈다. or not은 문미에 써도, whether와 붙여서 써도 된다.
> **if는 보어 자리에도 쓸 수 없다.**

586 전치사의 목적어 whether

Your style depends on **whether you wear a tie or not**. 당신의 스타일은 타이를 매느냐 매지 않느냐에 달려있다.
Your style depends on if you wear a tie or not. (X) **if는 전치사의 목적어 자리에 쓸 수 없다.**

> **Tip** whether역시 명사절 접속사이므로 전치사의 목적어 자리에 올 수 있다.
> 하지만 if는 전치사의 목적어 자리에 쓸 수 없다.

587 목적어 자리의 whether / if

I wonder **whether there will be a raise next year or not**. 나는 내년에 임금이 인상될지 안 될지 궁금하다.
= I wonder **whether or not there will be a raise next year**.
I wonder **if there will be a raise next year or not**. (O)
I wonder **if or not there will be a raise next year**. (X)

Nobody knows **if it doesn't snow**. (O) 눈이 오지 않을지는 아무도 모른다.
Nobody knows **whether it doesn't snow**. (X) **부정문에서는 whether가 아닌 if를 쓴다.**

> **Tip** wonder 의문을 나타내는 단어이다. 의문은 불확실함을 의미한다. 따라서 there will be a raise next year는 '임금이 인상될지 어떨지'의 불확실성을 의미하는 절이므로 whether가 이끈다.
> 목적어 자리에서는 if도 절을 이끌 수 있다. 그러나 if는 or not과 바로 붙여서 쓰지는 못한다.
> 종속절이 부정문인 경우 if를 쓴다.

588 형용사의 보어 whether / if

I am not sure **whether this is an important question**.
I am not sure **if this is an important question**. 이것이 중요한 질문인지는 확실하지 않다.

I am sure **whether(if)** this is an important question. (X)
I am sure **that this is an important question**. (O) 이것이 중요한 질문이라고 확신한다.

> **Tip** 형용사의 보어로는 whether / if 모두 가능하다.
> I am sure whether(if) this is an important question.이 틀린 이유는 '확신한다(I am sure)'라고 했으므로 불특정을 의미하는 whether(if)가 아닌 사실을 의미하는 that을 써야한다.

589 whether vs. if

	whether	if
주어자리	O	X
보어자리	O	X
목적어자리	O	O
전치사의 목적어	O	X
or not 붙여쓰기	O	X
종속절이 부정문인 경우	X	O
형용사의 보어	O	O

▶ that vs. whether

h@t p@ge 34

I am sure **whether** there will be a raise next year.
I don't know **that** there will be a raise next year.

위의 두 문장은 모두 어색한 문장이다.

첫 문장에서 주어는 whether 이하를 확신한다고 했다.
whether, if의 사용전제는 불확실성을 의미하는 절을 이끄는 역할이다.
그런데 확신한다는 sure와 whether를 함께 쓰면 논리가 맞지 않는 것이다.
'임금이 인상될 것'이라는 단순사실 절이므로 that이 이끌어야 바른 문장이 된다.
두 번째 문장도 같은 맥락이다. don't know는 모른다는 불확실성을 의미하는 동사이다.
즉 '내년에 임금이 인상될지 어떨지 모른다'는 불확실성의 절이므로 that이 아닌 whether나 if가 이끌어야 바른 문장이 된다.

There is little doubt whether he will have to remain in hiding for the rest of his life. (X)
의심의 여지가 없다(little doubt)는 것은 확실하다는 의미로 이런 경우 whether가 아닌 that을 써야 한다.

Do you know **whether** they have children? 그들에게 아이가 있는지 아세요? (아이들이 있는지의 여부)
Do you know **that** they have children? 그들에게 아이가 있다는 사실을 아세요? (아이가 있다는 사실)

기출문제를 살펴보자 [경기대]

At the center of the former star couple's dispute is _____ the death of their unborn child was a miscarriage caused by the husband's physical violence or an abortion carried out by the wife.

(A) what   (B) whether   (C) why   (D) when

Whether the death of their unborn child was a miscarriage caused by the husband's physical violence or an abortion carried out by the wife(주어) is ~

주절의 Whether A or B 구문이고 부사구 At the center of the former star couple's dispute 이 앞으로 도치되고 '동사 + 주어'로 도치되었다.

태아의 죽음이 남편의 신체적 폭력에 의해 야기된 유산인지 아내에 의해 행해진 낙태였는지가 예전 그 스타부부의 논쟁의 중심이다.

▶ 정답 (B)

기출문제를 살펴보자 [가천대]

Television now plays such an important part in so many people's lives that it is essential for us to try to decide _____ it is a blessing or a curse.

(A) that   (B) what   (C) whether   (D) which

타동사 decide의 목적어 자리에 명사절 접속사 중 or와 연결되는 if나 whether가 와야 한다.

텔레비전은 지금 아주 많은 사람들의 생활에서 너무나 중요한 역할을 하고 있어서, 텔레비전이 축복인지 아니면 저주인지 생각해 볼 필요가 있다.

▶ 정답 (C)

Unit 123 when, where, why, how

Guide　When(언제) Where(어디서) Why(왜) How(어떻게)는 각각의 의미가 정확히 전달되는 문장의 접속사로 쓰인다.

590　주어 자리의 when, where, why, how

When he was born is still a mystery. 언제 그가 태어났는지는 여전히 알려진 바 없다.
Where he was born is still a mystery. 어디서 그가 태어났는지는 여전히 알려진 바 없다.
How he survived the crash is still a mystery. 그가 어떻게 사고에서 생존했는지는 여전히 알려진 바 없다.

> Tip　첫 문장은 '언제 그가 태어났는지'를 두 번째 문장은 '어디서 태어났는지'를 세 번째 문장은 '어떻게 살아남았는지'의 의미를 갖고 주어자리의 절을 이끌고 있다.

591　보어 자리의 when, where, why, how

This is **why he gave me some money**. 그가 내게 돈을 준 이유에요.
Monday is **when I am busiest**. 월요일은 내가 가장 바쁠 때이다.

592　목적어 자리의 when, where, why, how

The manual describes **how the device should be built**.
　그 설명서는 어떻게 장비가 설치되어야 하는지를 묘사하고 있다.
I don't understand **why the movie is so popular in all cultures**.
　나는 왜 그 영화가 모든 문화에서 인기가 있는지 이해가되지 않는다.
Could you tell me **how old your dad is**? 너의 아빠가 몇 살인지 말해 주겠니?
We never know **how far science can go**. 과학은 발전을 거듭하고 있습니다.

> Tip　how는 종속절에 형용사나 부사가 있는 경우 'how + 형용사 / 부사 + 주어 + 동사'의 순서가 된다.
> 　Could you tell me how your dad is old?　(X)
> 　We never know how science can go far.　(X)
>
> 　how가 단독으로 쓰이면 '방법(어떻게)'의 의미이다.
> 　**how** the device should be built (어떻게 설치가 되어야하는지)
>
> 　how가 형용사나 부사와 결합하면 '정도(얼마나)'의 의미이다.
> 　**how old** your dad is (얼마나 나이가 들었는지)
> 　**how far** science can go (얼마나 멀리갈지/발전할지)

593 전치사의 목적어 when, where, why, how

I'm thinking about **where I'm going to stay**. 나는 어디서 머무를까 생각중이다.
Technology also plays a role in **how furniture is designed**. 최신 기술 또한 가구 디자인에 중요한 역할을 합니다.
The company declined to comment on **why they closed the plant**.
회사는 공장 폐쇄 이유에 대한 언급을 하지 않았다.

594 형용사 보어 when, where, why, how

No one is really sure **why people get migraines**. 왜 사람들에게 편두통이 생기는지 아무도 정말 확실히 몰라요.
I am not certain **how successful they are**. 나는 그들이 얼마나 성공적인지를 확신할 수 없다.

595 본동사가 think, believe, guess, imagine, suppose인 경우

Why do you **suppose** he resigned? 당신 추측에는 왜 그가 사직한 것 같습니까?
How can we **guess** the project is a success? 그 계획이 성공이라고 우리가 어떻게 예측할 수 있나?
Do you suppose why he resigned?   (X)
Can we say how the project is a success?   (X)
When do you know there will be a final announcement on this? (X)
Do you **know when** there will be a final announcement on this? (O)

> **Tip** 본동사가 think, believe, say, imagine, suppose인 경우 Do나 Can등의 조동사로 시작하는 의문문이 아닌 **의문사부사로 시작하는 의문문**을 만든다.
> **인식동사라 하더라도 know는 의문부사가 선행되지 않는다.**

기출문제를 살펴보자 [가톨릭대]

Cultural psychology is concerned with _____ in which an individual lives influences the mental representation and psychological processes of that individual.

(A) the culture   (B) that culture   (C) how the culture   (D) what the culture

---

전치사 with 다음 명사 역할을 할 수 있는 명사절 접속사가 필요하다.
how the culture(주어) (in which an individual lives) influences(동사) the mental representation(목적어) ~의 완전한 절의 구조로 what은 안 되고 보기에서 관계부사 how가 되어야 한다.
문화심리학은 개인이 살아가는 문화가 어떻게 그 인간의 정신적 표현과 심리적 과정에 영향을 끼치는지와 관련되어 있다.

▶ 정답 (C)

Unit 124 what(ever) / which(ever)

Guide 이 단원 접속사의 특징은 불완전한 절을 이끈다는 것이다.
주어가 없다면 주어와 접속사의 역할을, 목적어가 없다면 목적어와 접속사의 두 가지 역할을 병행하게 되는 것이다.
명사절 접속사 which는 'choose, elect'등의 "**선택**"과 관련된 문장의 접속사로 쓰인다.

596 주어 자리의 what(ever)

What he wants is money. 그가 원하는 것은 돈이다.
Whatever you want is yours for the asking. 당신이 원하는 것이 무엇이든 요구만 하면 됩니다.

Tip What he wants에서 what은 wants의 목적어와 접속사의 역할을 한다.
Whatever you want에서 whatever 역시 want의 목적어와 접속사의 역할을 한다.

▶ **what vs. whatever** h⊙t p@ge 35

what은 정확하게 특정한 것을 지칭하지만, whatever는 불특정한 것을 지칭한다.
'~ever'가 수반되면 '~든지'의 의미로, 불특정한 것을 지칭하기 때문이다.

게다가 what은 명사절 접속사로만 쓰이나 whatever는 명사절 접속사로도 쓰이지만 주로 부사절 접속사로도 쓰인다. (which 역시 같은 쓰임이다.)

Whatever happens, I believe in you. 무슨 일이 있어도 당신을 믿어요. (부사절 접속사)
What happens, I believe in you. (X) what은 부사절 접속사의 기능이 없다.

Whichever you choose, it doesn't have to cost the earth.
당신이 어느 것을 선택하든, 많은 비용이 들지 않는다. (부사절 접속사)
Which you choose, it doesn't have to cost the earth. (X) which는 부사절 접속사의 기능이 없다.

---

597 보어 자리의 what

Money is **what he wants**. 돈은 그가 원하는 것이다.
Your cooperation is **what we need now**. 당신의 협력이 지금 우리가 원하는 것이다.

598 목적어 자리의 what / which

Prof. Kim asked Pam **what she had been doing** since her graduation.
김 교수는 Pam에게 졸업 후에 무엇을 했는지 물었다.

> **Tip** 'ask + 간접목적어 + 직접목적어'에서 직접목적어 자리의 명사절을 what이 이끌고 있다.

You can **choose which** you like.   당신은 원하는 것을 고를 수 있다.
You can **take what** you like.   당신은 원하는 것을 가질 수 있다.

> **Tip** what은 제한 없는 (불)**특정한 것**(open된 상황)에서의 "무엇/~것"의 의미이고,
> which는 **선택**과 관련된 문장에서 **"어느 것"**의 의미가 된다.

People tend to **elect whichever of the candidates** seems best to them.
사람들은 그들에게 최고처럼 보이는 사람을 뽑는 경향이 있다.

> **Tip** of the candidates라는 제한 내에서의 선택이므로 whichever를 쓴다.
> 명사절 접속사 which(ever)는 이처럼 제한된 수식어구(여기서는 of the candidates)나 절의 상황에서
> '**선택**'해야 할 경우 쓰이며, '사람/사물'에 관계없이 쓰일 수 있다.

599 전치사의 목적어 자리 what

I'm not interested in **what other people think**. 남이 뭐라고 생각하든지 관심 없다.
We don't care about **what will happen to the environment in the future as long as we are comfortable now**. 우리는 지금 편하기만 하면 미래 환경에 무슨 일이 생길지 신경 쓰지 않는다.

> **Tip** what이 전치사 in 뒤에서 접속사와 타동사 think의 목적어 역할을 동시에 한다.
> what이 전치사 about뒤 명사절의 접속사 역할과 will happen의 주어 역할을 동시에 한다.

600 what의 관용적 용법

① what I am : 오늘날의 나 (지위/직업/신분)

My father made me **what I am**. 아버지가 나를 현재의 나로 만들어 주었다.

② what I have : 내가 가진 것, 나의 재산

I'm grateful for **what I have**. 내가 가진 것에 감사한다.

③ what is 비교급 : 게다가, 더욱이

Jun is handsome, and **what is more** he is wise. Jun은 잘생긴데다 현명하기도 하다.

④ what is still better : 더욱 좋은 것은

Jun is clever, and **what is still better**, very brave. Jun은 똑똑한데다 더욱 좋은 것은 아주 용감하다는 것이다.

⑤ what is called = what we call : 소위, 이른바

Passion is the most essential part of **what is called** genius.

소위 천재라고 하는 사람에게 있어서 가장 중요한 부분은 열정이다.

⑥ A is to B what C is to D : A의 B에 대한 관계는 C의 D에 대한 관계와 같다

Air **is to** man **what** water **is to** fish. 공기와 인간의 관계는 물과 물고기의 관계와 같다.

기출문제를 살펴보자 [성균관대]

This new style of painting did not last (A)long and was soon (B)followed by an even more drastic transformation (C)in Picasso's - and in the rest of the (D)world's - understanding of (E)that painting should be.

---

that을 what 으로 고친다. 전치사 of 의 목적어 역할을 하는 명사절로 be동사의 보어가 없다.
따라서 완전한 문장만을 이끄는 접속사 that은 쓰일 수 없다.
이 새로운 유형의 회화는 오래 가지 못했고 곧 그림이 어떠한 것이어야 하는가에 대한 피카소의 이해와 그 외 다른 나머지 화가들의 이해에 있어서의 훨씬 더 철저한 변화가 뒤따르게 되었다.

▶ 정답 (E)

기출문제를 살펴보자 [가톨릭대]

Mr. Zimmerman, a well-known meteorologist, told my brother _____ in the island, and advised him to prepare for the worst situation.

(A) like what the weather conditions would be
(B) what would be the weather conditions like
(C) like what would be the weather conditions
(D) what the weather conditions would be like

타동사 tell이 4형식으로 쓰인 것으로 빈칸은 직접목적자리로 what이 접속사와 전치사 like의 목적어역할을 한다.
meteorologist : n. 기상학자
유명한 기상학자인 짐머만 씨는 내 동생에게 그 섬의 날씨가 어떤지 얘기했으며, 그에게 최악의 상황에 대비할 것을 조언했다.

▶ 정답 (D)

Unit 125 who(ever) / whom(ever)

who/whom은 정보를 의미하고 whoever/whomever는 사람을 의미

Guide 명사절 접속사 who(ever), whom(ever)은 사람을 의미하는 접속사로 불완전한 절을 이끈다.
who는 주어 / 보어 + 접속사의 역할을, whom은 목적어 + 접속사의 두 가지 역할을 병행하게 되는 것이다.
who와 whom은 관계대명사로 쓰이는 경우가 대부분이고 명사절로 쓰이는 경우는 많지 않다.

601 주어 자리의 who(ever), whom(ever)

Who wrote this book is my concern. 누가 이 책을 썼는지가 나의 관심사이다.
Whoever comes to the party must bring some food. 누구든지 파티에 오는 사람은 음식을 가져와야 한다.
Whom I choose will bring peace not only to the country, but also to you.
내가 선택한 사람이 당신뿐 아니라 이 나라에 평화를 가져올 것이다.
Whomever I will nominate has to come forward to the stage.
내가 지명하는 사람은 누구든지 무대로 나와야 한다.

> **Tip** who 누구(정보), whoever 누구든지(사람) / whom 누구를(정보), whomever 누구든지(사람)
> : who는 접속사이면서 **주어나 보어의 역할**을, whom은 접속사이면서 **목적어의 역할**을 한다.
>
> **Who** wrote this book is my concern 누가 이 책을 썼는지는 '**정보**'를 나타내고
> **Whoever** comes to the party must bring some food 파티에 온다는 것은 '**사람**'이므로 whoever가 되는 것이다.
>
> **who와 whoever**의 차이
> The gold medal will be given to (who / whoever) comes first.
> who는 '정보'를 의미하는 반면 whoever는 '사람'을 의미한다. 메달은 '사람'에게 주어지는 것이므로 답은 whoever이다. '금메달은 누구든지 먼저 오는**사람**에게 주어질 것이다'

▶ **who(m) vs. who(m)ever** h⊙t p@ge 36

who나 whom은 **특정인(정보)**을 칭하지만, whoever나 whomever는 **불특정인(사람)**을 칭한다.
'~ever'가 수반되면 '~든지'의 의미이다.
게다가 who나 whom은 명사절 접속사로만 쓰이나, whoever나 whomever는 명사절 접속사뿐 아니라 부사절 접속사로도 쓰인다.

Whoever wins the election, that is something that needs to be addressed.
누가 선거에서 이기든지, 그것은 발표될 필요가 있다.
Who wins the election, that is something that needs to be addressed. (X)

Whomever I quote, you retain your opinion. 내가 어떤 사람의 말을 인용해도 당신은 견해를 바꾸지 않는다.
Whom I quote, you retain your opinion. (X)

602 보어 자리의 who, whom

The problem is **who arbitrates in that dispute**. 문제는 누가 그 분쟁을 중재할 것인가 하느냐이다.
The question for us is **whom we are able to prosecute**. 문제는 우리가 누구를 고소할 수 있을 것인가이다.

603 목적어 자리의 who, whom

I don't mind **whomever you like**. 네가 누구를 좋아하거나 난 상관없다.
He was free to meet **whomever he chose**. 그는 누구든지 자기가 택하는 사람과 자유롭게 만났다.
I didn't know **who you were at first**. 처음엔 누군지 몰라 봤어요.

> I didn't know who you were at first. 이 문장에서 who you were는 타동사 know의 목적어이다.
> 명사절 접속사 who는 접속사와 주어의 역할을 한다고 했는데, 주어 you가 보인다.
> 이 경우는 주어의 역할이 아닌 were의 보어 역할을 하고 있기 때문이다.
> 보어는 주어와 동격이 되므로 whom이 아닌 who라는 것을 기억한다.

604 전치사의 목적어 who, whom

I am worried about **who will drive the car**. 누가 그 차를 운전할지 걱정이다.
He only talks with **whomever he wants to talk to**. 그는 항상 자신이 원하는 사람과만 대화를 나눈다.
Princess Anne always talked with **whomever she liked and (talked) about whatever she wanted**. Anne 공주는 좋아하는 누구와도 이야기를 했고 원하는 것에 관한 무엇이든지 이야기했다.

기출문제를 살펴보자 [성균관대]

Please give this scholarship (A)<u>to</u> (B)<u>whomever</u> in the (C)<u>graduating</u> class has done the most (D)<u>to promote</u> goodwill (E)<u>in</u> the community.

전치사 to 다음 목적어자리에 절이 온 경우다 whomever(주어+접속사) has done(동사)가 있는데 내용상 '누구든지'라는 의미의 복합관계대명사를 사용해야하나 has done 앞은 주어자리이므로 whoever 가 옳은 형태이다.
졸업반중 누구든지 지역사회의 친선을 증진시키는데 가장 많은 일을 한 사람에게 이 장학금을 주십시오.

▶ 정답 (B)

기출문제를 살펴보자 [국민대]

어법상 가장 올바른 것을 고르시오.

(A) In a divided world, laughter is a unified force.
(B) She offered a reward to whomever should restore her lost car.
(C) I stated to him as plain as I could the reason why I was opposed to his thoughtless suggestion.
(D) Only when the entire nation understands the threat to its existence will its people be able to confront it.

(A) **unifying** force '통합적인 힘'
(B) She offered a reward to **whoever** should restore her lost car.
(C) I stated to him (as **plainly** as I could) the reason(목적어) why I was opposed to his thoughtless suggestion.
(D) Only (when the entire nation understands the threat to its existence-부사절) (will its people be-주절 의문문순서 도치) able to confront it.

(A) 분단된 세상에서 웃음은 통합적인 힘이다.
(B) 그녀는 분실 된 차를 찾아주는 누구에게든지 보상을 제안했다.
(C) 나는 그의 생각없는 제안에 왜 내가 반대하는지를 가능한 간단하게 그에게 언급했다.
(D) 국가전체의 위협을 전 국가가 이해할 때 국민들은 기꺼이 그 위협에 마주할 것이다.

▶ 정답 (D)

마공스터디 www.magongstudy.com
동영상 강의중

ER 편입 그래머 마스터

Chapter 17

부사절접속사

Unit 126. 부사절 접속사의 개념과 종류
Unit 127. 시간 부사절 접속사
Unit 128. 조건 부사절 접속사
Unit 129. 이유 / 원인 부사절 접속사
Unit 130. 양보 부사절 접속사
Unit 131. 목적 부사절 접속사
Unit 132. 결과 / 장소 / 방법 부사절 접속사
Unit 133. 부사절의 축약

Unit 126 부사절 접속사의 개념과 종류

Guide 부사절의 위치와 종류에 관하여 학습하고, 부사절의 종류를 모두 암기한다. 특히 when과 if는 명사절 접속사와 확실히 구별할 수 있도록 정확히 알아둔다.

605 부사절의 위치

① 부사절 + 주절

If it is fine tomorrow, I will go fishing. 만일 내일 날씨가 좋으면 나는 낚시를 갈 것이다.

② 주절 + 부사절

I will go fishing **if it is fine tomorrow**.

③ 주 + 부사절 + 절

I, **if it is fine tomorrow,** will go fishing.

시간	조건	이유/원인	양보	목적	결과
when (언제)	if (만일)	as (~때문에)	though (~에도 불구하고)	so that (~하기 위하여, 그래야, 그래서)	so ~ that such ~ that (너무 ~해서 그래서 ~하다)
while (~동안)	once (일단~하면)	since (~때문에)	although (~에도 불구하고)	in order that (~하기 위하여)	
after (이후)	in case (~할 경우를 대비하여)	because (~때문에)	albeit (비록~일지라도)	lest (~하지 않도록)	
before (이전)	unless (~하지 않는 한)	for (~때문에)	even though (비록~일지라도)	for fear that (~하지 않도록)	
since (~이후로)	provided(that) (~한다면)	now that (~때문에)	while (반면에)		
until (~까지)	providing(that) (~한다면)	inasmuch as (~이므로)	whereas (반면에)		
as soon as (~하자마자)	as long as (~하는 한)		whether (~이든 아니든)		
by the time (~무렵)	on (the)-condition that (~라는 조건에서)				
each(every) time (매~할 때마다)					
the minute (~순간)					

Unit 127 시간 부사절 접속사
when, before, by the time 등

Guide 시간을 의미하는 부가적 표현의 부사자리에 절이 오는 경우 이를 이끄는 접속사가 바로 시간 부사절 접속사다. when, as(~할 때), whenever (~할 때마다), while (~동안), after (~한 이후), before (~하기 전), since (~이래로), until (~까지), as soon as (~하자마자), by the time (~할 무렵) 등의 종류가 있다.

Time goes very fast **when one is busy**. 사람이 바쁠 때는 시간이 빨리 간다.
It will be long **before we meet again**. 우리는 한참 후에야 다시 만날 것이다.
It won't be long **before I accomplish my dream**. 내 꿈을 성취하는 데 오래 걸리지 않을 것이다.
She always washes her hands **after she gets home**. 그녀는 집에 오면 항상 손을 씻는다.
By the time I reached the bank, the door had been closed. 은행에 도착했을 무렵, 문은 닫혀있었다.

시간을 나타내는 부사절에서의 특징은 미래시제 대신 현재시제를 쓴다는 것이다.

▶ **명사절 접속사 when vs. 부사절 접속사 when** h⊙t p@ge 37

when은 부사절뿐만 아니라 명사절에서도 쓰인다. 명사절에서의 when은 미래시제에서는 그대로 미래동사를 써야 하므로 명사절의 when인지 부사절의 when인지를 정확히 구별할 줄 알아야 한다.

명사절 when	부사절 when
I don't know when he will come back. 나는 그가 언제 돌아올지 모른다.	I will tell him the news when he comes back. 그가 돌아 올 때, 그 소식을 전할 것이다.
① 여기서 when절은 타동사 don't know의 목적어로 명사 자리이므로 when은 명사절 접속사이다. ② when절을 생략하면 타동사의 목적어가 없어지는 것이므로 문장이 성립되지 못한다.	① 여기서 when절은 '그가 돌아올 때'라는 시간의 부가적 표현의 부사자리의 부사절 접속사이다. ② when절을 생략해도 목적어 간접목적어(him)와 직접목적어(the news)가 모두 있는 완전한 문장으로 문장이 그대로 성립한다.
명사절 접속사에서는 미래시제라면 그대로 **미래시제**를 쓴다. 현재시제로 쓰면 틀리다.	시간의 부사절이므로 미래시제대신 **현재시제**를 써야 한다. 미래시제로 쓰면 틀리다.
I don't know when he comes back. (X)	I will tell him the news when he will come back. (X)

기출문제를 살펴보자 [가톨릭대]

Many people are trying to buy a house before consumption tax _____ next year.
(A) rise   (B) is raised   (C) risen   (D) raised

시간, 조건 부사절에서는 미래 동사 대신 현재동사를 사용한다. 따라서 부사절에 미래표시부사구인 next year가 있어도 현재동사를 사용한다. 자동사일 경우 rises, 타동사일 경우 is raised가 와야 한다.

많은 사람들은 내년 취득세가 오르기 전 집을 사려고 한다.

▶ 정답 (B)

기출문제를 살펴보자 [숙명여대]

The bill will also (A)oblige professionals, (B)such as doctors, nurses, social workers, to report to the authorities when they (C)will come (D)across people (E)requiring emergency help.

시간, 조건의 부사절에서는 미래동사 대신 현재동사를 쓴다.
when they (C)will come이 아니라 come이 되어야 한다.

이 법안은 전문직 종사자들 가령 의사, 간호사, 선생님, 사회사업가들이 위급한 도움을 필요로 하는 사람들과 마주쳤을 때 당국에 보고하도록 강제하고 있다.

▶ 정답 (C)

606 by the time

By the time I arrived, they had already left. 내가 도착했을 때 쯤 그들 모두 떠나갔다.
By the time I finish this book, I will have written over 200 pages. 이 책을 다 쓰면 200페이지가 넘을 것이다.

> **Tip** by the time 과거동사, 과거완료 (had p.p)
> by the time 현재동사, 미래완료 (will have p.p)
> 접속사 by the time은 종속절이 **과거시제면 주절은 과거완료**로, 종속절이 **현재시제면 주절은 미래완료**를 쓰는 것이 시험의 포인트이다.

기출문제를 살펴보자 [성균관대]

I ran (A)out of cash, so I went to the bank. (B)By the time I (C)reached the bank, the doors (D)were closed. I (E)could not cash my check.

은행에 도착하기 전(과거사실)에 문이 닫혀있었으므로(과거보다 이전) 과거완료를 사용한다. were closed 를 had been closed 로 고친다.

현금이 떨어져서 은행으로 갔다. 은행에 도착할 무렵 은행 문은 이미 닫혀 있어서, 나는 수표를 바꿀 수 없었다.

▶ 정답 (D)

기출문제를 살펴보자 [서강대]

By the time Tom and Laura had their first child, they _____ for 3 years.
(A) were married (B) got married
(C) have been married (D) had been married

---
by the time + 과거시제, S + had p.p // by the time + 현재시제, S + will have p.p 를 기억해 두면 빠르다.
'아기를 낳은' 과거 시점을 기준으로 그 이전 3년 동안 계속된 동작이므로 '과거완료시제'가 쓰여야한다.
Tom과 Laura가 첫 아이를 낳았을 때 그들은 이미 3년 동안 결혼생활을 했었다.

▶ 정답 (D)

607 시간 부사절 접속사의 관용표현

① It will be long before S + 현재동사 '~하는 데 오래 걸릴 것이다'

It will be long before we **meet** again. 한참 지나야 다시 만나게 되겠군요.

② It will not be long before S + 현재동사 '머지않아 ~할 것이다'

It will not be long before this world **has** an oil deficit. 이 세상은 머지않아 석유 부족이 올 것이다.

③ 시간과 관련된 주절 + before '지나고서야 ~하다'

It was years **before** the whole truth came out. 몇 년이 지나서야 모든 진실이 밝혀졌다.
It was not long **before** he had a green bonnet since he opened his restaurant.
그는 식당을 개업한지 얼마 되지 않아 실패했다.

608 when / before / while / since / until

$$\begin{bmatrix} \text{hardly} \\ \text{scarcely} \\ \text{barely} \end{bmatrix} \text{A (과거완료)} \begin{bmatrix} \text{when} \\ \text{before} \end{bmatrix} \text{B (과거시제)}$$

"A하자마자 B하다" 이때 A는 과거완료로 B는 과거동사로 쓴다. [도치구문은 708번 참조]

I **had hardly** arrived home **when(=before)** it **began** to rain. 집에 도착하자마자 비가 오기 시작했다.
= **Hardly** had I arrived home **when(=before)** it **began** to rain.

He **had scarcely** gone out **before(=when)** they **began** to speak ill of him.
= **Scarcely** had he gone out **before(=when)** they **began** to speak ill of him.
[speak ill of - 욕하다 / speak well of - 칭찬하다] 그가 가자마자 그들은 그를 욕하기 시작했다.

When it rains, I usually stay at home. 비가 올 때는(오면), 나는주로 집에 있다.
My father always works, **when** he might rest. 아빠는 쉴 수 있을 때도 항상 일을 하신다.

> **Tip** when이 꼭 시간을 의미하지는 않는다. 주절과 상반되는 내용을 이끌어 '~할 때도'(though)로 해석되는 상황도 있다.
> **이는 when만 그런것이 아니라 많은 접속사들이 여러의미를 갖고있으므로 상황에 맞게 해석해야한다.**
> 해석이 애매한 경우 반드시 사절을 찾아 접속사의 여러의미를 학습해야한다.

She stayed there until Sunday, **when** she left for New York.
그녀는 일요일까지 거기에 머무르고, 그리고나서 뉴욕으로 떠났다.

> **Tip** when앞에 커마(comma)를 쓰면 비제한적 용법이라하며, 이때 when은 '~하고나서(and then)'의 의미로 해석한다.

Strike **while** the iron is hot 쇠가 달았을 때 두드려라[쇠뿔도 단김에 빼랬다](기회를 놓치지 말라는 뜻)
While there is life, there is hope. 목숨이 있는 한, 희망이 있다. [속담]

[문장 맨 첫 부분에 쓰여] …이긴 하지만, …에도 불구하고 [양보]

While I am willing to help, I do not have much time available.
내가 기꺼이 도와주고 싶긴 하지만 낼 수 있는 시간이 많지 않다.

I have lived in Seoul **since** I was born. 나는 태어난 이래로 서울에서 살고있다.
Since you are old enough, you can get married. 적령기가 되었기 때문에 너도 이제 결혼을 할 수 있다.

I did **not** know the fact **until** yesterday. 어제야 비로소 그 사실을 알았다.
= **Not until** yesterday did I know the fact.　　　　　[도치]
= It was **not until** yesterday that I knew the fact.　　[it ~ that 강조구문]

> **Tip** not A until B 'B하고 나서야 (비로소) A하다'의 구문으로, not과 until이하를 문장앞으로 전치시킨 후 주어/동사를 '의문문순서'로 도치시킬 수 있다.
> 다시 'It ~ that 강조구문'으로 쓸 수 도 있다.

609 each time / every time / the minute

Each time we scored we were pegged back minutes.
우리가 득점을 할 때마다 몇 분 후면 상대 팀이 그만큼 따라왔다.

Every time he meets her, he always overacts. 그는 그녀를 만날 때마다 항상 과장해서 행동한다.
I knew him **the minute** (that) (=as soon as) I saw him. 나는 그를 보자마자 그인 줄 알았다.
The instant he saw the policeman, he ran away. 그는 경찰을 보자마자 도망쳤다.

Unit 128 조건 부사절 접속사
if, once, unless, in case 등

Guide 조건을 의미하는 부가적 표현의 부사자리에 절이 오는 경우 이를 이끄는 접속사가 바로 조건 부사 접속사이다.
if '~한다면', once '일단 ~ 하면', in case '~할 경우', unless '~하지 않는 한', provided '~한다면', providing '~한다면', as long as '~하는 한', on (the) condition that '~라는 조건' 등이 있다.

I will go fishing, **if it is fine tomorrow**. 내일 날씨가 좋다면, 나는 낚시하러 갈 것이다.
Once the swimsuit is purchased, it cannot be refunded. 수영복이 일단 구입되면 환불은 불가능하다.
Whether she comes or not, I will stay here. 그녀가 오든지 안 오든지 나는 여기서 기다리겠다.
You may do anything you like, **provided (that) you do not give trouble to others**.
　　　　　　　　　　　　　　당신이 다른 사람에게 문제를 일으키지 않는다면, 당신이 좋아하는 어떤 것이든 해도 좋다.

Tip if는 단지 조건을 나타내며, 그것이 실현되느냐 안 되느냐는 반드시 문제로 삼지 않으나,
provided, providing은 전제 조건의 실현에 중점을 두는 점에서 뜻의 차이가 있다.
provided와 providing은 that을 취해도, 취하지 않아도 된다.

if는 부사절 뿐만 아니라 명사절에서도 쓰인다. 명사절에서의 if는 when과 마찬가지로 미래시제에서는 그대로 미래동사를 써야 하므로 명사절의 if인지 부사절의 if인지를 구별하는 것이 중요하다.

▶ 명사절 접속사 if vs. 부사절 접속사 if　　　　h⊙t p@ge 38

if는 부사절뿐만 아니라 명사절에도 쓰인다. 명사절에서의 if는 미래시제에서는 그대로 미래동사를 써야 하므로 명사절의 if 인지 부사절의 if 인지를 정확히 구별할 줄 알아야 한다.

명사절 if	부사절 if
I don't know **if he will come** back. 　　　　나는 그가 돌아올지 어떨지 모른다. ① 여기서 if절은 타동사 don't know의 목적어로 명사자리이므로 if는 명사절 접속사이다. ② if 절을 생략하면 타동사의 목적어가 없어지는 것이므로 문장이 성립되지 못한다. 명사절 접속사에서는 미래시제라면 그대로 미래시제를 쓴다. 현재시제로 쓰면 틀리다. I don't know if he comes back. (X)	I will tell him the news **if he comes** back. 　　　　만일 그가 돌아온다면 그 소식을 전할 것이다. ① 여기서 if절은 '그가 돌아올 때'라는 조건의 부가적 표현의 부사자리의 부사절 접속사이다. ② if절을 생략해도 간접목적어(him)와 직접목적어(the news)가 모두 있는 완전한 문장이다. 조건의 부사절이므로 미래시제 대신 현재시제를 써야한다. 미래시제로 쓰면 틀리다. I will tell him the news if he will come back. (X)

기출문제를 살펴보자 [총신대]

What will happen if what she has just said _____ out to be true?
(A) has turned   (B) had turned   (C) turns   (D) turned

---

if는 조건 부사절이다. 현재가 미래를 대신한다. what she has just said는 what이 이끄는 명사절 주어이고 빈칸은 동사 자리이다. 이 자리는 미래가 아닌 **현재동사**가 들어가야 한다.
만일 그녀가 방금 말해버린 것이 사실로 판명된다면 무슨 일이 일어날까?

▶ 정답 (C)

기출문제를 살펴보자 [가톨릭대]

I'll bring some sandwiches in case we _____ any decent place to eat.
(A) won't find   (B) won't be able to find
(C) don't find   (D) were not able to find

---

in case는 '~할 경우'라는 의미로 **조건 부사절 접속사**다. 따라서 (B)의 미래시제 대신 (C)의 **현재시제**를 사용한다.
만일 식사할 적당한 곳을 찾지 못할 경우를 대비하여 내가 샌드위치를 가져갈게.

▶ 정답 (C)

610 as far as / so far as (~에 관한 한)

As far as I am concerned, I have nothing to do with that matter. 나에 관한 한 그것과는 아무 관계도 없다.
So far as I know, he's a really good person. 내가 알기로는 그는 정말 괜찮은 사람이다.
As far as talent is concerned, he is second to none. 재능에 있어서 그는 누구한테도 지지 않는다.

Unit 129 이유 / 원인 부사절 접속사
as, since, because, for, now that 등

Guide 이유나 원인을 의미하는 부가적 표현의 부사자리에 절이 오는 경우 이를 이끄는 접속사가 바로 이유, 원인 부사접속사이다. as, since , because, for, now that '~ 때문에', in that '~라는 점에서', inasmuch as '~이므로' 등이 있다.

You should not look down upon them simply **because they are poor**.
그들이 단지 가난하다고 그들을 무시해선 안 된다.

As I had to take care of the baby, I could not go to the concert.
그 아기를 돌봐야하기 때문에 나는 콘서트에 갈 수 없었다.

Now that I have finished college, I must live independently of my parents.
대학을 졸업했기 때문에, 부모님으로부터 독립해야한다.

Tom is also guilty, **inasmuch as he knew what she was going to do**.
그녀가 무엇을 하려는지 Tom도 알고 있었으므로 그 또한 유죄이다.

This exam will be more difficult than usual **in that it covers two chapters instead of one**.
이번 시험은 한 단원이 아닌 두 단원을 다룬다는 점에서 어려울 것이다.

Tip In that it covers two chapters instead of one, this exam will be more difficult than usual. (X)
in that이 이끄는 절은 문두에 위치할 수 없다.

It is morning, **for** the birds are singing. 아침이다, 새들이 지저귀고 있으니까.

Tip for는 대개 콤마나 세미콜론을 앞에 찍고, 앞 문장의 부가적 설명/이유로서 '왜냐하면 ~이니까', '그 까닭은 ~이므로'라는 의미이며 문어적이며 회화에서는 쓰지 않는다.

또한 주절 앞에 쓰지도 않는다.
For the birds are singing, it is morning. (X)

Beethoven was a very unusual musician **inasmuch as** he was totally deaf.
그가 소리를 전혀 듣지 못했다는 점을 고려해 보면 베토벤은 정말 특별한 음악가였다.

Unit 130 양보 부사절 접속사
though, although, while 등

Guide 역접을 의미하는 '~에도 불구하고'의 부가적 표현의 부사자리에 절이 오는 경우 이를 이끄는 접속사를 양보 부사절 접속사 라고 한다.
though, although, even though(불구하고), while(반면에), whereas(그런데), whether(~이든지) 등이 있다.

Though he was young, he supported his family. 그는 어렸지만 가족을 부양해야 했다.
Although the rumor was true, they did not believe it. 그 소문은 사실이었으나, 그들은 믿으려 하지 않았다.
While most students turned the assignment in on time, a few asked for an extension.
대부분의 학생들이 제 날짜에 과제를 제출했으나, 몇몇 학생들은 연장을 요구했다.

611 양보 부사절의 도치 (형용사 / 부사 / 명사 + as + 주어 + 동사)

Though(Although) he is a boy, he is very brave. 그는 아이지만 용감하다.
Boy as he is, he is very brave.

Tip as 대신 though가 쓰이기도 한다.
   Boy **though** he is, he is very brave. (O)

   A boy as he is, he is very brave.   (X) 명사의 경우 **관사는 수반되지 않는다**.

 기출문제를 살펴보자 [가천대]

_____, it was solved by the renowned detective.

(A) Perplexing though the mystery was
(B) As perplexing the mystery was
(C) Although perplexing was the mystery
(D) Even if perplexing was the mystery

Though the mystery was Perplexing, it was solved by the renowned detective.
양보의 부사절에서 Perplexing이 선행되고 though the mystery was 로 도치되었다. 이 경우 as를 쓰는 것이 일반적이나 though를 쓰기도 한다. Perplexing as(= though) the mystery was~

그 미제사건은 복잡했으나, 유명한 형사에 의해서 해결되었다.

▶ 정답 (A)

612 however = no matter how

However rich a man may be, he should not spend money on such things.
아무리 부자라도 그런 것에 돈을 써서는 안 된다.

= **No matter how rich a man may be**, he should not spend money on such things.

Parents love their children, **however bad they are**. 아이들이 아무리 나빠도 부모는 그들을 사랑한다.
= Parents love their children, **no matter how bad they are**.

> **Tip** 'However + 형용사 / 부사 + 주어 + 동사'
> = 'No matter how + 형용사 / 부사 + 주어 + 동사'

기출문제를 살펴보자 [단국대]

_____, there is always a risk that the money will run out if a winner overspends and does not invest wisely.

(A) However large is the jackpot
(B) No matter how is the jackpot large
(C) However the jackpot is large
(D) No matter how large the jackpot is

I know how old you are.가 맞고 I know how you are old.라고 하지 않는다.
접속사 However나 No matter how는 형용사와 붙어 있어야 한다. 그 다음의 주어 + 동사의 순서를 묻고 있다.
잭팟이 아무리 크다 해도 현명하게 투자하지 않거나 과소비한다면 돈은 곧 없어질 것이다.

▶ 정답 (D)

▶ **even though vs. even if**　　　　　　　　　　**h⊙t p@ge 39**

even if는 if를 강조하는 표현, even though는 though나 although를 강조하는 표현으로, 각각 if와 though의 속성을 그대로 가지고 있다.

Even though I've told him to study hard, he still enjoys playing the game.
공부하라고 말했는데도, 그는 여전히 게임을 즐기고 있다 (실제로 말을 했음)

Even if I tell him to study hard, he will enjoy playing the game.
공부하라고 말해도, 그는 게임을 즐길 것이다 (말할 건지의 여부는 모름)

Even though I am a woman, I will do that.　내 비록 여자지만 그렇게 하겠다.
Even if I were a woman, I would not do that.　내가 여자라도 그렇게는 안 할 것 같다.

> ▶ **though vs. however** h⊙t p@ge 40
>
> though와 however 모두 양보의 접속사지만 쓰임은 조금 다르다.
>
> **Though** he may be rich, he cannot buy happiness. 아무리 부자라도 행복을 살 수는 없다.
> **However** rich he may be, he cannot buy happiness.
>
> though는 주어 + 동사 + 형용사 / 부사의 순서로 쓰이나, however는 형용사나 부사는 주어+동사 앞에 놓여 however + 형용사 / 부사 + 주어 + 동사의 순서가 된다.
>
> however는 '아무리 ~해도' '그러나' '도대체'라는 의미의 **부사**로도 쓰인다.
>
> He wanted to take no risks, **however** small. 그는 **아무리** 작은 것이**라도** 위험을 무릅쓰고 싶지는 않았다.
> He was feeling bad. He went to work, **however**, and tried to concentrate.
> 그는 몸이 좋지 않았다. **하지만** 출근을 하여 집중해 보려고 애를 썼다.
> However did you escape? **도대체** 어떻게 탈출했냐?

613 whatever

Whatever the result may be, I will tell the truth. 결과가 어떻게 되더라도 나는 진실을 말하겠다.
Whatever language you may learn, you must not neglect your mother tongue.
어떤 언어를 배우든 모국어를 소홀히 해서는 안 된다.

> **Tip** Whatever + 주어 + 동사 : 비록 ~라 하더라도
> 두 번째 문장은 Whatever가 관계형용사로 쓰였다. [Unit 146/147참조]

614 whoever / whichever / wherever

Whoever may come, he will be welcome. 누가 와도 환영받을 것이다.
Whichever you may choose, you will be satisfied. 어느 것을 고르든 만족할 것이다.
Wherever you may go, I will follow you. 당신이 어디를 가든 나는 당신을 따라 가겠다.

> **Tip** whoever(누구라도), whichever(어느 것이라도), wherever(어디라도)는 양보의 뜻을 갖는다.

615 명령법 + 의문사

Come when you may(= Whenever you come), you are welcome. 언제든지 당신을 환영합니다.
Hurry as you will(= However you may hurry), you are sure to be late. 서두른다 해도 당신은 늦었다.
Try as you may, you won't be able to dissuade him from becoming a priest.
아무리 노력해도, 그를 성직자가 되지 않도록 설득할 수는 없을 것이다.

> **Tip** 양보절이 의문의 의미인 경우 의문사를, 의문의 의미가 없다면 as가 쓰인다.

616 명령법 + A or B

Be they rich **or** poor(Whether they are rich or poor), all men are equal before the law.
= **Rich or poor**, all men are equal before the law. 부자건 가난한 자건 모든 사람은 법 앞에 평등하다.

617 Be + 주어 + ever + so + 형용사

Be it ever so humble, there's no place like home. 아무리 초라해도, 내 집이 최고다.
= **Let it be ever so** humble, there's no place like home.
= **However humble it may be**, there's no place like home.

기출문제를 살펴보자 [세종대]

People will always find some aspect of (A)another culture (B)distastefully, (C)be it sexual practices, a way of treating friends or relatives, or simply a food that they cannot manage to get down (D)with a smile.

'find+목적어+목적보어'의 구문이다. 목적보어로 부사는 올 수 없다. (B)를 distasteful로 고친다.

distasteful : 불쾌한, 싫은   practice : 습관, 관례, 연습
relative : 친척   get down : 다루다

성적 관행이든, 친구나 친척을 다루는 방식이든, 미소 지으며 삼킬 수 없는 단순한 음식이든, 사람들은 언제나 다른 문화의 어떤 부분을 불쾌히 여긴다.

▶ 정답 (B)

Unit 131 목적 부사절 접속사
so that, lest

Guide so that (= in order that) '~하기 위하여'
lest ~ should '~하지 않도록', '~하면 안 되니까' 등의 목적을 의미하는 부사절 접속사

618 so that = in order that '~하기 위하여'

He swims every day **so that** he **can** stay healthy. 그는 건강을 유지하기 위해 매일 수영을 한다.
I saved money **so that** I **might** buy a house.   나는 집을 사기 위하여 돈을 모았다.
Come early **in order that** you may see me.   나를 만날 수 있도록 일찍 오세요.

Tip 목적을 의미하는 접속사 so that 절에서 조동사는 can(could), may(might), will(would) 등이 쓰인다.
구어에서는 that이 종종 **생략**된다.
He swims every day so he can stay healthy. 그는 건강을 유지하기 위해 매일 수영을 한다.

619 lest ~ should '~하지 않도록, ~하면 안 되니까'

I was anxious **lest** I (should) **be** late for school. 지각하면 안 되니까 걱정이 되었다.
He started early **lest** he (should) **miss** the last train. 마지막 기차를 놓쳐선 안 되니까 그는 일찍 출발했다.

Tip lest는 자체가 부정어이므로 **다른 부정어와 함께 쓰일 수 없다**.
should는 주로 생략되므로 시험에서 'lest ~ should 구문'인지는 **동사원형**을 보고 알아야한다.

기출문제를 살펴보자 [성신여대]

The wages of production workers could not be allowed to sink too low, _____ there be insufficient purchasing power in the economy.
(A) therefore   (B) because   (C) where   (D) lest

앞이 주절이므로 종속절을 이끌 접속사가 필요한데, 빈칸 뒤에 동사원형 be로 미루어 (D) lest ~ should 구문에서 should가 생략되어 있는 것이다.
lest + 주어 + (should) + 동사원형 : ~하지 않도록
purchasing power 구매력
경제적으로 구매력이 부족하지 않도록 생산 노동자들의 임금이 낮아지는 것을 그냥 놔둘 수 없었다.

▶ 정답 (D)

Unit 132 결과 / 장소 / 방법 부사절 접속사
so(such) ~ that, in that 등

Guide 결과의 so~that, such ~ that '너무 ~해서 (그래서) ~하다', 장소의 wherever '어디든지', 방법의 in that '~라는 점에서', as '~와 마찬가지(로)' 등에 관하여 학습한다.

620 so + 형용사 / 부사 + that '너무 ~해서 (그래서)~하다'

I am **so** strong **that** I am able to endure any difficulties. 나는 강해서 어떤 어려움도 견뎌 나갈 수 있다.
The offer was **so** good **that** I accepted it on the spot.
그 제의는 더할 나위 없이 좋았기 때문에 나는 그 즉시 받아들였다.

Jun is **so** kind **that** everybody likes him. Jun은 친절해서 모든 사람들이 그를 좋아한다.
=Jun is **so kind a man that** everybody likes him.   (O)
=Jun is **such a kind man** that everybody likes him.   (O)
=Jun is **such kind** that everybody likes him.   (X)

Tip 'so + 형용사 + that'은
'so + 형용사 + a + 명사 + that'으로
또는 such + a + 형용사 + 명사 + that'의 형태로 쓸 수 있다.
그러나 such + 형용사 + that의 형태로는 쓸 수 없다. [p.264 hot-page 19참조]

He is **not so** poor **that** he cannot buy the bike. 그는 그 자전거를 사지 못할 만큼 가난하지는 않다.

Tip 'not so ~ that' '~할 만큼 ~하지 않다'

621 wherever

Wherever I am, I think of you. 나는 어디에 있든지 너를 생각한다.
The singer gathers a crowd **wherever he goes**. 저 가수는 가는 곳마다 사람들을 몰고 다닌다.
You may go **wherever you like**, provided (that) you come back by evening.
저녁때까지 돌아온다면 어디를 가도 좋다.

622 in that

This word is confusing **in that** it has two related meanings.
이 말은 두 가지의 관련 있는 의미를 지니고 있다는 점에서 혼동을 준다.

Men differ from monkeys **in that** they can speak. 인간은 말할 수 있다는 점에서 원숭이와 다르다.

> **Tip** in that은 접속사로 '~라는 점에서'의 의미이다

623 as ~, so '~와 마찬가지로'

As food nourishes our body, **so** do books nourish our mind.
음식이 몸의 영양이 되는 것처럼 책은 마음의 영양이 된다.

As the earth moves round the sun, **so** does the moon move round the earth.
지구가 태양의 주위를 도는 것과 마찬가지로 달은 지구의 주위를 돈다.

624 as '~하는 대로'

Do in Rome **as** the Romans do. 로마에서는 로마법을 따르라.
Love your parents just **as** they love you. 부모님들이 너희를 사랑하듯 너희 부모님을 사랑하라.

625 as / so far as '~에 관한 한'

So far as I know, there is no such a word in Korean. 내가 아는 한국어에 그런 말은 없다.
As far as I know, Jun is a really good person. 내가 알기로는 Jun은 정말 괜찮은 사람이다.
Let's run **as far as** we can. 갈 수 있는데까지 달려보자.
As far as I am concerned, I don't like the idea. 그것에 관해 말하자면, 나는 그 생각이 맘에 안 든다.

> **Tip** 'as / so far as + 주어 + be + concerned' '~에 관한 한'

626 as long as ~ = so long as ~ '~하는 동안은, ~하는 이상은'

I don't care who you are **as long as** you love me. 나를 사랑하는 한 당신이 누군지 상관없어요.
Stay here **as long as** you want to. 원하는 만큼 이곳에 머무르세요.
So long as she is able, age is nothing. 유능한 이상 그녀의 나이는 문제가 안 된다.
Any book will do **so long as** it is interesting. 재미있다면 어떤 책이라도 좋다.

Unit 133 부사절 축약

Guide 부사절의 주어가 주절의 주어와 같은 경우 동사와 함께 '원형 + ing'로 축약할 수 있다. 이것을 부사절 축약이라고 한다.

부사절 접속사 + 주어 + be동사의 경우 주어와 be동사를 동시에 생략하면 되고
부사절 접속사 + 주어 + 일반 동사의 경우 일반 동사를 원형 + ing로 바꾸면 된다.

When **you are** ready, you can begin your speech. 준비되면 당신은 연설을 시작할 수 있다.
When **(being)** ready, you can begin your speech.

Although **he feels** rather sick, the speaker will take part in the seminar.
Although **feeling** rather sick, the speaker will take part in the seminar.
다소 아팠지만, 연설가는 세미나에 참석할 것이다.

When **you give** a speech, you should speak loudly and distinctly.
When **giving** a speech, you should speak loudly and distinctly. 연설할 때는 크게 명확하게 말해야 한다.

Tip be동사도 '원형 + ing'로 고치면 'being'이 되는데, being은 주로 생략하기 때문에 '부사절 접속사 + 주어 + be동사'의 경우 '주어와 be동사'를 생략하는 것으로 보는 것이 편하다.

627 부사절 축약이 불가능한 경우

부사절의 주어가 주절의 주어와 다른 경우 축약할 수 없다!!

When **her husband** suddenly died, **people** whispered that she caused him to die. (O)
그녀의 남편이 갑작스럽게 죽자 사람들은 그녀가 남편이 사망한 원인이라고 수군거렸다.
When her husband suddenly dying, people whispered that she caused him to die. (X)

Tip 부사절의 주어는 her husband, 주절의 주어는 people로 다르기 때문에 축약할 수 없다.

After **we** insulated the walls and attic, **heating costs** went down. (O)
벽과 다락방에 단열재를 설치한 뒤로 난방비가 줄었다.
After we insulating the walls and attic, heating costs went down. (X)

Tip 부사절의 주어는 we, 주절의 주어는 heating costs로 다르기 때문에 축약할 수 없다.

Chapter 16/17 기출 및 예상 문제

1 The ship changed its course _____ there was a storm.

(A) on account of (B) due to
(C) because of (D) because

문석 절과 절을 연결하는 접속사가 필요하다. **[Unit 129]**
해석 폭풍이 있었기 때문에 배는 진로를 바꾸었다.
정답 (D)

2 Her short stay in Kentucky in the midnineteen hundreds was very important to author Mary Holmes, _____ provided the background to several of her novels.

(A) it was (B) for it
(C) much of (D) by then

문석 동사가 두 개(was, provided)이므로 접속사가 있어야 한다. **[568]**
해석 1900년대 중반에 켄터키에서 그녀가 잠시 머문 것이 작가인 Mary Holmes에게는 매우 중요했는데, 그것이 그녀의 몇 개의 소설에 배경을 제공해주었기 때문이다.
정답 (B)

3 Road travel in the old days was difficult, tedious, and uncomfortable, to be sure; _____ it was comparatively safe.

(A) and (B) but
(C) for (D) as

문석 앞 문장과 뒷문장의 내용이 역접 관계이므로 역접의 접속사를 써야 한다. **[564]**
해석 옛날에 육지 여행은 확실히 어렵고 지루하고 불편했다. 하지만 비교적 안전했다.
정답 (B)

4 My parents always stressed the importance of honesty, fairness, and _____.

(A) to be punctual (B) punctually
(C) punctuality (D) punctual

문석 병치문제이다. honesty, fairness가 명사이므로 and 다음에도 명사가 답이 된다.
해석 나의 부모들은 정직성과 공정함 그리고 시간 엄수의 중요성을 언제나 강조했다.
정답 (C)

5 In Scandinavian countries household goods are devised both to function well _____.

(A) and to be looking beautiful
(B) and to look beautiful
(C) and to be beautiful looking
(D) as well as to look beautifully

문석 both A and B구조로 A와 B의 문법적 구조가 같아야 한다. **[576]**
both 다음에 to부정사가 있으므로 and 다음에도 to부정사가 연결된다.
해석 스칸디나비아 국가에서는 가정용 물건들이 기능도 잘하고 보기도 좋게 고안된다.
정답 (B)

Chapter 16/17 기출 및 예상 문제

6 Because of political and religious persecution, immigrants fled to this country from industrial countries _____ nonindustrial countries.

(A) as well as
(B) coming to also from
(C) as well
(D) as from more

문제 A as well as B = not only B but also A : B뿐만 아니라 A도 [576]
해설 정치적, 종교적 박해 때문에 비산업국가는 물론 산업국가로부터의 이주민들이 이 나라로 도망쳐 왔다.
정답 (A)

7 Mr. Robert is a noted chemist _____.

(A) and too a very efficient teacher
(B) as well as an effective teacher
(C) but he teaches very good in addition
(D) however he teaches very good also

문제 상관 접속사는 같은 요소를 연결해야 한다. [576] 즉, A as well as B에서 A와 B가 같은 요소여야 한다.
해설 Robert 씨는 능력 있는 선생이면서 유명한 화학자이다.
정답 (B)

8 The reason I plan to go is _____ if I don't.

(A) because she will be disappointed
(B) that she will be disappointed
(C) because she will have a disappointment
(D) on account of she will be disappointed

문제 The reason이 주어이고 동사가 is이므로 보어가 필요하다. 보어자리의 명사절 접속사 that이 정답이다. [578]
The reason [(why) I plan to go] is that ~
해설 내가 가려는 이유는 가지 않으면 그녀가 실망할 것이기 때문이다.
정답 (B)

9 I could not know _____ he had arrived or not.

(A) why   (B) whether
(C) when   (D) how

문제 know의 목적어이고 or not이 있으므로 whether가 답이 된다. [587]
해설 그가 도착했는지 안 했는지 알 수 없었다.
정답 (B)

10 _____ people depend to such a great extent on forests, every effort must be made to preserve trees and wildlife.

(A) How   (B) That
(C) Since   (D) If

문제 부사절을 이끄는 접속사여야 하므로 since이다. 이때 since는 '~이기 때문에'의 뜻이다. [Unit 129]
해설 사람들이 상당한 정도로 숲에 의존하기 때문에 나무와 야생 동물을 보전하기 위해서 모든 노력을 다해야 한다.
정답 (C)

Chapter 16/17 기출 및 예상 문제

11 Advertising is distinguished from other forms of communication _____ the advertiser pays for the message to be delivered.

(A) whereas   (B) which
(C) because of   (D) in that

분석 in that : ~라는 점에서 [622]
해석 광고는 메시지가 전달될 수 있게 광고주가 돈을 지불한다는 점에서 다른 형태의 커뮤니케이션과 다르다.
정답 (D)

12 Disobedient and independent _____ John was, he nevertheless had a clear sense of right and wrong.

(A) as   (B) so
(C) but   (D) whether

분석 nevertheless로 보아 앞뒤의 문장이 반대가 됨을 알 수 있다. 따라서 역접 아니면 양보의 접속사여야 한다. [718]
Disobedient and independent as John was,
= Though John was disobedient and independent~
해석 John이 비록 반항적이고 독립적이기는 하지만, 그럼에도 그는 옳고 그름에 대한 뚜렷한 의식을 가지고 있다.
정답 (A)

13 The report _____ the minister had been killed gave me quite a shock.

(A) if   (B) that
(C) whether   (D) because

분석 the report의 내용이 the minister had been killed이므로 동격의 명사절을 이끄는 접속사 that을 써야 한다. [583]
해석 그 성직자가 살해되었다는 보도는 나에게 커다란 충격을 주었다.
정답 (B)

14 Newly acquired power is something like newly acquired riches; it needs watching closely _____ a man should become the victim of his own power as, for example, Hitler did.

(A) so that   (B) lest
(C) till   (D) as

분석 lest ~ should = so that ~ may not : ~하지 않도록 [619]
해석 새로 획득한 권력은 새로 획득한 부와 같은 것이다. 사람이 히틀러의 예와 같이 자신이 권력의 희생자가 되지 않도록 하기 위해 그것 새로 획득한 권력은 세심하게 감시되어야 한다.
정답 (B)

15 Wood furniture does not depreciate in value _____ properly handled and protected.

(A) if   (B) has
(C) and   (D) that

분석 if (it is) properly handled and protected에서 주어와 be동사가 생략된 부사절의 축약이다. [Unit 128]
해석 원목 가구는 철저하게 다뤄지고 보호되면 가치가 떨어지지 않는다.
정답 (A)

Chapter 16/17 기출 및 예상 문제

16 (A)<u>Consequently</u> sharks are heavier than water, they (B)<u>must swim</u> (C)<u>continuously</u> or they will sink (D)<u>to the bottom</u>.

> 분석 두 문장을 연결하기 위해서는 접속사가 필요하다. Consequently는 접속사가 아니라 부사로 '그 결과로'의 뜻이다. 따라서 (A) Consequently → Since가 되어야 한다. **[Unit 129]**
> 해석 상어가 물보다 무겁기 때문에 그들은 끊임없이 헤엄쳐야하고 그렇지 않으면 바닥으로 가라앉는다.
> 정답 (A)

17 (A)<u>Being that</u> we did not wish (B)<u>to create</u> a disturbance, we conferred (C)<u>with</u> the others and (D)<u>conceded to</u> their demands.

> 분석 두 문장을 연결하기 위해서는 접속사가 필요하므로 (A)Being that → Now that이 되어야 한다. **[Unit 129]**
> 해석 우리는 소란을 일으키고 싶지 않았기 때문에 다른 사람과 상의해서 그들의 요구를 들어주었다.
> 정답 (A)

18 Few of the gold seekers (A)<u>who</u> flocked to California (B)<u>were</u> experienced miners, (C)<u>neither</u> did they feel that they (D)<u>had to be</u>.

> 분석 두 문장을 연결하기 위해서는 접속사가 필요하므로 (C)neither → nor가 되어야 한다. **[571]**
> 해석 캘리포니아로 모여든 금 채굴자들은 중에는 숙련된 광부가 거의 없었고, 그들은 또한 그래야만 한다고 생각하지도 않았다.
> 정답 (C)

19 Balloon (A)<u>observations</u> for (B)<u>military</u> intelligence (C)<u>were</u> made (D)<u>while</u> the American Civil War.

> 분석 while은 접속사이므로 전치사 during이 되어야 한다. **[782]**
> 해석 군사 정보를 얻기 위한 기구 관측은 미국 남북 전쟁동안 이루어졌다.
> 정답 (D)

20 The riots were (A)<u>finally</u> stilled not only by force (B)<u>and</u> by (C)<u>intercession</u> of the political leadership that Negroes themselves (D)<u>had elected</u>.

> 분석 not only ~ but also이므로 (B) and → but (also)가 되어야 한다. **[698]**
> 해석 그 폭동은 무력에 의해서 뿐만 아니라 흑인 자신들이 선출한 정치 지도자들의 중재에 의해서 마침내 진정되었다.
> 정답 (B)

Chapter 16/17 기출 및 예상 문제

21 Intended to promote safety in the workplace, the regulation stipulates _____.

(A) that protective goggles must be worn while welding
(B) that, while welding, protective goggles must be worn
(C) that one must wear protective goggles while you weld
(D) that you must wear protective goggles while you are welding

문석 (A)(B)에서 while뒤에 생략된 주어 동사에서 주어는 goggles인데 고글이 용접하는 주어가 될 수 없다. **[735]**
weld : 용접하다   stipulate : 규정하다
해석 작업장에서의 안전을 강화하기 위하여 용접할 때는 반드시 보안경을 착용하라고 법규에 규정하고 있다.
정답 (D)

22 An individual male or female (A)<u>is presumed</u> to be like (B)<u>that</u> our society (C)<u>expects</u> a male or female (D)<u>to be</u>.

문석 (B)의 that은 앞에 선행사도 없고 (D) to be 다음에 목적보어자리가 비어있으므로 접속사 what이 옳은 표현이다. **[599]**
해석 한 개인으로서의 남성이나 여성은 우리 사회가 남성이나 여성에 대해 기대하는 것처럼 될 것으로 여겨진다.
정답 (B)

23 The phenomenon of _____ are known as corporate networks has also attracted attention.

(A) those   (B) what
(C) which   (D) their

문석 전치사 뒤의 명사 자리 문제이다 of 뒤에 동사만이 있으므로 접속사와 주어 역할을 할 수 있는 what이 정답이다. **[599]**
해석 그의 실패는 단지 그 자신이 부주의한 탓이다.
정답 (B)

24 Individual states are responsible for having strong academic standards for _____ and learn in reading, math and science.

(A) every child knowing
(B) should every child know
(C) in that every child should know
(D) what every child should know

문석 전치사 for 뒤의 절인데 know와 learn의 목적어가 없다. what이 전치사 뒤의 명사 자리에서 목적어 역할을 대신하는 명사절 접속사로 쓰인다. **[599]**
해석 각각의 주는 읽기와 수학, 과학에서 모든 아이들이 알고 배워야 할 것들에 대한 확실한 교과기준을 가질 필요가 있다.
정답 (D)

25 (A)<u>Like</u> the committee (B)<u>has written</u> in (C)<u>its</u> current report, the rules need to be enforced (D)<u>more strictly</u>.

문석 like는 전치사로 절을 이끌 수 없다.
(A)는 접속사 as가 되어야 뜻이 통한다. **[622]**
해석 위원회가 현 보고서에 써놓았듯이 규칙이 더 엄격히 시행 될 필요가 있다.
정답 (A)

Chapter 16/17 기출 및 예상 문제

26 He (A)<u>did not know</u> (B)<u>why</u> (C)<u>were they leaving</u> the party (D)<u>so soon</u>.

문절 접속사 다음 문장 순서는 '주어 + 동사'의 순서이다. why they were가 되어야 한다.
해석 그는 왜 그들이 그렇게 빨리 파티를 떠났는지 알지 못했다.
정답 (C)

27 Don't ever think this will be an easy task for you. You can hardly finish it in _____ they would consider to be a simple way.

(A) what   (B) that
(C) which   (D) how

문절 전치사 in 뒤의 명사절 접속사가 필요하며 consider는 5형식동사로 + 목적어 + 목적보어에서 목적어가 없으므로 접속사와 목적어의 역할을 할 수 있는 명사절 접속사 what이 올 수 밖에 없다. [599]
in what they would consider to be a simple way.
해석 너에게 이 일이 쉬울 것이라고 생각하지 마라. 그들이 쉽다고 생각하는 방법으로 너는 그 일을 완성할 수 없다.
정답 (A)

28 I've been driving now for some 40 years, right through _____ will come to be thought of as the heart of the Internal Combustion Era.

(A) where   (B) what
(C) there   (D) the street of which

문절 빈칸에 절을 연결할 접속사와 동사 will come의 주어가 필요하다. 접속사와 주어의 역할을 동시에 행하는 주격 관계대명사가 필요하므로 부사인 (A), (C)는 탈락.
(D)의 명사 + 전치사 + 관계대명사인 the street of which 앞에 또 전치사 through가 있어서 부사어 역할을 하므로 which 다음에는 S+V~를 갖춘 완전한 문장이 와야 하므로 정답이 될 수 없다. [599]
관계대명사와 선행사를 포함하는 what이 적합하다.
internal combustion : 내연기관 era : 연대, 시대, 시기
해석 나는 현재 내연 기관 시대의 중심으로 생각될 약 40년 동안 줄곧 운전을 하고 있는 중이다.
정답 (B)

29 What's ironic (A)<u>is before</u> the Islamists (B)<u>were expelled</u> by the Ethiopians, the Somalis (C)<u>had managed</u> to impose (D)<u>a semblance</u> of law and order on the capital.

문절 What's ironic is that (before the ~ Ethiopians,) the Somalis had managed ~의 구조이다. What's ironic이 주어이고 is 이하가 보어인데, 보어 역할을 하는 명사절을 이끄는 접속사 that이 필요하다. 보어절인 that절 안에서 before절은 부사절이고 the Somalis 이하는 주절이다. 따라서 (A)를 is that before로 고쳐야 한다. [579]
Islamist : 회교도인(=Muslim)
Ethiopian : 에티오피아인
Somalis : 소말리아족(동아프리카의 한 종족)
semblance : 외관, 외형, 겉보기, 유사, 닮음
해석 아이러니한 것은 회교도들이 에티오피아인에 의해 추방되기 전에 소말리아족은 법과 질서의 외형만 수도에 강요했다는 것이다.
정답 (A)

30 It was (A)<u>from these beans</u> that Europeans experienced (B)<u>their</u> first taste (C)<u>of which</u> (D)<u>seemed</u> a very exotic beverage.

문절 전치사 of 뒤이므로 명사 자리이고 주어가 없이 동사 seemed로 연결되어 있으므로 접속사 what이 되어야 한다. [599]
해석 유럽 사람들이 매우 이국적인 음료처럼 여겨지는 것을 처음 맛본 것은 이런 콩에서였다.
정답 (C)

Chapter 16/17 기출 및 예상 문제

31 In fact, the (A)<u>right to bear</u> arms is even (B)<u>guaranteed</u> in the American Constitution, (C)<u>although</u> there is debate (D)<u>about why</u> the founding fathers meant by it.

문석 about what the founding fathers meant by it.
전치사 about 뒤에 절이 왔으므로 접속사가 필요하다.
meant의 목적어가 없으므로 명사절 접속사 what이 접속사와 목적어의 역할을 동시에 한다. [599]
founding father : (미국) 건국의 아버지들
bear arms : 무장하다, 무기를 소유하다.
해석 비록 미국 헌법 제정자들이 무기를 소지할 권리를 어떤 의미로 이해했는가에 대한 논란이 있기는 하지만, 무기를 소지할 권리는 심지어 미국 헌법에도 보장되어 있다.
정답 (D)

32 (A)<u>My most memorable conversation</u> was with my boyfriend, (B)<u>who is now</u> my husband. I remember (C)<u>when did he ask me</u> if I would marry him. I told him (D)<u>that I would</u>.

문석 간접의문문이므로 접속사 다음 문장 순서는 주어 + 동사 순서가 되어야 한다.
when did he ask me → when he asked me
해석 내가 가장 기억에 남는 대화는 지금 내 남편인 내 남자친구와의 대화였다. 자기와 결혼해 줄 것인지 물어보던 때가 생각난다. 나는 그러겠다고 대답했다.
정답 (C)

33 As you (A)<u>leave us</u>, I (B)<u>would like you to</u> know (C)<u>how much do</u> the faculty and staff (D)<u>respect</u> your accomplishments as scholars, athletes and leaders.

문석 여기서 how much는 접속사이므로 뒤에 이어지는 문장의 어순은 주어 + 동사의 순서가 되어야 한다. 그러므로 do를 삭제해야 한다.
해석 당신은 우리를 떠나려 하지만, 이 대학의 교수진과 학자, 예술가, 운동선수, 그리고 리더로서의 당신의 업적을 얼마나 많이 존경하는지 알아주었으면 합니다.
정답 (C)

34 (A)<u>Before long</u> he invented (B)<u>the car</u> (C)<u>known as</u> the Model T, Henry Ford (D)<u>made the American</u> (E)<u>public</u> a promise.

문석 부사절 접속사로 쓰이려면 before long이 아니라 before이다. before long은 '머지않아'라는 의미의 부사구이다.
해석 Model T를 발명하기 전 포드사는 미국 대중들에게 하나의 약속을 했었다.
정답 (A)

35 What seems to be the most likely explanation for the happiness trends _____ now have a much longer to-do list than they once did.

(A) women
(B) being women
(C) that women
(D) is that women

문석 이 문장의 주어는 what 절이며, what절 내의 동사 seems외에는 빈칸까지 전체문장의 동사가 없다. 따라서 다음과 같은 구조가 되어야 한다. [579]
What seems to be the most likely explanation for the happiness trends is that women now have a much longer to-do list than they once did.
to-do list : 해야 할 목록
해석 행복한 경향을 가장 그럴듯하게 설명하는 것으로 보이는것은 여성들이 과거보다 현재에 할 일들이 훨씬 많다는 사실이다.
정답 (D)

Chapter 16/17 기출 및 예상 문제

36 She ate lunch _____.

(A) as soon she finished her homework
(B) when the report ends
(C) while she has done the homework
(D) as soon as the meeting ended

분석 주절의 시제가 과거이고 접속사가 필요하다.
(A)는 as soon as가 접속사인데, as가 없다. **[Unit 126]**
해석 그녀는 그 모임이 끝나자마자 점심을 먹었다.
정답 (D)

37 The spontaneity of children's artwork (A)<u>sets it</u> (B) <u>apart from</u> the regulated uniformity of (C)<u>much of what</u> otherwise (D)<u>go on</u> in traditional elementary classrooms.

분석 much of what의 much는 불가산명사를 의미하므로 단수동사 goes가 되어야 한다.
spontaneity : 자발성
sets apart from : ~과 구별 짓다
uniformity : 획일성
해석 어린이들의 공예활동에서 나타난 자발성은 전통적인 초등학교 교실에서 진행되었던 획일성과는 다르다.
정답 (D)

38 _____, the government is betting that the privatized bank will simply melt in the sun like a snowman.

(A) Once the regulation has gone
(B) The regulation has gone one time
(C) The regulation has gone hence
(D) Hence the regulation has gone

분석 주절 앞에는 부사구 또는 부사절이 와야 한다. once는 접속사이나, hence는 부사이다. **[Unit 128]**
bet : 단언하다
melt : 사라지다, 녹다
regulation : 규제, 제한
해석 정부는 규제가 사라지고 나면 민영화된 은행은 태양 아래 눈사람처럼 단지 사라질 것이라고 단언하고 있다.
정답 (A)

39 _____ go ahead with the punitive sanctions, China has said he will retaliate in kind.

(A) America that do
(B) If America does
(C) With America do
(D) For America does

분석 두 개의 절이 있는데 china ~ 이하가 주절이므로 빈칸에는 접속사를 포함하는 주어가 와야 하는데 보기에 모두 동사 do가 있다 그러므로 동사의 강조 do 용법임을 알 수 있다. 보기에서 접속사는 If만이 있다. **[Unit 128]**
punitive : 형벌의, 응보의   sanction : 재가, 제재, 상벌
retaliate : 보복하다   in kind : 같은 방법으로
해석 만약 미국이 정말 보복성 (경제)제재를 계속한다면 중국정부는 자기들도 같은 방식으로 보복할 것이라고 말했다.
정답 (B)

40 The Sharp MPEG4 digital motion picture camera does for the web _____, earlier cameras did for still images.

(A) that   (B) which
(C) of which   (D) what

분석 A do for B what C do for B는' A와 B의 관계는 C와 D의 관계와 같다' 구문이다. **[600]**
해석 Sharp 사의 MPEG4 디지털 영상 카메라와 웹에서 하는 역할의 관계는 초기 카메라가 정적 이미지를 담기 위해서 했던 것과 같다.
정답 (D)

마공스터디 www.magongstudy.com
동영상 강의중

ER 편입 그래머 마스터

Chapter 18

관계사

Unit 134. who / whose / whom
Unit 135. which / whose(of which)
Unit 136. that
Unit 137. 주어+관계사절+동사
Unit 138. 전치사 + 관계대명사
Unit 139. 관계대명사의 축약 / 생략
Unit 140. 명사절의 복합 관계대명사
Unit 141. 부사절의 복합 관계대명사
Unit 142. 관계부사
Unit 143. 복합 관계부사
Unit 144. 유사(의사) 관계대명사
Unit 145. 관계형용사 which
Unit 146. 관계형용사 what
Unit 147. 복합 관계형용사
Unit 148. 복합 관계사 정리

628 관계사의 종류

①관계대명사, ②관계형용사, ③관계부사가 있다.

629 관계대명사 "접속사 + 대명사"의 역할

I have a friend. **(and) He** lives next door. 나는 옆 집에 사는 친구가있다.
= I have a friend **who** lives next door와 같이 한 문장이 된다.
　　　　　　　　who가 접속사 and와 대명사 he를 대신

이처럼 접속사와 대명사의 두 가지 역할을 동시에 하기에 관계대명사라고 한다.

(who이하가 명사 a friend를 수식하므로 **형용사절**이라고도 한다.)

630 관계형용사 "접속사 + 형용사"의 역할

I gave him money. **(and)** I had **that** money with me. 나는 가지고있던 돈을 그에게 주었다.
= I gave him **what money** I had with me.
　　　　　　　what은 접속사와 한정사 that의 역할을 대신

이처럼 접속사와 한정사(형용사)의 두 가지 역할을 동시에 하기에 관계형용사라고 한다.

631 관계부사 "접속사 + 부사"의 역할

The subway station is a place. **(and)** People are busy as ants **there**.
= The subway station is a place **where** people are busy as a ants.
　　　　　　　　　　　　　　　where가 접속사 and와 부사 there를 대신
　　　　　　　　　　　　　　　　　　　　　　　　지하철역은 개미처럼 바쁜사람들이 있는 장소이다.

이처럼 접속사와 부사의 두 가지 역할을 동시에 하기에 관계부사라고 한다.

632 관계대명사의 종류

관계대명사는 선행사의 종류에 따라, 그리고 격에 따라 다음과 같은 것들이 있다.

선행사	주격 (~은,는,이,가)	소유격 (~의)	목적격 (~을, 를, ~에게)
사람	who	whose	whom
사물/동물	which	whose / of which	which
사람/사물/동물	that	-	that

633 관계대명사의 쓰임

This is **the boy who** lives next door.　　who가 접속사와 **주어 역할**
This is **the boy whose father** is a teacher.　　**whose + 명사**의 형태
This is **the boy whom** I know well.　　whom이 접속사와 **목적어 역할**

who는 주격으로 who가 동사 lives의 주어와 접속사의 역할을 한다. 그래서 주어가 없는 것이다.
whose 뒤에는 반드시 명사가 온다.
whom은 목적격으로 동사 know의 목적어와 접속사의 역할을 한다. 그래서 목적어가 없는 것이다.

634 선행명사에 따른 관계대명사의 종류

선행명사	관계대명사
사람	who(m)
사물이나 동물	which / that
성별을 알 수 없는 아기	who(m) / which
집합명사(집합체의미-단수)	which
집합명사(구성원의미-복수)	who(m)
the+형용사가 사람인 경우	who(m)
the+형용사가 추상명사인 경우	which
those의 경우 사람	who(m) / 사물이면 which

(동물은 원칙적으로 which지만, 반려동물의 의미로 who가 쓰이기도 한다)

The new committee **which** we propose will be a standing committee.
우리가 제안한 새 위원회는 상임위원회가 될 것이다.

The committee **who** sat round the table were for the bill. 테이블에 앉아있는 위원들은 그 법안에 찬성하였다.

Jun is the man **which** everybody wants to be. Jun은 모든 사람들이 되고자 원하는 그런 사람이다. (성품)

Two faces **which** resemble each other make us laugh. 서로 닮은 두 얼굴이 우리를 웃게 한다. (신체일부)

Those **who** favour the proposed changes are in the majority.
그 제한된 변화를 찬성하는 사람들이 대부분이었다.

The best films are those **which** transcend national or cultural barriers.
가장 뛰어난 영화는 민족적, 문화적 장벽을 뛰어넘는 영화들이다.

Unit 134 who / whose / whom
주격   소유격   목적격

Guide 사람이 선행사인 경우 주격으로 who를, 소유격으로 whose를, 목적격으로는 whom을 쓴다.

635 주격 관계대명사 who

관계대명사 who가 관계사절 내에서 동사 앞에서 주어 역할을 한다.

This is the boy **who** lives next door. 이 아이가 옆집에 사는 소년이다.

> **Tip** This is the boy **and he** lives next door.에서 **접속사 and와 대명사 he**를 주격 관계대명사 who를 사용하여 한 문장으로 연결하고 있다.

Mr. Kim is a teacher **who** teaches us English. 김 선생님은 우리에게 영어를 가르치신다.

> **Tip** Mr. Kim is a teacher **and he** teaches us English.에서 **접속사 and와 대명사 he**를 주격 관계대명사 who를 사용하여 한 문장으로 연결하고 있다.

I know an Englishman **who** can speak Korean. 나는 한국어를 할 줄 아는 영국 사람을 알고 있다.

> **Tip** I know an Englishman **and he** can speak Korean.에서 **접속사 and와 대명사 he**를 주격 관계대명사 who를 사용하여 한 문장으로 연결하고 있다.

▶ **명사절 접속사 who vs. 관계대명사 who**   h@t p@ge 41

I know **who** can speak Korean. 나는 누가 국어를 할 수 있는지 알고 있다.
I know an Englishman **who** can speak Korean. 나는 한국어를 할 줄 아는 영국 사람을 알고 있다.

첫 문장의 who can speak Korean은 who이하가 know의 목적어자리에 쓰인 명사절 접속사다.
이때 who는 선행사가 없다.
두 번째 문장은 선행사 Englishman을 설명하는 관계대명사절, 즉 형용사절인 것이다.

---

636 선행사가 사람이더라도 who를 쓰지 않는 경우

John is not the man **that** he was. John은 예전의 그가 아니다.

> **Tip** 사람을 나타내는 게 아니라 **성품**을 나타내고 있으므로 who가 아닌 that이나 which가 쓰여야 한다.

637 소유격 관계대명사 whose

소유격 관계대명사는 항상 명사를 수반하여 'whose + 명사'가 한 묶음으로 주어나 보어 또는 목적어가 된다.

This is the boy **whose father** is a teacher. 이 소년의 아버지는 선생님이다.

> **Tip** This is the boy w**hose father** is a teacher.
> **whose father가 주어, is는 동사, teacher는 보어**
>
> This is the boy **and his** father is a teacher에서 **접속사(and)와 소유대명사(his)**를 관계대명사 whose를 사용하여 연결한 것이다.
>
> 소유대명사와 명사(his father)를 하나로 보듯이 **소유격 관계대명사(whose father)도 반드시 명사와 묶어서 하나로** 봐야한다. whose와 father를 별개로 보면안되고 '**한 단어**'처럼 봐야한다.

This is the boy **whose father** I know well. 나는 이 소년의 아버지를 잘 안다.

> **Tip** This is a boy **whose father** I know well.
> **whose father가 목적어, I는 주어, know는 동사이다**

whose를 속시원히 설명해드릴께요 QR코드를 스캔해보세요 ▶

638 목적격 관계대명사 whom

This is the boy **whom** I know well. 이 아이는 내가 잘 아는 아이다.

> **Tip** This is the boy **and** I know **him** well.에서 **접속사 and와 대명사 him**을 목적격 관계대명사 whom을 사용하여 한 문장으로 연결하고 있다.

I know the man **whom** you mentioned. 나는 네가 언급한 사람을 알고 있다.

> **Tip** I know the man **and** you mentioned **him**.에서 **접속사 and와 대명사 him**을 목적격 관계대명사 whom을 사용하여 한 문장으로 연결하고 있다.

639 부정대명사 + of + whom

I've met quite a few singers, **most of whom** were rock stars.
나는 많은 가수들을 만나 봤는데, 그들 대부분은 록스타들이었다.

The rest of the population is city dwellers, **many of whom** work in factories or offices.
나머지 인구는 도시에 거주하는데, 그 중 많은 이들이 공장이나 사무실에서 일한다.

> **Tip** 관계대명사 whom이 전치사 of다음(목적어)에 쓰이는 경우가 상당한데, 앞뒤 문장을 연결하는 관계대명사의 특성 때문이다.
> I've met quite a few singers, **and most of them** were rock stars.
> The rest of the population is city dwellers, **and many of them** work in factories or offices.
> 여기서 whom은 접속사 and와 them의 역할을 하고 있다.

기출문제를 살펴보자 [서강대]

The movie "April Fools" (A)was very popular with teenagers, some of (B)them saw (C)it more (D)than once.

문장에 절이 두 개인데 접속사가 없다. (B)의 them은 그 앞의 단어인 teenagers를 가리키고 있으므로 (B)를 인칭대명사 them을 대신하며 동시에 접속사의 기능을 하는 관계대명사 whom으로 바꿔주어야 계속적 용법으로 앞의 절에 연결된다.

영화 April Fools는 십대들 사이에서 매우 인기가 많았으며, 그들 중 몇몇은 그 영화를 한번 이상 보았다.

▶ 정답 (B)

▶ 질문 - 구어체에서는 목적격 관계대명사 whom대신 who를 쓰기도 한다는데 어떠한 경우인가요?

 기출문제를 살펴보자 [경기대]

(A)Limiting the number of full-time employees who we have to pay benefits for (B)them, and using more part-time people (C)should reduce expenses considerably and (D)Increase profits.

---

employees who we have to pay benefits for (B)them 여기서 who는 목적격으로 사용되었다.
구어체에서는 목적격 whom 대신 who를 모두 쓰기도 한다. 따라서 (B)의 them은 없어야 한다.
그러나 목적격 관계대명사는 whom을 쓰는 것이 일반적이다.

복리후생비용을 주어야 하는 정규직 직원 수를 제한하고 보다 많은 비정규 직원을 고용하는 것은, 비용은 상당히 줄이면서 수익은 증가시켜줄 것이다.

▶ 정답 (B)

 ◀ who(m)/ which가 바로 이해될 거예요 QR코드를 스캔해보세요

Unit 135 which / whose (=of which)
주격/목적격 소유격

Guide 사물이나 동물이 선행사인 경우 주격으로 which를, 소유격으로 whose나 of which를, 목적격으로는 which를 쓴다. which는 주격과 목적격의 형태가 같고, 소유격 whose인 경우도 who의 소유격과도 동일한 형태이므로 구별하는 방법을 이해하도록 한다.

640 which(주격 / 목적격)

선행사가 사물이나 동물인 경우의 주격 관계대명사

I bought a book **which** is very interesting. 나는 책 한 권을 샀는데 그것은 흥미롭다.

> **Tip** I bought a book **and it** is very interesting.에서 **접속사 and와 대명사 it(주어)**을 주격 관계대명사 which를 사용하여 한 문장으로 연결하고 있다.

I saw the dog **which** was wagging his tail. 나는 꼬리를 흔들고 있는 개를 보았다.

> **Tip** I saw the dog **and it** was wagging his tail. 에서 **접속사 and와 대명사 it(주어)**을 주격 관계대명사 which를 사용하여 한 문장으로 연결하고 있다.

This is the picture **which** I bought yesterday. 이것이 어제 구입한 그림이다.

> **Tip** This is the picture **and** I bought **it** yesterday.에서 **접속사 and와 대명사 it(목적어)**을 목적격 관계대명사 which를 사용하여 한 문장으로 연결하고 있다.

▶ **which가 주격? 목적격?**　　　　　　　　　　　　　　　　h@t p@ge 42

which가 주격인지 목적격인지는 생긴 것으로는 판별 불가능하다.
주격으로 쓰인 which라면 which 이하에 주어가 없을 것이고, 목적격으로 쓰인 which라면 which 이하에 타동사나 전치사의 목적어가 없을 것이다.

I bought a book **which** is very interesting.　　(which + 동사)
This is the picture **which** I bought yesterday.　(which + 주어 + 타동사)
I like to see a man proud of the place **which** he lives **in**.　(which + 주어 + 자동사 + in)
　　　　　　　　　　　　　나는 자신이 사는 곳을 자랑스럽게 여기는 사람을 보길 원한다.

641 명사절 접속사 which와의 차이

I don't know **which** was better, the book or the movie. 책과 영화중에 어떤 것이 더 좋았는지 모르겠다.

> **Tip** which이하가 know의 목적어자리에 쓰인 명사절 접속사다. 이때 which는 선행사가 없다.

642 whose / of which (소유격)

I live in the house **whose roof** is red. 나는 지붕이 빨간 저 집에 산다.
= I live in the house **the roof of which** is red.

> **Tip** I live in that house **and its roof** is red. 에서 **접속사 and와 대명사 its**를 소유격 관계대명사 whose를 사용하여 한 문장으로 연결하고 있다.
> **whose + 명사 = the + 명사 + of which와 같다.**

We climbed up the mountain **whose top** was covered with snow.
= We climbed up the mountain **the top of which** was covered with snow.

우리는 정상이 눈으로 덮여있는 산을 등반했다.

> **Tip** We climbed up the mountain **and its top** was covered with snow. 에서 **접속사 and와 대명사 its**를 소유격 관계대명사 whose를 사용하여 한 문장으로 연결하고 있다.
> **whose + 명사 = the + 명사 + of which와 같다.**

▶ **who의 소유격 whose vs. which의 소유격 whose**　　　　ⓗⓞⓣ p@ge 43

This is the boy **whose father** is a teacher. 이 소년의 아버지는 선생님이다.
whose의 **선행사가 사람인 the boy**이므로 who의 소유격이다.

live in that house **whose roof** is red. 나는 지붕이 빨간 저 집에 산다.
whose의 **선행사가 사물이 that house**이므로 which의 소유격이다

📖 기출문제를 살펴보자 [가천대]

The city of New Orleans (A)<u>is</u> (B)<u>a</u> major international port and a banking center (C)<u>which</u> export (D)<u>includes</u> machinery, paper and grains.

which 이하에 주어, 동사, 목적어가 모두 있다. export와 앞의 선행사의 관계가 **its** export이므로 (C)는 소유격 whose이어야 한다. **whose export** 전체가 주어 includes가 동사 machinery, paper and grains가 목적어다.
뉴올리언스에 사는 수출품목이 기계류, 종이 그리고 곡물을 포함하는 주요 국제항이자 금융 중심지이다.
▶ 정답 (C)

기출문제를 살펴보자 [가천대 일부]

다음 중 올바른 표현을 고르시오.
(B) He was made the umpire of the game the rule of which he was entirely ignorant.

---

of which가 쓰인 문장의 예를 들기 위하여 위의 문제를 발췌하였다.
이 경우의 the rule of which 역시 **whose rule**로 쓸 수 있다.
(B)를 두 문장으로 보면 He was made the umpire of the game. he was entirely ignorant of **the rule of it(=the game)**. 다시 한 문장으로 만들면 He was made the umpire of the game **the rule of which** he was entirely ignorant of. 에서 of가 반드시 있어야 하는데 of가 없으므로 **틀린 문장**인 것이다.
그는 규칙을 전혀 모르는 경기의 심판이 되었다.

 기출문제를 살펴보자 [단국대]

It (A)must be remembered that, (B)in the final analysis, civil disobedience is a form of persuasion (C)which success depends on (D)awakening latent moral forces in the society.

구조적으로 관계사 뒤는 불완전한 문장이 와야 하는데 (C)의 which뒤는 완전한 문장으로 바로 뒤에 명사(success)를 받는 소유격 whose가 되어야 한다. **whose success**가 주어 depends on이 동사가 되는 것이다.
기억되어야 할 것은 결국 시민 불복종은 그것의 성공이 사회 내에서의 잠재적인 도덕적 힘을 일깨우는 데 달려있는 설득의 한 형태라는 사실이다.

▶ 정답 (C)

643 부정대명사 of which

Phu Quoc produces the best fish sauce, **some of which** is exported.
푸꾸옥 섬은 최고의 생선소스를 생산하며, 그중 일부는 수출되기도 한다.

They produced two reports, **neither of which** contained any useful suggestions.
그들이 두 가지 보고서를 만들어 냈지만, 그 중 어느 것도 무슨 유용한 제안을 담고 있지 않았다.

The exhibition will consist of more than 25 Vermeer paintings, **most of which** are on loan from museums in the U.S. and Europe.
이 전시회에는 버마어의 그림 25점 이상이 전시될 예정인데, 이들 대부분이 미국 및 유럽의 미술관에서 빌린 것입니다.

> Tip 1. Phu Quoc produces the best fish sauce, **(and) some of them(fish)** is exported.
> 2. They produced two reports, **(and) neither of them(reports)** contained any useful suggestions.
> 3. The exhibition will consist of more than 25 Vermeer paintings, **(and) most of them(25 Vermeer paintings)** are on loan from museums in the U.S. and Europe.

644 앞 문장의 보어가 선행사인 경우

He is very **smart, which** I am not. 그는 매우 약삭빠르지만 나는 그렇지가 않다.
He looked like **a soldier, which** he was. 그는 군인처럼 보였으며, 실제로 군인이였다.
Her face was perfectly **serious, which** in a way perhaps she was.
그녀의 얼굴은 아주 진지했고, 내심 얼마쯤은 아마 그러했을 것이다.

> **Tip** 사람을 나타내는 명사·형용사를 선행사로 하여
> (1) 절 속의 be동사의 보어가 됨.
> (2) 선행사가 명사인 경우는, 사람 그 자체가 아니라 지위·성격·인품·직업 따위를 가리킴.

645 which is which "어느 것이 어느 것인지, 누가 누군지"

I can not tell **which is which**. 어느 것이 어느 것인지 모르겠다.
The two sisters are so much alike that you cannot tell **which is which**.
그 두 자매는 너무나도 똑같아서 누가 누군지 모를 정도다.

646 쉼표(,) 다음의 which / who

The chancellor was laden with too many responsibilities, **which** led to his ill health.
수상은 너무 많은 책임을 지고 있어서 건강이 악화되었다.
He studied hard in his youth, **which** contributed to his success in later life.
그는 젊은 시절에 열심히 공부했는데, 그것이 그가 만년에 성공하는 데 도움이 되었다.
Tom told his mother that he didn't like his step-father, **who** liked him.
Tom은 엄마에게 새아버지가 싫다고 말했지만 그녀는 그를 좋아한다.
= Tom told his mother, **who** liked him, that he didn't like his step-father.

> **Tip** 주절의 목적어인 엄마에 대한 추가적 설명이므로 계속적 용법의 관계대명사 who가 쓰였지만 who가 정확히 누구를 지칭하는지 애매하다. (his mother or step-father)
> 그래서 문장의 중간에 삽입시켜보니 그 대상과 의미가 확실해졌음을 알 수 있다.

Tom told his mother that he didn't like his step-father, **which** made her angry.
Tom은 엄마에게 새아버지가 싫다고 말했고, 그것이 그녀를 화나게 했다.

> **Tip** 쉼표(,) 다음 which가 쓰였으므로 his step-father가 선행사가 아니다. 이런 경우 which는 앞 문장 전체 '새아버지가 싫다고 말한 것'이 선행사가 된다.

647 쉼표에 따른 의미의 차이

She didn't say anything **which** made me angry. 그녀는 나를 화나게 할 어떤 말도 하지 않았다.
She didn't say anything, **which** made me angry. 그녀는 아무 말도 하지 않았다, 그것이 나를 화나게 했다.

> **Tip** 쉼표(,) 다음 which의 앞 문장 전체나 일부를 선행사로 한다.

Unit 136 that
주격/목적격

Guide 사람, 사물, 동물 모두를 선행사로 받을 수 있는 관계대명사 that은 소유격은 없으며 주격과 목적격의 형태가 같다. 관계대명사 that과 접속사 that의 차이, 동격의 that과의 차이 등을 공부한다.

648 that(주격 / 목적격)

선행사가 사물이나 동물인 경우의 주격 관계대명사

I bought a book **that** is very interesting. 나는 책 한권을 샀는데 그것은 흥미롭다.

> **Tip** I bought a book **and it** is very interesting.에서 **접속사 and와 대명사 it(주어)**을 주격 관계대명사 that을 사용하여 한 문장으로 연결하고 있다.

I saw the dog **that** was wagging his tail. 나는 꼬리를 흔들고 있는 개를 보았다.

> **Tip** I saw the dog **and it** was wagging his tail. 에서 **접속사 and와 대명사 it(주어)**을 주격 관계대명사 that을 사용하여 한 문장으로 연결하고 있다.

This is the picture **that** I bought yesterday. 이것이 어제 구입한 그림이다.

> **Tip** This is the picture **and** I bought **it** yesterday.에서 **접속사 and와 대명사 it(목적어)**을 목적격 관계대명사 that을 사용하여 한 문장으로 연결하고 있다.

선행사가 사물이나 동물인 경우 관계대명사로는 which나 that중 어느 것을 사용해도 무관하다.

649 that만을 쓰는 경우

① 사람 + 사람 이외의 것이 동시에 선행사일 때

The driver and the car that fell into the river were found. 강에 빠진 운전자와 차가 발견되었다.
This is a picture of **a man and a horse that** are crossing the river.
　　　　　　　　　　　　　　　　　　　　　　이것은 강을 건너고 있는 한 남자와 한 마리 말의 그림이다.

② 선행사가 의문대명사(who, which)인 경우

Who that has common sense would say like that? 상식을 가진 사람으로서 누가 그런 말을 할 수 있겠는가?
Who that has seen the movie can forget the last scene?
　　　　　　　　　　　　　　　　　　　그 영화를 본 사람이라면 누가 마지막 장면을 잊을 수 있겠는가?

Which of the movies **that** you watched last weekend is the best?
네가 지난 주말에 본 영화들 중에 어떤 것이 최고야?

> **Tip** 선행사가 의문대명사(who, which)인 경우 관계대명사는 that을 사용하지만, **선행사가 지시대명사 those 나 that이면 관계대명사로 who나 which**를 쓴다.
> Heaven helps **those who** help themselves. 하늘은 스스로 돕는 자를 돕는다.
> **That which** upset me most was her manner. 나를 가장 기분 나쁘게 했던 것은 그녀의 태도였다.

③ 제한, 한정어구 + 선행사

You are **the only** one **that** can solve this situation. 네가 이 상황을 해결할 수 있는 유일한 사람이다.
She is **the most** beautiful lady **that** I have ever seen. 그녀는 내가 본 여자 중 가장 아름답다.

> **Tip** 선행사가 사람임에도 불구하고 관계대명사로 that이 쓰였다.
> 선행사 앞에 최상급, 서수, the very, the only, the same, every, all등의 표현이 있는 경우와 선행사가 부정대명사(anything, something, somebody, no one 등)인 경우에는 선행사의 종류에 상관없이 관계대명사는 that이 우선한다. 그러나 절대적인 문법적 규칙은 아니므로 who나 which가 사용되기도한다.

650 that을 쓸 수 없는 경우

① ,(쉼표) 다음에 쓸 수 없다

I bought a book, **that** is very interesting.   (X) 책을 한 권 샀는데, 그것은 재미있다.
I bought a book, **which** is very interesting. (O)

> **Tip** which는 쉼표 다음에 쓸 수 있지만, that은 불가능하다.

② 전치사와 함께 쓸 수 없다

This is the house **in that** my parents live.   (X) 여기가 나의 부모님이 사시는 집이다.
This is the house **in which** my parents live. (O)
This is the house **that** my parents live **in**. (O)

> **Tip** that은 전치사를 앞에 둘 수 없지만 which는 전치사를 앞에 둘 수 있다.
> 그러나 전치사가 that앞에 놓여있지 않고, 따로 떨어져서 문두에 있는 경우는 가능하다.
> 부사절 접속사 in that은 '~라는 점에서'의 의미로 관계대명사 that이 아닌 부사절접속사이다.
> She was fortunate in that she had friends to help her. (O)
> 그녀는 자신을 도와줄 친구들이 있었으므로 운이 좋았다.

▶ 쉼표 뒤의 that?   h⊙t p@ge 44

Such is his love for his son, **that** he is willing to sacrifice his life.

His love for his son is **so** great **that** he is willing to sacrifice his life.
이 문장은 such를 이용해 다음과 같이 바꿀 수 있다.
His love for his son is **such that** he is willing to sacrifice his life.
여기서 such를 강조하기 위해 문두로 보낼 수 있다.
Such is his love for his son, **that** he is willing to sacrifice his life.
이때 that을 son을 선행사로 하는 관계대명사가 아니라 종속접속사인 것을 알 수 있다.

그러므로 쉼표 다음의 that은 관계대명사가 아닌 접속사 that임을 알 수 있다.

▶ 관계대명사 that vs. 접속사 that vs. 동격의 that   h⊙t p@ge 45

관계대명사 that : 선행사 + that + 불완전문장
I bought a book that is very interesting. 내가 구입한 책은 매우 재밌다.
선행사(book) + that 은 관계대명사 관계대명사이하는 불완전 문장이다.
is(동사), very interesting(보어), 주어가 없다.

명사절 접속사 that : 선행사 없이 that절이 완전하며 주어, 보어, 목적어 자리에 위치한다.
I know that he is honest. 나는 그가 정직하다는 것을 알고 있다.
선행사 없이 동사 뒤의 that은 접속사 (that은 know의 목적어자리의 명사절 접속사이다)

동격의 that : 선행사 + that + 완전문장
There is a rumor that Tom married Susan last week. Tom이 Susan과 지난 주에 결혼했다는 소문이다.
선행사(a rumor) + that 이 경우 관계대명사와는 달리 that 이하가 완벽한 문장이다.
Tom(주어) married(타동사) Susan(목적어)

651 that이 생략 가능한 경우

① 목적어자리의 명사절 접속사로 쓰이는 경우
I know (that) she is a teacher. 나는 그녀가 선생님이라는 것을 알고있다.

② There is~, Here is?~ 의 다음
There is a man (that) can do it. 그 것을 할 수 있는 어떤 사람이 있다.

③ 선행사가 형용사의 최상급 및 the very, the only, the same, the first, the last 등의 한정적 수식어를 수반하는 경우
He is the only man (that) you love. 그가 당신이 사랑하는 유일한 사람이다.

④ 선행사가 의문대명사인 경우
Who (that) has a comman sense can do such a thing ? 상식이 있는자라면 누가 그런짓을하겠는가?

⑤ it is ~ that의 강조 구문에서
It was he (that) killed the dog. 그 개를 죽인자가 바로 그사람이다.

⑥ 관계부사의 that 생략 가능
He went to work last sunday (that) others took a rest. 다른사람들이 쉬던 지난주 일요일 그는 출근했다.

⑦ 목적격 관계대명사
I showed her the bag (that) I bought yesterday. 나는 어제 구입한 가방을 그녀에게 보여줬다.

Unit 137 주어+관계사절+동사

Guide 관계대명사절이 주어와 동사 사이에 삽입되는 형태이다.
이 형태의 출제 유형은 주어와 동사의 수의 일치 문제로 많이 출제된다.

Those / **who were present** / were almost all college students. 참석자 거의가 대학생이었다.
The man / **whom I can trust** / is Jun. 내가 믿을 수 있는 사람은 Jun이다.
The picture / **that I bought yesterday** / is on the wall. 어제 산 그림이 벽에 걸려있다.
The picture / **that is on the wall** / is very expensive. 벽에 걸려있는 그림은 매우 비싸다.

기출문제를 살펴보자 [가톨릭대 일부]

~ technological shift that transformed Europe from an agrarian to an industrial society _____.

(A) know   (B) knows   (C) is known   (D) are known

---

technological shift / **that transformed Europe from an agrarian to an industrial society**에서 technological shift가 단수이며 수동태이므로 동사는 is known이 되어야한다.

유럽을 농업사회에서 산업사회로 바꾼 거대한 사회, 경제, 기술적 변화는 상업혁명이라는 이름으로 알려져 있다.

▶ 정답 (C)

기출문제를 살펴보자 [한양대 일부]

~ the new (B)designs and technology unveiled at the Tokyo motor show, which opened (C)on November 3rd, (D)was focused on two often neglected groups of drivers.

주어는 the new designs and technology이며, unveiled at the Tokyo motor show는 분사구, which opened on November 3rd는 관계사절이다. 주어가 복수이므로 복수동사가 되어야 한다.
(D)의 was를 were로 고친다.

11월 3일에 열린 도쿄 모터쇼에서 모습을 드러낸 새로운 디자인들과 기술은 두 부류의 놓치기 쉬운 운전자그룹에 초점이 맞춰졌다.

▶ 정답 (D)

Unit 138 전치사 + 관계대명사
in, on, at, by... + which

Guide 관계대명사 앞에 전치사가 놓이는 경우가 있다. 이런 경우 관계대명사 이하는 완전한 문장이다.
『전치사 + who(m) / which』만 가능하고 『전치사 + that』은 불가능하다.

This is the house. My parents live **in** the house.
= This is the house **and** my parents live **in** it. 여기가 나의 부모님이 사시는 집이다.

Tip 이때 접속사 and와 대명사 it을 대신하여 관계대명사 which로 바꾸면 아래와 같다.

= This is the house **which** my parents live **in**.
= This is the house **in which** my parents live.

Tip 문미의 전치사 in은 그대로 두어도 되지만 관계대명사 앞으로 보내면 아래와 같이
전치사 + 관계대명사의 형태가 된다.

This is the book **and** Jun is looking **for** it. 이것이 Jun이 찾고 있는 책이다. (look for '~을 찾다')

Tip 이때 접속사 and와 대명사 it을 대신하여 관계대명사 which로 바꾸면 아래와 같다.

= This is the book **which** Jun is looking **for**.
= This is the book **for which** Jun is looking.

Tip 문미의 전치사 for는 그대로 두어도 되지만 관계대명사 앞으로 보내면 아래와 같이
'**전치사 + 관계대명사**'의 형태가 된다.

I was surprised at the fluency **and** she spoke English **with** it(=the fluency).
= I was surprised at the fluency **which** she spoke English **with**. 그녀의 영어가 유창한 것에 놀랐다.
= I was surprised at the fluency **with which** she spoke English.

Creativity is the key means **and** we can achieve our goal by **it**(=key means).
= Creativity is the key means **which** we can achieve our goal **by**.
= Creativity is the key means **by which** we can achieve our goal.

창의성이 우리의 목적을 달성하는 핵심 수단이다.

기출문제를 살펴보자 [단국대]

In (A)the company of human beings, parrots demonstrate a (B)remarkable talent (C)for mimicry, (D)for which they never use in the forest.

---

remarkable talent, for which they never use in the forest.에서 관계대명사절에서 use의 목적어가 없다. 선행사 remarkable talent, and they never use it in the forest.에서 접속사 and와 목적어 it 을 목적격 관계대명사 which로 바꿔 앞으로 보내면 remarkable talent, which they never use in the forest.가 된다. 따라서 which 앞에 for가 있을 수가 없다.

인간의 동반자로, 앵무새는 모방에 있어서 두드러진 재능을 보여주나, 숲에서는 그 재능을 절대 사용하지 않는다.

▶ 정답 (D)

 기출문제를 살펴보자 [동국대]

He is negotiating a possible deal with the president, _____ he would agree to plead guilty and cooperate in the wide-ranging political corruption investigation.

(A) who   (B) in which   (C) which   (D) whom

빈 칸 다음이 완전한 절이므로 who 나 whom, which가 들어갈 자리가 없다.따라서 possible deal을 선행사로 하고 장소나 방법을 표현하는 전치사 **in which**가 정답이 된다.

그는 대통령과 가능성 있는 거래를 협상하고 있는데, 그 거래를 통하여 그는 자신의 유죄를 인정하고 광범위한 정치부패 수사에 협조할 것이다.

▶ 정답 (B)

 기출문제를 살펴보자 [중앙대]

(A)During the last 30 years of his life, Matthew Arnold's literary energies (B)were devoted to prose, (C)which he published (D)more than 15 volumes.

---

which he(주어) published(동사) more than 15 volumes(목적어)가 모두 있기에 관계대명사 which가 있을 자리가 없다.and he published more than 15 volumes **in** prose에서 **in which**(=where) he published more than 15 volumes 가 되어야 한다.

그의 인생 마지막 30년 동안 Matthew Arnold는 문학의 정열을 산문에 헌신했고 15권 이상의 산문집을 발간했다.

▶ 정답 (C)

Unit 139 관계대명사의 축약 / 생략
주격 관계대명사 + be동사 / 주격 관계대명사 + 일반동사

Guide 주격 관계대명사는 동사와 함께 축약가능하다
주격 관계대명사와 동사를 축약하면 분사구나 전치사구가 된다.

652 주격 관계대명사 + be동사

The boy **who is playing on the ground** is my son.
→ The boy **playing on the ground** is my son. 놀이터에서 놀고 있는 아이는 내 아들이다.
The picture **which was painted by Jun** is now in the museum.
→ The picture **painted by Jun** is now in the museum. Jun에 의해 그려진 그림은 박물관에 있다.
The picture **which is on the wall** is very expensive.
→ The picture **on the wall** is very expensive. 벽에 있는 그림은 매우 비싸다.

Tip 주격 관계대명사와 be동사는 동시에 생략할 수 있다.
who is playing on the ground 형용사절이지만, who is를 생략하면 **현재분사구**로 바뀐다.
which was painted by Jun 형용사절이지만, which was를 생략하면 **과거분사구**로 바뀐다.
which is on the wall은 형용사절이지만, which is를 생략하면 **전치사구(=형용사구)**로 바뀐다.

653 쉼표로 분리된 관계사절

The president, **who is preparing to give a speech**, is meeting with his advisors.
→ The president, **preparing to give a speech**, is meeting with his advisors.
→ **Preparing to give a speech**, the president is meeting with his advisors.
연설준비 중인 대통령은 자신의 조언자와 미팅 중이다.
The White House, **which is located in Washington**, is the official residence of the president.
→ The White House, **located in Washington**, is the official residence of the president.
→ **Located in Washington**, the White House is the official residence of the president.
워싱턴에 위치한 백악관은 대통령의 관저이다.

Tip 관계대명사가 쉼표로 분리되는 경우
1. 고유명사나 특정명사를 관계사절로 설명할 때
2. 명사를 설명하는 관계사절이 all of which, most of which등과 같은 경우

상기 두 가지 이외에도 관계대명사가 쉼표로 분리되는 경우도 있다. 이런 경우 부사절과 같은 형태로 보아 축약시키면 분사구문으로 전환된다.
분사구문 = 관계대명사의 축약 = 부사절의 축약은 모두 같은 맥락이다.

기출문제를 살펴보자 [서강대]

Identify the sentences with the most appropriate punctuation.

(A) Sogang University which has a relatively small campus is one of the best universities in Korea.
(B) Sogang University, which has a relatively small campus, is one of the best universities in Korea.
(C) Sogang University that has a relatively small campus is one of the best universities in Korea.
(D) Sogang University, that has a relatively small campus, is one of the best universities in Korea.

고유명사를 관계사절로 설명할 때 ,(쉼표)로 분리시키는 것이 원칙이다. Sogang University라는 고유명사를 사용했으므로, which ~를 사용하는 것이 정답이 된다. 명사를 설명하는 관계사절이 all of which, most of which 등과 같은 경우도 ,(쉼표)로 분리시킨다.

상대적으로 작은 캠퍼스의 서강대학교는 한국에서 가장 좋은 대학 중 하나이다.

▶ 정답 (B)

▶ **관계사절 vs. 분사구문**　　　　　　　　　　　　　　**h⊙t p@ge 46**

The president, **who is preparing** to give a speech, is meeting with his advisors.
→ The president, **preparing** to give a speech, is meeting with his advisors.
→ **Preparing** to give a speech, the president is meeting with his advisors.

쉼표로 분리된 관계사절은 위에서 보는 바와 같이 관계대명사와 be동사를 삭제하면 주어와 동사 사이에 삽입된 형태의 분사가 되고, 문장의 앞으로 빼내면 분사구문이 되는 것이다.

The White House, **which is located** in Washington, is the official residence of the president.
→ The White House, **located** in Washington, is the official residence of the president.
→ **Located** in Washington, the White House is the official residence of the president.

---

654 주격 관계대명사 + 일반동사

The man **who stood at the station** was Tom. 정류장에 서있는 남자는 Tom이었다.
→ The man **standing at the station** was Tom.

Any team **which wins four games** will be awarded a gold medal.
→ Any team **winning four games** will be awarded a gold medal.

4개의 경기에서 승리하는 팀에게 금메달이 주어질 것이다.

Tip 주격 관계대명사와 일반동사는 일반동사를 원형으로 고친 후 ing를 붙이면 주격 관계대명사를 생략할 수 있다.
who stood at the station에서 stood는 일반동사의 과거형이므로, 원형 stand로 고친 후 ing를 붙인다.
who stood는 **standing**이 되며, which wins는 **winning**이 된다.

기출문제를 살펴보자 [성균관대]

He told (A)how he had recently (B)been summoned to testify in court (C)against a fellow villager (D)charge with (E)logging illegally in the forest.

He ~ villager까지가 하나의 완전한 문장이다. 그러므로 charge는 villager를 꾸며주는 형용사가 되어야 하는데 동사가 형용사 역할을 하려면 분사가 되면 된다. 내용상 마을 동료는 고발을 당한 것이므로 who was charged에서 who와 be동사가 생략되어 charged가 되어야 한다.

그는 얼마 전에 불법으로 숲에서 나무를 베다가 고발된 마을 동료에 대한 재판에 증언하라는 소환을 어떻게 받았는지 말했다.

▶ 정답 (D)

기출문제를 살펴보자 [경희대]

The hospitals were flooded with people, mostly adolescents, _____ of headaches and stomach pains.

(A) complained (B) complaining
(C) and complained (D) were complaining

The hospitals were flooded with people, mostly adolescents, **who were complaining** of headaches and stomach pains.에서 who were가 삭제되면 complaining만 남는다.

만일 문장이 The hospitals were flooded with people, mostly adolescents, who complained이라 하더라도 관계대명사 뒤의 일반동사는 원형으로 고친 후 +ing의 형태로 변형시키므로 결과적으로 who were complaining → **complaining** 으로 who complained → **complaining**로 축약의 형태는 같게 된다.

병원들은 대부분 청소년인 두통과 복통을 호소하는 사람들로 넘쳐났다.

▶ 정답 (B)

기출문제를 살펴보자 [동아대]

Virtually all ancient sculpture in perishable materials has disappeared, _____ most wood sculptures.

(A) included (B) were included (C) to include
(D) including (E) being included

---

all ancient sculpture, which includes most wood sculptures, has disappeared= all ancient sculpture, which includes → **including** most wood sculptures, ~
= all ancient sculpture, including most wood sculptures, has disappeared
= all ancient sculpture has disappeared, including most wood sculptures. 뒤로 후치

사실상 대부분의 나무 조각품을 포함한 부서지기 쉬운 재료의 모든 고대의 조각품들은 사라졌다.

▶ 정답 (D)

위에서 설명한 부분은 분사파트와 겹치는 부분이다.

관계대명사가 축약이 되면 분사구로 되기 때문이다. 그러므로 양쪽을 모두 공부하여 확실히 알아두도록 한다.

655 강조구문에서

Tom pushed Jack into the pool. Tom이 Jack을 수영장으로 밀었다.
→ **It** was Tom (**that**) pushed Jack into the pool.

> **Tip** 강조구문에서의 주격 관계대명사 who 또는 that은 생략 가능하다.

656 선행사가 there is(are)의 주어가 될 경우

There are many surprising **things** (which) happen in this world.
지구상에서 발생하는 놀라운 일들이 많이 있다.

> **Tip** 주격 관계대명사 which의 선행사인 things는 there are의 주어이다. 이 경우 주격 관계대명사는 생략 가능하다.
> **there is, there are가 계속 될 때도 생략할 수 있다.**
> My father taught me the difference (that) there is between right and wrong.

657 삽입절이 있는 경우

We feed the homeless (who) **we think** are hungry. 우리는 배고픈 노숙자들에게 음식을 주었다.

> **Tip** we think는 삽입절로, 삽입절은 어법상 존재 가치가 없다. 이러한 경우 who가 주격 관계대명사지만 생략 할 수도 있다. We feed the homeless (who) <we think> are hungry.

658 목적격 관계대명사는 생략 가능

The picture **which** I bought yesterday is on the wall. 어제 구입한 그림이 벽에 걸려있다.
→ The picture I bought yesterday is on the wall.

> **Tip** 목적격 관계대명사는 동사와 상관없이 언제든지 생략할 수 있다.

목적격 관계대명사 뒤에는 목적어가 없어야 하는데, 목적격 관계대명사를 생략하고 목적어를 그대로 놔두는 형태로 문제를 출제한다.
하지만 목적격 관계대명사는 생략 가능하므로 생략한 것이고 목적어는 없어야 한다. 이 부분을 조심해야 한다.

기출문제를 살펴보자 [홍익대]

(A)Reading for learning is something you will have to (B)do it all your life, whether it's (C)studying to get a driver's license (D)or finding out how much medicine to give a baby.

---

something **that** you will have to do에서 **목적격 관계대명사가 생략되어 있는 것**이다.
따라서 you will have to do it 에서 **it은 없어야** 한다.

배우기 위해 읽는다는 것은 당신의 삶에서 무언가 해야 한다는 것이다. 그것은 운전면허를 취득한다든지 아기에게 얼마만큼의 약을 주어야 하는지이다.

▶ 정답 (B)

 기출문제를 살펴보자 [고려대]

(A)Attention span varies with age, (A)with older children capable of longer periods of attention (B)than younger children. In addition, people are generally capable of a longer attention span (C)when they are doing something that they (D)find it enjoyable or intrinsically motivating.

---

something **that** they (D)find it에서 관계대명사 that이 목적어 it의 역할을 하고 있으므로 it은 없어야 한다.
with older children capable of longer periods of attention 은 with + 목적격 + 형용사의 부대상황이다.

집중의 길이는 나이에 따라 다양하다, 어린아이들보다 좀 더 나이가 많은 아이들이 더 오래 집중할 수 있다. 게다가 사람들은 일반적으로 즐거워하거나 본질적으로 동기를 유발시키는 일을 더 오래 집중할 수 있다.

▶ 정답 (D)

659 관계대명사가 보어를 대신할 때 생략 가능

He is not the man **that** he was ten years ago. 그는 10년 전의 그가 아니다.
→ He is not the man he was ten years ago.

> **Tip** He is not the man that he was ten years ago. 이때 that은 was의 보어로 쓰인 관계대명사로 이처럼 **관계대명사가 보어로 쓰인 경우 생략** 할 수 있다.

Unit 140 명사절의 복합 관계대명사
whoever / whomever / whichever / whatever

Guide who(ever), whom(ever), which(ever), what(ever)는 이미 명사절 접속사에서 공부한 바 있다. 필자는 이 부분은 명사절 접속사로 보는 것이 더 쉽고 바람직하다고 생각하지만, 시중에 나와 있는 대부분의 문법책과 학원수업에서는 관계대명사로 배우기 때문에 이 부분을 다시 관계대명사에서 한 번 더 설명하려고 한다. 설명부분의 anyone who(m)으로 바꿔 쓰는 것은 이해를 돕기 위한 것일 뿐이다.

660 whoever = anyone who

Whoever breaks this law will be punished. 누구든지 이 법률을 어긴 자는 처벌 받을 것이다.
= Anyone who breaks this law will be punished.

> **Tip** Whoever breaks this law가 주어 자리에 쓰인 명사절이다. whoever가 명사절인 경우 anyone who와 같은 의미로 볼 수 있다.

I'll take **whoever wants to go with me**. 나와 함께 가기를 원하는 사람은 누구나 데리고 가겠다.
= I'll take anyone who wants to go with me.

> **Tip** whoever wants to go with me가 타동사 take의 목적어 자리에 쓰인 명사절

661 whomever = anyone whom

Whomever I invited must bring some food to the party.
= Anyone whom I invited must bring some food to the party.
내가 초대한 사람은 누구든지 파티에 음식을 가져와야 한다.

> **Tip** Whomever I invited가 주어 자리에 쓰인 명사절로, whomever는 invited의 목적어이므로 whoever로 쓰면 틀리다.

You can invite **whomever you want**. 당신이 원하는 사람이면 누구든지 초대해도 좋다.
= You can invite anyone whom you want.

> **Tip** whomever you want가 타동사 invite의 목적어 자리에 쓰인 명사절로, whomever는 want의 목적어이므로 whoever로 쓰면 틀리다.

662 whichever = anything that

Whichever of you gets here first will get the prize.
= Anyone of you that gets here first will get the prize.

너희들 중 누구든 여기에 맨 먼저 오는 사람이 그 상을 받을 것이다.

> **Tip** Whichever of you gets here first가 주어 자리에 쓰인 명사절이다.
> whichever가 명사절인 경우 anyone that과 같은 의미이다.

You can buy **whichever you like**. 당신이 좋아하는 것을 살 수 있다.
= You can buy anything that you like.

> **Tip** whichever you like가 타동사 buy의 목적어 자리에 쓰인 명사절

663 Whatever = all things that

Whatever comes out of his mouth is a lie. 그가 하는 말은 전부 거짓말이다.
= All things that come out of his mouth are a lie.

> **Tip** Whatever comes out of his mouth가 주어 자리에 쓰인 명사절이다.
> whatever가 명사절인 경우 all things that과 같은 의미이다.

He bought **whatever his son wanted**. 그는 아들이 원하는 것 무엇이든지 사주었다.
= He bought all things that his son wanted.

> **Tip** whatever his son wanted가 타동사 bought의 목적어 자리에 쓰인 명사절

Unit 141 부사절의 복합 관계대명사
whoever / whomever / whichever / whatever

Guide whoever / whomever / whichever / whatever가 부사절에서 쓰이는 경우를 살펴본다.

664 whoever = no matter who

Whoever reads this book, he will pass the exam. 누구든지 이 책을 읽으면 합격할 것이다.
= No matter who reads this book, he will pass the exam.

> **Tip** Whoever reads this book이 부사절로, whoever가 부사절인 경우 no matter who와 같은 의미이다.

665 whomever

Whomever you meet, it's none of my business. 네가 누구를 만나든지 나와는 상관없다.
= No matter whom you meet, it's none of my business.

> **Tip** Whomever you meet가 부사절로, whomever가 부사절인 경우 no matter whom과 같은 의미이다.

666 whichever = no matter which

Whichever I choose, they must accept my decision. 내가 어느 것을 선택하든지, 그들은 내 결정을 따라야 한다.
= No matter which I choose, they must accept my decision.

> **Tip** Whichever I choose가 부사절로, no matter which와 같은 의미이다.

667 whatever = no matter what

Whatever may happen, I will not change my mind. 무슨 일이 있어도 내 마음은 변치 않는다.
= No matter what may happen, I will not change my mind.

> **Tip** Whatever may happen이 부사절로, no matter what과 같은 의미이다.

Unit 142 관계부사
when / where / why / how

Guide 관계부사는 접속사와 부사의 역할을 한다. 따라서 주격, 소유격, 목적격은 없다.

This is the place. **+** I was born there.
→ This is the place **where** I was born. 이곳이 내가 태어난 장소이다.

여기에서 where는 두 문장을 연결시켜주는 접속사의 역할을 하면서 동시에 부사 there를 대신하고 있다.
이와 같이 관계부사는 접속사와 부사(구)의 두 가지 역할을 동시에 한다.

668 관계대명사 vs. 관계부사

관계대명사와 관계부사가 이끄는 절은 모두 선행사를 수식하는 형용사절이다.
그러나 관계대명사 이하는 불완전문장, 관계부사 이하는 완전한 문장이 온다.

This is the place **which** I like best. 여기가 내가 제일 좋아하는 장소이다.

Tip like의 목적어가 없다. which는 관계대명사로서 like의 목적어이다.

This is the place **where** I was born. 여기는 내가 태어난 장소이다.

Tip I was born은 수동태로 완전한 문장이다. where는 관계부사이다.

대명사는 문장 내에서 주어, 보어, 목적어로 쓰이지만 부사는 문장 내에서 주어, 보어, 목적어로 쓰이지 못한다.
그렇기 때문에 관계부사는 주격, 소유격, 목적격이 없는 것이다.

669 관계부사는 『전치사 + 관계대명사』와 같은 역할을 한다

This is the place **where** I was born.
= This is the place **in which** I was born. (= This is the place and I was born in the place.)

관계부사와 관계대명사의 관계

선행사	관계부사	전치사+관계대명사
장소 (the place)	where	in/at/on + which
시간 (the time)	when	in/at/on + which
이유 (the reason)	why	for + which
방법 (the way)	how	in + which

▶ **관계부사 vs. 명사절 접속사**　　　　　　　　h@t p@ge 47

관계부사 앞의 선행사인 the place / the time / the reason / the way 등은 생략 가능한데, **선행사를 생략하면 관계부사는 명사절 접속사가 된다.**

This is **the place where** I was born.에서 선행사인 the place를 생략하면
This is **where I was born**.이 되는데, 이때 where 이하는 동사 is의 보어 자리의 명사절 접속사가 된다.

I don't know **the time when** the meeting is over.에서도 마찬가지로 선행사 the time을 생략하면 when 이하는 타동사 know의 목적어 자리의 명사절 접속사가 되는 것이다.

I'd like to know **the reason why** you're so late.에서도 마찬가지로 선행사 the reason을 생략하면 when 이하는 타동사 know의 목적어 자리의 명사절 접속사가 되는 것이다.

그런데, **the way와 how는 함께 쓸 수 없다.**
I know the way how he solved the problem.　(X)
I know **the way** he solved the problem.　　　(O)
I know **how** he solved the problem.　　　　(O)
선행사나 how중 둘 중 하나만 써야 맞는 문장이다.

관계부사는 선행사와 같이 써도 맞는 문장이고(the way how제외), 선행사를 생략하고 관계부사만 써도, 선행사만 쓰고 관계부사를 생략해도 맞는 문장이다.
This is the place where I was born. (O)
This is where I was born.　　　　 (O)
This is the place I was born.　　　 (O)

670 where

장소를 나타내는 관계부사 where는 the place와 같은 장소를 선행사로 취하며, in / at / on + which로 대신할 수 있다.

선행사가 the place인 경우 생략하나 특정장소인 경우 생략하지 않는다.

This is **the place where** I lost my wallet. 여기가 내가 지갑을 잃어버린 곳이 틀림없다.
= This is **the place at which** I lost my wallet.
= This is **where I lost my wallet**. **(명사절-보어)**

> **Tip** 이 경우 the place는 where라는 관계부사 앞에 통상적으로 쓰이는 명사로, the place를 생략해도 의미상 혼란이 오지 않으므로 생략할 수 있다.

The earth where we stand is moving. 우리가 서 있는 지구도 움직인다.
= **The earth on which** we stand is moving.

> **Tip** 이 경우 where의 선행사 the earth는 관계부사 앞에 통상적으로 쓰이는 명사(the place처럼)로 보기 힘들뿐 아니라, 문장의 주어이기도 하다. 이런 경우 관계부사 앞의 선행사를 생략하지 않는다.

There are **instances where** honesty does not pay. 정직한 사람이 손해 보는 경우도 있다.

> **Tip** 선행사 instances는 장소를 의미하지 않는다. 그럼에도 불구하고 관계부사로 where를 선택했는데, where가 꼭 장소만을 의미하지는 않기 때문이다.
> 이처럼 **입장**이나 **상황**을 의미하는 경우 관계부사로 where를 쓴다.
> pay는 완전자동사로 '득이 되다'는 의미이다.

 기출문제를 살펴보자 [총신대]

They were faced with a kind of situation _____ they either sink or swim.
(A) which   (B) why   (C) where   (D) how

선행사가 장소가 아닌 상황이나 입장을 나타낼 때도 where를 쓸 수 있다.
그들은 가라앉거나 헤엄쳐야 할 일종의 상황에 직면하게 되었다.

▶ 정답 (C)

 기출문제를 살펴보자 [세종대]

Difficulties with culture shock (A)<u>are often related to</u> an (B)<u>individual's</u> ability (C)<u>to speak</u> the language of (D)<u>the country which</u> he or she is living.

선행사 the country 다음 절(he or she is living)이 따르므로 관계대명사가 필요한데 동사 live는 자동사이므로 목적어가 필요 없다. 따라서 관계대명사가 아닌 관계부사를 써야 한다. which → **where**
문화적 충격과 관련된 어려움들은 종종 그가 살고 있는 국가의 언어를 말하는 개인의 능력과 관계가 있다.

▶ 정답 (D)

671 when

시간을 나타내는 관계부사 when은 the time과 같은 시간을 선행사로 취하며, in / at /on + which로 대신할 수 있다.

Sunday is **the day when** he does not work. 일요일은 그가 쉬는 날이다.
= Sunday is **the day on which** he does not work.
= Sunday is **when he does not work**. **(명사절-보어)**

Now is **the time when** we have to make a decision. 지금이야 말로 우리가 결단을 내려야 할 때이다.
= Now is **the time at which** we have to make a decision.
= Now is **when we have to make a decision**.

> **Tip** 이 경우 the time은 when이라는 관계부사 앞에 통상적으로 쓰이는 명사로, the time을 생략해도 의미상 혼란이 오거나 하지 않는다. 따라서 생략할 수 있다.

기출문제를 살펴보자 [숭실대]

The next time I _____ at that restaurant, I'm going to have a big bowl of clam chowder.
(A) eat   (B) will eat   (C) will have eaten   (D) will be eating

---

The next time (when) I eat at that restaurant, I'm going to have a big bowl of clam chowder에서 time 다음 관계부사 when은 생략 가능하다.
clam chowder : 클램차우더(조개스프)
다음에 그 레스토랑에서 식사를 할 때 나는 조개스프 한 그릇을 먹을 것이다.

▶ 정답 (A)

---

672 why

이유를 나타내는 관계부사 why는 the reason과 같은 이유를 선행사로 취하며, for which로 대신할 수 있다.

I would like to know **the reason why** you're so late. 네가 왜 그렇게 늦었는지 이유를 알고 싶다.
= I would like to know **the reason for which** you're so late.
= I would like to know **why you're so late**. **(명사절-목적어)**

Tell me **the reason why** you are so angry. 네가 그렇게 화가 난 이유를 말해라.
= Tell me **the reason for which** you are so angry.
= Tell me **why you are so angry**. **(명사절-목적어)**

> **Tip** 이 경우 the reason은 why라는 관계부사 앞에 통상적으로 쓰이는 명사로, the reason을 생략해도 의미상 혼란이 오거나 하지 않는다. 따라서 생략할 수 있다.

The reason the youngman succeeded after countless adversities was **that** he never gave up.
셀수도 없는 역경이후 그 젊은이가 성공했던 이유는 (바로)그가 포기 하지 않았기 때문이다.

= **That** the youngman succeeded after countless adversities was **because** he never gave up. (O)

> **Tip** The reason이 주어인 경우 That ~ because의 형태로 전환 가능
> The reason the youngman succeeded after countless adversities was because he never gave up. (X)

기출문제를 살펴보자 [가천의대]

During the period of the special project he came up with so many original ideas for it, _____ he got promoted so fast.

(A) which (B) which is why (C) that (D) in which

빈칸 앞에는 선행사가 없고 빈칸 뒤는 완전한 절의 형태를 갖추고 있으므로 (A)which는 뒷문장이 완전한 형태라 들어갈 수 없고, (C)that은 쉼표 다음 쓸 수 없으며, (D)in which 역시 선행사가 없어서 쓸 수 없다.
(B)의 which는 앞 문장 전체를 대신하는 주어이다. which is the reason why~ 에서 선행사 the reason이 생략된 것이다.
특별 프로젝트 기간동안 그는 너무나도 많은 독창적인 아이디어를 생각해 냈고, 그것이 바로 그간 빠르게 진급한 이유이다.

▶ 정답 (B)

---

673 how

방법을 나타내는 관계부사 how는 the way와 같이 방법을 선행사로 취하지만 선행사와 관계부사를 함께 쓸 수 없다. 선행사 the way 또는 관계부사 how만이 사용된다. 관계대명사로 대신할 때는 in which로 나타낸다.

This is **how I solved the problem**. 이것이 내가 그 문제를 해결했던 방법이다.
= This is **the way** I solved the problem.
= This is **the way in which** I solved the problem.

I wonder **how turtles survive so long**. 나는 바다거북이 어떻게 그렇게 오래 사는지 궁금하다.
= I wonder **the way** turtles survive so long.
= I wonder **the way in which** turtles survive so long.

674 관계부사를 대용하는 that

that이 관계부사 when, why, how를 대신하기도 한다.

Sunday is **the day when** he does not work.
= Sunday is the day **that** he does not work. 일요일은 그가 일을 하지 않는 날이다.

I would like to know **the reason why** you're so late.
= I would like to know the reason **that** you're so late. 나는 당신이 왜그렇게 늦었는지 이유를 알고 싶다.

This is **the way** I solved the problem.
= This is **the way that** I solved the problem. 이것이 내가 그 문제를 해결했던 방법이다.

Tip way와 how는 함께 쓸 수 없으므로 how대신 that을 사용하여 'way that'으로 쓸 수 있다.

Unit 143 복합 관계부사
whenever / wherever / however

Guide when, where, how 뒤에 ever가 붙은 형태를 복합 관계부사라 하며 이때 ever는 '~이든지'의 의미이다.

Whenever I have to use my car, the engine has a problem. 차를 써야 할 때면 언제나 엔진에 문제가 생긴다.
= **No matter when** I have to use my car, the engine has a problem.

Tip whenever는 '~할 때는 언제나'의 의미로 이 경우 no matter when과 같은 의미이다.

Wherever you (may) go, I will follow you. 당신이 어디에 가든 나는 당신을 따르겠다.
= **No matter where** you may go, I will follow you.

Tip wherever는 '~인 곳은 어디든지'의 의미로 이 경우 no matter where와 같은 의미이다.

However hungry we may be, we must eat slowly. 아무리 배가 고파도 천천히 먹어야 한다.
= **No matter how hungry** we may be, we must eat slowly.

Tip however는 '아무리 ~라도'의 의미로 이 경우 no matter how와 같은 의미이다.

▶ **however + 형용사 / 부사**　　　　　　　　　　　　ⓗⓞⓣ p@ge 48

however는 복합 관계부사 이므로 부사의 역할이다.
따라서 however가 이끄는 절에 형용사나 명사, 부사가 있다면 '**however + 형용사 / 부사 + 주어 + 동사의 순서**'가 된다.

However tired you may be, you must do it. 아무리 피곤해도 그것을 해야만 된다. (however + 형용사)

However much it costs, I am determined to buy it. 그것이 아무리 비싸다 하더라도 나는 그것을 사기로 결심했다
= **No matter how much** it costs, I am determined to buy it. (however + 부사)

We know **how fast** the polar ice melts. 우리는 북극의 얼음이 얼마나 빨리 녹는지 알고 있다. (how + 부사)

📖 **기출문제를 살펴보자 [숙명여대]**

Almost all of the climbers, _____ country they come from, use natives called Sherpas to carry their equipment and aid them in the difficult and dangerous journey to the summit.

(A) no matter who　　(B) no matter whom　　(C) no matter what　　(D) no matter when

빈칸은 접속사 자리로 전치사 from의 목적어 역할도 해야 한다. country they come from은 삽입절로, 양보의 부사절을 이끄는 복합관계대명사 whatever가 적절한데, whatever는 no matter what으로 대신 쓰일 수 있으므로 빈칸에는 (C)가 적절하다.
어느 나라에서 왔든, 거의 모든 등산가들은 셰르파라고 불리는 지역주민을 고용하여, 장비를 운반하고 정상을 향하는 어렵고 위험한 여정에서 자신들을 돕게한다.　　　　　　　　　　　　　　　　　　　▶ 정답 (C)

Unit 144 유사(의사) 관계대명사
as / but / than

Guide 접속사인 as, but, than이 관계대명사처럼 쓰이는 경우가 있는데, 이것을 유사 또는 의사 관계대명사라고 한다.

675 as

선행가 앞에 as, such, the same 이 쓰일 경우 사용된다.

He gave them **as** much money **as** he had. 그는 가지고 있던 돈을 그들에게 주었다.
= He gave them all the money that he had.

Tip as + 선행사 + as

I can't trust **such** a man **as** often tells a lie. 나는 그처럼 거짓말을 자주하는 사람은 믿을 수 없다.

Tip such + 선행사 + as
이 경우 선행사가 사람이라고 해서 who를 쓰지 않는다.
We can't trust such a man who often tells a lie. (X)

He is not **the same** man **as** he was ten years ago. 10년 전의 그가 아니다.

Tip the same + 선행사 + as

This is **the same** watch **as** I lost. 이것은 내가 잃어버린 것과 **같은 종류**의 시계이다.
This is **the same** watch **that** I lost. 이것은 내가 잃어버린 **바로 그** 시계이다.

Tip the same + 선행사 + **as** → 동종물
　　the same + 선행사 + **that** → 동일물

676 앞 문장 또는 뒷 문장 전체를 받는 as

He is an American, **as** I know from his accent. 그의 말투로 알았지만 그는 미국인이다.
= He is an American, **which** I know from his accent.
As was his custom, he washed three times. 그는 습관대로 손을 세 번 씻었다.

Tip 앞 문장 전체가 선행사인 경우 관계대명사로 as와 which를 쓴다.
또한 as는 선행사인 절보다 앞에 위치 할 수도 있다.

677 but

관계대명사 that과 not을 but으로 쓸 수 있다.

There is no rule **but** has some exceptions. 예외 없는 규칙은 없다.
= There is no rule **that** does **not** have any exceptions.

Tip that과 not을 but으로 쓸 수 있다. 이러한 but을 유사(의사) 관계대명사라고 한다.

Who is there **but** commits errors? 실수를 하지 않는 사람이 누가 있겠는가?
Who is there **but** knows the fact? 그 사실을 모르는 사람이 누가 있겠는가?
= Who is there **that doesn't** know the fact?

▶ **but과 that의 차이**   ⓗⓞⓣ p@ge 49

Who is there **but** commits errors? 실수를 하지 않는 사람이 누가 있겠는가?
위 문장을 다음과 같이 써보자. Who is there that doesn't commit errors?
여기서 that의 선행사는 there가 아니라 Who이다. 선행사가 의문사인 경우 관계대명사는 that을 쓴다고 배웠다.
이때 that과 not을 대신해서 의사관계대명사 but이 쓰인 것이다.

만일 that을 쓴다면
Who is there **that** commits errors? 실수를 하는 사람이 거기 누구인가?
비논리적 표현의 문장이 된다.

---

678 than

선행사에 비교 표현이 있는 경우

I have **more** money **than** is needed.   나는 필요 이상의 돈이 있다.
We bought **more** food **than** we could eat.   우리는 먹을 수 있는 이상의 음식을 샀다.

Tip 비교표현 + 선행사 + than

We bought **much** food **that** we could eat. 우리는 먹을 수 있는 만큼의 많은 음식을 샀다.
비교표현(more)이 아닌 much의 경우 관계대명사(that)를 쓰면 의미가 달라진다.

기출문제를 살펴보자 [성균관대]

She gave me the impression of (A)having more (B)teeth, white and large and (C)even, than (D)was necessary for (E)any practical purpose.

이 문장에서 than은 뒤에 주어가 없는 것으로 보아 의사(=유사) 관계대명사(주격)로 쓰인 것이다.
따라서 선행사를 찾아야 하는데 선행사가 앞에 있는 복수명사 teeth이므로 동사는 was가 아니라 **were**가 옳다.
그녀는 실질적으로 필요한 것보다 더 많은 희고 크고 고른 치아를 가지고 있다는 인상을 내게 주었다.

▶ 정답 (D)

기출문제를 살펴보자 [삼육대]

Before I die, I feel (A)it my duty (B)to pass on to you (C)such wisdom (D)which I have acquired.

선행사에 such, the same, as 뒤의 접속사는 as를 쓰는데 이것을 의사(=유사) 관계대명사라고 한다.
그러므로 (D) which는 **as**가 되어야 한다.
죽기 전, 내가 습득해왔던 그러한 지혜를 너에게 전하는 것이 나의 의무라고 생각한다.

▶ 정답 (D)

기출문제를 살펴보자 [서울여대]

Medicinal practices in the ancient world were as related to religion and philosophy _____ science.

(A) being to   (B) they were to   (C) as they were to   (D) as related

---

as ~ as 비교구문이며 뒤의 as는 의사 관계대명사로 접속사이다.
Medicinal practices ~ were as related to religion and philosophy as they(=Medicinal practices) were (related) to science.
고대의 의료관행은 과학과 관계가 있었던 것만큼 종교와 철학과도 관계가 있었다.

▶ 정답 (C)

Unit 145 관계형용사 which

Guide 관계형용사(which, what)는 **접속사와 한정사(관사, 소유격, 지시사)의 역할**을 한다.
which는 **제한된 상황**에서 '**선택**'을 의미하여 '어느 것'의 의미를 갖는다.

679 계속적 용법

He spoke to me in Russian, **which language** I could not understand.
그는 러시아어로 이야기 했는데, 나는 그 언어(= 러시아어)를 이해할 수 없었다.

Tip which는 문장을 연결하는 접속사이자, 명사 language를 한정하는 정관사의 역할도 하고 있다.
이러한 which를 관계(= 접속사) 형용사(=한정사)라고 한다.
He spoke to me in Russian, **and** I could not understand **the language**.

He didn't go to school, **which fact** made his mother angry.
그는 학교에 가지 않았는데, 그 사실이 엄마를 화나게 했다

Tip He didn't go to school, **and this fact** made his mother angry.

The doctor told him to take a few days' rest, **which advice** he followed.
의사는 그에게 며칠간 휴식을 취하라고 말했는데 그는 그 충고에 따랐다.

Tip The doctor told him to take a few days' rest, **and** he followed **the advice**.

She spoke to me in Japanese, **which language** I didn't understand.
그녀는 내게 일본말로 이야기했는데, 그 언어를 나는 알아듣지 못했다.

Tip She spoke to me in Japanese, **and** I didn't understand **the language**.

680 제한적 용법

You are free to take **which movie** you want to see in this theater.
이 영화관에서 보고 싶은 어느 영화든지 자유롭게 선택해라.

Tip 관계형용사 which가 **영화관이라는 제한 된 공간 내에서의 선택**을 의미하여 '어느 ~것'이라는 의미를 갖는다.

Use **which dictionary** you like. 어느 사전이나 좋을 대로 쓰시오.
Go **which way** you please, you'll end up here. 어느 길을 가든 결국 여기에 오게 돼.

681 전치사 + which + 명사

I went to Hawaii for the vacation, **during which time** I met Susan.
휴가로 하와이에 갔는데, 나는 Susan을 만났다.

It may not be sufficient, **in which case** I can provide further information.
이것으로 충분하지 않을 수도 있는데, 그런 경우 내가 더 많은 정보를 제공하겠다.

> **Tip** 위의 두 문장도 역시 관계형용사인데 which 앞에 각각 전치사 during과 in이 있다.
> I went to Hawaii for the vacation, **and** I met Susan during **that(the) time**.
> It may not be sufficient, **and** I can provide further information in **that(the) case**.

He kept to his bed for a week, **by which time** he was restored.
그는 1주일간 자리에 누워 있었는데 그때쯤 되자 그는 회복되었다.

> **Tip** He kept to his bed for a week, **and** he was restored **by the tim**.

Often the computer breaks down, **in which case** you'll have to work on paper.
종종 컴퓨터가 다운되는데, 그런 경우 종이로 작업하시오

> **Tip** Often the computer breaks down, **and** you'll have to work on paper **in that case**.

기출문제를 살펴보자 [성균관대]

The lawyer may be found guilty of defrauding his clients, _____ he will face a long-term sentence in jail.

(A) in which case   (B) in that case   (C) in his case   (D) in some case

관계형용사 which는 접속사와 한정사(지시사, 관사)역할을 한다.
The lawyer may be found guilty of defrauding his clients, and in this case he will face a long-term sentence in jail에서 접속사 and와 한정사 this를 관계형용사 which로 대체하면 **in which case**가 된다.

be found guilty of ~에 대하여 유죄가 발견되다
defraud ⓥ 사취하다, 탈세하다

그 변호사는 자신의 의뢰인을 속여 사취한 혐의가 발견될 수도 있으며, 그런 경우 그는 장기복역에 직면하게 될 것이다.

▶ 정답 (A)

QR코드를 스캔해보세요 ▶

Unit 146 관계형용사 what

Guide 관계형용사(which, what)는 접속사와 한정사(관사, 소유격, 지시사)의 역할을 한다.
관계형용사 what은 제한되지 않은 상황에서 대상의 무한함을 지칭하며 종종 '특정'하거나 '불 특정한'것을 의미한다.

I gave them **what money** I had. 내가 가진 모든 돈을 그들에게 주었다.

> **Tip** what은 앞문장과 뒷문장을 연결하는 접속사이자, 명사 money를 꾸미는 형용사의 역할도 하고 있다.
> 이러한 what을 관계(=접속사)형용사라고 한다.
> 이 경우 what = 'the+명사+that'으로 쓸 수 있으며, 이때 '내가 가진 그 돈'의 뜻을 가지고 있다.
> I gave them **the money that** I had.

I have read **what books** I have. 나는 갖고 있는 책을 모두 읽었다.
Bring **what parcels** you can carry. 가져올 수 있는 만큼 많은 꾸러미를 가져오시오.
Take **what supplies** you need. 필요한 물건은 무엇이든지 가져가세요.
With **what little money** she saved, she bought those books.
그녀가 모은 얼마 안 되는 돈을 가지고, 이 책들을 구입했다.

 기출문제를 살펴보자 [덕성여대]

Learning (A)<u>to</u> relax by (B)<u>which</u> method suits you (C)<u>best</u> is a positive way of contributing to your (D)<u>overall</u> good health.

전치사 뒤의 명사자리에 절이 있으므로 접속사가 필요한데 명사 method를 수식하는 관계형용사(=접속사와 형용사의 역할)가 필요하다. 제한된 상황이 아니므로 which가 아닌 **what** '가장 ~한'이 되어야 한다.
너에게 가장 적합한 방법으로 긴장을 푸는 것을 배우는 것이 너의 전반적 건강에 도움이 되는 긍정적 방법이다.

▶ 정답 (B)

 ◀ what과 which는 어렵지 않아요 QR코드를 스캔해보세요

Unit 147 복합 관계형용사
whichever / whatever

Guide whichever와 whatever가 명사의 한정사와 접속사의 역할을 할 경우 복합(~ever) 관계형용사라고 한다.

682 whatever / whichever + 명사 = any + 명사 + which

You are free to take **whichever book** you like. 마음에 드는 어느 책이든지 자유롭게 골라. <복합 관계형용사>
= You are free to take **any book which** you like.

You are free to take **whichever** you like. 마음에 드는 어느 것이든지 자유롭게 골라 <복합 관계대명사>

Tip whichever / whatever가 명사를 수식하면 복합 관계형용사이고, whichever / whatever가 명사를 수식하지 않으면 복합 관계대명사이다.

You are free to take **whatever book** you like. 마음에 드는 무슨 책이든지 자유롭게 골라. <복합 관계형용사>
You are free to take **whatever** you like. 마음에 드는 무엇이든지 자유롭게 골라 <복합 관계대명사>

Tip whatever와 whichever의 차이는 의문대명사 what과 which의 차이와 같다.
즉, 광범위한 것 중에서 선택할 때는 what/whatever, 선택(특히 수식어구나 절에서의 선택에서)할 때는 which/whichever를 사용한다

683 which(ever)는 사람을 수식할 수 있다

관계대명사 which는 사람을 선행사로 할 수 없지만, (복합)관계형용사 which는 사람을 수식 할 수 있다.
아래 기출문제를 살펴보자

 기출문제를 살펴보자 [서울여대]

_____ player scores the highest number of points will be the winner.
(A) Any   (B) Whoever   (C) No   (D) Whichever

빈칸부터 will be 앞까지는 주어자리로 명사절 접속사가 와야 한다.
(B)는 복합 관계대명사로 이미 주어 player가 있으므로 그 앞에 올 수 없고, Any는 접속사의 역할이 없다.
복합 관계형용사인 whichever가 명사 player앞에 쓰여 '어느 선수든지'라는 의미로 사용되어야 한다.
가장 높은 점수를 기록하는 선수가 승자가 될 것이다.

▶ 정답 (D)

Unit 148 복합 관계사 정리
whenever ~ whatever

Guide 앞에서 배운 복합관계사를 복습/정리해보자

684 복합 관계부사 whenever, wherever, however

Whenever I have to use my car, the engine has problem. 차를 써야 할 때면 언제나 엔진에 문제가 생긴다.
Wherever you (may) go, I will follow you. 당신이 어디에 가든 나는 당신을 따르겠다.
However hungry we may be, we must eat slowly. 아무리 배가 고파도 천천히 먹어야 한다.

685 복합 관계대명사 whoever, whomever, whatever, whichever

Whoever breaks this law will be punished. 누구든지 이 법률을 어긴 자는 처벌 받는다.
Whomever I invited must bring some food to the party.
　　　　　　　　　　　　　　　　　　내가 초대한 사람은 누구든지 음식을 가져와야 한다.
You can buy **whichever you like**. 당신이 좋아하는 것을 살 수 있다.
Whatever comes out of his mouth is a lie. 그가 하는 말은 전부 거짓말이다.
He bought **whatever his son wanted**. 그는 아들이 원하는 무엇이든지 사주었다.

686 복합 관계형용사 whosever, whatever, whichever

You are free to take **whichever book** you like. 마음에 드는 어느 책이든지 자유롭게 골라 [복합 관계형용사]
You are free to take **whatever book** you like. 마음에 드는 무슨 책이든지 자유롭게 골라 [복합 관계형용사]

687 복합 관계사는 명사절과 부사절을 이끈다.

① 복합 관계대명사: 명사절과 부사절 둘 다 이끈다.
② 복합 관계형용사: 명사절과 부사절 둘 다 이끈다.
③ 복합 관계부사: 부사절만 이끈다.

You can buy **whatever you want**. 너는 네가 원하는 것을 구입 할 수 있다.
복합 관계대명사 whatever가 명사절을 이끈다.

> **Tip** whatever you want절은 동사 buy의 '목적어'에 해당하는 명사절이다.

Whoever they are, they should follow the rule here. 그들이 누구이든 여기서는 법칙을 따라야한다.
복합 관계대명사 whoever가 부사절을 이끈다.

> **Tip** whoever they are는 부사절로 주절을 수식하는 역할을 한다.

You may read **whatever book** you like. 너는 네가 좋아하는 무슨책이든지 읽어도 된다.
복합 관계형용사 whatever가 명사절을 이끈다.

> **Tip** whatever book you like는 동사 may read의 '목적어'에 해당하는 명사절이다.
> whatever book you like 절 내에서 whatever는 명사 book을 수식하는 '한정사' 역할을 하므로 복합 관계형용사이다.

You may go **whenever** you want to go. 너는 어디든지 네가 원하는 곳에 갈 수 있다.
복합 관계부사 whenever가 부사절을 이끈다.

> **Tip** whenever you want to go는 부사절로 동사 may go를 수식 (go는 자동사로 whenever절은 명사절이 될 수 없다)
> whenever you want to go 절 내에서 whenever는 부정사 to go를 수식하는 부사 역할을 하므로 복합 관계부사이다.

기출문제를 살펴보자 [광운대]

다음중 문법직으로 어색한 문장을 고르시오.

(A) Tell me a reason why you're not extending the same courtesy to me?
(B) How often have I really told you not to do it that way?
(C) What do you think which car I finally decided to buy after all?
(D) Do you think you handled the situation the best way you could?
(E) How come you have to wear such a funny jacket to ride a motorcycle?

의문사가 중복되어있으므로 Which car do you think I finally decided to buy after all?(여기서 which는 한정사+의문사)의 역할을 하고있다.

extend 베풀다, 제공하다   courtesy 예의, 친절   after all 결국, 마침내

(A) 네가 나에게 동일한 호의를 보이지 않는 이유를 말해주겠니?
(B) 그걸 그런식으로 하지 말라고 도대체 내가 몇 번이나 말했니?
(C) 내가 최종적으로 어느 차를 구매하기로 결정했을 것이라고 생각하니?
(D) 너는 네가 할 tn 있는 최선의 방법으로 그 상황을 다뤘다고 생각하니?
(E) 어째서 오토바이를 타기위해 그런 우스꽝스러운 자켓을 입어야하니?

▶ 정답 (D)

Chapter 18 기출 및 예상 문제

1 She is one of the few girls who _____ passed the examination.

(A) has (B) have
(C) had (D) was

문석 관계대명사의 선행사가 'one of+복수명사'인 경우 선행사는 one도 될 수 있고 복수명사도 될 수 있다.
선행사가 one이 될 경우 관계사절 내의 동사는 단수, 선행사가 복수명사가 될 경우 관계사절 내의 동사는 복수가 되므로 반드시 해석에 주의해야 한다. who의 선행사는 the few girls이므로 동사도 복수가 되어야 한다.
해석 그녀는 시험에 통과한 몇 명의 소녀 가운데 하나이다.
정답 (B)

2 One _____ desires and impulses are not his own has no character.

(A) who (B) for whom
(C) whom (D) whose

문석 One has no character. + His desires and impulses are not his own을 합친 문장으로, One이 주어, has가 동사이며, whose desires ~ his own까지가 형용사절이다. [637]
해석 그의 욕망과 충동이 제 자신의 것이 아닌 사람은 인격이 없는 것이다.
정답 (D)

3 This is the actress _____ the father claims has seduced his son.

(A) who (B) whom
(C) what (D) which

문석 This is the actress.+ She has seduced his son을 합친 문장으로 His father claims는 삽입절이다. [637]
해석 이 여자가 그의 아버지가 자기 아들을 유혹했다고 주장하는 여배우이다.
정답 (A)

4 A marsupial is an animal _____ babies are raised in a pouch in the mother's body.

(A) which (B) who its
(C) that (D) whose

문석 선행사가 an animal이고 뒤에 babies가 있으므로 which의 소유격 whose가 답이다. [642]
해석 유대류 동물들은 그 새끼가 어미의 몸에 있는 주머니에서 길러지는 동물이다.
정답 (D)

5 어법 상 올바른 문장을 고르시오.
(A) Sundews grow well in bogs and swamps, where there is little nitrogen in the soil.
(B) Inductive method of reasoning is the basis of the common sense which people act.
(C) Venus is perpetually covered by thick, opaque clouds by which shield the planet's surface from view.
(D) Whatever goods and services are bought and sold, a market is created.

문석 (B) Inductive method of reasoning is the basis of the common sense **on** which people act.
(C) Venus is perpetually covered by thick, opaque clouds **by** which(주격 관계대명사이므로 전치사 by가 없어야한다) shield(동사) the planet's surface(목적어) from view.
(D) 관계부사 **Wherever** goods and services are bought and sold, a market is created.
해석 (A) 끈끈이주걱은 흙 속에 질소가 거의 없는 습지와 늪에서 잘 자란다.
(B) 귀납적 추론법은 사람들이 행동하는 상식의 기본이다.
(C) 금성은 표면을 보이지 않게 가려주는 두껍고 불투명한 구름으로 계속해서 덮여 있다.
(D) 재화와 용역이 사고 팔리는 어느 곳에서나 시장은 만들어 진다.
정답 (A)

Chapter 18 기출 및 예상 문제

6 My father's income now is about twice _____ it was ten years ago.

(A) as (B) that
(C) what (D) when

문제 전치사 about의 목적절 내에서 was의 보어가 없으므로 명사절 접속사 what이 답이 된다. [599]
twice는 부사이다. ~ about (twice) what it was~
해석 지금 나의 아버지의 수입은 10년 전 수입의 약 두 배이다.
정답 (C)

7 We are given just as much food _____ will keep the breath in our bodies.

(A) as (B) that
(C) what (D) but

문제 선행사 much food 앞에 as가 있으므로 의사(=유사) 관계대명사 as가 답이 된다. [Unit 144]
해석 우리 몸에 목숨을 부지할 정도의 음식만이 주어진다.
정답 (A)

8 Color, line, mass, space, and texture are to a painter _____ to an author.

(A) are what words (B) what are words
(C) what words are (D) words are what

문제 A is (are) to B what C is (are) to D : A와 B의 관계는 C와 D의 관계와 같다. [600]
해석 색, 선, 질감, 공간 그리고 결이 화가에 대해 갖는 의미는 말이 작가에 대해 갖는 관계와 같다.
정답 (C)

9 다음 문장중 어법적으로 바른 문장을 고르시오.

(A) I will realize whatever wish you have in order to repay your kindness.
(B) I would like to know that this plant is called in English.
(C) It is not what people eat, but what they digest, what makes them strong.
(D) He told the story to whomever would listen.

문제 (B) that this plant is called in English → what this plant is called in English
(C) It is ~ that 강조구문이다. It is not what people eat, but what they digest, what makes them strong. → It is not what people eat, but what they digest that makes them strong.
(D) 관계대명사의 격은 관계사절의 동사에 의하여 결정된다. whomever would listen → whoever would listen
해석 (A) 당신의 친절에 보답하기 위해 당신의 어떤 희망이라도 실현시켜 드리겠습니다.
(B) 나는 영어로 이 꽃을 무엇이라고 하는지 알고 싶다.
(C) 사람을 튼튼하게 만드는 것은 사람이 먹는 것이 아니라 소화시키는 것이다.
(D) 그는 듣고 싶어 하는 어떠한 사람에게도 그 이야기를 했다.
정답 (A)

10 There is no mother _____ loves her children.

(A) so (B) but
(C) that (D) who

문제 선행사 앞의 부정어 no로 보아 유사(의사) 관계대명사를 묻고있다는 것을 알 수 있다. [Unit 144]
There is no mother that does not love her children 에서 that과 not을 대신하여 but이 쓰인 것이다.
해석 자기 자신을 사랑하지 않는 엄마는 없다.
정답 (B)

Chapter 18 기출 및 예상 문제

11 _____ excuses he may make, we cannot pardon him.

(A) Which (B) However
(C) Whenever (D) Whatever

문제 빈칸에는 접속사이면서 명사 excuses를 꾸미는 형용사 역할을 동시에 할 수 있는 관계형용사(whatever/whichever)를 써야한다. [Unit 147]
해설 어떤 변명을 하든지 우리는 그를 용서할 수 없다.
정답 (D)

12 "What was your comment?"
"We often came across people _____ whom we agreed."

(A) to (B) in
(C) with (D) in regard

문제 agree with : ~와 의견이 같다 (사람)
I agree **with** you.
agree to : ~와 의견이 같다 (의견, 견해)
I agree **to** the idea.
We often came across people and we agreed with them의 문장에서 and와 them을 대신하여 whom이 쓰이게 된다. [Unit 138]
전치사 with와 함께 이동하여 with whom이 되는 것이다.
해설 "당신의 의견은 어떻습니까?" "우리는 때로 우리와 의견이 같은 사람을 만나게 되지요."
정답 (C)

13 Dams can be very beneficial to the areas _____.

(A) in which they are built
(B) building them where
(C) which they are built
(D) where are they built

문제 접속사 다음은 '주어 + 동사'의 순서가 되어야 한다.
(D) where are they built → **where they are built**
해설 댐들은 그것이 세워진 지역에 매우 유익하다.
정답 (A)

14 Give up such argument _____ will lead to no result.

(A) as (B) that
(C) what (D) but

문제 선행사 앞에 such가 있으므로 관계대명사로는 as를 써야 하는 의사(=유사) 관계대명사 용법이다. [Unit 144]
해설 아무런 결과도 내지 않는 그런 논쟁은 집어치워라.
정답 (A)

15 다음 문장중 어법적으로 바른 문장을 고르시오.

(A) The house which the roof is painted blue is his.
(B) Give this magazine to whomever wants to read it.
(C) This is the same man that I met in the pub.
(D) However intelligence he may have, he can't master a foreign language in a month or so.

문제 (A) which the roof → of which the roof
(B) 관계대명사의 격은 관계사절의 동사에 의해 결정된다.
whomever wants to read it → whoever wants to read it
(D) However intelligence he may have → Whatever intelligence he may have
해설 (A) 그 지붕이 푸른색으로 칠해진 집은 그의 집이다.
(B) 읽기를 원하는 누구에게나 이 잡지를 주시오.
(C) 이 사람은 내가 술집에서 만난 사람과 같은 사람이다.
(D) 그가 아무리 대단한 지성을 가졌더라도 그가 한 달 정도에 외국어를 정복할수 없다.
정답 (C) [Unit 144]

Chapter 18 기출 및 예상 문제

16 다음 문장 중 어법적으로 잘못된 것을 고르시오.

(A) It was the success to which he had often looked forward.
(B) There is also another man who they believe to be the man in question.
(C) The captain was a man who we had been told was ignorant of the tidal current.
(D) He speaks nothing but what is true.

문 (B) who they believe to be → (B) whom they believe to be [638]
해 (A) 그것은 그가 고대해왔던 성공이었다.
(B) 그들이 의심하고 있는 사람이 한 명 더 있다.
(C) 그 선장은 조류의 흐름을 모른다고 말 되어 왔던 사람이다.
(D) 그는 옳은 것만을 말한다.
정답 (B)

17 다음 문장 중 어법적으로 잘못된 것을 고르시오.

(A) He returned to the village which he had left penniless.
(B) He gave the poor beggar whatever money that he had.
(C) We will welcome whoever visits our country.
(D) The man who I thought was my friend deceived me.

문 whatever는 복합 관계사로 anything that의 뜻이므로 (B)that을 삭제해야 한다.
해 (A) 그는 자신이 무일푼으로 떠났던 마을로 되돌아왔다. [640]
(B) 그는 자신이 가진 모든 돈을 그 불쌍한 거지에게 주었다. [663]
(C) 우리는 우리나라를 방문하는 어떤 사람도 환영한다. [660]
(D) 친구라고 생각한 사람이 나를 속였다. [635]
정답 (B)

18 Amnesty International is (A)<u>a human rights organization</u> that (B)<u>was founded</u> in London. Its work centers on the rights of prisoners of conscience, (C)<u>men and women who</u> governments have imprisoned them (D)<u>for their beliefs, ethnic origins, or religions</u>.

문 who 다음 명사 governments로 연결된다. [642] 따라서 소유격 whose governments가 되어야 한다.
men and women ~은 prisoners of conscience(양심수들)와 동격 관계이다.
A : a human rights organization 은 an organization for human rights 에서 human rights(인권)는 전치사 for를 삭제하고 명사 앞에 둘 때도 복수형인 human rights를 그대로 사용 한 것이다.
해 국제 사면 위원회는 런던에서 설립된 인권 단체이다. 이들의 업무는 신념, 인종, 종교 때문에 정부에 의해 투옥된 양심수들의 권리에 집중되어 있다.
정답 (C)

19 Jun worked as the general manager of the LA Dodgers, _____ hired a significant number of foreign players.

(A) a team   (B) a team that
(C) was a team   (D) a team was

문 team은 LA Dodgers의 동격명사이다. 동사 hired가 있으므로 주격 관계대명사가 필요하다. [640]
해 Jun은 뛰어난 외국 선수들을 많이 고용한 팀인 LA Dodgers의 단장으로 일했었다.
정답 (B)

20 The real beauty (A)<u>of having</u> material wealth is that you don't have (B)<u>to worry about</u> paying the bills and you have more energy (C)<u>to be concerned</u> about the things (D)<u>what</u> matter.

문 what은 명사절 접속사로 선행사를 가질 수 없다. 그런데 thing이 있으므로 주격 관계대명사 which나 that이 되어야 한다. [640]
해 물질적 부유함을 갖는다는 진정한 멋은 당신이 청구서 같은 것의 지불에 걱정할 필요가 없으며 중요한 것들에 대해 걱정할 더 많은 에너지를 갖는다는 것이다.
정답 (D)

Chapter 18 기출 및 예상 문제

21 ①~⑤의 배열이 바르게 된 것을 고르시오.
The ease ①is ②with which ③computers ④ can transmit a lengthy document ⑤connected to the Internet so much more convenient than that of a fax machine.

(A) ①-⑤-④-②-③
(B) ②-③-⑤-④-①
(C) ④-⑤-②-①-③
(D) ⑤-④-①-②-③

문석 The ease (with which computers connected to the Internet can transmit a lengthy document) is so much more convenient than that of a fax machine. [Unit 138]
ease가 주어이고 is 가 본동사이다. with 부터는 관계대명사절로 그 안에 connected to the Internet 라는 분사구가 컴퓨터를 꾸미는 과거분사구로 또 들어가 있다. which 앞의 전치사 with는 뒤 문장에 주어와 목적어가 모두 있기 때문에 부사구로 쓰인 것이다.
해석 인터넷에 연결된 컴퓨터가 장문의 서류를 저장할 수 있다는 편리함이 팩스의 편리함보다도 더 용이하다.
정답 (B)

22 Who _____ has read his great novels can forget their fascination?

(A) who   (B) that
(C) which   (D) but

문석 선행사가 의문사인 경우 관계대명사로 that을 쓴다. [649]
해석 그의 위대한 소설을 읽은 어느 누가 그것의 매력을 잊을수 있겠습니까?
정답 (B)

23 While autism is generally a lifelong struggle, there are (A)some reported cases (B)to which kids who were identified (C)as autistic and treated at an early age no longer (D)exhibit symptoms.

문석 some reported cases to which kids[주어] (who were identified as autistic and treated at an early age) no longer exhibit[동사] symptoms[목적어]
선행사가 cases이고 뒤 따르는 절이 kids exhibit symptoms의 완전한 문장이므로 그러한 경우를 지칭할 때 to (the) cases가 아니라 in (the) cases가 되어야 하므로 to which가 아닌 in which가 되어야 한다. to which → in which [Unit 138]
해석 자폐증은 일반적으로 평생 싸워야 할 증상이지만, 자폐증으로 확인되고 초기에 치료받은 아이들이 더 이상의 자폐증을 보이지 않은 몇몇 사례들도 있다.
정답 (B)

24 Composting is a process (A)which organic substances (B)are reduced from large volumes of (C)rapidly decomposable materials to small volumes of materials (D)which continue to decompose slowly.

문석 관계대명사 which 이하가 주어 + 수동태로 완전한 절이므로 which가 들어갈 자리가 없다. 퇴비가 되는 과정에서 일어나는 일을 기술하고 있으므로 which → in which나 where로 써야한다. [Unit 138]
compost : 퇴비가 되다
decomposable : 분해할 수 있는
해석 퇴비가 되는 것은 신속히 분해할 수 있는 다량의 물질에서 서서히 계속해서 분해하는 소량의 물질로 유기질이 변하는 과정이다.
정답 (A)

25 Some modern scientists believe that the impact (A)which a gigantic meteor (B)crashed into the Earth millions of years ago (C)set off the chain of events that led to the extinction of the dinosaurs and (D)the close of the Age of Reptiles.

문석 a gigantic meteor(주어) crashed into(동사) the Earth millions of years ago의 완전한 구조로 관계대명사 which가 있을 자리가 없다. 따라서 a gigantic meteor crashed into the Earth millions of years ago with a great impact 가 되어 with which로 써야한다. [Unit 138] (C)의 set은 과거동사로 쓰인 것이다.
해석 현대의 일부 과학자들은 수백만 년 전에 거대한 유성이 지구에 충돌했을 때 그 충격이 연쇄반응을 일으켜 공룡을 멸종시키고 파충류의 시대를 끝내게 되었다고 믿고 있다.
정답 (A)

Chapter 18 기출 및 예상 문제

26 (A)<u>Although</u> memory function is difficult to understand and analyze, memory loss is something that many people (B)<u>experience</u> and worry (C)<u>about it</u> as they (D)<u>age</u>.

분석 something that many people experience and worry about it 에서 that은 something을 선행사로 하는 목적격 관계대명사이므로 about의 목적어 it이 있어선 안 된다. [648]
해석 비록 기억 작용을 이해하거나 분석하기 어렵긴 하지만, 기억력 상실은 많은 사람들이 나이를 먹어가면서 경험하거나 우려하는 부분이다.
정답 (C)

27 All of the facts (A)<u>what</u> (B)<u>I have told</u> you (C)<u>are</u> true and (D)<u>can be found</u> in this book.

분석 what 앞에 선행사가 있으므로 관계대명사 which나 that을 쓴다. [648]
해석 내가 너에게 말한 모든 사실들은 진실이고 이 책에서 확인 될 수 있다.
정답 (A)

28 "Please" and "Thank you" are the small change _____ which we pay our way as social beings. They are the little courtesies _____ which we keep the machine of life oiled and running sweetly.

(A) for : on (B) to : by
(C) of : with (D) with : by
(E) from : of

분석 관계대명사 앞의 전치사를 묻는 까다로운 문제이다. 해석하며 선행사를 뒷 문장에 대입해서 전치사를 찾아내야 한다. [Unit 138]
we pay our way as social beings (with) the small change 이때 잔돈을 가지고 라는 의미가 되어야 하므로 잔돈 앞에 도구의 전치사 with가 와야 한다.
we keep the machine of life oiled and running sweetly (by) the little courtesies. 작은 예절에 의하여 라는 의미이므로 전치사 by가 필요하다.
해석 '미안합니다', '감사합니다'라는 말들은, 우리가 사회적 존재로서 남에게 빚지지 않고 살아가게 해주는 잔돈과 같은 것이다. 우리 삶의 기계에 윤활유를 치고, 순조롭게 돌아가게 하는 작은 예의인 것이다.
정답 (D)

29 다음 중 틀린 문장을 고르시오
(A) Do you get embarrassed easily?
(B) The bed I slept last night wasn't very comfortable.
(C) Neither restaurant is expensive.
(D) We stayed at the hotel, which John recommended to us.

분석 (B) The bed wasn't very comfortable and I slept **in** the bed last night.
= The bed that I slept in last night wasn't very comfortable. [Unit 138]
sleep in the bed에서 전치사 in을 생략할 수 없다.
해석 (A) 당신은 쉽게 당황하십니까?
(B) 지난밤 내가 잠든 침대는 편하지 않았다.
(C) 두 식당 모두 비싸지 않다.
(D) 우리는 John이 추천해준 호텔에 머물렀다.
정답 (B)

30 The lily of the valley displays bell-shaped _____ on one side of a thin stem.

(A) flowers that are clustered (B) that clustered are
(C) that they are clustered (D) flowers are clustered
(E) what they are clustered

분석 동사 displays 의 목적어가 와야 하는데 형용사 bell-shaped의 수식을 받으려면 명사가 바로 연결되어야 한다. (D)는 접속사가 없이 동사 are가 있을 수 없다. [648]
해석 그 계곡의 백합은 얇은 줄기의 한편에 무리를 이룬 종 모양의 꽃들을 과시한다.
정답 (A)

Chapter 18 기출 및 예상 문제

31 The same force of gravity, _____ reaches to the top of the tree, might go on reaching out beyond the earth.

(A) who (B) where
(C) whose (D) which

문제 선행사가 사물이고 빈칸 뒤에 동사가 있으므로 주격관계사 which가 와야 한다. [640]
reach + 장소 : 도착하다
reach to : 미치다, 도달하다
해석 나무 꼭대기에 미치는 같은 중력의 힘은 지구 너머에도 도달할 수 있다.
정답 (D)

32 A keystone species is a species of plant or animal ____ absence has a major effect on an ecological system.

(A) that its (B) its
(C) whose (D) with its

문제 절과 절을 연결하고 있으므로 접속사가 와야 한다. 그런데 뒷문장이 완전한 절로 되어있으므로 소유격 관계대명사 whose가 정답이 된다. [642]
해석 중추적 종이란 사라지게 되면 생태계 전체에 커다란 영향을 끼치게 되는 식물이나 동물의 종을 말한다.
정답 (C)

33 어법에 맞지 않는 문장을 고르시오.

(A) The 1950s were a time when doctors still made house calls.
(B) People who are very sick are often frightened and confused.
(C) The woman thanked the doctor whose treatment had cured her.
(D) They say that garlic is a plant what is commonly used in cooking.

문제 (A) 연대는 단/복수동사 모두 가능하다.
(B) People are frightened and confused.
(C) The woman thanked the doctor whose treatment had cured her.
(D) 선행사 a plant가 있기에 what이 아닌 which나 that이 되어야 한다. [640]
해석 (A) 1950년대는 의사가 왕진을 다니던 시대이다.
(B) 아픈 사람들은 종종 겁이 나고 혼란스럽다.
(C) 자신을 고쳐준 의사에게 그녀는 감사했다.
(D) 마늘이 요리에 흔히 쓰이는 식물이라고 한다.
정답 (D)

34 Mrs. Woo is able to switch between Japanese and Chinese, _____ she speaks fluently.

(A) both of which (B) both in which
(C) in both of which (D) both which

문제 Mrs. Woo is able to switch between Japanese and Chinese, and she speaks both of them fluently.에서 접속사 and와 대명사 them 대신에 관계대명사를 쓰면 Mrs. Woo is able to switch between Japanese and Chinese, and she speaks both of them → which fluently. [643]
= Mrs. Woo is able to switch between Japanese and Chinese, both of which she speaks fluently.가 된다.
해석 Woo여사는 일본어와 중국어를 바꿔 말 할 수 있다. 둘 모두를 유창하게 말한다.
정답 (A)

35 Mushrooms, _____ low in calories, are included in most diets.

(A) are (B) which are
(C) have been (D) which
(E) that are

문제 빈칸부터 calories까지는 주어, 동사 사이에 삽입된 표현인데 (A)와 (C) 주어 없이 동사만 삽입될 수 없고, (D) which 다음에 동사가 없어 관계절이 되지 못하며 (E)관계대명사 that절은 삽입을 포함한 계속적 용법으로 쓸 수 없다. 따라서 주격 관계대명사 which와 동사 are가 완벽히 갖추어진 (B)가 옳다. [640]
해석 버섯은 칼로리가 낮아서 대부분의 식사에 함유되어 있다.
정답 (B)

Chapter 18 기출 및 예상 문제

36 (A)<u>As a result of</u> advertising at (B)<u>sponsored events</u>, youth live in an environment (C)<u>which</u> cigarette smoking is (D)<u>all around</u> them and smoking seems normal.

문법 an environment and cigarette smoking is all around them and smoking seems normal in the environment를 관계대명사 which로 대체하면 전치사 in 과 함께 앞으로 이동해야 한다. 이때 in which는 where 로 써도 무방하다. **[670]**
= an environment in which cigarette smoking is all around them and smoking seems normal.
해설 후원을 받은 행사의 광고 결과 젊은이들은 자신들 주변 어디에서든지 흡연이 행해지고 흡연이 정상인 것처럼 여겨지는 환경 속에서 살게 된다.
정답 (C)

37 Fish have nostrils _____ are used for smelling, not for breathing.

(A) where (B) what (C) of that
(D) whose (E) which

문법 선행사(nostrils)가 있으니 주격관계사가 필요하다.
해설 물고기는 콧구멍이 있는데 그것은 숨을 쉬기 위해서가 아니라 냄새를 맡는데 사용한다.
정답 (E)

38 She took the new high speed train _____ was advertised on the radio.

(A) it (B) who
(C) what (D) that

문법 선행사 train과 was advertised의 주어역할을 하는 주격 관계대명사가 필요하다.
해설 그녀는 라디오에서 광고된 새로운 고속열차를 탔다.
정답 (D)

39 Write a letter of complaint (A)<u>to a company</u> (B)<u>which</u> you have (C)<u>recently</u> purchased something (D)<u>that</u> does not work well.

문법 ~a company and you have recently purchased something from the company. 에서 접속사 and 와 the company 를 관계대명사 which로 쓸 수 있다.
~a company you have recently purchased something **from which**.
~a company **from which** you have recently purchased something. **[Unit 138]**
해설 네가 작동이 잘 안 되는 물건을 최근에 구입한 회사에 불만의 편지를 써라.
정답 (B)

40 In many states, (A)<u>including</u> New York and New Jersey, health and social service agencies are responsible for helping eligible toddlers, (B)<u>that was</u> the case with the LaPierres. That means the parents have a treatment program (C)<u>in place</u> when the school system steps in as the children turn 3 and they may be reluctant (D)<u>to change</u>.

문법 쉼표(,) 다음 that을 쓰지 못한다. 선행사가 앞 문장의 내용일 경우 관계사는 which 혹은 as를 쓴다. **[646]**
(B)에서 that을 which나 as로 고쳐야 한다.
in place : 적당한, 알맞은, 제자리에서 벗어나지 않은
step in : ~에 들어가다
be reluctant to부정사 : ~하기를 꺼리다
해설 뉴욕과 뉴저지를 비롯한 여러 주에서 보건사회복지 기관들은 LaPierres씨의 경우처럼 자격이 되는 유아들을 돕는 일을 담당하고 있다. 이는 아이들이 세 살이 되어 학교 시스템이 들어오고 아이들이 변화를 꺼릴 경우 부모들이 치료 프로그램을 받게 된다는 뜻이다.
정답 (B)

Chapter 18 기출 및 예상 문제

41 I would like (A)<u>to write about</u> several (B)<u>challenges</u> which I (C)<u>have faced them</u> since I (D)<u>came</u> to this university.

문실 several challenges(선행사) which(목적격 관계대명사) I have faced them 따라서 목적어 them이 있어선 안 된다. **[642]**
해설 나는 이 대학에 온 이래로 내가 직면했던 몇 가지 도전들에 대해 쓰고 싶다.
정답 (C)

42 The basketball league (A)<u>imposes</u> severe fines on players who, (B)<u>when they</u> are (C)<u>involved in outside</u> disputes, (D)<u>they violate</u> league policy.

문실 players(선행사) who(주격), [when they are involved in outside disputes:삽입절], violate league policy. 관계대명사 who가 주어 역할을 하므로 (D)의 they는 삭제되어야 한다. **[635]**
해설 농구협회는 외부 논쟁에 연루되어 리그 정책을 위반하는 선수에게 혹독한 벌금을 부과한다.
정답 (D)

43 (A)<u>A good many families</u> move (B)<u>simply</u> because they need more space to store (C)<u>all the things</u> (D)<u>what they buy</u>.

문실 접속사 what은 선행사를 갖지 않는다. all the things 가 선행사이므로 (D)는 that이 되어 they buy의 목적격으로 쓰여야한다.
A good many : 많은, 상당한
해설 많은 가족들은 단지 그들이 사는 물건 모두를 쌓아 두기위한 더 넓은 공간이 필요해서 이사를 간다.
정답 (D)

44 Compromise is essential to negotiations, _____ it allows both parties to give and take.

(A) insofar as   (B) because that
(C) at which   (D) of that

문실 allow + 목적어 + 부정사로 완전한 절이므로 (A)는 '~하는한, ~한다면'의 조건의 의미를 가지고 있는 접속사로 문맥상 적절하지 않으며, (C) 전치사+관계대명사 at which 가 가장 적절하다. **[Unit 138]**
compromise : 타협 양보
give and take : 의견을 주고 받다
해설 타협은 협상에 필수적이며, 협상에서 그것(타협)은 두 당사자가 의견을 주고 받도록 해준다.
정답 (C)

45 I (A)<u>cannot approach</u> (B)<u>to</u> the dexterity (C)<u>which</u> he plays (D)<u>the</u> piano.

문실 which → with which : which는 관계대명사이기 때문에 주어(he) 타동사(plays) 목적어(the piano)가 다 나온 상태에서 쓰일 자리가 없다.
approach뒤에 '장소'가 와서 '다가가다'의 의미인 경우 타동사지만 '근접하다'의 의미로 쓰이면 approach to를 쓰기 때문에 (B)의 전치사 to는 맞는 표현이다.
I cannot approach to the dexterity and he plays the piano with the dexterity. 의 문장을 관계대명사를 써서 하나로 합친 것이다. **[Unit 138]**
해설 그의 뛰어난 피아노 솜씨에 나는 근접도 할 수 없다.
정답 (C)

Chapter 18 기출 및 예상 문제

46 Unlike (A)<u>boomers tend to put</u> a high (B)<u>priority on</u> career, today's youngest workers (C)<u>are more interested</u> in making their jobs (D)<u>accommodate</u> their family and personal lives.

문설 Unlike 는 전치사 이므로 절을 연결 할 수 없다. Unlike boomers who tend to put a high priority on career, 가 형용사절이 되어야하므로 관계대명사 who가 있어야한다. **[635]**
boomer : 전후세대
해설 직업에 비중을 두는 전후세대와는 달리, 요즘 젊은 근로자들은 자신들의 일을 가정과 개인의 삶에 맞추는 데 더 많은 관심을 갖고 있다.
정답 (A)

47 Besides, (A)<u>in</u> a situation (B)<u>which</u> one partner denies that a problem exists and (C)<u>the other</u> does not want to talk about it, the relationship is not likely (D)<u>to change</u>.

문설 which는 관계대명사로서 관계사절에서 주어나 목적어의 역할을 해야 하는데 관계사절 내에 주어와 목적어가 이미 존재한다. **[670]**
a situation (B)which one partner(주어) denies(동사) that a problem exists(목적절) 따라서 올 수 있는 요소는 관계부사이다.
그러므로 (B)를 관계부사 where나 in which등으로 바꿔 주어야 한다.
해설 게다가 한 당사자는 문제가 존재한다는 것을 부인하고 다른 당사자는 그 문제에 대해서 얘기하고 싶어 하지 않는 상황에서 관계는 변할 것 같지 않다.
정답 (B)

48 (A)<u>Since</u> the sixteenth century, all the contact the British (B)<u>have had</u> with (C)<u>peoples</u> around the world (D)<u>have</u> led to thousands of new words being adopted into the language, from (E)<u>which</u> Modern English has emerged.

문설 all the contact [(that) the British have had with peoples around the world] (D)have led to thousands of new words~에서 주어가 단수이므로 (D)는 has가 되어야 한다.
[(that)~]부분은 형용사절이며 문제에서 목적격 관계대명사 that은 생략되어 있다. peoples는 민족을 표현할 때 복수 형태로 쓴다.
해설 16세기 이후로, 영국인들이 전 세계 민족들과 가져왔던 모든 접촉은 수천 개의 새로운 단어들이 영어로 채택되도록 이끌었으며, 그것으로부터 현대 영어가 출현했다.
정답 (D)

마공스터디 www.magongstudy.com
동영상 강의중

ER 편입 그래머 마스터

일치

Unit 149. 단수 취급하는 표현
Unit 150. 상관접속사의 일치
Unit 151. 관점에 따른 일치
Unit 152. 시제의 일치
Unit 153. 시제일치의 예외

Unit 149 단수 취급하는 표현
the number of ... each등

Guide 명사의 형태와 의미에 관계없이 단수 취급하는 표현들

688 The number of

The number of stars in the universe **is** incalculable. 우주에 별의 수는 셀 수 없을 정도로 많다.
A number of stars in the universe **are** incalculable. 우주에는 많은 별들이 있다.

> Tip the number of + 명사는 '~의 수'라는 뜻으로 명사의 수와 관계없이 단수 취급하여 **단수동사**로 받는다. 그러나 a number of는 '**많은**'의 의미로 복수 취급하므로 **복수동사**로 받는다.

 기출문제를 살펴보자 [숙명여대]

(A)It is well known that (B)a number of (C)battles (D)was fought between Napoleon (E)and his enemies.

A number of는 막연한 수를 가리켜 '많은'의 의미이며 복수동사로, The number of는 특정한 수를 가리켜 '~의 수'라는 의미로 단수동사로 받는다. 여기서 (A)를 the로 바꾸어 '전투의 수'라는 의미보다 '많은 전투'라는 의미가 올바르기 때문에 (A)는 올바른 표현이 된다. 그러므로 (D)가 were fought가 되어야 한다.
fight a battle : 교전하다   enemy : 적
나폴레옹과 그의 적들 사이에 많은 교전이 있었다는 사실은 잘 알려져 있다.

▶ 정답 (D)

689 many a 단수명사

Many a good man has been destroyed by drink. 많은 괜찮은 남자들이 술 때문에 망가져 왔다.

> Tip 그러나 many + 복수명사 + 복수동사
> **Many** good **men have** been destroyed by drink.

690 more than one + 단수명사

More than one soldier was killed in the war. 그 전쟁에서 한 명 이상의 군인이 전사했다.

> Tip 그러나 more than one of + 복수명사 + 복수동사
> **More than one of soldiers were** killed in the war.

691 -thing / -one / -body

Everything has its merits and demerits. 무엇이든지 장점과 단점이 있다.
Everyone comes with me. 모든 사람은 나와 함께 간다.
Everybody is equal before the law. 법 앞에서는 만인이 평등하다.
Does **anybody** have a good idea? 누구 좋은 생각 없습니까?
No one knows what will happen next. 다음에 무슨 일이 일어날지는 아무도 모른다.
None of the trains **is(are)** going to London. 그 기차들은 어느 것도 런던으로 가지 않는다.
None of her family **has(have)** been to college. 그녀의 가족은 아무도 대학에 다니지 않았다.

> **Tip** thing / -one / -body 로 끝나는 명사들은 단수 취급한다.
> 복수 명사나 대명사와 함께 또는 사람이나 사물의 집단을 나타내는 명사와 함께 none of을 쓸 때에는 동사를 단수형이나 복수형 어느 것이든 쓸 수 있다.

692 부정사 / 동명사

To study English is not easy. 영어를 공부하는 것은 쉽지 않다.
Reading books is my hobby. 책을 읽는 것은 나의 취미이다.

> **Tip** 부정사와 동명사는 **단수 취급**한다. 부정사나 동명사의 의미상 목적어가 복수명사(books)라도 단수 취급한다. 그러나 2개이상의 부정사는 복수취급한다.
>
> **To study** English and **(to) read** English **are** not easy. 영어를 공부하고 읽는 것은 쉽지 않다.
> **Reading** books and **writing** poems **are** my hobby. 책을 읽는 시를 쓰는것은 나의 취미이다.

693 every, each, either, neither

Every boy and girl **is** doing his best. 모든 소년과 소녀는 최선을 다하고 있다.
Each day and each hour **brings** us something new. 매일 매 시간이 우리에게 새로운 것을 가져다 준다.
Neither statement **is** true. 어느 쪽 주장도 사실이 아니다.
I know both of them. **Either** side **is** fine. 그들 둘 다 알고 있다. 어느 쪽도 좋다.

> **Tip** every와 each는 등위접속사 and로 연결되어 있어도 단수동사로 받는다.

694 what 절은 문맥에 따라

What I need **is money**. 내가 필요한 것은 돈이다.
What I need **are books**. 내가 필요한 것은 책이다.

> **Tip** 명사절은 단수 취급하지만, what절의 **보어가 복수라면 what절의 동사도 복수동사**로 쓴다.

695 '명사 + s' 의 형태이나 단수로 취급하는 것들

아래의 명사들은 모두 '-s'로 끝나는 명사들이다 하지만 복수가 아닌 단수명사라는 것에 주의한다.

① news

No **news is** good news. 무소식이 희소식이다.

② 교과목

Mathematics is my strong point. 수학은 내 강점이다.
Economics is an inexact science. 경제학은 정밀하지 못한 학문이다.
Statistics is a branch of mathematics. 통계학은 수학의 일종이다.
These **statistics are** not very meaningful. 이들 통계(자료)는 의미가 별로 없다.

> **Tip** 교과목은 "-s"로 끝나는데 그렇다고 해서 복수명사로 보면 안 된다.
> physics, politics등의 교과목은 단수명사이므로 단수 취급한다.
> arithmetic(산수)은 -s가 붙지 않는다.
> **statistics도 '통계' '통계자료'를 의미하면(복수 취급), '통계학'의 의미인 경우(단수 취급)**

③ '-s'로 끝나는 도시명과 국가명

Athens was host to the 28th International Olympic Games.
제28회 국제 올림픽 경기는 아테네에서 개최되었다.
The Netherlands is located between 50 and 53 degrees northern latitude.
네덜란드는 북위 50도에서 53도 사이에 위치해 있다.

> **Tip** '도시'명칭과, '국가'명칭은 "-s"로 끝나도 단수 취급한다.   ['국가명+S' 형태는 353번 참조]
> 도시명 - Athens, Brussels, Paris
> 국가명 - the United States, the Philippines, the Netherlands, the Bahamas 등

④ 질병

Diabetes is closely linked to obesity. 당뇨병은 비만과 밀접한 관련이 있다.

> **Tip** '병명'을 나타내는 arthritis(관절염), measles(홍역) 등은 단수 취급한다.

⑤ 시간, 거리, 가격, 무게가 주어일 때

Ten dollars an hour **is** a good pay. 한 시간에 10달러는 좋은 급료이다.
Five pounds of salt **is** more than I need. 소금 5파운드는 내가 필요한 분량 이상이다.
Two years is a long time to spend in the army. 군대에서 보내는 2년은 긴 시간이다.

> **Tip** 시간 / 거리 / 가격 / 무게 + 판단의 단위 → 단수
> 누적, 경과의 의미 → 복수
> **Two years have(has)** passed since my father died. 아버지가 돌아 가신지는 2년이 지났다.
> **시간의 경과와 관련된 동사(pass/elapse)는 복수 취급하지만 단수취급도 가능하다.**

⑥ and로 연결된 주어가 하나의 의미인 경우

All work and no play makes Jack a dull boy. 공부만하고 놀지 않는 것은 Jack을 우둔한 아이로 만든다.
Plain living and high thinking is a great ideal of men.
평범하게 살면서 고귀한 생각을 하는 것은 사람의 위대한 이상이다.
Trial and error is the source of our knowledge. 시행착오는 지식의 원천이다.
Slow and steady wins the race. 느리지만 꾸준한 것이 경기에서 승리한다.
Bread and butter is my usual breakfast. 버터 바른 빵이 일반적인 아침식사이다.
His **watch and chain** is his family treasure. 줄 달린 시계는 그의 가족의 유산이다.

> **Tip** and로 연결되어 있어도 '**하나를 의미**'하는 속담, 책 제목, 영화 제목, 메뉴등과 같은 위의 표현들은 단수로 취급한다.

⑦ 관사 + (명사 and 명사)

A poet and teacher was present at the conference. 시인이자 교사인 한 사람이 회의에 참석했다.

> **Tip** 관사+명사 and 관사+명사 : 복수 = "둘"을 의미
> A **poet** and **a teacher were** present at the conference.
> 한 명의 시인과 한 명의 교사 (두 사람)가 모임에 참석했다.

그러나 밀접한 관계가 있거나 한 쌍을 의미하는 경우에, and 다음 관사는 생략 할 수 있다.
In fact **the King and (the) Queen** loathe and detest one another.
왕과 왕비는 서로를 혐오하고 싫어한다.
The doctor and (the) nurse work hand in hand to save lives.
그 의사와 간호사는 생명을 구하려고 같이 일한다.

696 항상 단수동사를 취하는 표현

the number of
each of } + 복수명사 + 단수동사

The number of crimes **is** increasing at an alarming rate. 범죄 신고 건수가 놀라운 속도로 증가하고 있다.
Each of these systems **has** its advantages and disadvantages. 이들 시스템 각각이 나름대로 장단점이 있다.

697 항상 복수동사를 취하는 표현

a number of
a variety of
a couple of
(a) few
several
many
} + 복수명사 + 복수동사

A variety of plants are on display. 여러 가지 식물이 전시되고 있다.
A couple of errors were made in this sales report. 이 영업보고서에 두 곳의 오류가 있었다.
Several European soccer players have also aired racist comments.
여러 유럽 축구 선수들이 방송 도중 인종차별적인 발언을 해 물의를 빚기도 했습니다.

Unit 150 상관접속사의 일치

Guide 한짝을 이루는 상관접속사는 보통 뒤의 명사에 동사를 일치시킨다. 하지만 꼭 그런 것만은 아니므로 확실히 학습하도록 한다.

698 상관접속사

both A and B	A, B 둘 다
either A or B	A 또는 B
neither A nor B	A도 B도 아닌
not only A but (also) B	A뿐만 아니라 B도
= B as well as A	A뿐만 아니라 B도

Tip both A and B는 항상 복수동사를 취하며, 나머지들은 B에 동사를 일치시킨다.

Both you and I **have** responsibility for it. (O) 너와 나 둘 다 그 일에 책임이 있다.
Both you and he **has** responsibility for it. (X)
Either you or I **am** wrong. 너 또는 내가 틀렸다.
Neither he nor you **have** studied hard. 그도 너도 공부를 열심히 하지 않았다.
Not you but he **is** to blame. 당신이 아닌 그가 비난 받는다.
Not only she but also her parents **are** very kind to us.
= Her parents as well as she **are** very kind to us. 그녀뿐만 아니라 그녀의 부모님도 우리에게 친절했다.
Her parents as well as she **is** very kind to us. (X)

Tip B as well as A ⇒ B에 동사 일치

 기출문제를 살펴보자 [한국외대]

다음 중 가장 올바른 문장을 고르시오.

(A) Neither the manager nor any members of the staff are staying late today.
(B) I bought a carton of eggs yesterday, but half of the eggs in the carton was broken.
(C) Both the children as well as the baby-sitter fell asleep.
(D) The light from the candles on the end tables provide a soft glow to the room.

(A) Neither the manager nor any members of the staff **are** staying late today.
부장도 직원 누구도 오늘 늦게까지 머물지 않을 것이다.
(B) half of the eggs in the carton **were** broken. 어제 계란 한판을 샀는데 그중 절반이 깨졌다.
(C) Both the children **and** the baby-sitter fell asleep. 애들도 보모도 잠들었다.
(D) The light from the candles on the end tables **provides** a soft glow to the room.
작은 탁자 위의 촛불에서 나오는 빛이 방을 부드럽게 비춘다.

▶ 정답 (A)

Unit 151 관점(의미)에 따른 일치

Guide 관점(의미)을 어디에 둘 것인가에 따라 동사의 수를 일치시켜야 하는 경우가 있다.

699 group, team, species, series, flock, variety 는 관점에 따라 다르다.

There **has** been **a series** of accidents on the icy roads. 빙판길 사고가 **연속**으로 속출하고 있다.
A series of **exams are** waiting for you next week. 다음주에 **시험들**이 너를 기다리고 있어.
A group(crowd, party) of **reporters are** waiting for him. 한 **무리**의 기자들이 그를 기다리고 있다.
A group of people **is** being photographed.　　**단체** 사진을 찍고 있다.
A variety of options **is** at our disposal.　　선택의 **다양성**은 우리의 의지에 달려 있다.
A variety of **plants are** on display.　　다양한 **식물이** 전시되고 있다.

> **Tip** 상기 명사들은 "A of B"의 형태로 주로 쓰이며, 초점이 어디에 맞춰있느냐에 따라 동사의 수가 달라진다. 즉, A에 초점이 맞춰져있다면 A에 동사의 수를 일치시키고, B에 초점이 맞춰있다면 B에 동사를 일치시킨다.
> 첫 번째 예문은 사건이 아닌 (사건의) '연속' a series에 초점이 맞춰졌으므로 **단수동사**가, 다음 예문에서는 '연속'이 아닌 '시험들(exams)'에 초점이 맞춰져서 복수동사가 쓰였다.
> 이하의 예문 모두 마찬가지다.

700 집합명사

My family **is** very large.　　우리 가족은 대가족이다.　　[집합체를 의미 → 단수]
집합체가 큰 것이지 가족 구성원들이 크다는 것이 아니다.
My family **are** all early risers. 우리 가족은 모두가 일찍 일어난다. [구성원을 의미 → 복수]
집합체가 일찍 일어나는 것이 아니라 가족 구성원들이 일찍 일어난다는 것이다.

The jury **were** unconvinced that he was innocent.　　배심원들은 그가 무죄라는 것을 확신하지 못했다.
The jury **is** still out. Let's wait and see.　　판결은 아직 나오지 않고 있어. 기다려 보자.
The jury **was** mostly made up of women.　　배심원단은 주로 여자로 구성 된다.

> **Tip** 집합명사가 집합체 자체를 의미하는 경우 단수로 취급하고, 집합의 구성원을 지칭하는 경우는 복수로 취급한다.
> '배심원들'의 의미인 경우 복수동사로 받지만 '판결'이나 '배심원단'이라는 의미의 집합체를 의미할 경우 단수동사로 받는다.

Unit 152 시제의 일치

Guide 주절과 종속절로 이루어진 복문에서 주절의 시제가 현재, 현재완료, 미래면 종속절의 동사는 의미에 따라 결정된다.
주절의 시제가 과거인 경우에 종속절의 시제를 과거나 과거완료로 하는 것을 시제의 일치라 한다.
그러나 시제는 상황에 따라 변할 수 있으므로 아래내용은 참고용이지 절대적은 아니라는 것에 주의한다.

701 주절의 동사가 현재나 미래인 경우

주절의 동사 : 현재 / 종속절의 동사 : 과거

I **know** that he **lived** in Seoul.   나는 그가 서울에 살았던 것을 안다.

주절의 동사 : 현재 / 종속절의 동사 : 현재

I **know** that he **lives** in Seoul.   나는 그가 서울에 사는 것을 안다.

주절의 동사 : 현재 / 종속절의 동사 : 미래

I **know** that he **will live** in Seoul.   나는 그가 서울에 살게 될 것을 안다.

주절의 동사 : 현재 / 종속절의 동사 : 현재완료

I **know** that he **has lived** in Seoul.   나는 그가 서울에 계속 살고 있다는 것을 안다.

주절의 동사 : 현재완료 / 종속절의 동사 : 과거

I **have known** that he **lived** in Seoul. 나는 그가 서울에 살았던 것을 안다.

주절의 동사 : 현재완료 / 종속절의 동사 : 현재

I **have known** that he **lives** in Seoul. 나는 그가 서울에 사는 것을 안다.

주절의 동사 : 현재완료 / 종속절의 동사 : 미래

I **have known** that he **will live** in Seoul. 나는 그가 (앞으로)서울에 살게 될 것을 안다.

주절의 동사 : 현재완료 / 종속절의 동사 : 현재완료

I **have known** that he **has been** in Seoul. 나는 그가 서울에 계속 살고 있다는 것을 안다.

주절의 동사 : 미래 / 종속절의 동사 : 과거

He **will know** that I **lived** in Seoul. 그는 내가 서울에 살았던 것을 알게 될 것이다.

주절의 동사 : 미래 / 종속절의 동사 : 과거

He **will know** that I **lived** in Seoul. 그는 내가 서울에 살았던 것을 알게 될 것이다.

주절의 동사 : 미래 / 종속절의 동사 : 현재

He **will know** that I **live** in Seoul. 그는 내가 서울에 살고 있는 것을 알게 될 것이다.

주절의 동사 : 미래 / 종속절의 동사 : 미래

He **will know** that I **will live** in Seoul. 그는 내가 서울에 살게 될 것을 알게 될 것이다.

주절의 동사 : 미래 / 종속절의 동사 : 현재완료

He **will know** that I **have lived** in Seoul. 그는 내가 서울에 계속 살고 있다는 것을 알게 될 것이다.

702 주절의 동사가 과거인 경우

주절의 동사가 과거인 경우에는 종속절의 동사는 과거나 과거완료가 되어야 한다.

주절의 동사 : 과거 / 종속절의 동사 : 과거

I **knew** that he **lived** in Seoul. 나는 그가 서울에 살았던 것을 알았다.

주절의 동사 : 과거 / 종속절의 동사 : 과거완료

I **knew** that he **had lived** in Seoul. 나는 그가 서울에 계속 살아 왔다는 것을 알았다.

Unit 153 시제일치의 예외

Guide 시제가 일치되지 않는 경우에 관하여 알아본다.

703 현재의 사실이나 습관

현재까지도 사실이거나, 현재도 지속되고 있는 습관적 동작은 주절의 시제와 관계없이 현재 시제로 나타낸다.

He **told** me that he **goes** to school Monday to Friday. 그는 월요일에서 금요일까지 학교에 간다고 말했다.
Jun **said** that he **goes** to bed at midnight. Jun은 자정에 잠자리에 든다고 말했다.

704 보편적인 사실이나 불변의 진리

일반적인 사실이나 변하지 않는 진리는 주절의 시제와 관계없이 항상 현재시제로 나타낸다.

It **was** reported that the universe **is** getting bigger. 우주가 커지고 있다고 보고되었다.
I **was** taught that two and two **makes** four. 나는 2 더하기 2는 4라고 배웠다.
They **knew** that the sun **rises** in the east. 그들은 해가 동쪽에서 뜬다는 것을 알고 있었다.

705 미래시제를 대신하는 현재시제

I'll tell him everything when he **comes** home. 그가 돌아오면 모든 걸 말하겠다.
= When he **comes** home, I'll tell him everything.
If it **is** warm tomorrow, we'll drive in the country. 내일 날씨가 포근하면, 시골로 드라이브 갈 것이다.
If it **snows** tomorrow, I will go skiing. 내일 눈이 오면 나는 스키 타러 갈 것이다.

Tip when과 if가 명사절 접속사가 아닌 부사절인 경우 미래를 의미하더라도 현재동사로 쓴다.
위의 문장에서 when 이하는 시간 부사절로 he will come이라고 쓰면 틀린 것이다.
아래 문장 역시 if 이하는 조건 부사절로 it will be warm이라고 쓰면 틀린 것이다

706 역사적 사실

역사적 사실을 기술할 때에는 주절의 시제와 관계없이 항상 과거 시제로 나타낸다.

I **know** that the Korean War **broke out** in 1950. 나는 1950년에 한국전쟁이 일어난 것을 알고 있다.
He **told** us that Columbus **discovered** America. 그는 우리에게 콜럼버스가 미국을 발견했다고 말했다.

Chapter 19 기출 및 예상 문제

1 The audience _____.
   (A) was moved all deeply
   (B) were moved all deeply
   (C) was all deeply moved
   (D) were all deeply moved

문석 the audience는 집합명사로 집합체가 아닌 구성원들인 관객들이 감동을 받은것이므로 복수로 받아야 한다. all이 있음을 착안할 것. **[700]**
해석 관객들은 모두 깊이 감동을 받았다.
정답 (D)

2 _____ of the clerks was instructed t do his own work.
   (A) All   (B) Some
   (C) Several   (D) Each

문석 동사가 단수(was)이므로 주어도 단수여야 한다. **[693]**
해석 각각의 사원들은 자신의 일을 하도록 지시 받았다.
정답 (D)

3 (A)There was (B)no organized sports program at the resort, but tennis courts, a golf course, and a (C)well-equipped gymnasium (D)was available.

문석 but 이하의 문장의 주어가 복수이므로 (D) was → were
해석 그 휴양지에는 조직화된 스포츠 프로그램이 없었지만 테니스 코트와 골프 코스 그리고 시설 좋은 체육관은 사용 할 수 있었다.
정답 (D)

4 다음 중 문법적으로 가장 옳은 것은?
   (A) Every man and woman of certain age are eligible to vote for the candidates.
   (B) Whoever called did not leave their name and number.
   (C) There has been several possibilities to consider.
   (D) His knowledge of international relations aids him in his work.

문석 (A) every는 언제나 단수동사로 받는다. **[693]**
(B) Whoever는 Any one who의 뜻이므로 단수이다. 따라서 their → his
(C) 문장의 주어가 several possibilities이므로 has been → have been이 옳다.
(D) 국제적 관계에 대한 그의 지식이 자신의 일을 하는데 도움이 된다.
해석 (A) 특정나이의 남녀는 후보자에게 투표할 자격이 있다.
(B) 전화를 건 누구도 이름과 번호를 남기지 않았다.
(C) 고려해야할 여러 가능성이 있다.
(D) 국제적 관계에 대한 그의 지식이 자신의 일을 하는데 도움이 된다.
정답 (D)

5 (A)It is well known that a (B)change in humidity (C)make pianos go (D)out of tune.

문석 종속절 that절의 주어가 a change이므로 (C) make → makes
해석 습도의 변화는 피아노의 음이 맞지 않게 한다는 것은 널리 알려졌다.
정답 (C)

532 | grammar Master

Chapter 19 기출 및 예상 문제

6 (A)By 1642 all (B)towns in the colony of Massachusetts (C)was required by law (D)to have schools.

문석 문장의 주어가 all towns이므로 (C) was → were
해설 1642년까지는 매사추세츠 거주지의 모든 마을에는 법에 의해 학교가 있어야만 했다.
정답 (C)

7 다음 중 문법적으로 가장 옳은 것은?

(A) The rest of the children are still playing.
(B) Two-thirds of the water were used for irrigation.
(C) A white and black horse were coming to him.
(D) Car after car were passing by.

문석 (A)와 (B)의 the rest, part, 분수 등의 부분사 of 뒤의 명사에 동사를 일치시킨다. [Unit 83]
(C) a white and black horse : 한 마리 / a white and a black horse : 두 마리
(D) car after car의 주어는 앞의 car이다.
해설 (A) 아이들 중 나머지가 여전히 놀고 있다.
(B) 그 물의 3분의 2가 관개에 사용된다.
(C) 얼룩무늬 말이 그에게 다가오고 있었다.
(D) 꼬리에 꼬리를 문 차들이 지나갔다.
정답 (A)

8 다음 중 문법적으로 가장 옳은 것은?

(A) Six months are too short a time to do the work.
(B) Every means is to be tried.
(C) The number of highways are increasing nowadays.
(D) The committee are preparing a report.

문석 (A) six months는 시간의 단위이므로 단수동사로 받는다. [695 ⑤]
(B) every는 언제나 단수동사로 받는다.
(C) 주 어가 the number이므로 단수동사로 받는다.
(D) the committee가 집합체를 의미하므로 단수로 받는다.
해설 (A) 그 일을 하기에 6개월은 너무 짧다.
(B) 모든 수단이 시도 될 예정이다.
(C) 많은 수의 고속도로가 증가하고 있다.
(D) 위원회에서 보고서를 준비 중이다.
정답 (B)

9 Each raspberry (A)look like a cluster (B)of tiny beads, (C)colored red, black, (D)or purple.

문석 each는 반드시 단수동사로 받는다. [693]
(A) look → looks
해설 각각의 라스베리는 붉거나 푸르거나 또는 보라색의 한 다발의 작은 구슬처럼 보였다.
정답 (A)

10 다음 중 문법적으로 틀린 것은?

(A) Bread and butter is my favorite breakfast.
(B) The police have not made any arrests.
(C) The team are all full of enthusiasm.
(D) A number of my friends thinks I should take a rest.

문석 (A) bread and butter : 버터 빵은 단수이다. [695 ⑥]
(B) the police : 경찰 전체를 의미하므로 복수로 받는다.
(C) 열정은 사람에 대한 설명의 형용사로 구성원을 의미한다.
(D) a number of = many이므로 복수동사로 받는다.
해설 (A) 버터빵은 내가 좋아하는 아침이다.
(B) 경찰은 어떤 성과도 올리지 못했다.
(C) 팀 일원들은 전부 열정으로 가득 찼다.
(D) 많은 친구들은 내가 쉬어야 한다고 생각한다.
정답 (D)

Chapter 19 기출 및 예상 문제

11 다음 중 문법적으로 틀린 것은?

(A) Enough has been said on the matter.
(B) Many a man wants to see the statesman.
(C) The Dialogues of Plato are very popular with the students.
(D) Not only you but also your brother is very bright.

문석 (A) enough의 품사는 명사로 "충분한 것"의 뜻이다.
(B) many a + 단수명사 + 단수동사 = many + 복수명사 + 복수동사
(C) The Dialogue of Plato는 '플라톤의 대화록'이라는 책 이름이다. 단수동사로 받는다.
(D) not only A but also B : B에 동사를 일치시킨다.
해석 (A) 그 문제에 대해서는 충분히 논의되었다.
(B) 많은 사람이 그 정치인을 보고 싶어한다.
(C) 플라톤의 대화록은 학생들에게 매우 인기있다.
(D) 너뿐만 아니라 너의 형도 총명하다.
정답 (C)

12 One of (A)<u>the most important</u> considerations (B)<u>affecting</u> the President's decision (C)<u>were based on</u> his desire to decrease the rising rate of (D)<u>unemployment</u>.

문석 One이 주어이므로 동사는 단수인 was가 맞다. [688]
해석 대통령의 의사결정에 영향을 주는 가장 중요한 고려 사항중의 하나는 증가하는 실업률을 줄이고 싶은 소망에 기초한 것이었다.
정답 (C)

13 The number of accountants (A)<u>hired</u> by the financial department (B)<u>on a yearly basis</u> (C)<u>are</u> to be counted and (D)<u>made known to</u> headquarters (E)<u>at</u> earliest possible date.

문석 the number of + 복수명사는 단수취급 된다.
(C)are → is
해석 매년마다 회계 부서에 의해 고용된 회계사의 수는 계산되어 가능한 빠른 날짜에 본부에 보고 될 예정이다.
정답 (C)

14 Corruption is a problem in the lower (A)<u>ranks</u> of the nation's public security bureau, (B)<u>organizations</u> more responsive to political pressure or personal (C)<u>incentive</u> than any sense of public (D)<u>responsibility</u>.

문석 the nation's public security bureau 와의 동격은 그 대상이 일치해야 하므로 organizations 가 아니고 단수형인 an organization이 되어야 한다.
해석 부패야 말로 어떠한 공적 책임감보다 정치적 압력과 개인적인 동기에 더 민감한 조직인 국가 치안국의 하급직의 한 가지 문제이다.
정답 (B)

15 Citizens' participation in the (A)<u>decision making</u> process, enforcement of the zoning laws, and an end to government waste (B)<u>were</u> (C)<u>the key point</u> of the (D)<u>newly elected</u> (E)<u>mayor's speech</u>.

문석 Citizen's participation(주어)다음 in에 the decision making process 병치(A), the enforcement of the zoning laws 병치(B), and an end to government wast 병치(C)가 병치된 전치사구이므로 주어가 단수인 participation이기 때문에 동사는 was가 쓰여야 한다.
해석 의사결정 과정, 지역법률 집행, 그리고 시 정부 예산낭비를 막는 데 시민들을 참여시키겠다는 것이 새로 선출된 시장이 한 연설의 핵심요지였다.
정답 (B)

Chapter 19　기출 및 예상 문제

16 The Industrial Revolution is the name by which the huge social, economic, and technological shift that transformed Europe from an agrarian to an industrial society _____.

(A) know　　　　　(B) knows
(C) is known　　　(D) are known

문석 shift <that transformed Europe from an agrarian to an industrial society> <관계절> 다음에는 단수일치형인 is가 따라야 한다.
해석 유럽을 농업사회에서 산업사회로 바꾼 거대한 사회, 경제, 기술적 변화는 상업혁명이라는 이름으로 알려져 있다.
정답 (C)

17 Wolves are the classic illustration of (A)<u>species</u> that defends a group territory. (B)<u>The</u> average wolf pack is (C)<u>an extended</u> family of from five to eight individuals with a territory of (D)<u>a few hundred</u> square kilometers.

문석 species → a species : species는 "-s"로 끝나지만 단, 복수 동형이다. 따라서 부정관사(A)가 없으면 species는 복수형으로 여겨지는데 depends로 단수일치 동사가 왔으므로 단수를 나타내주는 부정관사가 반드시 쓰여야 한다. **[320]**
해석 늑대는 집단의 영역을 방어하는 종의 전형적인 예이다. 평균적인 늑대 무리는 몇 백 평방킬로미터의 영역을 가진 5~8마리로 이루어진 대가족이다.
정답 (A)

18 Economics (A)<u>are considered</u> (B)<u>one of</u> the most important (C)<u>subjects</u> that business (D)<u>majors</u> take in graduate school.

문석 가격, 시간, 거리, 무게, 과목명칭, 국가명 등은 복수 형태라도 단수 취급된다. 주어가 과목명인 economics는 단수이므로 is로 바꿔야 한다. **[695 ⑤]**
해석 경제학은 경영학을 전공하는 학생들이 대학원에서 배우는 가장 중요한 과목 중의 하나로 간주된다.
정답 (A)

19 (A)<u>The qualifying</u> examination (B)<u>consists of</u> (C)<u>two three-hours</u> periods (D)<u>taken on</u> consecutive days.

문석 수사가 바로 뒤의 명사를 수식할 경우 three years old boy → three year old boy처럼 형용사로 취급하여 단수형으로 쓴다. two three hour periods가 옳다. **[462]**
해석 그 자격시험은 이틀 연속 치러지는 두 번의 세 시간짜리 시험으로 구성되어 있다.
정답 (C)

20 Even though many people are inclined (A)<u>not to</u> believe it, restoring dilapidated buildings often (B)<u>require</u> (C)<u>greater</u> time, effort and expenditure than (D)<u>constructing</u> entirely new (E)<u>ones</u>.

문석 동명사가 주어이므로 restoring dilapidated buildings often requires(단수)가 되어야 한다.
해석 비록 많은 사람들이 믿지 않는 경향이 있지만 종종 낡은 건물을 재건하는 것이 완전히 새 건물을 건축하는 것보다 더 많은 시간, 노력, 비용을 필요로 한다.
정답 (B)

Chapter 19 기출 및 예상 문제

21 Every man, woman, and child in the room _____ to be self-assured.

(A) is appeared (B) appear
(C) appears (D) are appeared

문석 Every는 and로 몇 개의 명사가 연결되어 있어도 단수 동사를 쓴다. [693]
appear은 자동사이므로 수동태가 될 수 없으므로 appears가 정답이 된다.
self-assured : 자신 있는, 자기 과신의
해석 그 방에 있는 모든 남녀와 아이들은 자신 있는 것 같다.
정답 (C)

22 Kenya, an agricultural nation in Africa, (A)<u>seeks to</u> boost economic (B)<u>exchanges with</u> Korea as (C)<u>they are</u> to appoint (D)<u>the first resident</u> ambassador to Korea.

문석 (C)의 they는 Kenya를 가리키고 있다 국가명은 단수 취급하므로 (C) they are는 it is가 되어야 한다.
boost : 밀어 올리다, 후원하다
resident ambassador : 주재 대사
해석 케냐는 아프리카의 농업국가로 한국에 최초의 주재 대사를 임명하게 됨에 따라 한국과의 경제 교류를 확대하기 바라고 있다.
정답 (C)

23 Every 2.43 (A)<u>seconds</u> another (B)<u>one</u> of our fellow brothers and sisters (C)<u>dies of</u> (D)<u>starvations</u>.

문석 starvation은 불가산명사이므로 단수로 써야 한다.
die of : 죽다 starvation : 굶주림, 기아
해석 매 2.43초마다 우리의 또 다른 형제자매들이 굶주림으로 죽어갑니다.
정답 (D)

24 He was a more prolific writer than any _____ popular writers of his time.

(A) of (B) other
(C) one of (D) of the other

문석 any other + 단수명사 any of the other + 복수명사 이다
해석 그는 당대의 인기 있는 작가들 중 어느 누구보다 더 많은 작품을 쓴 작가였다.
정답 (D)

25 다음 문장 중에서 어법상 가장 어색한 것을 고르시오.

(A) Our school team have won all their games.
(B) Measles is a contagious disease.
(C) Great Expectations was written by Dickens.
(D) A number of students has dropped that course.

문석 (A) our school team을 하나의 전체로 본 것이 아니라 개별적 구성원으로 봐서 복수취급했다. 집합명사의 경우 그것을 단수취급할 수도, 개별적 구성원으로 본다면 복수취급 할 수도 있다. [695]
(B) 질병 = measles(홍역)는 단수취급명사이다.
(C) 이탤릭체로 표기된 것은 보통 '책'이나 '영화' 등의 작품명 이므로 고유명사이다. 따라서 단수 취급한다.
(D) A number of 명사는 복수취급을 하고 the number of 명사는 단수 취급한다.
해석 (A) 우리 학교 팀은 모든 게임에서 이겼다.
(B) 홍역은 전염병이다.
(C) '위대한 유산(Great Expectations)'은 디킨스가 썼다.
(D) 많은 학생들은 그 과목 수강을 철회했다.
정답 (D)

Chapter 19 기출 및 예상 문제

26 The spontaneity of children's artwork (A)<u>sets it</u> (B)<u>apart</u> from the regulated uniformity of (C)<u>much of</u> what otherwise (D)<u>go on in</u> traditional elementary classrooms.

문석 otherwise이하는 가정법과거가 되어야하므로 would go가 되어야 한다. **[128]**
spontaneity : 자발성
sets apart from : ~과 구별 짓다
uniformity : 획일성
해석 어린이들의 공예활동에서 나타난 자발성은 전통적인 초등학교 교실에서 진행되었던 획일성과는 다르다.
정답 (D)

27 (A)<u>The news</u> about (B)<u>presidency winning</u> of the New Millennium Democratic Party (C)<u>were being</u> televised throughout the nation (D)<u>when</u> I walked into the room.

문석 news는 단수명사이므로 (C)는 were가 아니라 was가 되어야 한다. **[695]**
해석 뉴밀레니엄 민주당의 지위 획득의 소식이 내가 방으로 들어갈 때 국가 전역에 방송되었다.
정답 (C)

28 Physics is a (A)<u>demanding</u> field that (B)<u>has challenged</u> people to probe (C)<u>their</u> (D)<u>mysteries</u>.

문석 사람들이 물리학의 신비를 푸는 데 도전하고 있으므로 (C)의 their는 '사람(people)'을 가리키는 것이 아니라 물리학 (physics)'을 가리킨다. 학문명인 physics는 단수취급이므로 단수형 its로 받는다. **[695]**
demanding a. 힘든, 벅찬
probe v. 탐구하다
해석 물리학은 사람들로 하여금 그 신비로움을 탐구하도록 도전하게 해왔던 매우 힘든 분야이다.
정답 (C)

29 (A)<u>College dropouts</u> (B)<u>whose</u> biological parents gave him up for (C)<u>adoption</u>, Mr. Jobs has become one of the (D)<u>most successful technological</u> entrepreneurs of our age.

문석 College dropouts(whose biological parents gave him up for adoption), Mr. Jobs에서 College dropouts = Mr. Jobs과 동격이므로 단수가 되어야 한다. college dropouts → A college dropout 단수가 되어야 한다.
해석 입양을 보내기 위해 친부모도 포기했던 대학 중퇴자, Jobs씨는 우리 시대의 가장 성공한 기업인 중 한 명이 되었다.
정답 (A)

30 (A)<u>Every</u> North American canids (B)<u>have</u> a doglike appearance (C)<u>characterized</u> by (D)<u>a graceful</u> body, a long muzzle, erect ears, slender legs, and a bushy tail.

문석 (A)Every North American canids (B)have a doglike에서 Every 뒤는 단수명사, 단수동사가 오는데 canids라는 복수 명사와 동사도 have로 되어 있다. 물론 have가 틀린 것으로 볼 수도 있지만 밑 줄 없는 canids 때문에 Every가 아닌 All이 되어야 한다.
canid : 개과의 동물
long muzzle : 긴 주둥이
erect ears : 곤추선 귀
slender bushy tail : 털이 많은 꼬리
해석 모든 북아메리카 개과의 동물들은 개와 같은 모습인데 이 동물들은 우아한 몸통, 긴 주둥이, 곤추선 귀, 가는 다리 그리고 털이 많은 꼬리 등의 특징이 있다.
정답 (A)

마공스터디 www.magongstudy.com
동영상 강의중

ER 편입 그래머 마스터

특수구문
(도치, 생략, 동격)

Unit 154. 부정어(구) / 부정부사 도치
Unit 155. 장소부사(구) 도치
Unit 156. so, such 도치
Unit 157. 비교구문 도치
Unit 158. as 도치
Unit 159. 보어 / 목적어 도치
Unit 160. 가정법 도치
Unit 161. 생략
Unit 162. 동격

Unit 154 부정어(구) / 부정부사 도치
부정어(구) + 의문문 순서(조동사 + 주어 + 본동사)

Guide 동사를 부정하는 부사(구)가 선행되면 이어지는 주어와 동사는 **의문문 순서(조동사+주어+본동사)**로 쓰게 된다. 이 경우 (대)명사 주어도 도치가 된다.
부정부사로는 no, not, never이외에도 at no time, on no account, under no circumstances, not only, no sooner 등이 있다.
부정부사라도 동사를 부정하는 경우가 아니라면 도치되지 않는다.

707 no / not / never

Under no circumstance would I do such a mean thing. 그 어떤 상황에서도 나는 비열한 짓은 하지 않을 것이다.

Tip I would **not** do such a mean thing under **any** circumstance를 도치시킨 것이다.
"전치사 + no"로 된 표현(at no time, in no way, on no account, under no circumstances 등)이 선행되면, 이어지는 주어와 동사는 의문문 순서로 도치된다.
At no time did I give my consent to the plan. 나는 그 계획에 동의한 적이 한 번도 없어요.

Not until he was 20 **did he know** the fact. 그는 20살이 되어서야 (비로소) 그 사실을 알았다.
Not until August **did the government order** an inquiry into the accident.
8월이 되어서야 비로소 정부는 그 사고에 대한 조사를 명령했다.

Tip He **did not** know the fact until he was 20에서 부정어 not이 선행되면서 부사절 'until he was 20'가 같이 문두로 이동하고 주절이 **의문문 순서(did + he + know)로 도치**된 것이다.

Not a single word did he say. 그는 단 한 마디도 하지 않았다
Not far from the shore **is the Coast Guard office**. 해안가 멀지 않은 곳에 해안경비초소가 있다.

Not far from the shore **we can see** dolphins. 해안가 멀지 않은 곳에서 우리는 돌고래를 볼 수 있다.
Not long after he resigned. 그 후 얼마 지나지 않아 그가 사임했다.

Tip Not a single word did he say는 "He **did not** say a single word"로 동사를 부정하고 있으므로 도치가 되는 것이다. **[Unit 159 목적어 도치 참조]**

부정부사구가 be동사의 보어처럼 쓰이는 경우도 『동사+주어』의 순서로 도치 된다.

마지막 두 문장은 Not이 동사를 부정하지 않고 부사구(far from)만 부정한다. 즉, not을 빼고 써도 돌고래를 볼 수 있다는 사실에는 변화가 없다.

not이 있을 때와 없을때 의미를 비교해 보자.
Not far from the shore we **can see** dolphins. 해안가 멀지 않은 곳(가까이)에서 돌고래를 **볼 수 있다**.
Far from the shore we **can see** dolphins. 해안가 먼 곳에서 돌고래를 **볼 수 있다**.
거리의 차이만 있을 뿐 돌고래를 볼 수 있다는 사실에는 변화가 없다.

708 ~하자마자 ~하다

Hardly(=Scarcely) had he arrived when(=before) he had to leave again.
= **No sooner had he arrived than** he had to leave again. 그는 도착하자마자 다시 떠나야 했다.

> **Tip** 부정부사인 hardly, scarcely, barely를 문두에 두면
> Hardly, Scarcely, Barely A when(또는 before) B : 'A하자마자 B하다' 구문이 되는데, 이때 A는 의문문 순서가 된다. 또한 No sooner A than B가 같은 의미가 된다.
>
> [Hardly / Scarcely / Barely] + **had** + 주어 + p.p + [**when** (**before**)] 'A 하자마자 B하다'

709 little / only

Little did I dream of such a thing happening. 그런 일이 있을 줄 꿈에도 몰랐다.

> **Tip** I **little** dreamed of such a thing happening.이 정치문이다.

Only through this way **could I solve** this problem. 단지 이 방식으로 나는 문제를 풀 수 있었다.
Only after he had lost his health **did he realize** the importance of it.
= **Not until** he had lost his health **did he realize** the importance of it.

그는 건강을 잃고 나서야 비로소 그 소중함을 알았다.

> **Tip** 문두의 only뒤에 부사나 부사구/절이오면 '주어'와 '동사'는 **의문문 순서**가 된다.
> Not until도 마찬가지로 생각한다. Not이 부사절 until과 함께 앞으로 선행되면 주절이 의문문 순서가 된다.
>
> **Only 부사(구/절) + 의문문 순서 = Not until 부사절 + 의문문 순서**
>
> 첫 문장에서 through this way는 부사구이며, 두 번째 분장에서 after he had lost his health는 부사절 이므로 주절이 did he realize로 도치된 것이다.
> Only **through this way** could I solve this problem.
> Only **after he had lost his health** did he realize the importance of it.
> = Not **until he had lost his health** did he realize the importance of it.

▶ **only 도치** ⓗⓞⓣ p@ge 50

Only the pilot can know how far the plane can go on one tank of fuel.
단지 조종사만이 연료 한 탱크로 얼마나 멀리 갈 수 있는지를 안다.

Only the pilot can know 는 도치되지 않았는데 only가 주어를 수식하는 경우 도치되지 않는다.
즉, Only + 부사(구, 절)과 같이 **부사(구/절)을 수반하여 동사를 설명하는 경우에만 도치**가 된다.
Only can the pilot know how far how far the plane can go on one tank of fuel. (X)

기출문제를 살펴보자 [가천대]

(A)Only after he had acquired (B)considerable facility (C)in speaking, (D)he began to learn to read and write.

부정어구에 준하는 Only의 선행으로 주절의 순서가 조동사 + 주어 + 본동사 순서로 되어야 한다.
he began → **did he begin**. began을 did begin으로 만들어 조동사인 did를 주어 앞으로 보낸다.
부정어구의 도치는 '부정어 + 의문문의 어순'으로 생각해도 된다.
상당한 수준의 회화능력을 갖춘 후, 그는 읽는 것과 쓰는 것을 배우기 시작했다.

▶ 정답 (D)

 기출문제를 살펴보자 [인천대]

Little _____ how important continuing the negotiation was.

(A) most people have realize   (B) most people realized
(C) did most people realize   (D) did realize most people

부정어 Little + 의문문 순서의 도치구문이다. 조동사(did) 주어(most people) 본동사(realize)가 되어야 한다.
협상을 유지하는 것이 얼마나 중요한지 대부분의 사람들은 깨닫지 못했다.

▶ 정답 (C)

기출문제를 살펴보자 [동국대]

Never again _____ to go back, but where I could go from here I did not know.

(A) wanted I   (B) I wanted   (C) I did want   (D) did I want

---

부정어 Never 의 선행에 따른 의문문 순서가 되어야 한다. 내용상 과거이므로 did I want로 쓰면 의문문 순서가 된다.
다시는 돌아가길 원치 않았다. 그러나 여기서부터 어디로 가야할 지 알지 못했다.

▶ 정답 (D)

기출문제를 살펴보자 [광운대]

(A)From the slums of Mexico to the overburdened farms of China, (B)not only humankind is outrunning the limited supply of fresh water, (C)but it is also frequently poisoning and exhausting the fluid (D)that sustains all life.

---

not only A but also B에서 A와 B가 절의 구조를 취할 경우, A에서는 주어와 동사의 도치가 일어나므로,
(B) humankind is 는 is humankind가 되어야 한다.
멕시코의 빈민가에서부터 힘든 일을 하는 중국의 농촌에 이르기까지 인간은 제한된 담수 공급량보다 더 많은 담수를 쓰고 있을뿐만 아니라 모든 생명을 지탱해주는 물을 종종 오염시키며 고갈하고 있다.

▶ 정답 (B)

Unit 155 (장소)부사(구) 도치
부사구 + 동사 + 주어

Guide 1형식문장에서 장소와 관련된 부사(here, there) 뿐만 아니라 부사구(around the corner, in the closet 등)가 선행되면 주어와 동사가 도치된다. 대명사 주어의 경우 도치 되지 않는다.
3형식문장에서는 동사를 설명하는 부사(구)는 도치되지만, 동사와 관련없는 부사(구)는 도치되지 않는다.

710 자동사와 타동사의 경우

① 주어가 명사인 경우 : 부사 + 자동사 + 주어

Here **comes Tom**. Tom이 오고 있다.
There **is a book** on the table. 테이블 위에 책이 한 권 있다.

② 주어가 대명사인 경우 : 부사 + 주어 + 자동사

Here **he comes**. 그가 오고 있다.
There **he stood** like a drowned mouse. 그는 거기서 비참한 모습으로 서 있었다.

③ 타동사인 경우 : 부사(구) + 의문문 순서

I well remember her phone number. 나는 그녀의 전화번호를 잘 기억하고 있다.
= **Well do I remember** her phone number.
He took a proper action so well. 그는 적절한 조치를 아주 잘 취했다.
= **So well did he take** a proper action.

He found the book in his room. 그는 자신의 방에서 그 책을 찾았다.
= **In his room did he find** the book. [X]
= **In his room he found** the book.   [O]

> **Tip** 동사를 설명하는 (so) well이 선행되면 의문문 순서로 도치한다.
> in his room은 동사를 설명하는 부사가 아니므로 타동사 문장에서는 도치되지 않는다.

711 장소부사구의 도치

In the closet are the clothes that you are looking for. 옷장 안에 당신이 찾는 옷들이 있다.
Around the corner is Jun's house. 모퉁이에 Jun의 집이 있다.
In the forest are many exotic birds. 숲 속에 많은 이국적인 새들이 있다.

> **Tip** The clothes that you are looking for are in the closet. 이때 주어에 딸린 형용사절인 that you are looking for는 항상 주어와 함께 이동한다는 것에 주의 한다.
>
> 정치문장은 아래와 같다.
> Jun's house is around the corner.
> Many exotic birds are in the forest.

In the forest I walked for many hours. 숲 속에서 몇 시간을 걸었다.
In the forest, Tom walked for many hours. Tom은 숲 속에서 몇 시간을 걸었다.
Outside the building people were shouting loudly. 건물 밖에서 사람들이 크게 소리를 질렀다.

Tip 위 문장들은 장소부사구가 선행되었어도 주어와 동사의 위치가 바뀌지 않았다.
대명사주어의 경우 도치가 되지 않는다.
장소부사구가 be동사의 보어의 역할이 아닌 shout와 같은 완전자동사가 쓰인 문장의 경우 주어와 동사의 위치는 변하지 않는다.
I walked for many hours **in the forest**.
In the forest I walked for many hours.와 같이 대명사는 도치되지 않는다.
People were shouting loudly outside the building. 역시 주어와 동사의 위치는 변하지 않는다.

장소부사구가 쉼표(,)로 분리된 경우에도 주어, 동사는 도치되지 않는다.
In the forest, walked Tom for many hours. (x)

 기출문제를 살펴보자 [경희대]

(A)<u>Just</u> outside the ruins (B)<u>are</u> a fortress (C)<u>surrounded</u> by high walls and (D)<u>stately</u> trees.

주어는 a fortress이므로 동사는 are가 아니라 is이다.
A fortress(surrounded by high walls and stately trees) **is** just outside the ruins.가 도치 된 것이다.
높은 벽과 단단한 나무들로 둘러싸인 요새가 폐허 밖에 있다.

▶ 정답 (B)

기출문제를 살펴보자 [경희대]

Here in this special diet drink _____ all the answers to your weight problems.

(A) are   (B) is   (C) does   (D) have

주어는 all the answers인데 부사 Here에 의해 도치되었으므로 동사는 **are**가 옳다.
여기 이 특별한 다이어트 음료에 당신의 체중 문제에 대한 모든 답이 있다.

▶ 정답 (A)

 기출문제를 살펴보자 [중앙대]

Between my roommate (A)<u>and me</u> (B)<u>exist</u> (C)<u>an exceptionally close</u> relationship; (D)<u>neither of us</u> has any desire to request a change.

An exceptionally close relationship exists between my roommate and me 에서 부사구인 between my roommate and me가 앞으로 도치되면서 주어와 동사가 도치된 경우로 주어가 단수명사인 relationship이므로 동사는 exist → **exists**
룸메이트와 나는 유난히 가까운 사이이다. 우리 둘 중 누구도 변화를 요구하고 싶은 마음이 없다.

▶ 정답 (B)

Unit 156 so, such 도치
so(such) ~ that / so(nor)

Guide 강조의 so나 such가 선행될 경우 도치가 되며 주어와 동사는 의문문순서가 된다.
중세((16-7세기)에 so, such, only, then등의 부사는 부정적인 표현에 주로 쓰였다. 그러한 잔재가 현재 영어에도 그대로 남아있기 때문에 so, such가 선행되면 의문문순서로 도치되며, **대명사 주어 역시 의문문순서로 도치된다.**

So cold was the weather that even the river was frozen. 날이 너무 추워서 강물도 얼어붙었다.
So kindly does he behave that everybody likes him. 그는 친절하게 행동해서 모든 사람이 좋아한다.
So high did the prices rise that many people were shocked. 가격이 너무 높아서 사람들은 놀랐다.

> **Tip** so + 형용사(부사) that~절에서 so + 형용사(부사)가 선행되면 의문문 순서로 도치한다.
> The weather was so cold that even the river was frozen. (정치문)
> He behaves so kindly that everybody likes him. (정치문)

Such was the force of the explosion that all the windows were broken.
창문이 모조리 깨질 만큼 폭발력이 컸다.

> **Tip** such가 보어로 쓰여 문두에 오면 도치가 가능하다.
> The force of the explosion was **such that** all the windows were broken.(정치문)

So kind is he that everybody likes him. 그는 아주 친절해서 모든 사람이 좋아한다.

> **Tip** so ~ that구문에서는 2형식의 대명사 주어도 의문문순서로 도치된다.
> He is so kind that everybody likes him. (정치문)

 기출문제를 살펴보자 [숙명여대]

_____ exerted by tornadoes that they have been known to lift railroad locomotives off their tracks.

(A) The great force is (B) The force is great
(C) Never has the force (D) How great the force is
(E) So great is the force

The force (which is) exerted by the tornadoes is **so** great **that** ~ so great의 선행으로, is(동사) + the force(주어) + exerted(본동사)로 도치된 것이다.
토네이도에 의해 발휘되는 힘은 매우 커서 기관차도 탈선시킬 수도 있다고 알려져 있다.

▶ 정답 (E)

712 긍정에 수긍하는 so / 부정에 수긍하는 nor

A : I like rainy days.　나(A)는 비 오는 날을 좋아해요.
B : **So do I**.　나(B)도 그래요.(=비오는 날을 좋아해요)

C : **I don't** like rainy days.　나(C)는 비 오는 날을 싫어해요.
D : **Neither / Nor do I**　나(D)도 그래요.(=비 오는 날을 싫어해요)

> **Tip** A처럼 **긍정**적인 내용에 서로 다른 두 사람(A,B)이 동의하는 경우 『So+동사+주어』
> C처럼 **부정**적인 내용에 서로 다른 두 사람(C,D)동의하는 경우 『Neither/Nor+동사+주어』로 도치된다.

713 동일주어는 'so+주어+동사'

A : It is raining outside.　밖에 비 온다.
B : **So it is**!　그렇구나.

A : They work really hard.　그들은 정말로 열심히 일한다.
B : **So they do**.　정말(로) 그래.

> **Tip** 위 두 문장이 도치되지 않은 이유는 It is raining outside와 So it is!에서 두 문장의 주어 It이 같고, They work really hard와 So they do의 **they**가 같기 때문이다.
> 이 처럼 두 문장의 주어가 같은 경우는 『So+주어+동사』의 순서가 된다.

기출문제를 살펴보자 [경희대]

As cell phones have become more prevalent, _____.

(A) so too does lateness　　(B) so too has lateness
(C) lateness has so too　　(D) lateness does so too

As 와 함께 쓰이는 so는 '~와 같이, ~도'의 뜻으로 원래 so lateness has become prevalent, too가 되는데, 반복되는 become prevalent를 생략하고, 주어 lateness와 조동사 has를 도치하여 so too has lateness가 된 것이다.

휴대전화가 좀 더 유행하게 된 것처럼, 지각도 그렇게 (유행하게) 되었다.

▶ 정답 (B)

Unit 157 비교구문 도치
~ than / as ~ as

Guide 비교구문에서의 도치는 선택적으로, 격식을 갖춘 문어체에 주로 쓰이고, 도치시키지 않은 구문보다 좀 부자연스러우며, 비교절의 주어가 대명사일 경우에는 아예 도치가 허용되지 않는다.

714 than 비교급에서의 도치

Jun spends more time in the library **than John does**.
= Jun spends more time in the library **than does John**.
= Jun spends more time in the library **than John**. Jun은 John보다 도서관에서 더 많은 시간을 보낸다.

Jun has received more votes **than had any other applicant** in previous years.
= Jun has received more votes **than any other applicant** in previous years **had**.
= Jun has received more votes **than any other applicant** in previous years.
    Jun은 이전의 다른 어떤 지원자보다 더 많은 표를 얻었다.

Tip than / as 다음 + 주어 / 주어 + 대동사 / 대동사 + 주어   세 형태 모두 가능하다

그러나 than이나 as 이하의 주어가 '대명사'인 경우는 도치시키지 않는다.
Jun spends more time in the library **than he does**. (O)
Jun spends more time in the library **than does he**. (X)
Jun has received more votes than **had (received)** any other applicant in previous years.
previous years라고 했으므로 than이하는 had received가 되는데 이때 **대동사 had**만 쓴다.

Jun seems cleverer **than he does** in science. (O) Jun은 과학 분야에서 뛰어나다.
Jun seems cleverer than does he in science. (X) 대명사는 도치되지 않는다!

Electricity costs less now **than it did** five years ago. (O) 전기료는 5년 전보다 지금이 덜 비싸다.
Electricity costs less now than did it five years ago. (X) 대명사는 도치되지 않는다!

기출문제를 살펴보자 [서울여대]

The western part of the state generally receives more rain than _____ the eastern part.
(A) does   (B) in it does   (C) it does in   (D) in

more와 than이 있는 것으로 보아 비교 종속절 도치다.
than the eastern part does = than does the eastern part
그 주의 서부지역에는 동부지역보다 일반적으로 비가 더 많이 온다.

▶ 정답 (A)

> **기출문제를 살펴보자 [홍익대]**
>
> People who live outside of Greencastle give the city higher marks _____ own citizens, according to a survey of Central Indiana residents.
> (A) than it does the　　(B) than do its　　(C) do than their　　(D) as they do
>
> ---
>
> than its own citizens = than do its own citizens = than its own citizens do
> outside : 외부　　mark : 평점　　according to : ~에 따르면　　survey : 조사
>
> 중부 인디애나 주 주민들에 대한 한 조사에 의하면, 그린캐슬시 밖에 사는 사람들은 그 도시의 시민들보다 더 높은 점수를 그 도시에 주었다.
>
> ▶ 정답 (B)

715 as 비교급에서의 도치

Susie liked the same man **as Sue did**. Susie와 Sue는 같은 사람을 좋아한다.
= Susie liked the same man **as did** Sue.
= Susie liked the same man **as Sue**.

Jun is as tall **as Tom is**. Jun은 Tom만큼 키가 크다.
= Jun is as tall **as is** Tom.
= Jun is as tall **as Tom**.

Jun is as tall **as I am**. Jun은 나만큼 키가 크다.
Jun is as tall **as am I**. (X) 대명사는 도치되지 않는다!

716 The 비교급~, the 비교급에서의 도치

The higher the mountain is, **the stronger** the wind is. 산이 높을수록 바람은 강하다.
= **The higher** the mountain, **the stronger** the wind.

> **Tip** 『The 비교급 ~, the 비교급 ~』은 일반적으로 **생략형을 선호한다**.
> 따라서 주어가 일반인이거나, 주어를 생략해도 의미가 변치 않으면 생략할 수 있다.
>　　The more, the better.　　많으면 많을수록 좋다
>　　The sooner, the better.　빠르면 빠를수록 좋다

▶ **주어와 동사의 순서가 일치하지 않는 경우**　　　　　　　　　ⓗⓞⓣ p@ge 51

The stronger **the magnetic field is**, the greater **is the voltage** produced by a generator.
위 문장은 앞부분은 주어+동사, 뒤 부분은 동사 + 주어로 주어와 동사의 순서가 서로 다르다.

뒤 문장의 주어인 the voltage가 분사구 produced by a generator의 수식을 받아 길어져 **후치**되었기 때문이다.

Unit 158　as 도치

Guide 유사와 양보의 의미에서 as 는 도치가 된다.
양보의 as 도치에서 관사가 쓰이지 않는 것에 유의한다.

717　유사의 as 도치 (주어가 명사이고, 주절과 동일한 동사가 반복될 때)

Tom is a Catholic, **as are most of his family**. Tom은 가족 대부분과 마찬가지로 천주교도이다.
= Tom is a Catholic, **as most of his family are**.

Jun believed, **as did all his friends**, that Tom was honest.
= Jun believed, **as all his friends did**, that Tom was honest.
　　　　　　　　　　　　　　　　　Jun은 친구들과 마찬가지로 Tom이 정직하다고 믿었었다.

Jack's hair is dark grey **as are his eyes**. 눈이 그러하듯이 Jack의 머리카락은 갈색이다.
He works hard **as does his sister**. 그의 누이가 그러하듯 그 역시 열심히 일한다.

이 구문에서도 As-절의 주어가 대명사일 경우 도치는 허용되지 않는다.

They went to concerts, **as I did**.　　(O) 내가 그랬듯이 그들도 공연장에 갔다.
They went to the concert, as did I.　(X)
She was surprised at the accident, **as I was**. (O) 내가 그랬듯이 그녀도 그 사건에 놀랐다.
She was surprised at the accident, as was I.　(X)

718　양보의 as

Boy as(=though) he is, Jun is very brave. Jun은 아이지만 용감하다.
Beautiful as(=though) the flower is, it has many thorns. 그 꽃은 가시가 있지만 아름답다.
Honest as(=though) he was, he accepted the bribe. 그는 정직했으나 그 뇌물을 받았다.

> **Tip** Though나 Although를 As로 바꾸어 『보어 + as + 주어 + 동사의 순서』로 보어를 도치시킬 수 있다.
> 이때 보어 앞에 관사가 있더라도 **관사는 쓰지 않는다**.
> 또한 as 대신 **though**를 그대로 쓰기도 한다.
> A boy as he is, he is very brave. (X)
> 정치문장은 다음과 같다.
> Though he is **a** boy, he is very brave. [정치문이므로 관사 'a'가 수반된다]
> Although the flower is beautiful, it has many thorns.
> Though he was honest, he accepted the bribe.

기출문제를 살펴보자 [세종대]

Asteroids travel around the sun in a counterclockwise direction, as _____.

(A) the planets　　(B) the planets are　　(C) do the planets　　(D) does the planets

---

as가 접속사로 [~하듯이,~처럼]의 뜻으로 쓰일 때 이를 양태접속사 as라 한다.

as the plants do → as do the plants : 이처럼 바꿔 쓸 수 있는데 이를 유사의 as 도치라 한다.

(A) 이 문장은 비교종속절이 아니고 양태부사절이므로 주어만 있고 동사가 없으면 안 된다.

(B) 주절의 동사가 일반동사이므로(travel) be동사를 써서는 안 된다.

소행성은 행성들이 그러하듯이 태양 주변을 시계 반대방향으로 이동한다.

▶ 정답 (C)

기출문제를 살펴보자 [가천의대]

_____, it was solved by the renowned detective.

(A) Perplexing though the mystery was
(B) As perplexing the mystery was
(C) Although perplexing was the mystery
(D) Even if perplexing was the mystery

Though the mystery was perplexing, it was solved by the renowned detective. 양보의 부사절에서 보어 Perplexing이 선행되고 though the mystery was 로 도치되었다. 이 경우 흔히 though가 아닌 as를 쓰는 것이 일반적이나 though를 쓰기도 한다는 것도 알아두자. Perplexing **as(=though)** the mystery was~

그 수수께끼는 복잡했으나, 유명한 형사에 의해서 해결되었다.

▶ 정답 (A)

Unit 159 보어 / 목적어 도치

Guide 보어나 목적어를 강조하기 위하여 문두에 쓸 수 있는데, 보어 + 동사 + 주어로 도치되나, 목적어 + 주어 + 동사로, 주어와 동사가 도치되지 않는다.

719 주격보어 도치

Small is the gate. 문은 좁다.
Seriously wounded came back the soldier. 심한 부상을 입고 그 병사가 돌아왔다.
Striking is the sight of Bangkok's skyscrapers. 방콕의 고층 건물은 인상적이다.

> **Tip** The gate is **small**.
> The soldier came back **seriously wounded**. [유사보어]
> The sight of Bangkok's skyscrapers is **striking**. [분사보어]

Such was the force of the explosion that all the windows were broken.
창문이 모조리 깨질만큼 폭발력이 컸다.

Such was his anger was that he lost control of himself. 그의 노여움은 너무나 격렬하여서 이성을 잃고 말았다.

> **Tip** such가 보어로 쓰여 문두에 오면 도치가 가능하다.
> The force of the explosion was **such** that all the windows were broken.(정치문)
>
> His anger was **such that** he lost control of himself. (정치문)
> = He got **so angry that** he lost control of himself. 가 더 구어적임.

 기출문제를 살펴보자 [동국대]

Vital (A)<u>to</u> any analysis of the (B)<u>causes</u> of the Russian Revolution (C)<u>are</u> an understanding of the (D)<u>many</u> alliances between political parties in the 1900s.

An understanding (of the many alliances between political parties in the 1900s) is vital (to any analysis of the causes of the Russian Revolution)
An understanding(주어) is(동사) vital(보어)의 2형식 문장에서 보어가 도치된 것이다. 따라서 동사는 are가 아닌 **is**가 되어야 한다.
1900년대 정당간의 많은 연합에 대한 이해는 러시아 혁명의 원인 분석에 있어 필수다.

▶ 정답 (C)

720 분사구 도치

Standing at the corner were two inspectors. 형사 두 명이 모퉁이에 서 있었다.
Following the insects were hungry birds.   배고픈 새들이 곤충을 뒤쫓았다.

> **Tip** Two inspectors were **standing** at the corner.
> Hungry birds were **following** the insects.
>
> 보어로 쓰이는 분사는 문두로 도치가 가능하다.

기출문제를 살펴보자 [가천의대]

_____ here are major natural disasters that occurred in 2006.
(A) Listed   (B) List   (C) Listing   (D) To list

Major natural disasters that occurred in 2006 are listed here. 가 도치된 문장이다.
여기 2006년에 발생한 주요 자연 재해들이 리스트로 올라있다.

▶ 정답 (A)

---

721 목적어 도치 - 부정문에서만 의문문순도로 도치되고 긍정문은 도치되지 않는다.

A word he said. 그가 한마디 했다
What must be done you must do well. 해야 할 것은 잘 해라.
What would be the outcome of the contest nobody knows. 대회의 결과는 아무도 모른다.

> **Tip** 목적어(구, 절)의 도치는 『목적어(구, 절)+주어+동사』로, 주어 / 동사의 위치가 바뀌지 않는다. [긍정문]
> 정치문장은 다음과 같다.
> He said **a word**.
> You must do **what must be done** well.
> Nobody knows **what would be the outcome of the contest**.

Not a word did he say. 그는 한마디도 안했다.
Not a promise has he kept since then. 그는 그때부터 한 약속도 지키지 않았다.

> **Tip** 정치문장은 다음과 같다.
> He **did not say a word**.
> He **has not kept a promise** since then.
>
> **부정문에서는 부정어(부사)가 목적어와 결합해서 문두로 나오는 경향이 있고, 이런 부정문의 경우에만 주어 동사는 '의문문순서'로 도치된다.**

722 목적보어 도치 [목적절이나 목적어구의 후치]

Machines have made possible the mass production of all kinds of goods.

기계가 모든 상품의 대량생산을 가능하게 했다.

> **Tip** Machines have made the mass production of all kinds of goods-목적절 **possible**-목적보어.
> 목적어가 the mass production of all kinds of goods와 같이 긴 구로 되어있기 때문에 **목적보어(possible)**를 **목적어 앞으로 도치**시킨 경우이다.
> 이런 경우 목적절의 후치로 봐도 된다.

 기출문제를 살펴보자 [서울여대]

By killing much of the population of the Wampanoang confederacy, the epidemic that raged from 1616-1619 _____ the first permanent European settlement in North America.

(A) made it possible for (B) made it possible
(C) made possible (D) made it possible that

---

the epidemic (that raged from 1616-19) made(동사) the first permanent European settlement in North America(목적어구) possible(목적보어).에서 목적어가 길어 목적보어를 목적어 앞으로 도치시켰다.
= the epidemic(주어) made(동사) possible(목적보어) the first permanent European settlement in North America(목적어)가 된 것이다.
Wampanoag : 왕파노아그족   epidemic : 유행병, 전염병   rage : 맹위를 떨치다, 창궐하다
왕파노아그 인디언 연합군 중 많은 사람을 죽게 함으로써, 1616년에서 1619년 사이에 창궐했던 그 전염병은 북미에 최초로 유럽인의 영구적 정착을 가능케 했다.

▶ 정답 (C)

Unit 160 가정법 도치
were / had / should

Guide If 가정법에서 If를 생략하고 주어와 동사를 의문문 순서를 바꾸어 도치할 수 있다.
If가 쓰인 모든 가정법이 전부 이런 도치가 되는 것은 아니고 if절의 동사가 were, had, should인 경우만 가능하다.

723 가정법 과거의 도치 : were

If I **were** in the position, I would help you. 그 위치에 있다면 너를 도울 텐데.
= **Were I** in the position, I would help you.

724 가정법 과거완료의 도치 : had

If I **had** been in the position, I would have helped you. 그 위치에 있었다면 너를 도왔을 텐데.
= **Had I been** in the position, I would have helped you.

Tip 가정법 과거완료에서 if를 생략하고 조동사 had를 주어 앞으로 도치시켜 의문문 순서 Had I been의 순서가 되었다. 참고로 **had p.p**의 **had**는 조동사이다.

725 가정법 미래의 도치 : should / were

If he **should** arrive before 6:00, he will give me a call. 만일 그가 6시 이전에 도착한다면 나에게 전화를 할 것이다.
= **Should he arrive** before 6:00, he will give me a call.

If the sun **were** to be extinguished, all living things would die. 만일 태양이 꺼진다면, 모든 생명체는 죽을 것이다.
= **Were the sun** to be extinguished, all living things would die.

Tip 가정법 미래에서 if를 생략하고 조동사 **should**를 주어 앞으로 도치시켜 의문문 순서인 Should I arrive의 순서가 되었다.
두 번째 문장은 실현 불가능한 미래를 나타내는 가정법 미래의 were to 원형에서 if를 생략하고 be(조동사)동사인 **were**를 주어 앞으로 도치시켜 'Were the sun to be'의 '의문문순서'가 되었다.

Unit 161 생략

Guide 간결성을 위하여 반복되는 같은 어구는 생략한다.

726 반복되는 단어의 생략

He sleeps by day and (**he**) works by night. 그는 낮에 자고 밤에 일한다.
The sun shines in the day time and the moon (**shines**) at night. 태양은 낮에 빛나고 달은 밤에 빛난다.

727 명사의 생략

A bird in a hand is worth two (**birds**) in the bush. 손 안의 새는 숲속 두 마리 새의 가치가 있다.

728 비교구문에서의 생략

He likes you better than I (**like you**). 내가 당신을 좋아하는 것보다 그가 당신을 더 좋아한다.
The higher the mountain (**is**), the stronger the wind (**is**). 산이 높을수록 바람은 강하다.

729 조동사의 본동사 생략

He can speak Spanish, but I can't (**speak Spanish**). 그는 스페인어를 할 수 있지만, 나는 할 수 없다.
They haven't been told, but I have (**been told**). 그들은 못 들었지만 나는 들었다.
Some are fitted for the work, but others are not (**fitted for the work**). 그 일은 사람에 따라 적부적이 있다.

730 대부정사

I don't know him, and I don't want to (**know him**). 나는 그를 모르고, 알고 싶지도 않다.
You may refuse my proposal, if you would like to (**refuse my proposal**).
원한다면 나의 제안을 거절할 수도 있다.

731 전치사 생략 (부사적 대격)

I saw her **last Sunday**. 나는 지난 일요일 그녀를 보았다.
I will tell you the story **next time** I see you. 다음에 만나면 그 이야기를 해줄께.
City analysts forecast huge profits **this year**. 금융 분석가들은 금년 수익이 엄청날 것으로 내다보고 있다.

Department stores usually Christmatize **every winter**. 백화점들은 보통 겨울마다 크리스마스 장식을 한다.
I woke up early **this morning**. 나는 오늘 아침에 일찍 일어났다.

I lived there (for) **three years**. 나는 그 곳에서 3년동안 살았다.

> **Tip** 전치사의 목적어가 흔히 last, next, this, that, some, every, any등의 수식을 받을 때, '시간'을 나타내는 전치사는 생략된다. 이것을 '부사적 대격'이라고도한다.
>
> 또한 '기간'을 나타내는 전치사(for)의 생략도 유의할 만하다.

732 주어 + 동사의 생략

To her love is happiness; to me (**love is**) pain. 그녀에게 사랑은 행복이지만 내겐 고통이다.

733 가정법에서

What (**would you do**) if you could win the lottery? 복권에 당첨되면 뭐 할 건데?

734 소유격 + 장소 관련 명사 (house, office, shop, store등의 명사 생략)

I will visit my uncle's (**house**) with my family on Thanksgiving.
나는 추수감사절에 가족과 함께 삼촌네 집을 방문할 거야.
I plan to stop by the barber's (**shop**) on my way home so I may be a little late.
퇴근하는 길에 이발소에 들를 거라서 조금 늦을지도 모르겠어요.

735 부사절 축약

Although (**he is**) rather unwell, the speaker will take part in the seminar.
다소 아팠지만, 연설자는 세미나에 참석할 것이다.
When (**you are**) ready, you can begin your speech. 준비되면 당신은 연설을 시작할 수 있다.

736 Being, Having been

(**Being**) seen from the plane, the island looks like a heart. 비행기에서 보면 그 섬은 마치 하트처럼 생겼다.
(**Having been**) written in an easy style, the book was a best-seller.
쉬운 문체로 쓰였기 때문에, 그 책은 베스트셀러가 되었다.

Unit 162 동격

Guide 명사의 전/후에서 그 명사를 보충하는 명사상당어(구)다.
쉼표나 대시 등의 문장부호를 수반하지만 반드시 그런 것은 아니다.
동격 명사의 관사는 일반적인 관사의 용례를 따른다.
대명사는 주어 자리에서는 주격으로 목적어 자리에서는 목적격이 쓰인다.

737 명사의 앞/뒤

An excellent basketball player, Sarah rarely misses her basketball shots.
(명사 앞) 뛰어난 농구선수인, Sarah는 슛을 놓치는 일이 없다.

George, **My Friend**, is attending the lecture. (명사 뒤) 내친구 George는 강의에 참석 할 것이다.

738 수식어구나 절을 동반하는 경우

The son of the previous owner, the new owner converted the hotel into a department store. 전 주인의 아들인, 새 주인은 호텔을 백화점으로 바꿨다.

A college dropout whose biological parents gave him up for adoption, Mr. Jobs has become one of the most successful technological entrepreneurs of our age.
친부모가 입양을 보내기 위해 포기한 대학 중퇴자인, Steve Jobs는 우리시대의 가장 성공한 기술 기업가가 되었다.

Nearly 500,000 new jobs in the past 12 months in Britain were created since Blair, **the leader of my party**, came to power.
우리 당의 지도자 Blair가 정권을 잡은 이래로 지난 12개월 동안 거의 50만 개의 새로운 일자리가 생겨났다.

▶ 관사에 의한 동격명사의 의미 차이 (부정관사/정관사/무관사)   ⓗⓞⓣ p@ge 52

Joan K. Rowling, **an** author, wrote "Harry Potter".
(독자가 조앤 롤링을 들어보지 못했을 수도 있음을 의미 - 처음 출연한 명사)

Joan K. Rowling, **the** author of "Harry Potter", was born on July 31st, 1965 in Yate.
(해리포터의 작가임을 강조 - 재진술 명사)

Joan K. Rowling, **author** of "Harry Potter", was born on July 31st, 1965 in Yate.
(조앤 롤링이 작가임을 모든 사람들이 알고 있을 것이라는 의미)

관직, 신분의 명사가 동격인 경우 무관사로 쓴다. [356번 참조]
President Biden is a far different leader than **president** Trump.
바이든 대통령은 트럼프 대통령과는 많이 다르다.

739 동격 명사의 위치

We **all** decided to bust suds before breaking up. 우리는 헤어지기 전에 맥주를 좀 마시기로 결정하였다.
We **boys** were beating teams with 12 men on the pitch. 우리 소년들이 야심에 넘쳐 12명의 어른들을 물리쳤다.
Tom **himself** was seeking out the killer. Tom은 자신이 직접 살인범을 찾아 나서고 있었다.
We **each** have our own opinions. 우리들은 각자 자기의 의견을 가지고 있다.

> **Tip** We all = All of us (O)
> All we, We of all (X)

740 동격의 of

The city **of** Harbin in northeastern China is known for its frigid climate.
중국의 동북부에 위치한 하얼빈시는 추운 날씨로 유명하다. (city = Harbin)
He is in the habit **of** going for a walk in the morning. 그는 언제나 아침 산책을 한다. (habit = going)
The musician lives with an angel of a wife in a palace **of** a house. (palace = house)
그 음악인은 궁전 같은 집에서 천사와 같은 아내와 살고 있다.
The iniquity **of** the fathers is visited upon the children. 조상 잘못이 자식에게 돌아온다.
(=the father**s'** iniquity)

741 동격 that

There is a chance **that** we may win the game. 우리가 시합에서 이길 가능성이 있다.
There is no proof **that** he stole it. 그가 그것을 훔쳤다는 증거는 없다.
Susan tried to cover up the fact **that** she had plastic surgery.
Susan은 자신이 성형수술을 했다는 사실을 숨기려 했다.

742 앞 문장 일부나 전체에 대한 동격

Different modes of consumer behavior - **different ways** of spending money - do not surprise us. 다른 유형의 소비자 행위, 즉 돈을 쓰는 방식은 우리를 놀라게 하지는 않는다.
I am apt to judge my fellow men in comparison with myself, **a wrong and foolish thing** to do.
나는 나의 동료들과 나를 비교하는 성향이 있는데 이것은 잘못되고 바보 같은 짓이다.

Chapter 20 기출 및 예상 문제

1 Down _____.

(A) came the shower in torrents
(B) the shower came in torrents
(C) the shower in torrents came
(D) in torrents the shower came

분석 장소부사 down이 선행되었으므로 '동사+주어'의 순서가 되어야한다. [711]
해석 소나기가 억수같이 쏟아졌다.
정답 (A)

2 At the far end of a kaleidoscope _____, one made of clear glass and the other of ground glass.

(A) two plates are
(B) are two plates there
(C) two plates are there
(D) are two plates

분석 부사구 + V + S 구문이다. two plates와 one made ~ 이하는 동격 [711]
해석 만화경의 끝에는 두 개의 판이 있는데 하나는 투명유리로 다른 하나는 불투명유리로 만들어졌다.
정답 (D)

3 Closely related to the sociology of science _____ a field that, though it scarcely yet exists, is widely described as the science of science.

(A) does   (B) for
(C) of   (D) is

분석 과거분사구 related to the sociology of science가 문장 앞으로 가서 도치된 경우이다. be related to ~ "~와 관계가 있다"이므로 빈칸은 be동사자리임을 알 수 있다. a field is closely related to the sociology of science가 도치 된 것이다. [720]
해석 과학사회학과 밀접하게 관련이 있는 것은 아직 거의 존재 한다고 할 수 없지만 과학의 과학이라고 널리 기술되고 있는 분야이다.
정답 (D)

4 _____ come to see me, but he didn't call me, either.

(A) Not only he didn't
(B) Not only didn't he
(C) Didn't he not only
(D) Not he did only

분석 not only A but B 'A뿐만 아니라 B도'의 구문에서 not only가 부정부사구이므로 선행되면 의문문 순서가 된다. [707]
해석 그는 나를 만나러 오지 않았을 뿐만 아니라 나에게 전화도 하지 않았다.
정답 (B)

5 Nowhere in the world _____.

(A) travelers can buy so much beauty for so little as in Hawaii
(B) no one can buy so much beauty for so little money as Hawaii
(C) so much beauty can be beauty for so little money in Hawaii
(D) can travelers buy so much beauty for so little money as in Hawaii

분석 nowhere는 부정부사이므로 선행되면 주어와 동사는 의문문 순서가 된다. [707]
해석 세상 어느 곳에서도 하와이에서처럼 여행자들이 많은 아름다움을 그렇게 싼 값으로 살 수 있는 곳은 없다.
정답 (D)

Chapter 20 기출 및 예상 문제

6 Rarely _____ for more than a few seconds once they enter the Earth's atmosphere.

 (A) while meteors blaze
 (B) meteors that blaze
 (C) do meteors blaze
 (D) blaze meteors

문석 rarely가 부정부사이므로 선행되면 주어와 동사는 의문문 순서가 된다. [707]
해석 일단 지구의 대기권으로 들어오면 몇 초도 안돼서 유성들은 불타버린다.
정답 (C)

7 Under no circumstances _____ unlocked.

 (A) must the door be left
 (B) the door must be left
 (C) must be left the door
 (D) be must the door left

문석 under no circumstances가 부정부사구이므로 선행되면 주어와 동사는 의문문 순서가 된다. [707]
under no circumstances "어떤 상황에서도 ~아니다"
해석 어떤 상황에서도 문을 잠그지 않고 놔두면 안 된다.
정답 (A)

8 The magnetic compass does not operate satisfactorily near the magnetic poles, nor _____ near the geographic poles.

 (A) does the marine gyrocompass
 (B) with the marine gyrocompass
 (C) the marine gyrocompass does
 (D) the marine gyrocompass operates

문석 nor는 부정 접속사로 조동사 + 주어+ (본동사)순서다. 이때 본동사는 생략 가능하다. [712]
해석 자석 나침반은 자극 가까이 가면 만족스럽게 작용하지 않고 또한 해상 회전 나침반도 지리적 극에 가까이 가면 또한 그러하다.
정답 (A)

9 And the questions which the critic seeks to answer, _____, do not seem to be extraordinarily difficult.

 (A) so intricate they are
 (B) intricate if they are
 (C) intricate though they are
 (D) they are intricate though

문석 양보구문에서의 도치 though they are intricate = intricate as(though) they are [718]
해석 그 비평가가 대답하려고 하는 문제들도, 비록 복잡하기는 하지만 아주 어렵게 보이지 않는다.
정답 (C)

10 "Betty got married last week."
"_____ that she would get married so young."

 (A) I never dream
 (B) Do I never dream
 (C) I never dreamed
 (D) Never do I have dreamed

문석 I never dreamed ~ [707]
= Never did I dream ~ "~할 꿈도 꾸지 않았다"
해석 "Betty가 지난 주에 결혼했다."
"그녀가 그렇게 어려서 결혼 하리라고는 꿈도 꾸지 않았다."
정답 (C)

Chapter 20 기출 및 예상 문제

11 It was not until the accident happened _____.

(A) when I became aware of my foolishness
(B) when my foolishness became obvious
(C) that did I realize my own folly
(D) that I became aware of my own foolishness

분석 not until the accident happened did I become aware of my own foolishness을 It~that강조구문으로 쓰면 It is not until ~ that S + V "~하고 나서야 ~하다"가 된다. **[707]**
해석 사고가 일어나고 나서야 나는 나 자신의 어리석음을 인식하게 되었다.
정답 (D)

12 (A)Mr. Bascom's mouth dropped open. (B)Hardly he could believe his ears. "I knew (C)I'd made a mistake when I hired you," he said, (D)"You're nothing but a dumb female who doesn't know her place."

분석 부정어 Hardly의 선행에 따른 주어와 동사의 도치. Hardly he could believe his ears → Hardly could he believe his ears **[707]**
해석 Bascom씨의 입이 떡 벌어졌다. 그는 자신의 귀를 믿을 수 없었다. "나는 내가 당신을 고용했을 때 실수란 걸 알았고, 당신은 단지 자신의 위치도 모르는 둔한 여성에 불과하오."라고 그는 말했다.
정답 (B)

13 Not until 1769 when its members achieved worldwide fame by observing the transit of Venus across the sun _____ American Philosophical Society given a little recognition.

(A) has   (B) was
(C) had   (D) were

분석 부정어구인 Not until ~ the sun의 도치구문으로 의문문 순서가 되어야 한다. **[707]** American Philosophical Society was given a little recognition의 수동표현이므로 동사는 단수동사인 was가 와야 한다.
해석 회원들이 금성의 태양행로를 관측하여 전 세계의 명성을 얻었던 1769년이 되어서야 비로소 미국철학학회가 인정을 받았다.
정답 (B)

14 어법상 올바른 것을 고르시오.

(A) Never in the world I believed that this would happen.
(B) If should he ever call again, please tell him that I am not at home.
(C) The children sat in the fancy restaurant found it difficult to behave.
(D) Hardly had he finished the exam when the graduate assistant collected the papers.

분석 (A) Never in the world did I believe that this would happen. 부정어구로 인한 도치 **[707]**
(B) Should he ever call again, please tell him that I am not at home. 가정법 미래 도치 **[725]**
(C) The children sitting in the fancy restaurant found it difficult to behave. 분사구 **[720]**
(D) Hardly had he finished the exam when the graduate assistant collected the papers. **[707]**
해석 (A) 세상에 이런 일이 다시 일어날 것이라고 믿지 않는다.
(B) 만일 그에게 다시 전화가 오면 집에 없다고 말해 달라.
(C) 멋진 식당에 앉아있던 아이들은 얌전하게 있는 것이 어렵다는 것을 알게 된다.
(D) 그가 시험을 끝내자마자 대학원 조교가 시험지를 걷었다.
정답 (D)

15 Until (A)rather recently, Americans have had (B)little contact with other cultures, (C)even within our own country. Members of nonwhite races (D)were segregated. Only in recent years (E)laws have changed to foster integrated schools.

분석 부정어에 준하는 Only in recent years의 선행에 따른 도치로 부정어 다음은 의문문 순서를 생각한다. **[709]** laws have → have laws
해석 불과 최근까지만 하더라도 미국인들은 다른 문화와 접촉이 거의 없었다. 심지어 미국 내부에서도 마찬가지였다. 백인이 아닌 인종의 구성원들은 격리되었다. 최근에 와서야 법이 인종통합학교를 촉진하는 방향으로 바뀌었다.
정답 (E)

Chapter 20 기출 및 예상 문제

16 _____ a television program leave me wanting to inflict physical injury upon someone.

(A) Does seldom
(B) Seldom
(C) Seldom does
(D) Does

문식 부정부사 (Not, Nor, Never, Little, Hardly, Scarcely, Barely, Only...)가 선행되면 다음은 의문문순서 (조동사+주어+본동사)가 된다. **[707]**
해석 TV프로그램이 나로 하여금 다른 이에게 신체적 상해를 가하도록 하는 일은 거의 없다.
정답 (C)

17 Among the problems that those involved in international marriages encounter _____ problems of loneliness, miscommunication, and differences in expectations.

(A) is
(B) there are
(C) are
(D) is there

문식 Problems(주어) (of loneliness, miscommunication, and differences in expectations) are(동사) among the problems(부사구) (that those who are involved in international marriages encounter)의 문장에서 부사구를 앞으로 도치시키고 동사 + 주어의 순서로 되어있다. 주어가 problems 이므로 동사는 are가 된다. **[711]**
해석 국제결혼과 관련된 사람들이 직면하는 문제들 가운데는 외로움, 오해, 기대의 차이 등이 있다.
정답 (C)

18 No longer (A)there is a question about whether computers will be (B)used for instructional purposes. (C)Rather, the question now is how the computer will be used (D)to enhance learning in schools.

문식 부정어 No longer가 앞으로 도치되었으니 (A)는 is there의 순서가 되어야 한다. **[707]**
instructional : 교육적인
해석 이제는 더 이상 컴퓨터가 교육적인 목적에 이용될 수 있을지 없을지는 문제가 되지 않는다. 오히려 오늘날의 문제는 어떻게 컴퓨터가 학교에서 학습을 강화하는 데 이용될 수 있을지 이다.
정답 (A)

19 In the Silverman Library in New York City _____ of medieval and Renaissance manuscripts.

(A) a collection is
(B) in a collection
(C) is a collection
(D) which is a collection

문식 A collection of medieval and Renaissance manuscripts is in the Silverman Library in New York City에서 장소를 나타내는 부사구 In the가 도치되어 동사 + 주어의 순서가 된 것이다. 부사구의 도치는 동사 + 주어의 순서이다. **[711]**
In the Silverman Library in New York City is a collection (of medieval and Renaissance manuscripts)
해석 중세 르네상스 원고 모음집은 뉴욕시의 실버만 도서관에 있다.
정답 (C)

20 Only when play is (A)a recognized cultural function—a rite, a ceremony—(B)it is (C)bound up with (D)notions of obligation and duty.

문식 Only when이 이끄는 부사절 문두에 위치할 경우, 주절의 주어와 동사가 도치된다. (B)의 it is가 is it으로 되어야 한다. **[709]**
rite : 집단적 행사, 의식
be bound up with : ~와 밀접한 관계가 있다
해석 놀이가 하나의 인정받는 문화적 기능인 집단적 의식이나 행사일 때에서야 비로소 놀이가 책임과 의무와 밀접한 관계가 있다.
정답 (B)

Chapter 20 기출 및 예상 문제

21 Not only _____ atoms with their microscopes, but they now can also "feel" them with the aid of a versatile sensing device called the "magic wrist."

(A) today's scientists are able to see
(B) are today's scientists able to see
(C) being able to see today's scientists
(D) are able to see today's scientists

문제 부정의 부사어인 not only가 문두에 나오면 주어와 동사가 도치된다. [707]
atom : 원자
microscope : 현미경
versatile : 다재다능한, 다방면의
해석 오늘날의 과학자들은 그들의 현미경으로 원자들을 볼 수 있을 뿐만 아니라 그들은 이제 '마법의 손목'이라고 불리는 다기능 감지 장치의 도움으로 원자를 '느낄' 수도 있다.
정답 (B)

22 Last November an opportunity (A)<u>arose</u> to travel with a small group to northern Portugal. My grandfather, Costa, was born and (B)<u>raised</u> there, and I'd always dreamed of visiting. The itinerary included kayaking, riding, and hiking in the mountains-all things I (C)<u>enjoyed</u>. (D)<u>Tucking</u> into the agenda was an excursion to Diverlanhose, one of the European's largest adventure parks. Did I want to go? Of course I did!

문제 An excursion to Diverlanhose was tucked into the agenda에서 과거분사인 Tucked into가 선행되면서 주어와 동사가 도치된 보어도치 문구이다. was tucked into의 의미상의 주어가 an excursion to Diverlanhose 이므로, Tucking이 아니라 수동의 Tucked into가 되어야 한다. [711]
tuck A into B : A를 B에 접어(쑤셔)넣다
agenda : 여행일정, 의사일정
excursion : 소풍, 유람, 여행
해석 지난 11월에 몇 명의 사람들과 포르투갈 북부로 여행할 기회가 생겼다. 나의 할아버지 Costa씨가 그곳에서 태어나 성장하셨기 때문에 나는 항상 그곳을 방문하기를 꿈꾸어 왔었다. 여행일정에는 카약 타기, 승마, 산행 등 내가 즐겨하는 것들이 모두 포함되어 있었다. 유럽에서 가장 큰 어드벤처 공원인 디베란호제로의 소풍도 여행 일정에 끼워져 있었다. 내가 가고 싶어 했느냐고? 물론 그랬다!
정답 (D)

23 No sooner had this been accomplished _____ the band started to play the national anthem.

(A) that   (B) then
(C) where   (D) than

문제 No sooner A than B 구문에서 No sooner가 부정어이므로 도치되었다. [707]
해석 이것이 끝나자마자 악대는 국가를 연주하기 시작했다.
정답 (D)

24 Choose the sentence that is NOT grammatically correct.

(A) Neither Peter nor I was available for comment yesterday.
(B) The closing of a letter begins either at the left or in the center of the page.
(C) He doesn't want to live in the country when he grows up, nor he wants to live in the city.
(D) The special drug police should have the authority to pursue suspects into either country.
(E) At first, neither student could speak English.

문제 nor 뒤는 의문문순서로 쓴다. nor does he want to live in the city. [712]
해석 (A) 어제 피터도 나도 논평을 이용하지 못했다.
(B) 편지의 끝은 페이지의 왼쪽이나 중앙에서 시작한다.
(C) 그는 커서 시골에서도 도시에서도 살기를 원치않는다.
(D) 특별마약단속경찰은 어느나라에서든 용의자를 추적할 권리를 갖어야한다.
(E) 우선 두 학생 모두 영어를 하지 못한다.
정답 (C)

Chapter 20 기출 및 예상 문제

25 Never before (A)<u>she has seen</u> anyone (B)<u>who has</u> the musical talent that Tom (C)<u>has</u> when he plays (D)<u>the</u> guitar.

문설 문두에 부정어(구)가 있으면 주어, 동사는 도치가 된다. 따라서 (A)를 has she seen으로 바꾸어야 한다. [707]
해설 기타를 연주할 때 Tom과 같은 음악적 재능을 가진 사람을 그녀는 이전에는 결코 본 적이 없다.
정답 (A)

26 Fundamental (A)<u>to</u> the chemistry of large molecules (B)<u>are</u> an understanding of polymers. Many polymers (C)<u>are found</u> in (D)<u>nature</u>.

문설 보어의 도치 문장으로 An understanding of polymers (B)are fundamental to the chemistry of large molecules의 보어 Fundamental 이하가 도치되었다. [719]
주어가 단수이므로 (B)는 is가 되어야 한다.
molecule : 분자
polymer : 중합체(화학), 폴리머
in nature : 자연 상태의
해설 폴리머를 이해하는 것이 커다란 분자들의 화학 작용을 이해하는 데 기본이 된다. 많은 폴리머들이 자연 상태에서 발견된다.
정답 (B)

27 (A)<u>Not until</u> the train (B)<u>has pulled</u> into Union Station (C)<u>did Frank find</u> that his coat (D)<u>had gone</u>.

문설 Not until the train has pulled into Union Station did Frank find that his coat had gone 구문이므로 주절이 의문문 순서로 도치되어있다. [707]
과거의 일을 말하고 있는 게 틀림없는데 부사절에 현재완료가 쓰였다. has pulled는 과거동사 pulled가 되어야 한다.
해설 유니온 역에 기차가 멈추자마자 Frank는 자신의 코트가 사라진걸 알았다.
정답 (B)

28 Never before (A)<u>to the best</u> of my belief (B)<u>have been there</u> such (C)<u>promising</u> young men as (D)<u>those two</u> from Korea.

문설 부정어 도치 문제이다. 부정부사(구) + 의문문순서가 된다. [707]
(B)는 have there been 이 되어야 한다.
해설 내가 가장 믿는 것은 한국에서 온 저 두 젊은이만큼 장래성이 있는 사람은 본 적이 없다는 것이다.
정답 (B)

29 (A)<u>Also concerned</u> (B)<u>is</u> a group of twenty worried mothers (C)<u>who</u> come together one evening at an elementary school in Silver Spring, Maryland, not far from the neighborhood (D)<u>where</u> Bonnie grew up.

문설 A group of twenty worried mothers who come together ~ (B)is also concerned.에서 과거분사 concerned가 도치된 문장이다. [720]
"A group(team) of+복수명사+단수동사"가 일반적이나 이것은 어디까지나 집합체를 의미할 때 그러하다. group, team이 **구성원을 의미할 땐 복수**동사로 받아야 한다. [699]
"집합체"가 걱정하는 것이 아니라 "엄마들"이 걱정하는 것이므로 구성원을 의미하는 복수동사 **are**가 되어야 한다.
해설 20명의 근심에 찬 어머니 한 집단들도 또한 관계가 있는데, 이들은 Bonnie가 자란 동네에서 멀지 않은 메릴랜드주 실버스프링에 있는 한 초등학교에 어느 날 저녁 함께 온 어머니들이다.
정답 (B)

ER 편입 그래머 마스터

전치사

unit 163. 장소의 전치사
unit 164. 위치의 전치사 1
unit 165. 위치의 전치사 2
unit 166. 위치의 전치사 3
unit 167. 위치의 전치사 4
unit 168. 시간의 전치사 1
unit 169. 시간의 전치사 2
unit 170. 시간의 전치사 3
unit 171. 시간의 전치사 4
unit 172. 기간의 전치사
unit 173. 도구 / 수단의 전치사
unit 174. 관계를 나타내는 전치사
unit 175. 전치사+to부정사

Unit 163 장소의 전치사
in / into / at / on

Guide in은 넓은장소의 '내부'나 명사의 '내부'를 의미한다. 움직임보다는 내부에 머물러있는 상태를 의미한다.
into는 '~(의 밖에서) 안으로'의 의미로 운동성(방향성)을 갖고있다.
at은 in보다 작은 지점을 의미하고, on은 표면에 '접촉'한 상태를 의미한다.

743 in

넓은 장소 / 입체나 면적의 내부

I live **in** Seoul. 나는 서울에 산다.

> **Tip** 비교적 넓은 장소인 도시명 앞에는 in을 쓴다.
> **in** London **in** New York **in** Paris

There are two beds **in** the room. 방에는 침대가 두 개 있다.
They waited for the train **in** a queue. 그들은 줄을 서서 기차를 기다렸다.
A bird **in** the hand is worth two **in** the bush. 수중에 있는 새 한 마리가 숲에 있는 새 두 마리보다 더 낫다.
He is **in** bed / **in** hospital / **in** prison. 그는 잠자리에 / 병원에 / 감옥에 있다.

> **Tip** 도시 뿐만 아니라 건물이나 방 또는 줄을 서는 것도 전치사 in을 쓴다.
> **in** the box **in** your mouth **in** the sea **in** the village
> **in** bed / **in** hospital / **in** prison 가구나 건물이 본래의 기능(침대=잠자는 곳을 의미, 병원=치료하는 곳을 의미, 감옥=벌 받는 곳을 의미)인 경우 **무관사**로 쓴다. [357 참조]

Who is the man **in** the photograph. 사진속의 그 남자는 누구냐?
Jun was writing **in** the book. Jun이 책에 뭔가를 쓰고 있었다.

> **Tip** in은 장소 뿐 아니라 사진, 책과 같은 명사의 내부를 의미하기도 한다.
> **in** a letter **in** a newspaper **in** a magazine

744 into

"~(의 밖에서) 안으로"라는 뜻으로 이동 방향을 나타낸다.

All the children ran **into** the room. 모든 아이들이 방으로 뛰어 들어왔다.
The boys jumped **into** the river. 아이들은 강물에 뛰어들었다.

"결과"를 의미한다.

The fruit can be made **into** jam. 그 과일은 잼을 만들 수 있다.
It helps turn a negative **into** a positive. 음악은 부정적인 것들을 긍정적인 것들로 돌려놓는다.

745 at

in보다 시간과 장소상의 작은 개념, 점으로 표현될 수 있는 작은 지점

Look **at** me! 나를 봐라.
I slowly aimed **at** the target. 나는 천천히 과녁을 겨냥했다.

Tip look이 at과 함께 쓰여 '한 지점'을 '응시한다'는 의미이다.
aim은 '겨누다'라는 의미인데 한 점을 겨누게 되므로 전치사 at과 함께 쓰였다.

I saw him standing **at** the station. 나는 그가 정류장에 서 있는 것을 보았다.
Write your name **at** the top of the page. 페이지의 상단에 이름을 쓰시오.
Turn left **at** the corner. 모퉁이에서 우회전하시오.
He is **at** home / **at** school / **at** work / **at** university. 그는 집에 / 학교에 / 직장에 / 대학에 있다.

Tip at the station   정류장이라는 좁은 장소
      at the top of the page 페이지에서의 상단지점
      at the corner   모퉁이라는 좁은 점
      at은 한(=작은) 지점(곳)을 의미한다.
      at the door   at the top of the mountain   at the bus stop
      at the service desk   at the back   at the front

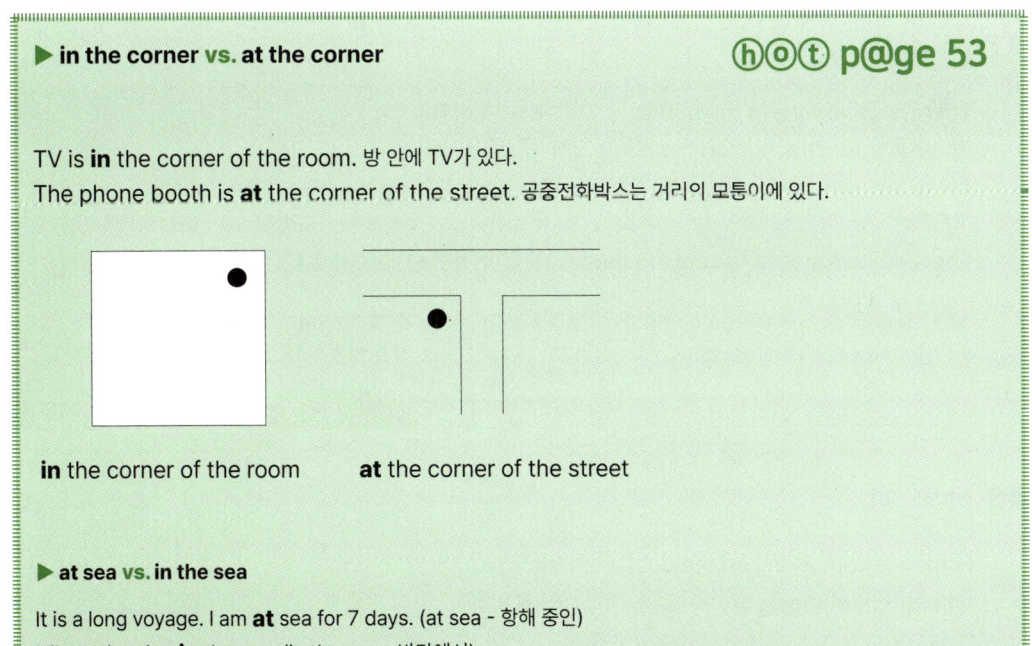

▶ **in the corner vs. at the corner**   ⓗⓞⓣ p@ge 53

TV is **in** the corner of the room. 방 안에 TV가 있다.
The phone booth is **at** the corner of the street. 공중전화박스는 거리의 모퉁이에 있다.

in the corner of the room   **at** the corner of the street

▶ **at sea vs. in the sea**

It is a long voyage. I am **at** sea for 7 days. (at sea - 항해 중인)
I like swimming **in** the sea. (in the sea - 바다에서)

◀ 전치사를 그림으로 이해해봐요(1) QR코드를 스캔해보세요

전치사를 그림으로 이해해봐요(2) QR코드를 스캔해보세요 ▶

746 on

전치사 on은 '~에 접촉'해 있음을 의미한다.

There is a book **on** the desk. 책상**에** 책 한 권이 있다.
There is a picture **on** the wall. 벽**에** 그림 한 점이 걸려있다.
There is a fly **on** the ceiling. 천장**에** 파리가 앉아 있다.
There is a white house **on** the hill. 언덕 **위에**는 하얀 집이 있다.
I took a small boat **on** the river. 나는 강 **위에** 떠있는 작은 배를 찍었다.
I spilled coffee **on** the page. 나는 종이 **위에** 커피를 엎질렀다.
My office is **on** the second floor. 내 사무실은 2층**에** 있다.

> **Tip** There is a book on the desk.의 문장에서 우리는 '책상 위에 책이 있다'라고 해석한다.
> **흔히 전치사 on하면 '~위'로 알고 있다. 그러나 on은 표면에 "접촉"해 있다는 의미이다.**
>
> '불을 켜다'라는 의미의 turn on the light에서도 전치사 on은 스위치를 돌려 접점부가 전기의 공급부와 **접촉**이 되었기 때문에 전기가 통하여 불이 들어오게 된 것이다.
>
> on의 반대 표현 off는 '**분리**'를 의미한다. 땅에 착륙해 있는 비행기가 이륙하게 되면 땅과 떨어지게 되는데, 이때 이륙하다는 표현은 take off가 된다. 이처럼 전치사 on과 off는 접촉과 분리의 의미로 알아둔다.
>
> depend on '믿다, 의존하다'도 부모님께 의존하면 부모님과 함께(붙어) 사는 것이기 때문이다.

747 on vs. in

There is some wine **in** the bottle. 병 **안에** 와인이 조금 남아있다.
There is the instruction **on** the bottle. 병**에** 사용법이 붙어있다.
There are many passengers **on** the bus / **on** the train / **on** the plane / **on** the ship.
버스 **안에** / 기차 **안에** / 비행기 **안에** / 배 **안에** 사람이 많다.
There are two men **in** the car / **in** the taxi. 두 남자가 차 안에 / 택시 안에 있다.

> **Tip** on the bus / on the train / on the plane / on the ship **큰 탈것은 on**
>   in the car / in the taxi   **작은 탈것은 in**

748 on vs. at

Someone is knocking **on** the door. 누군가 **문을** 노크하고 있다.
Someone is standing **at** the door. 누군가 **문가에** 서 있다.

Unit 164 위치의 전치사 1
over / above / under / below

Guide 위치를 의미하는 전치사는 종류가 above / under / below ~ before / behind 에 이르기 까지 다양하다.
4편으로 나누어 상세히 기술 할 것이므로 예문위주로 학습한다.

749 over

① '~ 바로 위에' 라는 뜻으로 표면에서 조금 떨어진 위를 나타낸다.

There is a bridge **over** the river. 그 강 **위로** 다리가 하나 있다.
Clouds brooded **over** the mountain. 구름이 **산을** 낮게 덮고 있었다.

② 이동이나 무언가를 넘어서는 것을 뜻한다.

She cast a glance **over** her shoulder. 그녀는 자기 어깨 **뒤쪽으로** 시선을 던졌다.
Runners jump **over** hurdles. 주자들은 장애물을 **뛰어넘는다**.

③ 덮은 듯한, 가린 듯한

She put her hands **over** her face. 그녀는 손으로 얼굴을 **가렸다**.

④ 주변

The rumor was all **over** the school. 그 소문은 학교에 **쫙** 퍼졌다.

⑤ 지배, 제압

He once ruled **over** a vast empire. 그는 한때 거대한 제국을 **통치**했었다.

750 above

① '~의 위쪽에'라는 뜻으로 over보다 더 위쪽을 나타낸다.

The plane was flying **above** the clouds. 비행기는 구름 **위를** 날고 있었다.
The moon has risen **above** the hill. 달이 언덕 위로 **떠올랐다**.

② 어떤 것이 다른 것의 바로 위쪽에 있지 않을 때

I have a little house **above** the lake. 나는 강 **상류에** 집을 한 채 가지고 있다.

③ '앞에서 기술한(written before)' 을 의미한다.

The **above** rules and regulations apply to all students. **전술한** 규칙과 규정들은 모든 학생들에게 적용된다.
For prices and delivery charges, see **above**. 가격과 배송비는 **위쪽을** 참조하시오. **[above-부사]**

751 under

① '~ 바로 아래에'라는 뜻으로 표면에서 조금 떨어진 밑을 나타낸다.

A dog is **under** the chair. 개는 의자 **밑에** 있다.
I traveled by submarine **under** the sea. 나는 잠수함을 타고 바다 **밑을** 여행했다.
There is nothing **under** the bed. 침대 **밑에는** 아무것도 없다.

② '어떤 상황 하에서'를 의미한다.

He became healthy **under** the knife. 그는 **수술을** 받고 건강해졌다.
Recently many buildings are **under** construction. 최근 많은 건물들이 **공사 중**이다.
Inflation is **under** control of the public authority. 인플레이션이 정부 당국의 **통제 하**에 있다.

752 below

"~의 아래쪽에"라는 뜻으로 under보다 더 아래쪽을 나타낸다.

My son lives on the floor **below** me. 아들은 내 **아래층에** 산다.
This year's rice crop is estimated to be **below** the average. 올해 벼농사는 평년 **이하**라고 한다.
Today's temperature is 10 degrees **below** zero. 오늘은 **영하** 10도이다.

Unit 165 위치의 전치사 2
out of / from / to / toward / for

753 out of

① '~(의 안에서) 밖으로'라는 이동 방향을 나타내기도 하고, '~의 밖에'라는 위치를 나타내기도 한다.

All the children ran **out of** the room. 모든 아이들이 **방에서** 뛰어 나갔다.
He was **out of** the house then. 그는 그때 **집밖에** 있었다.

② 벗어난, 통제권 밖의

The forest fire is raging **out of control**. 산불이 **걷잡을 수 없이** 타오르고 있다.
out of control 통제권 밖의

The item is **out of stock**. 그 상품은 **품절**되었다.
out of stock 품절된

It looks like the elevator's **out of order**. 엘리베이터가 **고장 난** 것 같다.
out of order 고장 난

Keep this product **out of reach** of children. 이 제품은 어린이 손이 **닿지 않는** 곳에 보관하시오.
out of reach 손이 닿지 않는

The software is **out of date**. 소프트웨어가 **구식** 버전이다.
out of date 구식의

The book is **out of print**. 그 책은 **절판**되었다.
out of print 절판된

754 from

① '~로 부터'라는 출발점을 나타낸다.

I walked back home **from** the station. 나는 **역에서** 집으로 걸어서 돌아왔다.
How far is it **from** Seoul to Busan? 서울**에서** 부산까지 거리가 얼마나 됩니까?

> **Tip** from A to B : A에서 B까지

② 출발점이 반드시 장소만 있는 것은 아니다.

Judging **from** her accent, he is an Englishman. 억양으로 **미루어보건대** 그는 영국인이다.

> **Tip** '판단의 근거'은 accent이다.

He died **from** working too much. 그는 **과로로** 죽었다.

> Tip 죽음의 원인이 과로에서 시작된 것으로 본다.

③ start from과 leave : 두 가지 모두 '~에서 출발하다, ~을 떠나다'라는 의미로 쓰는 표현이다.
leave는 타동사이므로 전치사 없이 바로 장소 명사가 뒤따르게 된다. leave for A 'A를 향하여 떠나다'

He **started from** his house at 7. 그는 7시에 집**에서** 출발했다.
He **left** his house at 7.   그는 7시에 집**을** 떠났다.
He **left for** the party at 7   그는 7시에 파티장**으로** 떠났다.

755 to

① '~에, ~로'라는 도착점을 나타낸다.

We went from London **to** Seoul by plane.   우리는 비행기로 런던에서 **서울로** 갔다.
I will drive you **to** the hotel.   **호텔로** 모셔다 드리겠습니다.

② '~쪽으로'라는 방향을 낸다.

The house points **to** the south. 그 집은 남향이다.

756 toward

'~ 쪽으로, ~을 향하여'라는 운동의 방향을 나타낸다. to나 for와는 달리 도착점이 분명하지 않다.
즉, '~ 쪽으로'향하는 것이지 그 지점에 도달 여부와는 관계 없다.

They ran **toward** the river. 그들은 **강 쪽으로** 뛰어갔다.   (강쪽을 향한 것)
They ran **to** the river.   그들은 **강으로** 뛰어갔다.   (강이 목적지)
They turned her face **toward** the TV. 그들은 티비 쪽으로 얼굴을 돌렸다.

757 for

① '~을 향하여'라는 목적지를 나타낸다.

I'm leaving **for** Sydney tomorrow.   나는 내일 **시드니로** 떠날 것이다.
The plane was heading **for** London. 그 비행기는 **런던으로** 향하고 있었다.

② 교환의 의미

He exchanged his old car **for** a new one. 오래된 차를 새 차로 **교환**했다.
You can substitute margarine **for** butter. 버터 **대신** 마가린을 쓸 수 있다.
I mistook him **for** a robber. 나는 그를 강도로 **착각**했다.

Unit 166 위치의 전치사 3
along / across / through / around / about

758 along '~을 따라서'라는 뜻으로 한 쪽 끝에서 다른 한 쪽 끝으로의 움직임을 나타낸다.

He walked **along** the street. 그는 거리를 **따라** 걸어갔다.
I drove **along** the coastal highway. 나는 해안 도로를 **따라** 달렸다.
There is a row of poplars **along** the road. 길을 따라 포플러 나무들이 **한 줄로** 서 있다.

759 across

① '~을 횡단하여, ~을 가로질러'

We drove **across** the country on vacation. 우리는 휴가 때 자동차로 국토를 **횡단**했다.
I can swim **across** the Han river. 나는 수영해서 한강을 **건널** 수 있다.

② '~의 건너편에'

The shop is just **across** the road. 그 가게는 바로 길 **건너편**에 있다.
The bus stop is just **across** the street. 버스 정류장은 길 바로 **건너편**에 있다.

760 through '~을 관통하여, ~을 통해'

They came in **through** the front door. 그들은 정문**으로** 들어왔다.
The river runs **through** the city. 강이 시내 가운데를 **관통하여** 흐른다.

761 around

① '~의 주위에, ~을 둘러싸고'

Many trees are growing **around** the house. 집 **둘레**에 나무가 많이 자라고 있다.

② '~의 주위를 돌아'

Jun sailed **around** the world in his yacht. Jun은 요트를 타고 세계 **일주** 항해를 했다.
There is a bookstore just **around** the corner. **돌아가**면 서점이 하나 있다.

762 about '~의 주변에, ~의 여기저기에'

Empty boxes were scattered **about** the room. 방 안에 빈 상자가 어지럽게 **흩어져** 있었다.
He often walks **about** with his dog. 그는 종종 애완견과 **산책**을 한다.

Unit 167 위치의 전치사 4
by / beside / near / before / behind

763 **by** '~의 곁에, ~의 옆에'라는 근접한 위치를 나타낸다.

I reserved a table **by** the window. **창가** 테이블로 예약했다.
We enjoyed a day's fishing **by** the river. 우리는 **강가**에서 하루 동안 낚시를 즐겼다.

764 **beside** '~의 곁에, ~의 옆에'

by가 근접한 위치를 나타내는 데 비해, beside는 분명하게 '~의 옆에'라는 의미를 갖는다.

She sat **beside** me at the meeting. 그녀는 회의에서 내 **옆에** 앉았다.
The man is standing **beside** the phone booth. 남자가 전화 부스 **옆에** 서있다.

beside**s**

No one knows the fact **besides** me. 그 사실은 나 **말고는** 아무도 모른다.

> **Tip** besides는 '~ 외에, ~에 더하여'라는 의미로 beside와 혼동하지 않도록 주의한다.

765 **near** '~가까이에, ~ 근처에'

My house is **near** the park. 우리 집은 공원 **가까이**에 있다.
The hotel is **near** the train station. 그 호텔은 기차역에서 **가깝다**.
There used to be a big tree **near** my house. 예전 우리 집 **근처에** 큰 나무가 한 그루 있었다.

766 **behind** '~의 뒤에'

They hide **behind** the tree. 그들은 나무 뒤에 숨었다.
The real story **behind** his resignation is a mystery. 그가 왜 회사를 그만두었는지의 **내막**은 미스터리다.

767 **before** '~의 앞에'

The children are treading on air **before** the picnic. 아이들은 소풍 **전에** 기뻐 날뛰었다.
You can tell the truth **before** me. 내 **앞에서**는 진실을 말해도 좋다.

'(건물 등의) 앞에, 정면에'는 in front of

There is a chair **in front of** the desk. 책상 **앞에는** 의자가 있다.
The angry citizens massed **in front of** City Hall. 성난 시민들이 시청 **앞에** 결집했다.

Unit 168 시간의 전치사 1
at / on / in

Guide 시간을 의미하는 전치사는 종류가 at / on / in ~ since / before / after에 이르기 까지 다양하다.
4 편으로 나누어 상세히 기술 할 것이므로 예문위주로 학습한다.

768 at

한 순간 시각을 나타낸다.

The bank opens **at** nine o'clock.   은행은 **9시**에 연다.
People usually have lunch **at** noon.   사람들은 보통 **정오**에 점심을 먹는다.

769 in

년, 월, 계절 등 비교적 긴 시간을 나타낸다.

I am free generally **in** the afternoon.   **오후**는 대개 자유이다.
We have rainy spells **in** summer.   **여름철**에는 장마가 있다.
Tom was born **in** 2008.   Tom은 **2008년**에 태어났다.
School begins in March **in** Korea.   한국에서 학교는 **3월**에 시작한다.

> **Tip** 월 앞에는 전치사 in을 쓰지만 '~월 ~일'이라고 할 때는 월 앞에 of를 쓴다.
> They married on the third of July. 그들은 7월 3일에 결혼했다.
> = They married July 3. 그들은 7월 3일에 결혼했다.

770 on

날짜, 요일, 특정한 날을 나타낸다.

We are closed **on** Sunday.   **일요일**은 휴무이다.
My grandma always gives me a present **on** my birthday.   할머니는 **내 생일** 때마다 선물을 주신다.
The weather was fine on the morning **of** the race.   **경기**가 열리는 아침 날씨는 좋았다.

771 at / in / on (부사적 대격)

I get up early **at** seven **in** the morning.   나는 아침 **7시**에 일어난다.
Koreans enjoy the full moon **at** night **on** Chuseok.   한국인들은 **추석날 밤**에 보름달을 즐긴다.
I was an elementary school student **at** that time.   그 **당시**에 나는 초등학생이었다.
Turkey meat is used as food **at** Christmas in America.   칠면조 고기는 미국에서 **크리스마스 때** 음식으로 이용된다.

> **Tip** at은 in보다 **작은 장소, 시간**을 의미한다.
> 7시(seven)는 아침(morning)보다 작은 시간 의미이므로 **at** seven < **in** the morning이 되는 것이다.
>
> **at은 때의 한 순간이나 시각을 나타낸다.**
> School begins **at** nine.   학교는 9시에 시작한다.
> We have lunch **at** noon.   우리는 정오에 점심식사를 한다.
>   at 7:30 (7시 반에)   at noon (정오에)   at night (밤에)
>   at that time (그때에)   at present (현재)   at Christmas (크리스마스에)
>   at this time of the year (이때쯤, 매년 이때에)
>
> ---
>
> **on은 날짜, 요일, 특정한 날을 나타낸다.**
> I was born **on** September 1.   나는 9월 1일에 태어났다 (날짜=on)
> Rock music was born **in** the 1950s.   록 음악은 1950년대에 탄생했다. (년=in)
> I grew up **in** Seoul, but I was born **in** Busan. 서울에서 자랐지만 부산에서 태어났다. (장소=in)

시간이나 요일을 나타내는 명사 앞에 this, that, next, last, every, tomorrow 등이 붙으면 전치사는 사용되지 않으며 이를 '부사적 대격'이라고 한다.

I will go fishing **this Sunday**.   나는 **이번 일요일**에 낚시하러 갈 것이다.
I overslept **that morning**.   나는 **그날 아침** 늦잠을 잤다.
I am on holiday until **next Monday**.   나는 **다음 주 월요일**까지 휴가다.
It has rained since **last night**.   **어젯밤**부터 비가 오고 있다.
I read to my child **every night**.   나는 **매일 밤** 내 아이에게 책을 읽어 준다.
We have a test **tomorrow morning**.   **내일 아침**에 시험이 있다.

Unit 169 시간의 전치사 2
in / after / within

772 **in** '~ (의 기간이) 지나서, ~ 후에'라는 시간의 경과를 나타내며, 주로 미래시제에 쓰인다.

They will be back **in** a few days. 　그들은 **며칠이 지나면** 돌아올 것이다.
I will call on you **in** a week. 　1주일 **후에** 방문하겠다.

> **Tip** 전치사 in은 **현재에서 미래**를 표현할 때 쓰인다. 처음문장은 현재를 기준으로 며칠 후에 그들이 돌아온다는 것이고, 두 번째 문장도 현재를 기준으로 1주일 후에 그들을 방문하겠다는 의미이다.

기출문제를 살펴보자 [광운대]

(A)After three days, I will pick up my airline ticket. I'll fly to New York six days (B)later. Two weeks (C)after I arrive in New York, my uncle (D)will meet me in Boston.

현재에서 미래를 표현할 때는 after가 아닌 in을 쓴다. (A)는 **In** three days가 되어야 한다.
ex) After school, Helen became a teacher (학교를 마치고, Helen은 교사가 되었다.)
3일 후에, 나는 비행기 표를 찾아올 것이다. 그리고 6일 뒤에 나는 뉴욕으로 날아갈 것이다. 내가 뉴욕에 도착하고 2주 후에 삼촌은 보스턴에서 나를 만날 것이다.

▶ 정답 (A)

773 **after** (사건이나 행사 등을 의미하는) 명사나 시간 앞 에서 '~ (명사가) 끝나고, ~ 후에'

I'll be free **after** three o'clock. 　나는 **3시 이후에** 시간이 있을 것이다.
We'll leave **after** lunch. 　우리는 **점심 식사 후에** 떠날 것이다.

> **Tip** I'll be free **after** three o'clock. 3시 이후에 시간이 있을 것이다. (몇시로 표현되는 시간)
> I'll be with you **in** an hour. 　한 시간 후 너를 만나게 될 것이다. (몇시로 표현되는 시간이 아닌 기간)

774 **within** '~ 이내에'라는 의미로 일정한 기간의 범위 내의 시간을 나타낸다.

I will let you know the results **within** a few days. 　수일 **내**로 결과를 알려 주겠다.
The book will be finished **within** a month. 　책은 **한 달 이내**에 완성될 것이다.
Smoking is prohibited **within** the school compound. 　**교내**에서는 금연이다.

> **Tip** within은 시간뿐 아니라 장소를 한정할 때도 쓰인다.

Unit 170 시간의 전치사 3
till(until) / by

775 till = until

'~까지'라는 어느 시간까지의 동작이나 상태의 계속

I will stay here **till(until)** Monday. 나는 월요일**까지** 여기에 머물 것이다.
We have to wait here **till(until)** Monday. 나는 월요일**까지** 여기에 머물 것이다.

776 by

'~까지는'이라는 의미로 동작이나 상태가 완료되는 시점을 나타낸다.

I have to finish my homework **by** ten. 나는 10시**까지** 숙제를 마쳐야 한다.
We must hand in the report **by** Friday. 우리는 금요일**까지** 리포트를 제출해야 한다.

▶ **until vs. by**   h@t p@ge 54

until은 until 이하의 시간까지 '동작의 계속'을 의미하고, by는 by 이하의 시간까지 '한 번에 완료되는 동작'을 의미한다.

We have to wait here **till(until)** Monday. 우리는 **월요일까지** 여기 머무를 것이다.
월요일까지 여기에 머무는 **동작이 계속**되는 것이며

We must hand in the report **by** Friday. 우리는 **금요일까지** 보고서를 제출 해야한다.
금요일까지 리포트의 제출이 계속되는 것이 아니라 금요일까지 **한 번만 제출**하면 되는 것이다.

---

by와 until에 관한 더 자세한 정보는
유튜브 ER영문법 채널 20회에서 자세한 설명 보실 수 있습니다

 기출문제를 살펴보자 [광운대 일부]

어법상 올바른 문장을 하나 고르시오.
I should send this book to him **until** the end of this week.

I should send this book to him by the end of this week. 이번 주 말까지 책을 계속 보내는 것이 아니라 한 번만 보내면 되는 동작이므로 by를 써서 **by** the end of this week가 되어야한다.

Unit 171 시간의 전치사 4
from / since / before / after

777 from

'~부터'라는 기점을 나타낸다.

We work **from** nine to six. 우리는 **9시에서** 6시까지 일한다.
I started swimming **from** early childhood. **어릴 때부터** 수영을 시작했어요.
Such things happen **from** time to time. 그런 일이 **때때로** 일어난다.
You can count on me **from** now on. **지금부터** 날 믿을 수 있다.

> **Tip** from time to time '때때로'

778 since

'~ 이래로 계속해서'라는 의미로 이전부터 현재까지의 동작이나 상태의 계속을 나타낸다.
통상 현재완료와 함께 사용된다.

He **has lived** in Korea **since** 1990. 그는 1990년 **이후** 한국에 살고 있다.
It **has rained since** last night. 어젯밤**부터** 비가 오고 있다.
I **have played** the guitar **since** I was five. 나는 5살 때**부터** 기타를 치고 있다.

779 before

'~ 보다 전에, ~보다 먼저'라는 의미를 갖는다.

She wants to go home **before** midnight. 그녀는 자정 **전**까지 집에 가길 원한다.
We are supposed to leave **before** sunrise. 우리는 해뜨기 **전에** 떠나기로 되어 있다.

780 after

'~ 후에'라는 뜻으로 어떤 기준 시점을 지난 후를 나타낸다.

I watched TV **after** dinner. 나는 저녁식사 **후에** TV를 보았다.
Mom would occasionally pick me up **after** class. 엄마는 방과 **후** 종종 나를 데리러 오곤 했다.

Unit 172 기간의 전치사
for / during / through

781 for

'~ 동안'이라는 기간의 표현에 사용되며, 주로 수사 앞에 쓰이고 현재완료에서 "기간"을 나타낸다.

His phone has been busy **for** hours. 그는 **몇시간째** 통화중이다.
The storm continued **for** three days. 폭풍이 **3일간** 지속되었다.
I have loved her secretly **for** a long time. 난 **오랫동안** 그녀를 짝사랑 해왔다.

> **Tip** for는 현재완료에서 기간을 의미하는 전치사로 쓰지만, during은 현재완료에서 기간을 의미하는 전치사로 쓰지 않는다.
> I have loved her secretly during a long time. (X)

782 during

'~ 동안, ~하는 중에' 의미는 for와 차이가 없으나, 수사가 아닌 행위나 사건 등의 **명사**와 쓰인다.

I put on a lot of weight **during** vacation. 나는 **휴가 중에** 몸무게가 많이 불었다.
We had much snow **during** the winter. **이번 겨울은** 눈이 많이 왔다.
A Mr. Johns came to see you **during** your absence. Johns 씨라는 분이 당신이 없는 **동안에** 당신을 만나러 왔었다.

> **Tip** vacation, winter, absence 등은 수사가 아닌 행위나 사건과 관련된 명사이다.
> for vacation, for winter, for absence (X)

---

for와 during에 관한 더 자세한 정보는
유튜브 ER영문법 채널 21회에서 자세한 설명 보실 수 있습니다

---

783 through

'~ 기간 동안 내내'라는 계속의 의미이다.

The storm lasted **through** the night. 폭풍은 **밤새도록** 계속 되었다.
Grandmother was putting a thread **through** her needle. 할머니가 바늘에 실을 **꿰고** 있었다.
He entered a school without going **through** an examination. 그는 **응시**하지 않고 입학했다.

Unit 173 도구 / 수단의 전치사
with / by / in

784 with

'~으로, ~가지고'의 의미로 도구를 나타낸다.

I usually write a letter **with** a pencil. 나는 대개는 연필**로** 편지를 쓴다.
I got a cut on the finger **with** a knife. 칼**에** 손가락이 베였다.
We bound his hands **with** a rope. 우리는 그의 손을 밧줄**로** 묶었다.

785 by

'~으로'의 의미로 수송이나 전달의 '수단'을 나타낸다.

The opera house is accessible **by** bus, subway, or car.
오페라 하우스는 버스, 지하철, 혹은 자가용을 **이용해서** 갈 수 있다.

How much would it be to send this package **by** airmail? 이 소포를 **항공편으로** 보내면 얼마 정도 듭니까?

786 in

'~으로'의 의미로 재료나 '수단'을 나타낸다.

This picture can be well preserved because it is painted **in** oils.
이 그림은 유화 물감**으로** 그려서 보존성이 좋다.

Tip a picture in oils : 유화 물감으로 그린 그림

Would you please speak **in** Korean? 한국어**로** 말해 주시겠습니까?

Unit 174 관계를 나타내는 전치사
from / since / before / after

787 about

'~에 관한'의 의미로 일반적인 내용의 것에 사용한다.

I have a book for children **about** Africa and its peoples. 나는 아프리카와 그곳의 인종에 관한 어린이용 책이 있다.
I have a textbook **on** African history. 나는 아프리카 역사에 관한 교과서가 있다.

> **Tip** on은 about보다 '학문적'이고 '전문적'인 것을 나타내는 경향이 강하다.

I had a conversation **about** the party with my friend. 친구와 파티 얘기를 했다.
The professor's lecture **on** economics was great. 그 교수님의 경제학 강의는 훌륭했다.

788 of

'~에 관하여, ~에 대해서'의 의미로 쓰인다.

Jun is thinking **of** buying a house. Jun은 집을 살까 고려중이다.
I've heard **of** him, but I've never met him. 그의 이름은 들어 봤지만, 아직 만난 적이 없다.

think about과 think of

I am thinking **about** whether to buy a new car. 나는 새 차를 살까 **고려중**이다.
I am thinking **of** a tropical island. 나는 열대섬을 **상상중**이다.

> **Tip** think about은 consider에 가까운 뜻. I am considering the buying.
> think of 는 imagine에 가까운 뜻. I'm imaging it.

complain about과 complain of

Don't complain **about** the food. 음식에 대해 **불평**하지 마라.
The patient complained **of** severe pain. 환자는 극심한 고통을 **호소**했다.

> **Tip** complain about : 불평하다
> complained of : (고통 등을) 호소하다

789 전치사와 부사의 구별

전치사로 사용되는 단어들이 부사로도 사용되므로 주의해야 한다.

전치사는 바로 뒤에 목적어가 뒤따르지만 부사는 단독으로 쓰인다.

We live **in** this house.
우리는 이 집에 산다. in - 전치사

Come **in**.
들어오시오 in - 부사

He ran **out** the door.
그는 문 밖으로 뛰어나갔다 out - 전치사

He went **out** for a walk.
그는 산책하러 나갔다. out - 부사

He climbed **up** the ladder.
그는 사다리를 기어 올라갔다. up - 전치사

He sat **up** late at night.
그는 늦게 까지 자지 않고 있었다. up - 부사

He fell **down** the stairs.
그는 계단에서 넘어졌다 down - 전치사

Please sit **down**.
앉으시오   down - 부사

Unit 175 전치사+to부정사
about, but, except, save, than

Guide 전치사의 목적어는 동명사가 원칙이나 예외적으로 전치사 about, but, except, save, than은 to부정사를 목적어로 취할 수 있다.

790 전치사의 목적어로 쓰이는 to부정사

① have no choice(alternative) but to ⓥ ~할 수밖에 없다
I have no choice(alternative) **but to accept** his proposal.
= There is nothing for it but to accept his proposal. 나에게는 그의 제안을 받아들이는 것 외에는 다른 선택이 없다.

② be about to ⓥ 막 ~하려 하다
When I was **about to go** bed, phone rang. 막 잠자리에 들려할 때, 전화가 울렸다.

③ know better than to ⓥ ~할 만큼 어리석지 않다
I know better **than to quarrel** with them. 나는 그들과 싸울 만큼 어리석지 않다.

④ except to ⓥ ~을 제외하고
Tom doesn't talk about his work, **except (to) say** that he is busy.
그는 바쁘다는 말 이외에는 일에 관해 어떤 말도 하지 않는다.

Tip except가 부정사를 목적어로 취하는 경우, to를 생략하고 원형만을 취할 수도 있다. [255번 참조]

791 except (for)

Everybody came to the party, **except (for)** Tom. 탐을 빼고 모두가 파티에 왔다.
I was given back all of the rest money, **except (for)** the deposit.
나는 계약금을 제외한 나머지 모든 돈을 돌려받았다.
He ate everything on the table, **except (for)** the salmon.
그는 연어를 제외하고 테이블 위에 있는 모든 것을 먹었다.

Tip except의 목적어가 주어의 일부인 경우 except, except for 모두 가능하다.
Everybody except (for) Tom. 탐은 모두의 일부에 해당한다.
all of the rest money except (for) the deposit. 계약금은 나머지 모든 돈에 해당된다.
everything except (for) the salmon. 연어는 (테이블 위의 모든) 음식에 해당된다.

792 except for

The classroom was entirely empty, **except for** Tom. 탐을 제외하고 교실은 텅비었다.
I am naked when sleeping, **except for** the boxer shorts. 나는 사각팬티를 제외하고 다 벗고잔다.
My vacation in Hawaii was great, **except for** the rain. 나의 하와이 여행은 비만 아니었다면 최고였다.

> **Tip** except의 목적어가 주어의 일부가 불가능하면 except for만 가능하다.
> The classroom **except for** Tom.   탐은 교실의 일부가 될 수 없다.
> I **except for** the boxer shorts.   사각팬티는 나의 일부가 될 수 없다.
> My vacation **except for** the rain   비는 휴가의 일부가 될 수 없다.

Except for that, I'm grateful to my parents. 그걸 제외하면 나는 부모님께 감사한다.
Except for science class, school didn't interest Bill at all. 과학시간을 제외하고 빌은 학교에 전혀 흥미가 없었다.
Except for the manager, the rest of the radio station's staff consists of unpaid interns or volunteers. 그 라디오 방송국 직원들은 매니저를 제외하고는 모두 무급 인턴사원과 자원봉사자들로 구성되어 있다.

> **Tip** 문두에 쓰일 경우 항상 'except for'의 형태로만 쓴다.

793 except + 다른 전치사 / that절

He is never comfortable **except in** his own home. 그는 자기 집 이외에서는 마음이 편하지 않다.
They live in a remote area, inaccessible **except by** car. 그들은 차로 가지 않으면 가기 어려운 외딴 지역에 산다.
I studied all day long **except when** I was sleeping. 나는 잠자는 시간을 빼고 하루 종일 공부만 했다.
She doesn't know anything, **except what** you tell her. 그녀는 네가 말할것을 제외하고 아무것도 모른다.
I couldn't say anything **except that** I was so sorry. 나는 유감스럽다는 말 이외에는 다른 말을 할 수가 없었다.
I have not much to tell you **except that** I am innocent. 내가 결백하다는 것 외에는 당신에게 그다지 할 말이 없다.

> **Tip** except는 for뿐만 아니라 다른 전치사를 취하기도 하며, 다른 전치사들처럼 **명사절(when, what등)을 목적어**로 취하기도 한다.
>
> except (that)은 providing (that), provided (that), in that, now (that)처럼 except (that)을 **하나의 부사절 접속사**로 보는 것이 바람직하다. 이 경우 except (that)과 같이 that을 생략 하기도 한다.

Chapter 21 기출 및 예상 문제

1 (A)This product has a (B)much better value in (C)compare (D)with the first.

문식 in이 전치사이므로 형용사가 아닌 명사가 와야 한다.
(C) compare → comparison
in comparison with : ~와 비교하여
해석 이 제품은 첫 번째 것과 비교해 볼 때 더 많은 가치가 있다.
정답 (C)

2 The (A)tulip tree, (B)appreciated for its beauty, (C)is also useful (D)for to make lumber.

문식 for가 전치사이므로 부정사가 아닌 동명사를 취한다.
appreciate : 소중히 여기다   lumber : 목재
해석 그 아름다움 때문에 소중히 여겨지는 툴립은 또한 목재를 만드는 데도 유용하다.
정답 (D)

3 Dry cleaning is a scientific method of removing dirt from fabrics _____ washing them in soap and water.

(A) not   (B) but
(C) and no   (D) without

문식 washing이 동명사이므로 앞에는 전치사가 온다.
해석 드라이클리닝은 비누와 물에서 세탁하지 않고 천에서 더러움을 제거하는 과학적인 방법이다.
정답 (D)

4 Our landlord insisted on _____ additional cleaning expenses when we moved out of our apartment.

(A) that we paid
(B) us to pay
(C) our paying
(D) that we should pay

문식 insist on의 목적어가 되어야 하므로 동명사를 취한다. 동명사의 의미상 주어는 소유격이다.
Our landlord insisted **that** we (should) pay additional cleaning expenses = Our landlord insisted **on** our paying additional cleaning expenses
landlord : 집 주인
additional : 추가의
cleaning expense : 청소비
move out of : ~로부터 이사하다
해석 우리집 주인은 우리가 아파트에서 이사해 나갈 때 추가의 청소비용을 지불해야 한다고 주장했다.
정답 (C)

5 (A)Despite that we pointed out the dangers (B)involved (C)with this kind of (D)stock, he invested heavily in it.

문식 despite는 전치사로 that을 취할 수 없으므로 despite that을 though로 고친다.
point out : 지적하다
stock : 주식
invest : 투자하다
involved with : 관련된
involved in : 포함된
해석 우리가 이런 종류의 주식에 관련된 위험성을 지적했음에도 불구하고 그는 과도하게 투자를 했다.
정답 (A)

Chapter 21 기출 및 예상 문제

6 The first bus _____ London is at 8:10 a.m.

(A) across (B) beyond
(C) to (D) along

문접 종착지(=도착점)를 가리키는 방향의 전치사는 to이다.
해석 런던 가는 첫 차는 오전 8시 10분에 있다.
정답 (C)

7 I will leave ____ London towards the end of this month.

(A) to (B) in
(C) for (D) on

문접 leave A "A(출발지)를 떠나다" [757]
leave **for** A "A(목적지)로 떠나다"의 의미가 된다.
해석 이달 말 경에 런던으로 떠날 것이다.
정답 (C)

8 I saw Ken walking _____ the office because of the transportation strike.

(A) toward (B) on
(C) near (D) under

문접 '방향'의 전치사는 to나 toward이다. [755]
transportation strike : 운송파업
해석 나는 운송 파업 때문에 Ken이 회사 쪽으로 걸어가는 것을 보았다.
정답 (A)

9 When they walked _____ the airconditioned restaurant, the smog hurt their eyes.

(A) for (B) out of
(C) from (D) along

문접 '안에서 바깥으로'의 의미이므로 out of이다. [753]
from은 출발점을 의미
smog : 매연
hurt : 상하게 하다. 아픔을 느끼게 하다.
해석 그들이 에어컨이 있는 식당에서 걸어 나왔을 때 매연이 그들의 눈을 아프게 했다.
정답 (B)

10 I met Mr. Meyers, a kind man who had come to South Africa _____ London many years before.

(A) to (B) for
(C) along (D) from

문접 '출신, 출발점'을 의미하는 전치사는 from이다. [754]
해석 수년 전에 런던에서 남아프리카로 온 상냥한 사람인 Meyers를 만났다.
정답 (D)

Chapter 21 기출 및 예상 문제

11 We arrived _____ JFK International Airport according to schedule.

(A) to (B) at (C) for (D) on

문제 좁은 장소를 나타내는 전치사는 at이다. **[745]**
해설 우리는 계획에 따라 JFK 국제공항에 도착했다.
정답 (B)

12 "Where does he live?"
"He lives _____ 144 Trafalgar Street."

(A) at (B) in (C) on (D) by

문제 좁은 장소를 나타내는 전치사는 at이다.
해설 "그는 어디서 살지요?"
　　　"트라팔가 144번지에 삽니다."
정답 (A)

13 The president was frightened to make mistakes _____ the employees.

(A) in front of　　(B) In
(C) from　　　　(D) at

문제 '앞'의 의미는 in front of이다.
해설 회장은 직원들 앞에서 실수할까봐 걱정했다.
정답 (A)

14 The clerk was standing _____ the counter counting money.

(A) in　　　　(B) without
(C) out of　　(D) behind

문제 '뒤'의 의미는 behind이다. **[766]**
해설 그 점원은 돈을 세면서 카운터 뒤에 서 있었다.
정답 (D)

15 Keep the medicine _____ the reach of children.

(A) beneath　　(B) beside
(C) behind　　 (D) beyond

문제 beyond the reach of ~ '~의 손이 닿지 않는'(=out of the reach of)
해설 그 약을 아이들 손이 닿지 않는 곳에 두십시오.
정답 (D)

Chapter 21 기출 및 예상 문제

16 This morning it is ten degrees _____ zero.

(A) below
(B) under
(C) down
(D) behind

문석 below zero : 영하 / above zero : 영상
해설 오늘 아침은 영하 10도이다.
정답 (A)

17 _____ one time, Manchester, New Hampshire, was the home of the most productive cotton mills in the world.

(A) In
(B) During
(C) At
(D) For

문석 '정확한 한때'는 at이다. [768]
at one time : 한 때는
해설 뉴햄프셔 주의 맨체스터는 한때 세계에서 가장 많은 면화를 생산했다.
정답 (C)

18 The meeting ended _____ 12:00 precisely.

(A) for
(B) on
(C) at
(D) during

문석 시간에는 at을 쓴다. [768]
해설 회의는 정각 12시에 끝났다.
정답 (C)

19 "What are they excited about?"
"The Chinese have a celebration _____ October 10th every year."

(A) in
(B) on
(C) at
(D) by

문석 '날짜'에는 전치사 on을 쓴다. [770]
해설 "무엇에 대해 그들은 흥분하고 있습니까?"
"중국인들은 매년 10월 10일에 기념일을 갖습니다"
정답 (B)

20 Mrs. Jones was supposed to be there by now, so I think she'll be here _____ twenty minutes.

(A) around
(B) at nearby
(C) in about
(D) by at least

문석 전치사 in이 시간 앞에 쓰이면 '~의 시간이 지나서'의 뜻이다. [768]
해설 Jones 여사는 지금쯤 거기에 있을 것이다. 그래서 나는 대략 20분 후면 그녀가 여기에 도착할 거라고 생각한다.
정답 (C)

Chapter 21 기출 및 예상 문제

21 Will you be able to complete the poster _____ for the show?

(A) in time (B) on time
(C) by the time (D) soon

문석 in time : 제시간에 on time : 정각에
해석 쇼 시간에 맞춰서 포스터를 완성할 수 있겠습니까?
정답 (A)

22 All the members of the cooking club except (A)<u>she</u> have paid their monthly dues; we must (B)<u>find a way to make</u> her understand (C)<u>the need</u> for prompt payment and receive the dues (D)<u>from</u> her.

문석 except는 전치사이다. 따라서 목적격 her로 써야 한다. **[791/792]**
해석 그녀를 제외한 요리모임의 모든 회원은 월간 사용료를 지불했다. 우리는 그녀에게 신속한 지불의 필요성을 이해시키고, 그녀로부터 사용료를 받아야만 한다.
정답 (A)

23 _____ about the same number of Americans are getting PhDs, the number of foreign-born students receiving science doctorates more than doubled between 1981 and 1991, _____ 37% of the total.

(A) Wheres : in (B) When : about
(C) As : by (D) While : to

문석 부사접속사의 자리이다. 문맥상 양보접속사 while이 적합하다. 두 번째 빈칸에서도 '37%까지 이르다'는 도착의 개념이므로 전치사 to를 쓴다. **[755]**
해석 거의 같은 수의 미국인들이 박사학위를 받고 있지만 이학 박사학위를 받는 외국 출신 학생들의 수는 1981년과 1991년 사이에 두 배 이상으로 증가해서 전체의 37%에 이르고 있다.
정답 (D)

24 The rest of us (A)<u>are</u> likely to be (B)<u>hooked into</u> the adventures as (C)<u>long as</u> the writer keeps (D)<u>turning them out</u>.

문석 be hooked on '~에 빠져들다'의 뜻이다.
해석 작가가 계속해서 모험담을 쓰는 한, 우리 중 나머지 사람들은 그 모험담에 빠져들 것이다.
정답 (B)

25 Choose the sentence that is NOT grammatically correct.

(A) They do not blame you for what happened.
(B) They cannot fault his workmanship.
(C) They accused the watchman for negligence.
(D) They scolded each other.
(E) They denounced him for neglect of duty.

문석 (C) accuse A of B : B에 대하여 A를 고소하다. for → of **[24]**
해석 (A) 그들은 일어난 일에 대하여 당신을 비난하지 않는다.
(B) 그들은 그의 기량을 탓 할 수 없다.
(C) 그들은 태만에 대하여 그 감독관을 고소했다.
(D) 그들은 서로를 꾸짖는다.
(E) 그들은 근무태만에 대하여 그를 비난했다.
정답 (C)

Chapter 21 기출 및 예상 문제

26 (A)<u>My crew and I</u> have been in Alaska (B)<u>since</u> three years, and we (C)<u>still</u> aren't used to (D)<u>the long, dark winters</u>.

분석 since는 시점 for는 기간을 나타낸다. [778/781]
해석 직원들과 나는 3년 동안 알래스카에서 머물렀지만, 여전히 길고 어두운 겨울에 익숙하지 않다.
정답 (B)

27 Some teachers argue that students who _____ using a calculator may forget how to do mental calculation.

(A) used to (B) are used to
(C) are about to (D) cannot but

분석 '계산기를 사용하는 데 익숙한'의 의미이므로 부정사 to가 아닌 전치사 to를 써서 are used to using이 맞다.
해석 몇 선생님들은 계산기를 사용하는 데 익숙한 학생들은 암산하는 법을 잊을지도 모른다고 주장한다.
정답 (B)

28 (A)<u>Almost</u> half of them said that (B)<u>in spite</u> years spent (C)<u>striving to</u> achieve their financial goals, their (D)<u>lives</u> seemed empty and (E)<u>meaningless</u>.

분석 in spite가 아니라 in spite of 이다.
해석 그들 중 거의 반 정도가 그들의 금전적인 목표를 성취하고자 노력하면서 보낸 세월에도 불구하고 그들의 인생은 여전히 공허하고 의미없는 것 같다고 말했다.
정답 (B)

29 (A)<u>Despite of</u> the increase in air (B)<u>fares</u>, most people still (C)<u>prefer to</u> travel (D)<u>by plane</u>.

분석 '~에도 불구하고'라는 전치사는 despite나 in spite of이다. despite of → despite 로 고친다.
해석 항공운임의 상승에도 불구하고 대부분의 사람들은 여전히 비행기로 이동한다.
정답 (A)

30 I am willing to put my judgements aside and accept new ideology about what may be upsetting subjects _____ the time I am here.

(A) when (B) during
(C) as soon as (D) while

분석 the time I am here는 절이 아니라 the time (when I am here)가 꾸미는 명사이다. 따라서 접속사가 아닌 전치사 during이 필요하다.
해석 나는 여기 있는 동안 기꺼이 내 판단은 제쳐놓고 논란의 소지가 있는 모든 주제에 대한 새로운 이념을 받아들일 것이다.
정답 (B)

Chapter 21　기출 및 예상 문제

31 Her (A)<u>taste</u> (B)<u>on</u> literature (C)<u>is</u> very (D)<u>broad</u>.

문제 taste가 취미, 기호를 의미할 땐 전치사 for와 함께 쓴다. **[757]**
해설 그녀의 문화에 대한 취향은 매우 폭넓다.
정답 (B)

32 One need not (A)<u>subscribe for</u> Freud's ideas (B)<u>to</u> recognize the importance (C)<u>of helping</u> individuals (D)<u>to shape</u> lives under their one control.

문제 '~에 동의하다'는 subscribe to를 쓰고 '~을 구독하다'는 subscribe for를 쓴다.
need not은 조동사이므로 주어가 one이라고 해서 needs로 쓰지 않는다.
해설 스스로의 통제 하에 삶을 형성하도록 도와주는 것이 중요하다는 걸 인식하기 위해서 프로이드의 사상에 동의할 필요는 없다.
정답 (A)

33 (A)<u>While</u> this would amount (B)<u>for</u> only a small portion of the federal budget, it would bring significant improvements (C)<u>to</u> every (D)<u>neighborhood</u> in America.

문제 amount는 동사로 쓰일 땐 전치사 to를 동반하여 '총계가 ~되다'의 뜻이다.
해설 이것은 연방정부의 예산 중 극히 적은 부분에 이르겠지만, 미국에 있는 모든 지역에 중요한 발전을 가져다 줄 것이다.
정답 (B)

34 The Korean Association of Volunteer Interpreters (A)<u>is</u> looking for volunteer interpreters (B)<u>who</u> are willing to (C)<u>stand for</u> our neighbors (D)<u>in removing</u> their language barriers.

문제 stand for 는 '~를 상징하다'는 뜻이고, stand by가 '~를 돕다'는 뜻이다. 따라서 (c)를 stand by로 고쳐야 한다.
해설 한국 외국어 통역 자원봉사단은 우리 이웃들의 언어 장벽을 없애는 것을 기꺼이 도울 통역 자원봉사자를 찾고 있다.
정답 (C)

35 빈칸에 들어갈 알맞은 전치사를 쓰시오.

The tax bill that I got yesterday has many errors in it, which I am going to complain ___ to the administration.

문제 '~에 대해 이의를 제기하다, 불평하다'는 complain of 나 about이다. **[788]**
해설 내가 어제 받은 세금청구서는 오류가 많아서 담당기관에 이의를 제기하려 한다.
정답 (of 또는 about)

Chapter 21 기출 및 예상 문제

36 The robots (A)that are increasingly (B)being used for a wide range of tasks do not look human-like at all. The robots (C)which work in car factory production lines look something like cranes. The mobile robots used (D)on army bomb-disposal squads look like wheelbarrows (E)on tracks.

문석 내용상 "군부대에 의하여 사용되는 로봇"이므로 be used by가 되어야 한다.
해석 광범위한 일에 점점 많이 사용되고 있는 로봇들은 전혀 사람처럼 보이지 않는다. 자동차 공장의 생산라인에서 일하는 로봇들은 기중기처럼 생겼다. 군의 폭탄제거부대에서 사용되는 이동 로봇들은 궤도위의 수레같이 보인다.
정답 (D)

37 (A)Alike our visits (B)to the primary schools, our walk through Tsavo West Park towards the border town of Taveta (C)was a very (D)lonely one and we turned our attention to (E)the mountain ahead.

문석 alike는 형용사일 때는 항상 서술적으로만, 즉 보어로만 쓰인다. (A)는 뒤에 명사 our visits가 오므로 이 명사를 목적어처럼 취할 수 있도록 '~처럼'이라는 뜻의 전치사 like가 되어야 한다.
해석 초등학교를 방문할 때처럼, 사보 서부 공원을 가로질러 타베타라는 접경 도시를 향해 걸어갈 때도 우리의 걸음은 몹시 외로웠고 그래서 우리는 앞에 놓여 있는 산으로 우리의 관심을 돌렸다.
정답 (A)

38 This software program (A)is compatible (B)on your (C)computer's hardware (D)system.

문석 compatible은 with를 취하는 서술형용사이다.
compatible : 양립하는, 모순되지 않는, 적합한(with)
해석 이 소프트웨어 프로그램은 당신의 컴퓨터의 하드웨어 시스템과 호환성이 있다.
정답 (B)

39 Life doesn't always work the way we'd like it (A)to. It helps us (B)learn, although often slowly and painfully, some of (C)life's most valuable lessons. One of them is this: The world will not devote (D)itself to (E)make us happy.

문석 전치사 to와 부정사 to를 구분하는 문제로 'devote A to B'의 to는 전치사이기에 (E)는 동명사 making이 되어야 한다. [259]
해석 인생이 항상 우리가 원하는 대로 되는 것은 아니다. 비록 배우는 과정이 종종 느리고 고통스럽지만, 인생은 우리에게 인생의 가장 가치 있는 교훈의 일부를 배우도록 도와준다. 그 교훈 중 하나는 바로 세상은 우리를 행복하게 만드는데 헌신하지 않는다는 것이다.
정답 (E)

40 The dependence (A)of killer whale offsprings (B)in their mothers can be known by (C)the fact that they remain together (D)for life.

문석 dependence on : 믿다, 의존하다 (B) in은 on이 되어야 한다. The dependence (of killer whale offsprings) on their mothers~의 구조이다. [746]
해석 흰줄박이 돌고래의 새끼들이 어미에게 의존한다는 것은 그들이 평생 같이 지낸다는 사실로부터 알 수 있다.
정답 (B)

색인 (INDEX)

a(an) 334~339
a beauty 308 / P.231
able 188
about 451 / 762 / 787
above 575
across 759
adapt 51
adept 51
advise 40
adopt 51
affect 57
afraid 440
after 605 / 773 / 780
agree 19 / 259
ago 492
alike 440
a lot 460 / 524
alive 440 / 554
all 295/311 / 369 / 460
allow 33 / 40 / 45
along 758
aloof P.25 / 440
already 95 / 480 / 495
although 279 / 605 / 611 / 718 / 735
always 487 / 513
and 146(명령법) / 538 / 561
another 409 / 410 / P.287 / 411
a number of 458 / P.333
any 412 / 432-433 / 460 / 531 / 552 / 682
anyone 660 / 661 / 662
appear 2 / 5 / P.25 / 80 / 162
appreciate 22 / P.187(39)
as 39 / 368
as far as 610 / 625
as long as 145 / 605 / 626
as soon as 605
as well as 576 / 698
ask 33 / 40 / 212
assume 38
assuming 145
assure 24 / 34
at p.121 / 745 / 748 / 768 / 771
awake 440
aware 440

be 5 / 7 / 617
become P.23
be able to 188
be about to 227 / 794
be to 235
because 539 / 605
before 90 / 93 / 105 / 107
behind 766
believe 38 / 46 / 153 / 516 / 595
believe in 66
below 752
beside 764
besides 575
blame 22
borrow 53
both 369 / 425 / 426 / 576 / 698
broken 265
but 23 / 129 / 133 / 187 / 227 / 564 / 567 / 677
but that 581
buy 33
by 104 / 112 / 1 13 / 345 / 365 / 763 / 776 / 785
by the time 606
by far 549
by oneself 381

call 39 / 59
can 171 / 184 / 185 / 186 / 188 / 532
cause 40
care 31 / 156 / 312
careful 449
catch 47 / 346 / 363
certain 308 / 441 / 584
Chinese 320
close 478 / 479
cloth(es) 321
color/colors 321
come 8 / 69 / 74 / 563
command 40 / 212
complete 554
complain about / complain of 788
consider 14 / 39 / 46 / 226 / 231
cost 163 / 419
costly 477
continue 8 / 232
convince 34
could 121 / 124 / 189
crisis/crises 317

daily 439 / 477
data 318
dare 215 / 216 / 217
deal 459 / 460 / 524
decide 225
dear 479
deep 446
deer 316 / 320
deny 231
depend 154 / 746
describe 35 / 39
deserve 257
diagnosis 320
die 5/10/27
difficult P.340
dinner 30/363
discuss 14
do 4 / 28 / 33 / 179 / 232
doubt 583 / P.431
dozen 461
down 61 / 63 / 789

each 411 / 420 / 421 / 605 / 609
early 477 / 478 / 480
easy 244 / P.340
either 427 / 428 / 429 / 514 / 576
elder 439 / 536
elect 59
empty 554
end-weight(후치) 35 / 326
enjoy 231 / 256 / 381
enough 240 / 253 / 472 / 482 / P.367
enter 18
entire 554
escape 17 / 231
even 488 / 524
even though 605 / P.435
ever 511 / 617
every 423 / 424 / P.330 / 513 / 609
except 129 / 255 / 566 / 791~793
expect 106 / 153 / 225 / 247

fact 583(동격)
fall 59
fallen 265
family 297(집합명사)
far 478 / 481 / 524 / 536 / 549
farther 536
feel 8 / 44 / 80
feel like 260
few 458 / 520 / 697
find 33 / 44 / 46 / 47 / 226
finish 95 / 110 / 112

first 233 / 347 / 386 / 466
fish 320
flock 699
follow 16
foot 316 / 317
for 22 / 452 / 539 / P.418 / 757 / 781
forbid 40 / P.182
force 321
forget 232
forgive 22
former 386 / 439
free 479
friendly 477
from 17 / 21 / 456 / 754 / 777
full 554
fungus 319
furniture 306
further 536
furthermore 575

get 8-③ / 40 / 173
give 33
glass 303 / 304 / 315 / 321
go 4 / 8 / 563
go on 62 / 232
god 362
gold 303
good 458 / 459 / P.342 / 520
goods 321(단수형 없는 복수명사) / 332
goose 317
group 297 / 699
grow 8
grown up 62

had better 196 / 205
hang 55
happen 5 / 162
half 369
hard 244 / P.340 / 479
hardly 479 / 486 / P.360
have 30 / 32 / 42 / 112 / 113 / 170 / 218 / 248 / 562
he 370
hear 44 / 80
help 4 / 40 / 45
here 2 / 481
hers P.278
high 446 / 468 / 479
high time 142
his P.278
hope 48 / 80 / 106 / 225 / 247
how P.434(명사절) / P.494(형용사절) / 673
however 368 / 612 / 684 / P.454
hypothesis 320

if P.88(가정법) / P.431(명사절) / P.449(부사절)
ill 441/520 (speak ill of 68)
imagine 516
imperative P.341
important 212 / 310 / P.340
impossible 244 / P.340
in 114 / 743 / 747 / 769 / 771 / 786
in addition 575
in addition to 259
in case 605
in case of 145
incline 259
include 80
inform 34
information 307
in front of 767
in order that 196 / P.444
in order to 238
insist 48 / 212
intend 48 / 106 / P.159 / 247
interested 268 / 501 / 507 / 518
in that 622
into 744
in which P.484
in which case 681
it Unit 64
itself 164 / 310

Japanese 단/복수 동형 320
join 15
jury 297 / 299
just 95
just now 96 / P.73

keep 8-(3) / 21 / 47
kind 244/
kind of 359
kindly 477
know 38/80
knowledge 307
known P.122

last 536 / 555
late 441 / 479 / 536
lately 479
later 536
latter 536
lay 50
learn 232
least 520
leave 47 / 74 / 264
lend 33 / 53
less 525
lest 605 / 619

let 41 / 43 / 45 / 161 / 174
lie 50
like 80 / 255
likely 477
listen 5
listen to 44
lie 50
little 459 / 509 / 520 / 709(부정부사도치)
live 10 / 162 / 440
live a life 27(동족목적어)
lively 477
loaf of bread 304
lone 439
lonely 477
long 446 / 478
look 8
look at 44 / 66 / 154
look after 154
look for 80
look forward to 155 / 259
lots 460
louse 317
love 48 / 80(진행불가)
lovely 477
low 468
luggage 306

majority Unit. 83
make 8-⑥ / 29 / 36 / 37 / 41 / 46 / 160
man 333 / 362
manage to 225
many 458 / 461
many a 158
marry 10 / 15
mathematics 323 / 219
matter 4
may(might) Unit. 35 / 219
mayor 356
mean 40 / 106 / 247 / P.342
mention 14
mere 439
mind 231
missing 268 / P.212
mistake 22 / 29 / 39
money 306 / 314
monthly 477
more 518 / 520 / 521 / 525 / 526
moreover 575
most Unit.82 / P.308 / 479 / 518 / 520 / P.399 / 544
mostly Unit.82 / 436
mouse 317
much Unit.104 / 505 / 508 / 525 / P.372
much more, much less 525
must Unit.34 / 117 / 220 / 562
myself 164 / 379 / 380 / 381

near 442 / 765
nearby P.323
nearly 479 / 482
necessary Unit.93 / Unit.94 / 212
need (not) 192 / 222
neither Unit.79 / 514 / 693
never 93 / 181 / 486 / 511 / 707
no 707
nobody 172
no less 533
none 430
no one 430
no matter how 612
no matter who 664
no matter which 666
no matter what 667
no more 533
nor Unit.116 / 514 / 571 / 712
no sooner 107 / Unit.154
not 513 / 707
nothing 527
not until 707 / 709
not far(long) 707
noun + ~ing form 269
noun + p.p form 270
noun + ~s 321 / 322 / 323 / 324 / 332
a number of와 the number of - hot page 24

oasis와 oases 317
object to 19-15
objects(직/목, 간/목) 33
of 24 / 310 / 327 / 330 / 383 / 449
of which 642 / 643
offer 33
often 486
old 446 p.330(신/구)
on 25 / 454 / 746 / 770
once 93 / 278 / 511 / 605
only 488 / 510 / 709
oneself 26 / 259 / 381
opposite 442(전치사적) / 450
or 147(명령법) / Unit.116 / 562 / 570
order 33(4형식) / 40(5형식) / 196 / 211 / 238 / 583
ought 191(의무)
ours Unit.66
out of 753
owing to 539
own 80 (진행불가동사)
ox(en) 316(불규칙동사)

paper 303 / 304 / 305
papers 321(분화복수)
particle Unit.07(부사적소사) / 64
past participle Unit.48(과거분사)
pay 4(1형식동사)
perfect infinitive(완료부정사) 106 / 153 / 246
perfect ~ing form (완료동명사) 258
permit 40
persuade 24/34(4, 5형식동사)
phenomenon 318(불규칙복수)
physic(s) 321 분화복수
pity 213
place 327/669
plenty 460
poetry 306
police 300
poor at 457
possible Unit 93
postpone 231
prefer p.159 / 543
preposition + to 부정사 227
present 20 / 441
president 356 / hot page. 52
pretty (prettily) 479
prevent 21
price 가산명사 hot page. 16
promise 225
prone 259
proper Unit. 94 / 212
propose 35
public 301
put off 64 / 231
put up with 68
queen 695 ⑦ 관사 + (명사 and 명사)
question Unit. 122
quite 367

raise 49 vs. rise
rarely 486
rather 143 / 205 / 367
recently 96
recommend 231
refuse 225
regard 39
regret 232
remain p.25
remember 80 / 232
remind 24 / 34
report 153 / 583
request 211
require 40 / 257
research 28
resemble 16 / 80
resent 231
rest p.25
result p.31 / 162
right 212
rise 49
run p.23 (변화동사)

(the) same 70 / 400 / 401
satisfy 470
savings 332
say 35/52/153/516
scarcely 107 / 486 / 608 / 708
school 304 a school of fish / 357(무관사)
sea 357(무관사)
seem 8-(4) / 245
seldom 486
self Unit.65
send 33
series 320 / 699
several 458 / 697
shall Unit.15
sheep 320
show 33
similar 450
since 96/494
small(large) 467
smell 8
so 69 / Unit.115 / Unit.156 / 368 / 399 / 514 / 569 / 712 / 713
so far as 610
so that 618
as ~, so '~와 마찬가지로' 623
so long as(as long as) 626
sometimes 486
sorry 440 / 441
sort of 359
sound 8
speak 52
species 230
spend 260
staff 297 / 299
stand 5 / p.25
stay 5 / p.25
still Unit.101 / 497
stimulus / stimuli 319
stone 303 / 305
such Unit.68 / 367 / 391 / 393 / 394 / 395 / p.264
suggest 35 / 48 / 211
suppose 397 / 513 / 516 / 595
supposed 153
sure 440
surprise 268 / 470
Swiss 320

take 31 / 39 / 54
talk 30 / 52
taste 8 / 80
teach 40 / 323
team 297 / 699
tell 21 / 34 / 52
tend 225
than Unit.110 / 526 / 527 / 678
that 387 / 389/ 390
there 2 / 45 / 512
therefore 575
thing 443 / 691
think 38 / 39 / 80 / 516 / 595
think about / think of 788
those 385 / 387 / 388
though 39 / 40 / 279
thousand 461
till 775
time Unit.24 / 142 / 609
to 23 / 255(to 생략가능) / 259(전치사)
too 239/368/508/514
too much 508
tooth 316
toward 756
traffic 305
train (by train 365) (goods train 332)
try 563 / 232
turn 8-④ / 361
twice 369 / 530
type 359

ugly 477
unable 440
under 751
under condition that 145
under no circumstances 707
understand 80 / 231
unless 605
until 605 / 608 / 707 / 709 / 775
up to 96
used 84 / 202
usually 486

very Unit.103 / 295 / 500 / hot page 28.
very much 502
view 39
vital 212 Unit.94

want 40 / 45 / 48 / 106
way 389 (that's the way) / 484 / 674(way that)
weekly 477
well 6 / 440 / 485
well known 274
what 367 / 370 / 469 / Unit.124
what if 145
what is more 600
whatever 596 / 613 / 663 / 667 / 682 / 685~687
when Unit.123 / 105 / 590~594 / 608 / 671 / hot page.37
whenever 684
where Unit.123 / 590~594 670
wherever 614 / 521 / 684
whether Unit.122 / 584~589 / hot page.34
which Unit.124 / Unit.135 / Unit.145 / 640~646 / 679 / 680 / 683
whichever 614 / 662 / 666 / 682 / 685 / 686
while 605 / 608 / Unit.140
who Unit.125 / Unit.134 / 601~604 / 635 / 646 / 660 / 664
whom Unit.125 / Unit.134 / 601~604 / 638~638 / 661
whomever 661 / 665 / 685
whose Unit.134~135 / 637 / 642 / hot page.432
why Unit.123 / 590~594 / 672
will Unit.34 / 88 / 91 / 92 / 148 / 197~200
wish Unit.24 / 139~140 / 144 / 204
with 20 / 281 / 455 / 784
without Unit.23
woman 316 / 333 / 362
wonder Unit.122 / 212
work 4
works 321(분화복수)
worth(y) 442 / hot page.22
worthwhile hot page.22
would Unit.36 / 84 / 91 140 / 143~144 / 201~205
would rather 143

yet 496